D1688406

Norbert Thom | Adrian Ritz

Public Management

Norbert Thom | Adrian Ritz

Public Management

Innovative Konzepte zur Führung
im öffentlichen Sektor

4., aktualisierte Auflage

GABLER

Bibliografische Information Der Deutschen Nationalbibliothek
Die Deutsche Nationalbibliothek verzeichnet diese Publikation in der
Deutschen Nationalbibliografie; detaillierte bibliografische Daten sind im Internet über
<http://dnb.d-nb.de> abrufbar.

Prof. Dr. Dr. h. c. mult. Norbert Thom ist Direktor des Instituts für Organisation und Personal (IOP) der Universität Bern. Zu seinen Schwerpunkten gehören – neben Public Management – Innovationsmanagement, Personalmanagement und organisatorische Gestaltung. Er verfügt über umfangreiche Beratungserfahrungen im öffentlichen Sektor.

Dr. Adrian Ritz ist Dozent am Kompetenzzentrum für Public Management der Universität Bern sowie Programmleiter des Executive Master of Public Administration der Universität Bern. Zu seinen Forschungsschwerpunkten gehören Public Management (Führung, Personal- und Organisationsmanagement), Evaluationsforschung, Verwaltungsreformen sowie Bildungsmanagement.

Mitglieder der SGO (Schweizerische Gesellschaft für Organisation und Management) erhalten auf diesen Titel einen Nachlass in Höhe von 10 % auf den Ladenpreis.

1. Auflage 2000
Nachdruck 2000
2. Auflage 2004
3. Auflage 2006
4. Auflage 2008

Alle Rechte vorbehalten
© Betriebswirtschaftlicher Verlag Dr. Th. Gabler | GWV Fachverlage GmbH, Wiesbaden 2008

Lektorat: Ulrike Lörcher | Katharina Harsdorf

Der Gabler Verlag ist ein Unternehmen von Springer Science+Business Media.
www.gabler.de

Das Werk einschließlich aller seiner Teile ist urheberrechtlich geschützt. Jede Verwertung außerhalb der engen Grenzen des Urheberrechtsgesetzes ist ohne Zustimmung des Verlags unzulässig und strafbar. Das gilt insbesondere für Vervielfältigungen, Übersetzungen, Mikroverfilmungen und die Einspeicherung und Verarbeitung in elektronischen Systemen.

Die Wiedergabe von Gebrauchsnamen, Handelsnamen, Warenbezeichnungen usw. in diesem Werk berechtigt auch ohne besondere Kennzeichnung nicht zu der Annahme, dass solche Namen im Sinne der Warenzeichen- und Markenschutz-Gesetzgebung als frei zu betrachten wären und daher von jedermann benutzt werden dürften.

Umschlaggestaltung: Nina Faber de.sign, Wiesbaden
Umschlaggrafik: Grafik-Design Peter Möhrle, Radolfszell
Druck und buchbinderische Verarbeitung: Wilhelm & Adam, Heusenstamm
Gedruckt auf säurefreiem und chlorfrei gebleichtem Papier
Printed in Germany

ISBN 978-3-8349-0730-1

Geleitwort

Geleitwort zur 1. Auflage (Auszug)

Die Krise der öffentlichen Haushalte und die Forderung nach einer höheren Wirkungsorientierung haben der Diskussion um die Übertragung privatwirtschaftlicher Managementkonzepte auf den öffentlichen Sektor in den letzten Jahren neuen Auftrieb verliehen. Die Auseinandersetzung mit der Fragestellung einer effizienten und effektiven Verwaltungsführung darf aber auf eine lange Tradition zurückblicken. Max Weber beschäftigte sich schon Anfang des 20. Jahrhunderts mit dem „modernen Staat" und entwickelte sein klassisches Bürokratiemodell. Die unter den Begriffen wirkungsorientierte Verwaltungsführung oder New Public Management subsumierten aktuellen Reformbemühungen des öffentlichen Sektors begannen bereits in den frühen achtziger Jahren und haben in den neunziger Jahren des 20. Jahrhunderts einen ersten Kulminationspunkt erreicht. Entsprechende Forschungsaktivitäten beschränken sich nicht auf den deutschsprachigen europäischen Raum, sondern umfassen u. a. auch Skandinavien, Großbritannien, Neuseeland und Australien.

In der vorliegenden Publikation setzt die SGO-Stiftung die Tradition fort, aktuelle wissenschaftliche Forschungsfragestellungen mit hoher Praxisrelevanz von ausgewiesenen Experten fundiert analysieren zu lassen. Mit Prof. Dr. Norbert Thom und Adrian Ritz, mag. rer. pol., konnten zwei Autoren gewonnen werden, die sich seit mehreren Jahren intensiv als Forscher mit dem Public Management beschäftigen und zudem über sehr breite praktische Erfahrungen in der Beratung und Schulung öffentlicher Institutionen verfügen. […]

Das konzeptionelle Gebäude des Public Managements befindet sich immer noch im Aufbau. Während das Finanz- und Rechnungswesen die Diskussion lange Zeit dominiert haben, sind Fragestellungen zum Personal-, Organisations- und Innovationsmanagement im öffentlichen Sektor noch eher selten umfassend behandelt worden. Genau diese Lücke schließen die Autoren. Durch nützliche Hinweise zur Gestaltung der genannten Aufgabenfelder tragen sie zum Empowerment von Führungskräften in der Verwaltung bei und ermöglichen dadurch eine echte Erneuerung bzw. Weiterentwicklung der Verwaltungsführung. Besonders hervorzuheben sind die informativen und originären Fallstudien aus verschiedenen öffentlichen Institutionen, welche die konzeptionellen Ausführungen ergänzen und illustrieren. Auch eine bei schweizerischen Reformprojektleitungen durchgeführte Studie, welche gezielt auf das Konzept dieses Buches ausgerichtet wurde, verdient spezielle Erwähnung.

Geleitwort

Insgesamt ist ein Werk entstanden, das einen großen Nutzen für Führungskräfte in öffentlichen Institutionen aufweist und maßgeblich dazu beitragen wird, Voraussetzungen für die Steigerung von Effektivität und Effizienz in der Verwaltung zu schaffen. Dabei gilt es zu beachten, dass die Autoren durch die Aufbereitung innovativer Lösungen des Public Managements in der Schweiz in Fallstudien und Beispielen Erfahrungswerte dokumentiert haben, die auch für staatliche Institutionen im Ausland ein sehr hohes Anregungspotenzial ergeben. Darüber hinaus enthält das Werk grundlegende Ansätze und praktische Beispiele, die für den Betriebswirtschafter und Organisator in der Praxis von höchstem Interesse sind. Ich wünsche diesem Buch die verdiente nationale und internationale Beachtung.

Geleitwort zur 4. Auflage

Der Erfolg und die Beachtung des Werkes „Public Management. Innovative Konzepte zur Führung im öffentlichen Sektor" sind außergewöhnlich. Nach der 1. Auflage im Jahre 2000 und einem Nachdruck von 4000 Exemplaren war schon im Jahre 2004 eine 2. Auflage und zwei Jahre später ein 3. Auflage notwendig. Zusätzlich zur erfolgreichen Verbreitung im deutschsprachigen Raum kam in dieser Zeitspanne die Übersetzung in die litauische Sprache dazu. Auch in diesem Sprachraum hat das Werk eine große Resonanz gefunden.

Die Autoren Prof. Dr. Dr. h. c. mult. Norbert Thom und Dr. Adrian Ritz bieten seit der 3. Auflage ein erweitertes Konzept. Neben einem neuen Kapitel zum Informationsmanagement zeichnet sich der Text durch zahlreiche internationale Praxisbeispiele aus. Damit erfährt das Buch nicht nur eine bedeutende inhaltliche Erweiterung, sondern auch eine Aktualisierung sowie vertiefte Praxisausrichtung.

Ich bedanke mich bei den Autoren für die Aktualisierungen in dieser 4. Auflage sehr herzlich. Aus dem Forschungsprojekt der Stiftung der Schweizerischen Gesellschaft für Organisation und Management ist in kurzer Zeit ein Standardwerk zum Thema Public Management geworden, das aus der Bibliothek von Wissenschaftlern und interessierten Praktikern nicht mehr wegzudenken ist.

Zürich, im September 2007   *Dr. Markus Sulzberger*

Präsident der Stiftung der Schweizerischen Gesellschaft für Organisation und Management

Vorwort zur 1. Auflage (Auszug)

Nach vielen punktuellen Modernisierungsschritten wurde der öffentliche Sektor in den letzten Jahren des 20. Jahrhunderts immer stärker von seinen systemeigenen und historisch gewachsenen Führungsdefiziten eingeholt. Bruchstückartig erneuerten sich staatliche Institutionen in dieselbe Richtung neuer Steuerungsmodelle auf der Grundlage des modernen Managementwissens. […]

Die treffendste Bezeichnung dieser Reformbewegung des New Public Managements kommt aus unserer Sicht mit dem in der Schweiz gebräuchlichen Terminus der „Wirkungsorientierten Verwaltungsführung" zum Ausdruck. Staatliche Führung, welche echte Wirkungen auslöst, überzeugt in erster Linie durch ihre Fähigkeit, in bestehende oder unerwartete Problemsituationen einen situationsgerechten innovativen Lösungsansatz einzubringen. Wirkungsvolle Führung ist jedoch nur möglich, wenn sie in anpassungsfähigen Organisationsstrukturen stattfindet, die klar auf die Verwaltungsziele ausgerichtet sind. Letztlich entsteht der Erfolg der neuen Führung nur dort, wo eine Wirkung auf die Menschen innerhalb und außerhalb der öffentlichen Institutionen eintrifft. In diesem Sinne soll das IOP-Konzept den Führungskräften staatlicher Institutionen Konzepte und Werkzeuge des Innovationsmanagements (I), der organisatorischen Gestaltung (O) und des Personalmanagements (P) zu effektiver Führung zur Verfügung stellen und bei der Umsetzung von Reformvorhaben behilflich sein.

Ein solches Buch kommt nicht von alleine zustande. An vorderster Stelle gebührt unser großer Dank all denjenigen Personen und Institutionen und Institutionen des öffentlichen Sektors, die uns in den vergangenen Jahren mit ihren Fragen, Ideen sowie Aufträgen konfrontiert, an schriftlichen Umfragen und an vertiefenden Fallstudien teilgenommen haben. […] Eine besondere Würdigung verdient die Schweizerische Gesellschaft für Organisation (SGO), ohne deren ideelle und finanzielle Förderung dieses Forschungsprojekt nicht entstanden wäre. Die Projektabwicklung wurde in der SGO von Frau Gisela M. Kubli in effizienter Weise durchgeführt. Dem Präsidenten der SGO-Stiftung, Herrn Dr. Markus Sulzberger, danken wir herzlich für die erfolgreiche Kooperation und dem Geschäftsführer der SGO-Stiftung, Herrn Dr. Robert Zaugg, sind wir sehr dankbar für die Durchsicht des Textes und seine geschätzten inhaltlichen Anregungen. […]

Vorwort

Vorwort zur 3. Auflage (Auszug)

Nachdem das Buch bereits im Jahre 2001 einen Nachdruck erhielt und wir im Jahr 2004 die 2. Auflage publizieren konnten, freuen wir uns besonders über die vorliegende 3. Auflage.

[…] In Kapitel eins wurden die theoretischen Grundlagen vertieft und wir weisen auf Reform-Gefahren hin. Im dritten Kapitel haben wir die Rolle des Wissensmanagements aufgewertet und Befragungsinstrumente sowie das Benchmarking integriert. Im neu entwickelten Kapitel vier werden die Bedeutung des Informationsmanagements zur besseren Entscheidungsfindung sowie die relevanten Instrumente des Performance Managements aufgezeigt. Die organisatorische Gestaltung im Kapitel fünf wurde einerseits durch Organisationsalternativen (Privatisierung, Outsourcing etc.), andererseits durch vertiefende Erläuterungen zu Leistungskontrakten und indikatorenbasierten Führungsinstrumenten ergänzt. Das sechste Kapitel weist neu mit dem Abschnitt zur Personalführung aus der Sicht der Leadership-Forschung einen zweiten Schwerpunkt auf.

Neben diesen Überarbeitungen des Buchinhalts gilt es auf die 16 Praxisfenster hinzuweisen. Wir sind allen im Text genannten Praxispartnern zu großem Dank verpflichtet. […]

Eine vollständige Buchüberarbeitung kommt nicht ohne die Mithilfe vieler Mitarbeitender im Hintergrund zustande. Allen voran möchten wir Frau Dipl.-Kffr. Kerstin Alfes für ihren unermüdlichen Einsatz im Rahmen der Kapitelüberarbeitung, der Textformatierung und der Gesamtkoordination danken. Ebenfalls großer Dank gebührt Fabienne Fischer, lic. rer. pol., Michael Galliker, Raffael Knecht, Sandra Kohler, Caroline Kramer, Sara Reist, lic. rer. soc., Stefanie Schüpbach, lic. rer. pol., und Daniel Zimmermann, lic. rer. pol., vom Institut für Organisation und Personal der Universität Bern für ihre wertvollen Unterstützungsarbeiten. […]

Bern, im Januar 2006 *Norbert Thom und Adrian Ritz*

Vorwort zur 4. Auflage

Wir haben den Text, der sich in der 3. Auflage bewährt hatte, überprüft, korrigiert und punktuell überarbeitet. Dabei hat uns in sehr bewährter Weise Frau Dipl.-Kffr. Kerstin Alfes unterstützt. Ihr gilt unser bester Dank. Das anhaltende Interesse an unserem Beitrag zu einem leistungsfähigen öffentlichen Sektor gibt uns die Chance auf anregende Kontakte zu neuen Leserkreisen.

Bern, im Oktober 2007 *Norbert Thom und Adrian Ritz*

Inhaltsverzeichnis

Geleitworte V
Vorworte VII
Inhaltsverzeichnis IX
Einleitung XV

Kapitel 1
Ziel und Zweck eines Managements für den Staat 1
   1.1   Bürokratie des 20. Jahrhunderts und die geänderten Anforderungen 3
   1.2   Ein neues Management für den Staat als Konsequenz? 8
   1.3   Verwaltungsmodernisierung aus internationaler Sicht 12
   1.3.1 Managementreformen seit den 1980er Jahren 12
   1.3.2 Internationale Reformentwicklungen 13
   1.4   Theoretische Grundlagen des Public Managements 15
   1.4.1 Public Choice und die Rolle der Bürokratie 15
   1.4.2 Neue Institutionenökonomie 18
   1.4.3 Managerialismus 21
   1.5   Spannungsfelder und Gefahren bei Reformen 24
   1.5.1 Ursachen von Verwaltungsreformen 24
   1.5.2 Staatsleitende Prinzipien und Public Management 27
   1.5.3 Ökonomische versus staatspolitische Rationalität 29
   1.5.4 Auswirkungen der Kombination von rechtlichen und ökonomischen Grundprinzipien 31
         Praxisfenster Nr. 1: Wirkungsorientierte Landesverwaltung in Oberösterreich 34
   1.5.5 Gefahren von Verwaltungsreformen 36

Kapitel 2
Das IOP-Führungskonzept für den öffentlichen Sektor 39
   2.1   IOP-Führungskonzept 41
   2.2   Bedingungsgrößen der Führung im öffentlichen Sektor .. 43
   2.3   Steuerungsebenen im öffentlichen Sektor 45
   2.3.1 Ebene der politischen Steuerung 46
   2.3.2 Ebene der betrieblichen Steuerung 48
   2.3.3 Ebene der Leistungen und Wirkungen 49

Inhaltsverzeichnis

2.4 Arten des Wandels 51
2.4.1 Strategiewandel 52
Fallstudie: Die Portfolioanalyse zur strategischen Entscheidungsfindung in der bernischen Kantonsverwaltung 64
Praxisfenster Nr. 2: Erneuerung von Staatskanzleien zur effektiven Führungsunterstützung an der Schnittstelle von Politik und Verwaltung 72
2.4.2 Kulturwandel 76
Praxisfenster Nr. 3: Wandel der Organisationskultur in Århus Amt (Dänemark) 86
2.4.3 Struktur- und Prozesswandel 90
2.5 Management des Wandels 91
2.5.1 Konzepte des Managements des Wandels 91
2.5.2 Widerstand gegen Wandel 95
2.5.3 Führungs- und Promotorenfunktionen im Wandel 103
2.5.4 Phasen des Veränderungsprojekts 108
Praxisfenster Nr. 4: Phasenmodell des Change Managements in der Polizei- und Militärdirektion des Kantons Bern 114

Kapitel 3
Das Innovationsmanagement zur Neuausrichtung öffentlicher Institutionen 117

3.1 Innovationsmanagement innerhalb des IOP-Konzepts .. 119
3.2 Innovationen und der öffentliche Sektor 121
3.2.1 Bedeutung von Innovationen 121
3.2.2 Innovationshindernisse im öffentlichen Sektor 124
3.2.3 Voraussetzungen für Innovationen 127
3.3 Merkmale von Innovationen und Innovationsprozessen 131
3.3.1 Innovation und Innovationsaufgaben 131
3.3.2 Arten von Innovationen 133
3.3.3 Ablauf von Innovationsprozessen 135
Praxisfenster Nr. 5: Die Innovationsstrategie des Saarlandes: Vision - Konzeption - Umsetzung 138
3.4 Instrumente des Innovationsmanagements 140
3.4.1 Verwaltungsexterne Innovationsinstrumente 141

3.4.2 Verwaltungsinterne Innovationsinstrumente 146
Praxisfenster Nr. 6: Benchmarking eines internen IT-Dienstleisters 154
3.4.3 Benchmarking 156
3.5 Innovations- und Wissensmanagement............................ 157
Fallstudie: Innovationsorientierung im Eidgenössischen Institut für Geistiges Eigentum (IGE) 159

Kapitel 4

Das Informationsmanagement zur Transparenzsteigerung 165

4.1 Informationen als Teil der politisch-administrativen Steuerung 167
Praxisfenster Nr. 7: Neue Herausforderungen staatlicher Kommunikation 170
4.2 Controlling als Denkhaltung.. 172
4.2.1 Berichtswesen und Managementinformationssysteme .. 176
4.2.2 Kennzahlen und Kennzahlensysteme 180
4.2.3 Balanced Scorecard 182
4.3 Qualitätsmanagement 186
4.3.1 ISO und EFQM 190
Praxisfenster Nr. 8: Neue Verwaltungssteuerung, CAF und Qualitätsmanagement 194
4.3.2 CAF 196
4.4 Evaluation staatlicher Maßnahmen 197
4.4.1 Arten von Evaluationen 198
4.4.2 Verwendungszweck von Evaluationen 200
4.4.3 Vorgehensmodell einer Wirkungsevaluation................... 201
Praxisfenster Nr. 9: Einsatzmöglichkeiten der Politikevaluation in der Verwaltungspraxis 204
4.5 E-Government 207

Kapitel 5

Die organisatorischen Gestaltungselemente des Public Managements 211

5.1 Organisatorische Gestaltung innerhalb des IOP-Konzepts 213
5.1.1 Organisatorische Gestaltungsfelder 215

Inhaltsverzeichnis

5.1.2	Grundprinzipien und Kriterien der organisatorischen Gestaltung	217
5.2	Leistungstiefe für staatliches Engagement	219
5.2.1	Bestimmung der Leistungstiefe	219
5.2.2	Alternative Organisationsformen der Leistungserbringung	229
	Praxisfenster Nr. 10: Auslagerung von Geschäftsprozessen in der öffentlichen Verwaltung	*234*
	Praxisfenster Nr. 11: Public Private Partnership in der Schweiz	*238*
5.3	Konzernorganisation	241
5.3.1	Formen der Holding-Organisation	242
5.3.2	Steuerungsinstrumente der Holding-Organisation	245
	Praxisfenster Nr. 12: Gemeindereform Riehen: Neue Steuerungsinstrumente im Anwendungstest	*246*
5.3.3	Ausgestaltung der Regierungs-Holding	260
5.4	Gestaltung der Strukturen innerhalb von Institutionen	267
5.4.1	Bisherige und zukünftige Organisationsstrukturen in Reformprojekten	267
5.4.2	Klassische Organisationsformen	269
	Fallstudie: Wirkungsorientierte Führungsstrukturen in der Kantonsschule Zürcher Unterland (KZU)	*275*
5.4.3	Prozessorganisation	284
	Praxisfenster Nr. 13: Von der Bundesanstalt für Arbeit zum modernen Dienstleister	*296*
	Fallstudie: Von der divisionalen Organisation zur Prozessorganisation im Bundesamt für Landestopographie	*298*

Kapitel 6

Führung und Förderung durch ein erweitertes Personalmanagement ... **305**

6.1	Personalfunktion innerhalb des IOP-Konzepts	307
6.2	Problembereiche im Personalmanagement	308
6.2.1	Fehlende Leistungsmotivation	308
6.2.2	Beamtenstatus	309
6.2.3	Fehlende Entwicklungsmöglichkeiten	313

6.2.4	Mangelhafte Anreiz- und Belohnungsstrukturen	314
6.2.5	Eingeschränkte Personalauswahl	315
	Praxisfenster Nr. 14: Herausforderungen im Beamtenrecht: Neue Wege im öffentlichen Dienst in Deutschland	316
6.3	Lösungsansätze durch ein umfassendes Personalmanagement	318
6.4	Steuerung und Organisation des Personalmanagements	321
6.4.1	Strategisches Personalmanagement	321
6.4.2	Organisation des Personalmanagements	324
6.5	Prozessfunktionen	328
6.5.1	Personalgewinnung	328
6.5.2	Personalbeurteilung	339
6.5.3	Personalerhaltung	343
	Fallstudie: Neues Anreizsystem in der Gemeinde Wohlen	354
6.5.4	Personalentwicklung	358
	Praxisfenster Nr. 15: Gezielte Führungskräfteentwicklung und Laufbahnplanung mit Assessments	366
6.5.5	Personalfreistellung	370
	Praxisfenster Nr. 16: Personalabbau – Eine neue Herausforderung für die öffentliche Verwaltung	376
	Fallstudie: Personalmanagement zur Unterstützung des Strategie-, Struktur- und Kulturwandels am Beispiel des Regionalspitals Thun (RST)	378
6.6	Personalführung und Leadership im öffentlichen Sektor	386
6.6.1	Grundlagen und Verantwortlichkeiten des Führungshandelns	386
6.6.2	Führungstheorien	396
6.6.3	Führungskonzepte und Führungsstile	401
Schlusswort		415
Literaturverzeichnis		419
Stichwortverzeichnis		447
Zu den Autoren		453

Einleitung

Einleitung

„Die Integration unternehmerischen Managements in die etablierten öffentlichen Institutionen dürfte die vorderste politische Aufgabe unserer Generation sein."

Was der kürzlich verstorbene amerikanische Managementforscher Peter F. Drucker bereits 1986 prognostizierte, setzt sich gegenwärtig immer mehr in den unterschiedlichsten Institutionen des staatlichen Sektors durch (vgl. Drucker 1986: S. 268). Dieses Buch will in die sehr reformfreudige Zeit anfangs des 21. Jahrhunderts eine Führungskonzeption einbringen, welche zur Lösung dieser entscheidenden politischen Aufgabe beitragen kann. Dabei geht es neben der Entwicklung praxistauglicher Führungsinstrumentarien ebenso um den Wandel bisheriger Verhaltensweisen und Einstellungen der Arbeitnehmer im öffentlichen Sektor.

In Kapitel 1 werden die Hintergründe bisheriger Staatsleitungsmodelle und die Ursachen der im letzten Jahrzehnt global festgestellten Führungsdefizite in staatlichen Institutionen aufgezeigt. Die Forderung nach einem neuen Management für den Staat wird aus dem Blickwinkel grundlegender Theorien sowie rechtsstaatlicher und ökonomischer Leitprinzipien überprüft. *Kapitel 1*

Im zweiten Kapitel erfolgt die Darstellung des von den Autoren entwickelten IOP-Führungskonzepts. IOP steht für Innovations- und Informationsmanagement, Organisationsgestaltung sowie Personalmanagement. Die Integration von Strategie-, Struktur- und Kulturwandel in die unterschiedlichen Steuerungsebenen öffentlicher Institutionen ermöglicht eine umfassende Sichtweise für eine neue Form der Steuerung des öffentlichen Sektors. Des Weiteren schildern wir die Kernelemente eines effektiven Managements des Wandels zur Umsetzung des IOP-Führungskonzepts. *Kapitel 2*

Kapitel 3 geht auf den ersten zentralen Eckpfeiler der Führungskonzeption ein. Welche Rolle spielen Innovationen für den öffentlichen Sektor? Was sind die Merkmale von Innovationen und deren Entstehungsprozessen? Konkrete Instrumente zur Innovationsförderung helfen, Innovationsprozesse in einer Institution zu initiieren. *Kapitel 3*

Kapitel 4 zeigt die Bedeutung Transparenz schaffender Informationsprozesse im Rahmen der politisch-administrativen Steuerung. Sowohl auf der politischen als auch der betrieblichen Ebene halten vermehrt Instrumente Einzug, die durch die gezielte Erhebung und Verdichtung von Informationen bessere Entscheidungsgrundlagen bieten. Ausgehend vom Controllingdenken verdeutlichen wir die *Kapitel 4*

Einleitung

zentralen Merkmale von Kennzahlensystemen, Instrumenten des Qualitätsmanagements und der Evaluation staatlicher Maßnahmen.

Kapitel 5

Organisatorische Gestaltungsmaßnahmen, welche den Gegenstand des fünften Kapitels bilden, stehen in engem Zusammenhang mit der Flexibilitätssteigerung öffentlicher Leistungserbringung. Ausgehend von der Bestimmung der Leistungstiefe („make or buy") werden alternative Formen der Leistungserbringung (z. B. Outsourcing, Public Private Partnership) vertiefend betrachtet. Die Koordination großer Verwaltungsbereiche und deren Steuerungsmechanismen werden am Beispiel der Konzernorganisation aufgezeigt, bevor auf die Gestaltung innerbetrieblicher Prozesse eingegangen wird.

Kapitel 6

Im abschließenden sechsten Kapitel erweitern wir das IOP-Führungskonzept um seine vierte entscheidende Variable: Führung und Personalmanagement. Welche Problembereiche existieren im staatlichen Personalwesen und in der Personalführung? Darauf aufbauend werden ein umfassendes Gesamtkonzept des Personalmanagements, wichtige Einzelinstrumente sowie ausgewählte Führungstheorien und -stile vorgestellt, um die Steuerung der menschlichen Ressourcen im öffentlichen Sektor an die gegenwärtigen Forschungserkenntnisse heranführen zu können.

Die Praxisrelevanz des in diesem Buch entwickelten IOP-Führungskonzepts wird exemplarisch anhand quantitativer und qualitativer Forschungsergebnisse erläutert. Insgesamt 16 Praxisfenster aus dem öffentlichen Sektor Dänemarks, Deutschlands, Österreichs und der Schweiz geben einen aktuellen Einblick in die Umsetzung der theoretisch-konzeptionellen Inhalte des Buchs. Im Rahmen von sechs originär erhobenen Fallstudien wurde das sehr wertvolle Erfahrungswissen von Führungskräften genutzt, um die Implementierung einzelner innovativer Konzeptelemente in öffentlichen Institutionen der Schweiz aufzuzeigen. Weiterhin wurden 62 Projektleitungen von Public Management-Reformprojekte in der Schweiz zu den Themenbereichen des IOP-Führungskonzepts befragt. Die Untersuchungsergebnisse verdeutlichen jeweils begleitend die theoretischen Bausteine des Buches und zeigen deutlich die Reformtendenzen innerhalb öffentlicher Institutionen auf. Die detaillierten Auswertungsergebnisse enthält ein Sonderbericht, welcher dem interessierten Leser zur vertiefenden Lektüre dient (vgl. Thom/Ritz 2000). Ebenfalls kann die Entwicklung der Public Management-Reformen in verschiedenen Ländern in einem separaten Forschungsbericht nachgelesen werden (vgl. Ritz/Thom 2000).

Alle Personenkategorien im Buch umfassen beide Geschlechter.

Ziel und Zweck eines Managements für den Staat

Kapitel 1

Nicht selten begegnet man der kritischen Frage, ob es sich bei Public Management wirklich um einen neuen Ansatz der Führung von öffentlichen Institutionen handelt. Die Implementierung neuer Führungsinstrumente wird mitunter auch als Imperialismus betriebswirtschaftlicher Managementkonzepte bezeichnet. Die Berechtigung einer betriebswirtschaftlichen Sichtweise kann nicht geleugnet werden, denn was unterscheidet letztlich die effektive Aufgabenerfüllung einer öffentlichen Institution von derjenigen eines privatwirtschaftlichen Betriebs? Beide sehen sich einer Umwelt mit begrenzten Ressourcen gegenüber, die sie bei verantwortungsvollem Umgang möglichst effektiv und effizient einsetzen wollen, um so mit den vorhandenen Personen und Sachmitteln ihre Aufgaben zu erfüllen, wenn auch mit unterschiedlichen Steuerungsmechanismen. Es lassen sich bereits in der Mitte des letzten Jahrhunderts erste Versuche erkennen, die staatlichen Verwaltungen mittels Leistungs- und Wirkungsorientierung zu erneuern, die in den folgenden Jahrzehnten durch unterschiedliche Planungs- und Führungssysteme zur Effizienz- und Effektivitätssteigerung ergänzt wurden (Planning Programming Budgeting System, Zero Based Budgeting, Gemeinkosten-Wertanalyse, Management by Objectives, Harzburger Modell u. a., vgl. Schedler 1996: 2 ff.).

1.1 Bürokratie des 20. Jahrhunderts und die geänderten Anforderungen

Max Weber

Einer, der die Unterscheidung zwischen staatlicher Verwaltung und privatem Betrieb bereits am Anfang des 20. Jahrhunderts als „irrige Vorstellung" bezeichnete, war Max Weber. „Beide sind vielmehr im Grundwesen ganz gleichartig. Ein ‚Betrieb' ist der moderne Staat, gesellschaftswissenschaftlich angesehen, ebenso wie eine Fabrik: das ist gerade das ihm historisch Spezifische." (Weber 1976: 825). Weber gab mit seinem Idealtypus der bürokratischen Verwaltung eine Antwort auf die Gesellschaftssituation jener Zeit, die gekennzeichnet war durch einen wachsenden Verwaltungsapparat. Seine Leitidee zur Entwicklung des Bürokratiemodells war der damals neben Institutionen ebenfalls das gesellschaftliche Weltbild und den praktischen Lebensalltag stark prägende Rationalismus. Weber entwickelte drei Idealtypen der Herrschaft mit unterschiedlicher Legitimationslage und Rationalität (vgl. Weber 1976: 122 ff.). Die charismatische Herrschaft beruhte auf einer Führungsperson, deren Legitimität sich auf die Heiligkeit, Heldenkraft oder Vorbildlichkeit der Person stützte. Die traditionale Herrschaft basierte auf der tradi-

1 Ziel und Zweck eines Managements für den Staat

tionellen Ordnung und entsprechenden Regeln. Ähnlich wie bei der charismatischen Herrschaft waren Führungspersonen nicht an rationale Verordnungen gebunden, sondern folgten den Werten der Vergangenheit. Der dritte Idealtyp der Herrschaft war laut Weber die legale Herrschaft, die auf gesatztem, formalem Recht fußte und ihre Legitimität durch ihre rationale Ordnung erhielt. Kennzeichnend für diesen Herrschaftstyp waren die Sachlichkeit, Unpersönlichkeit und Berechenbarkeit. Als reinste Form der legalen Herrschaft sah Max Weber die Bürokratie an. „Die Bürokratie ist rationalen Charakters: Regel, Zweck, Mittel, ‚sachliche' Unpersönlichkeit prägen ihre Gebaren." (Weber 1976: 578). Die bürokratische Verwaltung wird somit nach rational gesatztem Recht und rational erdachten Reglementen bestimmt. Die spezifische Funktionsweise dieser Bürokratie, welche sich vollständig erst im „modernen" Staat und im weit entwickelten Kapitalismus entfaltet, besitzt folgende Merkmale (vgl. Weber 1976: 551 ff.):

Bürokratiemodell

- Prinzip der regelgebundenen Amtsführung
- Klare Kompetenzabgrenzung und Arbeitsverteilung
- Prinzip der Amtshierarchie und des Instanzenzuges (feste Über- und Unterordnung der Behörden)
- Prinzip der Aktenmäßigkeit
- Trennung der Beamten von sachlichen Verwaltungs- und Beschaffungsmitteln
- Trennung von Amt und Person
- Eingehende Fachschulung für spezialisierte Amtstätigkeiten
- Gewährleistung der Pflichtenerfüllung durch Anstellung von Personen mit geregelter Qualifikation
- Vollamtliche Erledigung der Geschäfte durch die Beamten

Beamtentum

Die Macht in einem solchen „modernen" Staat liegt nach Weber nicht bei den Parlamentariern, sondern in den Händen des Beamtentums, das die Ausübung der Verwaltungstätigkeit übernimmt. Diese Prinzipien des bürokratischen Systems haben für den Beamten verschiedene Konsequenzen. Durch die fachliche Ausbildung und die Übernahme der Amtstreuepflicht üben sie das Amt als „Beruf" aus. Beamte werden von einer übergeordneten Instanz ernannt, wodurch eine getreuere Arbeitsausführung im Vergleich zu einem von den „Beherrschten" gewählten Beamten sichergestellt werden soll, und nehmen gegenüber den „Beherrschten" eine gehobene soziale Stellung ein. Die lebenslange Anstellung garantiert die rein sachliche, von persönlichen Motiven losgelöste Erfüllung der Amts-

1.1 Bürokratie des 20. Jahrhunderts und die geänderten Anforderungen

pflicht. Beamte beziehen ein regelmäßiges festes Gehalt, das nicht dem Leistungsprinzip, sondern standesgemäß der Funktion, dem Rang und der Dauer der Dienstzeit entspricht. Schließlich streben sie nach einem „mechanisch fixierten" Aufstieg in der hierarchischen Ordnung der Behörden („Beamtenlaufbahn").

Die Eigenheiten dieses Bürokratiemodells sind bis heute in den meisten öffentlichen Verwaltungen und Betrieben, v. a. im deutschsprachigen Europa, beobachtbar. Besonders große Gebilde neigen zu bürokratischen Strukturen und Abläufen, da vielerorts kaum andere Organisationsprinzipien bekannt und bewährt sind, die eine vergleichbare Planung, Umsetzung und Kontrolle der Aufgabenerfüllung gewährleisten. Weber machte bereits um die Wende zwischen dem 19. und 20. Jahrhundert dieselbe Beobachtung: „Nur wenig modifiziert vollzieht sich der Vormarsch des Bürokratismus in der Gemeindeverwaltung. Je größer die Gemeinde ist oder je mehr sie durch technisch und ökonomisch bedingte Zweckverbandsbildungen aller Art unvermeidlich ihrer organischen lokalen Bodenständigkeit entkleidet wird, desto mehr." (Weber 1976: 825).

Beobachtungen über eine zunehmend bürokratische Aufgabenerfüllung machte auch Cyril Northcote Parkinson, der in seinem Gesetz auf satirische Weise darlegte, dass der bürokratische Aufwand einer Organisation unabhängig davon wächst, ob die zu erledigenden Aufgaben zunehmen, abnehmen oder vollständig verschwinden. Dies liegt laut Parkinson zum einen daran, dass jeder Beamte und Angestellte die Zahl seiner Untergebenen, nicht jedoch die Zahl seiner Rivalen, vergrößern möchte. Zum anderen schaffen sich laut Parkinson Beamte und Angestellte gegenseitig Arbeit (vgl. Parkinson 1966: 12 ff.). Danach dehnt sich die Arbeit entsprechend der für ihre Erledigung zur Verfügung stehenden Zeit aus. Aufgrund mangelnder Ergebnisorientierung und Wettbewerbdrucks ist insbesondere die öffentliche Verwaltung davon betroffen.

Gesetz von Parkinson

Aber auch die Privatwirtschaft kennt bis heute ähnliche Prinzipien. Etwa zur gleichen Zeit wie Weber entwickelte Frederick Winslow Taylor das Organisationsmodell des „Scientific Management" für die mit der Verwaltungssituation teilweise vergleichbaren Probleme der industriellen Massenfertigung (vgl. Taylor 1913). Die Ausprägungen des Scientific Managements waren formal betrachtet denen des Bürokratie-Modells sehr ähnlich. Taylor ging von einer grundsätzlichen Übereinstimmung der Arbeitgeber- und Arbeitnehmerinteressen aus: „Das Hauptaugenmerk einer Verwaltung sollte darauf gerichtet sein, gleichzeitig die größte Prosperität des Arbeitgebers und des Arbeitnehmers herbeizuführen und so beide Interessen zu vereinen." (Taylor 1913: 7). Das Ziel bestand in der Gestaltung

Taylorismus

Ziel und Zweck eines Managements für den Staat

einer Arbeitsorganisation, die eine Produktivitätserhöhung erlaubte und zu höheren Löhnen führte. Die von ihm durchgeführten Zeitstudien führten letztendlich zu den folgenden Grundsätzen einer „wissenschaftlichen Betriebsführung":

- Trennung von Hand- und Kopfarbeit
- Festes Arbeitspensum und Bonus bei erreichter Tagesleistung
- Auslese und Anpassung der Arbeiter
- Herrschaft von Experten und Versöhnung zwischen Arbeitern und Management

Idealtypus der Bürokratie

Sowohl Webers Bürokratiemodell als auch Taylors Scientific Management waren keine vollständig neuen theoretischen Konstrukte. Beide versuchten, die zu jener Zeit beobachtbaren gesellschaftlichen Zustände in der Arbeitswelt weiterzuentwickeln und zu optimieren, wobei der Ansatz Taylors eine stark eingeengte Sichtweise hinsichtlich der Erhöhung der individuellen Arbeitsleistung im industriellen Kontext verfolgt. Weber wollte mit seinem Idealtypus der Bürokratie keine Handlungsempfehlungen an die Verwaltungspraktiker geben, sondern versuchte, mit dem Bürokratiemodell die rationale Ausübung legaler Herrschaft zu erklären (vgl. Budäus 1998: 1 f.). Beide Ansätze dienten letztlich dem Versuch, große Institutionen in der Verwaltung und im privatwirtschaftlichen Bereich effizienter zu steuern.

Die Folgen waren Organisationskonzepte mit starker Ordnungsmäßigkeit, Rechtmäßigkeit und Kontrollierbarkeit, welche bis heute im öffentlichen und privaten Sektor existieren und besonders die staatlichen Verwaltungen prägen. Weshalb soll nun dieser erfolgreiche Führungsansatz, der im demokratischen Rechtsstaat mit seinen Hoheits- und Ordnungsaufgaben immer noch seine Berechtigung besitzt, von einem neuen öffentlichen Management abgelöst werden?

Defizite der Bürokratie

Wie sich bereits Webers Überlegungen am gesellschaftspolitischen Hintergrund Ende des 19. Jahrhunderts orientierten, so ist auch heute eine Reflexion der gewachsenen Verwaltungssysteme mit Blick auf die gesellschaftlichen Veränderungen vorzunehmen. Auch wenn sich nicht jede öffentliche Institution den Idealen des Bürokratiemodells explizit verschrieben hat und kaum nur aus „Bürokraten" besteht, so überwiegen immer mehr die Defizite der gemäß den Weberschen Überlegungen gewachsenen Verwaltungsstrukturen (vgl. Hill 1997b: 5; kritisch dazu Pollitt 2000: 184 f.). Die Verwaltung sieht sich demnach neuen Anforderungen gegenüber, die sich vor ein paar Jahrzehnten in dieser Form noch nicht stellten. Tabelle 1 fasst

Bürokratie des 20. Jahrhunderts und die geänderten Anforderungen **1.1**

die veränderten Anforderungen, die heute im Vergleich zu früher an die Verwaltung gestellt werden, zusammen (vgl. Hill 1997a: 21 f.).

Veränderte Anforderungen an den öffentlichen Sektor — *Tabelle 1*

Früher	Heute
Überschaubare Sachverhalte und Problembereiche	Unübersichtlichkeit und Komplexität
Relativ konstante Verhältnisse	Dynamischer Wandel
Klare Wirkungszusammenhänge	Vernetzung und Multikausalität
Rechtsstrukturen nach dem Trennungsprinzip	Kombinationen und Alternativen
Eindeutige gesellschaftliche Zielgruppen	Schnelllebige Zielgruppen, „Sowohl-als-auch-Gesellschaft"
Politische Berechenbarkeit	Nichtwähler, Wechselwähler
Obrigkeitsglaube, Autorität	Wertewandel, -gleichgültigkeit
Soziokulturelle Stabilität	Demographische Veränderungen

Diese Tendenzen zu vermehrter Pluralisierung, Individualisierung, Mobilität und Flexibilität beeinflussen sowohl die Mitarbeitenden als auch die Leistungsempfänger des öffentlichen Sektors. Die neuen Werte stoßen zunehmend auf erstarrte Verwaltungsstrukturen und -kulturen. Diese Bürokratiekritik richtet sich auf die entstandenen Pathologien im Vergleich zum idealtypischen Ausgangsmodell von Weber, deren erster Kritiker er selbst war: „Wie ist es angesichts dieser Übermacht der Tendenz zur Bürokratisierung überhaupt noch möglich, irgendwelche Reste einer in irgendeinem Sinn ‚individualistischen' Bewegungsfreiheit zu retten?" (Weber 1966: 49). Zusammenfassend lässt sich festhalten:

Wertewandel

> **Die bürokratische Organisation gewährleistet unter bestimmten konstanten Bedingungen (z. B. konstante Umwelt) eine effiziente Aufgabenerfüllung, behindert aber den Wandel einer Institution.**

1.2 Ein neues Management für den Staat als Konsequenz?

Krisen des Staats

Die oben beschriebenen Entwicklungen und geänderten Anforderungen verlangen nach neuen Steuerungsformen für den europäischen Verwaltungsstaat, der im Rahmen seiner bürokratischen Entwicklung den höchsten Entwicklungsstand moderner Staatsformen erreicht zu haben glaubt. Diese Staatsform leidet aber angesichts der beschriebenen Umweltveränderungen zunehmend an folgenden Krisenerscheinungen (vgl. Albrow 2001: 183 ff.; Willke 2000 und Coombes 1998: 20 ff.):

- Legitimitätskrise:
  Die Möglichkeiten des Verwaltungsstaats reichen nicht mehr aus, um die anstehenden Probleme der Marktwirtschaft selbständig lösen zu können. Die für den Verwaltungsstaat notwendige Legitimationsgrundlage rationaler und legaler Autorität wird durch dieses Steuerungsdefizit in Frage gestellt.

- Interdependenzkrise:
  Der europäische Nationalstaat steht aufgrund der grenzüberschreitenden Entwicklungen von Technologie, Wirtschaft und Gesellschaft immer mehr in sehr komplexen, gegenseitigen Abhängigkeiten zu anderen Staaten. Die daraus entstandene Zusammenarbeit im Rahmen der Europäischen Union weist auf die geänderten staatlichen Kooperationserfordernisse sowohl aus politischer als auch wirtschaftlicher Perspektive hin.

- Leistungskrise:
  In Zusammenhang mit dem Steuerungsdefizit, das die Legitimationsbasis des Nationalstaats hinterfragt, resultiert die Leistungskrise aus einer Überbeanspruchung und einem falschen Einsatz des staatlichen Leistungsapparats. Insbesondere die Herstellung und Bereitstellung von Leistungen und Gütern, die privatwirtschaftlich effizienter produziert werden könnten, sind eine Ursache dieser Leistungskrise.

Flexibilitätskrise

Der Ansatz eines neuen Verwaltungsmanagements basiert auf der Annahme, dass solche Krisen aufgrund von Anpassungsschwierigkeiten im politisch-administrativen System zustande kommen, was als Flexibilitätskrise des Gesamtsystems bezeichnet werden kann. Verwaltungsmanagement charakterisiert nicht nur einen innovativen Ansatz, der sich auf technische Verfahrensverbesserungen im bisherigen System abstützt, sondern eine neue Strategie zur Führung des Nationalstaats angesichts der neuen Anforderungen und existenten Krisenzustände.

Ein neues Management für den Staat als Konsequenz? 1.2

Die Legitimitätskrise stellt immer höhere Anforderungen an die politische Konsensbildung im Spannungsfeld wirtschaftlicher und sozialer Fragestellungen, führt dadurch zu erhöhter Professionalisierung in Politik und Verwaltung und fördert letztlich die Trennung von Politik und Administration. Die Interdependenzkrise leitet zwei unterschiedliche Entwicklungen territorialer Politiken ein: zum einen die zunehmende Bedeutung von supranationalen Organisationen, zum anderen einen neuen Regionalismus mit eigener lokaler Verantwortung für die Gestaltung der Wirtschafts- und Sozialpolitik. Beide Entwicklungen aufeinander abzustimmen, führt zu erhöhter Komplexität und zu verstärkter Bürokratie, wenn die bisherigen Führungsmuster auf diese neue Situation übertragen werden. Daraus folgt aber auch ein erhöhter Zentralisationsgrad, da übergeordnete Behörden dazu neigen, ihrem eigenen Verwaltungsapparat die Verantwortung für die Problemlösung zu übertragen. Damit schwächen sie die Handlungsmöglichkeiten subsidiärer Institutionen. In diesem Zusammenhang wird oft unter dem Deckmantel von Dezentralisation und Regionalisierung eine zentrale Koordinations- und Kontrollpolitik gefördert. Effektives Management ist ein Lösungsansatz zur Schaffung der für die Dezentralisierungstendenzen notwendigen Handlungsspielräume (vgl. Coombes 1998: 23 ff.).

Professionalisierung

Der Perspektivenwechsel von der klassischen Verwaltungsführung zu einem Verwaltungsmanagement bedeutet jedoch nicht nur die Einführung einer Reihe effizienzsteigernder Führungstechniken zur Abwendung staatlicher Krisen. Worin besteht dann der Unterschied zur bisherigen Verwaltungsführung?

> **Ein wirkungsvolles öffentliches Management bedeutet die vollständige Verantwortungsübernahme für den Erfolg oder Misserfolg staatlicher Verwaltungsleistungen.**

Auf dieser allgemein-generellen Ebene unterscheidet sich also staatliches Management nicht stark von privatwirtschaftlichem Management. Eine solche Verwaltungsführung greift die vorher beschriebenen Defizite des Verwaltungsstaats auf, um einen ziel- und erfolgsorientierteren Einsatz staatlicher Ressourcen zu erreichen. Nur so kann langfristig das notwendige Gleichgewicht zwischen der politisch-rechtlichen Staatsautorität und der sich wandelnden marktwirtschaftlichen Gesellschaft erhalten werden.

Zielorientierter Ressourceneinsatz

Das Anfang der 90er Jahre des 20. Jahrhunderts erstmals erwähnte New Public Management (NPM) griff rechtzeitig das Bedürfnis im öffentlichen Sektor auf, die im alten Verwaltungsverständnis entstandenen Lücken auszufüllen. Dabei handelt es sich aus betriebs-

New Public Management

wirtschaftlicher Sicht um eine reformorientierte Führungslehre für den öffentlichen Sektor.

> NPM ist aber kein Heilmittel und v. a. keine Schnelllösung für alle über Jahrzehnte im politisch-administrativen System entstandenen Missstände. NPM kann ein Mittel sein, um zu einer besseren Verwaltungsführung zu gelangen. Als für alle Bereiche undifferenziert geltender Grundsatz ist es jedoch zum Scheitern verurteilt.

Privatwirtschaftliche Konzepte

Die Reformbewegung des NPM wurde in den 1990er Jahren zunächst sehr stark von unterschiedlichen Managementmoden geprägt. Moderne Managementkonzepte aus der Privatwirtschaft (Lean Production, Business Process Reengineering, Total Quality Management) wurden teilweise modifiziert auf den öffentlichen Sektor übertragen mit dem Ziel, eine verbesserte Steuerung der öffentlichen Verwaltung zu erreichen und dem Staats- bzw. Bürokratieversagen entgegenzuwirken (vgl. Jann 2002: 292). Der Unterschied liegt darin, dass der private Sektor im Gegensatz zum öffentlichen einer dauernden Bewegung durch Märkte ausgesetzt ist und laufend Adaptionsprozesse durchführen muss. Diese zugleich Anreiz- und Kontrollfunktion ausübende Kraft wird bei der staatlichen Tätigkeit kaum durch die „öffentliche Meinung" oder die Gefahr der Abwahl für Politiker ersetzt (vgl. Picot/Wolff 1995: 66). Das typische Merkmal rationaler Verwaltung wurde also durch ein Effizienz- oder auch Flexibilitäts-Paradigma erweitert und teilweise abgelöst. Das verwaltungspolitische Leitbild, das hinter dieser Reformbewegung stand, kann mit dem Begriff des schlanken Staats zusammengefasst werden. Das traditionelle Regelsystem wurde folglich entbürokratisiert und veränderte sich von der Zentralisierung zur Dezentralisierung, von der Formalisierung zur Erfolgsorientierung und von der Spezialisierung zur Generalisierung (vgl. Jann 2002: 292).

Governance

Als Reaktion auf diese Reformkonzepte, die sich entweder auf Privatisierungsalternativen oder auf die Binnenmodernisierung der Verwaltung konzentrierten und häufig als zu stark managerialistisch empfunden wurden, kam es seit Ende der 1990er Jahre zu einer Neuausrichtung der Verwaltungsführung. Nicht mehr ausschließlich effizientes Management, sondern auch bessere „Governance" bilden die Schwerpunkte der Modernisierungsdiskussion, die in dem neuen Leitbild des „aktivierenden Staats" bzw. des Gewährleistungsstaats ihre Orientierung findet (vgl. auf internationaler Ebene OECD 2005b). Im Rahmen des Governance-Konzepts werden nicht nur der Staat und die Bürokratie als Ursachen von

Ein neues Management für den Staat als Konsequenz? 1.2

Steuerungsdefiziten und Ineffizienzen im öffentlichen Sektor gesehen. Vielmehr wird auch die Gesellschaft, d. h. die schwierig zu steuernden gesellschaftlichen Subsysteme, explizit als Problemquelle berücksichtigt.

Eine entscheidende Konsequenz dieser Betrachtungsweise liegt im Einbezug aller Gesellschaftsgruppen in die staatliche Problemlösung. Der Staat als Gewährleistungsstaat ist nicht mehr alleine für die Erfüllung öffentlicher Aufgaben zuständig, sondern fördert als Moderator und Koordinator die gesellschaftliche Verantwortungsübernahme der unterschiedlichen Gruppen (Bürger, Unternehmen etc.) sowie die Zusammenarbeit der verschiedenen staatlichen und privaten Akteure zur Erreichung gemeinsamer Ziele.

Gewährleistungsstaat

Entwicklungen in der Verwaltungspolitik (nach Jann 2002: 294)   Tabelle 2

	Management 1990er	Governance 2000er
Schlagworte	– Neues Steuerungsmodell – Unternehmen Verwaltung – Bürokratiekritik – Dienstleistungskommune – Schlanker Staat	– Bürger-/Zivilgesellschaft – Sozialkapital – Gewährleistungsstaat – Bürgerkommune – Aktivierender Staat
Probleme	– Staat/Bürokratie (-versagen) – Steuerungslücken – Organisierte Unverantwortlichkeit	– Gesellschaft (-versagen) – Fragmentierung – Externe Effekte – Exklusion
Ziele	– Effizienz, value for money – Dienstleistung – Kundenorientierung – Qualität	– Soziale, politische und administrative Kohäsion – Beteiligung – Bürgerschaftliches Engagement

Mit dem neuen Verständnis von der Beziehung zwischen Staat, Markt und Zivilgesellschaft hat sich auch auf kommunaler Ebene das Konzept der Dienstleistungskommune hin zur Idee der Bürgerkommune entwickelt, bei der die Bürger mehr Einfluss auf die Leistungen und Programme der Kommunen haben, aber auch mehr Pflichten im Rahmen der bürgerschaftlichen Selbstorganisation übernehmen müssen (vgl. Banner 1998: 179 f.). In diesem Zusam-

Zivilgesellschaft

1 Ziel und Zweck eines Managements für den Staat

menhang wird das Sozialkapital der Gesellschaft zu einer immer wichtigeren Messgröße. Der Begriff des Sozialkapitals wurde maßgeblich von Robert D. Putnam geprägt, der unter Sozialkapitel die Beziehungen zwischen Individuen sowie das daraus resultierende soziale Netzwerk versteht (vgl. Putnam 2000: 19). Grundgedanke ist, dass ein hohes Sozialkapital dazu führt, dass jeder einzelne Bürger sich seiner Verantwortung in der Gesellschaft bewusst und daher bereit ist, seinen Anteil zur Lösung gesellschaftlicher Probleme beizutragen, sodass Anreizasymmetrien kollektiven Handelns (Gefangenendilemma, Trittbrettfahrerproblem etc.) verringert werden (vgl. Putnam 2000: 288 ff.).

Das folgende Kapitel gibt zunächst einen kurzen Überblick über die internationale Entwicklung der Verwaltungsmodernisierung, bevor im anschließenden Kapitel auf die theoretischen Grundlagen des Management-Grundgedankens im Rahmen der Verwaltungsreform eingegangen wird.

1.3 Verwaltungsmodernisierung aus internationaler Sicht

1.3.1 Managementreformen seit den 1980er Jahren

Haushaltskrise

Die Ursachen der Reform im öffentlichen Sektor reichen bis zum Ende der 1970er Jahre zurück. Die auf den Ölpreisschock folgende Wirtschaftskrise mit zunehmenden Arbeitslosenzahlen, abnehmenden Staatseinnahmen und steigenden Sozialausgaben unterstützte die Stimmen jener Kritiker, welche die bisherigen Funktionsmängel des bürokratischen Systems hinterfragten (vgl. Budäus/Grüning 1998: 4 f.). Die Haushaltskrise zahlreicher europäischer Staaten wurde letztlich zum Anlass, die Grenzen der bürokratischen Steuerung angesichts von Pluralisierungs- und Individualisierungstendenzen sowie einer zunehmend komplexeren und dynamischeren Umwelt kritisch zu hinterfragen. Aus dem Vergleich mit der Qualitätssteigerung privatwirtschaftlicher Leistungserstellung stiegen in den letzten Jahrzehnten zusätzlich die Ansprüche der Bürger und Bürgerinnen an den öffentlichen Sektor und verstärkten die allgemeine Unzufriedenheit mit der staatlichen Verwaltung. Der öffentliche Haushalt rückte zusehends ins Zentrum politischer Diskussionen und Wahlprogramme.

Verwaltungsmodernisierung aus internationaler Sicht

In diesem Zeitraum begannen die ersten Modernisierungsbewegungen des öffentlichen Sektors in unterschiedlichen Ländern der Welt, die sich schließlich in Richtung NPM weiterentwickelten. Diese Reformbewegung ist mittlerweile international verbreitet, was dadurch verdeutlicht wird, dass NPM-spezifische Begriffe und Konzepte länderübergreifend einheitlich verwendet werden. Bei näherer Betrachtung fällt jedoch auf, dass die NPM-Elemente in den einzelnen Ländern mit unterschiedlichem Inhalt gefüllt werden, sodass sich bei deren konkreten praktischen Ausgestaltung deutlich unterschiedliche und teilweise sogar entgegen gesetzte Lösungsansätze finden lassen (vgl. Schedler/Proeller 2006: 287 ff.). NPM kann somit nicht als international einheitliches Konzept gesehen werden, sondern weist ein weitgehend kohärentes Set von Reformbausteinen auf, welche je nach situativer Ausgangslage und vorherrschenden Problembereichen von den Modernisierern zur Erreichung sehr verschiedener Modernisierungsziele eingesetzt werden.

Unterschiedliche NPM-Ansätze

Im Folgenden sollen die wesentlichen internationalen Reformentwicklungen – zusammengefasst nach Ländergruppen – kurz dargestellt werden. Zu einer vertiefenden Darstellung internationaler Entwicklungen vgl. OECD 2005a, McLauglin/Osborne/Ferlie 2002, Pollitt/Bouckaert 2000 und Ritz/Thom 2000.

1.3.2 Internationale Reformentwicklungen

Hinsichtlich der Entwicklungsvarianten des öffentlichen Sektors lassen sich im internationalen Vergleich drei Gruppen identifizieren, deren Reformprogramme zwar mit den Kernprinzipien des Public Managements übereinstimmen, die jedoch in ihrer konkreten Ausprägung ein sehr breites Spektrum umfassen.

Die erste Gruppe umfasst die angelsächsischen Länder Australien, Neuseeland, Großbritannien und die USA. Der Fokus in den Reformbestrebungen dieser Länder lag auf der Etablierung leistungsorientierter, marktähnlicher Strukturen mit der Zielsetzung eines tief greifenden Um- und Rückbaus des öffentlichen Sektors (vgl. Ritz/Thom 2000: 84 ff. und Naschold/Bogumil 2000: 38 f.). So zeichneten sich insbesondere Neuseeland, Australien und Großbritannien durch einen sehr radikalen Reformprozess aus, der von der Überzeugung geprägt war, durch die Einführung marktlicher Prozesse eine deutliche Steigerung der Effizienz und Effektivität in der Verwaltungsführung zu erreichen. Diese Politik resultierte insbesondere in Großbritannien in der Bildung von Agenturen, der umfassenden Privatisierung von Staatsbetrieben und in obligatorischen

Angelsächsische Länder

Ausschreibungsverfahren (Compulsory Competitive Tendering) für öffentliche Leistungen auf kommunaler Ebene. Weiterhin zeichnete sich diese Gruppe dadurch aus, dass Reformideen häufig zentralstaatlich auf Regierungsebene initiiert und auf die kommunale Ebene übertragen wurden, wobei die Regierung in den USA aufgrund struktureller Gründe nicht die gleiche Machtbefugnis besaß wie die Regierungen der anderen Länder.

Nordeuropäische Staaten

Zu der zweiten Gruppe gehören die nordeuropäischen Staaten Norwegen, Finnland und Schweden sowie die Niederlande. Die Reformprozesse in diesen Ländern zeichneten sich durch ein hohes Maß an Konzertierung von Staat und Kommunen sowie eine konsens-basierte Vorgehensweise aus. So wurden bspw. in den Niederlanden zahlreiche Reformprojekte auf Initiative der Kommunen mit der Unterstützung der Regierung durchgeführt. Hier erlangte v. a. die Stadt Tilburg durch die konsequente Einführung einer kommunalen Konzernorganisation mit einem City-Manager-Modell mittels Kontraktmanagement im Rahmen des „Tilburger Modells" internationale Bekanntheit. Im Fokus der Reformen stand weiterhin die Binnenmodernisierung des öffentlichen Sektors, welche mittels Personal- und Organisationsentwicklung sowie der Einführung neuer Managementinstrumente erreicht werden sollte. Obwohl sich die Länder durch einen frühen Beginn der Reformaktivitäten sowie eine Offenheit gegenüber den Reformelementen der angelsächsischen Länder auszeichneten, verliefen die Modernisierungsbestrebungen im Vergleich zur ersten Gruppe ruhiger und weniger radikal.

Deutschland, Österreich, Schweiz

Die dritte Gruppe bilden die Länder Deutschland, Österreich und die Schweiz, die sich durch eine eher abwartende und reservierte Haltung gegenüber Public Management-Reformen auszeichneten. Die Modernisierungsbestrebungen in diesen Ländern begannen später als in den ersten beiden Gruppen und wurden aufgrund der starken Ausprägungen rechtsstaatlicher Denk- und Verhaltensmuster vor dem Hintergrund der Weberschen Bürokratie erschwert. Insbesondere in Deutschland wurden Reformelemente vereinzelt und zunächst ohne grundlegendes Gesamtkonzept eingeführt, da die kommunale Ebene den Ausgangspunkt zahlreicher Initiativen bildete. Auch in diesen Ländern bildete die Binnenmodernisierung den Schwerpunkt der Reformen. Die Umstellung des Rechnungswesens von der Kameralistik zur Doppik, ein verändertes Personalmanagement sowie eine verstärkte Kunden- und Wirkungsorientierung waren weitere wichtige Punkte der Reformagenda.

Zusammenfassend zeigt der internationale Ländervergleich (vgl. ausführlich Ritz/Thom 2000) eine zunehmende Abkehr vom klassischen Bürokratiemodell Max Webers durch die Einführung neuer

Managementmethoden, eine zunehmende Kunden- und Bürgerorientierung sowie eine umfassende Aufgabenkritik mit dem Resultat der Auslagerung und Privatisierung vormals staatlicher Aufgabenbereiche. Die Vorgehensweise und der Entwicklungsstand des Reformprozesses sowie die Schwerpunkte im Rahmen der Modernisierungsbestrebungen der Verwaltungsführung unterscheiden sich jedoch in den einzelnen Ländern erheblich und führen somit zu einem unterschiedlichen Aussehen des öffentlichen Sektors in den betrachteten Nationen.

1.4 Theoretische Grundlagen des Public Managements

In der Literatur herrscht recht große Übereinstimmung darüber, dass die Verwaltungsreform keinen eigenständigen theoretischen Unterbau besitzt, sondern auf mehreren theoretischen Ansätzen basiert (vgl. Ritz 2003a; Grüning 2000; Reichard 1992: 843 f. und Aucoin 1990: 235 ff.). Im Folgenden werden die wesentlichen Grundlagen des Public Managements ausgewählt und aus ökonomischer Perspektive dargestellt. Es handelt sich dabei um zwei Ansätze der Modernen Institutionenökonomie sowie um jenen des Managerialismus.

1.4.1 Public Choice und die Rolle der Bürokratie

Die Public Choice-Theorie kann ebenso wie die verschiedenen Ansätze der nachfolgend erläuterten Neuen Institutionenökonomie unter dem Begriff der Modernen Institutionenökonomie subsumiert werden (vgl. Grüning 2000: 196). Die Public Choice-Theorie hat ihren Ursprung in den Politik- und Finanzwissenschaften und wurde auch von wohlfahrtsökonomischen Strömungen geprägt (vgl. Braun 1999: 55). Obwohl grundlegende Theoriebausteine der Public Choice-Theorie bis zu Adam Smith und seinem 1776 veröffentlichten Werk „Wealth of Nations" zurückreichen, wurden die Implikationen, welche die ökonomische Theorie auch für den öffentlichen Sektor hat, erst in den 1960er Jahren durch James Buchanan und Gorden Tullock aufgezeigt. Public Choice kennzeichnet die Anwendung der ökonomischen Theorie (insbesondere der neoklassischen Wirtschaftstheorie) im Rahmen der Politikwissenschaften resp. die ökonomische Analyse von nicht-marktorientiertem Entscheidungsver-

Staatsversagen im Zentrum

halten (vgl. Ott/Winkel 1985: 38 f.). Im Zentrum der Analyse steht das Staatsversagen, das unter der grundlegenden Annahme des methodologischen Individualismus untersucht wird. Menschliches Verhalten ist demnach aus dem Blickwinkel der Public Choice-Theorie rational und nutzenmaximierend (vgl. Mueller 2003: 1).

Die Public Choice-Theorie gliedert sich in verschiedene inhaltliche Stränge (vgl. Braun 1999: 137 f.). Zum einen steht die Beziehung zwischen rationalen Wählern und politischen Parteien und damit der Prozess der politischen Willensbildung im Mittelpunkt des Interesses, zum anderen wird der Prozess der Umsetzung politischer Entscheidungen durch die Betrachtung von Politikern und deren Berücksichtigung von Interessensgruppen thematisiert. Ein dritter Strang der Public Choice-Theorie widmet sich dem Verhältnis zwischen sog. „Ämtern" und ihren Mitarbeitern sowie Politikern. Im Mittelpunkt dieses Forschungsschwerpunkts steht die Frage, mittels welcher Rationalität das bürokratische Handeln gesteuert wird (vgl. Braun 1999: 138). Ausgehend von der Grundannahme des methodologischen Individualismus und den daraus folgenden Rationalitätsregeln widersprechen Vertreter der Public Choice-Theorie Max Webers Bürokratiethese, nach welcher der rational-legale Herrschaftstyp die höchste Form des Verwaltungshandelns darstellt. Sie gehen im Gegensatz zu Weber davon aus, dass Verwaltungsangestellte ihre Aufgaben nicht in bedingungsloser Loyalität erledigen, sondern durch Eigeninteresse motiviert werden und versuchen, bei ihren Handlungen ihren eigenen Nutzen zu maximieren.

Methodologischer Individualismus

Abbildung 1 *Erklärung politischer Prozesse durch die Public Choice-Theorie*

Erklärung politischer Prozesse
↑
Kollektives (staatliches) Handeln als Ergebnis
der Aggregation individueller Präferenzen
↑
Eigennutzenmaximierende Akteure
(„budgetmaximierende Bürokraten")

Als Konsequenz ist das Entscheidungsverhalten von Politikern das Ergebnis der Summe aller individuellen Präferenzen der Exekutivkräfte und Beamten. Abbildung 1 zeigt schematisch, wie politische Entscheidungsprozesse aus dieser Sicht begründet werden.

Theoretische Grundlagen des Public Managements 1.4

Im Folgenden werden die beiden zentralen Vertreter dieser Richtung dargestellt.

1.4.1.1 Niskanens Bürokratiemodell

Laut William A. Niskanen handeln Beamte aus unterschiedlichen Motivgründen, die jedoch immer auf Eigeninteresse basieren (vgl. Niskanen 1974: 208 f.). Ihre Interessen können sie am besten durch Budgetmaximierung verwirklichen, sodass sich Administratoren letztlich als eigennutzen- bzw. budgetmaximierende Bürokraten verhalten. Die Politik ist sehr eingeschränkt hinsichtlich der Kontrollmöglichkeiten dieses Verhaltens, da die Berechnungsgrundlage für die Leistungen der Ämter intransparent bleibt, die Ämter ein funktionales Monopol besitzen und die Politiker sich häufig selbst nicht einstimmig verhalten.

Budgetmaximierende Bürokraten

Um das dadurch gefährdete Primat der Politik wieder herzustellen, ist einerseits mehr Wettbewerb zwischen den Behörden notwendig, damit die monopolistische Position der Bürokratie eingedämmt werden kann, sowie andererseits eine leistungsgerechte Entlohnung der Beamten, wobei möglichst effizientes (budgetminimierendes) Verhalten honoriert werden sollte (vgl. Niskanen 1974: 221 f.).

Mehr Wettbewerb

Die Auswirkungen dieser theoretischen Überlegungen zeigen sich im Rahmen der Strukturreform von Public Management: Trennung der Produzenten- und der Gewährleistungsrolle sowie Einführung von marktwirtschaftlichen Steuerungsinstrumenten und mehr Wettbewerb (vgl. Budäus/Grüning 1998: 7). Die Ansätze des Personalmanagements im Public Management (Leistungs- und Zielvereinbarung, Mitarbeiterbeurteilung, neue Führungsstile, leistungsorientierte Entlohnungssysteme usw.) gründen auch in den Annahmen der Public Choice-Theorie über das nutzenmaximierende Individuum (vgl. Budäus/Grüning 1998: 7).

Trennung Strategie und Operation

1.4.1.2 Downs Bürokratiemodell

Während Niskanen v. a. die Beziehung zwischen bürokratischen Ämtern und politischen Entscheidungsträgern beleuchtete, widmete sich Anthony Downs der internen Handlungsdynamik von Ämtern (vgl. Braun 1999: 138 f.). Ähnlich wie Niskanen geht auch Downs von Bürokraten mit egoistischen Motiven aus, welche die fünf Idealtypen von Verwaltungsbeamten bestimmen: Aufsteiger, Bewahrer, Eiferer, Anwälte und Staatsdiener handeln aus unterschiedlichen Motivlagen und prägen wesentlich das Handeln von bürokratischen Organisationen (vgl. Downs 1974: 202). Downs identifiziert einen

Beamtentyp und Ämter

Lebenszyklus von Ämtern, der von dem maßgeblich vorherrschenden Idealtyp an Verwaltungsbeamten festgelegt wird. Neue Ämter entstehen durch Eiferer und Aufsteiger, verlieren aber im Laufe der Zeit an Wachstumsdynamik, zeigen ein zunehmend konservatives Verhalten und verzeichnen einen steigenden Anteil an Bewahrern. Aus dieser Logik heraus folgert Downs, dass nicht alle Ämter das Ziel der Budgetmaximierung verfolgen, sondern dass dies vom Alter des Amtes und dem vorherrschenden Beamtentypus abhängt.

Kontrollversagen

Weiterhin erklärt Downs, dass Bürokratien durch die hierarchische Koordination, ihre Größe sowie die eigeninteressierten Verwaltungsbeamten ineffizient handeln (vgl. Downs 1974: 199 ff.). Mit steigender Größe beobachtet Downs ein Versagen der Koordinations- und Kontrollstrukturen, was zu einem erhöhten Aufwand für die Kontrollmechanismen seitens der Amtsleitung führt. Dies führt zu einer Ausweitung der Gesamtgröße des Amts, woraus wiederum erhöhte Kontrollanforderungen entstehen. Diese Spirale führt laut Downs dazu, dass Ämter immer aufgeblähter werden, da auch die Kontrollinstanzen aus Eigeninteresse versuchen, ihre Leistungen auszuweiten, um somit ihre Machtposition zu stärken.

Regulierung

Downs Hypothesen lassen sich sehr gut an zahlreichen Unternehmen der Daseinsvorsorge (Strom-, Wasserversorgung, Abfallentsorgung, Post, Telekommunikation, Rundfunk etc.) verdeutlichen. Durch deregulierende Maßnahmen wurden aus ehemaligen Verwaltungen Unternehmen im Wettbewerb. Zur Kontrolle von Problemen der Kommerzialisierung sowie zur Gewährleistung von Daseinsvorsorge und Zukunftssicherung erließen die Gesetzgeber immer mehr Vorgaben und Verordnungen. Für die Überwachung dieser Vorschriften sind nun Regulierungsbehörden verantwortlich, die ihrerseits ständig wachsen und teilweise bereits die Größe des ursprünglichen Verwaltungsbetriebs überschritten haben (vgl. Eichhorn 1999: 20).

1.4.2 Neue Institutionenökonomie

Institutionen

Die Neue Institutionenökonomie wird im Allgemeinen auf Ronald H. Coase zurückgeführt und befasst sich mit der Analyse von Institutionen, in deren Rahmen sich der ökonomische Austausch vollzieht. Das Ziel der verschiedenen Ansätze besteht darin, die Struktur, die Verhaltenswirkungen, die Effizienz und den Wandel von ökonomischen Institutionen zu erklären (vgl. Ebers/Gotsch 2006: 247). Der Begriff der Institution wird dabei sehr weitreichend interpretiert. Unternehmen, Marktwirtschaft, Verträge, Demokratie, Staat

Theoretische Grundlagen des Public Managements

1.4

und Verfassung sind nur einige Beispiele für Institutionen, die mit der Neuen Institutionenökonomie erklärt werden können (vgl. Göbel 2002: 1). Im Folgenden werden die drei zentralen Ansätze der Neuen Institutionenökonomie dargestellt und ihre Bedeutung im Rahmen des Public Managements erläutert.

1.4.2.1 Property Rights-Theorie

Der Wert von Gütern und Dienstleistungen sowie die Handlungen von Menschen hängen von jenen Rechten ab, die ihnen zugeordnet werden (vgl. Ritz 2003a: 142). Dabei können die Rechte auf Güternutzung, auf Güterveränderung, auf Gewinnaneignung und auf Güterveräußerung unterschieden werden. Die Auswirkungen dieser Handlungs- und Verfügungsrechte auf das Verhalten von Individuen sind der Untersuchungsgegenstand der Property Rights-Theorie (vgl. Göbel 2002: 61). Die Property Rights-Theorie geht davon aus, dass Individuen bei gegebenen Verfügungsrechtsstrukturen die Ressourcen so einsetzen, dass sie ihren Nettonutzen maximieren (vgl. Ebers/Gotsch 2006: 249). Daraus lässt sich folgern, dass die Verfügungsrechte möglichst vollständig und möglichst eindeutig auf ausschließlich ein Individuum übertragen werden sollten, damit diesem Akteur alle positiven und negativen Konsequenzen seines Handelns zugeordnet werden können (vgl. Ritz 2003a: 142 f.). Nur unter diesen Voraussetzungen wird ein Individuum an einer rationalen Ressourcennutzung interessiert sei, ohne seine Erträge auf Kosten anderer Individuen zu mehren.

Verfügungsrechte

Im Rahmen der Public Management-Reformen wird die Property Rights-Theorie in dem Bemühen deutlich, Freiräume für die Verwaltungsangestellten zu schaffen, die sie zu eigenverantwortlichem Handeln animieren, sie aber auch die Konsequenzen ihres Handelns tragen lassen. Die Zusammenlegung von Fach- und Ressourcenverantwortung, die Budgetierung mit der Eröffnung von Entscheidungsfreiheiten hinsichtlich der Ressourcenverwendung sowie das Kontraktmanagement, im Rahmen dessen nur Ziele, nicht jedoch die Wege zur Zielerreichung vorgegeben werden, sind wesentliche Teilbereiche der Reformbewegung, die dem Grundgedanken der Property Rights-Theorie folgen (vgl. Reinermann 2000: 89).

Eigenverantwortliches Handeln

1.4.2.2 Principal Agent-Theorie

Die Leitidee des Principal Agent-Ansatzes ist die Bewältigung von Zielkonflikten, die aus einem Vertragsverhältnis zwischen einem Auftraggeber oder Prinzipal und einem Auftragnehmer bzw. Agenten entstehen können (vgl. Arrow 1991: 37 f.). Die Institution des Vertrags steht somit im Mittelpunkt der Betrachtung (vgl. Ebers/Gotsch 2006: 258). Auf Basis einer Vereinbarung delegiert der Prinzipal einen Teil seiner Aufgaben und Entscheidungskompetenzen an den Agenten, der für seine Tätigkeit eine Vergütung erhält. Der Vorteil dieses Arrangements besteht für den Prinzipal darin, dass er das spezialisierte Wissen des Agenten zur Verfolgung eigener Interessen einsetzen kann. Diesem Vorteil steht die Gefahr gegenüber, dass der Agent seinen Informationsvorsprung ausnutzt, um statt pflichtgemäßer Aufgabenerfüllung eigene Interessen zum Nachteil des Prinzipals zu verfolgen. Dieses Risiko des Prinzipals steigt mit fallender Verfügbarkeit von Informationen über die Motive und Handlungsmöglichkeiten des Agenten.

Informationsvorsprung

Die Principal Agent-Theorie analysiert die vertragliche Gestaltung der Beziehungen zwischen dem Prinzipal und dem Agenten unter den Bedingungen ungleicher Informationsverteilung, rationalen Verhaltens, Unsicherheit sowie unter Berücksichtigung der Risikoverteilung. Durch Anreiz-, Kontroll- und Informationsmechanismen lassen sich dabei die Zielkonflikte zwischen Agent und Prinzipal grundlegend minimieren und Probleme von Auftragsbeziehungen effizient behandeln.

Vertragsgestaltung

Im Rahmen von Public Management stellen die Förderung der Verwaltungskultur (bspw. durch die Entwicklung von Leitbildern, die Motivation und Qualifikation der Mitarbeiter, ein auf die Zielorientierung gerichtetes Anreizsystem) sowie klare Informationssysteme (Kontraktmanagement, Controlling, Berichtwesen) wichtige Mechanismen der Principal Agent-Theorie zur Vermeidung von Zielkonflikten dar (vgl. Reinermann 2000: 92).

1.4.2.3 Transaktionskostentheorie

Produktions- und Transaktionskosten

Die Transaktionskostentheorie geht zurück auf Oliver E. Williamson und Ronald H. Coase. Sie thematisiert die Frage, welche Arten von Transaktionen in welchen institutionellen Arrangements relativ am kostengünstigsten abgewickelt und organisiert werden können (Williamson 1985: 15 ff.). Als Maßstab der Vorteilhaftigkeit verschiedener institutioneller Arrangements wird die Summe aus Produktions- und Transaktionskosten herangezogen, wobei letztere in ex ante- und ex post-Kosten unterteilt werden, die Verhandlungs-,

Theoretische Grundlagen des Public Managements

1.4

Informations-, Vertragskosten sowie Kosten für die Absicherung, Durchsetzung und evtl. Anpassung der vertraglichen Vereinbarung umfassen.

Die Verhaltensannahmen der Transaktionskostentheorie gehen zum einen von der begrenzten Rationalität bzw. Denkfähigkeit der Akteure und zum anderen von Opportunismus der Vertragspartner bei unvollständiger Informationslage aus (vgl. Ritz 2003a: 137). Die damit verbundene Unsicherheit führt ebenso wie die Unsicherheit über die situativen Bedingungen der Transaktion und transaktionsspezifische Investitionen zu einer Erhöhung der Transaktionskosten, während die Häufigkeit einer Transaktion deren Kosten sinken lässt.

Begrenzte Rationalität

Es existieren drei grundlegende institutionelle Arrangements, innerhalb derer Transaktionen stattfinden können und die sich in Bezug auf Anreizstrukturen, das Ausmaß bürokratischer Steuerung und Kontrolle sowie die Anpassungsfähigkeit unterscheiden: Markt, Hierarchie und als Zwischenform Netzwerke. Die Transaktionskostentheorie postuliert nun, dass eine gegebene Transaktion unter den genannten Verhaltensannahmen um so effizienter organisiert und abgewickelt werden kann, je besser die Charakteristika des institutionellen Arrangements den sich aus den Charakteristika der abzuwickelnden Transaktion ergebenden Anforderungen entsprechen.

Markt, Hierarchie, Netzwerke

In Bezug auf Public Management wird der Einfluss der Transaktionskostentheorie bei der Entscheidung über die Eigen- oder Fremderstellung öffentlicher Leistungen deutlich (vgl. Reichard 2002a: 592). Eine sorgfältige Abwägung von „make-or-buy"-Entscheidungen wird zu einem immer wichtigeren Thema im Rahmen der Reformprozesse im öffentlichen Sektor (vgl. Eichhorn 1997: 96 ff.). Aufgabenkritik, Outsourcing, Privatisierung, Center-Konzepte sowie Bürgerämter und Selbstbedienung von Bürgern mit Verwaltungsleistungen entspringen somit transaktionskostentheoretischen Überlegungen (vgl. Reinermann 2000: 88).

Make-or-Buy

1.4.3 Managerialismus

Die starke Bedeutungszunahme der Managementfunktion in der Verwaltung in Zusammenhang mit dem Public Management führte zu erheblicher Kritik an betriebswirtschaftlichen Konzeptionen, die z. T. vorbehaltlos in das Verwaltungssystem übertragen wurden. Eine solche kritiklose Übernahme ist zu hinterfragen, darf jedoch nicht zur gänzlichen Verurteilung von Managementansätzen führen, deren Beitrag zur Motivations-, Effizienz- und Effektivitätssteigerung

Managementleitfäden

eine lange Tradition aufweist. In der Literatur reichen die Ursprünge der ersten Managementleitfäden bis ins Alte Ägypten zurück und finden in Adam Smith, Henri Fayol, Frederick Taylor, Peter Drucker sowie in populären Autoren wie Tom Peters und Robert Waterman ihre Fortsetzung bis heute (vgl. Kieser 2002: 65 ff.).

POSDCoRB — Große Bedeutung kam dabei der Administrationstheorie von Henri Fayol zu. Dieser entwarf einen ersten systematischen Bezugsrahmen für die Managementlehre, indem er Management als eine Kombination unterschiedlicher Teilfunktionen charakterisierte (vgl. Steinmann/Schreyögg 2005: 47 f.). Vorausschau und Planung, Organisation, Leitung bzw. Anweisung, Koordination sowie Kontrolle bildeten laut Fayol die unterschiedlichen Teilschritte des Managementprozesses, die im Allgemeinen nicht nur inhaltlich, sondern auch zeitlich aufeinander folgten (Wolf 2005: 82). Darüber hinaus definierte Fayol 14 Management-Prinzipien, die den Führungskräften als Leitfaden bei der Ausübung ihrer Managementaufgabe dienen sollten (vgl. Fayol 1929). Aufbauend auf Fayols Arbeit stellten einige Jahre später Gulick/Urwick eine siebenteilige Systematik zur Charakterisierung des Management-Begriffs vor, die unter dem Namen des „POSDCoRB" bekannt wurde: Planning, Organizing, Staffing, Directing, Coordinating, Reporting und Budgeting bilden eine funktionale Zusammenstellung der Tätigkeiten eines Managers, die bis heute in teilweise modifizierter Form die Managementliteratur prägt (vgl. Staehle 1999: 27 f.).

Pollitt begründete schließlich den als eine Grundlage der Public Management-Bewegung herangezogenen Managerialismus (vgl. Pollitt 1990: 27 ff.). Der Managerialismus stellt keine in sich stimmige Theorie dar. Er kennzeichnet vielmehr die Anwendung von Glaubenssätzen und Praktiken, sog. Managementprinzipien, auf spezifische Probleme. Ganze Managementleitfäden entstehen durch die Identifikation bewährter Praktiken, welche in Regeln gefasst werden, damit sie von anderen ebenfalls erfolgreich angewandt werden können (vgl. Kieser 2002: 65).

Theoretische Grundlagen des Public Managements

1.4

Erklärung sozialen Fortschritts durch den Managerialismus

Abbildung 2

Sozialer Fortschritt aufgrund der
Steigerung ökonomischer Produktivität
↑
Bessere Technologien
↑
Anwendung der Technologien nur durch Arbeitskräfte, die
Produktivitätsmaximierung verfolgen
↑
Professionelles Management ist zentrale Organisationsform für
Produktivitätssteigerung
↑
Handlungsspielraum als Voraussetzung für professionelles Management

Zur Erreichung sozialen Fortschritts und damit zur effektiven Lösung ökonomischer und sozialer Probleme ist ausreichender Handlungsspielraum die grundsätzliche Voraussetzung. Handlungsspielraum ermöglicht in einer Institution die Ausübung von professionellem Management, das als zentrale Organisationsform für die Erreichung von Produktivitätszuwachs gilt. Die Produktivitätssteigerung erfolgt ihrerseits aufgrund der Anwendung von Technologien durch Arbeitskräfte, welche die Produktivität zu maximieren versuchen. Es kommt aufgrund der Überlegungen des Managerialismus zu einer Verbesserung der Technologien und letztlich zum sozialen Fortschritt (vgl. Abb. 2).

Handlungs-spielraum

Diese Gedankenfolge des Managerialismus führt im Rahmen von Public Management zu einer Dekonzentration der Macht, die durch Dezentralisation, Deregulation und Delegation in der Verwaltung erreicht werden kann. Weitere Folgen davon sind die Entwicklung eines leistungsfähigen Rechnungswesens, die Einführung von Ziel- und Leistungsvereinbarungen, Leistungsmessungen, neue Führungsstile, leistungsorientierte Entlohnungssysteme und die Personalentwicklung. Typische Managementkonzepte, die aus dem privaten Sektor in die öffentliche Verwaltung übernommen wurden, sind z. B. Total Quality Management, Lean Management, Business Process Reengineering und das Konzept der Unternehmenskultur.

Dekonzentration der Macht

1.5 Spannungsfelder und Gefahren bei Reformen

In diesem Abschnitt werden zunächst die verschiedenen Ursachen von Verwaltungsreformen thematisiert. Anschließend werden die grundsätzlichen Konfliktpunkte zwischen der dem Public Management zu Grunde liegenden Managementorientierung und den bislang dominierenden staatsrechtlichen Prinzipien erläutert, bevor grundsätzliche mit der Durchführung von Verwaltungsreformen verbundene Risiken dargestellt werden.

1.5.1 Ursachen von Verwaltungsreformen

Bei der Frage nach den Ursachen von Reformprozessen im öffentlichen Sektor können drei Gruppen von Erklärungsansätzen unterschieden werden (vgl. Ladner et al. 2000: 153 ff.). Die zwei Kategorien der Gestaltungs- und Steuerungsansätze fassen Reformen als Problemlösungsstrategien auf, die immer dort initiiert werden, wo die notwendigen Ressourcen in ausreichendem Maße vorhanden sind.

Reformfeindlichkeit

Krisen- und Systemzusammenbruchansätze gehen von einer grundsätzlichen Reformfeindlichkeit politischer Systeme aus. Daher werden Reformen nur dann lanciert, wenn sich öffentliche Institutionen mit ihren traditionellen Strukturen in einer Krise befinden und die ihr gesetzten politischen Ziele zur Aufgaben- und Leistungserfüllung nicht erreichen können, sodass ihre grundlegende Existenz bedroht ist (vgl. Ritz 2003a: 103). Dabei können in öffentlichen Institutionen die drei Krisenarten Legitimitäts-, Interdependenz- und Leistungskrise identifiziert werden, die sich hinsichtlich der bedrohten Organisationsziele unterscheiden (vgl. Kapitel 1.2).

In einer dritten Kategorie werden situative Ansätze und Opportunitätsansätze zusammengefasst. Diese Ansätze beinhalten sowohl Krisen- als auch Gestaltungselemente. Es wird davon ausgegangen, dass bestimmte wenig vorhersehbare Ereignisse oder Konstellationen zur Initiierung eines Reformprozesses führen.

Verhaltensorientierte Ursachen

Auch aus einer verhaltensorientierten Perspektive gilt es die Ursachen von Verwaltungsreformen zu betrachten. Dabei sind die folgenden Erkenntnisse wegleitend (vgl. Brunsson/Sahlin-Andersson 2000; Kieser 1996 und Brunsson/Olsen 1993: 6 ff.):

Spannungsfelder und Gefahren bei Reformen 1.5

1. Reformen generieren Reformen: Reformkonzepte sind klar, einleuchtend und wirken weniger komplex und diffus als der Organisationsalltag. Darüber hinaus wird nur ein in sich geschlossener Lösungsansatz dargestellt, der im Gegensatz zu den in der Realität vorkommenden Inkonsistenzen und Zielkonflikten steht. Schließlich geben Reformen vor, ziel- und zukunftsbezogene Ordnung in die chaotische Gegenwartssituation zu bringen.

2. Reformen profitieren von Problemen: Auch funktionierende Organisationen haben Problemstellen, die bei einer entsprechenden Hervorhebung die Suche nach Lösungsansätzen initiieren können.

3. Reformen resultieren aus Lösungsansätzen: Nicht die Probleme alleine lösen Verwaltungsreformen aus. Vielmehr ist das Angebot von Lösungsansätzen notwendig, um Reformprozesse anzuregen. Zahlreiche Angebote stehen nicht nur in der Organisation, sondern auch extern (Beratungen, Universitäten) zur Verfügung und ziehen Reformer und zu Reformierende an.

Diese Erkenntnisse zu den Ursachen von Reformprozessen fordern die Führungskräfte auf, darüber nachzudenken, weshalb Reformideen aufkommen und Reformstrategien initiiert werden. Damit kann verhindert werden, dass die einseitige Wahrnehmung (sog. „Focusing-Effekt") von Ursachen zu wenig Erfolg versprechenden Reformentscheidungen führt (vgl. Legrenzi et al. 1993: 37 ff.). Beispielsweise muss hinterfragt werden, ob die sich vielerorts verbreitenden Qualitätsmanagementkonzepte eine Antwort auf einen entsprechenden Bedarf sind oder ob sie primär aufgrund der verfügbaren Lösungsansätze oder wegen parallel stattfindender Reformen in anderen Verwaltungsstellen initiiert werden.

„Focusing-Effekt"

Reformen im politisch-administrativen System können auf mehreren Ebenen stattfinden. Jann unterscheidet folgende fünf Ebenen, auf denen grundsätzlich Bürokratieprobleme identifiziert und kritisiert werden und die mit Hilfe der Reformbestrebungen gelöst werden sollen (vgl. Jann 2004):

Reformebenen

1. Die Aufgabenebene, auf der kritisiert wird, dass es zu viele staatliche Aufgaben und Interventionen gibt.
2. Die politische Regulierungsebene, auf der zu viele unnötige Gesetze und Vorschriften existieren.
3. Die administrative Regulierungsebene, die durch komplizierte, widersprüchliche und teure Vorschriften gekennzeichnet ist.
4. Die Implementations- oder Organisationsebene, die durch die langsame, unfreundliche und unqualifizierte Umsetzung von

intra-organisatorischen Normen, d. h. innerhalb von öffentlichen Verwaltungen sowie

5. inter-organisatorisch zwischen öffentlichen Organisationen und Ebenen charakterisiert wird.

Entscheidend ist, dass die dargestellten Bürokratieprobleme nicht nur mit Hilfe eines Instruments gelöst werden können. Vielmehr sind unterschiedliche Methoden notwendig, um die Probleme der verschiedenen Ebenen zu lösen.

Im Blickpunkt | *Verwaltungsreformen in der schweizerischen Bundesverwaltung*

Im September 2005 wurde von der schweizerischen Regierung eine umfassende Reform der Bundesverwaltung beschlossen. Die neun Querschnitts- sowie 25 Departementsprojekte wurden mit dem Ziel initiiert, Prozesse zu vereinfachen, Abläufe besser zu strukturieren sowie Strukturen innerhalb der Bundesverwaltung zu straffen. Dabei ist die Regierung als Gesamtes für die erfolgreiche Umsetzung der Verwaltungsreform verantwortlich, wobei den einzelnen Querschnittsprojekten jeweils ein Regierungsmitglied vorsteht. Die neun Kernprojekte verfolgen die untenstehenden Ziele:

- Führung: Überprüfung der Führungsstrukturen aller Departemente (Ministerien)
- Personalstrategie und Personalprozesse: Klärung der Rollen und Verantwortlichkeiten auf Ebene Bund, Departemente und Ämter, Shared Service Center
- Vereinfachung und Abbau der Regelungsdichte in Personalangelegenheiten: Vereinfachung der Verfahren und Entscheide
- Beseitigung von Doppelspurigkeiten: Klärung von Schnittstellen
- Straffung der Beschaffungsorganisation: Zentralisierung der Zuständigkeiten im Beschaffungswesen von 42 auf 2 Stellen
- Vereinfachung von Verfahren, Abläufen und Dokumenten: Vereinfachung interner Prozesse und Kürzung von Dokumenten
- Entrümpelung des Bundesrechts: Abbau nicht mehr nötiger Erlasse
- Konzentration der Bibliotheken und Dokumentationsstellen: Konzentration der rund 50 Bibliotheken
- Überprüfung der außerparlamentarischen Kommissionen: Reduktion der Anzahl außerparlamentarischer Kommissionen

Darüber hinaus werden weitere 25 Projekte durchgeführt, für die die einzelnen Departemente verantwortlich sind. So sollen bspw. Abteilungen bzw. Aufgaben ausgelagert oder zusammengelegt, Schnittstellen überprüft sowie Personal abgebaut werden.

Insgesamt ist die Verwaltungsreform Teil einer umfassenden Sanierungsstrategie für den Bundeshaushalt. Die Projekte sollen weitestgehend mit bundesinternen personellen Ressourcen umgesetzt und in einem Zeitraum von gut 2 Jahren (2006 bis 2007) abgeschlossen werden.

Spannungsfelder und Gefahren bei Reformen

1.5

1.5.2 Staatsleitende Prinzipien und Public Management

Die in den vorangegangenen Abschnitten skizzierten Reformursachen und -ansätze des Public Managements führen zwangsläufig zu Spannungsfeldern mit den Grundprinzipien des modernen Staats. So sind in den meisten Grundrechtstexten westlicher Demokratien mehrheitlich staatliche Aufgabengebiete und allenfalls Ziele staatlicher Tätigkeiten genannt, doch werden die staatsleitenden Prinzipen als umfassende Ordnungskriterien nicht festgehalten. Mastronardi hat diese Prinzipien in Verbindung mit Public Management exemplarisch dargestellt (vgl. Abb. 3). Das schraffierte Dreieck in der Abbildung kennzeichnet den Wirkungsbereich von Public Management in seiner betriebswirtschaftlichen Fassung. Eine Integration des neuen Führungsansatzes in die staatspolitischen Abläufe und Strukturen hätte eine Ausweitung des Wirkungsbereichs von Public Management i. S. der gestrichelten Linie zur Folge (vgl. Mastronardi/Schedler 2004: 61 ff.).

Keine Ordnungskriterien

Public Management im Spannungsfeld staatsleitender Prinzipien

Abbildung 3

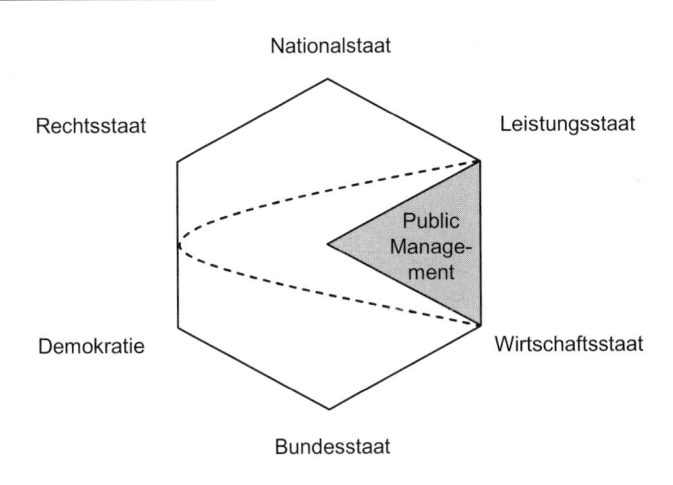

```
              Nationalstaat

Rechtsstaat              Leistungsstaat
                 ┌─Public─┐
                 │Manage- │
                 │  ment  │
Demokratie               Wirtschaftsstaat

              Bundesstaat
```

Das Spannungsverhältnis zwischen den Leitprinzipien und Public Management kommt am deutlichsten zwischen dem Rechtsstaat sowie der Demokratie und dem Leistungs- und Wirtschaftsstaat zum Ausdruck. Public Management verlangt von Rechtsstaat und Demokratie einen Abbau des Legalitätsprinzips, wonach prinzipiell für alle Bereiche und Arten der Verwaltungstätigkeit die Rechtset-

Rechtsstaat und Demokratie

zung vom demokratisch legitimierten Gesetzgeber ausgeht. Dadurch wird die staatliche Machtausübung an Verfassung und Gesetze gebunden und soll somit ein höchstmögliches Maß an Rechtsgleichheit garantieren. Die Verwaltung wird im Weiteren durch die rechtsstaatliche Kompetenzzuordnung und die Garantie eines beschwerdefähigen Verwaltungsablaufs in klare Strukturen und Hierarchien eingeteilt.

Diese Stärken der bürokratisch und stark regelgebundenen Verwaltung implizieren aber auch ihre Schwächen:

> „Die Verwaltung geht oft nicht mit der vollen Wirklichkeit um, sondern mit bürogemäßen Ausschnitten und Modellen von ihr. Das macht Verwaltung leistungsfähig, aber auch eng, vermindert jedoch ihre Fähigkeit, Unterschiede zu erkennen und zu berücksichtigen. Unterscheidungsfähigkeit gehört aber zur Humanitas. Bürokratische Verwaltung kann inhuman sein." (Ellwein 1994: 7)

Gesetzesdichte verringern

Die Forderung von Public Management, in den Bereichen des Wirtschafts- und Leistungsstaats die Gesetzesdichte zu Gunsten stärkerer Finalprogrammierung und Überprüfung durch Wirkungskontrollen abzuschwächen, ist berechtigt. Denn auch die bisherige Verwaltungslehre hat die staatliche Organisation aufgrund von rechtsstaatlichen und demokratischen Prinzipien festgelegt. Dies steht dem Public Management ebenso auf der Grundlage des Wirtschafts- und Leistungsstaates zu. Das bisherige Verständnis des demokratischen Rechtsstaates ging von „[...] einer linearen Legitimationskette aus, bei der im Wege eines strikten Gesetzesvollzugs gesetzliche Anweisungen hierarchisch und inputorientiert von der Verwaltung umgesetzt werden. Danach ist die Verwaltungsorganisation ein Mittel zum Zweck des Gesetzesvollzugs." (Hill 1997b: 31). Doch dieses primär an der Eingriffsverwaltung orientierte Verständnis entspricht nicht mehr der heutigen Vielzahl von Verwaltungsaufgaben und den Formen des Verwaltungshandelns. Hinzu kommt, dass sich die unterschiedlichen Staats- und Verwaltungstätigkeiten von der Hoheitsverwaltung bis zur Leistungsverwaltung letztlich auch nicht eindeutig einem staatsleitenden Grundsatz zuordnen lassen.

> „Damit gibt es einerseits keine ‚reinen' Public Management-Domänen, in denen die ökonomischen Kriterien schrankenlos gelten könnten, andererseits aber auch keine Bereiche, in denen kein Public Management-Element zugelassen werden darf, weil der Staat überall leistungsfähig, wirksam und wirtschaftlich handeln soll." (Mastronardi/Schedler 2004: 64 ff.).

Spannungsfelder und Gefahren bei Reformen 1.5

Diesen Grundsatz hat ebenfalls das deutsche Bundesverfassungsgericht im Jahre 1990 festgehalten: „Aus verfassungsrechtlicher Sicht entscheidend ist nicht die Form der demokratischen Legitimation staatlichen Handelns, sondern deren Effektivität; notwendig ist ein bestimmtes Legitimationsniveau. Dieses kann bei den verschiedenen Erscheinungsformen von Staatsgewalt im Allgemeinen und der vollziehenden Gewalt im Besonderen unterschiedlich ausgestaltet sein." (BVerfGE 1998).

Mit der Idee des Gewährleistungsstaats wird versucht, diese gegensätzlichen Staatsideen und dadurch auch den bisher ideologisch festgelegten Widerspruch zwischen wohlfahrtsmaximierenden und neoliberalen marktorientierten Staatssystemen zu überwinden (vgl. Mastronardi/Schedler 2004: 5 ff.). Dieser zeichnet sich im Gegensatz zum bisherigen Wohlfahrtsstaat dadurch aus, dass sich die Leistungstiefe auf staatliche Kernaufgaben beschränkt (vgl. Kapitel 5). Die Autonomie für die Verwaltung ist somit größer als im bisherigen Staatsgebilde, woraus u. a. eine stärkere Verantwortungsteilung zwischen öffentlicher und privater Hand resultiert (z. B. Public Private Partnership). Ein Hauptmerkmal des Gewährleistungsstaats ist das Nebeneinander von rechtsstaatlicher Regulierung und Marktmechanismen. Insbesondere die neue Politik des „Dritten Weges" der britischen Regierung unter dem ehemaligen Premierminister Blair, aber auch die schwedische Politik gehen mit ihren staatsleitenden Ideen vermehrt in eine ähnliche Richtung. Eine Integration von Ökonomie und Staatsrecht in demselben Staatsverständnis drängt sich immer stärker auf.

Gewährleistungsstaat

1.5.3 Ökonomische versus staatspolitische Rationalität

Bislang überwogen die rechtsstaatlichen und demokratischen Grundprinzipien in den meisten Aufgabenbereichen des öffentlichen Sektors. Denn „[...] die Aufgabe des Rechts im Zusammenhang mit der Staats- und Verwaltungsorganisation wird aber primär in der Wahrung von Rechtsstaat und Demokratie gesehen und nur mittelbar im Erreichen optimaler Wirksamkeit von Verwaltungshandeln." (Meyer 1998: 84). Insofern ist ein Ausgleich von staatsrechtlichem und wirtschaftlichem Denken in der öffentlichen Verwaltung notwendig, der im Folgenden beschrieben und in Abbildung 4 dargestellt wird (vgl. Schedler/Proeller 2006: 63 ff.).

Ausgleich von Recht und Ökonomie

Das neoliberale und nutzenmaximierende Marktdenken der ökonomischen Ansätze widerspricht den gerechtigkeits- und konsens-

1 Ziel und Zweck eines Managements für den Staat

orientierten Grundlagen staatspolitischen Denkens. Insofern herrschen zwei unterschiedliche Staatsverständnisse hinsichtlich des Staatsaufbaus aus der staatsrechtlichen Sichtweise oder der Public Management-Perspektive.

Das Staatsverständnis unter Public Management-Gesichtspunkten war bisher durch eine eindimensionale hierarchische Perspektive geprägt. Die ökonomische Logik findet auf allen Staatsebenen Anwendung, beim Parlament nur in schwächerem Ausmaß als auf der Regierungs- und Verwaltungsebene. Damit jedoch die neue Verwaltungsführung erfolgreich umgesetzt werden kann, ist eine differenziertere Betrachtungsweise notwendig. Unter Wahrung der staatsrechtlichen Prinzipien (Legalitäts-, Gleichheits- und Gewaltenteilungsprinzip) und gleichzeitiger Effektivitäts- und Effizienzorientierung staatlichen Handelns muss unterschiedlichen Entscheidungsmaximen Rechnung getragen werden.

Abbildung 4	Integration von Politik und Management

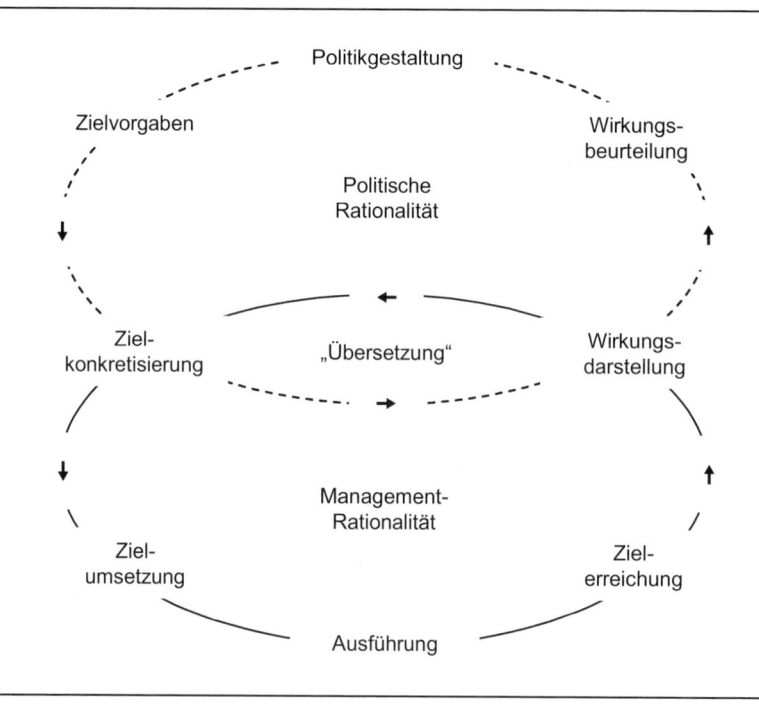

Politikgestaltung

Zielvorgaben — Wirkungsbeurteilung

Politische Rationalität

Zielkonkretisierung — „Übersetzung" — Wirkungsdarstellung

Management-Rationalität

Zielumsetzung — Zielerreichung

Ausführung

Spannungsfelder und Gefahren bei Reformen

1.5

Das zukünftige Staatsverständnis integriert die staatspolitische Rationalität auf der Seite der Legislative und die vermehrt ökonomische Rationalität im Verwaltungsbereich. Die Exekutive (Regierung) als Bindeglied verknüpft die beiden Entscheidungsrationalitäten am stärksten (vgl. Mastronardi 1999). Diese Integration unterschiedlicher Rationalitäten stellt eine große Herausforderung an das politisch-administrative System. Die Politik dient der Aushandlung politischer Prioritäten vor dem Hintergrund eines pluralistischen Werte- und Meinungsspektrums. Die Rationalitätenintegration verlangt nun verstärkt eine Zielkonkretisierung auf der politischen Ebene. Doch das widerspricht im Grundsatz dem System; politische Akteure binden sich eher kurzfristig auf der Maßnahmenebene durch zeitlich begrenzte Koalitionen im Gegensatz zu langfristigen Zielvorgaben, die einen stärkeren Wertekonsens bedingen, welcher jedoch systemfremd ist. Im Gegensatz dazu hat die Verwaltung nur ein begrenztes Interesse zur vollständig transparenten Leistungs- und Wirkungsinformation, abgesehen von den Schwierigkeiten, die mit der Wirkungsbeurteilung verbunden sind. Entsprechend wichtig wird die Übersetzungsrolle der Regierungsebene, die einerseits einer politischen Rationalität folgt, andererseits aber vermehrt ihre Führungsverantwortung i. S. der Management-Rationalität wahrnehmen muss. Dadurch wird deutlich, dass auch auf der rechtsstaatlichen und demokratischen Seite Gestaltungsspielräume bestehen, welche aber teilweise verkannt werden „[...] oder gar als ‚Alibi' benutzt werden, um Innovationen im öffentlichen Sektor zu verhindern." (Damkowski/Precht 1995: 132). Die Auswirkungen dieser sich nicht nur auf die Verwaltungsführung, sondern auch auf die Staatsführung beziehenden Überlegungen sind vielfältig und im Voraus nicht vollständig absehbar.

Staatspolitische und ökonomische Rationalität

1.5.4 Auswirkungen der Kombination von rechtlichen und ökonomischen Grundprinzipien

Eine situativ angemessene Kombination der Erkenntnisse aus der Staatslehre und der Ökonomie dürfte zu einer verbesserten Zielerreichung staatlichen Handelns führen. Auf diesen Überlegungen aufbauend, unterstützen folgende relevante Aspekte eine angemessene Umsetzung der neuen Verwaltungsführung (vgl. Praxisfenster Nr. 1 sowie Lienhard 2005; Solothurn 2003b; Ritz 2003a; Brühlmeier et al. 2001; Mastronardi/Schedler 2004; Meyer 1998; Oechsler/Vaanholt 1998; Bolz 1996 und Richli 1996):

Verbesserte Zielerreichung

1 Ziel und Zweck eines Managements für den Staat

- Die Gesetzgebung muss sich auf politisch wichtige Inhalte beschränken. Die Bestimmung der Wichtigkeit einer Gesetzesnorm wird aufgrund bereits bestehender Kriterien festgelegt.

- Delegationsregeln i. S. einer selbständigen verfassungsrechtlichen Kompetenz der Regierung könnten zum Erlass von weniger wichtigen Vorschriften ohne formelle Rechtsgrundlage an die Verwaltung führen, was besonders im Bereich der Leistungsverwaltung die staatliche Leistungsfähigkeit und Flexibilität erhöhen würde.

- Die Organisationsautonomie der Regierung und Verwaltung wird verstärkt, indem Verwaltungsorganisationsgesetze nicht mehr die konkret mit der Ausführung beauftragte Verwaltungseinheit nennen, sondern nur noch von der „zuständigen Stelle" oder von Aufgabenbereichen bzw. Produktgruppen sprechen.

- Das Parlament sollte angemessen in die mittelfristige Aufgaben- und Finanzplanung miteinbezogen werden. Es übt seinen Einfluss auf die Verwaltungstätigkeit über Produktgruppenbudgets und politische (Wirkungs-)Indikatoren aus, jedoch nicht über die Gestaltung der Leistungsaufträge. Diese fallen in die Kompetenz der Regierung.

- Mit neuen parlamentarischen Interventionsinstrumenten erhält die Legislative flexible Möglichkeiten, um Regierung und Verwaltung wirksam steuern zu können, ohne ihnen die Eigenverantwortung zu nehmen oder sich in die Exekutivverantwortung zu verstricken.

- Durch den vermehrten Einsatz von Evaluationen, Revisionen und des Controllings wird die Transparenz und Wirkungskontrolle der Verwaltungstätigkeit unter gleichzeitiger Vergrößerung des Handlungsspielraums erhöht.

- Das öffentliche Dienstrecht wird durch eine Flexibilisierung bei den Anstellungsbedingungen, der Entlohnungspolitik, den Qualifizierungsmaßnahmen sowie bei der Freistellung von Personal den personalpolitischen Bedingungen im privatwirtschaftlichen Sektor teilweise angeglichen (vgl. Meyer 1998: 79 f.; Oechsler/Vaanholt 1998: 151 ff. und Richli 1996: 17 f.).

Gefahren für Legitimation

Bei der Reformumsetzung gilt es aber gleichzeitig folgende für die Legitimation staatlichen Handelns kritischen Punkte zu beachten, die sich negativ auf die Legitimation, Gemeinwohlorientierung sowie die Zuverlässigkeit des Verwaltungshandelns auswirken können (vgl. Reichard 2002b: 273 f.):

Spannungsfelder und Gefahren bei Reformen — 1.5

- Die im Rahmen von Public Management angestrebte Effizienzorientierung und Stärkung von Managementkompetenzen kann zu einer Schwächung der politisch-demokratischen Dimension sowie zu einer einseitigen Ökonomisierung und Monetarisierung führen.

- Die Konzentration der politischen Ebene auf Rahmenzielsetzung und -steuerung sowie die zunehmende Professionalisierung der Verwaltung können zu verringerten politischen Kontrollmöglichkeiten und somit zu einem Vertrauensverlust in die Politik führen sowie letztlich die Legitimität des politischen Systems gefährden.

- Die Dezentralisierung von Verwaltungsstrukturen und die damit verbundene Verlagerung von Entscheidungskompetenzen können die Fragmentierung von Verwaltungen sowie den Ressortegoismus in den Verwaltungen fördern.

- Wettbewerbsmechanismen und Marktstrukturen können unerwünschte Nebeneffekte haben, da im öffentlichen Sektor Marktversagen auftreten kann oder verschiedene Aufgabenfelder von Beginn an nicht marktfähig sind.

Die durch Public Management ausgelöste Grundsatzdiskussion über die bisherigen rechtsstaatlichen Regulierungen und ihre Flexibilisierung durch management- und wirtschaftsorientierte Grundsätze wird die Reformentwicklung im öffentlichen Sektor sicher noch länger beschäftigen. Ihre Wichtigkeit ist hoch, denn gerade dadurch unterscheidet sich die Public Management-Reformbewegung von bisherigen Einzelreformen vergangener Jahre. Den vielerorts existierenden und nach langen Reformphasen lauter werdenden Kritiken der Management-Reformen im öffentlichen Sektor gilt es aber entgegenzuhalten:

Kritik an Management-Reformen

> „Nicht die Einführung moderner Management- und Steuerungsmethoden ist zu rechtfertigen, sondern deren Ablehnung." (Jann 1995)

Ziel und Zweck eines Managements für den Staat

Dr. Eduard Pesendorfer

Landesamtsdirektor,
Amt der
Oö. Landesregierung,
Linz

Praxisfenster Nr. 1: Wirkungsorientierte Landesverwaltung in Oberösterreich

1. Einleitung

Für die Weiterentwicklung der oö. Landesverwaltung hat 1993 und 2003 jeweils ein neuer Abschnitt begonnen. Die sich vielfältig ändernden Anforderungen und Bedürfnisse der Gesellschaft haben 1993 zu ersten Reformschritten i. S. des "New Public Management" geführt, bei denen u. a. ein Steuerungsmodell und Konzept zur gesamtheitlichen und vorausschauenden Verwaltungsentwicklung erarbeitet wurde. 2003 beschloss die oö. Landesregierung das umfassende und langfristige Management- und Unternehmenskonzept für eine wirkungsorientierte Landesverwaltung (WOV 2015).

2. Das Konzept WOV 2015

Das wesentlichste Ziel steckt schon im Namen dieses Konzeptes: In der Gesellschaft sollen angestrebte Wirkungen erzeugt werden. Zum Herzstück des Konzeptes WOV 2015 gehören ein Modell eines Steuerungs- und Regelkreises für die öffentliche Verwaltung in Oberösterreich sowie 119 Kern- und Richtungsaussagen, die Entwicklungsziele, Werthaltungen und Hinweise auf einzusetzende Instrumente enthalten. Die Kern- und Richtungsaussagen werden 7 Entwicklungsfeldern zugeordnet (siehe Tabelle). Um die Umsetzung in diesen Feldern voranzutreiben, laufen derzeit 12 Großprojekte (WOV-Leitprojekte) und zahlreiche Pilotprojekte und es wurden bereits erste sog. Management-Teilkonzepte entwickelt. Die derzeit bestehenden 36 Abteilungen des Amtes der Oö. Landesregierung und die 15 dezentralen Bezirkshauptmannschaften werden in ihrer Entwicklung durch die Amtsleitung und vereinzelt auch durch externe Berater unterstützt.

3. Bisherige Erfahrungen mit der Verwaltungsentwicklung

- Die Bewältigung des breiten Entwicklungsansatzes erfordert klar eingeschränkte Zielsetzungen für kürzere Phasen (Komplexitätsreduktion).
- Ein umfassender Reformprozess in einer großen Organisation bedeutet eine große Herausforderung für die Steuerung. Eine gewisse Eigendynamik muss akzeptiert werden und ist vielleicht sogar notwendig.
- Organisationsreformen umfassen v. a. das Erlernen neuer Methoden, Instrumente und Verhaltensweisen, den Aufbau neuer Kompetenzen und die Umstellung auf eine neue Betriebskultur und haben naturgemäß einen hohen Zeitbedarf. Die Führungskräfte spielen dabei und auch beim nachfolgenden Punkt eine bedeutende Rolle.
- Ein wichtiger Faktor der Organisationsentwicklung ist die Kommunikation. Entscheidend ist die direkte Interaktion von Mensch zu Mensch.
- Das Motiv der Sparsamkeit und Effizienz bietet zwar Anreize zur Reform, ist aber alleine keine ausreichende Basis für Reformprozesse.

Spannungsfelder und Gefahren bei Reformen   **1.5**

4. Ausblick

Die oö. Landesverwaltung wird ihren Reformprozess voraussichtlich bis ins Jahr 2015 fortsetzen. Wir werden v. a. unsere bestehenden Aufgaben an ein sich ständig änderndes Umfeld anpassen (Aufgabenreform), eine neue Aufbauorganisation fertig stellen, uns mit Wirkungszielen auseinandersetzen sowie Steuerungsprozesse und Qualitätsmanagement ausbauen.

WOV-Entwicklungsfeld	Überblick über den Stand Verwaltungsentwicklung in Oberösterreich
Wirkungsorientierung	▪ Ein Großteil der Abteilungen hat Wirkungen (grob) beschrieben. ▪ Abstimmungen mit Politik und Bezirkshauptmannschaften laufen. ▪ Ein zweiter Aufgabenreformprozess wurde gestartet. ▪ Ein Projekt zur wirkungsorientierten Gesetzgebung läuft.
Kundenorientierung	▪ Die Umsetzung der Ergebnisse der Kundenbefragung der Bezirkshauptmannschaften im Jahre 2001 ist weitgehendst abgeschlossen. ▪ Bürgerservicestellen wurden zentral und dezentral eingerichtet. ▪ Erhebung von Kundenbedarf/Fremdbildern erfolgte in einzelnen Abteilungen. ▪ Ein Großteil der Abteilungen hat Kunden definiert. ▪ Umfangreiche Infos sind im Internet. Kundeninfo-System und weitere Internet-Zugangsmöglichkeiten sind in Vorbereitung.
Planung und Steuerung	▪ Viele Abteilungen haben langfristige Ziele und Planungen (ca. 12 Jahre). ▪ Strategische Planungen (6 Jahre) gibt es bisher in wenigen Abteilungen. ▪ Ein Teil der Dienststellen stellt Jahresplanungen auf das neue System um. ▪ Es bestehen weitgehend durchgängige Zielvereinbarungen. ▪ Systeme zur Leistungserfassung sowie zur Kosten- und Leistungsrechnung sind weitgehend etabliert. ▪ Ein Management-Informationssystem ist im Aufbau. ▪ Die Abstimmung mit der politischen Führung läuft.
Gemeinsame Ergebnis- u. Ressourcenverantwortg.	▪ Im Rahmen einer Flexibilitätsklausel zur Haushaltsordnung werden neue Formen der Gebarung und Budgetierung in Pilotprojekten erprobt. ▪ Zur Führungskräfteauswahl und -entwicklung wurden neue Auswahlverfahren und umfangreiche Lehrgänge geschaffen.
Mitarbeiter/innenorientierung	▪ Leitbilder und Zielvereinbarungen bieten bereits für einen Großteil der Mitarbeiter/innen Orientierung und Mitsprachemöglichkeiten. ▪ Ein modernes, sich weiterentwickelndes Besoldungssystem orientiert sich immer stärker an Leistungen. ▪ Viele Dienststellen haben mit einer systematischen Personalentwicklung begonnen. ▪ Die Aus- und Fortbildungsmöglichkeiten sind umfangreich und werden ständig weiterentwickelt.
Wettbewerb	▪ In einigen Dienststellen werden bereits Instrumente zum gegenseitigen Lernen vom Besten eingesetzt (Optimierungsworkshops). ▪ Einzelne Dienststellen beteiligen sich an internationalen Wettbewerben.
Optimierung v. Strukturen u. Abläufen	▪ Zahlreiche Einzelprojekte zur Verbesserung der Aufbauorganisation wurden abgeschlossen. ▪ Eine neue Aufbauorganisation des gesamten Amtes wird vorbereitet. ▪ In zahlreichen Dienststellen laufen Projekte zur Optimierung einzelner Arbeitsabläufe. ▪ Der elektronische Akt ist im Versuchsstadium.

1.5.5 Gefahren von Verwaltungsreformen

Vor dem Hintergrund der mit Verwaltungsreformen gemachten Erfahrungen soll nun die Public Management-Konzeption in einer Zwischenbilanz beleuchtet werden. Da die „Pluspunkte" der Reform bereits angeschnitten wurden und Gegenstand der Betrachtung der folgenden Kapitel sind, werden hier v. a. die Problempunkte der Reformbewegung stichpunktartig beleuchtet.

Vernachlässigung der Wertschöpfungsebene

Abgesehen von den in den vorigen Abschnitten genannten grundsätzlichen Problemfeldern besteht eine weitere Schwierigkeit der Public Management-Reform darin, dass Modernisierungsansätze sowohl in der Theorie als auch in der Praxis häufig nur an der Steuerungsebene ansetzen und die primären Leistungserstellungsprozesse, auf denen die eigentliche Wertschöpfung stattfindet, nur selten im Fokus von Reformbestrebungen stehen (vgl. Brüggemeier 2004: 335).

Baukasten-Vorgehen

Über diese fundamentalen Ambivalenzen der Public Management-Konzeption hinaus können Krisen im Zuge des Konzeptions- und Umsetzungsprozesses von Public Management zum Scheitern der Reform führen. Da sich die Public Management-Konzeption insbesondere für viele Kommunen als zu komplex darstellt, werden häufig nur einzelne Reformelemente oder -instrumente aus dem Reformkasten herausgepickt anstatt einen ganzheitlichen Reformansatz zu verfolgen (vgl. Banner 2003). Das Ziel der Modernisierungsbestrebungen wird in diesen Gemeinden insofern verfehlt, als dass die Public Management-Reform ihre volle Wirkung nur durch das Zusammenwirken verschiedener Elemente erfüllen kann. Darüber hinaus werden häufig standardisierte Instrumente unreflektiert in den einzelnen Kommunen eingesetzt, ohne diese individuell an die örtlichen Gegebenheiten anzupassen. Daraus ergibt sich z. B. auch die parallele Einführung gleichartiger Reforminstrumente ohne gegenseitige Abstimmung. In diesem Zusammenhang stellt die konkrete Ausgestaltung der Modelle zu hohe Ansprüche an die Umsetzungsfähigkeit des Gemeinwesens (vgl. Thom/Bolz/Lutz 2004: 16), sodass es zu einem falschen Umgang mit neuen Steuerungsinstrumenten oder dem ineffizienten Einsatz der neu verfügbaren Ressourcen kommen kann.

Verlust an traditionellen Werten

Der mit der Einführung von Reformprojekten häufig beabsichtigte Kulturwandel in der öffentlichen Verwaltung kann weiterhin dazu führen, dass die traditionellen Werte im öffentlichen Dienst (Gleichheit, Integrität, Unbestechlichkeit, Professionalität, Gemeinwohl und Loyalität) abgewertet werden, an Bedeutung verlieren und verschwinden (vgl. Reichard 2002b: 273 f.).

Spannungsfelder und Gefahren bei Reformen

Schließlich sollte noch erwähnt werden, dass häufig falsche oder überzogene Vorstellungen hinsichtlich der Einführung einer wirkungsorientierten Verwaltungsführung bestehen, da das Bewusstsein fehlt, dass die Wirkungsorientierung schwierig zu realisieren ist (vgl. Kapitel 5.3.2). Dies kann dazu führen, dass Regierung und Parlament ihre wichtige Promotorfunktion aufgeben (vgl. Kapitel 2.5.3) und die anfängliche Reformeuphorie in Frustration umschlägt. Dies sowie die beim Projektstart zunächst anfallenden „Initialkosten" können dann auch erklären, warum die Einführung der wirkungsorientierten Verwaltungsführung in einigen Verwaltungen gestoppt wurde. Zusammenfassend kann somit festgestellt werden, dass es keine Wunderlösungen durch Public Management-Reformen in kurzer Zeit geben kann. Vielmehr wird ein langer Lernprozess initiiert, der nur dann erfolgreich beendet und zu Verbesserungen führen kann, wenn das in den folgenden Kapiteln dargestellte IOP-Konzept umfassend, aber individuell an die Gegebenheiten angepasst eingeführt wird.

Keine Wunderlösungen

Das IOP-Führungskonzept für den öffentlichen Sektor

Kapitel 2

In diesem und den vier folgenden Kapiteln wird ein Konzept dargestellt, das den Modernisierungsprozess im öffentlichen Sektor, der durch die Public Management-Bewegung ausgelöst wurde, aus vier Richtungen unterstützt: Innovation, Information, Organisation und Personal (kurz: IOP) kennzeichnen die vier integralen Bestandteile für eine Erneuerung der Verwaltungsführung. Ihre situationsgerechte Anwendung wird als Triebfeder eines umfassenden strategischen, strukturellen und kulturellen Wandels im öffentlichen Sektor bezeichnet. Bisher wurde im Rahmen der Verwaltungsmodernisierung oft zu stark eine technische Perspektive (z. B. Techniken des Finanz- und Rechnungswesens) eingenommen und die Mitarbeiterpotenziale bzw. ihre Aktivierung durch die organisatorische Gestaltung sowie das Personal-, Informations- und Innovationsmanagement außer Acht gelassen (vgl. Frey 1996: 37). Das IOP-Konzept soll die notwendigen instrumentellen Veränderungen durch die genannten zusätzlichen Aspekte des Wandels weiterentwickeln. Damit wird ein nächster Schritt in Richtung einer umfassenden Public Management-Konzeption vollzogen.

2.1 IOP-Führungskonzept

Aus den Länderübersichten im ersten Kapitel des Buches wird die Beeinflussung der Reformentwicklungen durch unterschiedliche Umweltbedingungen des öffentlichen Sektors deutlich. Diese Rahmenbedingungen werden im IOP-Konzept in die externen und internen Bedingungsgrößen aufgeteilt (vgl. Abb. 5). Die internen Einflussgrößen enthalten institutionelle sowie personelle Faktoren.

Die sich im Wandel befindenden Strategien, Strukturen, Prozesse und Kulturen staatlicher Einrichtungen kennzeichnen diejenigen Handlungsgrößen, welche zur angestrebten Steuerung der staatlichen Institution eingesetzt oder verändert werden können. Unmittelbaren Einfluss auf den Wandel haben dann die Instrumente des Innovations- und Informationsmanagements, der organisatorischen Gestaltung und des Personalmanagements, welche gezielt eingesetzt werden.

Handlungsgrößen

Der gesamte Veränderungsprozess zu einer neuen Führung im öffentlichen Sektor spielt sich auf drei Ebenen ab. Die politische sowie die betriebliche Ebene umfassen diejenigen Entscheidungsträger im öffentlichen Sektor, welche den Wandel aktiv gestalten können. Auf der Ebene der Leistungen und Wirkungen stehen die unterschiedlichen Anspruchsgruppen (Bürger, Kunden, Privatwirtschaft etc.), die

Drei Ebenen

2 Das IOP-Führungskonzept für den öffentlichen Sektor

von den Auswirkungen der Handlungen auf politischer und betrieblicher Ebene direkt betroffen sind und als „Prosumer" (Produzenten und Konsumenten) am Leistungserstellungsprozess mitwirken, im Mittelpunkt.

Abbildung 5 *IOP-Führungskonzept für den öffentlichen Sektor*

Externe Bedingungsgrößen

Politische Ebene

Institutionelle Bedingungsgrößen

Betriebliche Ebene

Strategiewandel
Struktur-/Prozesswandel
Kulturwandel

Personelle Bedingungsgrößen

Ebene der Leistungen und Wirkungen

Veränderung des Innovationsniveaus und der Transparenz	Veränderung der Flexibilität der Organisation	Veränderung der Motivation und Qualifikation des Personals
Innovations- und Informationsmanagement	Organisatorische Gestaltung	Personalmanagement
I	**O**	**P**

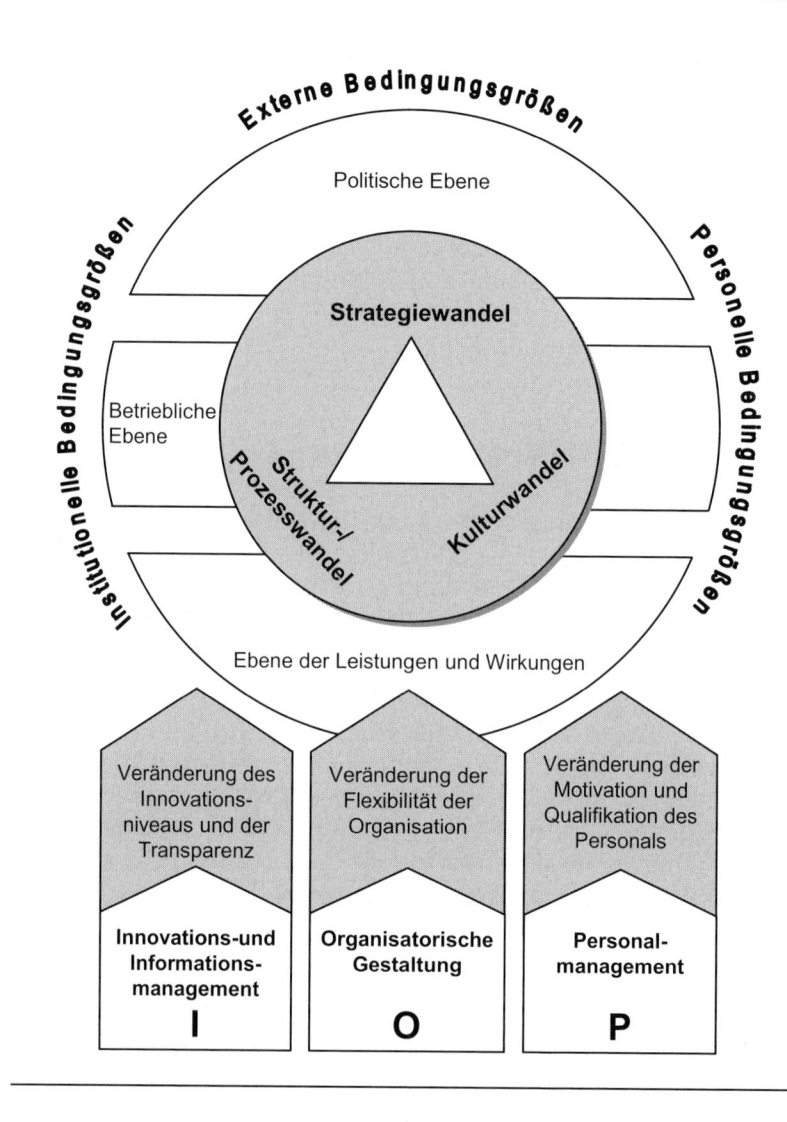

Die Umsetzung des IOP-Konzepts verfolgt primär die Steigerung des Innovationsniveaus, eine Verbesserung der Informationstransparenz, die Flexibilisierung der staatlichen Leistungserbringung sowie die Erhöhung der Motivation und Qualifikation bei den Mitarbeitenden des öffentlichen Sektors. Die Kombination dieser vier Elemente zur Führung und Entwicklung von Institutionen des öffentlichen Sektors basiert auf dem systemtheoretischen Organisationsansatz. Demnach wird die staatliche Verwaltung als produktives und soziales System bezeichnet, das nicht unabhängig von der Komplexität und Dynamik seines Umsystems und den dadurch entstehenden Bedingungsgrößen gedacht werden kann. Das Wechselspiel zwischen der organisatorischen Strukturierung und dem Verhalten von Organisationsmitgliedern führt letztlich zum durch die Verwaltung produzierten Output und dessen Wirkungen auf die Umwelt (vgl. Krüger 2005: 141 ff.). Die Flexibilität der Systemstrukturen ist entscheidend, damit aktuelle Informationen und Entwicklungen innerhalb und außerhalb des Systems aufgenommen werden können, um entsprechend schnell darauf zu reagieren (vgl. Beckhard 1998: 343 f.). Nur durch Führung und Förderung der Mitarbeitenden in Richtung verbesserter Motivation und Qualifikation für die zu erbringenden Aufgaben wird gewährleistet, dass die Umfeldinformationen wahrgenommen und verarbeitet werden können. Für den öffentlichen Sektor spielte die Erzeugung von innovativen Leistungen und Produkten bisher nur eine untergeordnete Rolle. Die Innovationsförderung ist einerseits ein Produkt der optimalen Ausgestaltung der Struktur- und Personalaspekte, dient andererseits der langfristigen Entwicklung und Legitimation der staatlichen Hoheits- und Leistungsverwaltung in einer marktorientierten Umwelt. Möglich wird die bessere Adaption des öffentlichen Sektors an seine Umsysteme sowie die gezielte Einflussnahme auf jene nur durch mehr Transparenz in Bezug auf interne und externe Führungsinformationen.

Systemtheorie

2.2 Bedingungsgrößen der Führung im öffentlichen Sektor

In Zusammenhang mit der neuen Verwaltungsführung kommt den Bedingungsgrößen für das staatliche Handeln eine erhebliche Bedeutung zu. Entscheidend für die Führungsfunktionen im öffentlichen Sektor sind die Wahrnehmung von Umsystemveränderungen und eine daraus abgeleitete Einflussnahme auf die betroffene staatliche Institution. Der Unterschied zwischen den externen, institutio-

Umsystemeinfluss

nellen und personellen Bedingungsgrößen liegt im Handlungsspielraum, den das Management zur Einflussnahme auf die drei Kategorien hat. Dieser ist grundsätzlich bei denjenigen Bedingungsgrößen, die sich hauptsächlich auf der politischen Ebene befinden, bedeutend kleiner als auf der betrieblichen Ebene.

Entwicklung der Umsysteme

Die externen Bedingungen werden in generelle und aufgabenspezifische Größen unterteilt. Die generellen Rahmenbedingungen gelten für alle staatlichen Institutionen, nicht nur für diejenigen, die von den Reformentwicklungen betroffen sind. Innerhalb dieser Kategorie lassen sich unterscheiden: Politisch-rechtliche, wirtschaftliche, sozio-kulturelle und technologische Bedingungsgrößen. In Zusammenhang mit der gegenwärtigen Verwaltungsreform können folgende Entwicklungstendenzen in den vier oben genannten Umsystembereichen identifiziert werden, welche sich nur durch eine Veränderung des bisherigen politischen Systems und der dazugehörenden staatlichen Verwaltungen in die politisch angestrebte Richtung steuern lassen:

- Komplexere und weitläufigere Prozesse staatlichen Handelns durch die Einbindung in oder zumindest teilweise Ausrichtung auf supranationale Organisationen wie die Europäische Union, UNO usw. und deren politisch-rechtliche Systeme.

- Ungenügende und nur noch reaktive Einflussnahme staatlicher Organisationen auf das wirtschaftliche Geschehen und die damit verbundene Verselbständigung und Dominanz wirtschaftlicher Lösungswege für staatspolitische Problembereiche

- Individualisierung der Gesellschaft mit der Forderung nach einer stärkeren Kunden- und Bürgerorientierung der staatlichen Institutionen sowie einer Flexibilisierung der institutionellen und personalpolitischen Rahmenbedingungen für die Mitarbeitenden im öffentlichen Sektor

- Technologische Revolution durch neue Kommunikationstechnologien mit Auswirkungen auf das Verhältnis vom Bürger zum Staat, von Leistungsbeziehern zu staatlichen Leistungsanbietern und die Arbeitsbeziehungen in öffentlichen Institutionen

Interaktion zwischen Verwaltung und Anspruchsgruppen

Die aufgabenspezifischen Bedingungsgrößen wirken sich unmittelbar auf eine bestimmte öffentliche Institution aus, müssen aber keinen Einfluss auf andere staatliche Organisationen haben. Die externen Einflüsse und Restriktionen entstehen aus der direkten Interaktion zwischen einer Verwaltungseinheit und ihren Anspruchsgruppen (Leistungskäufer, Bürger, Zulieferer usw.). Diese sehen bei einer Zentralverwaltung ganz anders aus als bspw. bei einer Schule, einer Gemeindeverwaltung oder einem Krankenhaus. Erwähnenswert sind beispielsweise die Umgestaltung des Krankenhaussystems und daraus folgende Zusammenlegungen oder die Internationalisierung des Patentwesens und die dadurch zunehmende Infragestellung nationaler Patentämter.

Hinsichtlich der Veränderungen bei den externen Bedingungsgrößen lässt sich feststellen, dass die Änderungsgeschwindigkeit markant zugenommen hat, wovon v. a. der öffentliche Sektor stark betroffen ist, sodass sich der Abstand zwischen der Entwicklung staatlicher Institutionen und ihrer Umwelt stetig vergrößert.

Zunehmender Wandel

Weitere Auswirkungen auf das Management öffentlicher Institutionen haben die internen Bedingungsgrößen, die in institutionelle und personelle Rahmenbedingungen gegliedert werden. Die institutionellen Bedingungsgrößen umfassen die Staatsebene, den Verwaltungs-, Betriebs- oder Amtstyp, die Größe sowie die Standorte der Institutionen, die Finanzlage, spezialgesetzliche Vorschriften, die politische Ausrichtung oder die stattfindenden Veränderungsprozesse. Sie sind im Allgemeinen deutlich ersichtlich und geben dadurch dem Management einer Institution einen klar abgegrenzten Handlungsspielraum. Somit scheint es oft viel nahe liegender, diese Aspekte im Rahmen der Verwaltungsmodernisierung umzugestalten oder abzuändern als die personellen Bedingungsgrößen.

Abgegrenzter Handlungsspielraum

Die personellen Bedingungsgrößen umfassen einerseits deutlich ersichtliche Aspekte wie das Alter, die Funktion und den beruflichen Hintergrund, andererseits eher verborgene Seiten eines Mitarbeitenden (z. B. Wertvorstellungen), die die Arbeitsmotivation und -leistung stark beeinflussen. Für das Gelingen von Reformprozessen im öffentlichen Sektor kommt dem Kulturwandel eine herausragende Bedeutung zu. Die Veränderung dieser sich längerfristig auswirkenden Aspekte ist aber mit gravierenderen Schwierigkeiten verbunden als die die Strukturen und Prozesse betreffenden Gestaltungsmöglichkeiten. Daher wird die Neuausrichtung der bisherigen Personalfunktion in Richtung eines den Wandel unterstützenden Personalmanagements zentral für den Reformprozess sein.

Kulturwandel

2.3 Steuerungsebenen im öffentlichen Sektor

Der durch die Verwaltungsreformen ausgelöste Wandel betrifft nicht nur die Verwaltungsbetriebe oder politischen Organe. Grundsätzlich laufen die Veränderungen auf den zwei Ebenen der politischen und betrieblichen Steuerung ab, woraus Folgen in Bezug auf die Leistungen und Wirkungen des politisch-administrativen Handelns resultieren (vgl. Ritz/Rieder/Jenzer 1999: 221 ff.).

2.3.1 Ebene der politischen Steuerung

Exekutive und Legislative erhalten bspw. neue Steuerungsinstrumente, mit denen sie die Verwaltung effektiver führen sollen (z. B. Leistungsauftrag und Globalbudget). Umgekehrt aber verändern diese neuen Führungsmechanismen auch die politischen Steuerungsorgane.

Kontrollfunktion der Legislative

Wird das Parlament als ein Teil der politischen Führung bezeichnet, dann gilt es, im Gegensatz zur primären Führungsfunktion der Exekutive, die Kontrollfunktion der Legislative im Rahmen der politischen Führung hervorzuheben. Die Kontrolle und Kritik der Regierungs- und Verwaltungstätigkeiten durch die Legislative sind im demokratischen System zentral. Gleichzeitig werden daraus aber auch die Grenzen der parlamentarischen Führungsrolle ersichtlich. Dem Parlament kommt im Rahmen der politischen Führung primär die Rechtssetzungs- und Oberaufsichtskompetenz zu. Die Regierungs- und Verwaltungskompetenz liegt bei den Exekutivbehörden (vgl. Grünenfelder 1997: 8 f.; Häfelin/Haller 2005: 442 ff. und zur parlamentarischen Aufsichtsfunktion Zimmerli/Lienhard 1998).

Finales Recht

Für das Parlament sowie die parlamentarischen Kommissionen bedeutet dies eine veränderte Aufgabenerfüllung gemäß dem Prinzip des finalen Rechts (vgl. Lienhard 2005: 46). So soll nicht mehr über detaillierte Budgetpläne und einzelne Ausgabenposten beraten werden. Vielmehr wird es zur zentralen Aufgabe des Parlaments, durch klare Zielsetzungen und Grundsatzregelungen, welche die längerfristig intendierten Wirkungen und strategischen Zielsetzungen beinhalten, nachfolgende Verwaltungsbehörden zu steuern. Diese erhalten einen größeren Handlungsspielraum zur eigenverantwortlichen Erfüllung der vorgegebenen Ziele.

Vertrauen zwischen Akteuren

Dadurch nimmt die in direktdemokratischen Systemen gängige Profilierungsmöglichkeit der Parlamentsmitglieder durch die Vertretung von bürgernahen, aber unter Umständen politisch weniger bedeutungsvollen Anliegen ab. Die dadurch verlangte Strategiefunktion des Parlaments lässt sich nicht ohne Zusammenwirken von Parlament und Regierung ausüben. Erhöhtes gegenseitiges Vertrauen zwischen Parlament, Regierung und Verwaltung bei der Zielfestlegung sowie ein kooperatives Verständnis der Gewaltenteilung bilden eine unabdingbare Grundlage für eine wirkungsvollere Verwaltungsführung (vgl. Mastronardi/Schedler 2004: 72). Insofern ist eine Diskussion über Rolle und Funktion der Legislative notwendig und fördert neben der Verwaltungsreform gleichzeitig auch eine Politikreform, deren Ziel wie folgt zusammengefasst werden kann (vgl. Hofmeister 1999: 181 f.):

> **Die neue Hauptfunktion der politischen Steuerung ist die Strategiefindung zur längerfristigen Staatsführung unter der Rollenteilung von Legislative und Exekutive.**

Der Regierung stehen die grundlegenden Entscheidungen für das staatliche Handeln zu, was einen zielgerichteten Gestaltungsprozess kennzeichnet (vgl. Häfelin/Haller 2005: 481 ff.). Davon abzugrenzen ist die Verwaltungskompetenz, welche die Ausführung der Regierungsentscheide beinhaltet und der Verwaltung zusteht, jedoch durch die verbindlichen politischen Entscheide der Exekutive gesteuert und überwacht wird. Ellwein ordnet der Regierung die Führungsfunktionen der Information, Koordination, Planung, Entscheidung, Mittelbeschaffung, der Organisation und der Konsensschaffung zu (vgl. Ellwein 1976: 173 ff.). Diese Regierungsfunktionen werden aus dem englischsprachigen Raum ergänzt durch die Missions- oder auch Visionsfunktion der Regierungstätigkeit (vgl. Osborne/Gaebler 1992: 113 ff.). Die Kernaufgaben der Regierung als Teil der politischen Führung im Rahmen des Public Managements sind (vgl. Grünenfelder 1997: 45 ff. und Thom 1990a: 9):

Führungsfunktionen der Regierung

- Die strategische Zielbildung
- Die Planung der erwarteten Wirkungen (Impact und Outcome)
- Die Planung der Outputs zur Erreichung der Wirkungen
- Die Festlegung der geeigneten Arbeitsteilung und Koordination
- Die Überwachung der Zielumsetzung durch die Verwaltung
- Die politische Informationsverantwortung gegenüber den Anspruchsgruppen

Die Regierungsmitglieder müssen dafür sorgen, dass das Parlament die Leistungsaufträge ihrer Ministerien im Rahmen des Produktbudgets genehmigt, damit die Umsetzung innerhalb der strategischen Leitplanken erfolgen kann (vgl. Schedler 1996: 135 ff.).

2.3.2 Ebene der betrieblichen Steuerung

Operative Selbständigkeit

Die Ebene der betrieblichen Steuerung ist kurz gesagt für die konkrete Umsetzung der auf der politischen Steuerungsebene festgelegten Leistungs- und Wirkungsziele verantwortlich. Sie umfasst alle Institutionen des privaten und öffentlichen Sektors, die im Kontraktverhältnis mit der politischen Steuerungsebene stehen. Diese Verwaltungseinheiten erlangen unter der wirkungsorientierten Verwaltungsführung ein hohes Maß an operativer Selbständigkeit bei der Leistungserbringung. Welche institutionelle Rechtsform (unselbständige Anstalt, privatrechtliche Organisation usw.) diese Einheiten besitzen, ist für die eigentliche Autonomie nicht entscheidend. „Wesentlicher ist das Ausmaß der operativen Handlungsfreiheit, die der Verwaltungseinheit zugestanden wird." (Schedler 1996: 119). Die Verantwortung für diese neue Autonomie liegt in erster Linie bei den Führungskräften von Institutionen des öffentlichen Sektors. Sie haben im Rahmen der Führungsverantwortung zukünftig folgende Aufgabenbereiche wahrzunehmen (vgl. Thom 1990a: 9):

- Zielbildungsverantwortung i. S. der betrieblichen (nicht politischen) Strategie- und Zielfindung für die Institution
- Ergebnisverantwortung für die Erreichung der vereinbarten Outputs unter Beachtung von vorgegebenen Standards etc.
- Organisationsverantwortung i. S. einer zweckmäßigen Arbeitsteilung und Koordination
- Förderungsverantwortung für die Mitarbeitenden der Institution
- Finanzverantwortung über die Einhaltung der Budgetvorgaben
- Informationsverantwortung gegenüber den Mitarbeitenden ihrer Institution und externen Anspruchsgruppen in Abstimmung mit der politischen Führung

Ergebnisverantwortung der Amtsleitung

Auf dieser Ebene verhandeln bspw. Amtsleitungen mit den Ministerien über Leistungskontrakte sowie Globalbudgets und erstatten periodisch Auskunft über Zielerreichung und Mitteleinsatz. Die betriebliche Steuerung vereinbart mit den übergeordneten Instanzen der politischen Führung in einem wechselseitigen Prozess die zu erbringenden Outputs und erwarteten Outcomes. Für die Outputs trägt die Amtsleitung die Ergebnisverantwortung, nicht aber für die Outcomes, welche unterschiedlichen externen Einflüssen unterliegen, die von der Politik in die Zielvorgaben miteinbezogen werden müssen. Das Management staatlicher Institutionen erfährt auch durch den Einsatz von neu ausgestalteten Anreizsystemen sowie die Einführung von Kostenrechnung und Controlling einen starken

Wandel. Einerseits wird die Führungsfunktion i. S. eines echten „Leadership" stark aufgewertet, andererseits gewinnt auch die Managementverantwortung durch den Einsatz neuer Instrumentarien und Praktiken an Bedeutung.

> **Aktive und gestaltende Führungsverantwortung löst die bisherige Vollzugstreue bei der Umsetzung von politischen Vorgaben durch die Verwaltung ab.**

2.3.3 Ebene der Leistungen und Wirkungen

Als dritte Steuerungsebene ist die Ebene der Leistungen und Wirkungen eine Weiterführung der beiden erstgenannten Ebenen. Die politische Ebene formuliert politische Ziele mit dem Zweck der Maximierung des Gemeinwohls (vgl. Bräunig 2000: 74). Auch auf der Ebene der betrieblichen Steuerung dient die Aufgabenerfüllung der Erreichung dieses Ziels, jedoch verstärkt aus einer Managementorientierten Sicht. Die als Konsequenz des Verwaltungshandelns erstellten Leistungen bzw. erzielten Wirkungen beeinflussen unmittelbar die unterschiedlichen Anspruchsgruppen in der Gesellschaft. Somit rücken auf dieser Ebene insbesondere die Bürger als Leistungsempfänger in den Mittelpunkt, die hochwertige Leistungen und aus Sicht der Gesellschaft wünschenswerte Wirkungen für das geleistete Entgelt (Steuern, Gebühren und Beiträge) einfordern („value-for-money") (vgl. Brandel/Stöbe-Blossey/Wohlfahrt 1999: 72). Für die Verwaltung resultiert daraus der Anspruch, in der Leistungsverwaltung qualitativ hochwertige Dienstleistungen zur Zufriedenheit der Bürger zu erstellen sowie in der Hoheitsverwaltung Maßnahmen zu ergreifen, die ein optimales Funktionieren des gesellschaftlichen Zusammenlebens sicherstellen, d. h. die bestmöglichen Wirkungen entfalten.

Leistungsempfänger im Mittelpunkt

Diese zentrale Ergänzung des politisch-administrativen Steuerungsgedankens um die sog. „Outputorientierung" verdeutlicht die Ebene der Leistungen und Wirkungen. Abbildung 6 stellt die Zusammenhänge vom politischen Planungsprozess bis zu den Auswirkungen des administrativen Leistungsprozesses exemplarisch dar (vgl. Bouckaert/Van Dooren 2003; Ritz 2003a: 229 ff. und Mäder/Schedler 1994).

Outputorientierung

2 — Das IOP-Führungskonzept für den öffentlichen Sektor

Abbildung 6 Der politisch-administrative Steuerungskreislauf

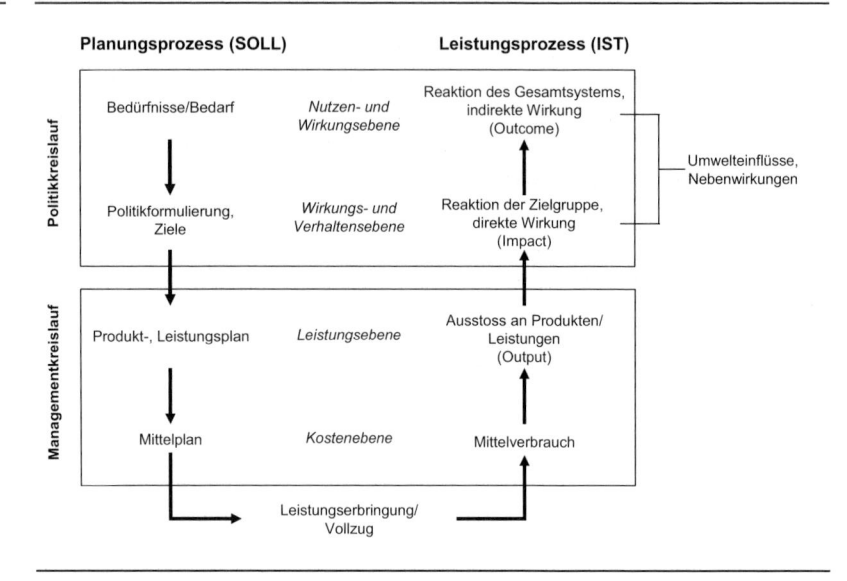

```
Planungsprozess (SOLL)                    Leistungsprozess (IST)

Politikkreislauf:
  Bedürfnisse/Bedarf      Nutzen- und        Reaktion des Gesamtsystems,
                          Wirkungsebene      indirekte Wirkung
                                             (Outcome)
         ↓                                        ↑                    ┐
                                                                       │ Umwelteinflüsse,
  Politikformulierung,    Wirkungs- und      Reaktion der Zielgruppe,  │ Nebenwirkungen
  Ziele                   Verhaltensebene    direkte Wirkung           │
                                             (Impact)                  ┘

Managementkreislauf:
  Produkt-, Leistungsplan  Leistungsebene    Ausstoss an Produkten/
                                             Leistungen
                                             (Output)
         ↓                                        ↑
  Mittelplan              Kostenebene        Mittelverbrauch
         ↓                                        ↑
              Leistungserbringung/
              Vollzug
```

Die eigentliche „Bedarfsanalyse" geschieht einerseits im Rahmen der (direkt) demokratischen Prozesse in der Politik, andererseits aber auch vermehrt durch gezielte Bedürfnisanalyse bei den Anspruchsgruppen (z. B. Reduktion von Lärm und Verkehrsgefahr in Wohnquartieren). Die von der Politik oder Verwaltung in Gesetzen oder Planungsdokumenten definierten Sach- und Ressourcenziele (z. B. Planung von Maßnahmen zur Geschwindigkeitsreduzierung) werden vor dem Hintergrund konkretisierter Planungsinstrumente und zur Verfügung gestellter Mittel im eigentlichen Vollzug umgesetzt (z. B. Bau der Maßnahmen).

Keine lineare Leistungs-Wirkungskette

Daraus resultieren einerseits ein Mittelverbrauch sowie andererseits eine erbrachte Leistung (z. B. Poller und Blumenkästen), welche entsprechend den gefassten Zielen zu einer Reaktion bzw. Verhaltensänderung i. S. direkter Wirkungen bei der Zielgruppe führen soll (z. B. langsameres Fahrverhalten). Letztlich wird eine indirekte Wirkung bei den Politikbegünstigten beabsichtigt (z. B. erhöhte Wohnqualität für Familien und weniger Verkehrsunfälle in Wohnquartieren). Der Versuchung, Leistungen und Wirkungen in einem linearen Zusammenhang zu betrachten, muss auch unter verstärkter Managementperspektive widerstanden werden, da vielfältige Umsystemänderungen und Nebenwirkungen dies verunmöglichen. Insofern dienen die vor diesem Hintergrund entwickelten outputorientierten Instrumente einer systematischeren Erfassung von

Zweck-Mittel-Zusammenhängen und daraus abgeleiteter Methoden sowie Vorgehensweisen.

Die dargestellte Rollenverteilung der unterschiedlichen Handlungsebenen führt vor dem Hintergrund des neuen Leitbilds des Staates als Gewährleistungsstaat (vgl. Kapitel 1.2) auch zu einer erweiterten Sichtweise des Bürgers bzw. anderer Anspruchsgruppen im Staat. Diese verbleiben nicht mehr im passiven Status der Leistungsempfänger, sondern werden zusätzlich zu aktiven Mitproduzenten öffentlicher Dienstleistungen (prosuming). In diesem Sinne ist es eine zentrale Aufgabe von Politik und Verwaltung, das vorhandene Ressourcenpotenzial der Bürger zu nutzen, indem sie das freiwillige Engagement fördern und die Bürger an staatlichen Planungsprozessen beteiligen (vgl. Bogumil/Holtkamp 2005: 128).

2.4 Arten des Wandels

Unternehmerisches Management sieht sich seit jeher mit dem Phänomen des Wandels konfrontiert, man könnte sogar sagen, seine Hauptaufgabe ist das Bewirken von Veränderungen. Unter den Spielregeln der Marktwirtschaft können grundsätzlich alle Organisationen, welche nicht zu Grunde gehen, die immer wieder auftretende Diskrepanz zwischen sich und der Umwelt recht gut bewältigen (vgl. Ulrich 1995: 24 ff.). Gegenwärtig ist die Bedeutung einer aktiven Gestaltung von Wandlungsprozessen angesichts der Geschwindigkeit und des Ausmaßes von Umsystemveränderungen stark gestiegen. Der öffentliche Sektor leidet aufgrund der im ersten Kapitel beschriebenen Bürokratieentwicklung und der bisher kaum wettbewerbsbedrängten Position unter einem Flexibilitäts- oder Wandlungsdefizit. Nur durch die gezielte Veränderung dieser Systemdefizite kann sich die Institution Staat langfristig als Wohlfahrtsgarant für die Gesellschaft behaupten.

Spielregeln der Marktwirtschaft

Der seit dem letzten Jahrzehnt stattfindende Wandel im öffentlichen Sektor lässt sich anhand von drei grundlegenden Arten des Wandels bei Reformprozessen strukturieren (vgl. Ritz 1999: 30 ff. und Thom 1997b: 203). Die Autoren vertreten in ihrem Konzept die Auffassung, dass die Verwaltungsmodernisierung sowohl Veränderungsschritte bei den Strategien, der Struktur und den Prozessen als auch bei der Kultur bedarf, damit sich Verwaltungsinstitutionen in Richtung eines wirkungs- und ergebnisorientierten Verwaltungsverständnisses entwickeln können. In den folgenden Abschnitten wird gesondert auf die Arten des Wandels und ihre Verknüpfungen mit den drei Steuerungsebenen eingegangen.

2.4.1 Strategiewandel

Keine Trennungslinie zwischen Politik und Management

Der Strategiewandel im öffentlichen Sektor wird im IOP-Konzept grundsätzlich als Schnittstellenaufgabe zwischen der politischen und der betrieblichen Steuerungsebene betrachtet, da von der strategischen Führung im öffentlichen Sektor sowohl die Regierung als auch die Spitzen der Verwaltung betroffen sind. Es ist von zentraler Bedeutung, dass im Spannungsfeld beider Steuerungsebenen nicht einfach eine Trennungslinie zwischen Politik und Management gezogen wird. Die vielfach geforderte explizite Trennung zwischen Strategie und Operation existiert im Public Management nicht, denn „Operatives" kann kurzfristig eine politische Bedeutsamkeit erlangen und somit strategische Entscheide beeinflussen. Im Rahmen eines Public Managements beginnt Management nicht exakt dort, wo die Politik endet, sondern verlangt eine Interaktion zwischen beiden Bereichen (vgl. Metcalfe/Richards 1993: 116 ff.). Daraus lässt sich auch die Positionierung des Strategiewandels auf beiden Steuerungsebenen begründen.

Strategisches Management ist kontextgebunden

Strategisches Management muss spezifisch im Kontext öffentlicher Institutionen und deren Akteure betrachtet werden. Sowohl Politiker als auch Verwaltungskader müssen ihren (strategischen) Einflussbereich mit anderen Akteuren teilen (Separierung der Politikbereiche, Gewaltenteilung). Zudem gilt, dass der Einfluss einzelner Akteure durch Gesetze und Verfahrensregelungen beschränkt wird, Managemententscheidungen einem größeren Einfluss politischer Kriterien unterliegen und Ziele sowie Indikatoren vielfach vage, widersprüchlich und mehrdeutig sind.

Dennoch ist die strategische Einflussnahme durch Verwaltungskader möglich. Insbesondere wenn strategische Ziele auf die zentralen politischen Problemstellungen ausgerichtet sind und dadurch die politische Unterstützung der relevanten Interessensgruppen sicherstellen können oder aber wenn die Kaderpersonen über eine hohe Reputation betreffend des notwendigen Fachwissens, Managementfähigkeiten oder der Geschäftsvorbereitung verfügen (vgl. Rainey 2003: 176 ff.).

2.4.1.1 Strategische Führung im öffentlichen Sektor

Was bedeutet „strategische Führung" in der öffentlichen Verwaltung? Die strategische Führung lässt sich durch folgende Merkmale kennzeichnen (vgl. Bichsel 1994: 122 ff.):

Merkmale der strategischen Führung

- In Anlehnung an die Strategielehre sind Strategien Maßnahmen zur Sicherung des langfristigen Organisationserfolgs. Darunter ist der Plan zur Zielerreichung, die dazu erforderlichen strategischen „Spielzüge", erkennbare Muster und Abhängigkeiten bisheriger Entscheidungen, die Positionierung der Organisation und ihrer Leistungen in ihrer Umwelt sowie die kollektive Wahrnehmung der Umwelt durch die Organisation zu verstehen (vgl. Mintzberg 1987: 18 ff.).

- Strategische Führung konzentriert sich auf die Zielerreichung staatlichen Handelns und somit auf die resultierenden Wirkungen von Verwaltungstätigkeiten („Doing the right things"). Für den Aufbau und die Sicherung von langfristigen Erfolgspotenzialen einer Institution müssen die künftig wegweisenden Aktionsfelder bearbeitet und das Zielsystem regelmäßig in Frage gestellt werden.

- Strategische Führung versucht, künftige Entwicklungen, die für die Institution von Bedeutung sein können, zu erkennen, zu evaluieren sowie in die Zielbildung und Planung einzubeziehen. Die Früherkennung von Chancen, Risiken und Potenzialen im Umsystem der Organisation kann mit unterschiedlichen Verfahren und Methoden der Frühaufklärung angegangen werden (vgl. Kühn 1980a und Kühn 1980b).

Die Kernfrage aus strategischer Sicht für jede staatliche Institution heißt folglich (vgl. Bichsel 1994: 126 ff.):

> **Was will die staatliche Institution heute und in Zukunft aus welchen Gründen tun?**

Es wird davon ausgegangen, dass das oberste Ziel des Staats und der öffentlichen Verwaltung darin besteht, das Wohl der Gesellschaft zu optimieren bzw. Werte für die Öffentlichkeit zu schaffen („public value"). Es ist Aufgabe der strategischen Führung, die dafür notwendigen Zielsetzungen festzulegen. Dem Staat und der Verwaltung kommen innerhalb der Gesellschaft insofern besondere Rollen zu, als sie nicht nur einen optimalen Zielkatalog für sich selbst erarbeiten, wie dies privatwirtschaftliche Unternehmungen tun, sondern auch die Ziele ihrer Umsysteme direkt beeinflussen können und dies im erforderlichen Fall auch sollen.

Public Value

Bestmögliche Annahmen über die Zukunft

Daraus wird ersichtlich, dass strategische Führung ohne längerfristige Perspektive nicht möglich ist. Strategische Entscheide bedürfen bestmöglicher Annahmen über die Zukunftsentwicklung einer Institution und ihrer Umsysteme. Dieses zentrale Merkmal strategischer Führung widerspricht aber oft der politischen Kultur im öffentlichen Sektor. Regierungsmitglieder reduzieren ihre Perspektive nicht selten auf die gegenwärtige Wahlperiode, und je näher der nächste Wahltermin kommt, desto kurzfristiger wird der strategische Entscheidungshorizont. Diese für die strategische Führung äußerst ineffektive Entscheidungslogik verstärkt sich durch die Übernahme der kurzfristigen Zielperspektive von der Verwaltung. Am stärksten zeigt sich dies bei den Budgetverhandlungen nach dem Jährlichkeitsprinzip (vgl. Metcalfe/Richards 1990: 110 ff.).

Inkrementeller Entscheidungsprozess

Dies hat zur Folge, dass strategische Führung in Verwaltungen weniger einem klar Ziel gerichteten Prozess folgt, sondern verstärkt einen inkrementellen Entscheidungsprozess darstellt. Strategische Entscheide entwickeln sich vielfach während des Entscheidungsfindungsprozesses und sind nicht von Beginn weg planbar. Dies erfordert eine größere Flexibilität für die Verwaltungskader betreffend der Einsatzmöglichkeiten von Personal, der Aufgabenerfüllung, der Responsivität gegenüber Anspruchsgruppen und die laufende Minimierung von Diskontinuitäten bzw. Abweichungen im Rahmen des Strategieprozesses (vgl. Rainey 2003: 178 f.). Diese Flexibilitätserfordernisse werden im IOP-Konzept explizit aufgegriffen.

2.4.1.2 Wandlungsfähigkeit bei der Strategiebildung

Strategische Ziele nach Situation verändern

Der Wandlungsfähigkeit und Neuausrichtung staatlicher Strategien kommt aufgrund der neuen outputorientierten Sicht des Verwaltungshandelns eine zusätzliche Bedeutung zu. Zunehmend wird erkannt, dass es nicht genügt, nur eine Strategie zu haben bzw. sich nach einmal festgehaltenen Gesetzesanforderungen auszurichten, sondern auch die Kapazität, die strategischen Ziele und Maßnahmen je nach Situation verändern zu können, notwendig ist (vgl. Metcalfe/Richards 1990: 50 ff.). Der Strategiewandel umfasst die laufende Überprüfung und allfällige Anpassung der längerfristigen Zielsysteme aufgrund der frühzeitig erkannten Chancen, Gefahren und Risiken.

Die Aufgabe der neuen Verwaltungsführung besteht u. a. darin, diese erforderlichen personellen Kapazitäten für den Strategiewandel bereitzustellen oder zu entwickeln. Zudem sind die neuen Instrumente für die betriebliche Steuerung und die politische Führung so auszugestalten, dass strategisches Führen überhaupt möglich wird. Mehr Handlungsspielraum in finanzieller und personeller Hinsicht sowie flexible Strukturen sind dafür auf der betrieblichen Steuerungsebene eine Grundvoraussetzung.

Im IOP-Führungskonzept wird der Strategiewandel primär durch die beiden Handlungsgrößen der Innovationsförderung und der organisatorischen Flexibilität verwirklicht. Der Strategiewandel im Rahmen des Public Managements ist nicht nur ein Prozess, der sich in den Köpfen der Führungskräfte im öffentlichen Sektor abspielt, sondern steht in direktem Zusammenhang mit der Aufbau- und Ablauforganisation der öffentlichen Institution. Um durch strategische Führung eine Effektivitätssteigerung herbeiführen zu können, ist es unerlässlich, die Strukturen und Prozesse auf das gesamte Zielsystem auszurichten. Die Förderung der organisatorischen Flexibilität unterstützt folglich die neuen Ziele öffentlichen Managements im Gegensatz zu den starren bürokratischen Strukturen. Das Verhältnis des Strategiewandels zum Kulturwandel ist durch die Nutzung des vorhandenen Innovationspotenzials und die Steigerung des Innovationsniveaus einer Institution gekennzeichnet. Die Zielfindung „[...] kann nur dann als strategisch bezeichnet werden, wenn sich die Organisation für die Zielgestaltung flexibel und für Innovationen und Wandel offen zeigt." (Bichsel 1994: 122). In einer starren bürokratisch regulierten Verwaltung ist folglich strategische Führung nicht möglich, da der unerlässliche Freiraum zur Innovationsgenerierung und zum Wandel fehlt. Dies zeigt sich bspw. in der Budgetpolitik des öffentlichen Sektors. Die finanziellen Mittel einer Verwaltungseinheit werden ausschließlich für die Abwicklung von operativen Tätigkeiten bewilligt. Ressourcen für Investitionen werden höchstens im Rahmen von über das Budget hinausgehenden zusätzlichen Haushaltsmitteln bereitgestellt (vgl. Osborne/Gaebler 1992: 192 ff.). Insofern besteht für den Verwaltungsmanager kein Anreiz, innovativ tätig zu werden. Seine Arbeit beschränkt sich auf das getreue Verwalten der verfügbaren Gelder. Doch diese Arbeitshaltung genügt der erwünschten Einstellung einer Führungskraft im öffentlichen Sektor nicht mehr, wie folgender Satz verdeutlicht:

Strukturen und Prozesse auf Zielsystem ausrichten

> **Die Möglichkeit, innovative Ideen eigenständig umsetzen zu können, kennzeichnet nicht prinzipiell den Unterschied zwischen einer öffentlichen und einer privatwirtschaftlichen Institution, sondern vielmehr die Differenz zwischen einer Führungsperson und einem Verwalter.**

2.4.1.3 Strategieprozess

Festlegung von Wirkungsbereichen

Die strategische Zielsetzung erfordert Überlegungen in Zusammenhang mit den zu erzielenden Wirkungen im betroffenen Umsystem. Das erfordert die Festlegung bestimmter Wirkungsbereiche durch die politische Führung. Sind die Wirkungsfelder und erwünschten Wirkungen des staatlichen Handelns bekannt, kann die Führung einer staatlichen Institution die strategischen Ziele festlegen. Die für die strategische Zielbildung notwendigen Kernfragen lauten wie folgt:

- Welchen Wirkungsbereich, welches Umsystem versuchen wir zu beeinflussen?
- Wie schätzen wir die längerfristigen Entwicklungstendenzen in diesem Wirkungsbereich ein?
- Welches Problem muss in diesem Wirkungsbereich gelöst werden?
- Welche Auswirkungen haben die längerfristigen Entwicklungen auf unser Problemfeld?
- Wie sieht der erwünschte „Endzustand" in diesem Problemfeld aus? Welche Wirkungen sollen ausgelöst werden?
- Welche Einflussmöglichkeiten hat unsere Institution zur Lenkung der problematischen Aspekte in die Richtung des erwünschten Endzustandes?
- Welche Personen und Stellen sind für die konkrete Umsetzung der Ziele in Maßnahmen geeignet und kompetent?

Umfassender Strategieprozess

Diese sieben Kernfragen zur strategischen Zielbildung bilden eine gute Ausgangslage für den gesamten Strategieprozess. Der Bezugsrahmen zur Gestaltung des Strategiewandels nach Bryson (2004) wird im Folgenden als ein weltweit anerkanntes Vorgehen zur Strategiefindung in öffentlichen Institutionen erläutert. Das Konzept basiert auf einem zehnstufigen Planungsmodell, das als Regelkreis konzipiert ist (vgl. Abb. 7).

Arten des Wandels

2.4

Zyklus des Strategiewandels (nach Bryson 2004: 33 f.)

Abbildung 7

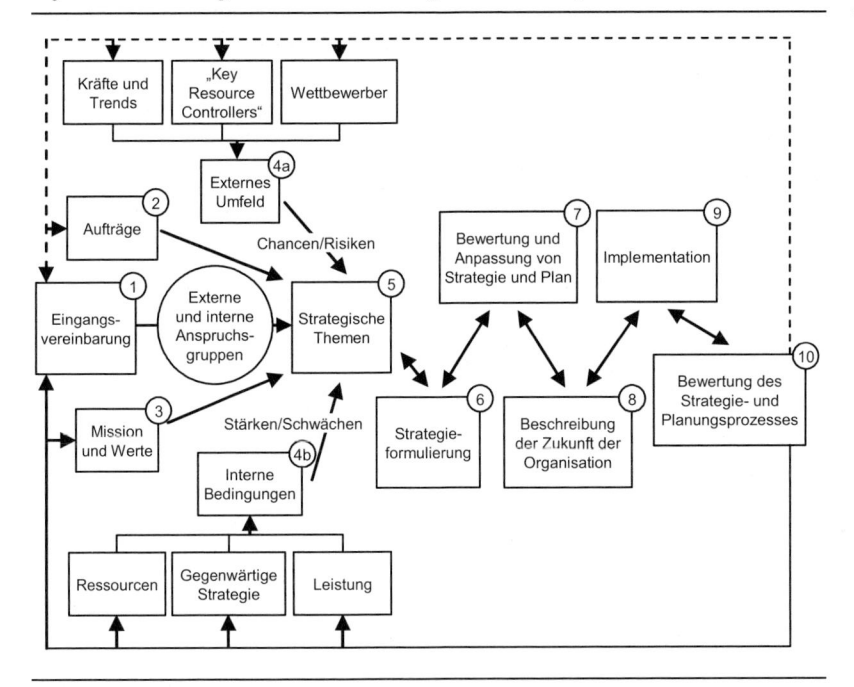

Die einzelnen Schritte des Planungsmodells werden im Folgenden kurz dargestellt (vgl. Bryson 2004: 32ff.):

1. Initiierung und Einigung über die Durchführung des strategischen Planungsprozesses: Vor Beginn des strategischen Planungsprozesses muss ein Konsens über die wichtigsten Eckpunkte (Ziele, Rolle der Beteiligten, Einbindung von internen und externen Anspruchsgruppen, verfügbare Ressourcen) getroffen werden.

2. Identifikation des Auftrags der Organisation: Der Auftrag der Organisation, d. h. die Erwartungen an die Organisation sowie deren Verpflichtungen, müssen deutlich gemacht werden. Dazu müssen sowohl die formale (Gesetze, Leistungsauftrag, Verträge etc.) als auch informelle Ebene beachtet werden.

3. Klärung von Mission und Werten der Organisation: Im Gegensatz zu dem externen Auftrag werden die Mission und die Werte einer Organisation von innen heraus entwickelt. Sie bestimmen maßgeblich das Selbstverständnis der Organisation sowie die Identität ihrer Mitarbeitenden. Die Schritte 2 und 3 bilden die Basis für die Entwicklung eines Leitbilds in der Organisation.

Zehn Planungsschritte

4. Bewertung der internen und externen Bedingungen: Durch die Identifikation von Stärken und Schwächen, Chancen und Risiken (SWOT-Analyse: Strengths, Weaknesses, Opportunities, Threats; siehe auch Abschnitt 2.4.1.4) sollen die verschiedenen Entwicklungstendenzen analysiert und darauf aufbauend mögliche Zukunftsszenarien für die Organisation erforscht werden.

5. Identifikation der strategisch relevanten Themen der Organisation: Das Ziel des strategischen Planungsprozesses besteht darin, eine möglichst ausgewogene Abstimmung zwischen der Organisation und ihrer Umwelt zu erreichen. Daher kommt dem fünften Schritt eine wesentliche Bedeutung zu. Die Teilnehmenden müssen sich in einem Aushandlungsprozess darauf verständigen, mit welchen strategischen Herausforderungen die Organisation in Zukunft konfrontiert sein wird, welche Prioritäten bei der Problemlösung gesetzt werden und in welchen Themenbereichen Strategien entwickelt werden sollen.

6. Formulierung von Strategien in den relevanten Themenbereichen: Im sechsten Schritt werden alternative Strategien als Antwort zur Bewältigung der zukünftigen Herausforderungen entwickelt. In diesem Schritt muss weiterhin eine Einigung über die Optionen getroffen werden, die realisiert werden sollen, wobei der Implementierungsprozess bereits jetzt bedacht werden sollte.

7. Überprüfung sowie evtl. Anpassung der Strategien und des strategischen Plans: In größeren Organisationen kann es möglich sein, dass die ausgearbeiteten Strategien und Pläne von übergeordneten Entscheidungsgremien genehmigt werden müssen. Dies kann dazu führen, dass die Strategien und Pläne vor der Implementation noch einmal überarbeitet werden müssen.

8. Entwicklung einer Erfolgsvorstellung: In diesem Schritt soll beschrieben werden, wie die Organisation nach Umsetzung der Strategien aussehen soll. Mögliche Schwerpunkte sind dabei die Mission, Leistungskriterien oder Verhaltensstandards für alle Beschäftigten.

9. Entwicklung eines wirkungsvollen Implementationsprozesses: Wie bereits in Schritt 6 deutlich wurde, sind die Planung und Entwicklung von Strategien keine ausreichenden Maßnahmen. In größeren Organisationen ist es notwendig, die konkrete Umsetzung dieser Strategien zu planen. Wichtige Bausteine eines Implementationsplans sind dabei die Festlegung von Rollen und Verantwortlichkeiten, spezifischen Zielen, erwarteten Ergebnissen und Meilensteinen, benötigten Ressourcen, Kommunikationsprozessen sowie Überwachungs- und Anpassungsprozessen.

10. Bewertung von Strategien und dem strategischen Planungsprozess: In dem abschließenden Schritt, der einige Zeit nach der Implementation der Maßnahmen beginnt, werden die Strategien sowie der strategische Planungsprozess noch einmal überprüft. Zum einen sollte dabei festgestellt werden, ob die Strategien beibehalten, modifiziert oder abgesetzt werden sollen. Zum anderen sollte der strategische Planungsprozess beurteilt und ggf. modifiziert werden.

2.4.1.4 Instrumente des strategischen Managements

In der Vergangenheit haben sich unterschiedliche Vorgehensweisen und Instrumente des strategischen Managements herausgebildet. Deren gezielte Auswahl und sinnvolle Kombination erweist sich letztlich als zentral. Dabei kann unterschieden werden zwischen Instrumenten der strategischen Analyse, Planung und Umsetzung (vgl. Schedler/Siegel 2005: 183 ff.). Im Folgenden wird auf ausgewählte Instrumente eingegangen, deren Verbreitung in öffentlichen Institutionen zugenommen hat.

Als wesentliches Instrument im Rahmen eines strategischen Planungsprozesses gilt die Umsystem- oder Umweltanalyse. Öffentliche Institutionen können ähnlich wie privatwirtschaftliche Unternehmen als offene sozio-technische Systeme betrachtet werden, die in Beziehung zu verschiedenen Gruppen im Umsystem der Organisation stehen (vgl. Kubicek/Thom 1976: 3980 ff.). Aufgrund der unterschiedlichen Beziehungszusammenhänge werden Rahmenbedingungen geschaffen, die maßgeblichen Einfluss auf die Zielerreichung einer Organisation haben. Im Rahmen des strategischen Managements kommt somit der Analyse des Umsystems im Hinblick auf die Chancen und Risiken der zukünftigen Entwicklung eine wesentliche Bedeutung zu, da die Verwaltungsführung nur unter Berücksichtigung der relevanten Einflussfaktoren optimiert und zielgerichtet gestaltet werden kann. Die Umsystemanalyse sollte sich nicht nur auf das engere Umfeld der Organisation konzentrieren, sondern auch umfassendere Trends berücksichtigen, die sich auf die Organisation auswirken könnten (vgl. Steinmann/Schreyögg 2005: 173). Wesentliche Bereiche, die eine öffentliche Institution beleuchten sollte, umfassen somit rechtlich-politische, technologische, sozio-kulturelle und wirtschaftliche Komponenten sowie Entwicklungen bei den unterschiedlichen Anspruchsgruppen und Leistungsempfängern in der Gesellschaft.

Umsystem- und Umweltanalyse

Im Gegensatz zur Umsystemanalyse handelt es sich bei der SWOT-Analyse um ein strategisches Analyseinstrument, welches die inter-

SWOT-Analyse

ne Ressourcensituation einer öffentlichen Institution mit einbezieht. Mit Hilfe der SWOT-Analyse wird zum einen aus einer Innensicht untersucht, welche spezifischen Stärken und Schwächen eine öffentliche Institution aufweist. Zum anderen werden die Chancen (Entwicklungsmöglichkeiten) und Risiken (Gefahren), die sich für die Institution aufgrund der Art und Intensität zukünftiger Umweltentwicklungen ergeben können, aus einer Außensicht heraus analysiert. Aufbauend auf den Erkenntnissen aus der SWOT-Analyse lassen sich durch den Abgleich von internen und externen Einflussfaktoren strategische Optionen generieren mit dem Ziel, einerseits die Stärken zu maximieren und die Chancen zu nutzen sowie andererseits Schwächen und Risiken zu minimieren (vgl. Müller-Stewens/Lechner 2005: 226).

Portfolio-Analyse

Ein weiteres essentielles Analyseinstrument, das im Rahmen des strategischen Managements eingesetzt wird, ist der Portfolioansatz. Dieser Ansatz eignet sich u. a. dafür, für die unterschiedlichen Aufgabenfelder einer öffentlichen Institution strategische Leitlinien bzw. Normstrategien zu entwickeln (vgl. Müller-Stewens/Lechner 2005: 300). Zur Darstellung der Struktur und Bedeutung dieser Aufgabenfelder wird bei der Portfolio-Analyse eine zweidimensionale Matrix aufgespannt, auf der eine Umwelt- sowie eine Organisationsachse abgetragen wird. Auf der Umweltachse wird der zukünftige Bedarf bzw. die zukünftige Bedeutung des jeweiligen Aufgabenfeldes dargestellt und somit die Einflusskräfte, die von extern auf die öffentliche Institution einwirken, betrachtet. Demgegenüber werden auf der Organisationsachse verwaltungsinterne Kompetenzen und Einflussfaktoren abgetragen, die von der Institution selbst beeinflusst werden können. Die aus der 4-Felder-Matrix abgeleiteten Normstrategien können jedoch keine vorbehaltlosen Empfehlungen darstellen. Vielmehr bieten sie erste mögliche Entwicklungsstrategien zur weiteren Überprüfung der jeweiligen Aufgabenfelder in Abhängigkeit von der konkreten Situation. Die Portfolio-Analyse eignet sich bspw. für die Erarbeitung strategischer Optionen für unterschiedliche Aufgabenfelder oder zur Identifikation von Spar- und Entwicklungspotenzialen (vgl. nachfolgende Fallstudie: Die Portfolioanalyse zur strategischen Entscheidungsfindung in der bernischen Kantonsverwaltung).

Auswahl relevanter Handlungsoptionen

Im Anschluss an die durch die strategische Analyse gewonnenen Empfehlungen und Entwicklungsmöglichkeiten, geht es in einem nächsten Schritt um die Auswahl relevanter Handlungsoptionen sowie die Planung deren praktischer Umsetzung. Dabei stehen einer öffentlichen Institution mit der Entwicklung von Vision, Mission und Leitbild sowie der Integrierten Aufgaben- und Finanzplanung (IAFP) zwei wirkungsvolle Planungsinstrumente zur Verfügung, die

Arten des Wandels 2.4

eine strategische (Neu-) Orientierung ermöglichen (vgl. auch nachfolgendes Praxisfenster Nr. 2).

Vision, Mission und Leitbild werden in Organisationen entworfen und implementiert, um der Organisation und ihren Mitarbeitenden eine Orientierung zu geben und langfristige Entwicklungsperspektiven zu fokussieren. Dabei wird unter einer Vision eine auf die Zukunft gerichtete Leitidee über die Entwicklung einer Organisation verstanden, die richtungsweisende und normative Aussagen zu den zentralen Zielen der Organisation enthalten soll (vgl. Müller-Stewens/Lechner 2005: 234 ff.). Demgegenüber enthält die Mission eine Darstellung des Organisationszwecks (Was will eine Organisation tun? Wie legitimiert sie ihr Bestehen?) sowie Aussagen zu Werten, Verhaltensstandards und Strategien zur Erfüllung dieses Organisationszwecks. In einem Leitbild werden Vision und Mission schließlich schriftlich fixiert und konkretisiert. Öffentliche Leitbilder formulieren somit die längerfristig gültigen Globalziele einer öffentlichen Institution sowie ihre Ziele, Prinzipien und Spielregeln (vgl. Heinz 2000: 118 f.). Zahlreiche Verwaltungen im deutschsprachigen Raum haben in jüngster Zeit Leitbilder formuliert. Beispielhaft sei hier auf die Stadt Passau verwiesen. Bürgerinnen und Bürger, Politiker sowie die Stadtverwaltung erarbeiteten in einem Zeitraum von mehr als einem Jahr ein Leitbild für die Stadt Passau, welches auf das Jahr 2005 ausgerichtet ist und kontinuierlich weiterentwickelt wird. Das Leitbild enthält die drei Bereiche "Leben in der Stadt", "Politik" und "Verwaltung", in denen durch die Mitarbeit der Öffentlichkeit Projektgruppen verschiedene Themenstellungen bearbeiten und präsentieren, sodass das Leitbild in der Stadt Passau aktiv gelebt wird (vgl. Passau 2005).

Orientierung geben

Einen noch umfassenderen Ansatz wählte die Gemeinde Laupen in der Schweiz, wo in einer zweitägigen Zukunftskonferenz Gemeinderat und Bürger Stärken und Schwächen analysierten sowie darauf aufbauend Hoffnungen, Ziele, Leitideen und Maßnahmenfelder diskutierten (vgl. Blickpunkt).

Zukunftskonferenz

2 Das IOP-Führungskonzept für den öffentlichen Sektor

Im Blickpunkt *Zukunftskonferenz in der Gemeinde Laupen*

Der Gemeinderat und die Gemeindeentwicklungskommission in Laupen veranstalteten am 17. und 18. Juni 2005 eine Zukunftskonferenz mit dem Ziel, in Zusammenarbeit mit der Bevölkerung die gemeinsame Zukunft der Gemeinde zu gestalten. Insgesamt nahmen an beiden Tagen knapp 100 Personen aus unterschiedlichen Interessensgruppen an der Zukunftskonferenz teil, darunter Behördenvertreter, Politiker, Gewerbe- und Wirtschaftsvertreter, Vertreter von Freizeitvereinen, Vertreter von kulturellen Institutionen, interessierte Einwohner und spezielle Bevölkerungsgruppen.

Am ersten Tag widmeten sich die Teilnehmenden einer umfassenden Stärken-Schwächen-Analyse. Darauf aufbauend wurden am zweiten Tag die Resultate analysiert sowie mögliche Szenarien der zukünftigen Entwicklung der Gemeinde Laupen in unterschiedlichen Themenbereichen entworfen. Als wesentliche Schwächen der Gemeinde Laupen wurden die Verkehrssituation, die Gemeindefinanzen, Abfall und Vandalismus sowie fehlende Angebote für Kinder und Jugendliche identifiziert. Demgegenüber sahen die Teilnehmenden der Zukunftskonferenz die Stärken der Gemeinde Laupen insbesondere im Naherholungsgebiet, im Ortsbild, in Kultur und Schule sowie in der Infrastruktur. Aufbauend auf der Stärken-Schwächen-Analyse erarbeiteten die Teilnehmenden der Zukunftskonferenz in unterschiedlichen Gruppen Hoffnungen und Ziele, die jeweils durch Punkte gewichtet wurden. Dabei wurden folgende Schwerpunkte identifiziert:

- Verbesserung der Verkehrssituation (Konsequente Verkehrsregelung, Umfahrung Laupen, Beleuchtung, Geschwindigkeitsbeschränkung)
- Laupen für Kinder und Jugendliche attraktiv machen (Optimierung von Freizeitaktivitäten/Sport/Kultur, Jugendtreff realisieren)
- Schuldenlast mindern und Finanzen wieder ins Lot bringen
- Sanierung der Sportanlagen (bestehendes Angebot für Jugend fördern, Fußballplatz sanieren)
- Nachhaltige Umsetzung der Erkenntnisse trotz finanzieller Engpässe (mindestens 50 % aller Schwächen bis Ende 2006 beheben)

Aus den Hoffnungen und Zielen entwickelten die Teilnehmenden Leitsätze, die den vier Themengebieten Identität, Engagement, Politik und Verhalten/Umgang zugeordnet wurden. Abschließend wurden elf Themenbereiche und Handlungsfelder festgelegt, die in der Gemeinde Laupen zur Erreichung der im Verlauf der Zukunftskonferenz identifizierten Vorstellungen bearbeitet werden sollen. In den einzelnen Themenbereichen erarbeiteten die Teilnehmenden ein Ziel, unterschiedliche Subziele sowie Maßnahmen zur Erreichung der Ziele. Die Themengebiete lauteten Finanzen, Marketing (Attraktivität), Wachstum, Regionale Zusammenarbeit/Regionalisierung, Bildung, Gewerbe, Optimierung der Verkehrssituation, Jugendförderung, Natur, Soziale Vernetzung und Vernetzung allgemein. Diese Themengebiete sollen in einzelnen Arbeitsgruppen weiterverfolgt werden.

Insgesamt wurde die Veranstaltung von den Teilnehmenden sehr positiv aufgenommen. In einer anschließenden Befragung lobten diese die gute Organisation, das offene und konstruktive Diskussionsklima sowie das Engagement vieler Bürger für ihre Gemeinde. Die Teilnehmenden äußerten auch die Erwartung, dass möglichst viele der erarbeiteten Punkte in der Gemeinde Laupen umgesetzt werden.

2.4 Integrierte Aufgaben- und Finanzplanung

Bei der Integrierten Aufgaben- und Finanzplanung (IAFP), auch Politikplan genannt, handelt es sich um ein mittelfristiges Planungsinstrument der Regierung, bei dem die inhaltliche Planung (Aufgaben, Maßnahmen) mit der Finanzplanung (Finanz- und Investitionsplan) verbunden wird (vgl. Brühlmeier et al. 2001: 117 und unten stehendes Praxisfenster Nr. 2). Die IAFP enthält, gegliedert nach Aufgabenbereichen und Produktgruppen, die politischen Ziele in Form der angestrebten Auswirkungen des staatlichen Handelns auf die Bevölkerung. Diese werden mit der geplanten Entwicklung der Finanzen verknüpft, sodass die IAFP die mittelfristigen Ziele und Absichten einer Regierung in konkreter Form darstellt. Entsprechend wird die traditionelle inputorientierte Sichtweise um eine Output- bzw. Outcome-Steuerung ergänzt, wobei die IAFP gleichzeitig auch als Controllinginstrument dienen kann, da sie eine Bilanz der staatlichen und staatlich finanzierten Tätigkeiten des jeweils vergangenen Jahres beinhaltet.

Zur Umsetzung der im Rahmen des Strategieprozesses erarbeiteten und geplanten Maßnahmen existieren wiederum unterschiedliche Managementinstrumente. So können in Leistungskontrakten zeitlich begrenzte Vereinbarungen zwischen der Regierung und verwaltungsinternen sowie -externen Leistungserbringern bzw. zwischen Verwaltung und externen Leistungsanbietern über die Umsetzung geplanter Maßnahmen und die daraus resultierenden Leistungen getroffen werden (vgl. hierzu ausführlich Kapitel 5). Zur Umsetzung der Maßnahmen auf Mitarbeiterebene bietet sich die Führung durch Zielvereinbarungen (MbO) an, die in Kapitel 6 näher erläutert wird. Schließlich existiert mit der Balanced Scorecard (BSC) ein Instrument des strategischen Managements, welches die beschriebenen drei Phasen der Analyse, Planung und Umsetzung integriert und in Kapitel 4 detailliert beschrieben wird.

Fallstudie:
Die Portfolioanalyse zur strategischen Entscheidungsfindung in der bernischen Kantonsverwaltung[1]

1. Ausgangslage

Trotz einer Reihe von Sanierungsmaßnahmen schloss die Staatsrechnung des Kantons Bern seit 1990 mit Defiziten ab. Aufgrund des verfassungsrechtlichen Auftrags, den kantonalen Finanzhaushalt konjunkturgerecht zu führen und mittelfristig auszugleichen sowie kaum absehbarer Verbesserungsaussichten bis ins Jahr 2002 beschloss der bernische Regierungsrat (Kantonsregierung) 1997, mit einem umfassenden „Legislatursanierungsprogramm (LSP)" den Staatshaushalt nachhaltig zu gesunden, indem als Zielgröße jährlich wiederkehrende Saldoverbesserungen in der Größe von rund 200 Mio. Franken angestrebt wurden. Das Programm sollte dabei nicht primär auf kurzfristige Einsparungen, sondern in Fortsetzung der bisherigen Finanzpolitik aus längerfristiger Perspektive eine nachhaltige Wirkung entfalten. Im Sanierungsprozess wurde erstmals ein Moderationsverfahren unter Leitung zweier Experten mit betriebswirtschaftlichem Hintergrund gewählt. Dadurch behielt die Regierung bewusst die Führungs- und Ergebnisverantwortung in ihren Händen, ließ die politischen Aufgabenbereiche aber von externer Seite in Zusammenarbeit mit der Verwaltungsspitze kritisch durchleuchten.

2. Methodik des gesamten Sanierungsprogramms

Sanierungsmaßnahmen werden allzu oft nur als einschneidender Eingriff in das Verwaltungsgeschehen betrachtet. Da sie jedoch auch einen kreativen und innovativen Aspekt enthalten können, wurden Sanierungsvorschläge im LSP nicht als Sparmaßnahmen, sondern als Reform-Ideen bezeichnet. Das methodische Vorgehen im gesamten Sanierungsprozess lehnte sich dementsprechend auch an das Ablaufschema bei Innovationsprozessen an (vgl. Kapitel 3). Die einzelnen Schritte waren:

- Schritt 1: Strategische Portfolioanalyse

Durchführung einer strategischen Portfolioanalyse auf der Basis der Aufgabenfelder des Kantons zur Erarbeitung einer gemeinsamen strategischen Perspektive und zu erster Identifikation von Spar- und Entwicklungspotenzialen.

---

[1] Die Grundlagen zu dieser Fallstudie stammen aus dem Beitrag von Thom/Näf 1998.

Arten des Wandels **2.4**

- Schritt 2: Ideengenerierung

Generierung von Reform-Ideen zu den Aufgabenfeldern mit einer ersten Grobquantifizierung des Sparpotenzials.

- Schritt 3: Ideenakzeptierung

Auswahl der Reform-Ideen im Regierungsrat und Verabschiedung der Ideenliste zuhanden der Verwaltung mit dem Auftrag, die Ideen zu prüfen und weiterzuentwickeln.

- Schritt 4: Ideenbewertung und Ideenpriorisierung

Gesetzgeberische und finanztechnische Bearbeitung, wirkungsorientierte Optimierung, Beurteilung und Quantifizierung der Reform-Ideen durch die Verwaltung.

- Schritt 5: Zusammenstellen des Sanierungsprogramms

Festlegen der Sanierungsmaßnahmen und Abstimmen mit den gleichzeitig entstehenden Regierungsrichtlinien, Integration der angestrebten finanziellen Effekte in den Legislaturfinanzplan als Teil der Regierungsrichtlinien, in den Voranschlag und in den Finanzplan.

Zur Vorbereitung des Sanierungsprozesses und zur ausgewogenen Betrachtung des Gesamtengagements des Kantons wurde im ersten Schritt die nachfolgend vertiefend dargestellte strategische Portfolioanalyse durchgeführt.

3. Strategische Portfolioanalyse

Alle Regierungsmitglieder füllten drei Portfolios für die eigene Direktion aus (vgl. Abb. 1, 2 und 3). Dabei war ihnen überlassen, inwieweit sie die Mitarbeitenden ihrer Direktion bei der Erarbeitung der Portfolios miteinbezogen. Die Moderatoren besuchten alle Direktionen, um methodische Unklarheiten zu beseitigen und um das gemeinsame Grundverständnis zur Interpretation der Portfolios auszubauen. Die im Folgenden dargestellten Portfolios enthalten in den einzelnen Quadranten sog. Normstrategien. Diese stellen nicht vorbehaltlose Empfehlungen, sondern mögliche Entwicklungsstrategien dar, die für die entsprechend positionierten Aufgabenfelder aufgrund der konkreten Situation zu prüfen sind.

4. „Legitimitäts-Bedarfs-Portfolio"

Zur Einschätzung der „politischen Legitimation" des kantonalen Engagements im Aufgabenfeld dienten folgende Indikatoren als Orientierungshilfe: die öffentliche Akzeptanz des kantonalen Engagements, die Ansprüche politisch gewichtiger Anspruchsgruppen, die rechtliche Verankerung des kantonalen Engagements, potenzielle politische Mehrheiten und der potenzielle politische Widerstand beim Abbau von staatlichen Leistungen.

Zur Einschätzung des zukünftigen Bedarfs bzw. Nutzens des öffentlichen Engagements im Aufgabenfeld gehören folgende Indikatoren als Orientierungshilfe: Der potenzielle Nutzen für den Kanton, der zukünftige Einfluss auf das Wohl der Bevölkerung, die zu erwartende Nachfrage nach den Leistungen in der Bevölkerung und zu erwartende negative Konsequenzen beim Abbau des Engagements.

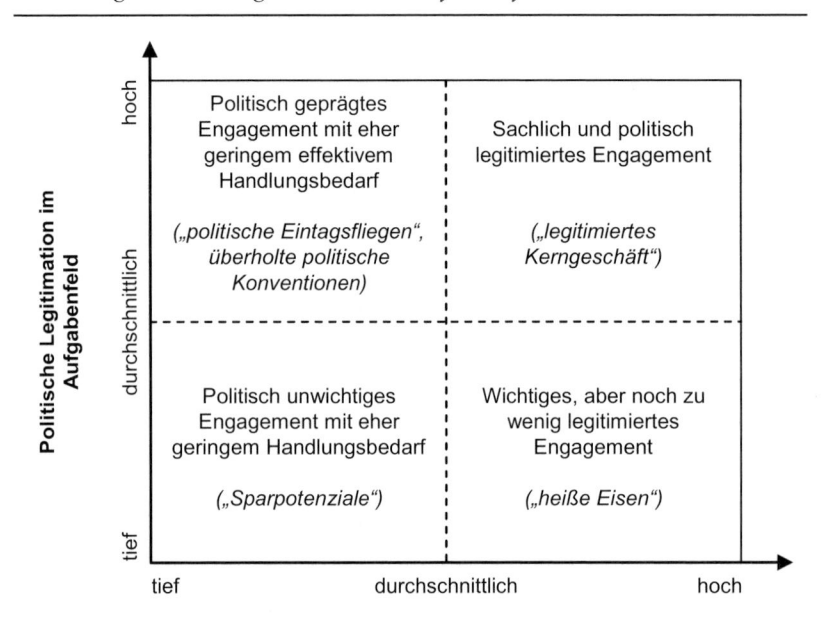

Abbildung 1: Das Legitimations-Bedarfs-Portfolio

	Zukünftiger Bedarf bzw. Nutzen des öffentlichen Engagements im Aufgabenfeld	
	tief — durchschnittlich — hoch	
Politische Legitimation im Aufgabenfeld hoch	Politisch geprägtes Engagement mit eher geringem effektivem Handlungsbedarf („politische Eintagsfliegen", überholte politische Konventionen)	Sachlich und politisch legitimiertes Engagement („legitimiertes Kerngeschäft")
durchschnittlich / tief	Politisch unwichtiges Engagement mit eher geringem Handlungsbedarf („Sparpotenziale")	Wichtiges, aber noch zu wenig legitimiertes Engagement („heiße Eisen")

Hier nicht zu berücksichtigen waren die rechtlichen Rahmenbedingungen und der gesetzliche Auftrag. Basierend auf dem „Legitimations-Bedarfs-Portfolio" wurden von der jeweils zuständigen Direktion folgende ergänzenden Fragen beantwortet:

- Welches sind die 3 wichtigsten politischen Forderungen im Aufgabenfeld?
- Welche 3 Bereiche innerhalb des Aufgabenfelds haben einen eher tieferen zukünftigen Bedarf bzw. Nutzen?
- Welche 3 Bereiche innerhalb des Aufgabenfelds haben einen eher höheren zukünftigen Bedarf bzw. Nutzen?

5. „Kernkompetenzen-Portfolio"

Zur Einschätzung der vorhandenen Kernkompetenzen der kantonalen Verwaltung und Betriebe im Aufgabenfeld wurden folgende Indikatoren gebil-

2.4 Arten des Wandels

det: die vorhandenen Fähigkeiten und Erfahrungen der Mitarbeitenden, die Methodik, das „Know-how", die kritische Masse der Aufgaben (d. h. genügend hohes Arbeitsvolumen, damit es sich angesichts der Investitions- und Betriebskosten lohnt, die Aufgabe selbst wahrzunehmen), verwaltungsinterne Synergien, die Risiken einer allfälligen Delegation der Aufgaben (z. B. Datenschutz, Missbrauch) und weitere Vorteile der kantonalen Verwaltung und Betriebe gegenüber alternativen Trägerschaften (vgl. auch die Erklärungen zur „Spezifität" im fünften Kapitel). Hier ebenfalls nicht zu berücksichtigen waren die rechtlichen Rahmenbedingungen und der gesetzliche Auftrag.

Abbildung 2: Das Kernkompetenzen-Portfolio

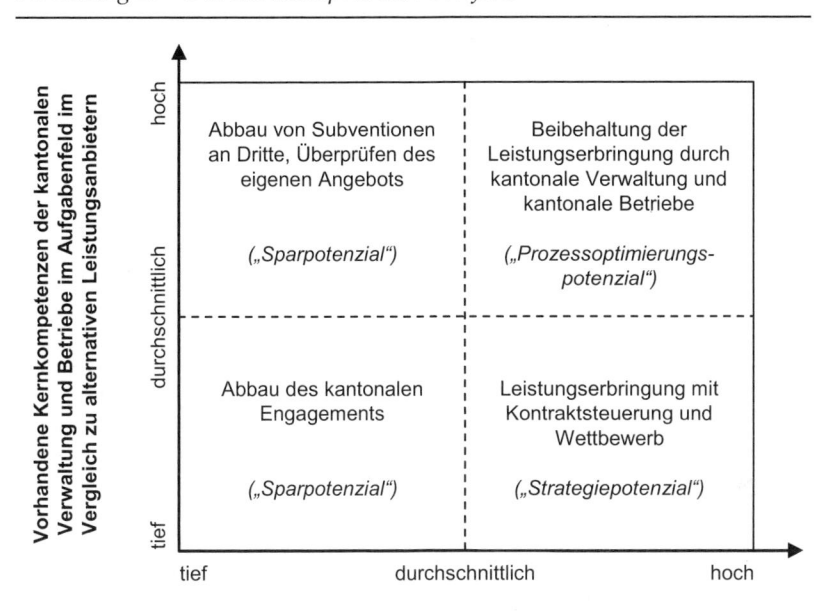

	Zukünftige Bedeutung des Aufgabenfelds für den Kanton	
Vorhandene Kernkompetenzen der kantonalen Verwaltung und Betriebe im Aufgabenfeld im Vergleich zu alternativen Leistungsanbietern	tief — durchschnittlich	durchschnittlich — hoch
hoch	Abbau von Subventionen an Dritte, Überprüfen des eigenen Angebots („Sparpotenzial")	Beibehaltung der Leistungserbringung durch kantonale Verwaltung und kantonale Betriebe („Prozessoptimierungspotenzial")
tief	Abbau des kantonalen Engagements („Sparpotenzial")	Leistungserbringung mit Kontraktsteuerung und Wettbewerb („Strategiepotenzial")

Die zukünftige Bedeutung des Aufgabenfelds für den Kanton ist eine Kombination aus politischer Legitimation und zukünftigem Bedarf bzw. Nutzen des öffentlichen Engagements im Aufgabenfeld. Zur Einschätzung der zukünftigen Bedeutung wurden die Indikatoren des wachsenden Problemdrucks im Aufgabenfeld, der zunehmenden Ansprüche gegenüber dem Kanton und die Übereinstimmung mit den Legislaturzielen beigezogen. Auch hier nicht zu berücksichtigen waren wiederum die rechtlichen Rahmenbedingungen sowie der gesetzliche Auftrag.

Das IOP-Führungskonzept für den öffentlichen Sektor

Basierend auf dem „Kernkompetenzen-Portfolio" wurde von der jeweils zuständigen Direktion folgende ergänzende Frage beantwortet:

- Welches sind die 3 wichtigsten Kernkompetenzen im Aufgabenfeld?

6. „Versorgungsintensitäts-Portfolio"

Die Einschätzung der Versorgungsintensität der kantonalen Leistungen im Aufgabenfeld wurde anhand folgender Indikatoren vorgenommen: heutige Dichte des Versorgungsnetzes, bestehende Versorgungsengpässe, gegenwärtige Dauer der Wartezeiten, Länge der Bezugswege, derzeitige Kundenzufriedenheit, individuelle Qualitätsmerkmale der bestehenden Versorgung sowie ein Vergleich der aktuellen Qualität der öffentlichen Leistungen mit alternativen Angeboten.

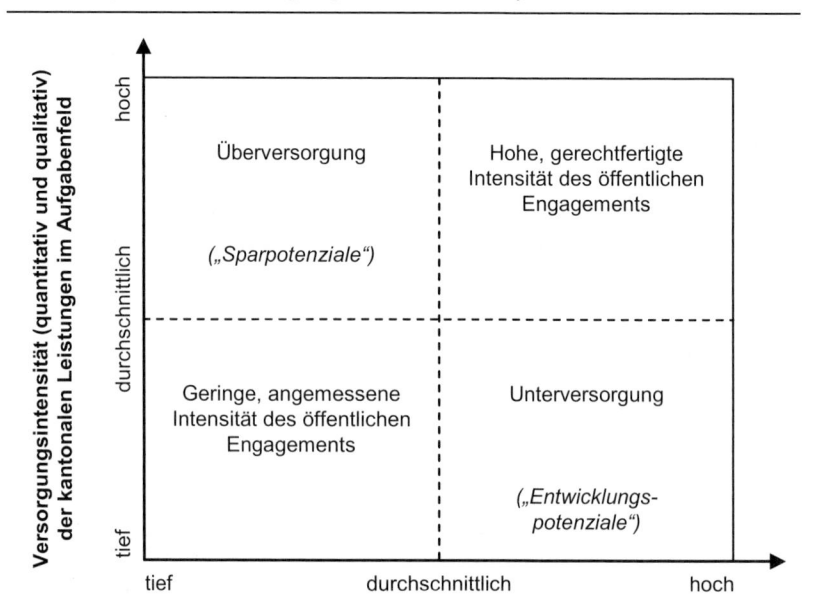

Abbildung 3: Das Versorgungsintensitäts-Portfolio

Versorgungsintensität (quantitativ und qualitativ) der kantonalen Leistungen im Aufgabenfeld

- hoch
  - Überversorgung
  - („Sparpotenziale")
  - Hohe, gerechtfertigte Intensität des öffentlichen Engagements
- durchschnittlich
- tief
  - Geringe, angemessene Intensität des öffentlichen Engagements
  - Unterversorgung
  - („Entwicklungspotenziale")

tief — durchschnittlich — hoch

Zukünftiger Bedarf an Versorgungsintensität (quantitativ und qualitativ) der kantonalen Leistungen im Aufgabenfeld

Zur Einschätzung des zukünftigen Bedarfs an Versorgungsintensität der kantonalen Leistungen im Aufgabenfeld dienten folgende Indikatoren als Orientierungshilfe: die Entwicklung der Zahl der Leistungsempfänger bzw. derjenigen, welche einen Bedarf nach den Leistungen aufweisen, mögliche Konsequenzen von Versorgungsengpässen, die Bereitschaft der Kunden zur Bezahlung der angebotenen Qualität, die Sicherheitsrisiken bei gerin-

Arten des Wandels **2.4**

ger Qualität oder schlechter Versorgung und Trends bezüglich der Kundenwünsche. Hier erneut nicht zu berücksichtigen waren rechtliche Rahmenbedingungen und gesetzlicher Auftrag. Basierend auf dem „Versorgungsintensitäts-Portfolio" wurde von der jeweils zuständigen Direktion folgende ergänzende Frage beantwortet:

- In welchen 3 Bereichen innerhalb des Aufgabenfelds ist am ehesten ein zukünftiges Überangebot zu vermuten?

Sehr häufig gelangten die Regierungsmitglieder beim Einstufen der Aufgabenfelder in den Portfolios in Bezug auf die zu beurteilenden Kriterien zur Einschätzung „überdurchschnittlich". Dies bedeutete zugleich, dass für den Regierungsrat noch wenig strategische Prioritäten sichtbar wurden. Hingegen erarbeiteten die Direktionen in wertvollen Diskussionen eine Informationsgrundlage für die weiteren Überlegungen in relevanten strategischen Kategorien und in angemessener Verdichtung.

7. Ideengenerierung

In dieser Phase wurden die Regierungsrätinnen und Regierungsräte nicht in ihrer Verantwortung als Direktorinnen und Direktoren für ihre jeweilige Direktion (Ministerium), sondern in ihrer Gesamtverantwortung als Regierungsmitglieder angesprochen. Zur Festlegung der strategischen Prioritäten beurteilten alle Regierungsmitglieder mit einem anonym auszufüllenden Fragebogen direkt an die Moderatoren für alle Aufgabenfelder und nicht nur mehr für die ihrer Direktion zugeordneten Aufgabenfelder: deren zukünftige Bedeutung, deren Soll-Entwicklung hinsichtlich der Ausgaben, die Kernkompetenzen alternativer Leistungserbringer sowie deren Sparpotenzial für das Legislatursanierungsprogramm.

Um Nachhaltigkeit und die strategische Basis der zu generierenden Sanierungsideen zu sichern, wurden auf der Grundlage der strategischen Portfolioanalyse aus den Direktionen und der strategischen Prioritätensetzung der Regierungsmitglieder den einzelnen Aufgabenfeldern Entwicklungsstrategien zugeordnet. Die Zuordnung der Entwicklungsstrategien je Aufgabenfeld erhoben die Moderatoren bei jedem Regierungsmitglied schriftlich und werteten das Ergebnis anonymisiert aus. Die nachfolgenden Entwicklungsstrategien gaben die Moderatoren im Erhebungsverfahren vor. Sie konnten durch die Regierungsmitglieder ergänzt werden.

Aufgabenfelder mit höchstens durchschnittlicher zukünftiger Bedeutung, einer abnehmenden Soll-Entwicklung im Budget und Finanzplan sowie vorhandenem Sparpotenzial waren hinsichtlich der Entwicklungsstrategien des „Leistungsabbaus" zu überprüfen:

- Abbau des Leistungsvolumens
- Abbau der Leistungsqualität (Reduktion der Qualität auf das Niveau der Kundenerwartungen)
- Konzentration des Versorgungsnetzes (Reduktion der Standorte)
- Abbau von Subventionen

Das IOP-Führungskonzept für den öffentlichen Sektor

- Einführung und Erhöhung von Eigenfinanzierung (bedarfsgerechte Nachfragedämpfung)

Aufgabenfelder mit vorhandenen Kernkompetenzen alternativer Anbieter galt es im Hinblick auf Möglichkeiten des „Wettbewerbs" zu überprüfen:

- Benchmarking (Leistungsvergleiche und daraus folgendes Lernen von den vergleichbaren Besten)
- Aufbau von Wettbewerb unter den Anbietern (Ausschreibungen, Ideenwettbewerbe)
- Ausgliederung der Leistungserbringung (von öffentlichen Institutionen über private Trägerschaften mit Leistungsaufträgen bis zu eigenfinanzierten, privaten Unternehmungen)

Für Aufgabenfelder mit vorhandenem Sparpotenzial empfahlen sich Entwicklungsstrategien der „Produktivitätssteigerung":

- Ablösung von ineffizienten Leistungen durch hocheffiziente Leistungen
- Prozessoptimierung (Vereinfachung von Abläufen, Reduktion der Verfahrensschritte, Abbau von Doppelspurigkeiten)
- Bereinigung der „Produktionsstrukturen" (Zusammenlegung von Organisationseinheiten, Schaffung von optimalen Betriebsgrößen)
- Erhöhung der Produktivität mit neuen Technologien
- Intensives Kostenmanagement (tiefe Kostenvorgaben, verstärkte Budgetbewirtschaftung)

Für Aufgabenfelder, in denen die Art und Weise des kantonalen Engagements grundsätzlich überdacht werden sollte, wurden Möglichkeiten eines „Systemwechsels" vorgeschlagen:

- Subjektfinanzierung (die wahlkompetenten Kundinnen und Kunden erhalten vom Kanton finanzielle Mittel, die es ihnen ermöglichen, selbst die benötigten Leistungen auszuwählen)
- Gezielter Leistungseinkauf mit Kontrakten (bei verwaltungsinternen und -externen Leistungsanbietenden)
- Delegation von Aufgaben mit Globalkrediten
- Infragestellung gegebener Infrastrukturen (andere Nutzung, Verkauf, andere Finanzierungsformen)

Zusammen mit den Entwicklungsstrategien wurde den Aufgabenfeldern ein strategisches Sparziel zugeordnet. Damit konnte eine strategische Vorgabe als Orientierung für die Ideengenerierung geschaffen werden. Gleichzeitig sollte eine solche Vorgabe einen etwas geschützteren Raum für Flexibilität und Kreativität aufbauen, indem nicht die Ideen, sondern die strategisch begründeten Sparziele den Umfang der zu beschließenden Einsparungen bestimmten. Auf diese Weise galt es zu verhindern, dass Kreativität mit

Einsparungen bestraft und mit dem Abwehren von Reform-Ideen einzelne Aufgabenfelder geschont werden.

8. Ergebnisse des Sanierungsprogramms

Die Beschlüsse des Regierungsrates im Rahmen des LSP entlasten den kantonalen Finanzhaushalt um insgesamt 264 Mio. Franken bis ins Jahr 2002. Die aus der strategischen Aufgabenanalyse abgeleiteten „outputorientierten" Maßnahmen machen davon jedoch nur 106 Mio. Franken aus. Der Restbetrag bis hin zu einem Ausgleich des Finanzhaushalts konnte nur mit Hilfe von Desinvestitionen und linearen Sparmaßnahmen (z. B. Budgetkompression) erreicht werden. Die Portfolioanalyse brachte aus qualitativer Sicht nachhaltigere und verstärkt auf strategischen Überlegungen basierende Sanierungsaktivitäten. Zudem wurden die Regierungsmitglieder in erster Linie in ihrer wirkungsverantwortlichen und nicht produktionsverantwortlichen Rolle angesprochen. Denn jedes Mitglied beschäftigte sich intensiv auch mit den Aufgabenfeldern anderer Direktionen und verbreiterte dadurch seinen Wissensstand wie kaum zuvor. Als wichtiges Erfolgskriterium zeigte sich auch der Einbezug der Verwaltungskader sowohl in den strategischen Entscheidungsprozess als auch in die Beurteilung und Weiterentwicklung der Reform-Ideen (vgl. Lauri 1998: 271 ff.).

Der für dieses Sanierungsprogramm fachlich federführende Finanzdirektor des Kantons Bern hält abschließend die folgenden Punkte als wesentliche Erkenntnisse für die Weiterentwicklung der Verwaltung fest (vgl. Lauri 1998: 276 f.):

- Planen und Entscheiden in strategischen Dimensionen
- Erarbeitung und Erhaltung von stufengerechtem Wissen über alle Politikfelder
- Lernen, mit Unsicherheiten umzugehen
- Verbindung von Ressourcenentscheiden mit dem Leistungsinhalt
- Finden von neuen, innovativen Wegen der Leistungserstellung
- Fähigkeit, radikal zu denken und pragmatisch zu handeln

Die Steigerung des Innovationsniveaus in staatlichen Stellen durch strategisches Management, wie soeben dargestellt, verändert die Verwaltungskultur tiefgehend, ermöglicht eine bessere Bearbeitung von komplexen sowie vernetzten Problemfeldern und hat letztlich einen hohen Wert für die gesellschaftliche Akzeptanz des öffentlichen Sektors. Der Strategiewandel steht in unmittelbarem Zusammenhang mit diesem durch die Innovationsfähigkeit stark geprägten und im Folgenden erläuterten Kulturwandel.

Praxisfenster Nr. 2:
Erneuerung von Staatskanzleien zur effektiven Führungsunterstützung an der Schnittstelle von Politik und Verwaltung

Dr. Peter Grünenfelder

Staatsschreiber, Staatskanzlei des Kantons Aargau

1. Ausgangslage

Herkömmlich stellt die Staatskanzlei die zentrale Administrationsstelle von Regierung und Parlament dar. Als Stabsstelle der Kantonsregierung sind ihre wesentlichen Aufgaben die Koordination und Gesamtplanung der Tätigkeiten der Regierung, die Vor- und Nachbereitung der Regierungssitzungen, die Kommunikation der Regierungstätigkeit sowie die Rechtsberatung für den Regierungsrat. Dieses Profil entwickelte sich jedoch in den vergangenen Jahrzehnten immer mehr zu departementsähnlichen Konglomeraten, so dass die Staatskanzlei ihre originäre Zweckbestimmung nicht mehr in ausreichendem Ausmaße wahrnehmen kann. Aufgrund der verschärften Standortkonkurrenz ist jedoch ein integrierter und ganzheitlicher Ansatz der Führungsunterstützung erforderlich (vgl. Buschor 2000: 53). Wie die Verwaltungsbürokratie ist auch die Staatskanzleiadministration durch eine prozessuale Organisation mit einer hohen Anpassungsfähigkeit und Dynamik abzulösen.

Den Möglichkeiten der regierungsrätlichen Gestaltung der gesellschaftlichen und wirtschaftlichen kantonalen Entwicklung sind durch bundespolitische und supranationale Vorgaben sowie weltweite wirtschaftliche Entwicklungen teilweise enge Grenzen gesetzt. Die Rolle der Staatskanzlei ist somit weiter zu entwickeln mit dem Ziel, die Regierung durch die Stabsarbeit derart zu unterstützen, dass sie ihre Gestaltungsmöglichkeiten trotz des beschränkten Handlungsspielraums frühzeitig planen und optimal umsetzen kann. Aufgabe der zentralen Stabsstellen ist daher, in enger Zusammenarbeit mit den Departementen politisch mehrheitsfähige Strategien für die Regierung zu entwickeln, die zur Realisierung der notwendigen Reformen beitragen, aber auch die Anliegen der zahleichen Zielgruppen (u. a. Parteien, Städte und Gemeinden, Bürger und Bürgerinnen, Bund, NPOs etc.) mit ihren oft divergierenden Interessen berücksichtigen.

2. Zukunft der Staatskanzlei des Kantons Aargau: SK 2005

Anstelle der Führung und Koordination von „artfremden" Abteilungen ist die Funktion der Staatskanzlei auf ihre Kernaufgaben auszurichten, so dass sie ihre effektive Führungsunterstützung an der Schnittstelle von Politik und Verwaltung wahrnehmen kann. Aufgrund dieser Ausgangslage wurde im Herbst 2004 mit dem Projekt SK 2005 eine konsequente Neuausrichtung der Aargauer Staatskanzlei mit den folgenden Hauptpfeilern beschlossen:

1. Umfeldanalyse der nationalen, wirtschaftlichen sowie wissenschaftlichen Entwicklungen zur Ableitung der kantonalen Handlungsfelder

Arten des Wandels 2.4

2. Realisierung der vorausschauenden mehrjährigen Strategiearbeit für den Regierungsrat
3. Optimierung der Geschäftsplanung und der operativen Unterstützung für den Regierungsrat
4. Verstärkung der strategischen Rechtsberatung
5. Verstärkung der regierungsrätlichen Kommunikationstätigkeit

Die Neuausrichtung kann anhand eines Führungskreislaufs (vgl. Abb. 1) dargestellt werden. Dieser reicht vom Umfeldmonitoring über die mehrjährige strategische Planung, die Mittelfristplanung sowie die operative Planung der ordentlichen Regierungsgeschäftsprozesse bis hin zur Umsetzung mit anschließendem Regierungscontrolling und der Berichterstattung.

Strategische Führungsunterstützung

Die strategische Führungsunterstützung nimmt die Aargauer Staatskanzlei instrumentell im Rahmen der Langfristplanung „Entwicklungsleitbild" (ELB) und zusammen mit dem Finanzdepartement in der Mittelfristplanung „Aufgaben- und Finanzplan" (AFP) wahr.

Abbildung 1: Führungskreislauf

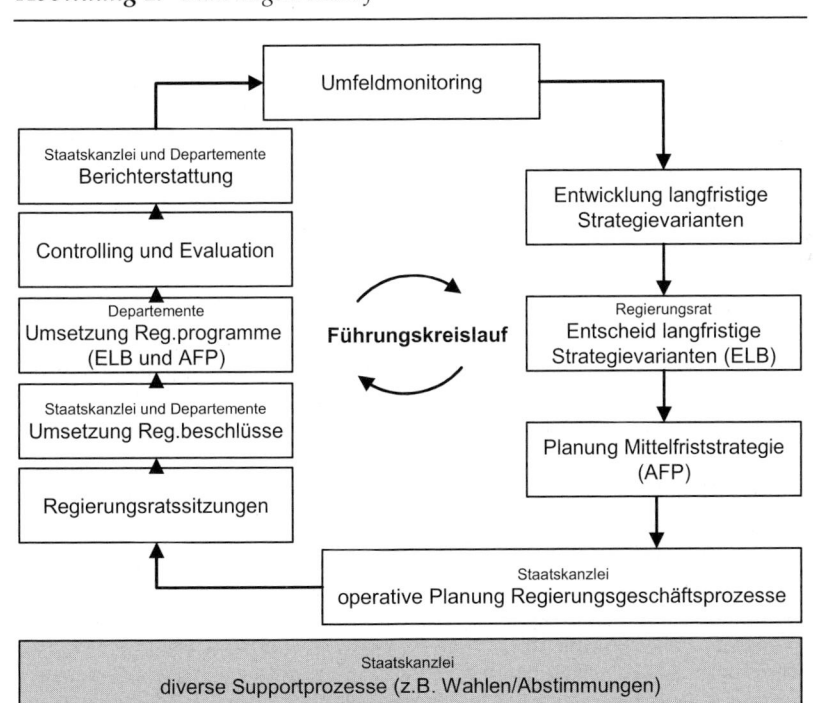

Im Sinne der Planhierarchie (vgl. Abb. 2) wird die Führungsinformation für die Regierung nach oben verdichtet. Während das Entwicklungsleitbild Vorgaben in neun Politikbereichen mit einem Zeithorizont von rund zehn Jahren umfasst, ist der Aufgaben- und Finanzplan in 42 Aufgabenbereiche gegliedert (vgl. Brühlmeier et al. 2001: 112). Ein zusätzliches Element der strategischen Führungsunterstützung für die Aargauer Regierung bildet das Umfeldmonitoring. Hierbei werden rund 150 Quellen (Wissenschaft, internationale und nationale Behörden, Verbände, Think Tanks etc.) systematisch ausgewertet, um die Regierung i. S. einer Frühwarnfunktion mittels Strategiereports auf mittel- und langfristige Entwicklungen mit Folgen für den Kanton hinzuweisen. Hieraus werden dann Maßnahmen für Strategie und Planung abgeleitet.

Abbildung 2: Planhierarchie des Kantons Aargau

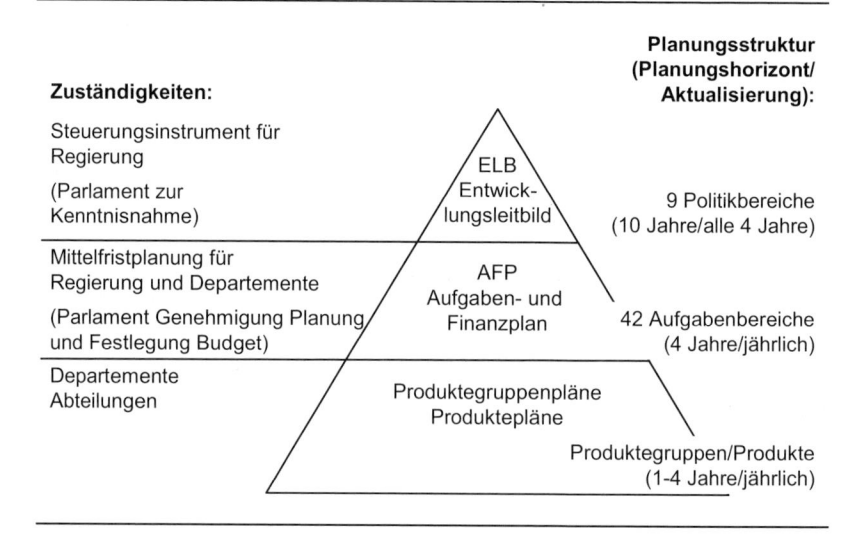

Zuständigkeiten:		Planungsstruktur (Planungshorizont/ Aktualisierung):
Steuerungsinstrument für Regierung (Parlament zur Kenntnisnahme)	ELB Entwicklungsleitbild	9 Politikbereiche (10 Jahre/alle 4 Jahre)
Mittelfristplanung für Regierung und Departemente (Parlament Genehmigung Planung und Festlegung Budget)	AFP Aufgaben- und Finanzplan	42 Aufgabenbereiche (4 Jahre/jährlich)
Departemente Abteilungen	Produktegruppenpläne Produktepläne	Produktegruppen/Produkte (1-4 Jahre/jährlich)

Operative Führungsunterstützung

Die Erkenntnisse der strategischen Führungsunterstützung fließen in die jährlichen Tätigkeitsschwerpunkte der Aargauer Regierung ein, die von der operativen Führungsunterstützung koordiniert werden. Diese ist verantwortlich für die Jahresplanung von Leitgeschäften sowie für die Geschäfts- und Sitzungsplanung, die einen detaillierten Überblick über die geplanten Geschäfte der folgenden vier Regierungssitzungen umfasst. Durch die enge Abstimmung der operativen und strategischen Führungsunterstützung innerhalb der Staatskanzlei wird es möglich, die Geschäfte auf die für die Regierung relevanten politisch-strategischen Fragestellungen zu konzentrieren. Während einzelne Kantonsregierungen bis zu 14 000 Geschäfte im Jahr behandeln, beträgt die Zahl der Aargauer Regierungsgeschäfte jährlich rund 2'000. Dies ermöglicht, dass ausreichend Regierungszeit zur Behandlung wesentlicher Sachfragen zur Verfügung steht. Mit einem einfachen Controllingsystem wird zugleich die zeitlich und inhaltlich abgestimmte Umsetzung der Regierungsvorgaben sichergestellt. Zu ausgewählten Sachgeschäften erfolgt eine Evaluation, um die Wirksamkeit der Umsetzung von politischen Sachvorlagen zu überprüfen und möglichen Anpassungsbedarf zu eruieren.

Rechtliche und kommunikative Führungsunterstützung

Eine effektive Führungsunterstützung der Regierung erfordert auch eine Neuausgestaltung der Rechtsdienste. Diese beschränken sich bisher primär auf die Beratung der Regierung bezüglich der Rechtsprechungsfunktionen. Die zunehmende Umfelddynamik erfordert jedoch die frühzeitige Information über Entwicklungen im rechtlichen Umfeld des Kantons, auch um evtl. geplante Einschränkungen der kantonalen Handlungsautonomie auf Bundesstufe wirksam entgegenzutreten. Rechtliche und politische Chancen der Kantonsregierung können damit optimal genutzt und Entscheidungen unter Zeitnot vermieden werden. Als Folge der Neuausrichtung der Aargauer Staatskanzlei wird der Regierung regelmäßig ein strategischer Rechtsreport vorgelegt, der auf einem rechtlichen Umfeldmonitoring beruht. Gegliedert nach den neun Politikbereichen (analog zum Entwicklungsleitbild) werden das rechtsetzerische Umfeld auf Bundesstufe sowie die Entwicklungen in ausgewählten Kantonen analysiert. In den Bereichen, in denen sich Chancen und Risiken für die Entwicklung des Kantons ergeben, erfolgt eine Handlungsempfehlung an die Regierung.

Eine wirksamere Führungsunterstützung soll ebenfalls durch die Regierungskommunikation erfolgen, die die kantonale Regierungspolitik frühzeitig begleiten muss. Aufgrund der föderalen Schweizer Strukturen müssen sich die Kantone aktiver in die politischen Entscheidungsprozesse einbringen. Dies verlangt auf der kommunikativen Ebene ein Agenda Setting zu ausgewählten Themen (vgl. Rosenbaum 1997: 88 ff.), um die Entwicklung innerhalb des Kantons zu fördern sowie auf Bundesstufe den notwendigen Druck auf politisch blockierte Entscheidungsprozesse auszuüben.

3. Folgerungen

Mit der Fokussierung der Tätigkeiten der zentralen Stabsstelle der Regierung auf die strategische, operative, rechtliche und kommunikative Führungsunterstützung kann ein gezielterer Ressourceneinsatz erfolgen. Mit der Umsetzung von SK 2005 im Kanton Aargau reduzierte sich der Personalbestand der Staatskanzlei um beinahe einen Drittel. Stabsstellenfremde Verwaltungseinheiten wurden ausgegliedert und in die politische Verantwortung eines Departements überführt. Die Konzentration auf ihre Kernaufgaben ermöglicht der Staatskanzlei, Kapazitäten bereit zu stellen, um ganzheitliche und strategisch-langfristige Zielsetzungen (mit) zu entwickeln, die Antworten auf zahlreiche Umfeldentwicklungen geben. Ihre Innovations- und Vordenkerrolle kann die Staatskanzlei verstärkt erfüllen.

2.4.2 Kulturwandel

Die kulturellen Veränderungen bilden ein wichtiges Ziel von Organisationsänderungen im öffentlichen Sektor. Die Schwierigkeit, einen Kulturwandel in staatlichen Organisationen herbeizuführen, wird jedoch oft unterschätzt, wenn „die neue Kultur" als durchschlagendes Argument für die Verwaltungsmodernisierung eingebracht wird.

> „Der geforderte Wandel fällt deshalb nicht leicht, weil Verwaltungshandeln eben kein Oberflächenphänomen ist. Die kulturelle ‚Tiefenprogrammierung' wird nicht berührt, [...], wenn im Rahmen von New Public Management nur mit Hilfe privatwirtschaftlicher Verfahren und Managementinstrumente versucht wird, die Verwaltung neu auszurichten. Solange sich Bemühungen um Veränderung nur auf dieser Ebene bewegen, ist die Wahrscheinlichkeit groß, dass sie dem Immunisierungseffekt der Verwaltungskultur anheim fallen." (Nagel 1998: 25).

Kulturwandel als Lernprozess

Aus diesem Grund scheint die Verknüpfung der Modernisierungsbestrebungen von der politischen Führungsebene über die betriebliche Steuerungsebene bis auf die Ebene der Leistungen und Wirkungen im IOP-Konzept als ein zentrales Anliegen. Der Kulturwandel kann einerseits als Lernprozess der beteiligten Individuen und damit verbunden der betroffenen staatlichen Institution durch eine gezielte Veränderung der Motivations- und Qualifikationskomponenten betrachtet werden. Andererseits trägt der Kulturwandel zu erhöhter Innovationsfähigkeit auf allen Ebenen des Reformprozesses bei. Nur eine wandlungsfähige und für Innovationen offene Kultur gelangt zu Strategien, die wirkungsvolles staatliches Handeln langfristig sichern.

> Sollen Reformprojekte nachhaltige Wirkungen entfalten, geht es letztlich um die gegenseitige Abstimmung von Führungskonzept, Instrumenteneinsatz und Kulturelementen.

Management ist nicht gleich Kontrolle

Die noch nie da gewesene Bedeutung des Kulturwandels bei staatlichen Reformen fordert erhebliche Anstrengungen in der kulturellen Gestaltung. Public Management ist nicht gleichzusetzen mit Kontrolle und Regulierung. Viele vergangene Reformbemühungen sind aufgrund dieser einseitigen Auffassung von Verwaltungsführung gescheitert, weil sie Kontrollsysteme wie z. B. „Planning Program-

Arten des Wandels

2.4

ming Budgeting System (PPBS)" auf Managementprobleme anzuwenden versuchten (vgl. Metcalfe/Richards 1993: 106).

2.4.2.1 Bestandteile der Organisationskultur

Was kennzeichnet die Organisationskultur in staatlichen Institutionen und aus welchen Inhalten besteht diese Verwaltungskultur? Die grundlegende Annahme ist, dass das Phänomen Kultur keine statische Größe ist, sondern sich abhängig von der gegenseitigen Beeinflussung zwischen staatlichen Institutionen und Umsystemen verändert und entwickelt. Eine erhellende Perspektive zum Kulturverständnis bietet Schein: „Die Kultur spiegelt letzten Endes das Bemühen der Gruppe, interne und externe Schwierigkeiten durch Lernen zu bewältigen, und stellt somit einen Extrakt des Lernprozesses dar. Kultur erscheint also nicht nur als zweckmäßige Einrichtung, die Stabilität und Berechenbarkeit für die Gegenwart erzeugt, sondern auch als Resultat effektiver und erfolgreicher Entscheidungen in der Vergangenheit der Gruppe." (Schein 1995: 73 f.).

Kultur als Resultat vergangener Entscheidungen

Ebenen der Organisationskultur (nach Schein 1985: 14)

Abbildung 8

Artefakte
Leicht zu beobachten, aber schwer zu entschlüsseln (z. B. Architektur, Bekleidung, Bürogestaltung, Dokumente, Slang, Rituale, Zeremonien, Geschichten, Legenden, Anekdoten)

Werte
(z. B. angenommene Werte wie Strategien, Ziele, Philosophien und internalisierte Werte wie Leistungsorientierung)

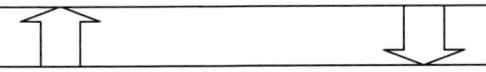

Grundannahmen
Unbewusste, selbstverständliche Anschauungen, Wahrnehmungen, Gedanken und Gefühle als Kulturkern (z. B. Beziehungen zur Umwelt, Menschenbilder, Wesen menschlicher Aktivitäten oder Beziehungen)

Als Kulturwandel wird im öffentlichen Sektor die Gesamtheit von Werten, Einstellungen und Verhaltensweisen bezeichnet, die sich unter dem Einfluss der neuen Verwaltungsführung verändert haben. Zur Beurteilung einer solchen Veränderung wird hier das generelle Konzept der „organizational culture" von Schein verwendet, das drei Ebenen der Organisationskultur unterscheidet (vgl. Abb. 8).

Drei Ebenen der Organisationskultur

- Auf der obersten Ebene der Artefakte zeigt sich die Organisationskultur einerseits in geschaffenen Objekten und Symbolen (Leitbildern, Schriftzügen usw.), andererseits in Verhaltensmustern der Organisationsangehörigen. Die auf dieser Ebene geäußerten Kulturmerkmale sind immer sichtbar und hörbar, doch für den Außenstehenden nicht immer vollständig verständlich.

- Auf der zweiten Ebene liegen die kollektiven Werte der Institution, die sich im Zeitverlauf aus der Zusammenarbeit unterschiedlicher Personen herausgebildet haben. Derartige Werte können vom Einzelnen bewusst übernommen sein oder aber als internalisierte und das Verhalten steuernde Werte wirksam werden. Diese Kulturmerkmale sind nicht sichtbar und können dem Einzelnen oder der Gruppe bewusst sein, sind aber teilweise stark verinnerlicht und entsprechend unbewusst, d. h. sie werden im letzten Fall nicht mehr explizit reflektiert.

- Die tiefste Ebene der Organisationskultur beinhaltet die im Unterbewusstsein des Einzelnen liegenden Grundannahmen. Obwohl sie das Verhalten am meisten prägen, lassen sie sich kaum ermitteln, stehen im Normalfall nicht zur Diskussion und sind nicht konfrontierbar. Ein neues Lernen oder Verändern dieser Grundannahmen („double-loup learning") hält Schein für äußerst schwer. Bestätigt wird dies durch eine Haupterkenntnis der Evaluationsforschung vergangener Jahrzehnte: Menschen sind sehr schwierig zu verändern und entsprechend erfolglos sind viele soziale Veränderungsprozesse (vgl. Rossi/Lipsey/Freeman 2004: 3 f.).

Verständnis der existierenden Kultur

Bevor überhaupt ein Kulturwandel eingeleitet werden kann, sind das Verständnis und die Kenntnis der existierenden Kultur sehr wichtig. Die folgenden Fragen sind bei der Analyse der Ist-Kultur hilfreich (vgl. Schall 1997: 370 f.). Erst die konkreten Antworten auf diese Fragen ermöglichen der Führung einer Organisation, die Richtung einer Kulturveränderung bestimmen zu können:

- Welches sind die Grundannahmen unserer Institution?

- Welche Verhaltensweisen erwarten die Mitarbeitenden voneinander und von der Führung?

- Worauf kann man sich verlassen?

Arten des Wandels

- Welche Reaktionen und Verhaltensweisen werden ohne Weiteres akzeptiert?
- Warum handeln und verhalten sich Mitarbeitende in einer bestimmten Art und Weise?

2.4.2.2 Zielgerichtete Veränderung einer Kultur

Abgeleitet aus den vorangegangenen Überlegungen zum Strategiewandel lässt sich folgern, dass Kulturmerkmale in staatlichen Organisationen einerseits aus dem internen Lernprozess der Organisationsmitglieder entstehen, andererseits durch die Umsystemveränderungen beeinflusst werden. Das bereits erläuterte Defizit zwischen den Handlungsmustern staatlicher Institutionen und ihrer Umwelt fordert also zum Überdenken und zur Neuausrichtung der Kultur öffentlicher Organisationen auf (vgl. auch nachfolgendes Praxisfenster Nr. 3). Hinsichtlich der Möglichkeit, eine Organisationskultur zu verändern, existieren in der Literatur zwei unterschiedliche Positionen (vgl. Sackmann 1992: 160 ff. und Staehle 1999: 497 ff.). Zum einen wird die Organisationskultur als Variable verstanden, die von einer Organisation – ähnlich wie Produkte und Strukturen – gestaltet wird. In diesem Sinne erfüllt die Organisationskultur unterschiedliche Funktionen im Hinblick auf den Erfolg einer Organisation und kann zielgerichtet verändert und neu ausgerichtet werden: Die Organisation *hat* eine Kultur.

Die Organisation hat eine Kultur

Zum anderen wird die Organisationskultur als eine Metapher verstanden. Die Organisation *ist* in diesem Fall eine Kultur, d. h. ein ideelles System, das aus der gemeinsamen Konstruktion der organisatorischen Wirklichkeit entstanden ist. Aus dieser Sichtweise heraus kann die Organisationskultur nicht funktional ausgerichtet und verändert werden, da sie sich als „[…] organisch gewachsene Lebenswelt […] jedem gezielten Herstellungsprozess entzieht." (Steinmann/Schreyögg 2005: 734).

Die Organisation ist eine Kultur

Im Hinblick auf einen Wandel der Organisationskultur geht die zweite Sichtweise weiter, da sie impliziert, dass Wandlungsprozesse an Grundannahmen und dem organisationalen Tiefenwissen und nicht an vordergründigen Artefakten ansetzen müssen (vgl. Nagel 2001: 26 f.). Dieser zentrale Kulturwandel muss folgendem Anspruch genügen können (vgl. Metcalfe/Richards 1993: 110):

Organisationales Tiefenwissen

2 Das IOP-Führungskonzept für den öffentlichen Sektor

> Der Kulturwandel im öffentlichen Sektor wird nur dann erfolgreich sein, wenn die kulturprägenden Verantwortungsträger (politische Spitze, oberste Führungskräfte) auf der Basis bisheriger Kulturelemente neue Werte und handlungsleitende Konzepte entwickeln bzw. kommunizieren und vorleben, die den zukünftigen Aufgaben der staatlichen Institution und deren Umsystemveränderungen Rechnung tragen.

Vorsicht bei Übertragung von Kulturelementen

Der Kulturwandel muss folglich gegenwärtige und zukünftige Ziele staatlicher Tätigkeiten berücksichtigen. Dadurch ist auch bei der nahe liegenden Übertragung von privatwirtschaftlichen Kulturelementen auf den öffentlichen Sektor Vorsicht geboten. Denn erstens sind die Aufgaben staatlicher Organisationen denjenigen von privatwirtschaftlichen nicht generell gleichzusetzen und zweitens obliegt den staatlichen Institutionen auf der Basis ihrer legitimierten Macht die verantwortungsvolle und langfristige Lenkung von gesellschaftlichen Umsystemen, was nicht primäres Anliegen privatwirtschaftlicher Unternehmen ist. Das 1982 von Peters und Waterman veröffentlichte Werk „In Search of Excellence" unterstreicht die Bedeutung von Kulturmerkmalen für den bisherigen Erfolg von ausgewählten Unternehmen der USA (vgl. Peters/Waterman 1982). Inwiefern diese Merkmale auch für den staatlichen Sektor zutreffen, ist schwierig zu sagen. Grundlegender scheint die Frage, was letztlich exzellentes Handeln in staatlichen Institutionen auszeichnet und welche Elemente die dazu förderliche Kultur enthält?

2.4.2.3 Dimensionen des Kulturwandels

Sechs Kulturdimensionen

Aus dem Oberziel, durch die gesellschaftliche Steuerungsfähigkeit das gesamtgesellschaftliche Wohl fördern und sichern zu können, sowie den Annahmen über die unterschiedlichen Rollen der staatlichen Verwaltung im Rechts-, Demokratie-, Leistungs- und Wirtschaftsstaat kann geschlossen werden, dass auch der Kulturwandel diese Spannbreite staatlicher Tätigkeiten zur Erreichung des Oberziels integrieren muss. Abbildung 9 enthält sechs Kulturdimensionen, nach denen sich die Organisationskultur staatlicher Institutionen ausrichten sollte, um den zukünftigen Anforderungen von Seiten der Umsysteme gewachsen zu sein.

Die sechs Kulturdimensionen lassen sich sehr grob in zwei Gruppen einteilen. Einerseits in die Dimensionen Richtung Umsystem, wobei hier die Einflussnahme auf das gesellschaftliche Umfeld dominiert. Andererseits in die Dimensionen Richtung Innensystem der Institu-

Arten des Wandels **2.4**

tion, bei deren Ausprägungen die Einflussnahme auf die innerorganisatorischen Kulturmerkmale vorherrscht.

Dimensionen des Kulturwandels staatlicher Institutionen — *Abbildung 9*

```
                    Ergebnis-              Entwicklungs-
                    orientierung           orientierung

                                                                 Richtung Innensystem
    Innovations-            Kulturwandel              Kosten-
    orientierung            staatlicher               orientierung
                            Institutionen
Richtung Umsystem

    Integrations- und                      Mitarbeiter-
    Partizipations-                        orientierung
    orientierung
```

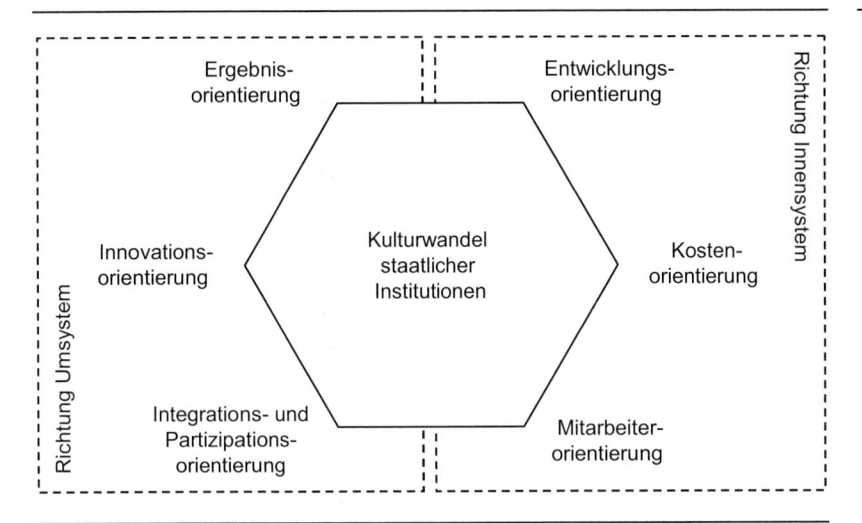

Unabhängig davon, ob die Aufgabenerfüllung mehrheitlich rechtsstaatliche Fragen oder leistungsstaatliche Aspekte betrifft, wird von staatlichen Institutionen ein effizienter Ressourceneinsatz erwartet (vgl. Lynn 1997: 83 ff.). Aus einer vorwiegend liberalen oder meist auch angloamerikanischen Betrachtungsweise des Staates heraus gilt der staatliche Sektor eher als unproduktiv (vgl. Buchwitz 1998: 188 ff.). Dies bedeutet extrem interpretiert zugleich, dass ein solcher Staat keinen staatlichen Wert („public value") generieren kann. Ein in diesem Sinne einseitiges und nur die privatwirtschaftliche Wertschöpfung unterstützendes Verständnis staatlichen Handelns entspricht jedoch nicht der Wirklichkeit. Das Staatssystem trug seit jeher zu Wertvermehrung für die gesamte Gesellschaft bei, man denke bspw. an den Schutz bei Gefahren durch Naturkatastrophen oder an die Sozialversicherungssysteme. Eine verstärkte Ergebnisorientierung, die zugleich der Leistungs- und Wirkungsebene (vgl. Kapitel 5) mehr Bedeutung beimisst, ist für das öffentliche Management jedoch notwendig, damit in einer Gesellschaft die staatliche Wertschöpfung überhaupt wahrgenommen wird (vgl. Moore 1995: 28 f.). Als Kriterien zur Beurteilung der Ergebnisorientierung können bspw. das Verhältnis von Ressourceneinsatz und erreichter Wirkung bei der Leistungserbringung, die Schnelligkeit oder Men-

Ergebnis-orientierung

Innovations-orientierung

gen der Leistungserbringung, die Kundenzufriedenheit sowie der Mittelrückfluss aus Investitionen dienen.

Nur die Fähigkeit, neuartige Produkte und Verfahren sowie Lösungsalternativen zu gesellschaftlichen Problemen aufzuzeigen, ermöglichen dem Staat und seiner Verwaltung, in den betroffenen Aufgabenfeldern eine Führungsrolle einzunehmen. Die Lenkung staatlicher Umsysteme erfordert immer wieder neue und den Umsystembedingungen angemessene Eingriffs- und Unterstützungsmechanismen, die letztlich die Legitimität staatlicher Institutionen bestimmen. Mit dem Vergleich von privaten und öffentlichen Institutionen und einem härteren Standortwettbewerb wächst der Bedarf an Innovationen auch im öffentlichen Sektor. Dabei ist entscheidend, ideale Voraussetzungen für die Erzeugung von Innovationen zu schaffen (vgl. Thom 1997a: 5), wobei die Fähigkeit zur Innovation eng mit der Veränderungsfähigkeit einer Institution oder eines Teils davon verbunden ist. Somit gilt:

Innovation bedeutet Wandel, und Wandel ist ein sozialer Prozess innerhalb einer Institution. Dieser erfordert umso mehr Veränderungsfähigkeit von den Mitarbeitenden, je weniger Ähnlichkeiten die Innovation mit bisherigen Merkmalen der Institution besitzt (vgl. Lynn 1997: 87 f.).

Wesentliche Kriterien zur Beurteilung des Innovationsniveaus sind bspw. die Anzahl Neuerungen, die sich wirklich zur Innovation durchgesetzt haben, das mit der Innovationsleistung verbundene Beurteilungs- und Anreizsystem sowie die Möglichkeit zum experimentellen Lernen anhand von Qualitätszirkeln, Praktikergemeinschaften etc. (vgl. Ritz 1999: 51 ff.; Thom 1997a: 5 ff. und Schall 1997: 360 ff.).

Integrations- und Partizipations-orientierung

Der Kulturwandel im öffentlichen Sektor kann sich nicht einzig an der privatwirtschaftlichen Managementkultur orientieren, sondern muss eine eigenständige und glaubwürdige Alternative hervorbringen. Der Kern dieser Kultur besteht in der Ausrichtung auf die zukünftigen Herausforderungen des Staates. Durch die Zusammenarbeit mit Institutionen außerhalb der eigenen staatlichen Stellen und durch die Integration unterschiedlicher Perspektiven zur Lösung gesellschaftlicher Fragen vergrößert sich der Handlungsspielraum für die Führung öffentlicher Institutionen. Die Integrations- und Partizipationsorientierung bezieht i. S. eines „Stakeholder-Ansatzes" die relevanten gesellschaftlichen Gruppierungen mit ein. Dies sind zum einen Institutionen wie internationale Organisationen, Verbände oder die Privatwirtschaft, zum anderen handelt es sich um die

2.4 Arten des Wandels

Kunden und Bürger. Wie aus Tabelle 3 ersichtlich wird, können Kunden und Bürger in neun verschiedene Gruppen differenziert werden, die sich hinsichtlich ihrer Legitimationsbasis unterscheiden (vgl. Broekmate/Dahrendorf/Dunker 2001: 54 ff.).

Kunden- und Bürgertypologie im öffentlichen Sektor — *Tabelle 3*

Kunden- bzw. Bürgertyp	Beispiele
Der Bürger als Teil der örtlichen Gemeinschaft	Der Bürger beteiligt sich an der Diskussion zur Weiterentwicklung seines Stadtteils
Der Bürger als Nutzer öffentlicher Einrichtungen	Fußgängerzonen, Straßen, Wege, Kinderspielplätze
Der Bürger als Nutzer von Einrichtungen mit Anschlusszwang	Entsorgungsbetriebe (Müllabfuhr, Abwasserbeseitigung)
Der Bürger als Adressat der Eingriffsverwaltung	Verhängung von Verwarnungsgeldern, Schließung von Gaststätten, Ablehnung von Bauanträgen
Der Bürger als Hilfeempfänger	Gewährung von Sozialleistungen
Der Bürger als Nutzer von Angeboten und Einrichtungen gegen Entgelt	Betrieb von Kindergärten, Angebote von Bildungs-, Kultur-, Freizeit, Gesundheitseinrichtungen
Öffentliche Investoren	Wirtschaftsförderung, Industrie- und Handwerkskammern
Die Fachbereiche der Verwaltung	Fachbereiche als interne Kunden
Die Mitarbeiterinnen und Mitarbeiter	Mitarbeiterinnen und Mitarbeiter als interne Kunden, z. B. der Personalabteilung

Aufbauend auf dieser Typologie können unterschiedliche Abstufungen der Integration und Partizipation von Kunden und Bürgern identifiziert werden, die hinsichtlich der Intensität der Einbindung zunehmen (Pollitt 2004: 98 ff.):

- Information: Die Bürger werden über die Prozesse und Ereignisse in einer öffentlichen Institution umfassend informiert.
- Befragung: Die Bürger werden um Rat gefragt, bevor endgültige Entscheidungen getroffen werden. Dies kann mittels Bürgerbefragungen, Online-Befragungen oder Diskussionsforen geschehen.
- Partizipation: Die Bürger werden direkt in Entscheidungsprozesse einbezogen, die sich unmittelbar auf ihre Lebenssituation aus-

wirken. Mögliche Instrumente des Einbezugs der Bürger sind Workshops, Runde Tische, Komitees oder Bürgerforen.

- Repräsentation: Die Meinungen der Bürger werden als wesentliche Informationsquelle und Voraussetzung für eine gute Entscheidungsfindung gesehen. Dies kann bspw. über einen Bürgerrat geschehen, der die Meinungen der einzelnen Bürger vertritt.

Kundenorientierung

Die Integration- und Partizipationsorientierung erweitert demnach auch den vielfach verwendeten Begriff der „Kundenorientierung" i. S. eines gegenseitigen Verhältnisses von Pflichten und Rechten auf beiden Seiten (vgl. Boston et al. 1996: 323 ff.), sodass eine Abkehr vom regel- und eingriffsorientierten Staat zum gewährleistenden und integrierenden Staat zum Ausdruck kommt. Die v. a. mit dem Gewährleistungsstaat verbundene Dezentralisierung und Auslagerung staatlicher Tätigkeiten und Institutionen wird dort eingeschränkt, wo die Integrations- und Partizipationsorientierung verloren zu gehen droht (vgl. Metcalfe/Richards 1993: 110 ff.). Sie kann aber bei der bürgernahen staatlichen Leistungserbringung durch Dezentralisation auch vergrößert werden. Zentrale Aspekte zur Beurteilung der Integrations- und Partizipationsorientierung können das Ausmaß der Zusammenarbeit mit internationalen, verwaltungsinternen oder privaten Akteuren sowie der Stellenwert der Tätigkeiten der staatlichen Institution im Vergleich mit international ähnlichen Einrichtungen sein.

Mitarbeiterorientierung

Organisationsintern erhält die Mitarbeiterorientierung eine stark erhöhte Bedeutung im Rahmen der Verwaltungsentwicklung (vgl. Finger/Uebelhardt 1998: 16 ff.; Oechsler/Vaanholt 1998: 151 ff.; Korintenberg 1997: 74 ff. und Schedler 1996: 221 ff.). Dieser Aspekt des Kulturwandels wird in Kapitel 6 vertieft behandelt und soll hier nur kurz umrissen werden.

Die Personalführung im öffentlichen Sektor ist ebenso wie andere Aspekte der Verwaltungsführung von den Umsystemveränderungen betroffen. Um den zukünftigen Anforderungen an die staatliche Leistungserstellung genügen zu können, ist eine Abkehr von einer bis ins Detail gesetzlich geregelten Personalarbeit notwendig. Die Veränderung der Mitarbeiterorientierung drückt sich am stärksten durch eine erhöhte Arbeitszufriedenheit und eine dadurch gesteigerte Arbeitsleistung aus. Im Zentrum der Auswirkungen durch die geänderte Mitarbeiterorientierung steht aber letztlich die Loyalität zwischen der staatlichen Institution und den Mitarbeitenden als Folge der Arbeitszufriedenheit und Ursache für die produktive Arbeitsleistung. Faktoren, welche die Loyalität positiv beeinflussen, sind im öffentlichen Sektor häufig unter Druck geraten: Traditionel-

Arten des Wandels 2.4

le Merkmale wie unbeschränkte Arbeitsplatzsicherheit, kontinuierliche Karrierepfade, Einkommenssicherheiten und gleichmäßige Arbeitszeiten werden unwichtiger und damit seltener ein Merkmal öffentlicher Arbeitsplätze. Folgende Erkenntnis ist für den Kulturwandel besonders relevant (vgl. Metcalfe/Richards 1993: 109 f.):

> **Der Destabilisierung und Infragestellung bisheriger Werte im öffentlichen Sektor und dadurch auch der Auflösung der traditionellen Mitarbeiterloyalität muss die Bildung und Verfestigung von neuen und für die Zukunft wichtigeren Loyalitätsmustern folgen.**

Die Kostenorientierung existiert nur ansatzweise im traditionellen Verwaltungsbetrieb mit der klassischen Inputsteuerung. Diese ist ausgerichtet auf Verlässlichkeit, Gerechtigkeit und Dauerhaftigkeit. Eine echte betriebswirtschaftliche Kostenermittlung erfolgt nur selten, z. B. werden einmal budgetierte Ausgaben und Stellen auch dann beansprucht, wenn sich die Situation ändert und eine Ausgabenverringerung möglich wäre, oder einmal angeschafftes Material wird selten als Kostenträger im Rahmen der Lagerbewirtschaftung betrachtet. Das bekannte „Dezemberfieber" verdeutlicht diese stabile Ordnung des staatlichen Rechnungssystems ohne Rücksichtnahme auf Wirtschaftlichkeitskriterien. Die durch die Reformentwicklung ausgelösten Veränderungen verlangen jedoch mehr Transparenz und Handlungsspielraum im Bereich des Kosten- und Finanzmanagements staatlicher Institutionen. Der gesamte Mentalitätswechsel zeigt sich im Bedeutungsanstieg des Deckungsbeitrags bei kommerzieller Randnutzung staatlicher Leistungserbringung. Preise werden nicht mehr aufgrund der angenommenen Kosten kalkuliert, sondern die am Markt erzielbaren Preise bestimmen den Kostenrahmen. Dieser wird dann i. S. eines Globalbudgets bewilligt, bei dessen Verwendung und Einteilung staatliche Institutionen weitgehend freie Hand haben (vgl. Witte 1994: 367 f.).

Kostenorientierung

Auch der aufkommende Leistungsvergleich im öffentlichen Sektor verlangt eine stärkere Kostenorientierung. Die Vergleichbarkeit von Kosten- und Leistungsdaten innerhalb der Verwaltung, aber auch mit privaten Unternehmungen, verlangt nach einem zeitgemäßen Finanz- und Rechnungswesen. Der Ausbau der Kameralistik in Richtung eines Management-Informationssystems mit integrierter Kosten- und Leistungsrechnung, Investitionsrechnung, einem umfassenden Controlling bis zur Wirkungsprüfung ist notwendig (vgl. Nau/Wallner 1999: 53 ff. und Schedler 1996: 156 ff.).

Johannes Flensted-Jensen

*Bürgermeister des
Landkreises Århus Amt,
Dänemark*

Praxisfenster Nr. 3:
Wandel der Organisationskultur in Århus Amt (Dänemark)

1. Unternehmensmodell

Seit einigen Jahren richtet sich die Verwaltungstätigkeit in Århus Amt nach einem Unternehmensmodell, das auf zwei Grundwerten basiert: Demokratie und Effizienz. Ziel dieses Unternehmensmodells ist die bestmögliche Abstimmung zwischen dem politischen, dem administrativen und dem demokratischen Prozess, an dem Arbeitnehmer und Dienstleistungsempfänger gleichermaßen beteiligt sind. Ein Kernelement stellt dabei die exakte Definition der Arbeitsteilung zwischen Politik und Verwaltung dar. Während die Politik Standards für die angebotenen Dienstleistungen festlegt, ist die Verwaltung dazu verpflichtet, ihre Effizienz mittels Arbeitsplanung und Personalentwicklung zu verbessern sowie ihr Dienstleistungsangebot kontinuierlich zu steigern. Ziel ist ein offener und transparenter politischer Prozess, wobei insbesondere in schwierigen Situationen Offenheit und ein fairer, ehrlicher Dialog mit den Bürgern wichtige Grundbausteine sind. Das Unternehmensmodell sowie die im Folgenden beschriebenen Werte sollen das Selbstverständnis der Kreisverwaltung verdeutlichen.

2. Werte

In Zusammenarbeit mit den Mitarbeitern hat der Landkreis Århus sechs zentrale Werte festgelegt. Diese sollen die Arbeitsweise und das Dienstleistungsangebot sowie den Austausch mit Kollegen und den Kontakt mit dem Bürger bestimmen.

- Dialog: Wir suchen den Dialog sowohl mit Bürgern, Benutzern, Kooperationspartnern und mit der Presse. Für eine gute Atmosphäre und einen guten Umgangston ist auch der interne Dialog wichtig.
- Offenheit: Wir wollen Offenheit. Deshalb legen wir die Grundlagen unserer Beschlüsse offen dar. Die Grenze für die Offenheit ist z. B. die Schweigepflicht gegenüber den Benutzern.
- Respekt: Wir behandeln einander respekt- und vertrauensvoll. Wir schätzen die Vielfalt und lassen uns von der Maxime „keiner ist mehr wert als der andere" leiten.
- Entwicklung: In den Bereichen Serviceangebot, Organisation und Kompetenz der Mitarbeiter wollen wir uns laufend weiterentwickeln.
- Engagement: Wir erachten engagierte Mitarbeiter als wichtigste Voraussetzung für die Lösung anspruchsvoller Aufgaben.

Arten des Wandels

2.4

- Glaubwürdigkeit: Was wir sagen und was wir tun, stimmt miteinander überein. Wir halten, was wir versprechen – sowohl gegenüber den Bürgern als auch innerhalb der Organisation.

3. Weg von Regeln

Århus Amt richtet sein Verhalten nicht mehr ausschließlich nach führungs- und kulturbestimmenden Regeln. Das heißt nicht, dass keine Regeln existieren oder diese nicht beachtet würden, sondern dass die Verwaltungsführung davon ausgeht, dass jede Regulierung ihre Grenzen hat. Dies gilt v. a. für eine moderne öffentliche Institution, die sich in einem sich ständig ändernden Umfeld bewegt und sich so kontinuierlich anpassen muss.

Die Vorteile von regelbasiertem Management bleiben jedoch auch in der Kreisverwaltung Århus erhalten. So schreiben auch hier Regeln gewisse Handlungen vor und führen zu einer Reduktion von Unsicherheit. Als Managementwerkzeug sind sie deshalb v. a. bei Aufgaben mit einem hohen Maß an Unsicherheit und Unvorhersehbarkeit geeignet. Im gleichen Atemzug will Århus Amt aber Probleme, die durch zu strenge Regulierungen entstehen, vermeiden. Regeln können unmöglich im Voraus alle denkbaren Situationen erfassen, da dies zu einem unnötigen Maß an Bürokratie führen und die Flexibilität der Beteiligten erheblich einschränken würde.

Århus Amt hat erkannt, dass der wertebasierte Ansatz ein flexibles Führungsinstrument darstellt, welches Organisationen nicht als mechanische Gebilde, sondern als äußerst komplexe Systeme wahrnimmt. Dieser Ansatz wird dem schnellen Wandel der Prozesse gerecht und erlaubt situativ angepasste Lösungen. Es wird davon ausgegangen, dass die Angestellten am besten wissen, wie die anstehenden Aufgaben optimal zu erledigen sind. Deshalb kreiert der wertebasierte Ansatz ein Klima des Vertrauens, der Verantwortung und der Sinnhaftigkeit. Dialog, Reflexion und Entwicklung werden dadurch begünstigt.

4. Von Werten zu Taten

Wie kann in einer komplexen Organisation mit 22.000 Mitarbeitern ein Wertesystem etabliert und aktiv umgesetzt werden? Wie kann der interne und externe Dialog gesichert werden? Wie kann erreicht werden, dass ein bestimmter Wert gelebt wird und wie kann dies gemessen werden?

Da sich der wertebasierte Ansatz auf Vertrauen stützt, sind die einzelnen Führungskräfte als Vorbilder und Werteträger speziell gefordert. So wird die Personalführung in Århus Amt stark von der Fähigkeit der Vorgesetzten geprägt, Werte aktiv zu leben. Die dezentralisierte Organisationsstruktur lässt den einzelnen Institutionen und Individuen Freiraum für kreative und optimal angepasste Lösungen. Das Unternehmensmodell und die Wertebasis bestimmen die Verwaltungstätigkeit in Århus Amt. Um sicherzustellen, dass diese nicht nur Lippenbekenntnisse bleiben, werden auf allen Ebenen in Århus Amt Analysen über die sechs Eckdaten des Unternehmensmodells angefertigt:

6. Sind die Benutzer mindestens so zufrieden wie bei der letzten Messung?
7. Werden die Benutzer gemäß den formal definierten Normen behandelt, und ist ihre fachliche Qualität mindestens so gut wie bei der letzten Messung?
8. Werden die Serviceziele erfüllt?
9. Steigt die Produktivität wie geplant?
10. Sind die Mitarbeiter mindestens so zufrieden wie bei der letzten Messung?
11. Kann das Budget eingehalten werden?

Kennzeichnend für diese Schlüsselgrößen ist ihr ganzheitlicher und ausgewogener Charakter, da nicht ausschließlich Fragen über die Haushaltsdisziplin gestellt werden.

Zahlreiche Beispiele für die Umsetzung des wertebasierten Ansatzes könnten angeführt werden. So bietet Århus Amt bspw. im öffentlichen Personen-Nahverkehr den Busbenützern eine sog. "Reisegarantie". Gemäß dieser haben die Kunden u. a. Anspruch auf ein kostenloses Taxi plus einer Entschädigung von 40 Euro, wenn ihr Bus mit mehr als 20 Minuten Verspätung am Ziel eintrifft. Ein anderes Beispiel betrifft Wartezeiten für Spitalbehandlungen, bei denen Århus Amt seit 1999 eine deutliche Verbesserung der Patientenzufriedenheit erreicht hat.

Auch Århus Amt arbeitet nicht fehlerfrei. Die Kreisverwaltung nimmt jedoch ungenügende Leistungen ernst und konstruktive Kritik gerne entgegen. Auch hierbei wird die Kreisverwaltung durch die Grundsätze der Offenheit, des Dialogs und des Respekts gegenüber den Bürgern verpflichtet.

5. Århus Amt und die neuen Regionen

Für die kommenden Jahre steht in Dänemark eine grundlegende Verwaltungsreform an. Ab Januar 2007 werden die Landkreise abgeschafft und Århus Amt wird Teil der neu geschaffenen Region Mitteljütland. Einige der heutigen Aufgaben sollen dabei auf die Gemeinden, private Stiftungen und den Staat übergehen. Diese Veränderungen werden für alle Einwohner des Landkreises relevant sein und Chancen wie Risiken gleichermaßen beinhalten. Århus Amt will seine bewährten Werte und Instrumente möglichst in die neue Region einbringen. Offenheit, Dialog und Respekt werden auch beim Aufbau der neuen regionalen Strukturen eine essentielle Rolle spielen. In der neuen Organisation werden weiterhin Effizienz, Nachhaltigkeit, Kundenbeteiligung und Demokratie die Basis für einen gesunden politisch-administrativen Apparat und für eine hohe Qualität bei der Dienstleistungserstellung im öffentlichen Sektor bilden.

Arten des Wandels 2.4

Diese letzte Dimension des Kulturwandels steht in Zusammenhang mit der Qualifikationskomponente innerhalb der Mitarbeiterorientierung. Die Entwicklungsorientierung wird jedoch als gesamter Lernprozess einer staatlichen Institution in Verbindung mit dem individuellen Lernprozess betrachtet, der bestmöglich auf die Organisationsziele abgestimmt werden sollte. Die Entwicklungsorientierung steht für eine gesamtorganisatorische Veränderungsphilosophie, „[...] die auf Prozesse der kulturbewussten Entwicklung und des Lernens ausgerichtet ist." (Klimecki 1999: 24). Die Verwaltung sollte als lernende Organisation Lernblockaden überwinden und den Wandel als einen selbstverständlichen Bestandteil in die tägliche Arbeit integrieren (vgl. Schridde 2005: 224). Dies schließt die ständige Reflektion des Entwicklungsstandes bezüglich angestrebter Ziele und die bewusste Steuerung von organisations- oder individualbezogenen Veränderungsprozessen mit ein. Mit welchen Mitteln oder Ansätzen die Entwicklungsfähigkeit im konkreten Fall initiiert und gefördert wird, ist eine offene Gestaltungsfrage. Wichtig ist die Ausrichtung des Instrumentariums auf die zukünftigen Anforderungen. Die Entwicklungsorientierung fördert die Strategiefindung in einem sich rasant wandelnden Umfeld und will einer nur reaktiven Anpassung durch eine zielorientierte Steuerung von Veränderungsprozessen zuvorkommen.

Entwicklungsorientierung

Leider vernachlässigen viele Veränderungsprogramme über gesamte Verwaltungen hinweg oft die Entwicklung der einzelnen Verwaltungseinheit in ihrem spezifischen Kontext. Die Entwicklungsorientierung soll Veränderungsfähigkeit und -potenzial vor Ort, also in einzelnen Abteilungen und Stellen schaffen. Entscheidende Bedeutung kommt der Einflussnahme und dem Gestaltungswillen der Linienverantwortlichen zu, die wichtige Kenntnisse über die Ansatzpunkte zur Veränderung ihrer Institution und das Veränderungspotenzial der Mitarbeitenden besitzen (vgl. Kieser/Hegele/Klimmer 1998: 228 ff. und Beer/Eisenstat/Spector 1990: 23 ff.).

Aufeinander abgestimmte Konzepte und Maßnahmen von Personal- und Organisationsentwicklung, ein breites Methoden- und Instrumentenspektrum zur Steuerung von Veränderungsprozessen sowie die regelmäßige Kommunikation und Information über Entwicklungsziele und Veränderungsprojekte in der Institution sind einige Aspekte zur Beurteilung der Entwicklungsorientierung.

2.4.3 Struktur- und Prozesswandel

Neben Strategie und Verwaltungskultur werden durch die Public Management-Entwicklung auch die Strukturen und Prozesse der Verwaltung verändert. Im Folgenden werden die damit zusammenhängenden Fragen kurz aufgegriffen. Eine vertiefte Darstellung der organisatorischen Gestaltungsmöglichkeiten im Rahmen des Struktur- und Prozesswandels erfolgt im fünften Kapitel dieses Buches.

Leistungstiefe

Hinsichtlich der Reformen von Strukturen und Prozessen im staatlichen Bereich lassen sich zwei Begriffsdimensionen unterscheiden. Weit gefasst bezeichnet der Struktur- und Prozesswandel grundsätzliche Strukturänderungen zur Flexibilisierung im öffentlichen Sektor. Die Leistungstiefe der staatlichen Tätigkeit und somit die Konzentration auf die staatlichen Kernkompetenzen muss überdacht werden. Die Möglichkeiten zur Dezentralisierung, Auslagerung und Privatisierung, aber auch Rezentralisierungspotenziale müssen geprüft und ausgeschöpft werden.

Binnenmodernisierung

Zudem betrifft der Struktur- und Prozesswandel die Binnenmodernisierung öffentlicher Institutionen. Im Mittelpunkt steht die innerbetriebliche Aufbau- und Ablauforganisation, die durch das Aufkommen neuer Organisationsformen maßgeblich beeinflusst wird. Die Gestaltung der Aufbau- und Ablauforganisation steht in engem Zusammenhang mit der angestrebten Qualifikation und Motivation der Mitarbeitenden. Die Neuausrichtung der Verwaltungskultur bedingt insofern eine Abkehr von den klassischen Strukturprinzipien im staatlichen Sektor. Diese weisen auf der Grundlage des Weberschen Bürokratie- und des tayloristischen Organisationsmodells eine sehr hohe vertikale und horizontale Arbeitsteilung auf, was eine starke Gliederung der Organisation nach Funktionen und eine tiefe hierarchische Abstufung zur Folge hat.

Je größer eine Organisation, desto mehr Delegation

Aus organisationstheoretischer Sicht muss vorab festgehalten werden, dass es keine ausgereifte Theorie gibt, aus der die Struktur für eine Institution in einer bestimmten Situation präzise abgeleitet werden kann. Wo welche konkrete Strukturform geeignet ist, bedarf einer Analyse der jeweiligen Aufgaben und situationsspezifischen Faktoren, denen die staatliche Institution ausgesetzt ist. Auf der Basis empirischer Befunde sind höchstens Tendenzaussagen möglich, wie bspw.: Je größer eine Organisation, desto stärker sollten Entscheidungen auf tiefere Ebenen delegiert werden (vgl. Kieser/Hegele/Klimmer 1998: 115 ff.). Eine deutliche Tendenz hat sich diesbezüglich seit den 1990er Jahren im staatlichen Sektor durchgesetzt: Die Dezentralisierung und Schaffung von Ergebnis- und Verantwortungszentren zur Reduktion des Bürokratisierungs- und Komplexitätsgrads in öffentlichen Institutionen. Durch eine verstärkte Delegation drängt sich eine Verflachung der Hierarchien auf und wegen neuer strategischer Ziele werden andere Strukturierungsalternativen neben dem herkömmlichen Funktionalprinzip notwendig (vgl. Lawton/Rose 1994: 48 ff.). Die Förderung der Kernkompetenzen in staatlichen Institutionen zur Sicherung der strategischen Erfolgspotenziale kann bspw. durch die Prozessorganisation erreicht werden, wodurch der enge, wechselseitige Zusammenhang zwischen dem Struktur- und Prozesswandel und dem Strategiewandel deutlich wird (vgl. Hunziker 1999: 167 ff. und Kapitel 5.4.3).

Insgesamt nimmt der Strukturwandel einen wichtigen Platz in der Entwicklung eines zeitgerechten Public Management-Konzeptes ein. Unabhängig davon, ob Reformen durch anfängliche Entwicklung bei den Personen oder bei den Strukturen ausgelöst werden, existiert ein großer Reorganisationsbedarf öffentlicher Institutionen zur effektiven und effizienten Erfüllung der künftigen staatlichen Aufgaben (vgl. Naschold et al. 1996: 20 ff.).

Wie können nun aber die Strategien, Strukturen, Prozesse und Kulturen im Reformprojekt konkret verändert werden? Was ist notwendig, um den Wandel zielorientiert steuern zu können? Diesen Fragen zur Organisation und zur Steuerung des Wandels wird im anschließenden Abschnitt nachgegangen.

2.5 Management des Wandels

Nach der Darstellung unterschiedlicher Arten des Wandels wird in diesem Abschnitt die gezielte Steuerung und Durchführung von Veränderungsprojekten erläutert. Das Management des Wandels ist eines der bedeutendsten Elemente im Zuge eines Reformprozesses, und gewinnt zunehmend an zentraler Bedeutung für die laufende Führung von Institutionen sowohl im privaten als auch im öffentlichen Sektor, da Wandel allgegenwärtig und nicht nur ein punktuelles Ereignis ist (vgl. Hopp/Göbel 2004: 195 f. und Reiß 1997a: 6 ff.).

Steuerung von Veränderungsprojekten

2.5.1 Konzepte des Managements des Wandels

Veränderungen können sich in kleinen Schritten oder in großen Schüben vollziehen (vgl. Abb. 10). Die Bandbreite der Umgestaltungsmaßnahmen bewegt sich i. S. eines Kontinuums grundsätzlich zwischen radikalen und evolutionären Formen des Managements des Wandels in öffentlichen Institutionen (vgl. Thom 1998: 4 ff.).

Abbildung 10 *Grundverständnisse eines Managements des Wandels*

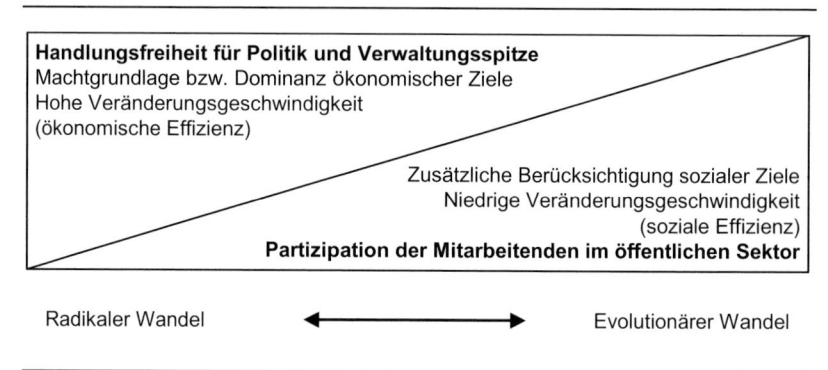

```
Handlungsfreiheit für Politik und Verwaltungsspitze
Machtgrundlage bzw. Dominanz ökonomischer Ziele
Hohe Veränderungsgeschwindigkeit
(ökonomische Effizienz)

                    Zusätzliche Berücksichtigung sozialer Ziele
                    Niedrige Veränderungsgeschwindigkeit
                                      (soziale Effizienz)
         Partizipation der Mitarbeitenden im öffentlichen Sektor

Radikaler Wandel  ←——————→  Evolutionärer Wandel
```

„Business Reengineering"

Die radikale Veränderung hat ihren Ursprung im 1993 von Hammer und Champy vorgestellten Konzept des „Business Reengineering" (BR). BR ist „[...] ein fundamentales Überdenken und radikales Redesign von Unternehmen oder wesentlichen Unternehmensprozessen. Das Resultat sind Verbesserungen um Größenordnungen in entscheidenden, heute wichtigen und messbaren Leistungsgrößen in den Bereichen Kosten, Qualität, Service und Zeit." (Hammer/Champy 1994: 24). Die radikale Neugestaltung der Prozesse und damit verbunden die effektive und effiziente Befriedigung der Wünsche interner und externer Kunden steht im Mittelpunkt des Konzepts. Die Gestaltungsprioritäten lauten: „Structure follows process follows strategy".

Organisationsentwicklung

Im Gegenteil dazu handelt es sich beim evolutionären Ansatz der Organisationsentwicklung (OE) um eine partizipative Konzeption zur Planung, Initiierung und Durchführung von Wandlungsprozessen (vgl. Thom 1992b). Zuerst müssen sich die Einstellungen, Werte und Verhaltensweisen der Mitglieder eines sozio-technischen Systems ändern, bevor sich dieses System selbst wandeln kann. Die Gestaltungsprioritäten lauten daher: „Structure follows process follows strategy follows culture". Das Ziel besteht in der gleichzeitigen Verbesserung der Leistungsfähigkeit einer Organisation und der Qualität des Arbeitslebens (vgl. Gesellschaft für Organisationsentwicklung 1980).

2.5 Management des Wandels

Die Gegenüberstellung in Tabelle 4 verdeutlicht die beiden Extremansätze des Managements des Wandels (vgl. ausführlich Thom 1998: 9 ff.).

Business Reengineering und Organisationsentwicklung im Vergleich — **Tabelle 4**

Kriterium	Business Reengineering	Organisationsentwicklung
Menschenbild	Tendenziell Theorie X (während des Wandlungsprozesses)	Theorie Y (für den Wandlungsprozess und das Zusammenleben danach)
Ziele	Erhebliche und nachhaltige Erhöhung der Wirtschaftlichkeit (ökonomische Effizienz)	Erhöhung der Wirtschaftlichkeit (ökonomische Effizienz) und der Humanität (soziale Effizienz)
Auslöser/Krise	– Liquiditätskrise – Erfolgskrise	– Erfolgskrise – Strategische Krise
Veränderungsstrategien	– Spitze-Abwärts-Strategie	– Spitze-Abwärts-Strategie – Basis-Aufwärts-Strategie – Bipolare Strategie – Keilstrategie – Multiple-Nukleus-Strategie
Stärken	– Möglichkeit zum Neuanfang – Chance zur deutlichen Steigerung der Wirtschaftlichkeit – Schnelligkeit des Wandels – Konzeptionelle Einheitlichkeit der Veränderungsmaßnahmen (durchgängige Prozess-Perspektive) – Bedeutende Kompetenzerweiterungen für „Prozess-Spezialisten"	– Sozialverträglichkeit, da natürliche Veränderung – Berücksichtigung der Entwicklungsfähigkeit der Systemmitglieder – Förderung des Selbstmanagements bzw. der Selbstorganisation – Langfristige Optik – Vermeidung/Reduktion von Änderungswiderständen
Schwächen (Gefahren)	– Instabilität in Veränderungsphase – Zeit- und Handlungsdruck, u. a. Druck auf kurzfristige Resultatverbesserungen – Ausschluss alternativer Veränderungsstrategien (neben der Spitze-abwärts-Strategie) – Mangelnde Sozialverträglichkeit (wenig Sensibilität bei Änderungswiderständen)	– Reaktionsgeschwindigkeit teilweise unzureichend – Extrem hohe Anforderungen an die Sozialkompetenz der Beteiligten – Zwang zur Suche nach Kompromissen – Unzureichende Möglichkeiten zur Durchsetzung unpopulärer, aber notwendiger Entscheidungen (Unterschätzung der Machtkomponente für Ressourcen- und Kompetenzverlagerungen)

2 Das IOP-Führungskonzept für den öffentlichen Sektor

Menschenbild und Machtverständnis

Die Beurteilung der Zweckmäßigkeit beider Ansätze hängt von vielen Faktoren ab. Fundamental sind die Unterschiede im Menschenbild und Machtverständnis. Der evolutionäre Wandel basiert auf einer Partizipation der Verwaltungsmitarbeitenden am Veränderungsprozess. Auf dem Kontinuum zum radikalen Ansatz nimmt der Partizipationsgrad ab und die Handlungsfreiheit für die Politik und Verwaltungsspitze zu. Die Situationsgerechtigkeit eines dieser extremen Wandlungskonzepte kann insbesondere an der Krisenart, in welcher sich die öffentliche Institution befindet, beurteilt werden (vgl. Thom 1998: 4). Äußerst selten wird gezielter Wandel in krisenlosen und erfolgreichen Zeiten angestrebt. Zudem wächst auch die Bereitschaft, Wandel in krisenhaften Situationen und bei genügend starkem Leidensdruck zu akzeptieren. Im Rahmen der gegenwärtigen Reformen im öffentlichen Sektor ist zu beachten, dass es sich zum einen aus der Sicht des öffentlichen Haushalts um Liquiditätskrisen (überhöhter Verschuldungsgrad), zum anderen aber auch um strategische Krisen bei Politik und Verwaltungsführung handelt und somit im letzten Fall prinzipiell ein recht großer Handlungsspielraum besteht (vgl. Naschold 1997). Aufgrund des demokratischen „Vorbildcharakters", der von der Leitung öffentlicher Institutionen häufig erwartet wird, und der immer noch eher starren Rahmenbedingungen durch das Dienst- und Organisationsrecht, sind in der Regel radikale Reengineering-Ansätze schwieriger zu realisieren. Außerdem ist vielfach die für ein Reengineering erforderliche starke Machtposition der Hierarchiespitze nicht erwünscht. Die Reengineering-Idee der Prozessorientierung für sich alleine betrachtet ist jedoch auch für den öffentlichen Sektor sehr nützlich (vgl. Kapitel fünf und Hill 1996: 14).

Konzept- und Kontextfokus

In der Managementpraxis gibt es eine Vielzahl von Erneuerungsansätzen zur Bewältigung von Wandel. Grundsätzlich lassen sich diese in zwei Gruppen einteilen (vgl. Reiß 1997a: 22 ff.): Einerseits die Konzepte, welche den Inhalt des Veränderungsprogramms schwerpunktmäßig betrachten (Konzeptfokus) und andererseits jene Ansätze, welche sich stärker auf die Art und Weise der Umsetzung und die dafür notwendige Infrastruktur zur Erreichung der Projektziele fokussieren (Kontextfokus). Für das eigentliche Management des Wandels ist der Kontextfokus entscheidend. Es geht im Rahmen des Public Managements bspw. darum, wie durch das Veränderungsmanagement neue ergebnisorientierte Kulturelemente und dazugehörige Steuerungsinstrumente erfolgreich eingeführt werden können. Abbildung 11 verdeutlicht diesen Unterschied zwischen den kontext- und konzeptorientierten Ansätzen im Rahmen des Veränderungsmanagements. Kontextorientierte Ansätze haben zum Ziel, in der Organisation ein allgemeines Veränderungspotenzial herbei-

2.5 Management des Wandels

zuführen; dies im Unterschied zu den konzeptorientierten Ansätzen, die eine spezifische Akzeptanzhaltung für einen konkreten Veränderungsansatz schaffen wollen (vgl. Reiß 1997a: 23).

Abbildung 11: Kontext- und konzeptorientierte Ansätze des Managements des Wandels

Kontextfokus (vertikale Achse) / Konzeptfokus (horizontale Achse):
- Lernende Organisation
- Projektmanagement
- Kaizen
- Organisationsentwicklung
- Business Reengineering
- Total Quality Management
- New Public Management
- Lean Management

Diagonale Bereiche: Schaffung allgemeinen Veränderungspotenzials / Schaffung spezifischer Veränderungsakzeptanz

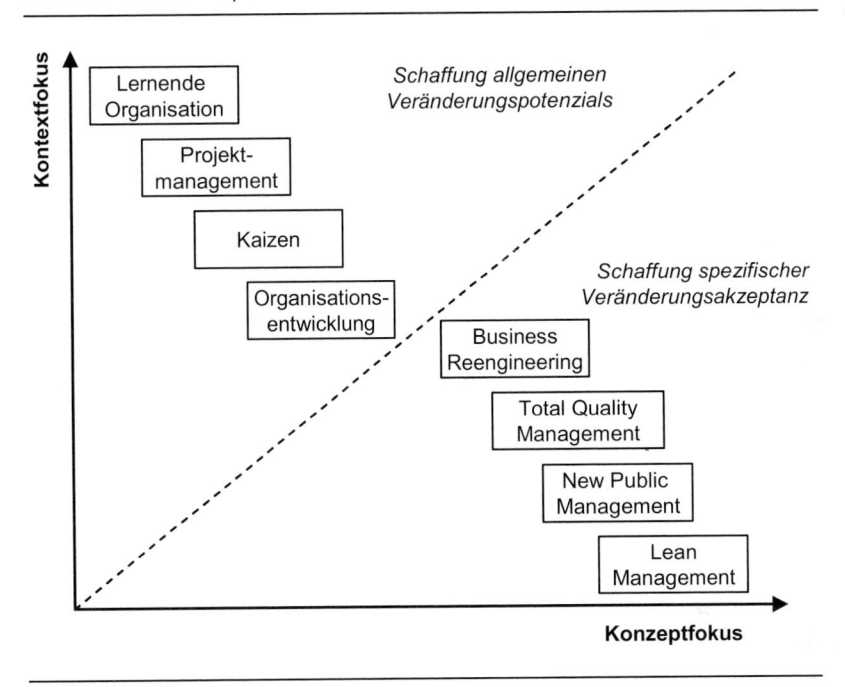

Die weiteren Ausführungen zum Management des Wandels bauen auf einer kontextorientierten Sichtweise auf, wonach allgemeine Veränderungspotenziale und -fähigkeiten in der staatlichen Institution geschaffen werden sollen. Diese können sich später günstig auf die Förderung spezifischer Akzeptanz für die Modernisierung der Verwaltungsführung auswirken.

2.5.2 Widerstand gegen Wandel

Jedes Reformprojekt, das maßgebliche Neuerungen enthält, wird auf Hindernisse und Widerstand stoßen. Erst die Überwindung solcher Hindernisse ermöglicht eine erfolgreiche Projektrealisation. Widerstand entsteht in der Regel aufgrund folgender Gegebenheiten jedes Reformvorhabens:

Ursachen von Widerstand

Das IOP-Führungskonzept für den öffentlichen Sektor

1. Widerstand aufgrund einzelner Personen, Personenkonstellationen oder spezieller gruppendynamischer Effekte
2. Widerstand aufgrund der Initiierungs- und Umsetzungsart einer Reform
3. Widerstand aufgrund des Reformzeitpunkts und der generellen Situation, in welcher sich die betroffene Institution befindet
4. Widerstand aufgrund des konkreten Reforminhalts

Beim gezielten Einsatz des Veränderungsmanagements interessieren die Punkte eins und zwei am stärksten. Hier bestehen Steuerungsmöglichkeiten, die von der Projektleitung und den Führungskräften in einem Veränderungsprojekt aktiv eingesetzt werden können. Ausgehend von diesen Überlegungen werden in den nächsten Abschnitten die Barrieren gegen Wandel, die Mitarbeiterbeteiligung und die Führungsfunktion in Reformprojekten dargestellt. Im letzten Abschnitt dieses Kapitels werden die Phasen des Veränderungsprojekts betrachtet.

2.5.2.1 Barrieren gegen den organisatorischen Wandel

Befürworter und Bedenkenträger

Bei der Einführung von Public Management-Elementen existieren einerseits die euphorischen Befürworter, andererseits die schwarz malenden Bedenkenträger. Die Befürworter und leider auch viele Projektleitungen unterliegen der großen Gefahr, die Umsetzungsarbeit zu unterschätzen, weil sie das „richtige" Konzept gefunden zu haben glauben. Bei der Umsetzung zeigen sich jedoch meist recht bald die ersten Widerstände und die beträchtliche Trägheit der staatlichen Institutionen. Diese Hindernisse oder Barrieren bei der Umsetzung umfassen einerseits konkrete Widerstandsaktionen, daneben aber auch generelle Hemmschwellen und allgemeine Trägheit, welche die Nutzung bestehender und neuer Gestaltungsspielräume verhindern (vgl. Kieser/Hegele/Klimmer 1998: 120 ff.).

Typische Anzeichen von Widerstand

Die Barrieren, welche Widerstand entstehen lassen, zeigen sich oft erst zum Zeitpunkt, in dem bereits etwas nicht stimmt. Bis es jedoch soweit kommt, sind vorläufig viele Begegnungen, Prozesse und Entscheidungen abgelaufen, die zur Entstehung der Barrieren geführt haben. Das frühzeitige Erkennen des Widerstandes resp. Ansätze davon gilt als eine Kernkompetenz in Veränderungsprozessen, um Partizipation umsetzen und Identifikation mit den neuen Bedingungen entstehen lassen zu können. Typische Anzeichen dafür, dass etwas nicht stimmt sind z. B. (vgl. Doppler/Lauterburg 1994: 204 f.):

Management des Wandels

2.5

- Arbeits-, Entscheidungs- und Kommunikationsprozesse laufen nur noch zähflüssig ab. „Es rollt nicht mehr".

- Nebensächlichkeiten treten an Sitzungen in den Vordergrund, man kommt nicht zum Ziel, verliert sich in den Details und Anwesende beginnen unter Umständen zu „blödeln".

- Peinlichkeiten entstehen, betretene Gesichter und Ratlosigkeit weisen auf fehlendes Engagement oder mangelnde Motivation hin. Bisher gute Mitarbeitende halten sich auffallend zurück.

- Auf klare Fragen wird ungenau geantwortet, evtl. auch ausgewichen. Das vordergründig Plausible lässt sich bei genauerem Hinhören nicht richtig einordnen.

Im Weiteren können hohe Fluktuationsraten, Fehlzeiten, Intrigen, Mobbing, Gerüchtebildung, „bissige" interne Nachrichten und überschnelle Konflikte auf den entstandenen Widerstand hindeuten.

Es lassen sich fünf Formen von Defiziten unterscheiden, die bei den Reformbeteiligten Widerstand aufkommen lassen: Wissens-, Fähigkeits-, Willens-, Norm- sowie Systembarrieren (vgl. Abb. 12, Reiß 1997a: 17 ff. und Rosenstiel 1997: 201 ff.). Die ersten drei können innerhalb des IOP-Führungskonzeptes den personellen Bedingungsgrößen zugeordnet werden, die Systembarrieren den institutionellen Bedingungskategorien und die Normbarrieren weisen sowohl Aspekte der personellen als auch institutionellen Bedingungsgrößen auf. Bei allen fünf Formen des Widerstandes muss unterschieden werden, ob deren Ursachen system- oder personenbedingt sind. Widerstand als personenbedingte Beharrungstendenz entsteht durch fehlende Veränderungsbereitschaft oder -fähigkeit im Gegensatz zur systembedingten Trägheit, welche die Folge mangelnder strategischer Neuausrichtung, einer unzureichenden Machtbasis oder ungeschriebener Gesetze der Organisation darstellt (vgl. Kieser/Hegele/Klimmer 1998: 123 ff.).

Fünf Arten von Widerstand

| Abbildung 12 | Arten des Widerstands gegen Wandel |

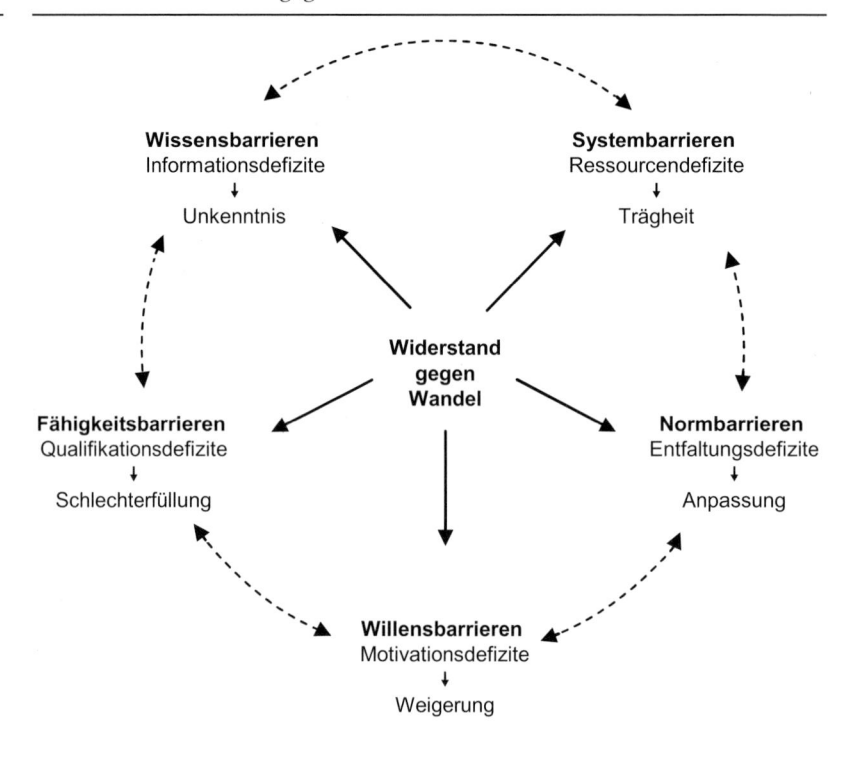

```
        Wissensbarrieren              Systembarrieren
        Informationsdefizite          Ressourcendefizite
              ↓                              ↓
           Unkenntnis                     Trägheit

                        Widerstand
                          gegen
                          Wandel

        Fähigkeitsbarrieren           Normbarrieren
        Qualifikationsdefizite        Entfaltungsdefizite
              ↓                              ↓
        Schlechterfüllung             Anpassung

                    Willensbarrieren
                    Motivationsdefizite
                          ↓
                      Weigerung
```

- Wissensbarrieren kennzeichnen das „Nicht-Kennen" von Informationen, Abläufen, Personen usw. in Zusammenhang mit der Arbeit oder speziell mit dem Veränderungsvorhaben.

- Fähigkeitsbarrieren kennzeichnen das „Nicht-Können". Fähigkeiten und Fertigkeiten fehlen, um den Wandel gestalten oder zumindest den Schritt der Veränderung mitgehen zu können. Im Rahmen der täglichen Arbeit entstehen diese Defizite aufgrund mangelnder Qualifikation. Bei Reformprozessen müssen deshalb betroffene Mitarbeiter für ihre neuen Aufgaben gezielt entwickelt werden.

Wissen und Können alleine genügen noch nicht, um mit Wandlungsprozessen erfolgreich Schritt halten zu können, wenn das individuelle Wollen einer Person fehlt. Immer wieder zeigt sich, dass Personen nicht ihrem Wissen und Können entsprechend handeln (vgl. Rosenstiel 1997: 201).

Management des Wandels 2.5

- Willensbarrieren kennzeichnen das „Nicht-Wollen": Ob jemand ein spezifisches Verhalten an den Tag legt, hängt stark von seiner Motivation und den mit dem Verhalten verbundenen Zielen ab. Im Rahmen von Veränderungsprozessen kann die Verhaltens- und Einstellungsmodifikation durch Veränderung der Wertorientierung oder geeignete Anreize erreicht werden.

- Normbarrieren kennzeichnen das „Nicht-Dürfen": Innerhalb jeder Organisation gibt es bestimmte Selbstverständlichkeiten und kulturelle Ausprägungen, die das Tun oder Lassen der Mitarbeitenden leiten. In öffentlichen Institutionen sind Normen und Regelungen besonders stark ausgeprägt. Oft wird dadurch das Potenzial der Mitarbeitenden nicht ausgeschöpft (Entfaltungsdefizite). Normen werden im Besonderen durch glaubwürdige Führungspersonen gesetzt und gefestigt. Eine Veränderung erfordert diesbezüglich eine Neuorientierung im Führungsverständnis.

- Systembarrieren kennzeichnen Ressourcendefizite und existieren dann, wenn der Einzelne oder auch eine Gruppe aufgrund fehlender Ressourcen wie Geld, Räume oder zur Verfügung stehende Zeit die Projektziele nicht verfolgen und erreichen kann. Diese situativen Umstände sind bei Reformprozessen von besonderer Wichtigkeit, denn die zusätzlich notwendige Motivation und der überdurchschnittliche Arbeitseinsatz kann durch ungünstige Ressourcenausstattung schnell verloren gehen, so dass die Trägheit obsiegt.

Diese fünf Barrieren sind nicht voneinander unabhängig, sondern beeinflussen und verstärken sich gegenseitig.

> **Insgesamt ist es die Aufgabe des Managements des Wandels, ein Reformprogramm so einzuführen, dass die Betroffenen zielgruppengerecht informiert und für die Neuerungen qualifiziert sind, die Mitarbeitenden sich mit den Reformzielen identifizieren können und diese von einem reformunterstützenden Klima und dafür bereitgestellten Ressourcen getragen werden.**

2.5.2.2 Mitarbeiterpartizipation bei Wandlungsprozessen

Grundsätzlich scheint sich in Wissenschaft und Praxis – spätestens bezüglich der Umsetzungsphase – die Ansicht durchzusetzen, dass der Einbezug der Mitarbeitenden notwendig ist und Reformprojekte sich nur mit der Unterstützung der Betroffenen nachhaltig realisieren lassen (vgl. Rosenstiel/Comelli 2003: 134 ff.; Picot/Freudenberg/Gassner 1999: 46 und Kieser/Hegele/Klimmer 1998: 218 f.). Umstrittener ist die Frage, in welchem Ausmaß Mitarbeitende am Veränderungsprozess partizipieren sollen.

Ausmaß an Partizipation

Das Ausmaß der Beteiligung soll im Folgenden anhand von sechs Kriterien bestimmt werden, die je nach ihrer Ausprägung die Wahl der Veränderungsstrategie und dadurch des Partizipationsgrads bestimmen helfen (vgl. Hoy/Miskel 2001: 340 ff. und Kieser/Hegele/Klimmer 1998: 221 ff.). Zur Bestimmung des Partizipationsgrads eignet sich das eingangs erwähnte Kontinuum zwischen radikalem und evolutionärem Wandel. Folgende sechs Kriterien sind zur Beurteilung des Partizipationsgrads wichtig:

- Relevanz für die Betroffenen
  Nicht jeder Entscheid und nicht jede Maßnahme innerhalb eines Veränderungsprojekts ist von zentraler Bedeutung für die Betroffenen. Es gilt zu bestimmen, ob die angestrebte Problemlösung relevante Auswirkungen auf die betroffenen Mitarbeitergruppen hat oder nicht.

- Kompetenz der Betroffenen
  Nur wenn die Mitarbeitenden die erforderlichen Fähigkeiten und Kenntnisse zur Mitarbeit beim Veränderungsvorhaben mitbringen, lohnt sich aus der Perspektive von Effektivität und Effizienz eine direkte Beteiligung.

- Eignung der Person oder Gruppe
  Personen und Gruppen, die aufgrund fehlender Konsensfähigkeit, wenig Konsenswillen oder einer starken inneren Geschlossenheit die Zusammenarbeit mit anderen eher erschweren, eignen sich weniger für eine Partizipation.

- Eignung der Arbeit
  Die Form der Arbeit kann die Partizipation fördern oder hindern. Die konzeptionelle Ausarbeitung einer Thematik wird von einer Person oft effektiver durchgeführt. Das Gegenteil gilt meist für Aktivitäten zur Ideengenerierung oder Überprüfung von Ergebnissen.

- Projekt- und Organisationsziele
  Enthält ein Veränderungsprojekt inhaltliche Ziele i. S. von mehr Delegation und Dezentralisation, abteilungsübergreifender Prozessoptimierung usw., dann lässt sich dieser Wandel ohne Miteinbezug der Betroffenen nicht glaubwürdig realisieren. Ist die Veränderungsmaßnahme sehr schnell durchzuführen, ist der

Management des Wandels 2.5

Einbezug einer breiteren Gruppe jedoch hinderlich für die Zielerreichung.

- Ansichten über die Partizipation
Die herrschende Ansicht, ob Gruppenarbeit und andere Formen der Beteiligung eine effiziente Zielerreichung ermöglichen, wirkt sich oft stärker auf den Problemlösungsprozess aus als das Ausmaß der Partizipation.

Akzeptanz-Sensibilitäts-Raster zur Festlegung des Partizipationsgrads *Abbildung 13*

	Zone der Akzeptanz		Grauzone		Zone der Sensibilität
Relevanz	Nein		Nein	Ja	Ja
Kompetenz	Nein		Ja	Nein	Ja
	Radikaler, zentralistischer Wandel — — — — — — — — — —
	— — — — — *Evolutionärer, demokratischer Wandel*
Eignung Person/Gruppe	Nein		Nein	Ja	Ja
Eignung Arbeit	Nein		Ja	Nein	Ja
	Radikaler, zentralistischer Wandel — — — — — — — — — —
	— — — — — *Evolutionärer, demokratischer Wandel*
Projektziele	Nein		Nein	Ja	Ja
Ansicht über Partizipation	Nein		Ja	Nein	Ja
	Radikaler, zentralistischer Wandel — — — — — — — — — —
	— — — — — *Evolutionärer, demokratischer Wandel*

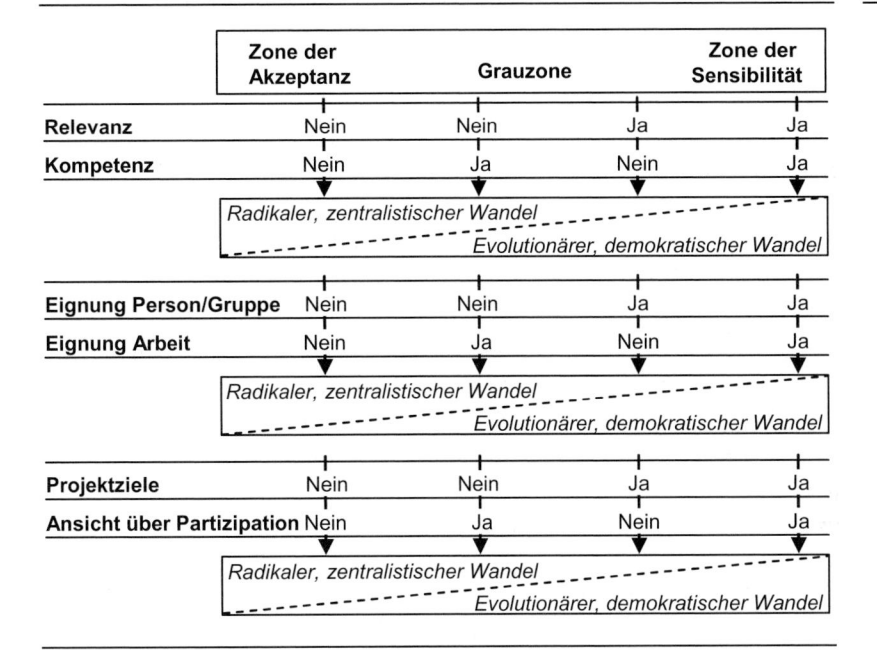

Abbildung 13 stellt ein Entscheidungsraster zur Festlegung des Partizipationsgrads dar. Die einzelnen Kriterien wurden dafür in Paare gebündelt und das erste Kriterium jeweils gegenüber dem zweiten priorisiert. Die Bündelung und Priorisierung der Kriterien kann je nach Institution und Veränderungsprojekt verschieden sein. Weniger Partizipationsbedarf findet sich in der Zone der „Akzeptanz" (Hinnehmen der Nichtbeteiligung), wonach Entscheidungen und Maßnahmen stärker zentralistisch gefällt resp. durchgeführt werden. Aber auch in dieser Phase gilt es mit kritischer Distanz darüber nachzudenken, inwiefern eine zentrale Entscheidungsfin-

Festlegung des Partizipationsgrads

dung wirklich hingenommen wird und sich die Betroffenen nicht vollständig übergangen fühlen – ganz nach dem Grundsatz:

> **Menschen sind nicht grundsätzlich gegen Veränderungen. Sie sind aber dagegen, verändert zu werden, also lediglich Objekte der Veränderung zu sein.**

Bei hohem Partizipationsbedarf bewegt sich das Veränderungsprojekt in der Zone der „Sensibilität" (Befindlichkeit zur Partizipation), in der vermehrt demokratische Entscheidungsverfahren notwendig sind.

„Top-down" oder „Bottom-up"

Damit ist aber die Frage, ob ein Veränderungsvorhaben „Top-down" oder „Bottom-up" eingeführt werden soll, noch nicht abschließend beantwortet. Denn gerade in Großorganisationen lässt sich selten ein Bottom-up-Verfahren wählen bei gleichzeitigem Anspruch, eine einheitliche Gesamtlösung zu erreichen. Echte Bottom-up-Verfahren bringen immer unterschiedliche und situationsangepasste Teillösungen hervor. Insofern ist die Entscheidung über Bottom-up oder Top-down stärker von der Handhabbarkeit der Partizipation als vom wünschenswerten Partizipationsgrad alleine abhängig. Die Strukturierung von Reorganisationsprozessen i. S. zentral vorgegebener Grobstrukturen und Oberziele mit eigenständig auszufüllenden Gestaltungsspielräumen für die Betroffenen bietet hier einen Mittelweg an (vgl. Picot/Dietl/Franck 2005: 398 ff.). Die organisatorischen Gestaltungsmöglichkeiten (vgl. Systembarrieren) engen die Auswahl der geeigneten Veränderungsstrategie im praktischen Fall jedoch ein (vgl. Kieser/Hegele/Klimmer 1998: 229 f.).

Widerstand gegen radikale Reformen

Aufgrund der starken Regelungsorientierung und des Demokratieprinzips werden radikalere und schnellere Reorganisationsformen im öffentlichen Sektor oft generell verunmöglicht, obwohl sie aufgrund oben erwähnter Kriterien in verschiedenen Situationen die Zielerreichung fördern würden. In der japanischen Industrie, wo Reorganisationsprozesse nicht demokratisch eingeführt werden, leisten die Mitarbeitenden vergleichsweise wenig Widerstand gegen Wandel. Dies rührt daher, dass die traditionelle Lebenszeitbeschäftigung, Job Rotation, starke Partizipation im Rahmen von Qualitätszirkeln und feste Entlohnungsstrukturen nach dem Senioritätsprinzip die Angst vor Arbeitsplatzverlust, vor Fremdbestimmung und weiteren Risiken aufgrund von Reformen abschwächen (vgl. Picot/Dietl/Franck 2005: 400 f.). Bei der Übertragung dieser Erkenntnis auf den öffentlichen Sektor und die ähnliche Verwaltungsmentalität in Europa wird verständlich, weshalb sich gegen radikalere Reformen recht starker Widerstand erhebt. Einerseits ist der Partizipati-

Management des Wandels

ons- und Teamgedanke in den staatlichen Institutionen nicht weit verbreitet, wodurch hierarchische Strukturen die Reorganisationslandschaft prägen. Andererseits drohen durch die aktuellen Reformen Sicherheiten und Vorteile der Staatsangestellten verloren zu gehen. Echte Partizipation wird erst möglich, wenn die Verwaltungskultur Eigeninitiative und situativ unterschiedliche Teillösungen honoriert.

Daraus ergeben sich folgende Hinweise für die Ausgestaltung des Partizipationsgrads im öffentlichen Sektor:

Ausgestaltung des Partizipationsgrads

- Die Kriterien zur Begründung des Partizipationsgrads müssen im Rahmen des Akzeptanz-Sensibilitäts-Rasters von jeder Institution eigenständig und situativ gewichtet werden.
- Partizipatives Bottom-up Vorgehen bedarf der Möglichkeit unterschiedlicher Teillösungen, welche allenfalls später zu einer Gesamtlösung optimiert werden können.
- Radikale Reformmaßnahmen erzeugen bei der gegenwärtigen Verwaltungskultur starken Widerstand.
- Strukturierte Reorganisationsprozesse bieten erforderliche Partizipationsmöglichkeiten mit einer zentralen Steuerung.

2.5.3 Führungs- und Promotorenfunktionen im Wandel

Die Verantwortlichen von Wandlungsprozessen haben neben der Festlegung der Projektziele die zentrale Aufgabe, existierende Widerstände und Hindernisse zu verringern und die den Wandel unterstützenden Kräfte bestmöglich zu fördern. Kurt Lewin verdeutlichte dieses Wechselspiel von treibenden und hemmenden Kräften bei Veränderungsprozessen in der Kraftfeld-Analyse (vgl. Lewin 1963: 223 ff.). Wird dieser generelle Denkansatz auf das Public Management übertragen, so ist die folgende Abbildung 14 eine Orientierungshilfe (vgl. Dubs 1994: 277).

Kraftfeld-Analyse

Abbildung 14   Die Promotorenrollen im Wandlungsprozess

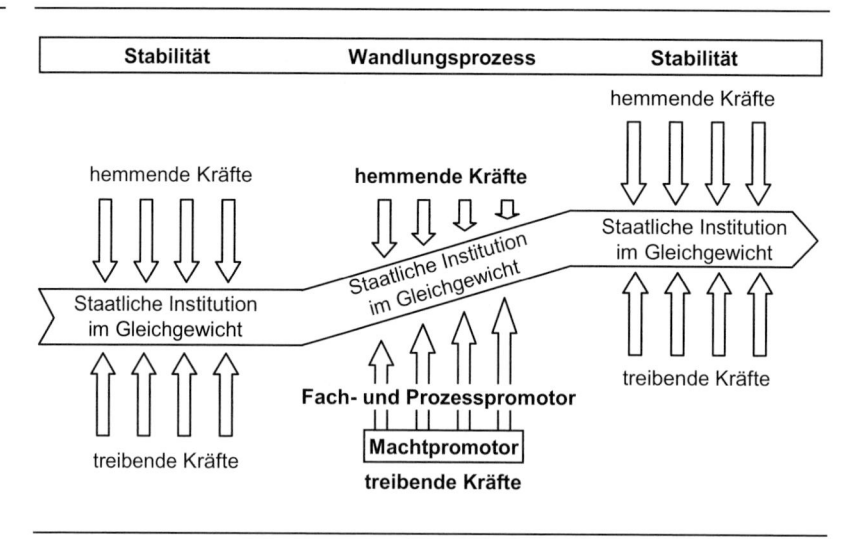

```
          Stabilität        Wandlungsprozess        Stabilität
                                                hemmende Kräfte
                                                  ⇩ ⇩ ⇩ ⇩
       hemmende Kräfte    hemmende Kräfte
         ⇩ ⇩ ⇩ ⇩            ⇩ ⇩ ⇩ ⇩        Staatliche Institution
                         Staatliche Institution    im Gleichgewicht
     Staatliche Institution  im Gleichgewicht
       im Gleichgewicht                            ⇧ ⇧ ⇧ ⇧
         ⇧ ⇧ ⇧ ⇧            ⇧ ⇧ ⇧ ⇧          treibende Kräfte
                        Fach- und Prozesspromotor
       treibende Kräfte    Machtpromotor
                          treibende Kräfte
```

Stärkung treibender Kräfte

Durch das Management des Wandels muss im Veränderungsprozess eine Gleichgewichtsverschiebung von den hemmenden zu den treibenden Kräften bewirkt werden, ansonsten findet kaum ein Wandlungsprozess statt. Diese Gleichgewichtsverschiebung (Verlagerung zu den treibenden Kräften) kann aus der Führungsperspektive durch die gezielte Ausübung von Promotorenfunktionen übernommen werden (vgl. Witte 1973: 14 ff.; Hauschildt/Chakrabarti 1988: 38 ff. und Hauschildt/Gemünden 1999).

2.5.3.1 Macht- bzw. Legitimationspromotor

Wandlungsprozess legitimieren

Der Machtpromotor (Business Reengineering = Leader, Organisationsentwicklung = Change Catalyst) ist aufgrund seines hohen hierarchischen Ranges in der Lage, den Wandlungsprozess zu legitimieren, die notwendigen Ressourcen bereitzustellen und Systembarrieren (z. B. aufgrund gegebener Kompetenzverteilungen und Hierarchien) zu überwinden. Im radikalen Wandel nimmt die Verwaltungsführung die Funktion des mächtigen Initiators der Veränderung wahr (Spitze-abwärts-Strategie). Bei Reformen i. S. der Organisationsentwicklung kann der „Change Catalyst" den Wandlungsprozess sowohl beschleunigen als auch verlangsamen. Aber auch hier ist der Machtpromotor sinnvollerweise hoch in der Hierarchie angesiedelt. Gerade zu Beginn eines Veränderungsprozesses ist die Unterstützungsleistung durch den Machtpromotor von besonderer Bedeutung, um den Prozess- und Fachpromotoren genügend Handlungsspielraum und Akzeptanz zu verschaffen. Die Rolle des Machtpromotors wird im öffentlichen Sektor aufgrund des Demokratieprinzips und zu einem großen Teil auch wegen fehlender Innovationsfreude nicht immer genügend intensiv wahrgenommen. Um negative Assoziationen zu vermeiden, eignet sich für den öffentlichen Sektor alternativ die Bezeichnung „Legitimationspromotor", da dieser Terminus auf die zeitlich befristete, vom Souverän legitimierte Macht mit Rechtfertigungspflicht anspielt.

2.5.3.2 Prozesspromotor

Die Funktion des Prozesspromotors (BR = Process Owner, OE = Change Agent) erweist sich als anspruchsvoll. Seine Aufgaben bestehen bspw. darin, die Projektgruppe zusammenzuführen, bürokratische Eingriffe abzuwenden sowie die am Wandlungsprozess direkt Beteiligten zu inspirieren und motivieren. Der Prozesspromotor nimmt die zentrale Koordinations- und Kommunikationsfunktion im Veränderungsprozess wahr. Dazu gehören die laufende Information über den Stand der Veränderung sowie die Entgegennahme und Verarbeitung von Verbesserungsvorschlägen und Kritik. Change Agents im OE-Sinne sollen über hohe soziale Kompetenzen und entsprechende Techniken verfügen. Der „Process Owner" im BR ist letztlich eher Betreuer eines bestimmten Prozesses („Prozessverantwortlicher") als ein Berater des Wandlungsprozesses. Idealerweise fördert er auch schon den Umwandlungsprozess auf die neue prozessorientierte Organisation hin.

Koordination und Kommunikation

2.5.3.3 Fachpromotor

Schließlich bedarf jedes Management des Wandels der Rolle von Fachpromotoren (BR = Reengineering Czar, OE = Change Agent in enger Verbindung mit dem Client System (Betroffenen)). Diese haben das fachliche Instrumentarium für Veränderungen zur Verfügung zu stellen. Dazu können die Beherrschung von Veränderungstechniken (Prozessanalyse, Kreativitätstechniken, gruppendynamische Übungen usw.) und konkretes Fachwissen zur Problemlösung gehören. Im evolutionären Wandel wird Fachwissen nicht vom Fachpromotor monopolisiert, sondern bewusst aus dem „Client System", den Mitgliedern des zu wandelnden Systems, aktiviert. Der „change Agent" (Veränderungshelfer) leistet Hilfe zu Selbsthilfe. In Reengineering-Projekten nimmt die Bereitstellung der neuen Informations- und Kommunikationstechnologie einen wichtigen Platz im

Instrumentarium zur Verfügung stellen

Aufgabenspektrum des Fachpromotors ein. Die von den Autoren Hammer und Champy verwendete Bezeichnung „Reengineering Czar" ist insofern irreführend, als hier nicht ein despotischer Herrscher, sondern ein meisterhafter „Beherrscher" der Methoden und Techniken gemeint ist.

2.5.3.4 Zusammenwirken der Promotoren

Promotoren als abgestimmtes Gespann

Die Promotoren der verschiedenen Arten sollten im Wandlungsprozess wirkungsvoll kooperieren, und zwar gleichsam wie ein gut abgestimmtes Gespann. Promotoren sind häufig nicht auf Dienstwegen in der nützlichen Konstellation hintereinander angeordnet und können auch hierarchisch weit voneinander entfernt sein, bspw. unterschiedlichen Abteilungen, Ressorts, Ministerien usw. angehören. Deshalb muss einerseits Freiraum bleiben, damit sich Promotoren in zugkräftigen Gespannen zusammenfinden können. Andererseits bedarf es eines bewussten Gestaltungsaktes, um die Promotorenrollen zu definieren, die entsprechenden Rollenträger auszuwählen und das Zusammenwirken dieser Kernpersonen im Wandlungsprozess zu fördern (z. B. in Projektgruppen und Lenkungsausschüssen).

> **Letztlich kommt es darauf an, dass der Veränderungsprozess von der Hierarchiespitze kraftvoll getragen, von sozialkompetenten Prozessverantwortlichen fortlaufend gefördert und von versierten Experten fachlich bestmöglich betreut wird.**

Ein Blick in die Organisationspraxis schweizerischer Unternehmungen und Verwaltungen (vgl. Thom/Ritz 2000: 20 ff. und Cantin/Thom 1996: 121 ff.) zeigt, dass die Rollen des Prozess- und Fachpromotors einzeln oder kombiniert häufig eingenommen werden. Weit zurückhaltender waren die befragten Personen damit, sich selbst die Attribute eines Machtpromotors zuzuordnen. Die Praktiker waren sich allerdings der Notwendigkeit der Machtdimension im Prozess der organisatorischen (Um-)Gestaltung stärker bewusst als die ebenfalls befragten Universitätsprofessoren für das Fach „Organisation/Führung". Diese hoben beim zukünftigen Rollenverständnis von Organisierenden die tendenziell „weicheren" Rollen wie Change Agent, interner Berater, Integrator und Moderator hervor. Geradezu wie eine Passage aus dem Handbuch der „Realpolitik" tönt es daher, wenn die Reengineering-Autoren Hammer und Champy die Figur des „Leaders", also Machtpromotors, beschreiben. Er soll die Befähigung zu mitreißenden Reden haben, über

Management des Wandels 2.5

Sanktionsmacht verfügen (Lob und Tadel virtuos einsetzen) und im Grenzfall Widerstand brechen, wie aus folgendem Zitat zum Rollenverständnis herausgelesen werden darf: „Wenn sich euch jemand in den Weg stellt, lasst mich wissen, wer es ist, damit ich mich seiner annehmen kann." (Hammer/ Champy 1994: 136).

Beer, Eisenstat und Spector untersuchten in sechs amerikanischen Unternehmungen die Rolle von Führungspersonen bei Reorganisationsprozessen (vgl. Beer/Eisenstat/Spector 1990: 179 ff.). Insgesamt erwies sich die Rolle der Führungsverantwortlichen bei allen erfolgreichen Wandlungsprozessen als einer der wichtigsten Faktoren überhaupt. Für das Veränderungsmanagement erhält hier die transformationale Führung einen neuen Stellenwert im Gegensatz zur transaktionalen Führung, welche die Führung eher als Austauschbeziehung zwischen Führer und Geführtem betrachtet. Nicht die unmittelbare Hierarchieposition, sondern vielmehr die situationsspezifische Fähigkeit der Führungspersonen, einen starken und verändernden Einfluss auf ihre Umgebung ausüben zu können und dadurch Werte, Ziele und Ansprüche der Geführten im konkreten Wandlungsprozess zu verändern, ist entscheidend (vgl. Kapitel 6.6.6 und Krüger 1994: 220 ff.).

Rolle der Führungsverantwortlichen

2.5.3.5 Fähigkeiten und Kompetenzen der Promotoren

Abschließend sollen die unterschiedlichen Promotorenrollen aufgrund ihrer Funktionen und der dazu notwendigen Fähigkeitskategorien zusammengefasst werden (vgl. Abb. 15).

Anforderungsprofil für Promotoren in Wandlungsprozessen *Abbildung 15*

	Politische Fähigkeiten	Soziale Fähigkeiten	Fachliche Fähigkeiten	Konzeptionelle Fähigkeiten
Macht-/ Legitimationspromotor				
Prozesspromotor				
Fachpromotor				

2 Das IOP-Führungskonzept für den öffentlichen Sektor

Sozialkompetenzen und Konfliktaustragung

Der Machtpromotor überzeugt primär durch seine politischen Fähigkeiten und damit verbundenen Kompetenzen, welche die Weiterentwicklung des Veränderungsprojektes sichern. Dies im Gegensatz zu den Fach- und Prozesspromotoren, die den Veränderungsprozess verstärkt durch ihre fachlichen und konzeptionellen Fähigkeiten begleiten und steuern. Für alle drei Promotoren sind die Sozialkompetenzen von tendenziell gleich hoher Bedeutung, da ein Veränderungsvorhaben unterschiedlichste Reaktionen bei den Betroffenen hervorruft und die Umsetzung Einfühlungsvermögen, aber auch die Fähigkeit zur Konfliktaustragung und zur Konsensfindung in beträchtlichem Maße erfordert (vgl. Krüger 1994: 220 ff.).

2.5.4 Phasen des Veränderungsprojekts

Die vorhergehenden Abschnitte beschäftigten sich stärker mit den konzeptionellen Aspekten des Veränderungsmanagements und mit den Umständen, die einen Wandlungsprozess behindern. Im letzten Abschnitt dieses Kapitels werden die Umsetzungsphasen betrachtet (vgl. auch Praxisfenster Nr. 4 am Schluss des Kapitels).

„Unfreezing, Moving, Refreezing"

Als wegweisend für ein verhaltensorientiertes Veränderungsmanagement gilt die Unterteilung eines Veränderungsprojekts in die drei Phasen des „Auftauens (unfreezing)", des „Veränderns (moving)" und des „Wiedereinfrierens (refreezing)" nach Kurt Lewin, einem der geistigen Väter der Organisationsentwicklung (vgl. Lewin 1963: 262 f.). Im Folgenden werden diese Phasen aufgegriffen und detailliert dargestellt (vgl. auch Thom/Zaugg 2001 und Picot/Freudenberg/Gassner 1999: 49 ff.). Für die konkrete Umsetzung scheint eine vorangestellte Entwurfsphase zur Planung und grundsätzlichen Abklärung des notwendigen Veränderungseingriffs eine wichtige Ergänzung im organisatorischen Wandlungsprozess zu sein. Es werden in der Folge die vier Phasen der Planung, der Gestaltung, der Realisation und der Stabilisation unterschieden.

2.5.4.1 Planungsphase

Wissens- und Entscheidungsträger im Kernteam

In dieser ersten Auseinandersetzung mit der herausfordernden Situation geht es zunächst um die Analyse der Umsystemfaktoren und der Einflüsse, welche zum Veränderungsprojekt geführt haben. Die Notwendigkeit zur Veränderung muss ersichtlich gemacht werden und eine genaue Problemdefinition ist als Ausgangslage zu erstellen. Beteiligte sind vorerst die Initiatoren des Wandels und ein involvierter Verantwortungsträger für den betroffenen Verwaltungs-

Management des Wandels

bereich. Wichtige Wissens- und Entscheidungsträger sind in das Kernteam und in die Planung einzubinden. Neben der Ausarbeitung von Anreizen und Entwicklungsperspektiven zur Überzeugung der betroffenen Mitarbeiter wird ein weiterer Faktor oft vernachlässigt: zu spät wird der gezielte Einsatz von Instrumenten zur Information und Kommunikation über den Wandlungsprozess festgelegt. Neben der Festlegung von Meilensteinen und dazugehörigen Informationsveranstaltungen zählen hierzu auch die Einrichtung bspw. einer Kommunikationsplattform auf dem Intranet, die Planung der Ressourcen für Projektteams und das Konzept der externen Kommunikation in Form einer Homepage oder über andere Medien (vgl. untenstehender Blickpunkt).

Kommunikation im Veränderungsprozess	*Im Blickpunkt*

Mitarbeitende wollen frühzeitig, umfangreich und kontinuierlich informiert werden. Zusätzlich besitzen sie selbst Informationen, die sie in den Veränderungsprozess einspeisen können. Die Aufgabe der Kommunikation im Wandlungsprozess ist zweifach: Einerseits sollen sachliche Informationen an die Betroffenen weitergegeben werden, andererseits soll mit der Kommunikation die Wahrnehmung und als Konsequenz das Verhalten gesteuert werden. Die Planung der folgenden fünf Aspekte trägt zur mitarbeitergerechten Kommunikation im Veränderungsprozess bei (vgl. Picot/Freudenberg/Gassner 1999: 48 ff.):

- Kommunikationskanal: Womit?
  Welches Medium eignet sich zu welchem Zweck am besten? Das offene persönliche Gespräch zwischen Vorgesetztem und Mitarbeitendem entlang der Hierarchie ist zur sender- und empfängergerechten Informationsvermittlung am besten geeignet. Wichtige und für alle gleichzeitige Informationen sind jedoch besser durch Veranstaltungen oder gleichzeitige schriftliche resp. elektronische Kommunikation vorzunehmen (vgl. Abb. 16).

- Kommunikationsperson: Wer?
  Besonders am Anfang und in regelmäßigen Abständen sollte hochrangig und persönlich über das Projekt informiert werden – nicht nur bei „Brandherden". Entscheidend ist, dass immer die direkt Zuständigen kommunizieren und nicht ihre Vertreter. Nur authentische und glaubwürdige, d. h. vom Veränderungsvorhaben selbst überzeugte Kommunikatoren wirken ihrerseits überzeugend und mobilisierend. Eine positive und optimistische Ausstrahlung ist förderlich, Divergenzen zwischen Wort und Tat des Kommunikators machen ihn unglaubwürdig. Nicht empfehlenswert ist die Übertragung der Kommunikation an bspw. ernannte Projektsprecher oder externe Berater. Ihnen fehlt aufgrund mangelnder persönlicher Verantwortung letztlich die Akzeptanz in Veränderungsprozessen.

- Kommunikationsinhalt: Was?
  Der Inhalt von Informationen muss auf folgende Fragen der Mitarbeitenden Antwort geben können: Warum eine Veränderung? Was ist das Ziel davon? Was bedeutet das für mich? Eine offene Darstellung absehbarer Vor- und Nachteile ist

v. a. beim letzten Punkt unerlässlich. Detailinformationen, Erklärungsversuche sind im persönlichen Gespräch durch den direkten Vorgesetzten zu überbringen.

- Kommunikationsform: Wie?
  Das Aufnahmevermögen des Menschen ist begrenzt. Einfache, für alle verständliche und in sich konsistente Informationen ohne lange fachliche Exkurse, bildhafte und beispielreiche Worte, die systematisch aufgebaut und mehrmals wiederholt werden, kennzeichnen eine wirkungsvolle Kommunikation. Ebenfalls unterstützend wirken symbolträchtige Formen i. S. von Erfolgsfeiern sowie offizielle Start- und Abschlussveranstaltungen.

- Kommunikationszeitpunkt: Wann?
  "So früh wie fertig" und nicht „so früh wie möglich" ist der erste geeignete Zeitpunkt. Am Anfang der Entwurfsphase ist also noch kaum eine Information nötig. Sich verselbständigenden Informationen und Gerüchten muss jedoch auf alle Fälle entgegengewirkt werden. Eine kontinuierliche Kommunikation bis ans Ende des Veränderungsprojektes ist sicherzustellen.

2.5.4.2 Orientierungsphase

Information und Konfrontation

Nachdem der Ablauf, die Organisation und die Kommunikation des Veränderungsprozesses festgelegt wurden, folgt die Orientierung der Betroffenen. Dieser Informationsvorgang und v. a. die darauf folgende Zeit sind äußerst wichtig für einen erfolgreichen Projektbeginn. Die Information und gleichzeitige Konfrontation der Mitarbeitenden mit nicht immer angenehmen Inhalten sollte möglichst vollständig und unverzerrt durch die Macht- und Prozesspromotoren erfolgen. Dabei gilt es primär, das neue Ziel und die Chancen für die Betroffenen aufzuzeigen. In dieser Phase formieren sich die ersten Widerstände, welche ernst zu nehmen sind und denen so gut wie möglich mit Erklärungen entgegengewirkt werden sollte. Diese Konfliktbereinigung kann auch bei den Promotoren kritische Reflektionen auslösen, die sehr oft zu einer weiteren Optimierung der beschlossenen Ziele und Maßnahmen der Planungsphase führen können.

Kommunikationsinstrumente

Nach einer allfälligen Klärung der Zielsetzungen ist für diese Phase kennzeichnend, dass verbindliche Entscheidungen über das Projektvorgehen gefällt werden. Nicht abgebauten Widerstand gilt es weiterhin als einen Teil des „Kraftfelds" zu behandeln und allen unterstützenden Kräften wird hier eine klare Orientierung über die Projektschritte gegeben. In der Orientierungsphase sind möglichst wirkungsvolle Kommunikationsinstrumente auszuwählen, die einerseits zu überzeugen vermögen, andererseits latenten Widerstand herausfordern (vgl. Abb. 16).

Management des Wandels **2.5**

Spektrum der Kommunikationsinstrumente (nach Reiß 1997b: 99) — *Abbildung 16*

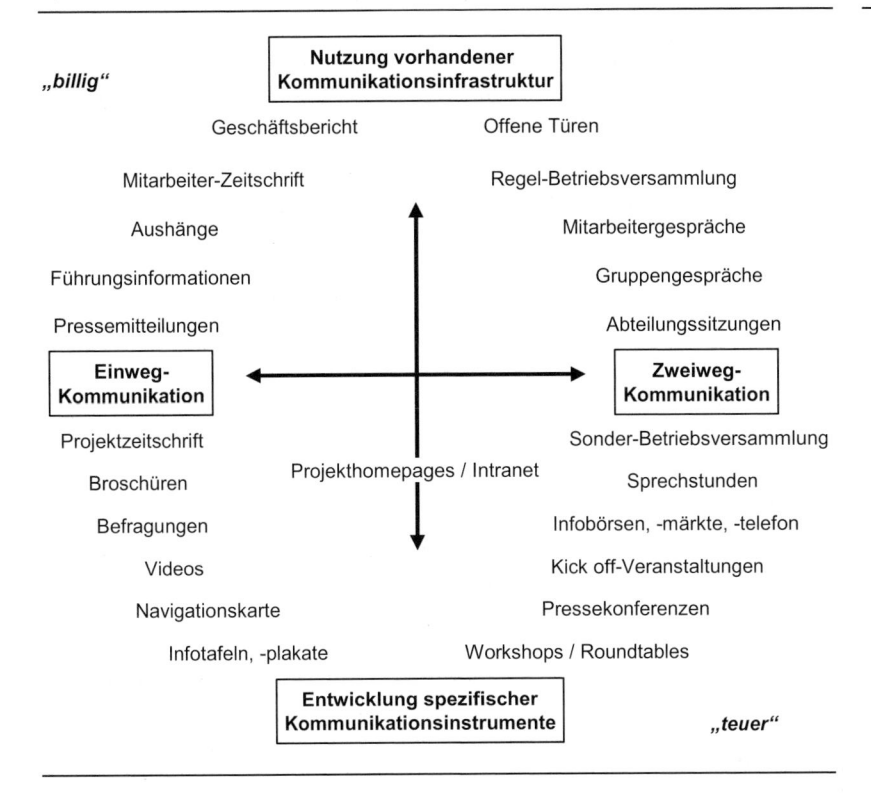

```
                    Nutzung vorhandener
  "billig"        Kommunikationsinfrastruktur

              Geschäftsbericht          Offene Türen
         Mitarbeiter-Zeitschrift   Regel-Betriebsversammlung
                 Aushänge              Mitarbeitergespräche
        Führungsinformationen          Gruppengespräche
         Pressemitteilungen           Abteilungssitzungen
            Einweg-         ←——————→       Zweiweg-
          Kommunikation                  Kommunikation
            Projektzeitschrift     Sonder-Betriebsversammlung
              Broschüren    Projekthomepages / Intranet
              Befragungen                  Sprechstunden
                                    Infobörsen, -märkte, -telefon
                 Videos            Kick off-Veranstaltungen
           Navigationskarte          Pressekonferenzen
           Infotafeln, -plakate    Workshops / Roundtables

                     Entwicklung spezifischer
                    Kommunikationsinstrumente       "teuer"
```

2.5.4.3 Realisierungsphase

Jetzt werden die Kernteams unter der Führung der Prozesspromotoren zur Bearbeitung der Projektaufgaben gebildet und eingesetzt. Ebenfalls frühzeitig sollte mit gezielten Schulungsmaßnahmen begonnen werden, bei denen u. a. die Fachpromotoren zum Einsatz gelangen. Wo spezifische Kompetenzen und Fähigkeiten zur Bewältigung neuer Aufgaben erforderlich sind, liegt es in der Verantwortung des Managements, diese aufzubauen. Bei den Reformen im öffentlichen Sektor ist gerade hier eine große Lücke beim betriebswirtschaftlichen Wissen des Verwaltungspersonals aufgetaucht, die schnellstmöglich geschlossen werden muss, damit Vorhaben wie die Einführung von Kostenrechnungen oder Controllingsystemen gelingen können. Neben der laufenden Kommunikation beim Erreichen von Meilensteinen und einer Erfolgskontrolle i. S. eines Projektcontrollings ist in größeren Abständen die Stimme der Macht-

Mangel an betriebswirtschaftlichem Wissen

promotoren notwendig. Das Vertrauen in die neuen Gegebenheiten muss laufend gestärkt werden, und in dieser Phase auftretende Rückschläge im Projektfortschritt sind schnell zu verarbeiten bzw. auszugleichen. Die Realisierungsphase ist der zweifellos schwierigste Teil des gesamten Veränderungsprojekts. Projekterfolge sollten möglichst oft herausgestellt und in geeigneter Form kommuniziert werden. Eine gezielte Aufbereitung des laufend entwickelten Knowhows sowie der Austausch zwischen den Kernteams trägt zur Projektbeschleunigung bei und verhindert Doppelspurigkeiten. Je stärker das Vertrauen in die Neuerungen wächst, desto näher kommt man der abschließenden Stabilisierungsphase.

2.5.4.4 Die Stabilisierungsphase

Konsolidierung des neuen Zustands

Stabilisierung bedeutet nicht Stagnation und meint auch nicht das Erstarren in einem neuen Zustand. Insofern kann die ursprüngliche Bezeichnung von Kurt Lewin („refreezing") zu falschen Vorstellungen führen. Stabilisation ist von jenem Zeitpunkt an angesagt, von dem an die neuen Projektelemente erfolgreich im Einsatz sind, die Mitarbeitenden die Anfangsschwierigkeiten überwunden haben und keine nennenswerten Widerstände den Projektfortschritt mehr behindern. Das neue Gleichgewicht und die angestrebte veränderte Situation wurden größtenteils erreicht. Eine Verfestigung bzw. Konsolidierung dieses neuen Zustands ist einerseits wichtig, damit der geleistete Aufwand und die damit verbundenen Projekterfolge überhaupt zum Tragen kommen. Reformprojekte am laufenden Band und Modernisierungsschritte aus den vorangegangenen Reorganisationen verlieren mit der Zeit bei den Mitarbeitenden an Glaubwürdigkeit und, was noch gravierender ist, es wird immer schwieriger, deren Engagement und ideelle Unterstützung für Neuerungen zu erhalten. Andererseits bietet ein konsolidierter Neuzustand die Möglichkeit zur weiteren Lern- und Entwicklungsfähigkeit der Institution. Dazu kann eine Rückschau hilfreich sein, bei der mit Hilfe des Feedbacks von Beteiligten am Veränderungsprozess die Erfolgs- und Misserfolgsfaktoren herausgefiltert werden können.

Diese vier Phasen eines Veränderungsvorhabens (begleitet von Kommunikations- und Controllingaktivitäten) sind in der Praxis nicht immer modellhaft durchzuführen, doch eine Planung und Ausrichtung der Tätigkeiten an diesem Konzept erleichtert die erfolgreiche Projektsteuerung (vgl. Abb. 17 und Praxisfenster Nr. 4).

Management des Wandels — 2.5

Die vier Phasen des Wandlungsprozesses — *Abbildung 17*

Planung
- Bildung der Steuergruppe
- Analyse Umsystem, Einflüsse und Ursachen
- Problemdefinition
- Anreizplanung
- Kommunikationskonzept
- Festlegung der Meilensteine

Orientierung
- Orientierung und Information
- Ziele und Vision kommunizieren
- Konfliktbereinigung
- Reflektion und Optimierung
- Entscheide fällen

Realisation
- Bildung und Einsatz von Kernteams
- Schulungsmaßnahmen
- Präsenz der Machtpromotoren
- Projekterfolge kommunizieren und belohnen
- Wissensaustausch

Stabilisation
- Beseitigung von Überresten des alten Zustands
- Vertrauen und Routine gewinnen
- Projektnutzen kommunizieren
- Rückschau und Feedback
- Erfolgs- und Misserfolgsfaktoren auswerten

(Kommunikationsmaßnahmen — Projektcontrolling)

Praxisfenster Nr. 4:
Phasenmodell des Change Managements in der Polizei- und Militärdirektion des Kantons Bern

Andreas Michel

Stellv. Generalsekretär, Polizei- und Militärdirektion des Kantons Bern

1. Anwendung des Modells

Neue Bedürfnisse und gesellschaftliche Veränderungen erfordern den flexiblen Einsatz der beschränkten Ressourcen des Staates. Die Polizei- und Militärdirektion des Kantons Bern arbeitet für die zahlreichen damit zusammenhängenden Reorganisationsvorhaben seit einigen Jahren mit einem 3-Phasenmodell. Das Modell eignet sich für Projekte, bei denen ein radikaler und schnell wirksamer organisatorischer Wandel angestrebt wird. Anhand eines konkreten Projekts soll die Vorgehensweise dargestellt werden.

Abbildung 1:   Phasenmodell des Change Managements

PHASE 1	PHASE 2	PHASE 3
• Vorgaben, Zielsetzungen, Projektorganisation • Ablauf- und Terminplanung • Informationsveranstaltung mit Betroffenen • Workshop mit Betroffenen (Präsentation IST, Abholen von Know-how, Einbezug der Betroffenen) • Definition Eckwerte für weiteres Vorgehen	• Definition Grobmodell der zukünftigen Organisation • Festlegen der Stellenstruktur • Information Mitarbeitende (Stellenstruktur, Stellenausschreibungsverfahren, Unterstützung durch Personaldienste und Personalverbände) • Interne Ausschreibung der Stellen • Anmeldungsprozedere • Personalentscheide	• Umsetzung neue Organisation • Workshops mit neuen Funktionsträgern (Kultur, Führung, Detailorganisation etc.) • Schrittweise Implementierung • Anpassungen, wo nötig **PHASE 3** • Aktive Betreuung ausscheidender Mitarbeitender

2. Konkrete Umsetzung in der Praxis

Nachdem einem Amt ein neuer Bereich zugewiesen wurde, stellten Direktion und Amtsleitung fest, dass die Führung dieses Bereiches und die Schnittstellen zum Amtsstab schwerfällig und mit den Anforderungen der Neuen Verwaltungsführung nicht mehr vereinbar sind. Die Direktion startete deshalb ein Reorganisationsprojekt mit dem Ziel, die Organisation zu optimieren und Synergien zu realisieren (Abbau von ca. 20% der Stellen).

Phase 1 diente dem Aufbau der Projektorganisation und der Analyse des Ist-Zustandes. Das Projekt wurde ohne externe Unterstützung umgesetzt. Der Projektleiter übernahm sowohl die Funktion des Prozesspromotors als auch die des Fachpromotors. Seine Unabhängigkeit erlaubte es, auch in heiklen Fragen fachlich klar Stellung zu beziehen. Eine Informationsveranstaltung und ein Workshop mit allen Betroffenen (ca. 50 Personen) erweiterten die Sichtweisen und führten zum Abbau von Widerständen. Am Ende der Phase 1 legte die Direktion Eckwerte für das weitere Vorgehen fest.

Phase 2 war der raschen Stellenbesetzung gewidmet, sodass zunächst das Grundmodell der neuen Organisation und die wichtigsten Führungszuständigkeiten erarbeitet wurden, die als Basis für die Festlegung der neuen Stellenstruktur dienten. Die Mitarbeitenden wurden von der Projektleitung über die neue Organisation sowie über die Unterstützung bei einer möglichen Stellensuche informiert. Alle Mitarbeitende konnten sich auf eine oder mehrere Stellen bewerben und wurden zu einem internen Bewerbungsgespräch eingeladen. Stellen, die nicht durch interne Mitarbeitende besetzt werden konnten, wurden extern ausgeschrieben. Die Amtsleitung informierte die Mitarbeitenden, welche in der neuen Organisation nicht mehr berücksichtigt wurden, im persönlichen Gespräch über die Gründe des Entscheids. Vier Monate nach dem Start des Projekts kannte jeder Mitarbeitende seine Funktion in der neuen Organisation.

In der Phase 3 wurden die in der neuen Organisation vorgesehenen Kader und Mitarbeiter in die weiteren Arbeiten der fünf Projektbereiche (PB) einbezogen. Der PB Amtsführung setzte sich mit der Anpassung der Führungs- und Informationsprozesse auf Stufe Amt auseinander und sorgte für den Einbezug der nicht direkt betroffenen Bereiche des Amtes. In den PB Bereichsführung und Stabsorganisation wurden in mehreren Workshops die Führungsgrundsätze, die Zielsetzungen, die Verteilung der Aufgaben, Kompetenzen und Verantwortungen sowie die Gestaltung der Prozesse des Bereiches bzw. Amtstabes festgelegt. Der PB Austritte koordinierte die umfassende Betreuung der austretenden Mitarbeiter. Der PB Information sorgte schließlich mit einer periodisch erscheinenden Projektinformation für die einheitliche Orientierung der gesamten Belegschaft des Amtes.

3. Empfehlungen

Das Phasenmodell wurde in den letzten Jahren in 10 Projekten erfolgreich angewendet, sodass sich folgende Empfehlungen ableiten lassen:

- Definieren Sie einen klaren Umsetzungsauftrag mit ehrgeizigen und fordernden Zielen – bleiben Sie aber flexibel bei neuen Erkenntnissen.
- Sorgen Sie für eine unabhängige Projektleitung und für eine permanente unbürokratische Zusammenarbeit mit dem Auftraggeber.
- Verlangen Sie eine direkte persönliche Kommunikation der Zielsetzungen durch die verantwortlichen Linienvorgesetzten.
- Nutzen Sie das vorhandene Know-how der betroffenen Mitarbeitenden.
- Verkürzen Sie mit raschen und transparenten Personalentscheiden die Zeitdauer der Unsicherheit im Personal.
- Gestalten Sie notwendige personalrechtliche Schritte menschlich und begründen Sie ihren Entscheid von Angesicht zu Angesicht.
- Entlasten Sie austretende Mitarbeitende vom Tagesgeschäft und unterstützen Sie sie bei ihrer beruflichen Neuausrichtung.

Das Innovationsmanagement zur Neuausrichtung öffentlicher Institutionen

Kapitel 3

Innovationsmanagement innerhalb des IOP-Konzepts 3.1

Das vorliegende Kapitel widmet sich der gezielten Generierung, Akzeptierung und Umsetzung von Innovationen im öffentlichen Sektor. Inwiefern sind Innovationen überhaupt bedeutungsvoll für Politik und Verwaltung? Welchen Stellenwert haben sie aus einer volkswirtschaftlichen Perspektive und welche Möglichkeiten der Förderung von Innovationsprozessen existieren im Rahmen des Public Managements? Unterschiedliche Arten von Innovationen, aber auch Techniken und Instrumente zur Innovationserzeugung zeigen Möglichkeiten zur gezielten Gestaltung von Innovationsprozessen und dadurch zu einer Neuausrichtung öffentlicher Institutionen auf.

3.1 Innovationsmanagement innerhalb des IOP-Konzepts

Zunächst gilt es, noch einmal auf die Einordnung des Innovationsmanagements in das IOP-Führungskonzept hinzuweisen (vgl. Abb. 5). Innovationen sind für die künftige Entwicklung staatlicher Institutionen bedeutungsvoll, weil neben dem politischen und rechtsstaatlichen Handeln aus der Public Management-Perspektive unternehmerisches Handeln zunehmend an Bedeutung gewinnen wird. Erfolgreiches unternehmerisches Handeln besteht zu einem entscheidenden Anteil aus der Fähigkeit zur Innovation. Der beschriebene Strategiewandel ermöglicht Innovationsprozesse, die sich in eine erwünschte Richtung entwickeln. Die strategische Führung entwirft die groben Linien für die zukünftige Entwicklung der staatlichen Institution und kennzeichnet deren Beitrag zu den langfristigen politischen Zielen. Daran orientieren sich auch die Gedanken von innovationserzeugenden Personen. Gerade von diesen gibt es aber nicht allzu viele im öffentlichen Dienst, oder anders gesagt: ihr Innovationspotenzial verkümmert oft schon zu Beginn der Berufstätigkeit durch die routine- und regelgebundene Amtskultur. Die kulturellen Ausprägungen einer Arbeitsgruppe oder einer gesamten Institution können innovationsförderlich oder -hemmend sein. Durch die Integration eines Innovationsmanagements und die „Legitimation" von innovativem Handeln verändern sich die Werte und Einstellungen, welche die bisherige Kultur geprägt haben und ermöglichen so das Entstehen von Innovationen zur Erreichung der strategischen und politischen Ziele. Ohne Offenheit für Innovationen ist letztendlich aus der Sicht der Managementlehre keine strategische Führung möglich.

Fähigkeit zur Innovation

3 Das Innovationsmanagement öffentlicher Institutionen

Innovation als Resultat schlecht voraussehbar

Der Begriff „Innovationsmanagement" ist erklärungsbedürftig, da Innovation aus einer bestimmten Sichtweise betrachtet, schlecht mit Management vereinbar ist. Die Innovation als Resultat eines umfangreichen Prozesses mit kreativen, analytischen und handlungsorientierten Elementen ist schlecht voraussehbar, entwickelt sich oft über einen längeren, schwer kalkulierbaren Zeitraum und durch die Mitwirkung mehrerer Personen. Management als mehrheitlich technokratische und klar zielfokussierte Form der Führung widerspricht diesem schwer strukturierbaren und offenen Prozess eher. Aus diesem Grund wird hier Innovationsmanagement als die Gestaltung von Rahmenbedingungen zur Innovationsförderung in einer Institution verstanden.

> **Das Innovationsmanagement generiert letztlich keine Innovationen, sondern fördert durch geeignete Rahmenbedingungen den komplexen Prozess der Ideenfindung, Ideenakzeptierung und Ideenrealisierung.**

Autonomie, Dezentralisation und Fehlertoleranz

Zur Förderung innovativer Leistungen des öffentlichen Sektors bietet der Public Management-Ansatz nützliche Gestaltungselemente. Bürgerinnen und Bürger verlangen heute einerseits als Verwaltungskunden dasselbe Leistungsniveau, wie es ihnen von privatwirtschaftlichen Leistungserbringern geboten wird. Andererseits fordern sie aber auch Innovationen von den politischen Verantwortungsträgern und Führungskräften in der Verwaltung zur Lösung gesellschaftlicher Probleme. Gleichzeitig soll dies alles in den Grenzen der demokratischen Rechtsordnung geschehen. Daraus resultiert ein Zielkonflikt für die politische und administrative Führung, indem Innovationsprozesse primär Autonomie, Dezentralisation, Fehlertoleranz und unstrukturierte Aufgabenprozesse benötigen. Die politische Verantwortung wird aber nicht dadurch, sondern durch möglichst gut voraussehbare, standardisierte, replizierbare und stabile Verfahren gewährleistet (vgl. Lynn 1997: 99 ff.). Der Public Management-Ansatz, welcher in diesem Buch primär durch das Innovations-, Informations-, Organisations- und Personalmanagement ausgebaut wird, versucht diesen Konflikt zu entschärfen und verbessert die Voraussetzungen zur Innovationsförderung im öffentlichen Sektor.

3.2 Innovationen und der öffentliche Sektor

Der rapide Wandel in den beschriebenen Umweltbereichen konfrontiert die Träger öffentlicher Dienstleistungen mit neuen Herausforderungen, die Chancen und Gefahren enthalten. Wie sollen diese Chancen aber genutzt werden, wenn es öffentlichen Institutionen eher schwer fällt, innovativ zu agieren? Welche Voraussetzungen sind notwendig, damit Innovationen in staatlichen Institutionen erzeugt, akzeptiert und realisiert werden?

3.2.1 Bedeutung von Innovationen

Die Innovationstätigkeit ist ein zentrales Erfolgskriterium für das wirtschaftliche Wachstum und die gesellschaftliche Wohlfahrt. Fortschritt durch Innovationen treibt die Entwicklung ganzer Unternehmungen, aber auch von Regionen und Nationen an. Sie bringt gesellschaftliche Veränderungsprozesse in Gang, die wiederum zu weiteren Innovationen anregen (vgl. zu den folgenden Erläuterungen Vahs/Burmester 2005: 5 ff.).

3.2.1.1 Volks- und betriebswirtschaftliche Bedeutung von Innovationen

Aus volkswirtschaftlicher Sicht stehen primär das wirtschaftliche Wachstum und der technologische Fortschritt im Mittelpunkt. Die zumeist mit Innovationen einhergehenden erheblichen Investitionen in Forschung und Entwicklung, aber auch in Maschinen, Infrastrukturen und Verfahren halten den Motor der konjunkturellen Entwicklung in Schwung. Kondratieff identifizierte sog. Basisinnovationen als Auslöser von längeren Konjunkturzyklen, welche zusätzliche kleinere Innovationen verursachten und insgesamt zu einer Erhöhung des Volkseinkommens führten (vgl. Abb. 18 und Kondratieff 1984: 1 ff.).

Kondratieff-Zyklen

3 Das Innovationsmanagement öffentlicher Institutionen

Abbildung 18   Innovationen als Auslöser von Konjunkturzyklen

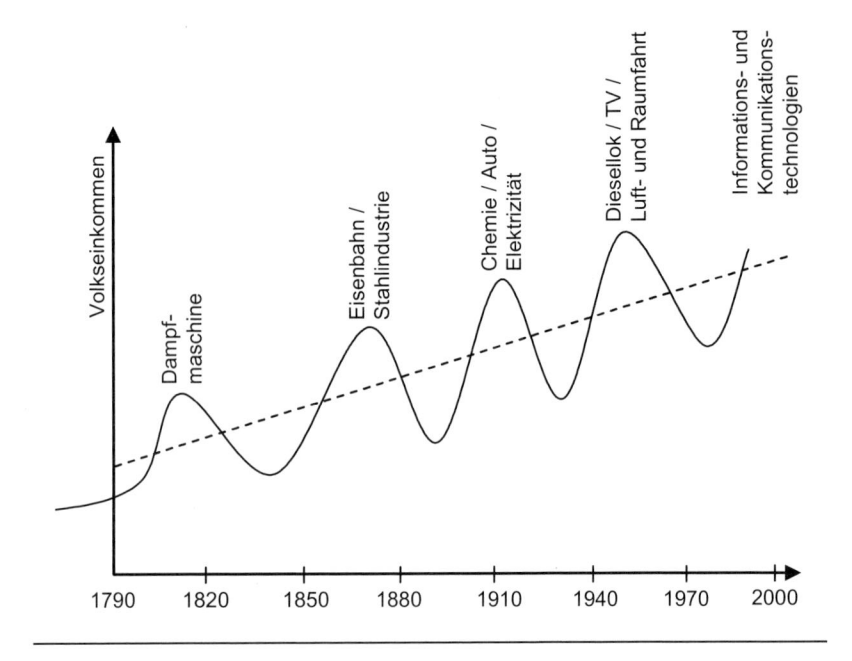

Diese Basisinnovationen haben neben ihren Auswirkungen auf den korrespondierenden Wirtschaftszweig entscheidende Auswirkungen auf andere Wirtschaftsbereiche, auf die Gesellschaft und auf den Staat. Die Dampfmaschine als Übergang von der handwerklichen zur industriellen Fertigung verlangte bspw. erste Arbeitnehmer- und Arbeitgeber-Regelungen. Die Verbreitung des Automobils führte zu einem rapiden Ausbau des staatlichen Straßennetzes, die Luftfahrt förderte die wirtschaftliche Globalisierung und den internationalen Standortwettbewerb. Mit der rasanten Entwicklung der Informations- und Kommunikationstechnologien hat seit den 1980er Jahren der definitive Übergang von der Industrie- zur Dienstleistungsgesellschaft begonnen. Die schnelle Annahme des Internets wurde nicht alleine durch den Mechanismus des freien Marktes erreicht, sondern auch durch aktive Regierungsmaßnahmen (z. B. Programme zur Vernetzung von Universitäten und öffentlichen Bibliotheken). Neben Veränderungen bei Wahlen oder bei der Ausübung weiterer demokratischer Volksrechte durch das Internet wird sich ein erheblicher Teil der staatlichen Institutionen zu Dienstleistungsorganisationen mit nicht hoheitlichen Aufgaben wandeln. Hinzu kommt, dass im Zuge der (wirtschaftlichen) Globalisierung der Nationalstaat an Bedeutung einbüßt (vgl. Thom/Ritz 2003).

Innovationen und der öffentliche Sektor

3.2

Die Innovationen auf der volkswirtschaftlichen Ebene entspringen zu einem großen Teil den Innovationsleistungen auf der Ebene der Institutionen. Unternehmungen und auch nicht kommerzielle Organisationen können sich längerfristig nur durch neue Produkte und Dienstleistungen auf dem Markt behaupten. Ihre Überlebensfähigkeit hängt wesentlich von ihrer Innovationsfähigkeit ab. Vieles weist auf die stete Verkürzung der Produktlebenszyklen hin, die wiederum die Dauer von Innovationszyklen verkleinert. Von diesem verschärften Zeitwettbewerb ist neben Produkten und Verfahren auch das Wissen im wirtschaftlichen Leistungsprozess betroffen. Dieses verliert viel schneller seinen Wert, infolge dessen gewinnen das organisationale Lernen, das Wissensmanagement sowie u. a. die lebenslange Weiterbildung vermehrt an Bedeutung.

Ursprung von Innovationen

3.2.1.2 Bedeutung von Innovationen für Politik und Verwaltung

Der Staat tritt zum einen als Regulator und Koordinator (auch Moderator) gegenüber Wirtschaft und Gesellschaft auf. Daneben erfüllt er selbst auch die Funktion eines Leistungserbringers oder zumindest Leistungsbestellers und muss dadurch die Interessen der Bürgerinnen und Bürger wahrnehmen. Die Innovationstätigkeit des Staates bezieht sich auf die zwei zentralen Aufgabenbereiche der staatlichen Leistungserbringung sowie der Ausgestaltung von Rahmenbedingungen für Wirtschaft und Gesellschaft.

In seiner Funktion als Leistungserbringer wird der Staat auch in Zukunft einen beträchtlichen Anteil an der wirtschaftlichen Leistungserbringung beitragen. Dazu ist es notwendig, dass die Träger öffentlicher Aufgaben produktiv und innovativ sind. Die Anknüpfung an vergangene, äußerst innovative staatliche Errungenschaften wie das Sozialversicherungswesen, das Gesundheitssystem oder auch die von innovativem Gedankengut geprägte deutsche Wiedervereinigung bilden günstige Traditionen für weiteren Fortschritt in Politik und Verwaltung. Wird diese Innovationstätigkeit in großen Sprüngen und kontinuierlichen Verbesserungen nicht mehr wahrgenommen, drohen staatliche Institutionen immer mehr zu Hindernissen für die wirtschaftliche und gesellschaftliche Entwicklung zu werden (vgl. Drucker 1986: 265 ff.).

Bisherige staatliche Innovationen

Im Rahmen der Regulation und Koordination muss auf die Umweltentwicklungen Rücksicht genommen werden. Zeitgemäße Rahmenbedingungen zur Erreichung der angestrebten Zustände in den verschiedenen Umsystemen sind herbeizuführen. Bei verkürzten Innovationszyklen müssen bspw. der Privatwirtschaft geeignete

Verkürzte Innovationszyklen

Rahmenbedingungen angeboten werden, indem zugleich umsichtige und schnelle Genehmigungsverfahren sowie steuerliche Anreize ermöglicht werden. Dafür sind Innovationsleistungen bei der Ausgestaltung und Anwendung rechtsstaatlicher Normen erforderlich. Der Staat kann auch Netzwerke fördern, die den Wissenstransfer zwischen staatlichen und privaten Institutionen zum Zwecke der Innovation verbessern.

Zwecke staatlicher Innovationen

Innovationen von Politik und Verwaltung sind infolgedessen unerlässlich und dienen folgenden Zwecken:

- Steigerung der Wettbewerbsfähigkeit im Vergleich mit anderen Staaten, mit anderen staatlichen Organisationen und mit privaten Institutionen

- Förderung der Kooperationsfähigkeit mit anderen Staaten und staatlichen Organisationen sowie mit privaten Institutionen

- Einflussnahme auf die gesellschaftlichen und wirtschaftlichen Umsysteme

- Attraktivitätssteigerung staatlicher Institutionen in der Öffentlichkeit und auf dem Arbeitsmarkt

Angesichts dieser großen Bedeutung von Innovationsleistungen gilt die Innovationstätigkeit des öffentlichen Sektors in Wissenschaft und Praxis bisher kaum als herausragendes Merkmal staatlicher Institutionen. Das Innovationspotenzial wird zwar häufig als sehr gut beurteilt, allerdings wird dieses zu wenig umgesetzt, da die Kompetenzen zur Findung und Realisierung von Innovationen bei der jeweiligen Institution und bei den Mitarbeitenden mehrheitlich nicht vorhanden sind (vgl. Thom/Ritz 2000: 60).

Die Innovationsfähigkeit wird in der breiten Öffentlichkeit in erster Linie mit Unternehmertum assoziiert, jedoch selten mit Politik und Verwaltung. Warum dieses Dilemma im öffentlichen Bereich existiert, wird im nächsten Abschnitt behandelt.

3.2.2 Innovationshindernisse im öffentlichen Sektor

Systemimmanente Beharrungstendenzen

Neben den personenbezogenen Barrieren, die große Relevanz für Innovationsprozesse haben (vgl. Kapitel 2.5.2), sind im öffentlichen Sektor die systemimmanenten Hemmungsfaktoren besonders ausgeprägt, da viele ursprünglich innovationsfreudige und -fähige Personen diese Eigenschaft schon kurz nach ihrem Arbeitsbeginn im öffentlichen Dienst verlieren. Durch systemimmanente Beharrungstendenzen droht im öffentlichen Sektor daher die Gefahr, Innovationsvorhaben schon gar nicht zu formulieren, geschweige denn durchzusetzen. Die Innovationsträgheit setzt sich u. a. aus folgenden Elementen zusammen (vgl. Behn 1997: 3 ff.; Lynn 1997: 83 ff. und Drucker 1986: 255 ff.):

- Budgeterhöhung als Erfolgskriterium: Die Budgeterhöhung kennzeichnet einen wesentlichen Erfolg im Verwaltungshandeln. Da es keine Gewinne gibt, ist Wachstum in erster Linie durch Aufgabenmehrung bzw. Budgeterhöhung definiert. Innovationsanstrengungen richten sich daher weniger auf die Qualitätserhöhung und Erneuerung von Verwaltungsleistungen, sondern auf quantitatives Wachstum zur Erzielung einer Budgeterhöhung.

- Unterschiedliche Anspruchsgruppen und Zielsysteme: Im Gegensatz zu privatwirtschaftlichen Unternehmungen hat der öffentliche Leistungserbringer mehrere Kunden. Stellt eine Unternehmung ihre Kunden zufrieden, erreicht sie durch Ertragswachstum einen verteilungsfähigen Nutzen für die Stakeholder. Die öffentliche Institution muss gleichzeitig mehrere Anspruchsgruppen zufrieden stellen, welche das Ergebnis nicht nur mittels des finanziellen Gewinns messen. Die unterschiedlichen Interessen und Erfolgsmaßstäbe machen im öffentlichen Sektor Widerstand gegen Innovationsvorhaben wahrscheinlicher als bei den meisten Institutionen des privaten Bereichs.

- Maximierung statt Optimierung: Das eigentliche Ziel öffentlicher Institutionen, die Maximierung des Gemeinwohls, ist gleichzeitig ein Hinderungsfaktor für die Realisierung von Innovationen, da es kaum mit Wirtschaftlichkeitsgrößen oder Kosten-Nutzen-Relationen gerechtfertigt werden kann. Die Träger öffentlicher Leistungen erhöhen demnach bei Nichterreichung der Ziele einfach ihre Anstrengungen, anstatt das Wirtschaftlichkeitsverhältnis im Auge zu behalten oder die Ziele grundsätzlich zu überdenken. Drucker folgert daraus, dass öffentliche Institutionen nicht nach Optimierung, sondern nach Maximierung streben (vgl. Kapitel 1). Innovationen haben in einer solchen Situation kaum Platz, denn sie richten sich ja gegen die bisherige Arbeitsweise und gefährden das angestrebte Maximalziel.

- Abhängigkeit des Verwaltungshandelns: Durch die klare Trennung und Aufeinanderfolge von Politik- und Verwaltungshandeln (Primat der Politik) beginnt das Verwaltungshandeln erst in einem zweiten Schritt nach der Politikformulierung. Die daraus folgende Abhängigkeit des Verwaltungshandelns behindert eine eigenständige Ideenfindung und Initiative. Gesetze und politische Regelungen sind zudem meistens sehr vage formuliert, sagen zu nahe liegenden Themen nichts aus oder stehen sogar miteinander in Konflikt. Selten ergreift in dieser Situation die Verwaltung die Initiative und versucht, die entstandenen Lücken mit neuen Lösungen zu schließen. Vielmehr wird das durch die Politiker unscharf vorgegebene Ziel aufgenommen und versucht, dieses mit bekannten und bewährten Lösungsansätzen innerhalb der gegebenen Leitplanken zu erreichen.

- Geringe Fehlertoleranz: Fehler widersprechen grundsätzlich dem rechtsstaatlichen Handeln und sollen durch möglichst gesetzestreue und exakte Ausführung verhindert werden. Politiker und Führungskräfte der Verwaltung scheuen das Risiko, die Kosten und Konsequenzen von Fehlern, da ihre Fehlertoleranz im Allgemeinen viel geringer ist als die privatwirtschaftlicher Führungskräfte. Einerseits drohen Sanktionen durch die Verwaltungsgerichtsbarkeit und die Presse. Andererseits stehen keine Mittel zur Verfügung, um risikoreiche Investitionen in Innovationen zu tätigen. Für Politiker gibt es letztlich nichts Schlimmeres als negative Meldungen über ihre Ideen und Vorstöße. Es empfiehlt sich demnach, lieber keine innovativen Leistungen als misslungene Vorhaben im politischen Leistungsausweis zu haben, da Negativmeldungen Wählerverluste verursachen können.

- Wertkonflikte: Verwaltungshandeln ist infolge von Regelungen stark routinisiert. Solche Regelungen ermöglichen meist ein ehrliches, faires und ordnungsgemäßes Arbeiten und fördern so eine konsistente Umsetzung politischer Beschlüsse. Ehrlichkeit, Fairness und Effizienz stehen aber zunehmend neue Werte wie Unternehmertum, Flexibilität, Kundenorientierung, Kreativität, Risiko- und Konfliktaustragungsbereitschaft gegenüber. Die alten und neuen Werte können durchaus in konkurrierender Beziehung zueinander stehen, so dass sich Führungskräfte entscheiden müssen, entweder routinemäßiges Handeln und die dadurch resultierenden Vorteile oder innovatives Handeln und dessen unkalkulierbare Konsequenzen zu fördern.

- Planung und Analyse: Bevor neue Projekte in Angriff genommen werden, sind in der öffentlichen Verwaltung oft eingehende Planungsprozesse und Analysen zur Abklärung der Kosten, Risiken und Folgen notwendig. Kommt in politisch relevanten Angelegenheiten noch eine Verzögerung durch das Gesetzgebungsverfahren hinzu, dann droht ein Großteil der Innovationskraft verloren zu gehen. Dadurch werden der für Innovationsprozesse nötige Freiraum und die anfängliche Unstrukturiertheit beseitigt.

Diese sieben weit verbreiteten systemimmanenten Hindernisse bei der Findung und Realisierung von Innovationen geben zugleich ers-

Innovationen und der öffentliche Sektor **3.2**

te Anhaltspunkte zur Förderung der staatlichen Innovationsleistungen. Welches sind nun die Voraussetzungen und Eigenheiten von Innovationen und wo bestehen die Ansatzpunkte zur gezielten Förderung von Innovationsleistungen im öffentlichen Sektor?

3.2.3 Voraussetzungen für Innovationen

Im öffentlichen Sektor ist Innovationspotenzial vorhanden, gleichwohl konnten sich potenzielle Innovatoren häufig nicht entfalten. Die Hauptproblematik besteht in der mangelnden Grundfähigkeit und Bereitschaft, Neuerungen als einen zentralen Erfolgsfaktor für die Weiterentwicklung und Verbesserung des öffentlichen Sektors anzuerkennen. Im Folgenden werden grundsätzliche Erfordernisse zur Förderung innovativen Verhaltens auf der strategischen, strukturellen und kulturellen Ebene erläutert.

Neuerungen als Erfolgsfaktor

3.2.3.1 Strategische Voraussetzungen

Öffentliche Institutionen benötigen einen klar definierten Auftrag. Daraus muss ersichtlich sein, warum die Institution existiert und welche Ziele sie anzustreben hat. Weniger detaillierte Programme und Konditionalnormen, sondern vielmehr anspruchsvolle Ziel- und Wertekataloge können Innovationsprozesse steuern. Die formulierten Ziele müssen ambitiös, aber mit Anstrengung erreichbar sein. Nur bei erreichbaren Zielen werden Kräfte zur tatsächlichen Anspruchserfüllung mobilisiert. Werden die Ziele nicht erreicht, erfordert dies eine Umorientierung. Entweder können die Ziele als falsch erkannt werden und ein neuer Zielfindungsprozess muss stattfinden, oder der Weg zur Zielerreichung war ungeeignet und ein zweiter Anlauf ist notwendig. Beide Alternativen bieten wieder neue Anknüpfungspunkte für Innovationsprozesse. Ebenso entsteht ein Innovationsspielraum, wenn die Ziele erreicht worden sind und ein neuer Auftrag definiert werden kann. Die stetige Suche nach neuen Lösungen zur Verbesserung unbefriedigender Ergebnisse oder zur Erreichung erhöhter Ansprüche ist auch für den öffentlichen Bereich zunehmend ein Muss (vgl. Drucker 1986: 262 ff.). Zu den strategischen Voraussetzungen gehört u. a. die inhaltliche Formulierung von Gesetzen und Verordnungen, welche den Ausführenden einen Innovations- und Gestaltungsspielraum überlassen bzw. übertragen. Diese finalorientierten Normen (vgl. Lienhard 2005: 46 f.) binden das Verwaltungsmanagement auf längere Zeit und beeinflussen so die strategischen Zielsetzungen. Auch die Bewerberauswahl und Besetzung von Führungspositionen gehören zu den strategischen

Ambitiöse, aber erreichbare Ziele

Voraussetzungen. Sie können die Innovationskraft einer Institution begünstigen, da innovationsfreudige Vorgesetzte auch ihre Mitarbeitenden bei der Umsetzung neuer Ideen fördern.

3.2.3.2 Kulturelle Voraussetzungen

Hoher Stellenwert von Innovationen

Welches sind die Kulturmerkmale einer innovationsfördernden Institution? Als entscheidendes Merkmal gilt der hohe Stellenwert von Innovationen im gelebten Wertsystem der Institution. Die Selbstdarstellung solcher Organisationen ist stark von Innovation und Kreativität geprägt. Diese gelten als Herausforderungen für alle Mitarbeitenden, und das entsprechende Verhalten wird auch tatsächlich belohnt sowie durch die Führung unterstützt. Eine besonders wirksame Belohnung stellt die Übertragung einer Aufgabe mit Freiraum und Innovationspotenzial dar (vgl. Kieser 1986: 47). Persönlichkeitsmerkmale allein genügen jedoch nicht für den Innovationserfolg, da auch das Arbeitsumfeld die Innovationsbereitschaft und -fähigkeit lähmen kann. Wichtige Einflüsse gehen von der Art der Aufgabe sowie dem Verhalten der Vorgesetzten aus. Für den Aspekt der Kreativität zeigt dies der nachstehende Blickpunkt exemplarisch.

Eine weitere mit der Innovationsfähigkeit einer öffentlichen Institution zusammenhängende Grundvoraussetzung ist die Akzeptanz und Förderung von Andersartigkeit.

> „Der Aufruf zu Eigeninitiative, Selbständigkeit und mehr Unternehmertum kann nur funktionieren, wenn man die Einmaligkeit und damit Andersartigkeit eines jeden einzelnen Mitarbeiters bewusst anerkennt." (Blank/Kremer 1999: 131)

Innovativer Problemlösungsstil

Die Andersartigkeit ist ein zentrales Merkmal eines innovativen Problemlösungsstils. Kirton hat aus psychologischer Perspektive typische Merkmale eines innovativen Problemlösungsstils dargelegt, wonach ein Mitarbeiter, der Probleme in innovativer Manier zu lösen sucht, eher einen neuen Weg einschlägt, als einen gewohnten verbessert, neue Perspektiven gegenüber alten Problemen entwickelt und sich mit mehreren neuen Ideen gleichzeitig befasst. Dazu geht er keineswegs betont methodisch und systematisch vor, legt Regeln großzügig aus und riskiert es oft, Dinge anders zu machen. Ein innovativer Mitarbeitender hält es aus, wenn er mit der Gruppenmeinung nicht übereinstimmt und wird auch ohne besondere Befugnis (z. B. Auftragserteilung) aktiv (vgl. Kirton 1989: 6 ff.).

3.2 Innovationen und der öffentliche Sektor

Diese Merkmale sind auf keinen Fall typisch für jeden Mitarbeitenden einer erfolgreichen Organisation. Besonders große Institutionen neigen dazu, eher anpassungsorientiertes und regelgebundenes Verhalten zu fördern. Entsprechend sind die Eigenschaften des Innovators besonders selten in bürokratisch organisierten, staatlichen Institutionen zu finden. Dabei kann die Förderung innovativen Verhaltens in öffentlichen Institutionen bspw. durch das bewusste Management von Diversity der Mitarbeiter in der Institution geschaffen werden, da Menschen mit unterschiedlichen Erfahrungen, Wertesystemen, Charakteren, demographischen Merkmalen und sozialen Hintergründen zu unterschiedlichen Lösungswegen tendieren. So gelten erhöhte Kreativität, differenziertere Perspektiven sowie bessere Ideenfindung als die wesentlichen Vorteile von Diversity in Teams (vgl. Ladwig 2003: 449 ff.).

Diversity Management

Die Förderung von Andersartigkeit drückt sich auch darin aus, dass Autonomie und Verantwortlichkeit zentrale Werte der Organisationskultur sind. Sie führen zu eigenständigem Denken, was letztlich der Motor für die Suche nach neuen Lösungen, für die Umsetzungen von Ideen und für das Einschlagen andersartiger Lösungswege ist. Wesentlich für die Förderung von Andersartigkeit ist die Fehlertoleranz, da Innovationsprozesse nicht ohne Fehlschläge ablaufen. In einer fehlertolerierenden Kultur werden Misserfolge innovativen Bemühens positiv interpretiert. Ein halbwegs geglücktes Projekt liefert eine Menge Ansatzpunkte für Verbesserungen und bringt viele wertvolle Erkenntnisse für weitere Entwicklungen.

Förderung von Andersartigkeit

Dies steht im Gegensatz zu einer innovationsfeindlichen Kultur, wo Misserfolgsfaktoren akribisch analysiert und als Beleg für das gescheiterte Projekt aufgezeigt werden. Wenn eine Organisationskultur Misserfolge und Fehlschläge nicht toleriert, ist die Wahrscheinlichkeit klein, dass Innovationen entstehen können. Aufgrund der aus dem Rechtsstaatlichkeitsprinzip und dem Weberschen Bürokratieidealtypus gewachsenen Normierung aller Aktivitäten in öffentlichen Institutionen wird nichts unternommen, was nicht ausdrücklich oder sogar gesetzlich festgehalten ist. Innovationen erfordern aber gerade den Mut von Politik und Verwaltung, die Fehlerkosten zu verantworten und durch daraus entstehenden Innovationen zu überzeugen (vgl. Altshuler/Zegans 1997: 68 ff. und Behn 1997: 15).

Wo Kreativität am besten gedeiht

Im Blickpunkt

Cummings und Oldham untersuchten in zwei Studien, welchen Einfluss das Arbeitsumfeld auf unterschiedliche Typen von Mitarbeitenden in zwei Unternehmungen hat (vgl. Cummings/Oldham 1998: 32 ff.). Mitarbeitende unterscheiden sich einerseits in

Das Innovationsmanagement öffentlicher Institutionen

ihren Verhaltensweisen beim der Lösung von Problemen. Anpassungsorientierte Personen versuchen im bestehenden Regelwerk neue und brauchbare Ergebnisse zu erzielen, die jedoch auf dem gewohnten Lösungsmuster für Probleme basieren. Innovative Mitarbeitende hingegen ignorieren zeitweise das bestehende Regelwerk und definieren das Problem selbst neu. Mitarbeitende unterscheiden sich andererseits in ihrer Persönlichkeit. Kreative Personen sind bspw. selbstbewusst und zugleich einfühlsam, finden Komplexität reizvoll und können mit Mehrdeutigkeiten leben.

Diese Personeneigenschaften genügen jedoch nicht zur Innovationsgenerierung. Kreative Fähigkeiten kommen nur in einem entsprechend förderlichen Arbeitsumfeld zur Geltung, das sich insbesondere durch drei Faktoren auszeichnet: Komplexität der Tätigkeit, unterstützende, nicht-autoritäre Vorgesetzte und anregende Kollegen. Die Untersuchungen von Cummings und Oldham zeigten folgende Ergebnisse in Bezug auf die gegenseitigen Wirkungen von Personeneigenschaften und Merkmalen des Arbeitsumfelds:

- Die Anzahl kreativer Vorschläge ist klar am höchsten bei Personen mit einem hohen Kreativitätswert, denen komplexe Tätigkeiten übertragen werden.
- Die Arbeitskreativität ist zudem dort am größten, wo kreative Mitarbeitende komplexe Aufgaben ausführen und unterstützenden, nicht-autoritären Vorgesetzten unterstellt sind.
- Mitarbeitende mit einer generell kreativen Persönlichkeit und einem innovativen Problemlösungsstil haben eine positive Einstellung zu starker Konkurrenz unter Kollegen und erzielen in einer solchen Wettbewerbssituation die höchste Anzahl kreativer Vorschläge. Insbesondere bei schwacher Konkurrenz sinkt die Anzahl der Vorschläge bei kreativen Personen beträchtlich.

Kundenorientierung

Ein letzter Aspekt einer innovationsförderlichen Kultur ist die Kundenorientierung. Keine Innovation hat Erfolg, wenn sie nicht bei ihrer (internen oder externen) Zielgruppe Akzeptanz findet. Hier schließt sich der Kreis mit den strategischen Voraussetzungen für Innovationen wieder, denn dort wurde postuliert, dass den Anspruchsgruppen einer öffentlichen Institution in den strategischen Zielsetzungen immer eine zentrale Stellung zukommen muss.

3.2.3.3 Strukturelle Voraussetzungen

Controllingsysteme

Wie im IOP-Konzept erläutert, sind Innovationen nicht ein primäres Ergebnis optimaler Organisationsstrukturen. Hauschildt stellt fest, dass Innovationen ein Geflecht von Verboten und Geboten zu überwinden haben und „[...] dass eine wohlgeordnete Administration in ihrem sachgerechten Funktionieren Innovationen nicht fördert, sondern sogar behindert." (Hauschildt/Salomo 2007: 199). Organisationen werden primär geschaffen, um Stabilität zu gewährleisten und nicht um der Flexibilität Willen. Insbesondere die Organisations- und Controllingsysteme können latent eine innovationsfeindliche Funktion ausüben. In öffentlichen Institutionen sind zudem hierar-

3.3 Merkmale von Innovationen und Innovationsprozessen

chische, schnittstellenreiche und zentralistische Strukturen weit verbreitet. Diese üben auf den Innovationsprozess einen hemmenden Einfluss aus. Sie behindern die für Innovationen notwendige Koordination über verschiedene Bereiche und Abteilungen hinweg (vgl. Kieser 1986: 42 ff.) und bremsen neue Impulse durch fähige Kollegen. Mögliche Synergien bleiben ungenutzt (vgl. Blank/Kremer 1999: 131 f.). Ähnliche Aktivitäten sind dann innovationsfördernd, wenn sie eine stimulierende Konkurrenz ohne Bekämpfung in der eigenen Institution und ein weiteres Zusammenarbeiten erlauben.

> **Innovationen entstehen in partizipativen Prozessen und können nicht von „oben" verordnet werden. Die am Innovationsprozess beteiligten Personen folgen ihrer Idee und nicht den gegebenen Strukturen.**

Einfache und dezentralisierte Organisationsstrukturen, die auf die zentralen Werte der Institution ausgerichtet sind, begünstigen den Innovationsprozess. An diesen können sich die Innovatoren orientieren. Eine schnelle Koordination und Kommunikation zwischen Stellen(-inhabern) sollte ermöglicht werden, damit der „Innovationsdrang" nicht gebremst wird. Innovationen stehen dem starken Departementalisierungs- und Abgrenzungsgedanken in öffentlichen Institutionen diametral entgegen (vgl. Metcalfe/Richards 1990: 61).

„Innovationsdrang"

3.3 Merkmale von Innovationen und Innovationsprozessen

Der Begriff Innovation kann unterschiedlich verstanden werden. Deshalb soll hier eine inhaltliche Präzisierung der relevanten Merkmale des Innovationsbegriffs vorangestellt werden, bevor unterschiedliche Innovationsarten und der Ablauf von Innovationsprozessen erläutert werden (vgl. zum Folgenden wo nicht anders vermerkt: Thom 1997a; Thom 1992a und Thom 1980).

3.3.1 Innovation und Innovationsaufgaben

Innovationen können als in der Praxis realisierte, neue Ideen verstanden werden. Erst die Umsetzung oder Anwendung von Ideen (z. T. sogar auf der Stufe von Erfindungen) kennzeichnet die eigentliche Innovation. Innovationen unterscheiden sich zudem deutlich

Ideenumsetzung

3 Das Innovationsmanagement öffentlicher Institutionen

von dem vorherigen Zustand. Diese Neuartigkeit muss wahrgenommen werden können. Wie stark der Neuigkeitseffekt von Innovationen sein muss, hängt vom individuellen Innovationsverständnis ab. Die Fachliteratur weist auf das ursprüngliche Verständnis von Innovationen hin, welches eine radikale und erhebliche Verbesserung verlangt. Langfristige, undramatisch und in kleinen Schritten erfolgende Neuerungen aufgrund kontinuierlicher Weiterentwicklung des Bestehenden können aber ebenso als Innovationen bezeichnet werden (vgl. Vahs/Burmester 2005: 43 ff.).

Vier dominante Merkmale

Innovationen lassen sich anhand von vier dominanten Merkmalen kennzeichnen (vgl. Thom 1997a: 6 f.). Grundlegend ist der Neuigkeitsgrad (siehe die Wortherkunft aus dem Lateinischen: innovatio = Erneuerung, Schaffen von etwas Neuem). Als Mindestanforderung gilt, dass sich der betrachtete Neuerungsprozess erstmalig in der jeweiligen öffentlichen Institution vollzieht. Mit steigendem Neuigkeitsgrad (z. B. nationale Neuheit, Weltneuheit) wachsen die Managementprobleme und Risiken bei Innovationsprozessen. Nur wenige neue Ideen werden zu Innovationen. Das Risiko des Scheiterns (die „Sterblichkeitsquote") ist hoch, weil es nicht nur ein technisches Risiko gibt, sondern auch ein wirtschaftliches und ein soziales. Mit letzterem ist die Akzeptanz der Neuerung beim Zielpublikum (Verwaltungsmitarbeitende, Vorgesetzte, Kunden usw.) und in der allgemeinen Öffentlichkeit gemeint (vgl. die Probleme bei der Kernenergie und der Gentechnologie). Innovationen vollziehen sich nicht als isolierte Handlungen. Sie lassen sich als eine Abfolge unterschiedlicher Teilentscheidungen und Ausführungshandlungen beschreiben. Diese verlaufen keineswegs in linearer zeitlicher Reihenfolge. Teils erfolgen Einzelaktivitäten parallel, teils sequentiell, wobei immer wieder Rückkoppelungsschleifen auftreten. In aller Regel sind mit Innovationsaktivitäten arbeitsteilig mehrere Personen betraut, die unterschiedliche Merkmale (z. B. Ausbildungsgänge, Werteordnungen) aufweisen. Nichtlinearität und Arbeitsteiligkeit gelten als wichtige Ursachen der Komplexität von Innovationsprozessen.

Mit steigender Komplexität wächst auch die Wahrscheinlichkeit des Auftretens von Konflikten. Dies hat verschiedene Ursachen. Zunächst geht es um sachliche Auffassungsunterschiede, die bei Innovationen erwartungsgemäß auftreten und durchaus zur Erhöhung der Problemlösungsqualität beitragen können. Aus ihrer jeweiligen Fachposition heraus, können z. B. die Verantwortlichen der Leistungserstellung, der Logistik, der Finanzabteilung oder die politischen Entscheidungsträger die Erfolgswahrscheinlichkeit einer neuen Problemlösung unterschiedlich beurteilen. Eine sachliche Konfliktaustragung erhöht die Qualität der definitiven Lösung. Wirtschaftlich weniger vorteilhaft sind die unvermeidlichen wertmässig-

Merkmale von Innovationen und Innovationsprozessen

kulturellen oder sozio-emotionellen Konflikte. Sie entstehen bspw. aus Angst vor Entwertung des eigenen Know-hows, der jeweiligen beruflichen oder politischen Position, aus Rivalität um die „Ideeneigentümerschaft" oder aufgrund von Auffassungsunterschieden über die staatsrechtliche, demokratische, ethische oder ökologische Vertretbarkeit von Innovationen. Konfliktgefahren werden im Allgemeinen mit zunehmendem Neuigkeits- und Risikograd eines innovativen Vorhabens verstärkt. Den Zusammenhang zwischen den vier erläuterten Hauptmerkmalen von Innovationsaufgaben verdeutlicht Abbildung 19.

Vier dominante Merkmale von Innovationen (nach Thom 1992a: 7) — *Abbildung 19*

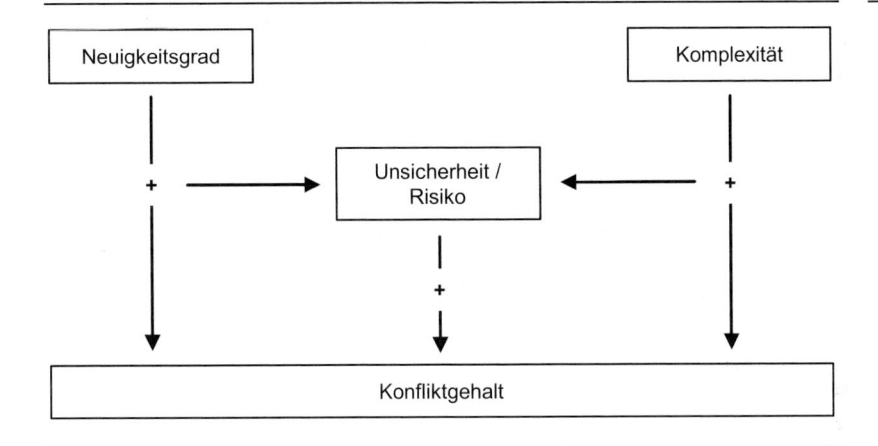

3.3.2 Arten von Innovationen

Die Kenntnis über unterschiedliche Innovationsarten ist im Zusammenhang mit der Einführung neuer Führungskonzepte von großer Bedeutung. Im Folgenden werden zwei Klassifizierungen zur Unterscheidung von Innovationen dargestellt.

3.3.2.1 Politik- und Verwaltungsinnovationen

Innovationen lassen sich zunächst hinsichtlich der Steuerungsebene, auf der die Innovation entsteht, unterscheiden. Politik- bzw. Programminnovationen sowie Verwaltungsinnovationen bilden diesbezüglich die beiden unterschiedlichen Innovationsrichtungen.

*Politik-
innovationen*

Politikinnovationen sind Erneuerungen bei der Politikvorbereitung und Programmformulierung, welche aus der Erarbeitung von Gesetzen, Verordnungen sowie Beschlüssen resultieren. Diese Innovationen dienen direkt der Erreichung der obersten politischen Ziele (Lösung eines politischen, wirtschaftlichen oder gesellschaftlichen Problems; Schaffung neuer politischer Standpunkte etc.) und können sowohl von Mitgliedern des Parlaments als auch von Regierungsmitgliedern kommen. Sie entstehen also primär aufgrund politischer Interessen.

*Verwaltungs-
innovationen*

Verwaltungsinnovationen entstehen in erster Linie auf der Ebene der betrieblichen Steuerung, also in den Verwaltungsstellen oder anderen Institutionen des öffentlichen Sektors, und resultieren in veränderten Leistungen und Wirkungen. Mit Verwaltungsinnovationen verbundene Ziele sind die Verbesserung der staatlichen Leistungserbringung zur Erfüllung des gesellschaftlichen oder politischen Auftrags oder die Kundenfreundlichkeit der Verwaltung.

Sowohl Politik- als auch Verwaltungsinnovationen können strategische Bedeutung erlangen. In diesem Fall tragen sie zur grundsätzlichen Veränderung des Zwecks einer Institution und ihrer bisherigen Kernaufgaben bei (vgl. Moore 1995: 232 ff.). Die Eigenheit besteht darin, dass zugleich Politik- und Verwaltungsinnovationen notwendig sind, sofern sie wirklich zum Durchbruch kommen sollen. Für die staatliche Wohneigentumsförderung kann dies bspw. eine Abkehr von der Subventionierung von Mieteigentum zur Finanzierung anderer Wohnformen bedeuten oder im Rahmen der Verbrechensprävention eine Fokussierung der Aktivitäten auf Schulen, Jugendvereine und Elternhäuser.

3.3.2.2 Produkt-, Verfahrens- und soziale Innovationen

Die Verwaltungsinnovationen sind aus der Perspektive des Public Managements wesentlich für eine Neuorientierung staatlicher Organisationen. Wird eine Verwaltungseinheit als eine Institution mit ähnlichen Merkmalen wie eine Unternehmung betrachtet, dann ist die Übertragung der Klassifizierung von Innovationsarten aus der Betriebswirtschaftlehre auch auf den öffentlichen Bereich nützlich.

*Produkt-
innovationen*

Produktinnovationen sind Neuerungen zur Erreichung des Sachziels einer Verwaltungseinheit. Je nach Tätigkeitsbereich kann es sich dabei um Produkte oder Dienstleistungen, die an andere Institutionen inner- und außerhalb der Verwaltung weitergegeben werden, handeln. Sie verfolgen in erster Linie die Ziele der Nachfragesteigerung oder der erhöhten Nachfragerzufriedenheit. Die im Rahmen der Verwaltungsreformen ausgelösten Produktdefinitionen bie-

Merkmale von Innovationen und Innovationsprozessen 3.3

ten eine sehr gute Ausgangslage für Neuerungen im Produkt- und Leistungsbereich. Die starke Belastung und der plötzliche Gestaltungsdruck durch den aufgestauten Reformbedarf verhindern oft aber echte Neuerungen. Im Normalfall werden bisherige Strukturen umbenannt und ein unveränderter Leistungskatalog wird angeboten. Dort, wo jedoch ein Kulturwandel die Bedeutung kundengerechter Produkte und Dienstleistungen steigert, sind oft große Innovationspotenziale ersichtlich und realisierbar (vgl. Fallstudie Eidgenössisches Institut für Geistiges Eigentum IGE).

Bei Verfahrens- oder Prozessinnovationen handelt es sich um die Umsetzung neuartiger Ideen im Prozess der Leistungserstellung. Wie verändert sich bspw. der Ablauf einer Gesetzesvorbereitung, die Zusammenarbeit mehrerer Abteilungen innerhalb eines Ministeriums und zwischen Kommunen oder die Herstellung und Verbreitung von amtlichen Dokumenten? Die mit Verfahrens- oder Prozessinnovationen verbundenen Ziele können in Produktivitätssteigerungen, Ressourceneinsparungen oder der Erhöhung der Sicherheit liegen.

Verfahrensinnovationen

Als soziale Innovationen werden neue Entwicklungen im Humanbereich der staatlichen Institution bezeichnet. Dabei kann es sich um Neuerungen für Individuen (Personalauswahl, Personalentwicklung, Personalerhaltung usw.) handeln oder um die Realisierung neuer Ideen, welche sich auf das Beziehungsgefüge zwischen den Organisationsmitgliedern auswirken (Maßnahmen der Organisationsentwicklung und neue Kooperations- und Führungsformen). Sie dienen u. a. der Erhaltung und Steigerung der Arbeitsmarktfähigkeit der Mitarbeiter sowie der Erhöhung der Attraktivität auf dem Arbeitsmarkt.

Soziale Innovationen

Zwischen den drei genannten Innovationsarten können Wechselbeziehungen bestehen, z. B. in der Weise, dass eine Produktinnovation eine Verfahrensinnovation (z. B. elektronische Vorgangsbearbeitung) erforderlich macht und parallel dazu eine Sozialinnovation entsteht (z. B. neues Berufsbild).

3.3.3 Ablauf von Innovationsprozessen

Als weiteres Element für das bessere Verständnis von Innovationen bedarf es der Gliederung der Innovationsentstehung in Phasen. In der betrieblichen Realität lassen sich viele Formen der Phasenunterteilung nachweisen. An dieser Stelle geht es um die prinzipielle Prozesslogik, die im Einzelfall durch Rückkoppelungsschleifen und Parallelaktivitäten überlagert wird (vgl. auch Praxisfenster Nr. 5).

3 Das Innovationsmanagement öffentlicher Institutionen

Invention und Innovation

Aufgrund der Unterscheidung zwischen Invention (neue Idee) und Innovation (realisierte Idee) dürfte es unmittelbar einsichtig sein, dass ein Innovationsprozess mindestens zweiphasig ist: Ideengenerierung und Ideenrealisierung. Diese Einteilung bleibt jedoch für eine Analyse noch zu grob, da die zwischengeschaltete Entscheidung über die Annahme der neuen Ideen nicht gebührend beachtet wird. In dieser (unternehmens-)politisch sehr wichtigen Phase der Ideenakzeptierung vollzieht sich die Prüfung der Ideen (z. B. aus den Perspektiven der Marktchancen, der politischen Akzeptanz, der internen Ressourcenlage oder in rechtlicher und technischer Hinsicht). Diese Phase hat eine entscheidende Bedeutung im öffentlichen Sektor, da neue Ideen oft aufgrund der fehlenden politischen Akzeptanz in Regierung und Parlament scheitern. Für die erfolgversprechendsten Varianten werden danach Realisationspläne erstellt. Durch eine echte Führungsentscheidung erfolgt schließlich die Auswahl der nützlichsten Variante.

Ideengenerierung

Die Ideengenerierung als erste Hauptphase umfasst als eine der Teilaktivitäten zunächst die Suchfeldbestimmung. Es ist wirtschaftlich unsinnig, wahllos Ideen zu produzieren, deren Bezug zu den Verwaltungszielen und -strategien nicht erkennbar ist. Die Konzentration auf vorhandene oder realistisch erwerbbare Kernkompetenzen ist nachhaltig zu empfehlen. Die kreativste Detailphase innerhalb der Ideengenerierung soll mit „Ideenfindung" bezeichnet werden. Zwischen dem Finden einer Idee und ihrem formgerechten und aufmerksamkeitsfördernden Vorschlag an die zuständigen Instanzen innerhalb eines Verwaltungssystems können bedeutende Barrieren (z. B. Artikulationsprobleme, Angst vor materiellen und immateriellen Nachteilen, unzureichende innere Antriebskraft) liegen. Diese gilt es mit Hilfe angemessener personalwirtschaftlicher Führungsinstrumente (vgl. Kapitel 6.6) zu überwinden.

Ideenrealisierung

In der letzten Phase der Ideenrealisierung steht die Implementierung des „angenommenen Innovationsplans" im Vordergrund. Dies schließt weitere kreative Aktivitäten keineswegs aus. Die Detailphase „konkrete Verwirklichung der neuen Idee" verlangt bspw. durchaus Einfallsreichtum. Kommunikative Fähigkeiten sind v. a. in der Teilphase „Absatz der neuen Ideen an Adressaten" gefordert. Letztere befinden sich bei Sozial- und Prozessinnovation innerhalb der Verwaltung, während sie bei Produktinnovationen auf dem externen Güter- und Leistungsmarkt, aber insbesondere im gesamten politischen Prozess zu identifizieren und zu überzeugen sind. Diese Überzeugungsaktivitäten sind ebenso bei staatlichen Leistungen ohne expliziten Markt aber mit externen Leistungsempfängern erforderlich. Die Überzeugung der Adressaten ist im Vergleich zur Privatwirtschaft im öffentlichen Sektor viel schwieriger. Der Innova-

Merkmale von Innovationen und Innovationsprozessen 3.3

tionsprozess ist hier weniger auf eindeutige Zielgruppen zu fokussieren und stärker abhängig von der Fähigkeit, Unterstützung an vielen unterschiedlichen Orten im politischen und verwaltungsorganisatorischen Gefüge mobilisieren zu können (vgl. Metcalfe/Richards 1990: 67).

Manche Innovation fand (im ersten Anlauf) nur deshalb Akzeptanz, weil für die Pilotgruppe die denkbar günstigsten Bedingungen geschaffen wurden (z. B. Sonderbezugskonditionen für die Abnehmer, Erprobung des Leistungslohnes mit einer innerbetrieblichen Leistungselite). Daher ist eine „Akzeptanzprüfung" erforderlich, wenn ein gewisser Abstand zum „Premieretermin" vorliegt. Bei positivem Prüfungsergebnis und geglückter Einführung kann endgültig von einer gelungenen Innovation ausgegangen werden.

Akzeptanz-kontrolle

Abbildung 20 zeigt abschließend die idealtypischen Haupt- und Detailphasen des Innovationsprozesses. Das Phasenkonzept gilt für alle Innovationsarten, die ihrerseits jeweils alle vier Hauptmerkmale von Innovationsaufgaben (vgl. Abb. 19) aufweisen.

Ablauf von Innovationsprozessen (nach Thom 1992a: 9) — *Abbildung 20*

Ideengenerierung
- Suchfeldbestimmung → Ideenfindung
- Ideenvorschlag ←┘

⇩

Ideenakzeptierung
- Prüfung der Ideen → Erstellung von Realisationsplänen
- Entscheidung für einen zu realisierenden Plan ←┘

⇩

Ideenrealisierung
- Konkrete Verwirklichung der neuen Ideen → Absatz der neuen Ideen an Adressaten
- Akzeptanzkontrolle ←┘

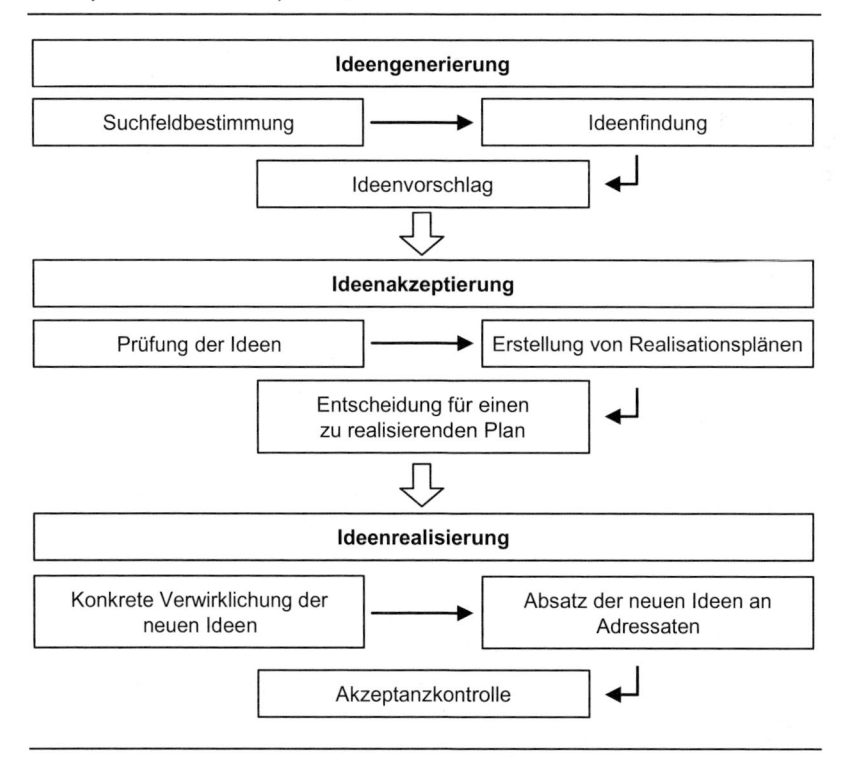

3 Das Innovationsmanagement öffentlicher Institutionen

Praxisfenster Nr. 5:
Die Innovationsstrategie des Saarlandes:
Vision – Konzeption - Umsetzung

Dr. Christian Ege

Staatssekretär im Ministerium für Wirtschaft und Arbeit des Saarlandes, Saarbrücken

1. Ausgangslage

Gute Ideen gibt es viele in Deutschland und Europa. Aber nur erfolgreich auf dem Markt umgesetzte Ideen werden zu Innovationen und schaffen neue Werte und Wachstum. In Deutschland werden rund 2,5 % des Bruttoinlandsproduktes in Forschung und damit in die Entwicklung guter Ideen investiert. Doch die Umsetzung von Innovationen hängt von motivierten und patenten Entrepreneuren und Mitarbeitern genauso ab wie von der Markteignung, der Geschwindigkeit, mit der sie sich im Wettbewerb durchsetzen können, und der Risikobereitschaft von Investoren und Finanzinstitutionen, die Realisierung von Innovationen zu finanzieren.

Insbesondere in den Kettenwirkungen zwischen Bildung, Forschung und Wirtschaft liegen die Potenziale für neue Wertschöpfung und damit zur Sicherung des Wohlstands. Dieser Zusammenhang ist gerade für die Wettbewerbsfähigkeit von Regionen und Ländern interessant. Denn wer im heute international stattfindenden Standortwettbewerb positiv herausragen will, muss Ressourcen auf den Ausbau seiner Stärken konzentrieren, aussichtsreiche Nischen besetzen und für diese ein funktionierendes Innovations- und Transfersystem bereithalten. Diesen Weg hat die saarländische Landesregierung mit der "Innovationsstrategie für das Saarland" im Jahr 2001 eingeschlagen und zur zentralen Gestaltungs- und Zukunftsaufgabe gemacht.

2. Umsetzungsprozess

Die Umsetzung der Innovationsstrategie ist ein langfristiger Prozess, der sich über zwei bis drei Legislaturperioden erstreckt. Bis ins Jahr 2010 wird die Innovationsstrategie dazu beitragen, das gesteckte Ziel von 60.000 neuen Arbeitsplätzen im Saarland zu erreichen. Die über 80 infrastrukturellen, gesetzlichen und organisatorischen Projekte stärken systematisch die Kompetenzen des Saarlandes.

Cluster sind dabei das Kernelement der Innovationsstrategie und bilden eine Wertschöpfungskette aus den vier Teilbereichen Bildung, Forschung, Gründungen und Unternehmen. Informationstechnologie, Nanobiotechnologie, Automotive, Logistik, Zukunftsenergie und Wissen gelten als die aussichtsreichsten Kompetenzfelder der Region, für die ein Clustermanagement jeweils die Koordination der Clusterentwicklung übernimmt.

Parallel zur Clusterbildung zielen die Projekte der Innovationsstrategie darauf ab, Rahmenbedingungen zu verbessern, die Hochschulen zu modernisieren, die Forschungskompetenz zu erhöhen, die Gründungsrate zu stei-

Merkmale von Innovationen und Innovationsprozessen

gern, qualifizierte Arbeitskräfte anzuwerben und an den Standort zu binden sowie die internationale Wettbewerbsfähigkeit zu verbessern.

Die Projektsteuerung erfolgt vornehmlich in Kooperationen. Auf Seite der Landesregierung arbeiten die Ministerien für Wirtschaft und Arbeit sowie Bildung, Kultur und Wissenschaft eng zusammen. Alle acht Wochen treffen sich die zuständigen Minister mit dem Ministerpräsidenten und seinem Innovationsbeauftragten, beraten und verfolgen den Fortgang des Innovationsprozesses. Innovation ist Chefsache!

3. Ergebnisse

Durch die Cluster und die damit verbundene enge Vernetzung der Akteure gelingt es zunehmend, wissenschaftliche Neuentwicklungen auf kurzem Wege in die Wirtschaft einzuspielen und in marktreife Produkte und Dienstleistungen umzuwandeln. Beispielhaft für die Clusterentwicklung ist das Kompetenznetzwerk NanoBioNet, für welches das Saarland 2004 im Wettbewerb „Regionale Innovation in Europa" als einzige deutsche Region von der EU mit einem ersten Preis ausgezeichnet wurde.

Das Saarland wird inzwischen als interessanter und innovativer Standort auch über Deutschlands Grenzen hinaus wahrgenommen. Nicht nur der deutliche Aufstieg des Saarlandes in den Standortrankings der Bertelsmann-Stiftung oder der Initiative Neue Soziale Marktwirtschaft, sondern auch das überdurchschnittliche Wirtschaftswachstum des Saarlandes seit 1999 zeigen: das Land ist im Innovationsprozess große Schritte vorangekommen. Im Innovationswettbewerb schlägt Geschwindigkeit Größe.

Informationen und Download der Innovationsstrategie gibt es auf der Homepage des Saarlandes (vgl. Saarland 2005, www.innovation.saarland.de).

3.4 Instrumente des Innovationsmanagements

Innovative Ideen entstehen durch Erfahrungen und Wissen aus unterschiedlichen Bereichen, die in geeigneter Weise durch Assoziation, Abstraktion und Kombination von (teilweise) bekannten Elementen zu neuen Problemlösungsansätzen führen (Geschka 1986: 184). Dieses Kapitel widmet sich nun der Frage, wie solche Erfahrungen zusammengebracht werden können und wer an kreativen Prozessen beteiligt ist, indem auf unterschiedliche Instrumente zur Ideenfindung eingegangen wird. Der Fokus liegt dabei auf der Generierung von Verwaltungsinnovationen. Grundsätzlich lassen sich zwei Kategorien zur in Abbildung 21 dargestellten Einteilung der Innovationsinstrumente unterscheiden .

Abbildung 21   *Ausgewählte Innovationsinstrumente im öffentlichen Sektor*

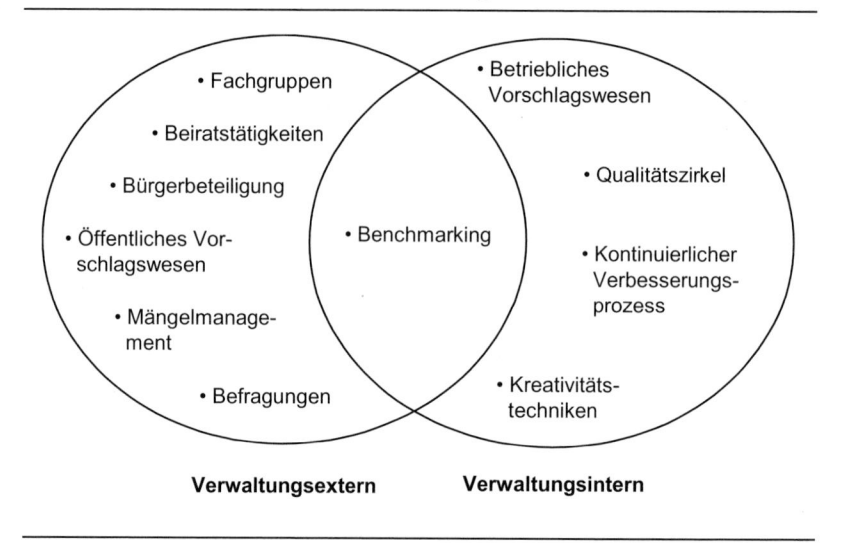

Verwaltungsextern:
- Fachgruppen
- Beiratstätigkeiten
- Bürgerbeteiligung
- Öffentliches Vorschlagswesen
- Mängelmanagement
- Befragungen

Schnittmenge:
- Benchmarking

Verwaltungsintern:
- Betriebliches Vorschlagswesen
- Qualitätszirkel
- Kontinuierlicher Verbesserungsprozess
- Kreativitätstechniken

Ressourcen für Ideen

Verwaltungsexterne Instrumente beziehen die Ideenressourcen z. B. von Parlamentsmitgliedern, Kunden, Bürgern, Lieferanten und Kooperationspartnern ein. Verwaltungsinterne Instrumente bedienen sich der Erfahrungen und des Wissens der Verwaltungsmitglieder. Je nach Bezugspunkt kommen andere Techniken der Ideenfindung zum Einsatz. Im Folgenden werden ausgewählte Instrumente des Innovationsmanagements (v. a. zur Ideengenerierung) kurz darge-

Instrumente des Innovationsmanagements

3.4

stellt und die Bürgerbefragung als ein verwaltungsexternes Instrument des Innovationsmanagements ausführlich präsentiert.

3.4.1 Verwaltungsexterne Innovationsinstrumente

3.4.1.1 Fachgruppen

Public Management fordert die Konzentration des Parlamentsbetriebs auf das Wesentliche. Neuerungen im Zusammenhang mit dem Verwaltungshandeln ausfindig zu machen, gehört zwar nicht direkt in den Aufgabenbereich des Parlaments und kann unter Umständen gegen das Prinzip der Gewaltenteilung verstoßen, doch zur Innovationsförderung kann eine punktuelle Zusammenarbeit sehr hilfreich sein. Die Einführung ständiger Fachkommissionen innerhalb der schweizerischen Bundesversammlung im Jahre 1991 und die gegenwärtig gleiche Entwicklung bei den kantonalen Parlamenten tragen viel zur Stärkung des Parlaments bei (vgl. NEF 2002). Dadurch erhält die Legislative die Möglichkeit, das Fachwissen und die Erfahrungen der Parlamentarier zu akkumulieren. Mastronardi folgerte daraus, dass dies zu einem häufiger aktiv gestaltenden und eingreifenden Parlament führte (vgl. Mastronardi 1998: 73 f.). Die Kombination solcher Gremien mit den Entscheidungsträgern aus der Verwaltung erhält eine zusätzliche Innovationskraft. Dies kann einerseits durch den Beizug von Verwaltungsvertretern in die parlamentarischen Kommissionen, andererseits durch den Einsatz von Politikern in Entscheidungs- und Aufsichtsgremien der staatlichen Institutionen oder durch Mitwirkung in fachspezifischen Gruppen geschehen. Innovationsförderlich sind solche Alternativen jedoch nur, wenn die oft stark parteipolitisch geprägte Position in den Hintergrund und der gegenseitige Austausch von Wissen und Erfahrungen bei der Suche nach neuen Lösungen in den Vordergrund tritt.

Parlament

3.4.1.2 Beiratstätigkeiten

Eine intensivere Form der Zusammenarbeit mit Räten oder Bürgern und Kunden bietet die Einbindung in Beirats-, Steuerungs- oder Aufsichtsratsgremien öffentlicher Institutionen (vgl. Hill 1997b: 33 f.). Dadurch kann Fachwissen aus der Gesellschaft ohne Übertragung eines politischen Amtes an den Betroffenen genutzt werden. Solche Tätigkeiten, welche die Übernahme gesellschaftlicher Verantwortung in Kombination mit berufsspezifischem Know-how und kundenseitigen Erfahrungen ermöglichen, können für Bürger att-

Fachwissen der Gesellschaft

raktiv und sinngebend sein (vgl. Fallstudie Eidgenössisches Institut für Geistiges Eigentum IGE).

3.4.1.3 Bürgerbeteiligung

Kunden-bedürfnisse

Die Ausrichtung von Innovationen auf die Bedürfnisse der Kunden ist ein äußerst wichtiger Faktor für den Innovationserfolg von Unternehmungen (vgl. Hauschildt/Salomo 2007: 256 ff.). Ähnlich dürfte es sich grundsätzlich mit Leistungen des öffentlichen Bereichs verhalten, sieht man zunächst einmal von dem Problem ab, dass dort der Nutzen für die Leistungsempfänger nicht immer so einfach erfassbar ist (z. B. beim Freiheitsentzug). Möglichkeiten zur Kombination unterschiedlichen Wissens und von Erfahrungen zur Problemlösung bietet auch hier die Kooperation der öffentlichen Institution mit ihren Anspruchsgruppen.

Bei der Bürgerbeteiligung wird die staatliche Autorität nicht nur zur Problemlösung benutzt. Sie wird vielmehr dahingehend erweitert, dass sie geeignete Rahmenbedingungen schafft, damit Bürger an den sie gemeinsam betreffenden Problemlösungen optimal mitwirken können. Dies bedeutet eine Abkehr vom Prinzip, dass die Verwaltung „ihr" Geschäft am besten verstehe sowie von ungeeigneten autoritären (nicht-partizipativen) Lösungsansätzen für gesamtgesellschaftliche Problembereiche (vgl. Moore 1995: 179 ff.).

Bürgergruppen

Neben den eher schwerfälligen Initiativ- und Referendumsrechten (vgl. zur Schweiz Linder 2005: 260 ff.) kann die Bürgerbeteiligung eine schnelle und wirkungsvolle Art zur Bedürfniserfassung bei den Anspruchsgruppen und zur Innovationsgenerierung in der Verwaltung darstellen. Bereits in den 1960er Jahren wurde dieses Instrument im Rahmen der Verwaltungsreformen in den USA aufgegriffen, da das moderne Staatswesen zu komplex geworden war und sowohl Abstimmungsverfahren als auch die Möglichkeiten der Volksvertreter nicht mehr zur Steuerung ausreichten (vgl. Altshuler 1997: 53 ff.). Bürgergruppen mit spezifischen und problemrelevanten Interessen oder Werthaltungen werden demnach regelmäßig während der Entscheidungsfindung oder zur Gesetzes- bzw. Programmausarbeitung beigezogen.

Die Bürgerbeteiligung bietet dem Einzelnen in einem begrenzten Rahmen echte Mitwirkungsmöglichkeiten in Gebieten, die ihn persönlich interessieren, und ermöglicht so eine Kombination von Individualverantwortung und sozialer Verantwortungsübernahme (vgl. Hill 1997b: 101 ff.).

3.4 Instrumente des Innovationsmanagements

Öffentliche Foren und Bürgerberatung

Im Rahmen der Bürgerbeteiligung existieren verschiedene Instrumente zur Einbindung der Bürger. Problemlösungs- oder Projektgruppen widmen sich der Überarbeitung, Qualitätsverbesserung, und Weiterentwicklung aber auch allfälligen Auslagerungen von Produkten und Leistungen der öffentlichen Institution. Ebenfalls möglich sind öffentliche Foren i. S. einer Bürgerberatung. Die direkte Konfrontation mit Problembereichen, welche die Bürger spezifisch betreffen, bietet die Möglichkeit, unterschiedliche Ansichten und Lösungsansätze anzuhören. Das Ziel ist, dass der Einzelne in sein Bild „öffentlicher Wertschöpfung" die Ansichten anderer integrieren und so ein sozialer Lernprozess im öffentlichen Bereich stattfinden kann (vgl. Moore 1995: 180 ff.). Am besten eignet sich dieser Ansatz zur Innovationsgenerierung, wenn eine professionelle Moderation in Anspruch genommen wird, die verbindliche Spielregeln aufstellt (siehe auch die Regeln bei Kreativitätstechniken).

Die Bürgerbeteiligung trägt entscheidend zur Findung innovativer Lösungsansätze für gesellschaftliche Probleme bei, und zwar durch den Einbezug derer, die am Problemgegenstand interessiert und davon betroffen sind sowie zur Lösungsfindung aufgrund ihrer persönlichen Kompetenzen beitragen können.

3.4.1.4 Öffentliches Vorschlagswesen

Vorschlagseinreichung

Im Gegensatz zum Betrieblichen Vorschlagswesen (BVW), das in ähnlicher Form innerhalb der öffentlichen Institutionen Anwendung findet, sollen beim Öffentlichen Vorschlagswesen (ÖVW) Ideen und Verbesserungsvorschläge der Bürger und Bürgerinnen aufgenommen werden. Die Aufforderung zur Vorschlagseinreichung kann regelmäßig oder aufgrund eines Ereignisses einmalig und themenbezogen erfolgen. Es eignen sich ebenso der Postversand wie aufliegende Ideen-Karten und Sammelboxen in staatlichen Institutionen oder bei öffentlichen Anlässen. Das BVW enthält immer auch ein Anreizsystem für die Ideeneinreicher (vgl. ausführlich Thom 2003: 60 ff.). Dies kann auch beim ÖVW der Fall sein. Als Anreize bieten sich z. B. finanzielle Erleichterungen oder Gutscheine für vergünstigte Dienstleistungen an. Sogar zur Gestaltung von Anreizen können Bürgerideen sehr hilfreich sein. Es gilt aber zu bedenken, dass die Nutzenermittlung von Verbesserungsvorschlägen schwieriger ist als in einer Unternehmung und nur begrenzte Mittel für die Belohnung eingesetzt werden können. Insofern sollte das ÖVW eher als ein Instrument zur Bürgeraktivierung gesehen werden und einfache, aber wirkungsvolle immaterielle Anreize wie die Publikation

3 Das Innovationsmanagement öffentlicher Institutionen

der Liste „Die kreativsten Köpfe unserer Stadt" als eigener Link auf der Internet-Eröffnungsseite angeboten werden.

3.4.1.5 Mängelmanagement

Auswirkungen auf Kundenzufriedenheit

Fehler oder Mängel bei Leistungen und Produkten müssen nicht immer zu einer Behinderung der Leistungserbringung führen und werden deshalb oft nicht erkannt. Ihre Beseitigung kann jedoch große Auswirkungen auf die Kundenzufriedenheit und die Weiterentwicklung der Leistungen haben. Besonders im öffentlichen Sektor werden mangelhafte Leistungen immer wieder aufgrund des simplen Erklärungsversuchs „Typisch Verwaltung" akzeptiert. Und auch innerhalb staatlicher Institutionen hat man sich oftmals aufgrund der bereits beschriebenen Autoritätshaltung gegenüber den Leistungsempfängern gegen mangelhafte Leistungserbringung aus Benutzersicht immunisiert. Fehlerquellenhinweise nützen nur dann, wenn sie systematisch erfasst und ausgewertet werden. Denn das Verhältnis von Mehrbelastung und Aufwand zur Fehlerbehebung und erreichbarem Nutzen sollte im Auge behalten werden. Die Fehlerquellenerfassung kann z. B. über eine überall gut ersichtliche „Telefon-Hotline-Nummer" oder mittels Mängelkarten bzw. entsprechenden elektronischen Varianten erfolgen. Die Auswertung lässt sich dann jeweils im Team der für die Leistung verantwortlichen Personen der öffentlichen Institution realisieren (vgl. Fallstudie Eidgenössisches Institut für Geistiges Eigentum IGE).

3.4.1.6 Kunden-, Bürger- und Einwohnerbefragungen

Weitreichende und repräsentative Ergebnisse

Befragungen bei der Bevölkerung liefern zusätzlich Daten für das Controlling und neben den Grundlagen für Leistungsvergleiche zwischen öffentlichen Institutionen auch die Möglichkeit zur Erfassung von Kundenideen und Verbesserungsvorschlägen. Sie stellen also abgesehen von der eigentlichen Controlling- und Evaluationsfunktion auch ein Innovationsinstrument dar, wenn die Befragungsbogen entsprechend konzipiert und ausgewertet werden. Bevölkerungsumfragen bringen der Verwaltung unter Umständen weitreichendere und repräsentativere Ergebnisse als die direktdemokratischen Partizipationsmittel, da auch Jugendliche, Ausländer usw. mit einbezogen werden können. Die Gefahr besteht jedoch in einer zu starken Ausrichtung von Politik und Verwaltung nach den Befragungsresultaten und einer daraus entstehenden „Windfahnenpolitik". Befragungen lösen also nicht die Führungs- und Innovationsverantwortung der Verwaltung sowie der politischen Spitze ab, sondern dienen als ergänzendes Mittel zur Ideenfindung (vgl. Lad-

Instrumente des Innovationsmanagements

3.4

ner 1999: 1 f.). Das Erkenntnisinteresse bei Befragungen im Rahmen des Innovationsmanagements liegt also neben der Erfassung von Zufriedenheiten, Prioritäten und Änderungswünschen auch im Gewinnen von Alternativvorschlägen (vgl. ausführlich den Blickpunkt Bürgerbefragungen und als Beispiel Steiner/Fiechter 2005).

Bürgerbefragungen | *Im Blickpunkt*

Kunden- oder Bürgerbefragungen werden immer häufiger insbesondere von Verwaltungen auf kommunaler Ebene eingesetzt, um einerseits Informationen über die Bedürfnisse und Meinungen der Bürger hinsichtlich der Leistungen der Verwaltung zu erfragen sowie andererseits mit Hilfe dieses Innovationsinstruments neue Ideen und Verbesserungsvorschläge zu generieren. Werden Bürgerbefragungen über einen längeren Zeitraum durchgeführt, lassen sich Entwicklungstendenzen in den Kundenpräferenzen identifizieren. Darüber hinaus können Bürger in Wiederholungsbefragungen beurteilen, ob und zu welchem Zufriedenheitsgrad Anregungen aus früheren Befragungen von der jeweiligen Verwaltung umgesetzt wurden.

Hinsichtlich der Durchführung von Bürgerbefragungen existieren unterschiedliche Methoden, die in Abhängigkeit von Zielsetzung und Zielgruppe sowie Rahmenbedingungen (Kosten, Zeit etc.) gewählt werden müssen. Häufig werden schriftliche Befragungen eingesetzt, die aufgrund der neuen Informations- und Kommunikationsmittel zunehmend online durchgeführt werden, was jedoch ein entsprechendes technisches Know-how voraussetzt. Die Bürger können über eine Gemeinde- bzw. Stadtverwaltung insgesamt oder auch über einzelne Teilbereiche (Standesamt, Ordnungsamt, Polizei etc.) befragt werden. Um möglichst wertvolle Ergebnisse aus der Bürgerbefragung generieren zu können, sollte die Verwaltung vor jeder Befragung klar festlegen, welche Personen aus der Gesamtheit aller Bürger befragt werden sollen. Mögliche Zielgruppen sind dabei:

- die Gesamtheit aller Bürger
- die Gesamtheit aller wahlberechtigten Bürger
- eine repräsentative Stichprobe aus der Grundgesamtheit aller Bürger
- alle Bürger, die in der letzten Zeit mit der Verwaltung in Verbindung getreten sind (Kundenbefragung)
- eine bestimmte Bevölkerungsgruppe (Senioren, Eltern von schulpflichtigen Kindern, Schüler, Behinderte etc.)

Haben mehrere Abteilungen parallele Umfrageinteressen, sollten Synergiepotenziale genutzt werden, indem bspw. Omnibusbefragungen durchgeführt werden.

Wenn Bürgerbefragungen als ein Instrument eingesetzt werden, das über eine reine Zufriedenheitsabfrage hinaus geht und mit Hilfe dessen neue Ideen und Verbesserungsvorschläge angeregt werden sollen, müssen die verschiedenen Fragenkomplexe ein entsprechend breites Spektrum umfassen:

- Kriterien: Anhand welcher Aspekte beurteilen die Bürger ihre Gemeinde? Welche Themengebiete sind ihnen wichtig?
- Qualitätsmessung: Wie zufrieden sind die Bürger mit dem Lebensumfeld, den Dienstleistungen, den Behörden, der Finanzpolitik, der Prioritätensetzung in ihrer Gemeinde? Wie sehr fühlen sie sich verbunden?

3 Das Innovationsmanagement öffentlicher Institutionen

- Ursachenanalyse: Aus welchen Gründen sind die Bürger mit einzelnen Aspekten ihrer Gemeinde nicht zufrieden?
- Verbesserungsvorschläge: Wo liegen in dieser Hinsicht mögliche Verbesserungsansätze?
- Programmgestaltung: Welche Prioritäten sollte die Gemeinde im Hinblick auf die zukünftige Programmgestaltung und deren Akzeptanz legen?
- Zukunftsaussichten: Wie werden die mittel- und langfristigen Zukunftsaussichten der Gemeinde beurteilt? Ist diese im Hinblick auf zukünftige Herausforderungen gut aufgestellt?

Abschließend zeigt folgende Übersicht, welche Punkte bei einer Bürgerbefragung beachtet werden sollten, damit diese möglichst effektiv und effizient durchgeführt wird und somit auch für die Verwaltung verwertbare Ergebnisse liefert (vgl. Siegl/Stephan 2000: 14):

- Einsetzen eines Projektteams oder einer externen Beratergruppe für den Gesamtprozess der Befragung
- Klare Formulierung von Zielsetzung und Zielgruppen der Befragung
- Sicherstellung eines ausreichenden Know-hows für die Durchführung der Befragung (Methodik, Statistik)
- Sicherstellung der Repräsentativität hinsichtlich der Durchführung und der Ergebnisse der Befragung
- Gewährleistung einer zeitnahen und anonymen Auswertung der Befragung
- Dokumentation und Veröffentlichung der Ergebnisse der Befragung
- Ableitung von Konsequenzen / Maßnahmen aus den Ergebnissen der Befragung und Kontrolle deren Umsetzung

Besonders auf kommunaler Ebene eignen sich viele Aufgabenbereiche für eine Bürgerbefragung. Im Vergleich zu Prozessen der Hoheits- bzw. Ordnungsverwaltung können die Anforderungen an die Leistungsverwaltung mit Hilfe einer Bürgerbefragung umfassender und grundsätzlicher untersucht werden. Mögliche Aspekte, die im Rahmen einer Bürgerbefragung abgedeckt werden, können z. B. die Arbeits-, Verkehrs- oder Einkaufssituation, die Zufriedenheit mit den Dienstleistungen der Gemeinde, die Lebenssituation älterer Mitmenschen, die schulischen Angebote für Kinder, Freizeitmöglichkeiten, die wahrgenommene Bürgernähe, das Sicherheitsgefühl und die Kriminalitätsrate, die Qualität von Sportanlagen oder auch Tourismusaspekte sein.

3.4.2 Verwaltungsinterne Innovationsinstrumente

Verwaltungsinterne Innovationsinstrumente können sowohl beim einzelnen Mitarbeitenden als auch bei Mitarbeitergruppen ansetzen. Dabei werden die in diesem Abschnitt präsentierten Kerninstrumente durch sehr wichtige Unterstützungsinstrumente wie bspw. die Personal- und Organisationsentwicklung, die über die Innovationsförderung hinaus noch andere Ziele verfolgen (z. B. Vermittlung von Fähigkeiten und Verhaltensweisen), ergänzt.

3.4.2.1 Betriebliches Vorschlagswesen BVW

Das Betriebliche Vorschlagswesen, auch Ideenmanagement genannt, ist in öffentlichen Institutionen nicht sehr verbreitet. Krause spricht anstelle vom Behördlichen Vorschlagswesen bereits vom „Betrüblichen Vorschlagswesen" (vgl. Krause 1996: 79). In der Bundesrepublik Deutschland kam 1999 auf 100 Staatsdiener nur ein einziger Verbesserungsvorschlag. Im Vergleich dazu erreichte die sehr konkurrenzintensive Gummi-Industrie mit 256 Verbesserungsvorschlägen pro 100 Mitarbeitenden einen Spitzenplatz (vgl. Informationsdienst des Instituts der deutschen Wirtschaft 2000: 8). Die häufigsten Argumente gegen das BVW betreffen den zusätzlichen Personal-, Zeit- und Arbeitsaufwand, eine Verbürokratisierung sowie erhöhte Einflussmöglichkeiten des Personalrats. Diese Argumente lassen sich jedoch leicht entkräften, wenn bspw. Aufwand und Nutzen des BVW mit ähnlichen Instrumenten des Qualitätsmanagements verglichen werden (vgl. Thom 2003: 26 f.).

Anzahl Verbesserungsvorschläge

Das klassische Betriebliche Vorschlagswesen funktioniert nach folgendem Grundmuster (vgl. Thom 1992a: 29 ff.): Ein Mitarbeiter reicht inner- oder außerhalb des Dienstweges einen Vorschlag ein, der letztlich an einen haupt- oder nebenamtlich Beauftragten für das Vorschlagswesen gelangt. Dieser holt jeweils Gutachten zum Nutzen und zur Durchführbarkeit des Vorschlags bei den zuständigen Fachleuten im Verwaltungsbetrieb ein. Er bringt dann die Idee des Arbeitnehmers mit allen Stellungnahmen vor eine Prüfungs- und Bewertungskommission. In dieser betrieblichen Kommission, die aus Vertretern der Verwaltungsführung und der Mitarbeitenden besteht, wird über Annahme bzw. über Ablehnung des Vorschlags entschieden und die Form der Anerkennung (z. B. Prämie, Lob usw.) festgelegt. Der Ablauf und die Organisation des BVW sind in der Abbildung 22 exemplarisch dargestellt. Dieser klassische Ablauf wurde in den letzten Jahren in der Privatwirtschaft immer stärker durch ein sog. „Vorgesetztenmodell" abgelöst, bei dem sich der Einreicher zunächst an seinen unmittelbaren Vorgesetzten wendet. Dieser kann in gewissem Umfang bereits selbst über die Annahme (und Prämierung) des Verbesserungsvorschlages entscheiden. Falls Art und Wirkung des Vorschlages seine Kompetenzen übersteigen, hilft der Vorgesetzte dem vorschlagenden Mitarbeiter beim weiteren Begutachtungs- und Bewertungsprozess.

Ideen-Manager oder Vorgesetztenmodell

Abbildung 22 *Ablauf und Organisation des klassischen betrieblichen Vorschlagswesens*

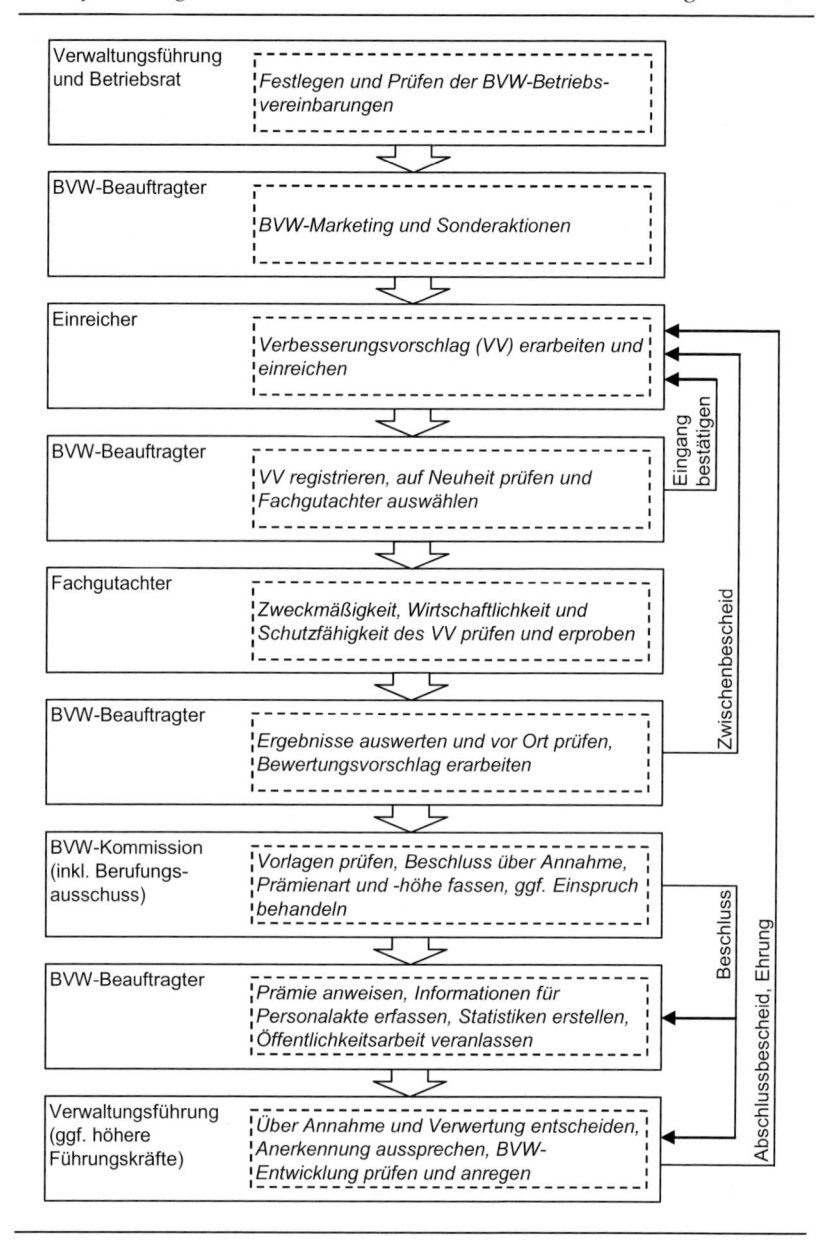

Verantwortlich	Tätigkeit
Verwaltungsführung und Betriebsrat	Festlegen und Prüfen der BVW-Betriebsvereinbarungen
BVW-Beauftragter	BVW-Marketing und Sonderaktionen
Einreicher	Verbesserungsvorschlag (VV) erarbeiten und einreichen
BVW-Beauftragter	VV registrieren, auf Neuheit prüfen und Fachgutachter auswählen
Fachgutachter	Zweckmäßigkeit, Wirtschaftlichkeit und Schutzfähigkeit des VV prüfen und erproben
BVW-Beauftragter	Ergebnisse auswerten und vor Ort prüfen, Bewertungsvorschlag erarbeiten
BVW-Kommission (inkl. Berufungsausschuss)	Vorlagen prüfen, Beschluss über Annahme, Prämienart und -höhe fassen, ggf. Einspruch behandeln
BVW-Beauftragter	Prämie anweisen, Informationen für Personalakte erfassen, Statistiken erstellen, Öffentlichkeitsarbeit veranlassen
Verwaltungsführung (ggf. höhere Führungskräfte)	Über Annahme und Verwertung entscheiden, Anerkennung aussprechen, BVW-Entwicklung prüfen und anregen

Rückmeldungen: Eingang bestätigen, Zwischenbescheid, Beschluss, Abschlussbescheid, Ehrung

Der öffentliche Sektor sollte jedoch nicht den Fehler begehen, ausschließlich das Vorgesetztenmodell zu implementieren. Der alleinige Einreichungsweg über den direkten Vorgesetzten kann die Teil-

Instrumente des Innovationsmanagements 3.4

nahmebarrieren bei den Mitarbeitenden erhöhen (vgl. Etienne 1997). Daher empfiehlt sich ein hybrides Modell, welches das klassische BVW mit dem Vorgesetztenmodell verbindet (vgl. Thom/Etienne 1997: 569). Dieses Modell erlaubt sowohl die Abgabe des Verbesserungsvorschlages beim direkten Vorgesetzten als auch das Einreichen über den Ideen-Manager (BVW-Beauftragter). Der Weg über die direkten Vorgesetzten ist auch im hybriden Modell vorrangig. Die Benützung eines alternativen Einreichungsweges sollte das Vertrauensverhältnis zwischen direkten Vorgesetzten und Einreichern nicht gefährden. Der indirekte Weg kann zusätzliches Ideenpotenzial aktivieren. Die Häufigkeit der Inanspruchnahme des indirekten Weges erlaubt Schlussfolgerungen zum aktuellen Stand des Innovationsklimas im entsprechenden Verwaltungsbereich.

Die materielle Belohnung für den Einreicher in Form einer Prämie sollte sich nach dem erwarteten Nutzen der Umsetzung des Verbesserungsvorschlags richten. Für eine Prämienbegrenzung nach oben ist aus Verwaltungssicht kein Grund erkennbar. Die einzige Restriktion stellt das Budget inklusive der erlaubten Reservebildung dar. Denn der Verwaltungsbetrieb erhält bei einem angenommenen Vorschlag zumindest den gleich hohen Nutzen wieder zurück, in der Regel sogar ein Vielfaches davon. Kann der Nutzen des Vorschlags nicht genau errechnet werden, dann muss ein Bewertungsschema zur Beurteilung und Prämienfestlegung beigezogen werden. Dafür können z. B. folgende Kriterien verwendet werden (vgl. Thom 2003: 66): der geschätzte Nutzen für die Institution, der Neuigkeitsgrad des Verbesserungsvorschlags, die Anwendungshäufigkeit innerhalb der Institution (z. B. nur einzelnes Amt oder ganze Verwaltung), der Fleiß, die Mühe und das Engagement des Vorschlagenden, die Vergleichbarkeit mit bereits prämierten Vorschlägen oder die Werbewirksamkeit für potenzielle BVW-Teilnehmer.

Materielle Anreize

Neben der Prämierung mittels materiellen Anreizen eignet sich das BVW bestens für die Anwendung von immateriellen Anreizen zur Belohnung (vgl. Treyer 2005). Die schnelle Realisation des eingereichten Vorschlags, die persönliche Anerkennung durch die oberste Führung, eine angemessene Darstellung in der Personalzeitung und v. a. eine Integration des BVW z. B. als Potenzialerkennungsinstrument in die individuelle Laufbahn- und Entwicklungsplanung des Vorschlagenden zählen zu den wichtigsten Belohnungsarten für die Innovationsbereitschaft und -fähigkeit der Mitarbeitenden.

Immaterielle Anreize

3.4.2.2 Qualitätszirkel

Auch wenn im Rahmen des BVW die Möglichkeit existiert, dass ein Verbesserungsvorschlag von mehr als einer Person eingereicht wird, hat das Instrument eher eine Tendenz zur Ermöglichung von Verbesserungsvorschlägen durch Einzelpersonen oder kleine Spontangruppen. Dies im Gegensatz zum nachfolgend dargestellten Ansatz des Qualitätszirkels (QZ) und der darin zum Einsatz kommenden Kreativitätstechniken (vgl. zur Vertiefung Thom 1992a: 29 ff.).

Innovationskraft durch Gruppen

Zur Förderung der Innovationskraft durch Gruppen existieren unterschiedliche Konzepte und Bezeichnungen (Lernstatt-, Verbesserungs- und Aktionsgruppen, Innovationsringe usw.), die aber im Grundsatz alle der kreativen Ideenfindung und Problemlösung dienen (vgl. Deppe 1992: 121 ff.). Dieser Abschnitt veranschaulicht das Qualitätszirkel-Konzept als einen zentralen und weit verbreiteten Ansatz zur gruppenorientierten Innovationsförderung.

Merkmale von Qualitätszirkeln

Die konstitutiven Merkmale des Qualitätszirkels können wie folgt beschrieben werden (vgl. Stöbe-Blossey 2005: 285 f.; Bungard/Wiendieck 1986: 53 f. und Deppe 1992: 40 ff.): Der Qualitätszirkel setzt sich aus einer etwa fünf bis maximal zehn Mitarbeiter umfassenden Gesprächsrunde zusammen. Die Gruppenmitglieder stammen aus der gleichen hierarchischen Ebene und besitzen eine gemeinsame Erfahrungsgrundlage. An den regelmäßig stattfindenden, freiwilligen und grundsätzlich allen Mitarbeitenden offen stehenden Zusammenkünften werden selbst gewählte Themen des eigenen Arbeitsbereichs oder durch die Verwaltungsführung vorgeschlagene Themen analysiert und Probleme eigenverantwortlich gelöst. Eine Schlüsselstellung im Innovationsprozess des QZ kommt dem geschulten Moderator (Vorgesetzter oder Gruppenbetreuer) zu. Durch seine Steuerungsfunktion sorgt er für ein partnerschaftliches, offenes Klima innerhalb der Gruppe und bewirkt mit Hilfe spezieller Problemlösungs- und Kreativitätstechniken eine kreative Arbeitsatmosphäre. Da die QZ-Arbeit zur vertraglichen Arbeitsleistung gehört, wird sie nicht speziell entlohnt. Es besteht aber die Möglichkeit, überragende Verbesserungsvorschläge zu prämieren.

Der einzelne QZ ist organisatorisch in ein gesamtes QZ-System eingebunden und kommuniziert mit anderen QZ. Neben den Koordinatoren der QZ befasst sich das Steuerungsteam Innovationsmanagement mit der groben Ziel- und Zeitvorgabe, der Koordinatoren- und Moderatorenauswahl, der Ausbildung sowie der Festlegung eines Verhaltenskodexes für die QZ-Arbeit (vgl. Abb. 23).

Instrumente des Innovationsmanagements

3.4

Empirische Untersuchungen zum Erfolg von QZ-Konzepten zeigen, dass die primären Fortschritte nicht bei Produktivitäts- und Qualitätssteigerungen oder Kostensenkungen, sondern bei der Verbesserung der Zusammenarbeit, des Arbeitsklimas, der innerbetrieblichen Kommunikation und der optimierten Problemlösungen liegen (vgl. Stöbe-Blossey 2005: 285; Beriger 1995: 123 und Zink 1986: 4). Diese primären Einflüsse können jedoch in einem zweiten Schritt zu produktivitätssteigernden und kostensenkenden Innovationen beitragen.

Erfolg von Qualitätszirkeln

QZ haben in Europa nicht denselben Einfluss und nicht den gleich großen Erfolg wie in Japan, wo nach Schätzungen mehr als die Hälfte aller japanischen Arbeitnehmer in QZ integriert sein soll (vgl. Thom 1992a: 36 und Deppe 1992: 28 ff.). Trotzdem bestätigt der Blick in die Realität, dass Kreativitätsfreudigkeit und Innovationskraft durch QZ gesteigert werden können. Insbesondere für den Kulturwandel in Reformprozessen des öffentlichen Sektors eignen sich Kleingruppen zur Findung und Förderung alternativer Problemlösungsmethoden im Vergleich zur gängigen Maxime des konditional geleiteten Vollzugshandelns. QZ bieten ein Experimentierfeld für unternehmerisches Handeln innerhalb der bisher eher innovationshemmenden Kultur in öffentlichen Institutionen und beschleunigen den Kulturwandel durch den Einbezug der Mitarbeitenden.

Organisation des Qualitätszirkel-Systems (nach Deppe 1992: 50)

Abbildung 23

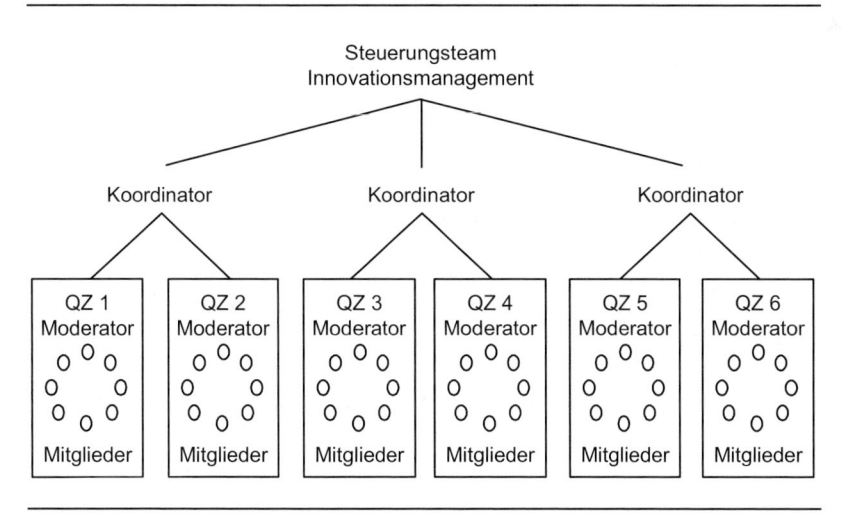

3.4.2.3 Kontinuierlicher Verbesserungsprozess KVP

Kaizen

Aufbauend auf den Erfahrungen der Qualitätszirkel werden heute in vielen Organisationen kontinuierliche Verbesserungsprozesse eingeführt. Der KVP basiert auf dem japanischen Management-Prinzip des Kaizen. Dieses verfolgt das Ziel, kontinuierliche Verbesserungen in allen Arbeitsbereichen unter Einbeziehung aller Mitarbeitenden durchzuführen (vgl. Witt/Witt 2006: 15). Positive Veränderungen sollen dabei nicht in großen Sprüngen, sondern in kleinen Schritten erfolgen und beziehen sich sowohl auf die Verbesserungen der Produkt- als auch der Prozessqualität.

Der KVP besteht aus fünf Teilschritten, in deren Mittelpunkt die KVP-Sitzungen stehen und die im Folgenden kurz dargestellt werden (vgl. zum Ablauf des KVP ausführlich Witt/Witt: 2006: 76 ff.). In einem ersten Schritt werden die Probleme in (größtenteils) funktionsbezogenen Arbeitsgruppen identifiziert, schriftlich dokumentiert und allen Mitarbeitenden per Aushang zugänglich gemacht. In diesem Zusammenhang ist es essentiell, dass die Verbesserungsmöglichkeiten in der Organisation systematisch erfasst werden. Im Rahmen einer KVP-Sitzung werden die Probleme anschließend in Kleingruppen analysiert und Verbesserungsvorschläge erarbeitet. In einem dritten Schritt werden Maßnahmen zur Lösung der Probleme bzw. zur Verbesserung der Situation festgelegt sowie Zeitfenster für deren Umsetzung beschlossen. Gegenstand der folgenden Phase ist die Umsetzung der festgelegten Entscheidungen, bevor im letzten Schritt die fristgerechte Ausführung der beschlossenen Maßnahmen kontrolliert wird und evtl. Anpassungen vorgenommen werden.

Innovationspotenzial

Der KVP wird häufig als Gegensatz zur Innovation dargestellt, die eine drastische Verbesserung oder Systemänderung beinhaltet. Dennoch besteht auch beim KVP ein echtes Innovationspotenzial, wenn Mitarbeitende ihre Verbesserungsaktivitäten nicht nur auf den eigenen Arbeitsplatz und die Schnittstellen zu vor- und nachgelagerten Funktionen beschränken, sondern sich darüber hinaus mit übergeordneten Fragestellungen beschäftigen (vgl. Witt/Witt 2006: 29 f.). Darüber hinaus erhöht der KVP nachweislich die Zahl und Qualität der Verbesserungsvorschläge, fördert ein kritisches Arbeitsbewusstsein und schafft eine innovative Teamkultur, aus der wiederum Verbesserungspotenziale für die öffentliche Verwaltung resultieren können.

3.4.2.4 Kreativitätstechniken

Bei der Ideenfindung und -realisierung im Rahmen des Innovationsmanagements ist Kreativität zwingend erforderlich. Diese kann durch den Einsatz geeigneter Techniken sowohl in Vorschlagsgruppen oder insbesondere in Qualitätszirkeln als auch in sonstigen Sitzungen gefördert werden.

Kreativität bezeichnet die Fähigkeit, Wissens- und Erfahrungselemente aus verschiedenen Bereichen unter Überwindung verfestigter Strukturen und Denkmuster zu neuen Ideen und Problemlösungsansätzen zu verschmelzen. Dabei kann das intuitive Hervorbringen von Ideen sowohl durch sog. heuristische Prinzipien des Assoziierens und der Übertragung von Strukturen als auch durch systematisch-analytisches Vorgehen mittels Variation, Kombination und Abstraktion gefördert werden (vgl. Lantelme/Geschka 2004: 82). Neben der Art und Weise der Ideengenerierung spielt die Gruppe bei den meisten Kreativitätstechniken eine wichtige Rolle, da durch mehrere Personen mehr Wissen und Erfahrung in den Innovationsprozess einfließen (vgl. Geschka 1986: 148 f.).

Kreativität

Die Vielfalt der Kreativitätstechniken ist inzwischen kaum mehr zu übersehen. Higgins/Wiese nennen bspw. über 60 Techniken zur Ideenfindung und auch Geschka erwähnt in seiner Klassifizierung 22 unterschiedliche Methoden (vgl. Higgins/Wiese 1996: 75 ff. und Geschka 2002: 147). Aus dieser Vielzahl von Kreativitätstechniken haben nur wenige einen hohen Verbreitungsgrad gefunden und viele erreichen nur ein geringes Maß an Praktikabilität. Ohne Kreativitätstechniken überschätzen zu wollen, ist aber unbestritten, dass sie vorhandenes Innovationspotenzial aktivieren, Teilnahmebarrieren zu überwinden und Gruppenvorteile in der Ideenproduktion zu nutzen. Als gut einsetzbare Kreativitätstechniken seien hier das Brainstorming (vgl. Thom 1992a: 40 f.), das Brainwriting (vgl. Geschka 1986: 151) und der morphologische Kasten (vgl. Geschka 1986: 153 f.) genannt. Kreativitätstechniken eignen sich eher als gruppenspezifische Innovationsinstrumente, sind aber auch individualorientiert einsetzbar (z. B. morphologischer Kasten).

Praxisfenster Nr. 6:
Benchmarking eines internen IT-Dienstleisters

Dr. Alois Regl, MBA

Ehemaliger Leiter der IT des Magistrats Linz

Dr. Christoph Andlinger, MBA

Leiter der Abteilung Personal- und Organisationsentwicklung des Magistrats Linz

Die Informationstechnologie des Magistrates Linz (IT) ist ein moderner Inhouse-Dienstleister, der mit ca. 85 Mitarbeitenden knapp 3.000 IT-Arbeitsplätze betreut. Im Rahmen der Einführung einer umfassenden dezentralen Budgetverantwortung mit gegenseitiger Deckungsfähigkeit von Personal- und Sachausgaben erfolgte u. a. die interne Verrechnung aller IT-Leistungen im Magistrat Linz. „Value for money" lautet die Devise, sodass klar definierte Service Levels den Fachdienststellen erlauben, Produkte und Leistungen der IT zu kaufen. Die IT ihrerseits erhält kein Budget, sondern muss sich zu 100% durch den Verkauf von Produkten und Dienstleistungen refinanzieren.

Infolge des knapp bemessenen Budgets wurde innerhalb kurzer Zeit der Ruf nach kostengünstigeren IT-Leistungen laut. Daher fand zur Plausibilisierung der internen IT-Preise ein TCO-Vergleich (Total Cost of Ownership) statt, bei dem die gesamten IT-Kosten durch die Anzahl der IT-Arbeitsplätze dividiert wurden. Dieser Vergleich liefert zwar aufgrund der "ceteris paribus"-Betrachtung der Leistungen nur bedingt eine Aussage über die Wirtschaftlichkeit; dennoch bietet er eine erste Orientierung über die IT-Ausgaben anderer Organisationen. In den vergangenen Jahren wurde ein derartiger Vergleich mehrfach mit diversen österreichischen Städten und privatwirtschaftlichen Unternehmen durch die Abteilung Personal- und Organisationsentwicklung durchgeführt. Linz lag schon beim ersten Vergleich am unteren Ende des Bereichs und hat diese Position seither auch beibehalten (siehe Abb. 1).

Abbildung 1: IT-Kosten je Arbeitsplatz

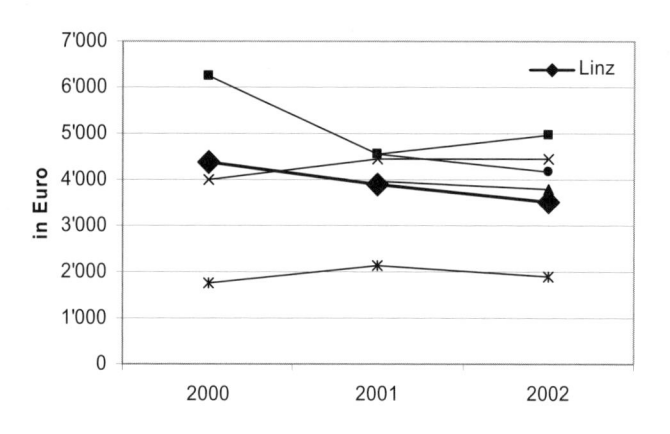

Instrumente des Innovationsmanagements

3.4

Ein vertiefendes, auch die Leistungen im Detail bewertendes Benchmarking fand in der Folge mit der Linz AG, einem privatwirtschaftlich agierenden kommunalen Dienstleister und mit der Stadt Villach statt. Die Abwicklung dieses Benchmarkings erfolgte projektorientiert im 4. Quartal 2003 und 1. Quartal 2004. Mit den Vergleichspartnern einigte man sich, das Produkt „IT-Arbeitsplatz" näher zu analysieren. Nach Konstituierung des Projektteams fand zunächst eine Leistungsdefinition statt. In einem iterativen Prozess definierte man sechs Vergleichsparameter: Hardware (PC, Monitor), Helpdesk und Anwenderservice, Storage (Platten, Datensicherung), Netzwerk und Exchange, Internet, Intranet und Security sowie Lizenzen und Verträge. Der Definitionsprozess erwies sich ob der unterschiedlichen Vorstellungen zu diesen Parametern als sehr komplex und arbeitsintensiv. Das Entwickeln einer gemeinsamen Basis stellte jedoch zugleich einen zentralen Erfolgsfaktor dar; mangelnde Transparenz hätte wohl die Folgeschritte maßgeblich erschwert.

Nach Durchführung der erforderlichen Definitionen folgte die Leistungsmessung und -analyse. Dabei wurden ein Kalkulationsschema entwickelt, relevante Daten erhoben und gemeinsam mit den Benchmarkingpartnern analysiert. Zielsetzung war es, markante Unterschiede heraus zu arbeiten und i. S. von „Ursachenforschung" zu hinterfragen. Um die Analyse der Vergleichsdaten zu ermöglichen, wurden sowohl Daten bezüglich der Servicelevels als auch die technischen Hintergründe miteinbezogen.

Zur Positionsbestimmung der kalkulierten Detailkosten holte man ferner zu Einzelkomponenten (z. B. Hardware, Helpdesk) Angebote von vier am Markt agierenden IT-Anbietern ein. Aufbauend auf den vorliegenden (Analyse-) Daten folgten die Kernpunkte jedes Benchmarking-Prozesses: die Erstellung eines Aktionsplanes zur Leistungsverbesserung und die Realisierung dieses Planes. Mit den Produktverantwortlichen erfolgten dazu klare Zielabsprachen bzw. Prozessverbesserungen und Kostenoptimierungen.

Die gewonnenen Erfahrungen wurden weiter im Benchmarking Ring erörtert. Dabei handelt es sich um einen informellen Kreis von IT-Leitern aus unterschiedlichen Organisationen (Banken, Energie, Industrie, Verwaltung), der sich alle 6-8 Wochen zu einem Meeting trifft.

Wir sind fest davon überzeugt, dass die skizzierte Art des „Lernen von- und miteinander" für alle Beteiligten ausgesprochen wertvoll war. Der für Verwaltungen partiell bestehende fehlende Marktwettbewerb wurde quasi substituiert und eine evolutionäre Weiterentwicklung ermöglicht.

Die realisierten Kostenoptimierungen und Qualitätsverbesserungen für die Endkunden sind pro futuro Anlass, diesen Prozess zu vertiefen und alle zwei Jahre zu wiederholen.

3.4.3 Benchmarking

Vergleich mit dem Klassenbesten

Neue Ideen und Verbesserungsvorschläge können auch durch den kontinuierlichen Vergleich der eigenen Leistungsfähigkeit mit der anderer Einrichtungen ausgelöst werden (vgl. Bräunig 2000: 141 f.). Dies ist der grundlegende Gedanke des Benchmarking, das Lernen von „guten Ideen und Lösungen" bedeutet und dessen Zielsetzung darin besteht, durch den Vergleich mit dem „Klassenbesten" Verbesserungspotenziale in der eigenen Organisation zu erschließen (vgl. Bandemer 2005: 444). Wichtige Voraussetzung ist dabei, dass die Vergleiche systematisch und praxisorientiert durchgeführt werden. Durch die Prüfung der Übertragbarkeit der Ergebnisse des „Klassenbesten" auf die eigene Organisation sollen Lernprozesse, die idealerweise in kontinuierliche Verbesserungsprozesse münden, bei allen Beteiligten initiiert werden (vgl. Schauer/Preslmaier 2003: 19). Somit liegt die Zielsetzung des Benchmarkings nicht darin, eine Bestenliste anzuführen, sondern kreative Ideen und ständiges Lernen zu fördern (vgl. auch vorangehendes Praxisfenster Nr. 6).

Grundsätzlich existieren verschiedene Ansatzpunkte für die Durchführung von Benchmarking-Prozessen. Diese können zum einen zwischen öffentlichen Institutionen bzw. einer öffentlichen Institution und privatwirtschaftlichen Unternehmungen (externes Benchmarking), zum anderen innerhalb einer Verwaltung zwischen den einzelnen Abteilungen oder Betrieben erfolgen (internes Benchmarking). Des Weiteren können quantitative Vergleiche mit Hilfe von Kennzahlen oder qualitative Vergleich durchgeführt werden, wobei sowohl Betriebsfunktionen (z. B. Produktion, Marketing, Logistik) als auch Prozesse oder Verfahrensweisen und Wirkungsmechanismen im Mittelpunkt stehen können.

Benchmarking als Wettbewerbssurrogat

In der Privatwirtschaft ist Benchmarking ein bereits seit längerer Zeit etabliertes Qualitätsinstrument. In der öffentlichen Verwaltung wurde dieses Instrument insbesondere im Rahmen der durch die Kommunale Gemeinschaftsstelle für Verwaltungsvereinfachung (Deutschland) und durch die von der Bertelsmann Stiftung geförderten kommunalen Vergleichsringe eingesetzt. Die Identifikation von Verbesserungspotenzialen, die Steigerung der (Dienstleistungs-)Qualität sowie der Einsatz des Benchmarking als Wettbewerbssurrogat sind die wesentlichen Vorteile dieses Innovationsinstruments für die öffentliche Verwaltung.

3.5 Innovations- und Wissensmanagement

Das Innovationsmanagement im öffentlichen Sektor weist viele Verbindungen zu einem weiteren zentralen Konzept, dem Aufbau eines Wissensmanagements in staatlichen Organisationen, auf. Aufgrund der zunehmend dynamischen und komplexen Veränderungen in der Umwelt von Organisationen gilt das Wissen von Mitarbeitern häufig als die wichtigste Ressource in Organisationen, die unter der Voraussetzung eines richtigen Managements wesentlich zur Überlebensfähigkeit der Organisation beiträgt (vgl. Eichhorn et al. 2003: 1219 und Thom 2005: 1).

Wissen als Ressource

Der Begriff des Wissensmanagements wurde wesentlich von dem Japaner Ikujiro Nonaka geprägt. In seinem Modell stellt er dar, wie das Wissen in einer Organisation systematisch von der individuellen auf der organisationalen Ebene verfügbar gemacht werden kann (vgl. Nonaka 1994: 18 ff.). In einem kontinuierlichen Wechsel zwischen implizitem und explizitem Wissen müssen dabei vier Phasen durchlaufen werden, die im Folgenden kurz charakterisiert werden. Der Prozess der „Sozialisation" (implizit zu implizit) ist dadurch gekennzeichnet, dass Individuen von den Erfahrungen anderer lernen, ohne dass das Wissen explizit gemacht wird. Dies geschieht z. B. innerhalb von Teams oder Arbeitsgruppen. Im Schritt der „Externalisierung" (implizit zu explizit) werden die Teammitglieder dazu animiert, in Gesprächen und mit Hilfe von Metaphern ihre Gedanken und ihr Wissen auszudrücken. Im darauf folgenden Prozess der „Kombination" (explizit zu explizit) tauschen Individuen ihre Gedanken und ihr Wissen aus. Sie verknüpfen dies mit bereits in der Organisation verfügbaren Erfahrungen und Daten und entwickeln in einem iterativen Prozess neue Konzepte. Diese Phase des Ausprobierens führt schließlich im vierten Schritt, der „Internalisierung" (explizit zu implizit), dazu, dass Lernerfahrungen gemacht werden und dass dadurch das neue Wissen bei den Organisationsmitgliedern internalisiert wird. Kerngedanke dieses Wissenskonzepts ist es, die vier unterschiedlichen Phasen in einer Organisation so zu managen, dass sie eine kontinuierliche Abfolge bilden, um den Wechsel zwischen einerseits implizitem und explizitem sowie andererseits individuellem und organisationalem Wissen zu fördern.

Implizites und explizites Wissen

Zwischen dem Innovations- und dem Wissensmanagement in Organisationen bestehen vielfältige Verbindungen (vgl. Minder 2001: 237 ff.). Zum einen kann das Wissensmanagement als wesentliche Voraussetzung für die Ideengenerierung im Rahmen eines Innovationsprozesses gesehen werden. Nur wenn Wissen identifiziert, gespeichert, den Mitarbeitenden in geeigneter Form zur Verfügung

Wissensmanagement als Voraussetzung

gestellt und von diesen genutzt wird, können sich systematische Hinweise auf Innovationspotenziale ergeben. In diesem Zusammenhang kommt v. a. dem Aufbau einer Kultur, welche den Wissenstransfer fördert, grundlegende Bedeutung zu. Zum anderen stellt das Wissensmanagement zahlreiche Instrumente zur Verfügung, die auch im Rahmen des Innovationsmanagements genutzt werden können, wie bspw. Yellow Pages oder Communities of Practice. Schließlich kann die Einführung des Wissensmanagements selbst als eine Sozialinnovation bezeichnet werden.

Ähnlich wie im privaten Sektor wird dem Wissensmanagement auch in öffentlichen Institutionen eine immer größere Bedeutung zugemessen, da zunehmend beide Sektoren ihre Leistungen an Effektivitäts- und Effizienzmaßstäben ausrichten müssen (vgl. Thom/Harasymowicz-Birnbach 2005: 35). Durch den Austausch von Wissen und das Lernen voneinander können beide Sektoren profitieren, indem sie sich die Stärken des anderen zum Vorbild nehmen und eigene Schwächen verringern (vgl. Eichhorn 2005b: 52 und Heiling 2005: 22). Dabei ist auch die Verwaltungsführung gefordert, Wissensbarrieren abzubauen und eine offene, transparente Wissenskultur durch den Aufbau wissensdurchlässiger Prozesse und Strukturen zu fördern (vgl. Amschwand 2007). Die in diesem Zusammenhang wichtigsten Punkte enthält der folgende Blickpunkt (vgl. Ritz 2005c: 250 ff. und Ritz 2005d: 244 ff.).

Im Blickpunkt	Eckpunkte eines erfolgreichen Wissensmanagements
	▪ Abkehr von einem einseitig technischen Ansatz der Daten- und Informationsaufbereitung
	▪ Sicherung des expliziten Wissens i. S. von dokumentierten Informationen bei gleichzeitiger Externalisierung des impliziten Wissens (in den Köpfen der Mitarbeitenden)
	▪ Förderung des Wissensaustauschs zwischen den Mitarbeitenden durch den Aufbau einer Vertrauenskultur, der Etablierung von Netzwerken und dem Einsatz vielfältiger Kommunikationsinstrumente
	▪ Förderung des Austauschs von Wissen mit der Öffentlichkeit bei gleichzeitiger Beachtung des Datenschutzes und der Personenrechte
	▪ Wissenstransfer durch verwaltungsinterne und -externe Kooperationen
	▪ Nutzung von Wissensplattformen (Universitäten und Fachhochschulen)

Innovations- und Wissensmanagement

Fallstudie:
Innovationsorientierung im Eidgenössischen Institut für Geistiges Eigentum (IGE)

1. Ausgangslage

Das Bundesamt für Geistiges Eigentum BAGE wurde am 1. Januar 1996 in das Eidgenössische Institut für Geistiges Eigentum IGE umgewandelt. Das Bundesgesetz über Statut und Aufgaben des Eidgenössischen Instituts für Geistiges Eigentum begründet in betriebswirtschaftlicher Hinsicht die Autonomie des IGE. Das Institut verfügt über eine eigene Rechtspersönlichkeit und ist als öffentlich-rechtliche Anstalt des Bundes ins Handelsregister eingetragen worden. Das IGE hat eine eigene Personalverordnung, ein eigenes Rechnungswesen und ist insofern vom Bundeshaushalt unabhängig. Der Bund ist einzig noch Eigentümer des IGE und der Bundesrat (Bundesregierung) muss die Gebührenordnung für die Dienstleistungserbringung im Immaterialgüterrecht (Marken-, Patent- und Urheberrecht) genehmigen. In politischer Hinsicht ist das Institut der Weisungsbefugnis des Bundesrates bzw. der Vorsteherin des Eidgenössischen Justiz- und Polizeidepartements EJPD unterworfen. Durch die Politikdienstleistungen bei der Gesetzgebung und bei internationalen Verhandlungen wird die Willensbildung der Regierung vorbereitet. Aus organisatorischer Perspektive wurde beim IGE die vom New Public Management geforderte Trennung zwischen Politik und Betrieb sehr konsequent vollzogen (vgl. zur gesamten Institutsentwicklung Ritz 2003a: 329 ff. und Thom et al. 1999: 78 ff.).

Der Verselbständigungsprozess des IGE stellt einen innovativen Schritt in der schweizerischen Bundesverwaltung dar. Der Institutsdirektor kann als eigentlicher Innovator der Public Management-Bestrebungen auf Bundesebene bezeichnet werden und die Loslösung von der Kernverwaltung in den sog. dritten Kreis der Bundesverwaltung stellt eine innovative organisatorische Gestaltungsmaßnahme dar. Daneben zeichnet sich das IGE auch durch verschiedene Merkmale innovativer Betriebsführung im öffentlichen Sektor aus. Im Folgenden werden die Innovationsorientierung des Instituts im Vergleich zu anderen Ämtern aufgezeigt und konkrete Instrumente und Aktivitäten des IGE im Rahmen des Innovationsmanagements erläutert.

2. Innovationsorientierung als Kulturmerkmal

Neben den nachfolgend dargestellten empirischen Ergebnissen zur aktuellen Innovationsorientierung war die Kultur des einstigen Bundesamts bereits vor über zehn Jahren, als ein Reformprozess kaum zu erkennen war, vom innovativen Geist geprägt. Die Thematik der Dezentralisierung und Auslagerung staatlicher Aktivitäten erlebte in den Verwaltungswissenschaften in den letzten zehn Jahren einen neuen Aufschwung. Eine steigende Anzahl europäischer Patent- und Markenämter erhielten zu jenem Zeitpunkt ein unterschiedlich ausgestaltetes Autonomiestatut (Dänemark,

Frankreich, Großbritannien, Schweden u. a.). Die britische Verwaltung mit ihren seit 1968 entstandenen „Agencies" und „Trading Funds", die eine beachtliche Autonomie bei ihrer Aufgabenerfüllung haben, diente der IGE-Entwicklung zu einem wichtigen Teil als Vorbild. 1990 wurde u. a. das britische „Patent Office" in eine selbständige „Executive Agency" überführt. Aus diesem Grund referierte 1994 in der Eidgenössischen Bundesverwaltung eine Vertreterin aus der britischen Verwaltung über die dortigen Veränderungsprozesse und die neuen Organisationsalternativen. Diese ausländischen Ideen und Projektumsetzungen wurden im IGE intensiv verfolgt und auf die eigene Situation übertragen. Der Mut zum pionierhaften Vorgehen innerhalb der schweizerischen Bundesverwaltung führte soweit, dass sich die Institutsleitung aus der eigens initiierten und 1992 gegründeten Amtsdirektorengruppe „Erweiterter Handlungsspielraum" verabschiedete und einen noch weiter reichenden Verselbständigungsprozess in Angriff nahm. Bereits zu diesem Zeitpunkt war besonders die Amtsleitung zu außergewöhnlichen Problemlösungen bereit.

Die Messung der Innovationsorientierung als Kulturbestandteil nach dem Reorganisationsprozess verdeutlicht diese Feststellung (vgl. Ritz 2003a: 398 ff. und Thom et al. 1999: 46 ff.). Die Innovationsorientierung wird beim IGE jeweils deutlich über dem Skalenmittelwert eingeschätzt. Die Bedeutung neuer Lösungswege hat nach Aussagen der befragten Institutsmitarbeitenden klar zugenommen. Am positivsten wird die Suche nach neuen Lösungen durch die vergrößerte Selbständigkeit der Abteilungen eingeschätzt, danach folgt die verbesserte Problemlösung aufgrund regelmäßiger Überprüfung der Abläufe sowie der vergrößerte individuelle Handlungsspielraum bei der Arbeit (vgl. Tabelle 1). Im Vergleich mit zwei anderen Ämtern, die ebenfalls mittels Leistungsauftrag und Globalbudget geführt werden, jedoch einen geringeren Handlungsspielraum in organisatorischer Hinsicht besitzen und später als das IGE mit dem Reformprozess begannen, weisen die berechneten Mittelwerte beim IGE jeweils die höchsten Ausprägungen auf. Daraus lässt sich auf eine tendenziell am stärksten eingeschätzte Innovationsorientierung im IGE schließen.

Tabelle 1: Innovationsorientierung unterschiedlicher Reformämter

Skalenmittelwert=2.0 auf Skala 1 (abgenommen), 2 (gleich geblieben) bis 3 (zugenommen)	Amt A (n≥62)	Amt B (n≥41)	Amt C (n≥58)
Bedeutung neuer Lösungswege nach der Reform	2.20	2.34	2.57
Skalenmittelwert = 2.5 auf Skala 1 (trifft überhaupt nicht zu) bis 4 (trifft ganz und gar zu)	Amt A (n≥62)	Amt B (n≥41)	Amt C (n≥58)
Die Abteilung kann seit der Reform selbständiger arbeiten und je nach Bedarf nach neuen Lösungen suchen	2.46	2.83	3.16
Die Bedeutung neuer Lösungswege hat sich verändert, da interne Abläufe regelmäßig überprüft werden	2.51	2.60	2.87
Mehr Handlungs- und Entscheidungsspielraum bei der täglichen Arbeit als vorher und kann daher neue Lösungswege ausprobieren	2.23	2.46	2.78

Innovations- und Wissensmanagement

3. Innovationsinstrumente

An dieser Stelle werden zwei im Einsatz stehende Innovationsinstrumente des IGE, so wie sie generell in den vorangegangenen Kapiteln beschrieben wurden, dargestellt. Dies ist zum einen der Beizug von organisationsexternen Fachexperten in Beiräten und die Zusammenarbeit mit den Verwaltungskunden in Fachgruppen, zum anderen die aktive Nutzung von Beschwerden durch das Mängelmanagement.

4. Institutsrat und Arbeitsgruppen im IGE

Das Institut für Geistiges Eigentum IGE besitzt als Steuerungsgremium einen Institutsrat, der sich aus 9 Personen zusammensetzt und von der Bundesregierung für jeweils eine Amtsperiode mit der Möglichkeit zur Wiederwahl gewählt wird. Er stellt im Bereich der Betriebsführung das oberste Organ dar und steuert das Institut im Rahmen des Budgetierungs- und Rechnungslegungsprozesses. Die Bundesregierung und ihre Mitglieder als Ministerienvorsteher üben die Steuerung über die politischen Aktivitäten mittels einer Leistungsvereinbarung aus. Nach Aussagen des Institutsdirektors erlaube dies eine viel stärker aufgabenbezogene und kundenorientierte Steuerung der Institutstätigkeiten im Vergleich zur früheren Steuerung über die parlamentarischen Gremien. Dem Institutsrat gehören zurzeit drei Patent- bzw. Markenanwälte, zwei Vertreter der Verwaltung, ein Universitätsprofessor sowie drei Personen aus privatwirtschaftlichen Unternehmungen an, welche intensive Kundenbeziehungen mit dem Institut pflegen und dessen Systeme nutzen. Die Mitwirkung dieser fachkompetenten Personen trägt entscheidend zu neuen Lösungsansätzen auf der strategischen Führungsebene bei. Zudem ist dieses Steuerungsgremium im Gegensatz zu den früheren Ministerienvertretern dem Institutsgeschäft viel näher verbunden. Die Mitglieder des Institutsrats haben Einsicht in die einzelnen Institutsprojekte und nehmen gegebenenfalls auch Einfluss, indem ein Projekt nicht bewilligt wird und die entsprechenden Budgetmittel nicht bereitgestellt werden. Nach der Gründung des neuen IGE wurde bspw. vom Institutsrat die Notwendigkeit eines starken Ausbaus des Rechnungswesens und des Controllings erkannt und der Auftrag erteilt, in diesem Bereich besondere Anstrengungen zu unternehmen. Dies war angesichts der gestiegenen Bedeutung von Transparenz und Rechenschaftspflicht öffentlicher Institutionen gegenüber der Politik aber auch gegenüber Bevölkerung und Privatwirtschaft ein wegweisender Schritt.

Seit 1999 existiert im Weiteren eine Arbeitsgruppe, die sich aus Institutsmitarbeitenden sowie Großkunden zusammensetzt. Diese partizipieren bei der Entwicklung eines neuen Verfahrens zur elektronischen Markenanmeldung. Die Großkunden bringen ihre Erwartungen und Ansprüche in die Arbeitsgruppe ein und testen gleichzeitig das Pilotprojekt, indem sie fiktive Markenanmeldungen auf dem neuen System durchführen. Diese partnerschaftliche und innovative Form der Produktentwicklung dient einerseits der Kundenorientierung des Instituts, andererseits dem Kunden durch die Bereitstellung von Angeboten, die seine Bedürfnisse decken.

Abgerundet wird diese Innovationsstrategie in der Instituts- und Produktentwicklung durch einen regelmäßig stattfindenden Kundentag zur Intensivierung der Kundenbeziehung und des informellen Austauschs über das Leistungsangebot und die Leistungsansprüche.

5. Mängelmanagement

Seit 1997 verfügt das IGE über ein Management von Reklamationen und Anregungen, um einerseits das Wissen über die Kundenbeanstandungen und -bedürfnisse laufend zu vertiefen und andererseits diese Erkenntnisse für die Optimierung der Dienstleistungen und Prozesse nutzen zu können. Reklamationen werden grundsätzlich als wichtig betrachtet und erfordern deshalb aus Institutssicht einer besonderen Aufmerksamkeit. Das systematische und aktive Beschwerdemanagement des IGE versteht Reklamationen als Chancen in folgender Hinsicht:

- Chance, unzufriedene Kunden überhaupt zu entdecken, da sich nur ein sehr geringer Anteil der unzufriedenen Kunden von selbst meldet.
- Chance, unzufriedene Kunden durch Vermeidung von Nachfrageverzicht oder von Abwanderungen zur Konkurrenz als Kunden zu behalten. Hierbei ist zu beachten, dass Nachfrageverzicht teilweise auch in hoheitlichen Leistungsbereichen möglich ist. So können bspw. Unternehmungen, die dem Nutzen von Schutzrechten skeptisch gegenüberstehen und zusätzlich negative Erfahrungen mit Institutsleistungen gemacht haben, zukünftig auf einen Patent- oder Markenschutz verzichten.
- Chance, die Unzufriedenheit von Kunden in Zufriedenheit umzuwandeln, bevor diese ihren Unmut an Dritte weitererzählt haben.
- Chance, durch eine rasche, unkomplizierte und kundenfreundliche Lösung von Problemen das Vertrauen in das Institut zu stärken und die Kundentreue zu erhöhen. Kunden, deren Beschwerdeproblem gelöst wurde, sind unter Umständen treuere Kunden als solche, die nie Anlass zur Unzufriedenheit hatten.
- Chance, durch Reklamationen die Bedürfnisse der Kunden besser verstehen zu können, so dass sich die Institutsleistungen verbessern lassen.
- Chance, durch eine systematische Beschwerdenauswertung Innovationen zu generieren.

Diese Leitgedanken äußern sich im Mängelmanagement durch die breite Abstützung des Systems und dessen Zielsetzungen: Sechs Kaderpersonen (verteilt auf alle Abteilungen des Instituts) sind für die Reklamationsbearbeitung und eine innerhalb von 48 Stunden gewährte Antwort an den Kunden verantwortlich. Ist dies nicht möglich, dann wird dem Kunden im selben Zeitraum mindestens der Beschwerdeeingang bestätigt und die Bearbeitung des Anliegens versichert.

3.5 Innovations- und Wissensmanagement

Die vier Phasen des idealtypischen Beschwerdeprozesses lassen sich folgendermaßen charakterisieren (vgl. Abb. 1):

1. Stimulation von Beschwerden
   Die Kunden werden aktiv aufgefordert, ihre Unzufriedenheit auszudrücken und sich beim Institut zu beschweren sowie Anregungen an das Institut weiterzugeben.

2. Erfassung und Bearbeitung von Beschwerden
   Da Beschwerden auf unterschiedlichste Weise (mündlich, telefonisch, brieflich, elektronisch), an den verschiedensten Orten und aus vielfältigsten Gründen (Leistungsqualität, Formalitäten, administrative Abwicklung und Personen) anfallen, müssen sie für die Bearbeitung kanalisiert werden.

3. Problemlösung
   Die Ursache für die Unzufriedenheit des Kunden soll erkannt, eine für den Kunden sowie den Leistungsbereich adäquate Problemlösung entwickelt und diese dem Kunden mitgeteilt werden.

4. Feedback
   Die Feedbackphase erfolgt nach Benachrichtigung des Kunden über die Problemlösung und soll im Rückblick die Zufriedenheit des Kunden mit dem Verlauf und dem Ergebnis der Beschwerdebearbeitung erfassen.

Abbildung 1: Ablauf des Beschwerdeprozesses im IGE

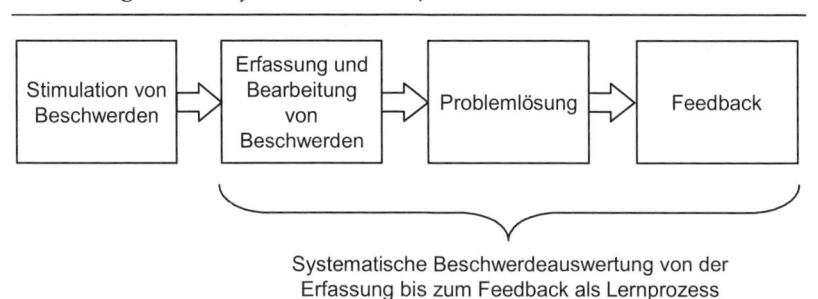

```
[Stimulation von Beschwerden] → [Erfassung und Bearbeitung von Beschwerden] → [Problemlösung] → [Feedback]
                                 _____/
                                  Systematische Beschwerdeauswertung von der
                                  Erfassung bis zum Feedback als Lernprozess
```

Ein Hauptmerkmal des Mängelmanagements im IGE ist dessen breite Abstützung bei allen Mitarbeitenden. Alle einfacheren Reklamationen – solche, die durch Erklärung eines Sachverhalts erledigt werden können – werden vom durch die Beschwerde betroffenen und adressierten Institutsmitarbeitenden direkt bearbeitet. Die detaillierte Aufgabenzuordnung im Beschwerdemanagement des IGE ist in der Tabelle 2 dargestellt.

Tabelle 2: Aufgaben der Institutsstellen im Beschwerdemanagement

Stelle	Hauptaufgaben
Alle Institutsmitarbeitenden	– Selbständige Erledigung aller einfacheren Reklamationen und Anregungen, die persönlich an sie adressiert wurden, innerhalb von 48 Stunden. Bei schriftlicher Erledigung ist eine Kopie an den Kundendienst weiterzuleiten – Weiterleitung von komplexeren Problemfällen an den Kundendienst der betroffenen Abteilung mit minimaler Zeitverzögerung
Kundendienst der Fachabteilungen	– Erfassung der direkt bei ihm eingehenden und an ihn weitergeleiteten Beschwerden auf elektronischem Formular – Kommunikation der Problemlösung oder mindestens Eingangsbestätigung innerhalb von 48 Stunden – Erledigt möglichst viele Reklamationen in Abhängigkeit seines Fachwissens selbständig, leitet übrige weiter – Er überwacht den Status der Beschwerdebehandlung und kommuniziert definitive Problemlösungen an Kunden – Meldet monatlich die behandelten Beschwerden zur systematischen Auswertung an das Marketing – Sorgt für ständige Erreichbarkeit (ggf. durch Stellvertretung)
Marketing	– Plant, realisiert Maßnahmen zur Stimulierung von Beschwerden – Wertet die Beschwerden systematisch aus – Realisiert mit Fachabteilungen die Einholung des Feedbacks – Initiiert Verbesserungen der Dienstleistungen und des Mängelmanagements – Erstellt regelmäßig einen Bericht über die Erkenntnisse aus dem Beschwerdemanagement
Telefonzentrale, Empfang	– Leitet telefonisch eingehende Reklamationen an den Kundendienst der betroffenen Fachabteilung weiter

Insgesamt ist das IGE ein anschauliches Beispiel für die Erzeugung und Umsetzung von Innovationen in einer staatlichen Institution. Die vorbildliche Innovationskultur ist fest in der Institutsleitung verankert und zeigt sich einerseits durch die Übernahme einer Pionierrolle im Rahmen der Verwaltungsmodernisierung. Andererseits arbeitet das Institut mit Instrumenten und Konzepten, welche der Erzeugung von Innovationen dienlich sind und für die kontinuierliche Prozess- sowie Leistungsverbesserung genutzt werden. Als Beispiel können hier die informationstechnologische Verbreitung der Institutsdienstleistungen durch das Internet und andere Kommunikationssysteme genannt werden, womit das IGE international eine Vorreiterrolle einnimmt. Schutzrechtssysteme werden zukünftig nicht mehr einseitig als Monopol zu Gunsten der Schutzrechtsinhaber (Privatpersonen und Unternehmungen) verstanden, sondern verstärkt als Träger und Erzeuger von wirtschaftlich äußerst relevanten Informationen, die sowohl für die staatliche Politik i. S. der Forschungs- und Technologieförderung als auch für die Wettbewerbsfähigkeit der Wirtschaft von großer Bedeutung sind.

Das Informationsmanagement zur Transparenzsteigerung

Kapitel 4

4.1 Informationen als Teil der politisch-administrativen Steuerung

Informations- und Kommunikationsprozesse gewinnen angesichts des gesellschaftlichen und technologischen Wandels in der staatlichen Verwaltung an Bedeutung. Das Informationsbedürfnis der Stakeholder (z. B. Bürger, Parlamentsmitglieder, Leistungsempfänger, Interessengruppen, Nicht-Regierungsorganisationen) steigt laufend, da die Beschaffung sowie der Vergleich von Informationen und Wissen heute einfacher fällt als früher. Technologische Entwicklungen ermöglichen zusätzlich eine qualitativ immer bessere, mengenmäßig breitere, zeitlich raschere und örtlich unabhängigere Informationsversorgung sowohl der Führungsverantwortlichen als auch der Anspruchsgruppen.

Das vierte Kapitel in diesem Buch widmet sich nach dem Innovationsmanagement dem Aspekt des Informations- und Performance-Managements als Teil des Public Management-Ansatzes und kennzeichnet die Verknüpfung beider Teilbereiche. Informationen sind die Basis von Entscheidungen und je komplexer die Entscheidungssituation ist, desto wichtiger werden Informationen, damit innovative und zielkonforme Entscheidungen resultieren können.

Vor dem Hintergrund unterschiedlicher Ansätze der Erfolgskontrolle staatlichen Handelns (vgl. Ritz 2003a: 36 ff.) werden in diesem Kapitel drei Konzepte vertieft, die alle der Informationsbeschaffung und -nutzung zur Entscheidungsvorbereitung in Politik und Verwaltung dienen. Zunächst wird das Informationsmanagement aus der Sicht des Controllings betrachtet. Zwei aktuelle Instrumente, das Managementinformationssystem (MIS) und die Balanced Scorecard (BSC), werden vorgestellt. Danach wird auf die verschiedenen Konzepte des Qualitätsmanagements eingegangen, bevor abschließend die Möglichkeiten der verbesserten Entscheidungsfindung aufgrund der Evaluationsmethode dargestellt werden.

4.1 Informationen als Teil der politisch-administrativen Steuerung

Staatlichen Organisationen kommt im Wettlauf um Informationen eine wichtige Rolle zu, da diese vielfach über jene Informationen verfügen, die maßgeblich zur Legitimation staatlichen Handelns vor dem Hintergrund funktionierender rechtsstaatlicher Institutionen beitragen (vgl. nachfolgendes Praxisfenster Nr. 7). Damit dies gewahrt wird, sind transparente sowie professionelle Informations- und Kommunikationsprozesse innerhalb der staatlichen Verwaltung wichtig. Diese müssen den Informationsbedürfnissen der verschie-

Legitimationsgrundlage

4 Das Informationsmanagement zur Transparenzsteigerung

denen Anspruchsgruppen genügen und die Erfolgskontrolle staatlichen Handelns ermöglichen. Gleichzeitig ist aufgrund der Managementreformen im öffentlichen Sektor die Bedeutung von Informationen, welche anhand von Indikatoren gemessen, zu Kennzahlen verdichtet und zur Entscheidungsfindung genutzt werden, gestiegen. Hier haben sich die Begriffe der Leistungsmessung (Performance Management) und des Leistungsvergleichs (Benchmarking) etabliert (vgl. z. B. Kuhlmann/Bogumil/Wollmann 2004 und die Kapitel 3.4.3 sowie 5.3.2.3).

Politische und betriebliche Ebene

Informationen sind als Entscheidungsprämissen für die politisch-administrative Steuerung unabdingbar. Dabei werden unterschiedliche Informationen für die politische und betriebliche Steuerung benötigt. Auf der politischen Ebene dient das Informationsmanagement primär der Oberaufsicht des Parlaments und konzentriert sich auf die regelmäßige, punktuelle und mehrheitlich nachträgliche Informationsbeschaffung. Aus inhaltlicher Perspektive dienen die Informationen der politischen Entscheidungsfindung durch das Parlament und die Regierung. Die Informationsprozesse auf dieser Ebene werden im Folgenden dem Reporting bzw. Berichtswesen zugeordnet. Demgegenüber zeichnet sich das Informationsmanagement auf der betrieblichen Ebene durch regelmäßige, flächendeckende sowie für die Zukunft steuerungsrelevante Informationsprozesse aus. Die laufende Steuerung und Zielerreichung i. S. der Controllingverantwortung und weniger die nachträgliche Kontrollverantwortung steht im Zentrum des Informationsmanagements bei den Ministerien und Dienststellen. Dementsprechend sind es primär Inhalte betrieblicher Natur, wie qualitative und quantitative Informationen aus dem Finanz-, Leistungs- oder Personalbereich, die das Informationsmanagement charakterisieren. Auf beiden Ebenen werden Informationen aber auch als Grundlage institutioneller Machtpolitiken verwendet, denn ein Informationsvorsprung kennzeichnet letztlich einen Vorteil in politischen und betrieblichen Aushandlungsprozessen (vgl. Crozier/Friedberg 1979: 52 f.).

Tabelle 5 verdeutlicht die unterschiedlichen Anforderungen an das Informationsmanagement in Bezug auf Informationszweck, -inhalt, -form und -termin.

Informationen als Teil der politisch-administrativen Steuerung

4.1

Anforderungen an das Informationsmanagement

Tabelle 5

Ebene	Informations-zweck	Informations-inhalt	Informations-form	Informations-termin
Politische Ebene	Politische Entscheidungsfindung Parlamentarische Oberaufsicht Grundlage für Budgetierung Festlegung von Wirkungszielen Früherkennung Zielkorrektur	Langfristige Wirkungsinformationen Politikrelevante Programminformationen	Verdichtet, fokussiert Standardisiert Verstärkt qualitativ	Periodisch oder punktuell Ex post
Betriebliche Ebene	Betriebliche Entscheidungsfindung Laufende Steuerung, Vollzugsabläufe Flächendeckende Kontrolle Festlegung von Leistungs- und Prozesszielen Prozesskorrektur	Kurz- und mittelfristige Leistungsinformationen Führungsrelevante Prozessinformationen	Vollständig Situativ Standardisiert Qualitativ und quantitativ	Begleitend-periodisch

Die Akteure auf den jeweiligen Ebenen verhalten sich bei der Beschaffung, Nutzung und Verbreitung von Informationen konform mit ihren Rationalitäten (vgl. Abb. 4, Kapitel 1). Das hat zur Folge, dass die politische Rationalität ihre eigenen Gesetzmäßigkeiten verfolgt und bspw. das Interesse an administrativen Detailinformationen plötzlich zur politisch relevanten Information im Rahmen der Oberaufsicht werden kann. Die in der Tabelle erwähnten Anforderungen an das Informationsmanagement beziehen sich somit auf die institutionalisierten Routineinformationsprozesse. Information und Kommunikation während Krisensituationen sind darin nicht enthalten bzw. folgen anderen Grundsätzen (vgl. Carrel 2004).

4 Das Informationsmanagement zur Transparenzsteigerung

Praxisfenster Nr. 7: Neue Herausforderungen staatlicher Kommunikation

Prof. Dr. Kurt Nuspliger

Staatsschreiber, Staatskanzlei des Kantons Bern

1. Ausgangslage

Der Kanton Bern hat sich vor einiger Zeit eine neue Verfassung gegeben. Diese Verfassung bekennt sich zu einem modernen Verständnis staatlicher Kommunikation. Dieses beruht auf zwei Säulen:

1. Verbindlicher Informationsauftrag
   Nach Art. 70 der Verfassung müssen die Behörden „über ihre Tätigkeit ausreichend informieren". Ausreichend ist eine Information dann, wenn sie den Umständen entsprechend rasch, umfassend, sachgerecht und klar ist. Nur eine ständige und qualitativ hochstehende Informationspolitik schafft Vertrauen in die Tätigkeit von Parlament, Regierung und Verwaltung.

2. Öffentlichkeitsprinzip
   Art. 17 Abs. 3 der bernischen Verfassung legt fest, dass jede Person ein Recht auf Einsicht in amtliche Akten hat, soweit keine überwiegenden öffentlichen oder privaten Interessen entgegenstehen. Dieses Akteneinsichtsrecht besteht unabhängig vom Nachweis eines eigenen schutzwürdigen Interesses oder eines persönlichen Bezugs zu den fraglichen Akten. Das Recht auf Akteneinsicht kann, weil es sich um ein Grundrecht handelt, in letzter Instanz beim Verwaltungsgericht eingeklagt werden. Es gibt nur wenige Gerichtsentscheide.

2. Die Umsetzung des Öffentlichkeitsprinzips

Behördenmitglieder und Kader der Verwaltung im Kanton sowie in den Gemeinden wurden im Hinblick auf die Einführung des Öffentlichkeitsprinzips geschult. Später wurde die Broschüre „365 Tage Öffentlichkeitsprinzip" herausgegeben. Diese Broschüre enthält Fallbeispiele und Hinweise für die Praxis. Das Öffentlichkeitsprinzip trug auch zur Entwicklung einer modernen Verwaltungskultur bei. Dokumente werden von Anfang an so erfasst, dass später der Zugang für einen weiteren Kreis berechtigter Personen erleichtert wird. Die Verwaltung wurde für Fragen der Transparenz und des Personendatenschutzes sensibilisiert. Der Datenschutzbeauftragte des Kantons Bern bestätigt, dass die Einführung des Öffentlichkeitsprinzips die Position des Datenschutzes nicht geschmälert hat. Zusätzliche Kosten sind kaum entstanden.

3. Erfahrungen mit dem Öffentlichkeitsprinzip

Die kantonalen Behörden, die Gemeinden und die Medienschaffenden wurden vor einiger Zeit über Ihre Erfahrungen mit dem Öffentlichkeitsprinzip befragt. Die Erfahrungen sind gut. Der befürchtete Ansturm auf die Amts-

Informationen als Teil der politisch-administrativen Steuerung

stuben blieb aus. In der Praxis werden in den meisten Fällen gangbare Wege gefunden. In der Regel werden die gewünschten Auskünfte in formloser Art erteilt. Der formelle Weg des Gesuchs um Akteneinsicht wird von den Medienschaffenden kaum begangen.

Das Öffentlichkeitsprinzip hat sich in heiklen Situationen als Instrument der aktiven Politikgestaltung erwiesen. Dazu ein Beispiel: Im Kanton Bern war der Neubau des INO (Intensivbehandlungs-, Notfall- und Operationszentrum) im Inselspital seit längerer Zeit Gegenstand politischer Diskussionen. Zeitliche Verzögerungen und Kostenüberschreitungen wurden kritisiert. Das zuständige Regierungsmitglied veranlasste die Durchführung einer Untersuchung durch externe Spezialisten. Vorerst bestand die Absicht, den Medienschaffenden nur eine Zusammenfassung des Untersuchungsberichts abzugeben. Wegen des Öffentlichkeitsprinzips wurde der integrale Schlussbericht schließlich im Internet zugänglich gemacht. Diese Maßnahme erwies sich als vertrauensbildend.

4. Fazit

Die Erfahrungen im Kanton Bern lassen sich in drei Punkten zusammenfassen:

1. Die Einführung des Öffentlichkeitsprinzips hat sich bewährt. Die Rückmeldungen der Bürgerinnen und Bürger und der Medienschaffenden sind positiv.

2. Das Öffentlichkeitsprinzip und eine aktive Informationspolitik der Behörden haben sich als richtig erwiesen. Das Öffentlichkeitsprinzip ist Teil einer modernen Problemlösungsstrategie.

3. Das Öffentlichkeitsprinzip ist mit geringen Kosten verbunden. Die Behörden können durch eine adäquate Dossierkultur selbst auf das Ausmaß der Kosten Einfluss nehmen.

Das Informationswesen staatlicher Institutionen befindet sich noch vielerorts im Aufbau. Das vorhandene Informationswesen orientiert sich zu einem großen Teil an Ein- und Ausgaben, während die Bewertung der eigentlichen Leistungsprozesse noch am Anfang steht. Im Rahmen der Public Management-Reformen in der Schweiz haben sich jedoch neue Reportingprozesse verbreitet und v. a. die Führung mit Leistungskontrakten und Globalbudgetierung (vgl. Kapitel 5.3.2) verlangt aufgrund der vielfältigen und umfassenden Kompetenzdelegationen nach einem professionellen Informationsmanagement in Politik und Verwaltung. In diesem Zusammenhang wurden Führungskräfte in der Verwaltung nach dem Nutzen dieser beiden Instrumente befragt (vgl. Ramelet 2004: 85). Sowohl Leistungskontrakten als auch dem Globalbudget wird ein hoher Nutzen im Bereich der Leistungs- und Wirkungsorientierung zugeschrieben. Dies bedeutet, dass Leistungsprozesse entlang ihrer vollständigen Wirkungsketten betrachtet werden, indem eine Orientierung an Zielen, Ergebnissen und Auswirkungen staatlichen Handelns angestrebt und die Informationen hierüber transparent gemacht werden.

4.2 Controlling als Denkhaltung

Denkhaltung für Führungskräfte

Der Controlling-Begriff dominiert die Sprache der Verwaltungspraxis der letzten Jahre immer mehr. Im Zuge eingeleiteter Dezentralisierungsschritte bzw. aufgrund des notwendigen Steuerungswissens zur Führung des Gewährleistungsstaats werden Controlling-Instrumente in großem Ausmaß implementiert und sollen eine Nahtstelle zwischen Politik und Verwaltung bzw. öffentlichen Unternehmen zur verbesserten Planung und Steuerung bilden. Controlling kennzeichnet jedoch nicht primär die Einführung neuer Rechnungs-, Kennzahlen- und Datenerfassungssysteme, sondern eine in Zukunft für alle Führungskräfte notwendige Denkhaltung zur Übernahme der Informationsverantwortung in ihrer Führungstätigkeit.

Führungsunterstützung

Unter Controlling wird im Folgenden ein laufender informationsverarbeitender Prozess zur Überwachung und Steuerung der Aktivitäten einer staatlichen Organisation im Hinblick auf deren Zielerreichung verstanden. Controlling ist somit Führungsunterstützung und wird klassisch in die Teilfunktionen der Informationsversorgung, der Steuerung und Planung sowie der Koordination unterteilt (vgl. Weber/Schäffer 2006: 16 ff. und Berens/Hoffjan 2004: 6).

4.2 Controlling als Denkhaltung

Die Informationsversorgung ist die eigentliche Kernfunktion des Controllings und umfasst insbesondere die Aufbereitung entscheidungsrelevanter Informationen (u. a. durch das Rechnungswesen). Die Steuerungs- und Planungsfunktion kennzeichnet die zielorientierte Lenkung und Überwachung durch geeignete Instrumente (z. B. Leistungskontrakte, Zielvereinbarungen und Pläne) und stellt Controlling als einen Teil der gesamten Führung dar. Die Koordination unterschiedlicher Teilsysteme der Verwaltungsführung (z. B. Strategie-, Personal-, Planungs- und Informationssystem) verfolgt das Ziel, effiziente und effektive Aufgabenerfüllung verhindernde Koordinationsdefizite zu vermindern, was die Verbindung des Controllings zu anderen Elementen der Führung, z. B. zu Anreizsystemen im Rahmen der Personalführung verdeutlicht. Die angesprochene Denkhaltung wird anhand des Regelkreis-Denkens in Abbildung 24 veranschaulicht.

Controlling-Funktionen

Der Regelkreis des Controlling-Denkens — *Abbildung 24*

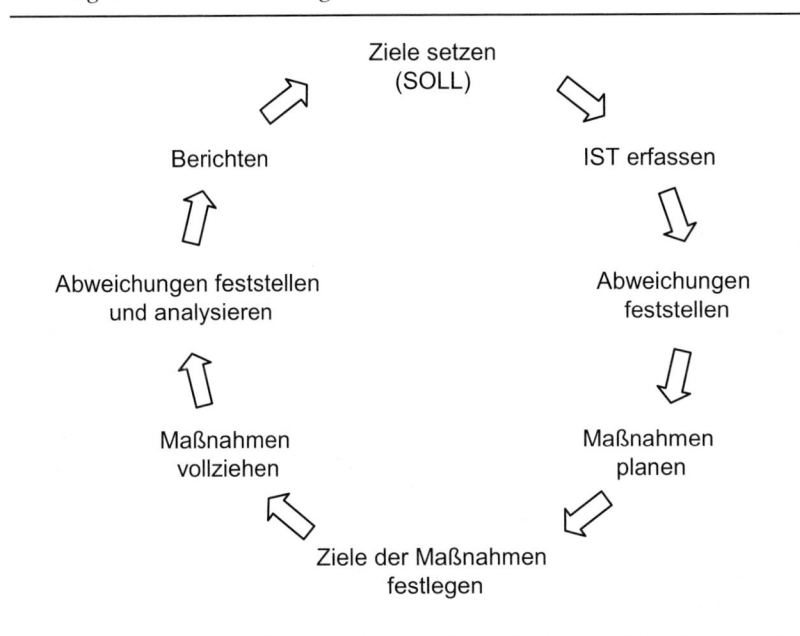

Ziele setzen (SOLL) → IST erfassen → Abweichungen feststellen → Maßnahmen planen → Ziele der Maßnahmen festlegen → Maßnahmen vollziehen → Abweichungen feststellen und analysieren → Berichten → (Ziele setzen)

Im Regelkreis-Denken wird die Informationsfunktion des Controllings deutlich. Ziele werden aufgrund von Informationen festgelegt oder angepasst und laufende Maßnahmen werden ebenfalls aufgrund aktueller Informationen gesteuert. Diese Denkhaltung bei Akteuren mit einer Controllingverantwortung im öffentlichen Sek-

Controlling und politische Information

tor zu verankern, ist mit Schwierigkeiten verbunden. Zum einen konkurrieren die betrieblichen Informationen zur Zielfestlegung mit vielfach entgegen gesetzten oder sehr unsicheren Informationen aus dem politischen Umfeld, was die Bedeutung des Controllings zwar erhöht, dessen Verwendbarkeit aber auch erschwert. Zum anderen verlangt es von den Controlling-Beauftragten ein stärkeres Bewusstsein für ihre Steuerungsverantwortung im Gegensatz zur früheren vergangenheitsorientierten Kontrollverantwortung. In der Schweiz befindet sich bspw. die Schulaufsicht im Umbruch. Die Mitglieder der Schulaufsicht verlieren aufgrund neu institutionalisierter Schulleiterinnen und Schulleiter an konkreten Führungs- und Kontrollaufgaben. Die ihnen nunmehr übertragene Controllingverantwortung ist vielfach nicht klar verständlich und erfordert ein grundsätzliches Überdenken der bisherigen Rollenteilung bzw. der konkreten Tätigkeiten im Rahmen des Controllings.

Einführungsprobleme

Im Zuge der Managementreformen der vergangenen Jahre hat die Einführung des Controllings in öffentlichen Verwaltungen auch Probleme mit sich gebracht. Einerseits führte die rasch geforderte Institutionalisierung von Controller-Stellen, -Stäben und -Diensten zu einer übermäßig stark kennzahlenlastigen Gestaltung neuer Führungsinstrumente. Zu viel Energie wird in die Implementierung neuer Instrumente des Rechnungs- und Informationswesens investiert, quantitative Indikatoren dominieren die Erfolgsanalysen und für die Entscheidungsfindung kaum relevante Daten werden aufwendig generiert. Andererseits werden die Linienstellen vermehrt der Kontrolle neuer Querschnittsabteilungen unterstellt, was den vielerorts im Rahmen der Reformen angestrebten erweiterten Handlungsspielraum wieder einengt. Zusätzlich kommt bei Großverwaltungen die neue Herausforderung hinzu, dass die unterschiedlichen Controllingdienste und -verantwortlichen ein gemeinsames Controllingverständnis sowie daraus abgeleitete für die ganze Verwaltung kohärente Maßnahmen entwickeln müssen. Grundsätzlich empfiehlt sich eine Zurückhaltung beim Aufbau neuer Stabsstellen und Managementinstrumente. Controlling soll in der Verwaltungspraxis nicht als einen Mehraufwand generierendes, technokratisches Managementinstrument, sondern als grundlegende Denkhaltung und umfassende Informationsverantwortung aller Mitarbeitenden Eingang finden. Notwendig ist die vorgängige Analyse, ob der Aufbau neuer Funktionen und Stellen oder nur die Bildung neuer Kompetenzen erforderlich ist.

Controlling als Denkhaltung **4.2**

Controlling als Bestandteil des Führungssystems — *Abbildung 25*

Führungssystem

- **Zielsystem** (Rechtsgrundlagen, Leitbild)
- **Organisation** (Aufbau- und Ablauforganisation, verschiedene Aufgabenträger)
- **Planungs- und Kontrollsystem** (Legislaturplanung, Politikplan, Strategien, Kontrakte, Zielvereinbarungen)
- **Controlling**
- **Personalführungssystem** (HR-Prozesse und HR-Instrumente)
- **Informationssystem** (IKT, Informationsprozesse, -gefässe)
- **Budgetierungs- und Rechnungssystem** (Budgetprozess, Rechnungswesen, Finanzreporting)

Leistungssystem

Abstimmung mit vorhandenem Führungssystem

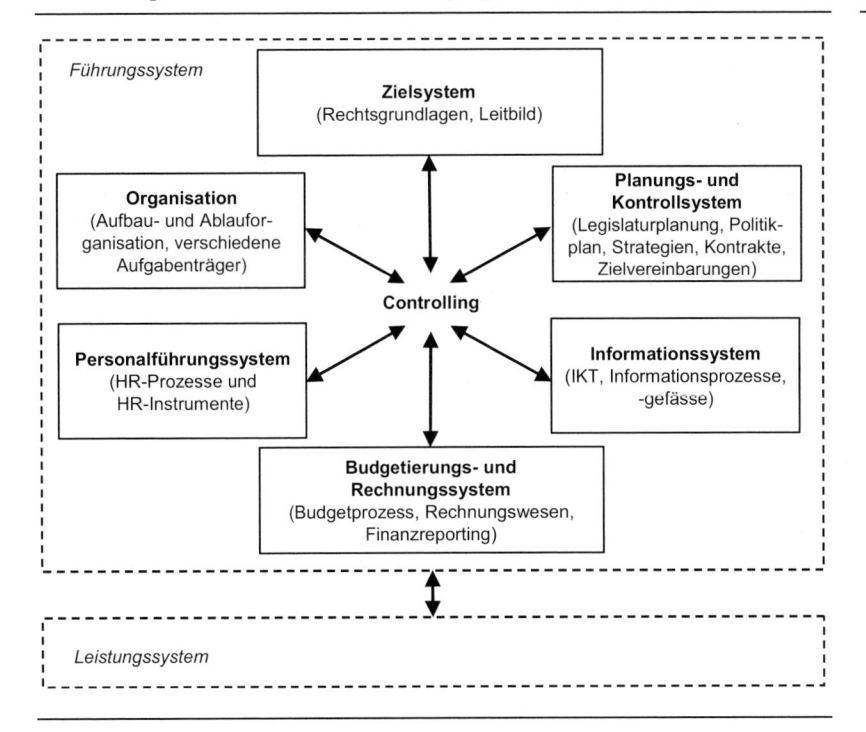

Bevor auf einzelne Instrumente des Controllings eingegangen wird, gilt es auf einen letzten Gefahrenpunkt aufmerksam zu machen. Die Einführung neuer Managementinstrumente im Rahmen des Controllings bedarf der situativen Abstimmung mit dem vorhandenen Führungssystem auf der politischen und betrieblichen Ebene. Die bereits bestehenden Führungsinstrumente und deren Prozesse können durch die koordinierende Wirkung des Controllings erneuert, verbessert und ergänzt werden. Das Controlling bedient sich aber der vorhandenen Führungsinstrumente und versucht, durch ihren optimalen Einsatz eine möglichst effektive und effiziente Führung der Organisation zu erreichen. Nur wo nötig ersetzen Controllingprozesse und -instrumente die bisherigen Abläufe und Systeme. Aus dieser Perspektive beschränkt sich Controlling nicht nur auf das Rechnungswesen. Abbildung 25 verdeutlicht diese primär koordinierende Funktion des Controllings (vgl. Küpper 1987: 99).

4.2.1 Berichtswesen und Managementinformationssysteme

Controlling und Berichtswesen

Während in einem Unternehmen das Berichtswesen bzw. Reporting das Kernprodukt der Controller für das Management darstellt, umfasst das Berichtswesen in der öffentlichen Verwaltung grundsätzlich alle Berichte der Exekutive an die Legislative (vgl. Eichhorn et al. 2003: 113 f.). In der Verwaltungspraxis hat sich angesichts der Verbreitung von Controlling- und Reporting-Prozessen das Verständnis durchgesetzt, dass auch die verwaltungsinternen Berichte zum Berichtswesen gezählt werden. Ohne das Berichtswesen verliert das Controlling seine Bedeutung, da die Informationsfunktion einen Hauptzweck des Controllings darstellt. Aussagekräftige Berichte schaffen für die zukunftsgerichtete Steuerung der Organisation Transparenz. Die Aussagekraft bestimmt sich nach Inhalt und Informationsverarbeitungsgrad eines Berichts. Als Grundregel gilt, dass zwingend alle wichtigen und neuen Informationen in einem Bericht enthalten sein müssen. Dabei stellt die Komplexitätsreduktion ohne gleichzeitige Gehaltsreduktion eine der großen Herausforderungen an das Berichtswesen dar. Durch die Komplexitätsreduktion werden den Berichtsempfängern der nächst höheren Ebene nur jene Informationen weiter geleitet, die nicht mehr in den Entscheidungsbereich der untergeordneten Stellen gehören bzw. für welche die Entscheidungsfindung der oberen Stellen notwendig sind (vgl. Müller 2004: 252). Das Berichtswesen dient folglich der Verdichtung von Informationen, welche folgende Varianten umfasst:

- Vertikale Verdichtung: Informationsverarbeitung, -aggregation und -interpretation entlang der Organisationshierarchie

- Horizontale Verdichtung: Informationsverarbeitung, -aggregation und -interpretation über Aufgaben- und Organisationsbereiche hinweg

- Zeitliche Verdichtung: Informationsverarbeitung, -aggreggation und -interpretation über einen bestimmten Zeitraum

Kein Controlling ersetzt den Steuermann

Je mehr Verdichtungsleistung erforderlich ist, desto stärker kommen auch qualitative Methoden i. S. der Informationsbeurteilung und -interpretation zum Zug. Das verdeutlicht die Tatsache, dass kein noch so gutes Controlling und Berichtswesen den Steuermann an der Spitze bzw. eine gut zusammenarbeitende Crew ersetzt, die vor dem Hintergrund der eigenen Führungserfahrung aus Daten verschiedenster Instrumente die richtigen Schlüsse ziehen kann (vgl. Rüegg-Stürm 2002: 213).

Die Berichte lassen sich grundsätzlich nach ihrer Art unterscheiden (vgl. Jung 2003: 141 ff.):

Arten von Berichten

- Standardberichte weisen aufgrund ihrer Regelmäßigkeit bezüglich Inhalt, Berichtstermin, Berichtsempfänger und Informationsherkunft einen geringen Verdichtungsgrad auf. Sie sind kostengünstig, erfordern jedoch mehr Interpretationsaufwand durch die Berichtsempfänger. Hierzu gehören etwa jährliche Verwaltungsberichte, Semesterberichte von Dienststellen, parlamentarische Kommissionsberichte etc.

- Abweichungsberichte werden nicht regelmäßig erstellt, sondern dienen der Früherkennung und Warnung bei zu hoher Abweichung von den Planwerten. Im Gegensatz zu den Standardberichten weisen sie einen hohen Grad an Situationsspezifität, Aktualität und Verdichtung auf. Neben Controllinginformationen können insbesondere auch Evaluationsresultate Bestandteil von Abweichungsberichten sein.

- Sonderberichte sind wie Abweichungsberichte nicht standardisiert und an keine regelmäßigen Erscheinungszeitpunkte gebunden. Sie sind in hohem Masse empfängerorientiert und dienen vielfach der Klärung spezifischer Fragestellungen, Unklarheiten oder zur Untermauerung von Tatbeständen anhand vertiefter Informationen. Typische Sonderberichte sind jene von Finanzkontrollen oder von parlamentarischen Kommissionen zur Untersuchung von Unregelmäßigkeiten im Verwaltungshandeln.

Die Wünsche und Bedürfnisse von Regierung und Parlament hinsichtlich der Berichterstattung bei Leistungsaufträgen wurden in der Schweiz untersucht (vgl. Brun 2003: 173 ff.). Aus den Äußerungen der Befragten können folgende ausgewählte Empfehlungen für die inhaltliche Gestaltung abgeleitet werden. Zunächst soll eine adressatengerechte Berichterstattung alle Komponenten eines Leistungsauftrags abdecken. Die Berichterstattung muss auf die Leistungsziele Bezug nehmen und Kennzahlen sowie erklärenden Text beinhalten. Weiterhin ist wichtig, dass eine adressatengerechte Berichterstattung einen Bezug sowohl zur Legislaturplanung der Regierung als auch zur mittelfristigen Planung herstellt und den jeweiligen Beitrag des Leistungsauftrags zur Zielerreichung verdeutlicht. Schließlich sollten Parlament und Regierung in den Berichten über außergewöhnliche Ereignisse informiert werden.

Berichtsinhalt

Hinsichtlich der formellen Gestaltung der Berichte können u. a. folgende Schlussfolgerungen gezogen werden. Die Berichterstattung muss vergleichbar sein, jedoch nicht überstandardisiert werden. Es ist wichtig, wesentliche Kennzahlen pro Amt darzustellen sowie

Berichtsgestaltung

4 Das Informationsmanagement zur Transparenzsteigerung

Veränderungen und Abweichungen zu kommentieren. Die Berichte müssen Hinweise auf Zusatzinformationen, eine kurze Interpretation sowie Handlungsempfehlungen enthalten. Weiterhin empfiehlt sich für die adressatengerechte Berichterstattung die Erstellung eines politischen Rating-Systems, welches die wichtigsten Kennzahlen für Parlament und Regierung in gewichteter Form enthält.

Berichts-terminierung

Schließlich lassen sich aus der Untersuchung ausgewählte, zeitliche Gestaltungsempfehlungen ableiten (vgl. Brun 2003: 256 ff.). Die Häufigkeit der Berichterstattung sollte flexibel an die Bedürfnisse der Ministeriumsvorsteher angepasst werden, wobei bei außerordentlichen Ereignissen unverzüglich berichtet und vom Standardrhythmus abgewichen wird. Die Berichte müssen mit einer ausreichenden Vorlaufzeit an die Parlaments- und Regierungsmitglieder versandt werden. Die zeitgerechte Berichterstattung ermöglicht eine bessere Entscheidungsfindung, da in der Berichterstattung Varianten und verschiedene Lösungsansätze aufgezeigt werden können.

Integrierte Management-informations-systeme

Die Verwaltungsberichte i. S. von vergangenheitsorientierten Rechenschaftsablagen der Verwaltungsführung gegenüber den übergeordneten Instanzen weichen immer mehr vergleichenden Berichtsformen zur zukunftsorientierten Steuerung auf der Basis integrierter Managementinformationssysteme (MIS). Anhand zentraler Datenerfassungen (mittels sog. data warehouses, z. B. mit Standardsoftwareprodukten) werden Informationen aus den verschiedenen Führungssystemen integriert und zueinander in Beziehung gesetzt. Eine typische Form solcher Anwendungen des Berichtswesens sind Cockpit-Systeme. Der Name verdeutlicht die Ähnlichkeit mit Merkmalen eines Flugzeugcockpits oder Armaturenbretts eines Motorfahrzeugs. Die Informationstafeln und -instrumente zeigen, ob sich die Organisation auf Kurs befindet und verschaffen dem Piloten auf übersichtliche und anschauliche Weise die Möglichkeit, periodisch oder laufend die entscheidenden Daten zur Steuerung nutzen zu können.

Aufbau eines Verwaltungs-cockpits

Der Aufbau bzw. die Inhalte eines Verwaltungscockpits sind situativ festzulegen. Die folgenden Inhalte sollen dabei als Orientierungsrahmen dienen:

- Inputgrößen: Personal, Finanzen und Sachmittel

- Prozessinformationen: Kapazitätsauslastungen, Wartezeiten, anstehende Aufgaben, Beschwerden, Projektfortschritte

- Ergebnisgrößen: Finanz-, Mengen- und Qualitätsinformationen nach Institution, Aufgabenfeld, Produkt oder Produktgruppe

Controlling als Denkhaltung

4.2

- Wirkungsgrößen (Impacts): Zufriedenheitsdaten, Verhaltensinformationen
- Vergleichende Informationen: Dienststellenvergleiche, Zeitvergleiche, Größenvergleiche

Die Informationen sollten, wann immer möglich, vergangenheitsbezogen und SOLL-IST-vergleichend abgebildet sowie zu Prognosedaten in Bezug gestellt werden.

Der Inhalt eines umfassenden Cockpitberichts geht aber immer über die zahlenbasierte Informationsdarstellung hinaus. Im Folgenden werden sechs Berichtsfenster vorgeschlagen, welche neben der Informationsfunktion auch die Steuerungsfunktion des Berichtswesens aufzeigen (vgl. Rüegg-Stürm 2002: 237 ff.):

Mehr als zahlenbasierte Berichte

- Berichtsfenster 1: Daten- und Zahlenteil
- Berichtsfenster 2: Abweichungsanalyse (kurze Erklärung sowie Einschätzung der Bedeutung aller Abweichungen zur Transparenzschaffung)
- Berichtsfenster 3: Ursachenanalyse (Herausarbeitung der Ursachen von wesentlichen Abweichungen, Priorisierung und Prognoseeinschätzung)
- Berichtsfenster 4: Maßnahmen (Maßnahmenkatalog mit Verantwortlichkeiten und Meilensteinen)
- Berichtsfenster 5: Erwartungsziele (Modifizierte Zielvorstellung als revidierte Selbstverpflichtung, wenn Plangrößen (z. B. Budgetzahlen) nicht mehr erreicht werden können)
- Berichtsfenster 6: Aktionsplan (Konkretisierung des Maßnahmeplans durch einzelne Aktionen)

Um eine Überadministration zu verhindern, sind die Berichtsfenster auf das Wesentliche zu begrenzen. Ebenfalls ist die Integration anderweitig erarbeiteter Berichtsinformationen oder Planungsmaßnahmen (z. B. aus dem Politikplan, vgl. Kapitel 2.4.1.4) sinnvoll.

Zur exemplarischen Darstellung der Berichtsfenster 1 und 2 hat sich in der Verwaltungspraxis das Ampelsystem herausgebildet. Hierbei werden Informationen, welche eine Zielerreichung oder Zielübertreffung darstellen sowie solche, welche bspw. eine negative Zielabweichung von mehr als fünf Prozent kennzeichnen, unterschiedlich veranschaulicht. Dies kann bspw. anhand roter, oranger und grüner Darstellungsvarianten erfolgen.

Ampelsystem

4 Das Informationsmanagement zur Transparenzsteigerung

Begrenzte Eignung für Politik

Cockpit-Systeme sind anschaulich und geeignet für die mit dem Informationsumfeld stark vertraute Führungskraft. Für Regierungsmitglieder oder Parlamentsvertreter eignen sie sich aber nur begrenzt, da diesen der Kontext sowie ergänzende Informationen zur Daten- und Kennzahleninterpretation fehlen. Cockpit-Informationen sind dann für die Politik hilfreich, wenn die darin enthaltenen Daten ausreichend erläutert sind und insbesondere auf politikrelevanten Informationen aufbauen, d. h. Politikfeld spezifische Wirkungsdaten, Programmfortschritte, Evaluationsergebnisse etc. enthalten (vgl. auch Kapitel 4.4). Der Kanton Solothurn kommt dieser Forderung entgegen, indem er im Rahmen der wirkungsorientierten Verwaltungsführung dem Parlament die Möglichkeit der Festlegung von sog. politischen Indikatoren gibt. „Auf Antrag einer zuständigen Kommission legt der Kantonsrat für ausgewählte Produktegruppen Ziele fest, zu denen der Regierungsrat politisch bedeutsame Leistungs- oder Wirkungsindikatoren zu bestimmen hat." (Solothurn 2003a: Art. 38bis). Die Berichterstattung zu politischen Indikatoren erfordert von Regierungen oftmals vertiefte Analysen im Rahmen von Selbst- oder Fremdevaluationen. Dadurch wird das Reporting zu Händen der Legislative auf politikrelevante Inhalte zugeschnitten und ermöglicht eine Anpassung der Standardberichte an die Bedürfnisse der Politik.

4.2.2 Kennzahlen und Kennzahlensysteme

Verdichtung der komplexen Realität

Kennzahlen sind quantitative Daten, die zu einem großen Teil aus den betrieblichen Basissystemen wie dem Rechnungswesen oder der Betriebsdatenerfassung stammen. Sie stellen eine zahlenmäßige Verdichtung der betriebswirtschaftlichen Sachverhalte zur Reduktion der komplexen Realität in Verwaltungen und Betrieben dar. Die Führungsunterstützung durch Kennzahlen zeigt den gegenwärtigen Trend in Richtung vermehrt quantitativ und an Zahlen ausgerichteten Managementmethoden im öffentlichen Sektor. Damit einher geht aber auch die Gefahr, dass mit jeder neuen Managementmode bzw. neuer Person in der Controllingabteilung neue Kennzahlen entstehen, was letztlich zu „Kennzahlenfriedhöfen" führt. Es werden u. a. folgende Kennzahlenarten unterschieden (vgl. Weber/Schäffer 2006: 168 ff. und Eichhorn et al. 2003: 557):

- Absolute (z. B. Deckungsbeitrag, Leitungsspanne) und relative Kennzahlen. Letztere werden in Gliederungszahlen (Teilmenge : Gesamtmenge; z. B. Personalkostenanteil an Gesamtkosten), Beziehungszahlen (Menge A : Menge B; z. B. Anzahl Patententscheide : Patentmitarbeiter) und Indexzahlen (beobachtete Men-

Controlling als Denkhaltung

4.2

ge : Basismenge; z. B. Anzahl Steuerentscheide im Jahr x : Anzahl Steuerentscheide im Basisjahr y) unterteilt.

- Erfolgs- oder Rentabilitätskennzahlen (z. B. Betriebskosten im Verhältnis zu Kosten einer Neuinvestition) oder Liquiditätskennzahlen (z. B. Zahlungsmittel im Verhältnis zu kurzfristigem Fremdkapital).
- Globale Kennzahlen, die über alle Organisationsbereiche verdichtet werden können und lokale Kennzahlen, welche z. B. nur auf eine Dienststelle bezogen werden können.

Die Art der Kennzahlen ist letztlich nicht entscheidend. Vielmehr muss die verwendete Zahl einen ausreichenden Informationsgehalt für die damit verbundene Fragestellung besitzen.

> Albert Einstein soll einmal gesagt haben: „Nicht alles, was gezählt werden kann, zählt und nicht alles, was zählt, kann gezählt werden."

Damit Kennzahlen an Aussagekraft gewinnen, werden sie in Kennzahlensystemen in sachlich zweckmäßiger Art sowie ausgewogen zueinander in Beziehung gesetzt. Ersteres kennzeichnet die Form des Zusammenhangs zwischen einzelnen Kennzahlen des Systems. Es handelt sich bspw. um mathematische Verknüpfungen von Finanzzahlen, um reine Klassifizierungen wie bei den Ansätzen des Qualitätsmanagements oder um angenommene Ursache-Wirkungs- oder Zweck-Mittel-Zusammenhänge zwischen den Kennzahlen.

Kennzahlen in Beziehung setzen

Weber/Sandt (2001: 21) haben diese Klassifizierung von Kennzahlensystemen anschaulich dargestellt (vgl. Abb. 26). Kennzahlensysteme ohne inneren Zusammenhang und mit einseitigen (z. B. finanziellen) Daten vermögen den Ansprüchen an die Entscheidungsvorbereitung nicht zu genügen. Oft resultieren daraus ungenutzte Datenberge, welche auch als Kennzahlenfriedhöfe bezeichnet werden (Feld 1). Eine Ursache solcher Datenberge ist vielfach der fehlende Systemunterhalt i. S. der Bereinigung nicht zweckmäßiger oder überflüssiger Daten. Finanzwirtschaftliche Kennzahlensysteme wie das in der Privatwirtschaft weit verbreitete DuPont-System des „Return on Investment" (ROI) weisen einen hohen Zusammenhang, jedoch nur eine geringe Ausgewogenheit der Kennzahlen auf. Der große Zusammenhang des ROI zeigt sich in der Verknüpfung von mehreren absoluten und relativen Kennzahlen zu einer Kennzahl, dem ROI. Die rein finanzwirtschaftliche Basis des ROI-Kennzahlensystems lässt aber an Ausgewogenheit für die gesamthafte Führungsperspektive vermissen (Feld 2). Die von Kaplan und Norton

Kennzahlensysteme ohne inneren Zusammenhang

4 Das Informationsmanagement zur Transparenzsteigerung

entwickelte und in Kapitel 4.2.3 erläuterte Balanced Scorecard (BSC) weist bereits in ihrer Bezeichnung auf die Ausgewogenheit der darin enthaltenen Kennzahlen hin (vgl. Kaplan/Norton 1992). Werden jedoch die Perspektiven einer BSC nur mit bereits bestehenden Daten einer Organisation „aufgefüllt", ohne die relevanten Zweck-Mittel-Zusammenhänge zwischen den Kennzahlen und Perspektiven zu analysieren, wird ihr Potenzial nur ungenügend ausgeschöpft (Feld 3). Eine „gute" BSC basiert auf einem Wirkungsmodell, das organisationsspezifisch entwickelt wurde und die Kennzahlen in einen erfolgsrelevanten Zusammenhang stellt (Feld 4).

Abbildung 26 *Klassifizierung von Kennzahlensystemen*

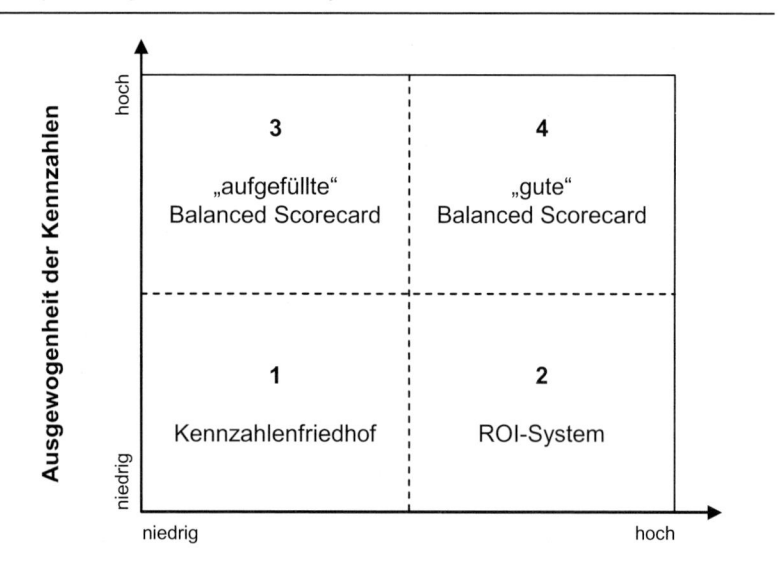

	Zusammenhang der Kennzahlen niedrig	Zusammenhang der Kennzahlen hoch
Ausgewogenheit der Kennzahlen hoch	3 „aufgefüllte" Balanced Scorecard	4 „gute" Balanced Scorecard
Ausgewogenheit der Kennzahlen niedrig	1 Kennzahlenfriedhof	2 ROI-System

4.2.3 Balanced Scorecard

Ex post-Kontrolle und vorausschauende Steuerung

Die BSC ist ein kennzahlenbasiertes Performance-Measurement-Instrument, in deren Mittelpunkt die konsequente Ausrichtung aller Aktivitäten auf die Unternehmensstrategie steht (vgl. Scherer 2002: 12 ff.). Als Managementinstrument ermöglicht die BSC eine effektive Steuerung von Institutionen, in dem sie zum einen eine ex post-Kontrolle und zum anderen eine vorausschauende, strategische

Controlling als Denkhaltung 4.2

Steuerung der Aktivitäten ermöglicht. Wie bereits erwähnt, zeichnet sich die BSC im Gegensatz zu alternativen Steuerungs- und Controllinginstrumenten durch eine sehr ausgewogene und gesamthafte Führungsperspektive aus, die sich v. a. auf folgende Bereiche bezieht (vgl. Eichhorn et al. 2003: 86):

1. Ergänzung von finanziellen Kennzahlen durch nicht-finanzielle Kennzahlen
2. Überwindung einer rein internen Erfolgsmessung durch den Einbezug kundenorientierter Messgrößen
3. Berücksichtigung objektiver Kennzahlen sowie subjektiver Einschätzungen
4. Betrachtung kurz- und langfristiger Ziele
5. Kombination vergangenheits- und zukunftsbezogener Indikatoren

Insgesamt gesehen, kann der Einsatz einer BSC die Transparenz der Leistungserstellungsprozesse einer Organisation erhöhen und die effektive und effiziente Unternehmenssteuerung verbessern. Dies geschieht v. a. dadurch, dass Vision und Strategie einer Institution in vier Perspektiven übertragen werden, die in einer Zweck-Mittel-Beziehung zueinander stehen (Kaplan/Norton 1997: 23 ff.). Somit sind die einzelnen Perspektiven aus der Strategie abgeleitet und bilden gleichzeitig die Voraussetzung zur Durchführung von Maßnahmen zur Realisierung der Strategie.

Transparenz der Leistungserstellungsprozesse

In der finanziellen Perspektive werden finanzielle Zielgrößen definiert und Kennzahlen festgelegt, welche die finanzielle Situation messen und überwachen sollen. Wesentliche Fragestellungen sind hier: Trägt die Strategieumsetzung zur Ergebnisverbesserung bei? Welche Ziele leiten sich aus den Erwartungen unserer Kapitalgeber ab? Die Kundenperspektive bezieht sich auf Markt- bzw. Kundensegmente. Es gilt, die Ziele zu definieren, die bei den Kunden erreicht werden müssen, um die Strategie durchsetzen und die finanziellen Ziele erreichen zu können. Daher ist die Kundenperspektive bereits ein erstes Mittel zur Erreichung des Unternehmenszwecks. Als dritte BSC-Komponente betrachtet die interne Prozessperspektive wesentliche Prozesse der Leistungserstellung. Dabei muss die Qualität der Wertschöpfungsprozesse so ausgestaltet sein, dass sich der bei den Kunden angestrebte Erfolg erreichen lässt. Hierbei stellt sich die Grundfrage: Durch welche internen Prozesse müssen wir uns auszeichnen, um Anspruchsgruppen und Kunden zufrieden zu stellen? Die vierte Perspektive, die Lern- und Entwicklungsperspektive, dient dazu, i. S. einer Dynamisierung kontinuierlich die Chan-

Vier BSC-Perspektiven

cen zur Verbesserung der internen Prozesse zu nutzen. Alle vier Perspektiven sind grundsätzlich identisch aufgebaut, indem pro Perspektive Ziele, Kennzahlen, Zielvorgaben und Umsetzungsmaßnahmen identifiziert und analysiert werden.

Einbezug von Sach- und Formalzielen

Die BSC wurde ursprünglich für erwerbswirtschaftliche Unternehmen entwickelt. Jedoch, so erkannten Kaplan und Norton in einem zweiten Schritt, „[...] sind die Möglichkeiten, die sich durch die BSC für die Verbesserung des Managements von staatlichen und Non Profit Organisationen ergeben, wahrscheinlich noch viel größer." (Kaplan/Norton 1997: 173). Dies liegt insbesondere daran, dass der BSC-Ansatz nicht nur finanzielle Kennzahlen berücksichtigt. Durch die ganzheitliche Perspektive können die heterogenen und mehrdimensionalen Zielsysteme öffentlicher Institutionen gleichberechtigt berücksichtigt werden (vgl. Langthaler 2002: 134). Öffentliche Institutionen befinden sich traditionell in einem Spannungsfeld zwischen Sach- und Formalzielen. Während Formalziele erwünschte geldwerte Zustände (Rentabilität, Liquidität, Sekurität) bezeichnen, beziehen sich Sachziele auf die Leistungssphäre von öffentlichen Institutionen und umfassen gesellschaftliche (soziale Verantwortung u. a.), wirtschaftliche (Kundenorientierung u. a.) sowie ökologische Ziele (vgl. Eichhorn 2005a: 186 ff.). Die BSC stellt eine wichtige Möglichkeit dar, beide Perspektiven in Einklang zu bringen.

Anpassung des BSC-Grundmodells

Zu beachten ist, dass die hier beschriebene BSC einen Idealtypus verkörpert, d. h. ein Raster darstellt, das grundsätzlich auf alle Organisationen anwendbar ist. Dennoch sollte dieses Grundmodell auf die spezifische Situation und Organisation angepasst werden, um einen optimalen Einsatz als Managementinstrument zu gewährleisten. Es entsteht daher zunächst die Notwendigkeit, die BSC für die Übertragung auf öffentliche Institutionen nach deren besonderen Bedürfnissen zu modifizieren. Da im Gegensatz zu privatwirtschaftlichen Unternehmen, in denen häufig Formalziele im Vordergrund stehen, in öffentlichen Unternehmen Sachziele dominieren, sollten die verwendeten Betrachtungsdimensionen entsprechend der Spezifika des öffentlichen Sektors umgewandelt werden (vgl. Bocci 2005 und Scherer 2002: 18).

BSC für den öffentlichen Sektor

Im Folgenden wird eine modifizierte Konzeption der BSC, wie sie im öffentlichen Sektor Anwendung finden kann, dargestellt (vgl. Scherer 2002: 18). Hiernach wird die Finanzperspektive durch die Perspektive „Wirtschaftlichkeit und Gesetzmäßigkeit" ersetzt. Diese enthält die wirtschaftlichen und rechtlichen Rahmenbedingungen der öffentlichen Leistungserstellung, welche Verwaltungen beachten müssen, um ihren öffentlichen Auftrag zu erfüllen. Weiterhin wird die Perspektive Kundenorientierung zur Perspektive „Wirkungsorientierung und Anspruchsgruppen" entwickelt. In dieser Perspektive werden die Leistungen der öffentlichen Hand gegenüber den Bürgern aus der Sicht der Leistungsempfänger betrachtet, wobei die Kernfrage lautet, welche Ziele bei und für die unterschiedlichen Anspruchsgruppen, insbesondere Bürger und Kunden, erreicht werden müssen, um die politische Vision verwirklichen zu können. Die noch fehlenden Perspektiven bleiben, ähnlich wie in der Ursprungsversion, auch für öffentliche Institutionen erhalten (vgl. Abb. 27).

Die Balanced Scorecard als Steuerungsinstrument im öffentlichen Sektor — *Abbildung 27*

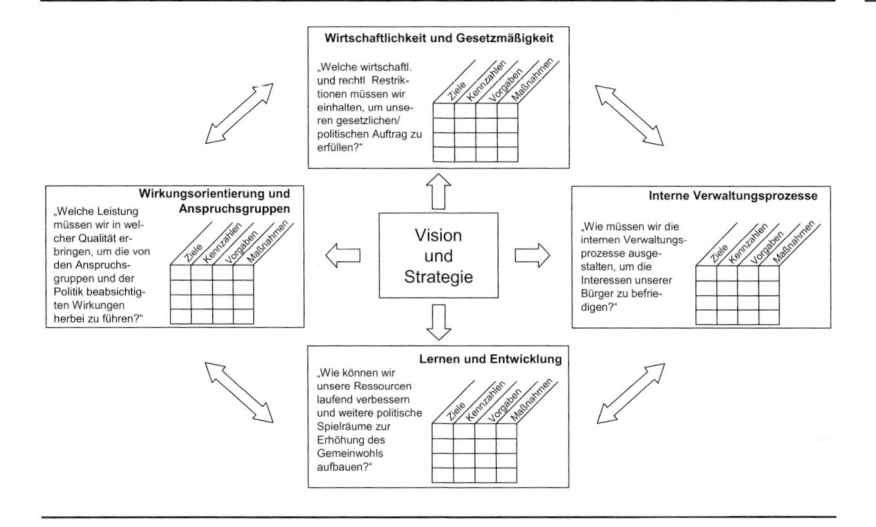

Zusammenfassend betrachtet, bildet der strategische Steuerungsgedanke den Kern und Ausgangspunkt der BSC. Mit Hilfe von logisch-pragmatischen Verknüpfungen der verschiedenen Perspektiven zu einer Zweck-Mittel-Kette stellt die BSC dar, wie durch den Einsatz verschiedener Mittel die Strategie erfüllt und dieser Zweck-Mittel-Zusammenhang anhand von Kennzahlensystemen geprüft werden kann (vgl. Scherer 2002: 19).

Strategischer Steuerungsgedanke

Im Vergleich zu den im folgenden Abschnitt dargestellten Instrumenten des Qualitätsmanagements, die häufig auf einer einfachen Klassifizierung oder Typologie basieren, geht die BSC einen Schritt weiter, da sie ein situationsspezifisches Wirkungsmodell darstellt, welches die strategische Ausrichtung unterstützt und eine dynamische Perspektive ermöglicht. Der Einsatz der BSC im öffentlichen Sektor bietet daher zahlreiche Vorteile. Dennoch birgt die BSC einige Problembereiche, da sie bspw. voraussetzt, dass öffentliche Institutionen ihre Strategie bereits formuliert haben und da sie zu einer weiteren Bürokratisierung von Organisationen führen kann.

4.3 Qualitätsmanagement

Definition TQM

Qualitätsmanagement wird heute weitgehend als Total Quality Management (TQM) verstanden, das die Deutsche Gesellschaft für Qualität wie folgt definiert: „Total Quality Management ist eine auf die Mitwirkung aller ihrer Mitglieder gestützte Managementmethode einer Organisation, die Qualität in den Mittelpunkt stellt und durch Zufriedenstellung der Kunden auf langfristigen Geschäftserfolg sowie auf Nutzen für die Mitglieder der Organisation und für die Gesellschaft zielt" (Deutsche Gesellschaft für Qualität e. V. 1995: 35). Dieser umfassende und lernorientierte Ansatz muss jedoch nicht immer Grundlage des Qualitätsdenkens sein. Qualitätskonzepte können auch einseitig kontrollorientiert sein (Qualitätskontrolle und -sicherung zur Ausräumung von Qualitätsmängeln durch nachträgliche Kontrolle), die perfekte Prozessbeherrschung verfolgen (genaue Dokumentation aller Produktionsprozesse und daraus folgender Anweisungen, die zum richtigen Verhalten und guten Ergebnissen führen) oder den Kunden in den Mittelpunkt stellen (Kundenbedürfnisse als Qualitätsmaßstab) (vgl. Broekmate/Dahrendorf/Dunker 2001: 189 ff.).

TQM-Konzept

Das TQM-Qualitätsverständnis basiert auf dem Grundgedanken, dass optimale Qualität nur dann erlangt werden kann, wenn die Organisation beachtet, dass sich gute Qualität aus einer Vielzahl von Faktoren und nicht linear zusammensetzt. TQM ist somit eine umfassende Managementphilosophie, die flexible und angemessene Reaktionen der Organisation auf die Anforderungen von Markt und Gesellschaft erlaubt (vgl. Broekmate/Dahrendorf/Dunker 2001: 195). Das TQM-Konzept lässt sich anhand der folgenden Bausteine für öffentliche Institutionen verdeutlichen (vgl. Kamiske/Brauer 2006: 328):

1. „Total" beinhaltet die Einbeziehung aller Ebenen und Aspekte der staatlichen Organisation. Dazu zählt die partnerschaftliche Kommunikation mit den Anspruchsgruppen, die bereichs- und funktionsübergreifende Einbeziehung aller Organisationsmitglieder sowie die Gesellschafts- und Umweltorientierung.

Qualitätsmanagement

4.3

2. „Quality" verweist auf das umfassende Qualitätsverständnis i. S. der Qualität der Organisationsstrukturen und -systeme, der Prozesse, der Potenziale und der Ergebnisse.

3. „Management" bedeutet die exzellente Führung und eine lernfähige Organisation, die der Führungsqualität, einer Qualitätspolitik und daraus abgeleiteten Zielen, der Team- und Lernfähigkeit sowie der Beharrlichkeit einen hohen Stellenwert beimisst.

Der an zweiter Stelle genannte Aspekt der Qualitätsbereiche verlangt die spezifische Wertschöpfungsperspektive öffentlicher Institutionen, welche im Gegensatz zur privatwirtschaftlichen Unternehmung über die Produktebene hinausreicht. Zur Erfassung und Beurteilung der Qualität öffentlicher Institutionen lassen sich i. S. der politisch-administrativen Steuerung Input-, Prozess-, Output-, Impact- und Outcomequalitäten unterscheiden (vgl. Abb. 6, Kapitel 2.3.3).

Am Beispiel der Schulqualität umfasst der Qualitätsbereich der Inputqualitäten all jene Faktoren, welche als Ressourcen oder als Rahmenbedingungen in den Leistungserbringungsprozess der Schule eingehen und mithin dessen Qualität beeinflussen (vgl. Ritz 2005b: 144 ff.). Als Beispiele für Faktoren dieser Art werden u. a. die Qualifikationen der Lehrkräfte, die Aufbauorganisation der Schule, die Schulleistungsfähigkeit der Schüler oder rechtliche und kulturelle Rahmenbedingungen genannt. Die Prozessqualitäten beziehen sich auf das Schulleben als Ganzes. Es geht um eine Vielzahl von Faktoren wie Unterrichtsqualität, Schulklima, Zusammenarbeit der Lehrkräfte, Arbeitsorganisation und Arbeitsabläufe, die ihrerseits das Leistungsergebnis (Output) und dessen Wirkungen (Impact und Outcome) bestimmen.

Input- und Prozessqualitäten

Wie bereits angemerkt, spielen in öffentlichen Institutionen die Produktqualitäten (Output, Impact und Outcome) eine besondere Rolle. Dies hat primär damit zu tun, dass sie den geforderten Bezug zum Leistungsempfänger mit seinen Bedürfnissen einerseits, andererseits aber auch im Hinblick auf die beabsichtigte Verhaltensänderung zur Erreichung gesamtgesellschaftlicher Ziele herstellen und die Basis für die „Kundenorientierung" der zu beurteilenden organisatorischen Einheit bilden. Es erscheint a priori nicht ohne weiteres verständlich, was der Ausdruck „Produktqualität" im Zusammenhang mit der Schule bedeutet. Betrachten wir jedoch die Leistungsprozesse einer Schule näher, dann lassen sich einzelne Leistungsergebnisse oder eben Produkte identifizieren (z. B. die Bücherausleihe der Schulbibliothek, die Lernleistungen der Schüler in einem bestimmten Fach oder die Belegung von Freikursen). Auf Seiten der Impacts

Produktqualitäten

4   *Das Informationsmanagement zur Transparenzsteigerung*

Deming-Kreis

kann das z. B. ein bestimmtes Verhalten der Lernenden zur Bewältigung des auf sie zukommenden Berufsalltags sein.

Die Anwendung des Qualitätsmanagements wird in der Praxis normalerweise als Kreislaufprozess aufgefasst. In der Literatur wird dazu der sog. „Deming-Kreis" vorgestellt, der dem in den 1950er Jahren in Japan entstandenen ersten Qualitätspreis, dem „Deming Prize", entstammt. Der klassische „Deming-Kreis" zerlegt den Qualitätsmanagement-Prozess in die vier Phasen "plan" (planen), "do" (durchführen), "check" (prüfen) and "act" (handeln) (vgl. Bieger 2002: 180).

Eine interessante Weiterentwicklung der Idee dieses Konzepts findet sich bei Meffert/Bruhn (2006: 359). Diese führen als weitere Teilaufgabe die sog. "Qualitätsmanagementdarlegung" ein. Die Qualitätsmanagementdarlegung umfasst die Dokumentation und Sicherstellung, dass die angebotene Dienstleistung die Qualitätsanforderungen erfüllt, und beinhaltet damit die im modernen Qualitätsmanagement wichtigen Aufgaben der Qualitätssicherung und Qualitätszertifizierung. Abbildung 28 verbindet anschaulich die Teilaufgaben des Deming-Kreises mit der Grundidee des TQM.

Abbildung 28   *Der Qualitätsmanagementprozess*

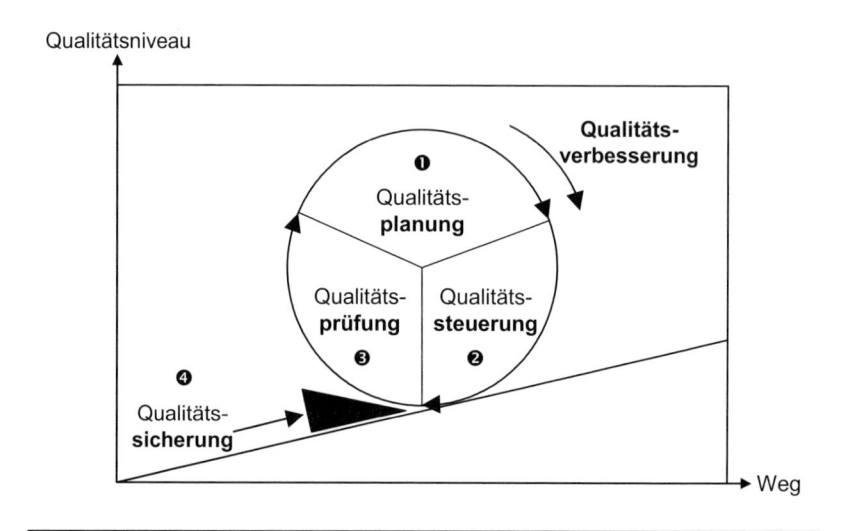

4.3 Qualitätsmanagement

Bezogen auf einen konkreten Anwendungsfall beinhalten die in Abbildung 28 unterschiedenen vier Phasen folgende Teilaufgaben:

1. In der Phase der Qualitätsplanung werden v. a. die zu erreichenden Qualitätsziele und sonstigen Qualitätsanforderungen festgelegt. Zur Definition dieser Anforderungen wird einerseits auf die Wünsche der Kunden und anderer Bezugsgruppen, andererseits auf Vorgaben übergeordneter Instanzen – z. B. auf die strategischen Ziele eines Ministeriums – zurückgegriffen.

2. Die Qualitätssteuerung basiert auf den Ergebnissen der Qualitätsplanung. Sie umfasst alle Aktivitäten, die nötig sind, um die Erfüllung der Qualitätsziele sicherzustellen, v. a.

    – Mitarbeiterbezogene Maßnahmen (z. B. Schulung, Anreizsystem, Integration, Verteilung der Qualitätsverantwortung)

    – Kulturbezogene Maßnahmen (z. B. Führungsschwerpunkte, Leitbild, Kommunikation, Information, Anreizsystem, Personalauswahl) und

    – Organisationsbezogene Maßnahmen (z. B. Aufbau- und Ablauforganisation, Installation von Qualitätszirkeln, Koordination und Verankerung der Qualitätsverantwortung).

3. In die Phase der Qualitätsprüfung fallen alle Maßnahmen zur Ermittlung der Qualitätsanforderungen der Empfänger von staatlichen Leistungen, aber auch anderer Anspruchsgruppen. Dazu kommen ergänzende Maßnahmen zur Evaluation der Erreichung der Anforderungen. Gegenstand der Überprüfung sind dabei die Gesamtorganisation, Teilbereiche (Abteilungen) und einzelne Mitarbeiter der Verwaltungsstelle. Im Allgemeinen wird dabei zwischen der internen Selbstevaluation und der externen Fremdevaluation unterschieden. Speziell für die externe Qualitätsprüfung durch den „Kunden" existiert eine Vielzahl quantitativer und qualitativer Befragungsmethoden, die adaptiert auch als Instrumente zur Beurteilung der Qualität öffentlicher Institutionen in Frage kommen (vgl. Parasuraman/Zeithaml/Berry 1988: 12 ff.; Scharnbacher/Kiefer 2003 und Hentschel 2000: 289 ff.).

4. Die Qualitätssicherung i. S. der Qualitätsmanagementdarlegung enthält „alle geplanten und systematischen Tätigkeiten, die innerhalb des Qualitätsmanagementsystems verwirklicht sind und die wie erforderlich dargelegt werden, um ausreichendes Vertrauen zu schaffen, dass eine Einheit die Qualitätsforderung erfüllen wird". (Deutsche Gesellschaft für Qualität e. V. 1995: 145). Dabei geht es in erster Linie um alle Aktivitäten, die eine institutionelle Qualitätszertifizierung sicherstellen. Weiterhin ist eine

Beteiligung an Qualitätswettbewerben, die zu Qualitätspreisen führen, vorstellbar. Darüber hinaus ist auch denkbar, dass Verwaltungen die Ergebnisse von Kunden- und Bürgerbefragungen sowie anderen Qualitätsmessungen intern, evtl. auch extern kommunizieren, um eine qualitätsorientierte Grundeinstellung der Verwaltungsmitarbeitenden zu fördern.

Zufriedenheit der Anspruchsgruppen

Offensichtlich besteht zwischen den einzelnen Phasen des Qualitätsmanagements ein enger Zusammenhang. Insbesondere setzen Qualitätsplanung und Qualitätsprüfung klare Vorstellungen von der anzustrebenden Qualität voraus. Bei der Anwendung von TQM-Konzepten wird davon ausgegangen, dass die angestrebte Qualität letztlich der von den Leistungsempfängern (subjektiv) gewünschten Qualität entsprechen sollte (vgl. Bruhn 1998: 24). Damit werden die Ermittlung der Anforderungen an staatliche Institutionen und die Bestimmung der Zufriedenheit der Anspruchsgruppen zur wichtigsten Basis der qualitätsorientierten Verwaltungsführung (vgl. auch Kapitel 3.4.1.6). Es stellt sich die Frage, ob und inwieweit derartige „unternehmerische" Überlegungen für ein gezieltes Management der Qualität in öffentlichen Institutionen übernommen werden können bzw. sollen. Abgesehen von der situativen Eignung von Instrumenten, Techniken und spezifischen Kriterien des Qualitätsmanagements, die je nach Organisation, Zielsystem, vielfältigen Anspruchsgruppen (z. B. auf der politischen Ebene), Aufgabenfeld und Handlungsspielräumen bei der Aufgabenerfüllung analysiert werden müssen, gibt es keine grundlegenden Barrieren, den Qualitätsgedanken in öffentlichen Institutionen zu institutionalisieren.

4.3.1 ISO und EFQM

Mit der DIN EN ISO 9000-Reihe (im Folgenden kurz ISO 9000 genannt) existiert ein internationaler Normensatz zur Absicherung des Qualitätsmanagements in Organisationen (vgl. Broekmate/Dahrendorf/Dunker 2001: 198 ff.), wobei die Abkürzungen für die Begriffe „Deutsches Institut für Normung", „Europäische Norm" und „International Organisation of Standardization" stehen. Als Qualitätsmanagementnorm beschreibt die ISO 9000, nach welchen Grundsätzen die Maßnahmen zum Qualitätsmanagement dokumentiert werden müssen. Hinter der ISO 9000-Normenreihe stehen drei einzelne Normen, die sich hinsichtlich ihrer konkreten Zielsetzung und Anwendungsbereiche wie folgt unterscheiden:

- Die DIN EN ISO 9000 erläutert die Grundlagen für Qualitätsmanagementsysteme und in der Normreihe verwendeten Begriffe.

Qualitätsmanagement 4.3

- Die DIN EN ISO 9001 bildet den Kern der Normenreihe. In ihr werden die Minimalanforderungen an ein Qualitätsmanagementsystem festgelegt.

- Die DIN EN ISO 9004 stellt einen Leitfaden für Entscheidungsträger bereit, der die Verwirklichung und Nutzung eines Qualitätsmanagementsystems zur Verbesserung der Gesamtleistung einer Organisation unterstützen soll.

Die ISO 9000 beinhaltet reine Verfahrensnormen, d. h. sie beschreibt Abläufe, Merkmale und Eigenschaftswerte für die in einem Unternehmen ablaufenden Tätigkeiten, Verfahren und Prozesse (vgl. Löffler 1998: 72). Der diesem internationalen Standard zugrunde liegende Prozessgedanke lehnt sich an den bereits erwähnten „Deming-Kreis" an. Das Qualitätsmanagementsystem einer Organisation wird als Regelkreis verstanden, der die Leistungserstellung und -überprüfung sowie einen kontinuierlichen Verbesserungsprozess umfasst. Durch die Einbindung der Kunden und ihrer Anforderungen in das Qualitätsmanagementsystem sollen auch aus dem Umfeld einer Organisation Impulse für die kontinuierliche Leistungsverbesserung entstehen. Dabei strebt die Norm keine vollständige Kundenzufriedenheit an, sondern verlangt vielmehr, dass die erbrachten Leistungen bzw. Produkte des Unternehmens den schriftlich festgelegten Anforderungen entsprechen. Grundsätzlich ähneln die im Folgenden skizzierten acht Grundsätze der ISO 9000 den Prinzipien des TQM (vgl. Broekmate/Dahrendorf/Dunker 2001: 202):

ISO 9000

- Kundenorientierte Organisation
- Führung
- Einbeziehung von Mitarbeiterinnen und Mitarbeitern
- Prozessorientierter Ansatz
- Systemorientierter Managementansatz
- Ständige Verbesserung
- Sachlicher Ansatz zur Entscheidungsfindung
- Lieferantenbeziehungen zum gegenseitigen Nutzen

Die in der ISO-Norm enthaltenen Qualitätsmanagementanforderungen sind allgemein gehalten, sodass es der Ausgestaltung eines konkreten Qualitätsmanagementsystems durch das jeweilige Unternehmen bedarf (vgl. Felix 2003: 62). Bei anforderungsgerechter Ausgestaltung der einzelnen Normen, die v. a. die Dokumentation in einem Qualitätshandbuch umfasst, besteht die Möglichkeit einer Auditierung und Zertifizierung des Qualitätsmanagementsystems.

Qualitätshandbuch

4 Das Informationsmanagement zur Transparenzsteigerung

Die Anwendung der ISO 9000 beschränkte sich zunächst v. a. auf privatwirtschaftliche Unternehmungen des produzierenden Gewerbes (vgl. Felix 2003: 63 f.). Im Rahmen der Public Management-Reformen werden ISO-Normen jedoch zunehmend auch in öffentlichen Verwaltungen eingesetzt, wobei die Steigerung der Innovationskraft und die Möglichkeit des Benchmarkings als Wettbewerbssurrogat die Hauptgründe für die Implementierung dieses Qualitätsmanagementsystems darstellen (vgl. Kouzmin et al. 1999: 126).

EFQM-Modell Neben der ISO 9000 Normenreihe existiert in Europa ein weiteres Qualitätsmodell, das von der European Foundation for Quality Management (EFQM) entwickelt wurde. Dieses „EFQM-Modell für Excellence" basiert auf den Erfahrungen führender Unternehmen im TQM-Bereich und gilt als Referenzmodell zur Einführung von TQM in Europa (vgl. Broekmate/Dahrendorf/Dunker 2001: 246). Das Modell greift die Grundidee des TQM auf und umfasst in seiner Grundstruktur neun Kriterien, die in fünf „Befähiger-Kriterien" und vier „Ergebnis-Kriterien" unterschieden werden (vgl. Abb. 29).

Abbildung 29   Das EFQM-Modell für Excellence (nach EFQM 2003: 5)

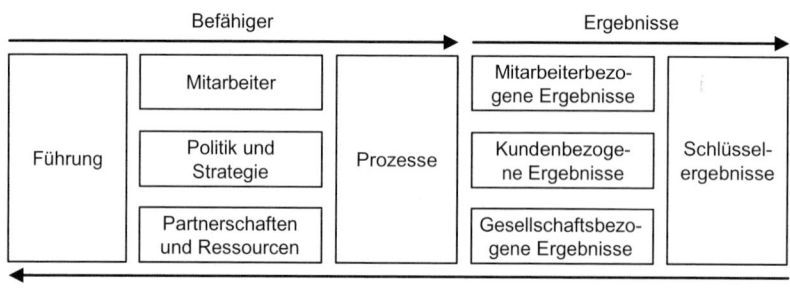

Befähiger				Ergebnisse		
Führung	Mitarbeiter	Prozesse		Mitarbeiterbezogene Ergebnisse		Schlüsselergebnisse
	Politik und Strategie			Kundenbezogene Ergebnisse		
	Partnerschaften und Ressourcen			Gesellschaftsbezogene Ergebnisse		

Innovation und Lernen

Befähiger-Kriterien Die fünf Befähiger-Kriterien werden von der EFQM wie folgt umschrieben (vgl. EFQM 2003: 13 ff.):

- Führung: Inwiefern fördern und vermitteln Führungskräfte die Umsetzung von Vision und Mission in einem Unternehmen? Inwiefern tragen sie zur Sicherung und Verbesserung des Qualitätsmanagementsystems bei und verankern mit ihren Mitarbeitern eine Excellence-Kultur?

- Mitarbeiter: Wie werden das Potenzial und die Kompetenzen der Mitarbeiter im Hinblick auf die angestrebte Politik und Strategie

4.3 Qualitätsmanagement

auf allen Organisationsstufen gemanagt, entwickelt und ausgebaut? Inwiefern werden die Mitarbeiter in die Organisation eingebunden und zu selbständigem Handeln ermutigt?

- Politik und Strategie: Wie setzen Organisationen ihre Mission und Vision durch die Entwicklung einer auf alle Interessengruppen ausgerichteten Strategie um? Wie wird die Strategie durch Politik, Pläne, Ziele und Prozesse unterstützt?
- Partnerschaften und Ressourcen: Wie planen und managen Organisationen ihre externen Partnerschaften und internen Ressourcen zur Unterstützung von Politik, Strategie und Prozessen?
- Prozesse: Wie gestalten, managen und verbessern Organisationen die Prozesse, um ihre Anspruchsgruppen zufrieden zu stellen und ihre Wertschöpfung zu steigern?

Weiterhin werden folgende Ergebnis-Kriterien unterschieden:

Ergebnis-Kriterien

- Mitarbeiterbezogene Ergebnisse: Welche Ergebnisse erreicht die Organisation in Bezug auf ihre Mitarbeiter?
- Kundenbezogene Ergebnisse: Welche Ergebnisse erreicht die Organisation in Bezug auf ihre Kunden?
- Gesellschaftsbezogene Ergebnisse: Welche Ergebnisse erreicht die Organisation in Bezug auf ihre Beziehung zur Gesellschaft?
- Schlüsselergebnisse: Welche Ergebnisse erreicht die Organisation in Bezug auf die angestrebte Politik und Strategie?

Im Vergleich zu den ISO 9000 Normen ist das EFQM-Modell umfassender aufgestellt, da mehrere Kriterien, insbesondere im Hinblick auf die Ergebnisse, mit in die Betrachtung einbezogen werden. Während die ISO-Reihe Mindestanforderungen definiert, strebt das EFQM-Modell nach einer kontinuierlichen Optimierung aller beschriebenen Kriterien (vgl. Felix 2003: 66). Aufgrund des breiten Ansatzes ist das EFQM-Modell zur Sicherung und Verbesserung der Qualität in Unternehmen unterschiedlicher Branchen geeignet. Dabei ist auch eine Anwendung des Modells in Institutionen des öffentlichen Sektors denkbar. Zu beachten ist, dass v. a. die Ergebnis-Kriterien einer Anpassung an die Besonderheiten des öffentlichen Sektors bedürfen (vgl. Broekmate/Dahrendorf/Dunker 2001: 260 f.). Um eine auf den öffentlichen Sektor angepasste Alternative bereitzustellen, wurde letztlich auf Basis des EFQM-Modells ein weniger komplexes Qualitätsmanagement-Instrument entwickelt, welches für den Einsatz in öffentlichen Institutionen besser geeignet ist und im folgenden Praxisfenster Nr. 8 anschaulich in der Anwendung dargestellt und anschließend erläutert wird.

Vergleich ISO und EFQM

Gerd Köhler

*Leitender
Vermessungsdirektor,
Abteilungsleiter der
Zentralabteilung, Hessisches
Landesamt für Bodenmanagement und Geoinformation,
Wiesbaden*

Praxisfenster Nr. 8:
Neue Verwaltungssteuerung, CAF und Qualitätsmanagement

1. Die Rahmenbedingungen

Ab dem Jahr 1995 hat die Hessische Landesregierung sich intensiv damit befasst, die Landesverwaltung für die Zukunft „fit" zu machen. Zunächst mit dem „Neuen Steuerungsmodell (NSM)" und ab dem Jahr 2003 mit dem Modell der „Neuen Verwaltungssteuerung (NVS)" wurde auch das Hessische Landesamt für Bodenmanagement und Geoinformation mit einem neuen Managementansatz, schlankeren Strukturen und mehr Eigenverantwortlichkeit zu einer effizienter arbeitenden Dienstleistungsbehörde umgebildet.

Aber erst ca. 8 Jahre nach den ersten Reformschritten haben wir uns bewusst mit der eigentlich selbstverständlichen Überlegung beschäftigt, dass alle eingeführten Reformen zwingend qualitätsgesichert werden müssen, um ihre ergebnisorientierte Nachhaltigkeit und damit auch die Glaubwürdigkeit und die Akzeptanz beim Personal zu gewährleisten.

2. Der Weg mit CAF hin zu einem TQM

Für den Einstieg in ein umfassendes Qualitätsmanagementsystem (TQM) haben wir das Instrument des Common Assessment Framework (CAF) gewählt, das von der Europäischen Union für die öffentlichen Verwaltungen Europas als „Gemeinsames Europäisches Qualitätsbewertungsschema" entwickelt wurde.

Die erste Selbstbewertung nach CAF wurde im Jahr 2003 durch eine repräsentative Gruppe von ca. 5% der Beschäftigten durchgeführt. Das Selbstbewertungsergebnis hat uns eine als sehr realistisch akzeptierte Einschätzung des eigenen Organisationszustandes geliefert. Es hat aufgezeigt, mit welcher Nachhaltigkeit die seit dem Jahr 1995 eingeführten Modernisierungselemente tatsächlich angewandt und „gelebt" werden. Stärken, Schwächen und — unter Berücksichtigung des umfassenden Modernisierungsansatzes — noch gänzlich unbetrachtete Elemente der NVS wurden sichtbar.

Anhand dieser Ist-Aufnahme haben wir in einer weiteren Projektarbeit analysiert, auf welchen Sektoren (Themenfelder des CAF) dringender Verbesserungs- und Weiterentwicklungsbedarf bestand. Dabei wurden 20 mehr oder weniger ausgeprägt vorhandene bzw. in Planung oder im Aufbau begriffene Steuerungselemente der NVS einbezogen. Dies bedeutet, dass wir anhand der mit dem CAF gewonnenen Ergebnissen konkrete Handlungsbedarfe abgeleitet und ihre priorisierte Umsetzung geplant haben. Das Ergebnis findet sich im „TQM-Konzept 2004" wieder. Dieses Konzept enthält einen 16-teiligen Maßnahmenkatalog sowie 16 priorisierte Projektaufträge, die es in den Jahren 2005 und 2006 umzusetzen gilt.

3. Unsere Erfahrungen

Mit der Methode des CAF steht zu Beginn und während des Betriebs eines Qualitätsmanagements ein einfach handhabbares und in seinem am Praxisergebnis gemessenen Ressourcenverbrauch auch in wirtschaftlicher Hinsicht sehr empfehlenswertes Instrument zur Ist-Analyse des inneren und äußeren Organisationszustandes und damit auch zum Benchmarking zur Verfügung.

Es gilt in den Gesamtprozess von Anfang an sowohl die Entscheidungsträger als auch die Personalvertretung einzubeziehen und zu überzeugen. Dieser Personenkreis wurde bei uns, wie auch alle Projektgruppenmitglieder, zum Thema Qualitätsmanagement professionell geschult.

Das Ziel und der Nutzen eines Qualitätsmanagements unter Einsatz des CAF ist den Beschäftigten von Beginn an transparent darzustellen.

Alle Mitwirkenden an der Selbstbewertung und am TQM-Konzept sind wertvolle Multiplikatoren für das Gesamtprojekt.

Es ist wichtig, dass es von Anfang an starke Promotoren des Prozesses gibt, die sich persönlich für den Einsatz von CAF und ein TQM mit „Leidenschaft" einsetzen.

Der Kontakt zum nationalen CAF-Zentrum und der Erfahrungsaustausch mit anderen Anwendern sind sehr wertvoll und sollten unbedingt genutzt werden.

4. Die Entwicklung messen

Die zweite Selbstbewertungsrunde planen wir für das erste Halbjahr 2006. So werden wir nach 3 Jahren überprüfen, welche Fortschritte im Modernisierungsprozess und bei seiner Qualitätssicherung über alle Themenfelder des CAF erzielt worden sind.

Viel Erfolg auf dem Weg eines Qualitätsmanagements mit CAF!

4.3.2 CAF

Europäisches Qualitätsbewertungssystem

Auf der ersten Europäischen Qualitätskonferenz im Mai 2000 in Portugal wurde von den für den öffentlichen Dienst zuständigen Ministern die Einführung eines gemeinsamen europäischen Qualitätsbewertungssystems für öffentliche Verwaltungen beschlossen (vgl. Saatweber 2004: 227). Das Common Assessment Framework (CAF) wurde mit dem Ziel konzipiert, Institutionen des öffentlichen Sektors ein Selbstbewertungsinstrument zur Verfügung zu stellen, und gleichzeitig das Verständnis für die Grundprinzipien eines TQM sowie die Anwendung von Qualitätsmanagementstrategien im öffentlichen Sektor zu erhöhen. CAF bietet öffentlichen Verwaltungen die Möglichkeit, die Qualität ihrer Leistungen (Leistungserstellung, Leistungsergebnisse etc.) eigenständig zu bewerten und ermöglicht somit einen relativ einfachen Einstieg ins Qualitätsmanagement (vgl. auch vorangehendes Praxisfenster Nr. 8).

Übereinstimmung mit EFQM

Die Selbsteinschätzung einer Verwaltung mit CAF beruht auf neun vorgegebenen Kriterien, wobei eine ganzheitliche Betrachtung von Menschen, Prozessen und Ergebnissen angestrebt wird. Die zu beurteilenden Themenfelder stimmen weitestgehend mit denen des EFQM-Modells überein, wobei die einzelnen Kriterien spezifischer auf die öffentliche Aufgabe sowie die Rahmenbedingungen einer Verwaltung zugeschnitten sind (vgl. Broekmate/Dahrendorf/Dunker 2001: 262). Wie auch das EFQM-Modell orientiert sich CAF in seiner Bewertung am „plan, do, check, act" des Deming-Kreislaufs.

Selbstbewertung

Aus der Sicht einer Verwaltung sind mit der Selbstbewertung nach CAF folgende Ziele verbunden (vgl. Saatweber 2004: 228 f.):

- Nutzung eines standardisierten und leicht anwendbaren Modells
- Durchführung einer Stärken-Schwächen-Analyse
- Erkennen von Verbesserungspotenzialen und Maßnahmen, diese auszuschöpfen
- Aktive Mitarbeiterbeteiligung aufgrund der Selbstbewertung
- Steigerung der Mitarbeitermotivation
- Erarbeitung einer Grundlage für Modernisierungsprojekte
- Einstieg in einen kontinuierlichen Verbesserungsprozess
- Möglichkeit eines europaweiten Benchmarkings

Diagnoseinstrument

Die dargestellten Zielsetzungen machen deutlich, dass CAF ein für den öffentlichen Sektor vorteilhaftes Diagnoseinstrument sein kann, mit Hilfe dessen ein umfassendes Stärken-Schwächen-Profil für das eigene Qualitätsmanagement erstellt werden kann. Wichtige Voraussetzung ist jedoch, dass die aus der Analyse resultierenden erforderlichen Verbesserungsmaßnahmen auch umgesetzt werden.

4.4 Evaluation staatlicher Maßnahmen

Evaluationen sind im Zuge der wirkungsorientierten Verwaltungsführung in der Schweiz wieder stärker ins Gesichtsfeld von Politik und Verwaltung gerückt. Dies erstaunt, da zu Beginn der Reformen von politikwissenschaftlicher Seite eher Angst gegenüber dem verstärkten Einsatz von Managementansätzen in der öffentlichen Verwaltung aufkam. Doch das große Ziel, die Wirkungsorientierung der Verwaltung und damit auch die Effektivität und Effizienz politisch-administrativen Handelns zu verbessern, verdeutlicht die Bedeutung eines angemessenen Einsatzes von Evaluationen erneuert. Immer mehr Gesetze werden wirkungsorientiert formuliert und Evaluationsklauseln wie in Art. 3 Abs. 3 des neuen Gesetzes über die Steuerung von Finanzen und Leistungen des Kantons Bern nehmen zu: „Die Wirkungsorientierung umfasst insbesondere (a) die Ausrichtung des staatlichen Handelns an den politisch gesetzten Zielen, (b) die vorgängige Beurteilung möglicher Auswirkungen von Erlassen und Beschlüssen und (c) die qualitative und quantitative Überprüfung der Auswirkungen von Erlassen und Beschlüssen." (Bern 2002).

Evaluation und WoV

Die Evaluation untersucht intendierte und nicht intendierte Wirkungen öffentlicher Interventionen anhand sozialwissenschaftlicher Untersuchungsmethoden zur Bewertung des Konzepts, der Umsetzung und des Nutzens staatlicher Maßnahmen (vgl. Ritz 2003a: 26 ff.). Daraus wird deutlich, dass sich Evaluationen im Gegensatz zu anderen Ansätzen der Erfolgskontrolle der vertieften Analyse von Kausalzusammenhängen und bei Maßnahmenbeginn nicht beabsichtigten (positiven und negativen) Nebenwirkungen widmen. Trotz der Anwendung sozialwissenschaftlicher Untersuchungsmethoden unterscheidet sich die Evaluation von angewandter Forschung und insbesondere von der Grundlagenforschung. Evaluationsforschung ist normalerweise Auftragsforschung und widmet sich spezifischen, vom Auftraggeber vorgegebenen Fragestellungen. Sie dient dabei primär der Bewertung und Entscheidungsfindung vor dem Hintergrund der Programmziele und strebt keine breite Generalisierbarkeit ihrer Ergebnisse an. Evaluationen liegen im Allgemeinen normative Kriterien zu Grunde, welche zumeist aus den

Intendierte und nicht intendierte Wirkungen

Programmzielen abgeleitet werden. Während sich die Grundlagenforschung der Untersuchung von Ursache-Wirkungs-Zusammenhängen annimmt, stehen bei der Evaluation Ziel-Mittel-Ketten im Zentrum, um unmittelbare Systemzusammenhänge in einem klar definierten Kontext zu verstehen. Der wesentlichste Unterschied liegt im Zweck von Evaluationen: Sie sollen für den Auftraggeber einen Nutzen bringen und dienen im Gegensatz zur Grundlagenforschung dem direkten Gebrauch in der Verwaltungspraxis.

4.4.1 Arten von Evaluationen

Typische Evaluationsarten

Anhand der unterschiedlichen Merkmale einer Evaluation können verschiedene Evaluationsarten unterschieden werden. Je nach Gegenstand der Untersuchung sind typische Evaluationsarten:

- Die Programmevaluation als typische Evaluationskategorie untersucht staatliche Maßnahmen, die der Umsetzung von politischen Zielen dienen. Als Programm wird ein Maßnahmenbündel bezeichnet, das geplant und wohl konzipiert die gezielte Veränderung sozialer Bedingungen in Staat, Wirtschaft, Gesellschaft und Umwelt herbeizuführen versucht.

- Die Gesetzesevaluationen erlangen v. a. im Rahmen des Public Managements eine neue Bedeutung (vgl. Kettiger 2000). Die ex post-Evaluation von Gesetzen wird als retrospektive Gesetzesfolgenabschätzung bezeichnet. Die Folgeanalysen versuchen zu ermitteln, welche Auswirkungen (z. B. auch Kosten, Inakzeptanz, Regelungsverdrossenheit, langfristige Ressourcenbindung, Intentions-/Realisationsverhältnis) bei den Normadressaten und im gesamten Wirkungsfeld eingetreten sind.

- Im Weiteren werden auch Produkt-, Projekt-, Institutionen-, Personal- und Reform-Evaluationen unterschieden (vgl. Ritz 2003a: 45 ff.).

Fragestellungen

In Bezug auf die häufigsten Fragestellungen einer Evaluation lassen sich folgende unterscheiden (vgl. Rossi/Lipsey/Freeman 2004: 62 ff.):

- „Needs assessment": Bedarfsanalyse zur Beantwortung von Fragen bezüglich der Notwendigkeit des Programms und seiner Zielsetzungen.

- „Assessment of program theory": Beurteilung der Programmtheorie, d. h. des Politikkonzepts sowie der Programmstruktur. Die zentralen Fragestellungen betreffen die von den Programmleistungen Betroffenen, die Art der anzubietenden Leistungen,

4.4 Evaluation staatlicher Maßnahmen

die dafür zweckmäßige Vollzugsstruktur sowie die sinnvolle Programmkonstruktion (Logik) und die Erreichbarkeit der intendierten Wirkungen mit den geplanten Mitteln.

- Die Prozessevaluation oder Analyse der Programmumsetzung (Implementationsforschung) in Bezug auf die intendierte Funktionalität und Eignung der Prozesse widmet sich dem Vollzugsmechanismus und den davon betroffenen Programmwirkungen.

- „Impact assessment" (Wirkungsevaluation): Beurteilung der vom Programm erzeugten Impacts oder Outcomes. Es interessieren die Erreichung der Wirkungsziele, die Auswirkungen auf die Leistungsempfänger, negative oder widersprüchliche Nebenwirkungen, die Bevorzugung gewisser Leistungsempfänger und die Verbesserung der Problemlage an sich.

- „Efficiency assessment" (Effizienzanalyse): Ergänzung der Wirkungsevaluation und Untersuchung von Programmkosten sowie der Kostenwirksamkeit, letztlich eines wirtschaftlichen Ressourceneinsatzes (Kosten-Nutzen-Analyse).

In Abhängigkeit des Zeitpunkts der Durchführung einer Evaluation werden unterschieden (vgl. auch nachfolgendes Praxisfenster Nr. 9):

Formative und summative Evaluation

- Ex ante-Evaluationen versuchen die möglichen zukünftigen Auswirkungen einer Maßnahme zu antizipieren. Typische ex ante-Evaluationen stellen z. B. im Voraus angefertigte Rechtsgutachten zu Gesetzeswirkungen dar.

- Formative oder begleitende Evaluationen finden während der Umsetzung einer Maßnahme statt und dienen der vertiefenden Einsicht in einen Untersuchungsgegenstand. Der Hauptzweck besteht in der Verbesserung eines Programms und der Korrektur von nicht-intendierten Wirkungen. Die rasche Rückkopplung der Evaluationsergebnisse an die Programmverantwortlichen und der kontinuierliche Lernprozess stehen im Vordergrund.

- Ex post-Evaluationen oder summative Evaluationsstudien werden durchgeführt, wenn eine Maßnahme schon implementiert, stabilisiert und mehrheitlich abgeschlossen ist. Ihr Ziel ist die Bilanzierung der Wirkungen einer Maßnahme aus einer gesamthaften Perspektive zur Entscheidungsunterstützung.

Unterschiede ergeben sich zudem bezüglich der Steuerung und Durchführung einer Evaluation. Es kann zwischen der Selbst- und der Fremdevaluation unterschieden werden. Bei der Selbstevaluation ist die Steuerungsinstanz, d. h. jene Verantwortungsträger, welche die Funktion der Evaluation und die Fragestellungen bestimmen, innerhalb der von der Evaluation betroffenen Organisation

Selbst- und Fremdevaluation

angesiedelt. Die Fremdevaluation unterliegt einer außerhalb der Institution verorteten Steuerung. Die Evaluatoren bei der summativen Evaluation sind ebenso wie die Klienten häufig externe Personen. Die formative Evaluation wird häufiger von programminternen Personen gesteuert und/oder vollzogen, ihre Klienten sind Projektverantwortliche und -mitarbeitende. Mit dieser Unterscheidung lässt sich auch der Ort bestimmen, an dem die Evaluation ihre Wirkungen zeigt und verwendet werden soll; formative Evaluation innerhalb des Programms oder der Organisation, summative Evaluation „[...] soll Verantwortlichkeit gegenüber Außenstehenden erzeugen, indem sie Entscheidungsgrundlagen zur Verfügung stellt oder zur Systemlegitimation beiträgt." (Widmer 2000: 79). Formative Evaluationen berichten somit an die Maßnahme oder das Programm, summative Evaluationen über eine Maßnahme oder ein Programm.

4.4.2 Verwendungszweck von Evaluationen

Nachträgliche Legitimation

Vielfach ist den Betroffenen nicht klar, weshalb eine Evaluation angesetzt wird oder es zeigt sich nach der Evaluation, dass die anfänglich beabsichtigte Verwendung völlig an Bedeutung verloren hat und es letztlich nur um die nachträgliche Legitimation bereits begonnener Maßnahmen ging. Insofern sind verschiedene Verwendungszwecke von Evaluationen erkennbar (vgl. Rossi/Lipsey/Freeman 2004: 34 ff. und Weiss 1998: 310 ff.):

- „Guidance for action": Adressaten benutzen die Evaluation, um Richtungsweisung bezüglich der Programmweiterentwicklung oder Entscheidungsfindung zu erhalten („instrumental use").

- „Reinforcement of prior beliefs": Bestätigung bisheriger Meinungen zum Programm aus Sicht der Auftraggeber oder Betroffenen, dient letztlich der Weiterarbeit in dieselbe Stossrichtung.

- „Mobilization of support": Evaluationsergebnisse werden im politischen Prozess zur Koalitionsbildung und Mobilisierung von Unterstützung im Wandlungsprozess benötigt („policy use").

- „Enlightenment use": Die Studienresultate dienen der allgemeinen Erkenntnismehrung und Schaffung eines besseren Verständnisses für die Stärken und Schwächen des Evaluationsgegenstands.

Mangelnde Umsetzung

Die erste Nutzungsart des „instrumental use" liegt oft im Zentrum des Interesses der Evaluatoren, doch in der Evaluationspraxis werden die Studienempfehlungen nicht immer umgesetzt und eine Vielzahl von Evaluationsergebnissen hat einen geringen Einfluss auf

Evaluation staatlicher Maßnahmen

4.4

die Problemlösung (vgl. Zimmerman/Kolly/Mahon 1989). Evaluationsarbeit kann besonders dann frustrierend sein, wenn die Ergebnisse mit wohlwollender Anerkennung in der erstbesten Schublade verschwinden. Das bedeutet, dass sich gute Evaluatoren durch die rechtzeitige, allenfalls mehrmals wiederholte Kommunikation der Ergebnisse an der richtigen Stelle auszeichnen. Um die Qualität, aber auch die Glaubwürdigkeit und Vertrauenswürdigkeit von Evaluationen sowie Evaluatoren zu erhöhen, haben die Schweizerische und die Deutsche Gesellschaft für Evaluation auf der Basis internationaler Normen zweckmäßige Standards für die Planung und Durchführung von Evaluationen verfasst (vgl. Schweizerische Evaluationsgesellschaft 2005 oder Deutsche Gesellschaft für Evaluation 2005).

4.4.3 Vorgehensmodell einer Wirkungsevaluation

Ein praxistaugliches Vorgehensmodell zur Durchführung von Evaluationen wird abschließend erläutert (vgl. Ledergerber 1998).

Vorgehensmodell zur Durchführung einer Wirkungsevaluation — *Abbildung 30*

1. Vorarbeiten
2. Zieldefinition
3. Vollzugskontrolle
4. Wirkungsanalyse
   4a. Wirkungsmechanismus
   4b. Ermittlung der Wirkungen
   4c. Bewertung ermittelte Wirkungen
5. Auswertung
6. Umsetzung/Änderung

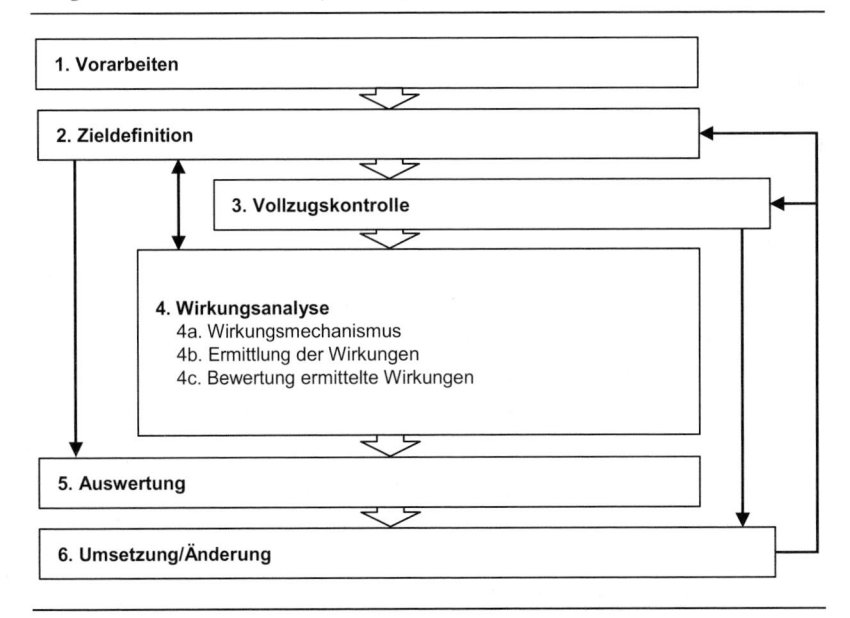

4 *Das Informationsmanagement zur Transparenzsteigerung*

6-Schritte-Modell

Das Modell enthält sechs Schritte. Abbildung 30 veranschaulicht sowohl die Abfolge der Schritte als auch die Kopplung der Ergebnisse des zweiten mit dem fünften Schritt bzw. der Zieldefinition und der Wirkungsanalyse. Werden die Evaluationsergebnisse im letzten Schritt umgesetzt, hat dies wiederum Folgen für die Zieldefinition und Vollzugskontrolle eines Programms. Zuerst aber sind Vorarbeiten zu erledigen, die einen nicht unwesentlichen Einfluss auf die gesamte Evaluationsarbeit haben können. Zu klären sind:

Vorarbeiten

- Der Evaluationsgegenstand: Handelt es sich um ein längerfristiges, komplexes Programm (z. B. Gesetzesevaluation) oder um einen relativ einfachen Gegenstand (z. B. Weiterbildungskurs)?

- Fragestellungen: Welches sind die zentralen, unbedingt zu erörternden und welches allenfalls weniger wichtige sowie ergänzende Fragestellungen? Die erste Formulierung der Fragestellungen sollte durch den Auftraggeber erfolgen und nicht den Evaluatoren überlassen werden.

- Abgrenzung: Wie lässt sich die Evaluation inhaltlich und zeitlich abgrenzen? Welche Fragestellungen sind nicht betroffen oder wurden bereits anderweitig untersucht?

- Detaillierungsgrad, Umfang: Inwieweit sollen die Kausalzusammenhänge analysiert werden? Sind Primärerhebungen notwendig? Verlangen die Fragestellungen spezifische Auswertungen oder reicht ein Globalbericht? Müssen mehrere Anspruchsgruppen, Untersuchungsmethoden und -perspektiven einbezogen werden?

- Dauer und Finanzen: Ist eher eine Lang- (ca. 1 bis 4 Jahre) oder eine Kurzevaluation (ca. 3 bis 12 Monate) erforderlich? Welche Folgen hat dies für die Kosten, für begleitende Informationsmaßnahmen und für den weiteren Programmverlauf? Wie hoch soll der Anteil der Evaluationskosten, z. B. auch im Vergleich zu den gesamten Programmkosten in etwa sein?

- Organisation: Wer ist eigentlich Auftraggeber? Wer ist für die Steuerung i. S. der Auswahl der Fragestellungen verantwortlich? Welche Anspruchsgruppen sind auf dem Laufenden zu halten? Wie wird die Zusammenarbeit mit den Evaluatoren gestaltet?

- Untersuchungsmerkmale: Während Eckpunkte einer Evaluation (z. B. der Untersuchungszeitpunkt und die externen oder internen Träger) noch gut vom Auftraggeber mitbestimmt werden können, sollten die Vorschläge zu den verwendeten Methoden und anzustellenden Vergleichen i. S. des Evaluationsdesigns von den Evaluatoren gemacht werden.

4.4 Evaluation staatlicher Maßnahmen

Zieldefinition

In einem zweiten Schritt sind die dem Programm zugrunde liegenden Ziele, systematisch zu klären. Dies kann anhand der gesetzlichen Grundlagen sowie weiterer Grundlagendokumente erfolgen. Vielfach sind die Ziele nicht eindeutig klar und bekannt, so dass hier bereits die Evaluation zur Klärung beitragen und die Zielgruppen befragen muss. Es empfiehlt sich auch nach den ursprünglichen Gründen der Maßnahme und eventuellen Änderungen dieser Ursachen oder des Kontextes zu fragen. Dies dient der Herleitung eines Zielsystems mit einer Unterscheidung zwischen Ober- und Unterzielen oder Zielen der Politik und solchen anderer Akteure. Die Ziele lassen sich gewichten und Zielkonflikte sind offen zu legen, damit sie im Nachhinein nicht der Evaluation angelastet werden. Ebenfalls können in diesem Schritt erste Messgrößen i. S. von Leistungs- und Wirkungsindikatoren (vgl. Kapitel 5.3.2.3) definiert und existierende Sollwerte zu den Indikatoren festgehalten werden.

Vollzugskontrolle

Der dritte Schritt nimmt eine Bestandsaufnahme des Vollzugs der Maßnahme vor. Es stellen sich zunächst einmal die einfachen Fragen, wer, was, wann, wie, wo und wie oft tut. Die Intensität und das Ausmaß des Vollzugs wird abgeklärt, um danach feststellen zu können, ob eingetretene oder ausgebliebene Wirkungen überhaupt mit den durchgeführten Vollzugsmaßnahmen in Verbindung gebracht werden können. Daraus ergeben sich erste Hinweise auf Vollzugsschwierigkeiten, nicht stabile Vollzugsmaßnahmen und notwendige Verbesserungsmöglichkeiten.

Wirkungsanalyse

Im Kern der Evaluation steht die Wirkungsevaluation als vierter Schritt. Dafür sind folgende drei Teilschritte notwendig:

- Klärung des Wirkungsgefüges: Welches sind die Hauptwirkungen? Existieren erwünschte oder unerwünschte, nicht beabsichtigte Nebenwirkungen? In welche Richtungen entfalten sich Wirkungen? Die sorgfältige Analyse der Wirkungszusammenhänge stellt die Basis der Evaluation dar.

- Ermittlung der Wirkungen: Mit Hilfe sozialwissenschaftlicher Methoden gilt es die Wirkungen anhand der laufend konkretisierten Indikatoren und Messgrößen aus Schritt zwei zu erfassen. Hier kann sich der Beizug von Experten oder externen Erfahrungen, die in einem ähnlichen Programm gemacht wurden, eignen.

- Die Bewertung der Messergebnisse zählt zum eigentlichen „Kunsthandwerk" von Evaluatoren. Unterschiedliche Wirkungen müssen gewichtet und Interpretationen mit den Meinungen der Betroffenen verglichen werden, um die Ergebnisse zu validieren. Es lassen sich je nach Untersuchungsdesign Vergleiche anstellen oder exemplarische Fälle veranschaulichen.

4 Das Informationsmanagement zur Transparenzsteigerung

Praxisfenster Nr. 9: Einsatzmöglichkeiten der Politikevaluation in der Verwaltungspraxis

Dr. Stefan Rieder

*Interface
Institut für
Politikstudien,
Luzern*

1. Qualitätsbewertung des Verwaltungshandelns

Evaluieren bedeutet Bewerten. Evaluation in der öffentlichen Verwaltung bewertet in der Regel die Qualität des Verwaltungshandelns. Dabei können sowohl die Art und Weise der Aufgabenerfüllung selber (Abläufe, Prozesse, Verfahren) wie auch deren Konzeption und Wirkung Gegenstand der Bewertung sein. Evaluationen im Kontext öffentlicher Verwaltung werden in der Regel aus zwei Motiven durchgeführt:

- Verwaltungshandeln soll verbessert werden: Wir sprechen von formativer Evaluation, bei denen der Lerneffekt im Zentrum steht.
- Es gilt über die Weiterführung oder den Abbruch einer öffentlichen Politik zu entscheiden: In diesem Kontext sprechen wir von summativen Evaluationen.

2. Der formative Charakter einer Evaluation

Diese Motive für Evaluationen lassen sich an zwei Beispielen illustrieren. Der formative Aspekt stand bei der Evaluation des „interdepartementalen Zentrums für Entwicklung, Assessment und Beratung (cedac)" im Vordergrund. Das cedac führt primär Kaderassessments für die Bundesverwaltung durch. Mittels einer externen Evaluation sollte geprüft werden, wie die Dienstleistungen des cedac zu beurteilen sind. Die Evaluationsfragen lauteten: Sind die Kundinnen und Kunden des cedac zufrieden? Setzen sie die Ergebnisse von Assessments um? Welche Verbesserungspotentiale existieren? Wo liegt der künftige Bedarf an Assessments in der Bundesverwaltung?

Die Evaluation setzte zur Beantwortung dieser Fragen auf drei methodische Zugänge: Zunächst wurden die schriftlichen Feedbacks jener Personen ausgewertet, die ein Assessment durchlaufen haben. Zweitens kamen Interviews bei Auftraggebern zum Einsatz, um deren Zufriedenheit mit den Leistungen des cedac zu ermitteln. Drittens wurde mit einer Breitenbefragung der zukünftige Bedarf an Dienstleistungen des cedac erhoben. Für die Verantwortlichen ergab sich aus den Erhebungen eine Reihe von nützlichen, direkt verwertbaren Informationen:

- Der große Teil der Teilnehmenden der Assessments war mit den Dienstleistungen zufrieden. Dies traf ebenfalls für die Kunden zu, welche die Assessments in Auftrag gegeben hatten. Sie stützten sich bei ihren Personalentscheiden dann auch auf die Ergebnisse der Assessments ab und zeigten sich zufrieden mit dem ausgewählten Personal. Für die Verantwortlichen des cedac war dieses Ergebnis entscheidend, bestätigte es doch, dass die Qualität ihrer Dienstleistungen in formaler und in inhaltlicher Hinsicht den Bedürfnissen der Kundschaft entsprach.

Evaluation staatlicher Maßnahmen

4.4

- Die Evaluation brachte auch Verbesserungsmöglichkeiten zu Tage: Die Nützlichkeit der Assessments ließe sich gemäß Aussagen der Kunden durch maßgeschneiderte Lösungen und eine intensivere Nachbearbeitung steigern. Ferner unterstrich die Evaluation die Bedeutung einer stets gleich hohen Qualität des Assessorenteams.
- Die Evaluation konnte schließlich zeigen, wie groß der Markt für Assessments in der Bundesverwaltung ist und lieferte damit eine wichtige Grundlage für die Neuausrichtung des cedac.

3. Der summative Charakter einer Evaluation

Der summative Charakter einer Evaluation lässt sich an einem zweiten Beispiel illustrieren: Die Evaluation des Projektes zur Einführung der Wirkungsorientierten Verwaltungsführung im Kanton Solothurn (WOV-Solothurn). Die Untersuchung wurde von der Regierung in Auftrag gegeben und durch eine parlamentarische Kommission begleitet. Letztere hielt fest, dass sie primär eine summative Beurteilung des WOV-Konzeptes erwarte, um auf dieser Basis über eine flächendeckende Einführung von WOV entscheiden zu können. Die Evaluation hatte sich an diesen Vorgaben auszurichten. Ihr Schwerpunkt lag einerseits bei der Ermittlung der Wirkungen von WOV auf die Leistungen der Verwaltungen (Outputs) und andererseits bei der Abschätzung der Effekte der Reform auf die Regierung und das Parlament. Die Evaluation kam zum Schluss, dass die größten Wirkungen auf Stufe der Verwaltung eingetreten sind. Auf der politischen Ebene (Parlament, Regierung) und bezüglich der Leistungen der Ämter zeigte WOV nur schwache Effekte. Insgesamt kam die Evaluation zum Schluss, dass das Potential von WOV noch bei weitem nicht ausgeschöpft worden sei. Es wurde empfohlen, kein duales System (mit WOV und Nicht-WOV-Ämtern) zu führen, sondern sich für eine flächendeckende Einführung oder einen Abbruch der Reform zu entscheiden.

Die Gesamtbewertung der Evaluation ist in die politische Meinungsbildung eingeflossen. Die Botschaft der Regierung und das Parlament haben die Evaluationsstudie im Rahmen ihrer Entscheidfindung über die Weiterführung von WOV berücksichtigt. Damit leisteten die Ergebnisse der Evaluation einen Beitrag beim Entscheid über eine flächendeckende Einführung von WOV, die 2003 beschlossen worden ist. Die Evaluation half mit, das Reformvorhaben zu legitimieren.

Die beiden Beispiele zeigen, dass die Nützlichkeit von Evaluationen in der Verwaltungspraxis stark erwartungsabhängig ist: Sind diese klar formuliert, lässt sich ein maßgeschneidertes Evaluationsdesign mit angemessenen Methoden definieren. Dies dürfte in Zukunft immer häufiger von Verwaltungen verlangt werden. Der Trend zum New Public Management aber auch die Verknappung öffentlicher Mittel lässt die Frage nach der Wirksamkeit staatlichen Handelns laut werden. Formative wie summative Evaluationen sind Instrumente, mit deren Hilfe Verwaltungen Antworten hinsichtlich der Wirksamkeit und Legitimität ihres Handels liefern können.

Auswertung

Fünftens werden die gewonnenen Informationen ausgewertet. Abgesehen von der methodisch korrekten Auswertung ist eine transparent dokumentierte, vollständige sowie unparteiische Auswertung notwendig, damit begründete Schlussfolgerungen auf Akzeptanz stoßen können. Die Auswertung erfolgt häufig in Form von Berichten. Als Leitlinien für die Berichterstattung sowie zum Umgang mit Evaluationsergebnissen eignen sich die bereits erwähnten Kriterien der Schweizerischen und Deutschen Evaluationsgesellschaften. Eine gute Evaluation sagt nur soviel, wie aufgrund umfassender und begründeter Einschätzung auch wirklich gesagt werden kann. Denn es fällt außerordentlich schwer zu sagen, ein Programm habe keine oder nicht die beabsichtigten Wirkungen gehabt.

Umsetzung

Der sechste und letzte Schritt des Vorgehensmodells ist zentral für die Fortführung eines Programms. Vor dem Hintergrund der Kriterien der Machbarkeit und Angemessenheit gilt es, die Evaluationsergebnisse und Verbesserungsvorschläge umzusetzen. Dies kann bei begleitenden Evaluationen auch früher einsetzen. Es gilt zu klären, wie gut die politische Abstützung für diesen Schritt ist. Stimmt die politische Großwetterlage? Ist der Zeitpunkt günstig, haben sich die Interessen der Anspruchsgruppen verändert oder sind sie ähnlich geblieben? Wie stark ist die Unterstützung durch vorgesetzte Ebenen und existiere Promotoren? Nicht vergessen werden darf die rechtzeitige und verständliche Kommunikation aller Ergebnisse und der beschlossenen Maßnahmen an die Betroffenen und alle Zielgruppen der Evaluation. Eventuell entsteht in dieser letzten Phase noch Bedarf an vertiefenden oder ergänzenden Untersuchungen, um die Maßnahmen optimal durchführen zu können.

Selten vollständig planbar

Das dargestellte Vorgehen wird der realen Situation nicht gerecht, da v. a. die Schritte selten so konsekutiv verlaufen. Plötzlich steht eine bereits seit langem geplante Mitarbeitendenbefragung an und der Evaluator wird gezwungen, kurzfristig seine Fragen einzubringen, da eine nachfolgende Untersuchung kaum auf Akzeptanz stossen würde. Evaluationen sind daher selten klar planbare Vorhaben. Unflexible Evaluatoren oder zielstrebig durchgeführte statt situationsadäquate Evaluationen laufen Gefahr, unauffällige, aber umso wichtigere Informationen zu vernachlässigen. Gleichzeitig muss der Auftraggeber aber die Möglichkeiten und Grenzen einer Evaluation kennen. Hier gilt es v. a. einen Aspekt zu betonen: Evaluationen sind frühzeitig zu planen. Vielfach wird die Evaluation am weit entfernten Ende eines Programms angesetzt, obwohl Evaluationen gerade von Beginn weg eingeplant werden müssen, um zuverlässige und begründete Schlussfolgerungen ziehen zu können. Auftragserteilungen kurz vor Beendigung des Programms führen vielfach zu einer nur halbwegs zufrieden stellenden Untersuchungsqualität.

4.5 E-Government

Historische Entwicklung

In Zusammenhang mit dem Informationsmanagement öffentlicher Verwaltungen ist das Electronic Government, kurz E-Government, nicht mehr wegzudenken. Bereits in den 1980er und 1990er Jahren hielten die Begriffe der Elektronischen Datenverarbeitung (EDV) oder der Informations- und Kommunikationstechnologie (IKT) Einzug in die Verwaltung. Als logische Fortentwicklung der Nutzbarmachung von EDV und IKT in allen Bereichen der Verwaltungsführung erlangte E-Government kurz nach New Public Management eine bis heute anhaltende Bedeutung. Dieser Abschnitt soll einen kurzen Überblick über die zentralen Merkmale des E-Governments geben. Für eine vertiefte Auseinandersetzung wird auf die vielfältige Spezialliteratur verwiesen (vgl. Jansen/Priddat 2001; Reichard/Scheske/Schuppan 2004; Lenk 2004 und Spahni 2002).

Zukünftige Tendenzen

Vor dem Hintergrund der in Kapitel 1 beschriebenen Staatsentwicklung fördern zukünftig die folgenden Tendenzen eine Verbreitung von Handlungsformen und Geschäftsprozessen anhand elektronischer Medien innerhalb des politisch-administrativen Systems sowie zwischen dem Staat und seinen Anspruchsgruppen (vgl. Jansen/Priddat 2001: 94 ff. und Benz 2001: 223 ff.):

- Kooperation und Wettbewerb: Der Begriff der „Co-opetition" beschreibt die verstärkt parallel laufenden Abstimmungsprozesse zwischen den traditionell konkurrierenden staatlichen und nichtstaatlichen Akteuren im Rahmen von Verhandlungssystemen beziehungsweise Netzwerken. In durch E-Government breiter sowie zeit- und raumübergreifend organisierten Netzwerken können sowohl konfligierende als auch kooperierende Absichten sowie wechselnde Koalitionen flexibel gestaltet werden. Die Durchsetzung von Partikularinteressen wird aufgrund der erhöhten Transparenz schwieriger. Das Internet erlaubt eine ständige Neukonfiguration der Netzwerke und die Aktivierung verschiedenster Akteurkoalitionen, wobei der Staat nur ein Akteur unter vielen ist. Durch E-Government kann der Staat als Moderator nicht-organisierte Interessen in die Verhandlungen einbeziehen und seine Steuerungskompetenz auch in Zukunft erhalten.

- Prozessintegration: Das Wissen und die Kompetenz von Anspruchsgruppen öffentlicher Institutionen werden verstärkt in die Leistungsprozesse der Verwaltung integriert, d. h. die Aufgabenteilung wird neu definiert. Bürger können auf die Leistungsgestaltung Einfluss nehmen (z. B. Einbezug in Bauplanungsverfahren), Leistungsprozesse selbständig ausführen (z. B. elektronische Steuererklärung), zur Leistungskontrolle beitragen

(z. B. Feedbackprozesse) oder sich an Entscheidungsprozessen beteiligen (z. B. elektronische Abstimmungen). Letztlich geht es um neue und direktere Formen der Bürgerpartizipation in einer Gesellschaft, in welcher der Staat lokale Beteiligungsportale zur Verfügung stellen muss, um der Produzenten- und Konsumentenrolle der Anspruchsgruppen gerecht zu werden.

- Optimierung der Wertschöpfungskette: Im Rahmen von intelligentem Outsourcing konzentriert sich der Staat zukünftig stärker auf die Kommunikation mit Netzwerkpartnern, um die Wertschöpfungssteuerung in seiner Hand zu halten und in Bezug auf die gesamtgesellschaftliche Nutzensteigerung zu optimieren. E-Government bietet hier v. a. im öffentlichen Beschaffungswesen mittels elektronischen Ausschreibungsplattformen große Effizienzpotenziale, indem Angebot und Nachfrage schneller, zielgruppenspezifischer und in größerem Umfang aufeinander treffen. Hieraus können Optimierungspotenziale der Wertschöpfungskette und Einsparungseffekte resultieren.

- Informations- und Wissensmanagement: Das öffentliche Gedächtnis garantiert durch verbesserte Transparenz und erweiterten Zugang zu Bürger- und Staatswissen, dass relevante Informationen und zu behaltendes Wissen nicht verloren gehen. Werte basiertes Wissen und entsprechende Entscheidungsergebnisse aus der Vergangenheit müssen mit Interessen der Gegenwart abgewogen werden. E-Government kann den Zugang für die Öffentlichkeit zu staatlichen und gesellschaftlichen Informationen erleichtern, mittels intranetbasierten Wissensmanagementsystemen interne Prozesse professionalisieren und beschleunigen. Im Rahmen der Politikvorbereitung kann die Politik dadurch vor kurzfristig populären Forderungen und Entscheidungen geschützt werden. E-Government ermöglicht die Speicherung, die Verbreitung sowie die Verknüpfung von Wissen und Informationen, womit die Erinnerbarkeit in Politik und Gesellschaft erhöht wird, was zu erhöhter Lernkompetenz der Gesellschaft führt.

Definition E-Government

E-Government kann definiert werden als Instrument der organisatorischen Gestaltung von Interaktions- und Kommunikationsbeziehungen innerhalb des Staates sowie zwischen dem Staat und seinen Anspruchsgruppen mittels Informations- und Kommunikationstechnologien. Vier Ausprägungen des E-Governments verdeutlichen die konkrete Umsetzung der oben aufgezeigten Entwicklungstendenzen (vgl. Schedler/Summermatter/Schmidt 2003: 23 ff.):

- Elektronische Beschaffung und Produktion: Elektronische Steuerung und Gestaltung von Wertschöpfungsprozessen bei der öffentlichen Leistungserbringung (z. B. Public Private Partner-

4.5 E-Government

ships) sowie E-Procurement i. S. elektronisch abgewickelter Beschaffungsvorgänge öffentlicher Gemeinwesen und privater Anbieter (z. B. Ausschreibungsplattformen, Internetauktionen, elektronische Marktplätze oder Transaktionsformen)

- Elektronische öffentliche Leistungen: Externer amtlicher Geschäftsverkehr (z. B. elektronische Steuererklärung oder Wohnsitzanmeldung) sowie Informationsdienste (z. B. Bürgerportale)
- Elektronische interne Zusammenarbeit: Ermöglichung, Beschleunigung und Unterstützung des internen Geschäftsverkehrs und der Arbeitsprozesse durch elektronische Systeme (z. B. Intranet, Workflow Systeme, elektronische Geschäftsverwaltung und Archivierung)
- Elektronische Demokratie: Partizipations- und Entscheidungsverfahren, z. B. im Rahmen von Abstimmungen oder Wahlen sowie elektronische Diskussionsforen und Informationsdienste zur Unterstützung der politischen Meinungsbildung

Unabhängig von der inhaltlichen Ausgestaltung hat E-Government bislang unterschiedliche Entwicklungsstufen in öffentlichen Institutionen erreicht. Diese reichen von der Informationsstufe bis hin zur einseitigen Prozessverlagerung zum Nutzer (elektronische Formulare können auf einer Informationsplattform herunter geladen werden). Weiter entwickelte Konzepte des E-Government erreichen die Kommunikations- und Partizipationsstufe durch den wechselseitigen Austausch von Informationen. Innerhalb von weiter fortgeschrittenen elektronischen Diensten ermöglicht die Transaktionsstufe den unterbruchsfreien Leistungsaustausch und die Bezahlung indem bspw. Konzessionen übers Internet verlängert werden können.

Unterschiedliche Entwicklungsstufen

Die organisatorischen Gestaltungselemente des Public Managements

Kapitel 5

Organisatorische Gestaltung innerhalb des IOP-Konzepts

Das fünfte Kapitel dieses Buches setzt sich spezifisch mit dem Strukturwandel in öffentlichen Institutionen auseinander. Organisatorische Änderungen werden vorwiegend in den angelsächsischen Nationen z. T. mit radikaler Ausprägung durchgeführt (z. B. Privatisierung). In der Schweiz, in Deutschland und in Österreich benötigt der Struktur- und Prozesswandel mehr Zeit. Die damit verbundene Flexibilitätsänderung ist vielerorts wenig erwünscht. Sie erfordert eigene Gestaltungs- und Innovationskraft und v. a. die konsequente Ausrichtung hin zur Ergebnisorientierung im Verwaltungshandeln. Welche organisatorischen Gestaltungselemente diese Flexibilitätssteigerung unterstützen, wird im Folgenden dargestellt.

5.1 Organisatorische Gestaltung innerhalb des IOP-Konzepts

Die Ausweitung des allgemeinen Staatsverständnisses durch Aspekte eines Gewährleistungsstaats bleibt nicht ohne Auswirkungen auf die Aufbau- und Ablaufstrukturen öffentlicher Institutionen in einem Rechtsstaat. Folgende Merkmale kennzeichnen diesen „Wandel von der übersteuerten zur steuerbaren Organisation" i. S. einer Flexibilitätsveränderung wie im IOP-Führungskonzept dargestellt:

Von der Übersteuerung zur Steuerung

- Ausrichtung auf die strategische Führung
  Der Gestaltung der Organisation von staatlichen Institutionen kommt angesichts des Strategiewandels eine neue Bedeutung zu. Dies ganz i. S. der These von Chandler „structure follows strategy", wonach die Anpassung der Organisationsstrukturen, Prozesse eingeschlossen, nach Strategieveränderungen einsetzt (vgl. Chandler 2000). Die möglichst wirkungsvolle und effiziente Ausrichtung der Kerngeschäfte auf die strategischen Zielsetzungen (vgl. Fallstudie der bernischen Kantonsverwaltung, Kapitel 2) und eine laufende Anpassung der Strukturen verhindern ein unnötiges Anwachsen der Institution. Strukturen dienen grundsätzlich zwar einer Verfestigung und Regelung von Abläufen sowie Institutionen. Gerade deshalb ist deren regelmäßige Überprüfung vor dem Hintergrund der strategischen Zielsetzungen zwingend erforderlich. Dem widersprechen aber die traditionell nach den Grundsätzen der rationalen Bürokratie ausgestalteten Organisationsformen staatlicher Institutionen. Klare hierarchische Über- und Unterordnung, eindeutige Kompetenzregelungen und Spezialisierung, starre Regelgebundenheit und das daraus folgende Dienstwegprinzip verhindern die strategische Aus-

5 Die organisatorischen Gestaltungselemente des Public Managements

richtung der Organisation in einem dynamischen Umfeld zur Lösung von neuartigen, veränderlichen und komplexen Problemen im Gegensatz zu voraussehbaren und gleich gelagerten Sachverhalten (vgl. Hill 1997b: 2). Notwendig sind voneinander getrennte, angemessen große, selbstverantwortliche und mit Freiraum ausgestattete flexiblere Organisationseinheiten.

- Orientierung am Leistungsabnehmer
Selbstbewusste Bürger, kritische Kunden und andere vom Verwaltungshandeln Betroffene stehen künftig vermehrt im Zentrum der Leistungserbringung. Dabei ist nicht die bestmögliche, sondern die für die Erreichung der strategischen Zielsetzungen am besten geeignete und wirkungsvollste Leistungserbringung notwendig. Diese muss auf die politischen Ziele ausgerichtet werden und unter Einbezug der Leistungsabnehmer erfolgen. Die Ausrichtung der Organisationsstrukturen auf die Leistungsempfänger und die Bündelung zusammengehörender Aufgabenbereiche, Produktgruppen und Zielgruppen ermöglichen eine verbesserte Wirkung staatlichen Handelns. Geeignete Organisationsstrukturen fördern die Erbringung des politisch gewollten Outputs und die vom Leistungsabnehmer erwarteten Wirkungen.

- Delegation von Verantwortung und Kompetenzen
Sowohl auf der institutionellen Ebene zwischen Regierung und Leistungserbringern als auch auf der individuellen Ebene werden die Verantwortung und die Kompetenzen zur Aufgabenausführung an diejenigen Einheiten und Personen delegiert, welche die besten Fähigkeiten und das notwendige Wissen dazu besitzen. Diese Dezentralisierung erfordert andererseits auch eine klare zentrale Steuerung durch Zielvereinbarungen mit den selbständigeren öffentlichen Institutionen (vgl. nachfolgender Blickpunkt). Dazu sind neue Steuerungs- und Kontrollinstrumente wie Kontrakte, Leistungsvereinbarungen, Berichtswesen und Kennzahlen des Controllings notwendig.

Im Blickpunkt | *Dezentralisation versus Zentralisation*

Es lassen sich drei Typen der Dezentralisation unterscheiden, die in der Praxis auch kombiniert vorkommen können (vgl. Mintzberg 1983: 99):

- Die vertikale Dezentralisation verteilt die Macht entlang der hierarchischen Leitungsstruktur vom Top-Management zur Mitarbeiterebene und dadurch auf unterschiedliche Stufen und Personen aller Hierarchiestufen. Es geht um die Entscheidungsdezentralisation.

Organisatorische Gestaltung innerhalb des IOP-Konzepts   **5.1**

- Die horizontale Dezentralisation bewirkt eine Verteilung der Entscheidungsmacht auf Personen außerhalb der Linienstruktur, damit sich die Linienmanager verstärkt auf ihre Kernaufgaben konzentrieren können. Es geht – aus der Perspektive der Linie – um die Auslagerung von Aufgaben mit der entsprechenden Kompetenz und Verantwortung.
- Die lokale Dezentralisation verteilt die Leistungserstellung an unterschiedliche Orte. Das bedeutet jedoch nicht, dass auch die Hierarchiestrukturen und Entscheidungsbefugnisse dezentralisiert werden müssen.

Vorteile der Zentralisation:

- Einfachere Durchsetzung einer gemeinsamen Organisationspolitik
- Gezieltere Steuerung der Untereinheiten
- Weniger aufwändige Koordination zwischen Abteilungen und Stellen
- Erwirtschaftung von Skalenerträgen und Reduktion der Managementkosten
- Bessere Nutzung und vielfältigerer Einsatz von Spezialisten
- Beschleunigung der Entscheidungsprozesse und weniger Kompromisse
- Einheitliche Kundenbetreuung

Vorteile der Dezentralisation:

- Entscheidungsfindung und -fällung näher bei der Leistungserstellung
- Einbezug und Verantwortungsübernahme fördert Mitarbeitermotivation
- Direkte und schnelle Reaktion auf die Kundenbedürfnisse
- Vermeidung von bürokratischen Abläufen und entsprechenden Verwaltungskosten
- Genauere Kostenzurechnung
- Schnellere Anpassung an Umweltveränderungen

Der nächste Abschnitt zeigt die konkreten Ansatzpunkte zur organisatorischen Veränderung unter obigen Gesichtspunkten auf.

5.1.1 Organisatorische Gestaltungsfelder

Die wesentlichen organisatorischen Gestaltungsfelder im Rahmen des Public Managements sollen anhand der folgenden Fragestellungen an die Verwaltungsorganisation bestimmt werden (vgl. Hill 1997b: 2 ff. und Schedler/Proeller 2006: 87 ff.):

- Handlungsspielraum: Wie kann die Verantwortlichkeit öffentlicher Institutionen erhöht werden, damit die Leistungserbringung eigenverantwortlich, effektiv und effizient ausgeführt wird?
- Leistungstiefe: Welche Organisationsformen ermöglichen eine den politischen und betrieblichen Zielen gerecht werdende Leistungserfüllung unter dem Gesichtspunkt staatlicher Kernaufgaben?

5 Die organisatorischen Gestaltungselemente des Public Managements

■ Binnenstruktur: Wie lassen sich die Nachteile der Hierarchisierung, Formalisierung, Spezialisierung und Arbeitsteilung bisheriger Organisationsstrukturen unter dem Aspekt neuartiger und komplexer Sachverhalte beseitigen?

Organisatorische Flexibilität

Gemäß dem IOP-Konzept wird mehr Flexibilität in den Organisationsstrukturen zur Erreichung der strategischen Ziele und zur Unterstützung der strategischen Führung verlangt. Alle drei vorher genannten Fragestellungen treffen in ihrem Kern den Aspekt der organisatorischen Flexibilität: Erweiterter Handlungsspielraum, abgestufte Formen der staatlichen Leistungserfüllung sowie anforderungsgerechte innerbetriebliche Strukturlösungen verlangen nach einer strukturellen Flexibilisierung. Der hier zentrale Flexibilitätsbegriff wird als richtungsweisender Oberbegriff für die organisatorischen Veränderungsmaßnahmen verstanden. Es gilt aber darauf hinzuweisen, dass im spezifischen Fall auch Maßnahmen notwendig sein können, welche isoliert betrachtet keiner Flexibilitätserhöhung dienen. Aus der Sicht der Gesamtinstitution tritt jedoch eine Flexibilitätsveränderung ein (vgl. z. B. die Integration einer zusätzlichen Hierarchiestufe in die bestehende Organisationsstruktur in der Fallstudie Kantonsschule Zürcher Unterland). Ebenso soll der Gefahr einer Überflexibilisierung vorgebeugt werden, indem situationsgerecht die mit der Flexibilisierung verbundenen Koordinationsaufwände und Auswirkungen auf die Mitarbeitenden analysiert werden (vgl. Effizienzkriterien bei Thom/Wenger 2000).

Organisatorische Gestaltungsaspekte

Die Schaffung dieser Flexibilität bezieht sich im Public Management auf drei wesentliche Elemente der Organisation staatlicher Institutionen. In der traditionellen Verwaltungsorganisation dienen die Strukturen der zentralen Entscheidung und der direkten Steuerung von Detailentscheidungen durch die obersten Hierarchieebenen. Die in der neuen Führungskonzeption geforderte Trennung von Leistungsfinanzierer (Parlament/Regierungsmehrheit), Leistungskäufer (Regierung/Verwaltungsspitze) und Leistungserbringer (private und öffentliche Institutionen) erfordert auch eine organisatorische Veränderung in der Zusammenarbeit dieser Akteure (vgl. Schedler/Proeller 2006: 95 ff.). Die Schnittstelle zwischen Leistungskäufer und Leistungserbringern bedarf einer besonderen Gestaltung, da es hier um die Festlegung abgestufter, staatlicher Verantwortung bei der Leistungserfüllung geht. Die Bestimmung dieser Leistungstiefenstruktur und die dazu notwendigen Führungsinstrumente werden im zweiten Abschnitt dieses Kapitels behandelt. Die im dritten Abschnitt dieses fünften Kapitels erläuterte Konzernorganisation ermöglicht auf der politischen Steuerungsebene eine flexible und zugleich starke strategische Führung der gesamten staatlichen Institution und ihrer Leistungserbringer. Die am Schluss des Kapitels

Organisatorische Gestaltung innerhalb des IOP-Konzepts

5.1

dargestellten Organisationsformen zur Veränderung von Strukturen und Prozessen innerhalb der leistungserbringenden staatlichen Organisationen tragen letztlich zur Ausrichtung auf die veränderten strategischen Zielsetzungen und Rahmenbedingungen für die jeweiligen Institutionen bei. Die drei Felder organisatorischer Veränderungen sind schematisch in Abbildung 31 dargestellt.

Gestaltungsaspekte zwischen Leistungskäufer und -erbringer	*Abbildung 31*

Leistungstiefenstruktur — Die Leistungstiefe für staatliches Engagement → Kapitel 5.2

- **Politische Steuerungsebene**: Leistungsfinanzierer → Leistungskäufer
  - **Rahmenstruktur**: Die Konzernorganisation → Kapitel 5.3
- **Betriebliche Steuerungsebene**: Leistungserbringer
  - **Detailstruktur**: Die Gestaltung der Strukturen innerhalb von Institutionen → Kapitel 5.4
- **Leistungs- und Wirkungs-Ebene**: Leistungsempfänger

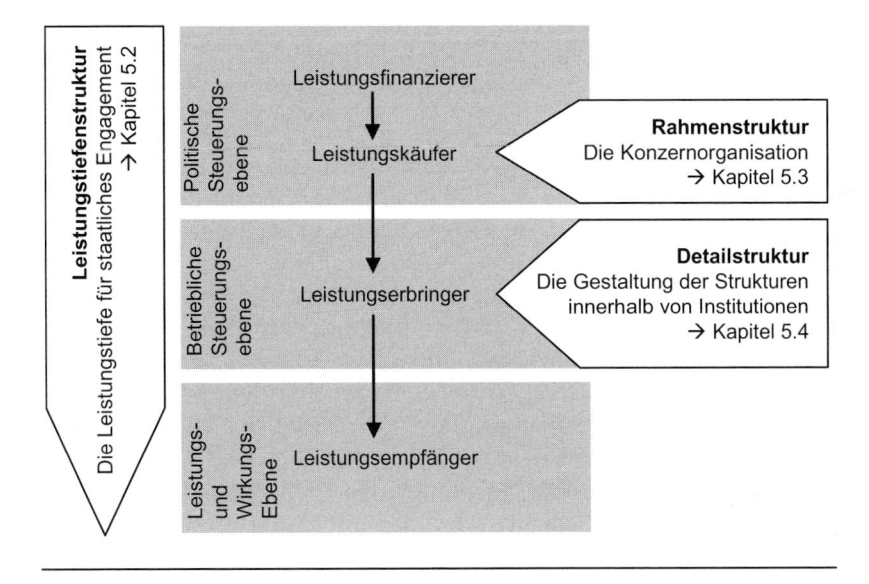

5.1.2 Grundprinzipien und Kriterien der organisatorischen Gestaltung

Bevor die oben genannten Aspekte der organisatorischen Gestaltung öffentlicher Institutionen analysiert und in Bezug auf ihre relative Vorteilhaftigkeit bewertet werden können, ist es wichtig, dass Entscheidungskriterien festgelegt werden, an denen Organisationsformen bewertet werden können (vgl. Thom/Wenger 2002: 22). Dabei kann die Abstufung staatlicher Leistungserfüllung aus unterschiedlichen Perspektiven betrachtet werden (vgl. Thom/Wenger 2000 und Bolz/Reitze 1999: 32 ff.).

Entscheidungskriterien

5 Die organisatorischen Gestaltungselemente des Public Managements

Kongruenz-prinzip

Grundsätzlich gilt, dass bei der Entscheidung darüber, auf welcher Stufe die Leistungserstellung erfolgen soll, das Kongruenzprinzip zu beachten ist. Dieses fordert die Übereinstimmung von Aufgabe, Kompetenz und Verantwortung (vgl. Steinle 1992: 509). Danach sollten Aufgaben einer Institution bzw. einem Stelleninhaber nur dann zugeordnet werden, wenn er auch über die entsprechenden Einwirkungsrechte bzw. Kompetenzen verfügt. Diesem Grundprinzip liegt nicht der Kontrollgedanke, dass der Stelleninhaber ansonsten nicht zur Verantwortung gezogen werden kann, zugrunde. Vielmehr steht die Motivationsfunktion organisatorischer Gestaltung im Mittelpunkt, da die Förderung der Entfaltungsmöglichkeiten bei der Arbeit und die Erhöhung des Tätigkeitsspielraums i. S. der intrinsischen Motivation zur Steigerung der Arbeitszufriedenheit beitragen (vgl. Kapitel 6).

Bewertung von Organisations-alternativen

Die im Folgenden erläuterten Effektivitäts- und Effizienzkriterien dienen der systematischen Evaluation bei der Bewertung organisatorischer Gestaltungsalternativen. Dabei handelt es sich um Maßstäbe, die auf allgemeiner Ebene zur Beurteilung einer Organisation herangezogen werden können. Zur Konkretisierung dieser Maßstäbe werden in Kapitel 5.2 spezifische Kriterien zur Bestimmung der optimalen Leistungstiefe für staatliches Engagement vorgestellt. Das Kriterium der Effektivität bezeichnet die grundsätzliche Eignung einer organisatorischen Lösung zur Erreichung der Sachziele einer öffentlichen Institution, während die Effizienz die Leistungswirksamkeit bzw. das Erfolgsniveau einer organisatorischen Lösung in Bezug auf die Formalziele dieser Institution misst. Grundsätzlich gilt, dass Effektivitäts- und Effizienzanalysen nicht getrennt durchgeführt werden können, da die Erfüllung beider Kriterien wesentliche Voraussetzung für das Auffinden einer optimalen organisatorischen Gestaltungsform ist, sodass hier beide Kriterien berücksichtigt werden.

Demokratische Legitimation

Aufgrund des Kriteriums der demokratischen Legitimation steht die gesetzliche Abstützung der Aufgabenerfüllung im Zentrum. Je stärker die gesetzliche oder verfassungsmäßige Grundlage und je größer dadurch die demokratische Legitimation, desto geringer ist die Flexibilität der Aufgabenwahrnehmung aus einem wirtschaftlichen Blickwinkel. Es kann davon ausgegangen werden, dass mit der Abnahme des politischen Einflusses aufgrund struktureller Änderungen die öffentlichen Interessen weniger stark wahrgenommen werden. Wird das Kriterium des Service Public (für die Allgemeinheit zur Verfügung gestellte, frei zugängliche staatliche Leistungen) herangezogen, so können sowohl die Rechtsgrundlagen, die Möglichkeiten der Wahrung öffentlicher Interessen, die Bürgernähe als auch die wirksame Führung der Institution über die Leistungsqualität entscheiden. Aus der Sicht einer Leistungs- und Effizienzsteigerung dürften Anreize zur ständigen Hinterfragung der Leistungsqualität die größten Auswirkungen haben. Das letzte Kriterium wird in der neuen wirkungsorientierten Verwaltungsführung aufgewertet und ist in einer differenzierten Entscheidungsfindung heranzuziehen.

5.2 Leistungstiefe für staatliches Engagement

Das Flexibilisierungsziel bei der Organisation staatlicher Leistungserbringung wird stark durch die unterschiedlich wahrgenommene Leistungstiefe öffentlicher Institutionen bestimmt. In diesem Kapitel folgt zunächst ein Konzept zur Bestimmung der Leistungstiefenstruktur. Diese Frage erhält u. a. dann eine wichtige Bedeutung, wenn im Rahmen der Konzernorganisation die Eingliederung der „Tochtergesellschaften" bzw. der unterschiedlichen staatlichen Leistungserbringer festzulegen ist. Im anschließenden Abschnitt werden dann die alternativen Organisationsformen zur Erfüllung staatlicher Aufgaben dargestellt.

5.2.1 Bestimmung der Leistungstiefe

Das im Folgenden dargestellte Modell wurde von Naschold et al. entwickelt und basiert auf den Grundlagen der Transaktionskostentheorie (vgl. Naschold et al. 1996 und Picot/Wolff 1995). Es betrachtet die öffentlichen Leistungserbringungsprozesse und ihre institutionellen Gestaltungsmöglichkeiten aus der Sicht der drei Kriterien strategische Relevanz, Spezifität und Wirtschaftlichkeit (vgl. Abb. 32). Diese Form der Leistungstiefenbestimmung soll einerseits ungeeigneten Generalisierungen bezüglich der privaten oder staatlichen Leistungserfüllung vorbeugen und andererseits anhand gezielter Kriterien einzelfallbezogene Entscheidungen ermöglichen.

Private oder staatliche Leistungserstellung

5.2.1.1 Leistungserstellungsprozess

Der wieder ins Zentrum der organisatorischen Gestaltung gerückte Wertschöpfungsprozess bei der Erstellung von Gütern und Dienstleistungen (Output) existiert auch im öffentlichen Sektor. Der öffentliche Leistungserstellungsprozess muss sich an der Zielgruppe ausrichten und dort die höchstmögliche direkte Wirkung bzw. Verhal-

Output, Impact, Outcome

tensänderungen gemäß dem zu Grunde liegenden Auftrag zu erzielen versuchen (Impact). Obwohl die Wertschöpfung einer Leistung oft nicht in Geldeinheiten und anhand von Marktpreisen gemessen werden kann, kommt der Wert im gesteigerten indirekten Nutzen des Bürgers oder der gesamten Gesellschaft zum Ausdruck (Outcome). Aus dieser Sichtweise lässt sich das Wertschöpfungsprinzip auch auf die nicht produktionstypischen Aufgaben einer Verwaltung übertragen.

Legitimation aus staatspolitischer Perspektive

Der Leistungsprozess umfasst alle zu durchlaufenden Tätigkeiten und Funktionen, um zu der angebotenen und nachgefragten Leistung zu gelangen. Prozesselemente, die keinen direkten oder indirekten Beitrag zur Nutzensteigerung beim Leistungsbezieher leisten, sind wirtschaftlich nicht zu rechtfertigen. Nutzensteigerung muss hier i. S. der Wirkungsorientierung verstanden werden, damit die Legitimation nach dem Wirtschaftlichkeitsprinzip auch aus einer staatspolitischen Perspektive begründet werden kann (vgl. Naschold et al. 1996: 15).

Abbildung 32   *Analyseraster zur Bestimmung der Leistungstiefe*

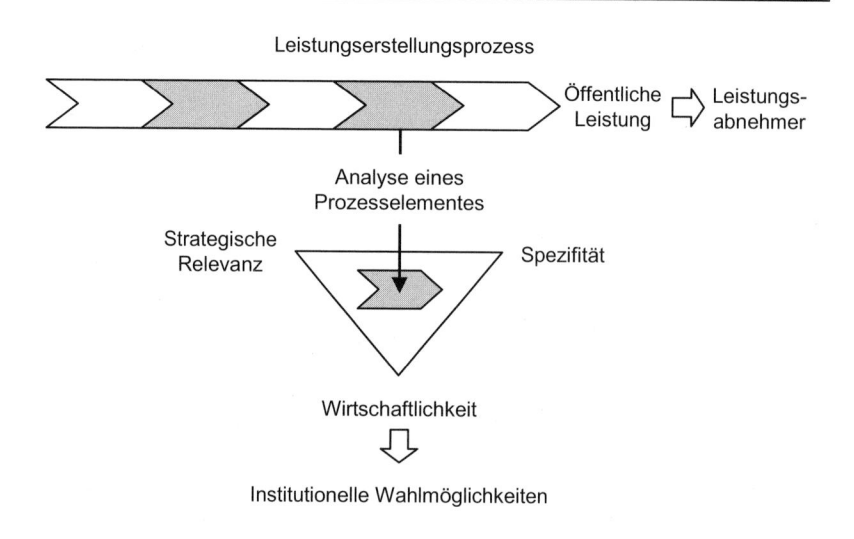

```
                    Leistungserstellungsprozess
   >  >  >  >  >  >                    Öffentliche  ⇨  Leistungs-
                                        Leistung        abnehmer
                          ↓
                     Analyse eines
                     Prozesselementes
       Strategische                    Spezifität
        Relevanz        ▽
                     Wirtschaftlichkeit
                          ⇩
               Institutionelle Wahlmöglichkeiten
```

Zusammengehörende Prozesselemente

Die Leistungstiefe entspricht der Zahl zusammengehörender Prozesselemente oder -stufen, die innerhalb einer öffentlichen Institution von der Ressourcenbeschaffung bis zur Leistungsabgabe reichen. Das Ziel der Prozessorientierung besteht darin, umfassende und zusammenhängende Prozesselemente in eine einheitliche Verant-

Leistungstiefe für staatliches Engagement 5.2

wortung zu geben. Die für die Leistungserbringung verantwortlichen Personen einer öffentlichen Institution gestalten den gesamten Leistungsprozess unter dem Aspekt der Kundenorientierung, verfügen über die notwendigen Ressourcen und beziehen die entsprechenden Vorleistungen intern oder extern (vgl. auch die Erläuterungen zur Prozessorganisation in diesem Kapitel). Selten können alle Prozessabschnitte der gesamten staatlichen Leistungskette von der öffentlichen Hand kompetent und wirtschaftlich erbracht werden. Die im Folgenden erläuterten Analysekriterien sollen bei der Festlegung helfen, unter welchen Bedingungen Prozessabschnitte von privaten oder öffentlichen Institutionen bzw. in Kooperation zwischen beiden Institutionen wahrgenommen werden sollen.

5.2.1.2 Strategische Relevanz

Prozesselemente, die von hoher strategischer Bedeutung für eine Institution des öffentlichen Sektors sind, sollten nicht an externe Erbringer ausgelagert, sondern eigenständig erstellt werden. Welche konkreten Eigenschaften sind nun aber strategisch relevant? Die Unternehmensstrategie bestimmt den langfristigen Rahmen für die Entscheidungsfällung bezüglich der Marktbereiche und Ressourcen zur Erreichung einer vorteilhaften Wettbewerbsposition. Die strategischen Ziele einer öffentlichen Institution bestimmen, in welchen Politikfeldern welche Handlungsweisen und Ressourceneinsätze zu wählen sind, damit die politischen Ziele erreicht werden können. Die strategische Relevanz ist folglich von der Bedeutung der politischen Ziele abhängig.

Bedeutung politischer Ziele

Anhand des politisch-administrativen Steuerungskreislaufs lässt sich ableiten, dass letztlich die Outcome-Ziele strategisch relevant sind (vgl. auch Abb. 6 in Kapitel 2.3.3). Der Vollzug von Politikprogrammen durch öffentliche Institutionen generiert einen Output, der im besten Fall die erwünschte Verhaltensänderung bei den Adressaten im betroffenen Politikbereich bewirkt. Dieser Impact ist aber noch nicht das strategisch relevante Ziel, denn durch nicht beabsichtigte Folgen kann das Gesamtsystem unterschiedlich reagieren. Die letztlich aus den Reaktionen des Gesamtsystems resultierenden Auswirkungen bestimmen die politisch relevanten Ziele, welche man mit dem Programm zu erreichen versucht.

Strategische Relevanz des Outcomes

Das Kriterium der strategischen Relevanz gilt es zu prüfen, wenn bspw. eine Stadtverwaltung darüber entscheiden muss, ob die Straßenreinigung durch Anstellung zusätzlicher Arbeitskräfte oder Privatisierung optimiert werden soll. Aus einer output-orientierten Sicht bringt die zweite Lösung große Vorteile und Effizienzgewinne.

Reaktion des Gesamtsystems

Aus einer outcome-orientierten Sicht muss die Frage nach der Reaktion des Gesamtsystems gestellt werden. Werden durch die Modernisierung des Maschinenparks letztlich Stellen abgebaut, die einen wichtigen Beitrag zur Sozialpolitik der Stadt leisten? Besteht die Gefahr, dass langfristig die Sozialausgaben im Vergleich zum abnehmenden Reinigungsaufwand stärker zunehmen? Die strategische Relevanz entscheidet letztlich hierüber, weil Personen beschäftigt werden, die sonst keine Anstellung finden.

Leistungskette auf Ziele abstimmen

Die Festlegung der politischen Ziele ist das Ergebnis des politischen Willensbildungsprozesses. Die Diskussion, Definition, Entwicklung und Anpassung solcher Outcome-Ziele ist entscheidend für eine öffentliche Institution. Sind die hieraus abgeleiteten strategischen Ziele einmal geklärt, müssen die gesamte Leistungskette und die darin zu treffenden Entscheidungen auf die Ziele abgestimmt werden. Die Festlegung, welche Prozesselemente extern erbracht werden sollen und welche nicht, hängt von der Steuerbarkeit dieser Entscheidungen ab. Politisch gewollte Leistungsmerkmale von Teilaufgaben und Prozesselementen der Leistungskette müssen von der Institution selbst gesteuert werden können. Das heißt, die entsprechenden Ziele müssen gesetzt sowie durchgesetzt und die Zielerreichung muss überwacht werden können, wie es die Konzeption des Gewährleistungsstaats erfordert.

> **Im Zentrum der Auslagerungsdiskussion stehen nicht die öffentlichen Aufgaben, sondern die zu erreichenden politischen Ziele, die zur Zielerreichung notwendigen Leistungen und die Steuerbarkeit der Leistungserbringung.**

Transparenz

Die letzte Voraussetzung zur Beurteilung der strategischen Relevanz und der Steuerbarkeit von Leistungen besteht in der Transparenz im Hinblick auf Kosten, Qualität und Leistungen zwischen unterschiedlichen Leistungserbringern und Erstellungsalternativen, die gewählt werden können.

Kriterien der strategischen Relevanz

Zusammenfassend sind die folgenden Kriterien zur Beurteilung der strategischen Relevanz notwendig, um konkrete Anhaltspunkte für die Wahl der geeigneten Form der Leistungserstellung finden zu können:

- Klar definierte strategische Ziele aufgrund der politischen Zielsetzungen und der beabsichtigten Outcomes

- Zur Erreichung der strategischen Ziele festgelegte Leistungen innerhalb der Leistungskette mit beurteilbaren Indikatoren

5.2 Leistungstiefe für staatliches Engagement

- Kompetenz und Instrumente zur Ermöglichung einer politischen Steuerung über die Leistungserstellung

Daraus wird ersichtlich, dass es nicht die Kriterien der strategischen Relevanz schlechthin gibt, sondern dass anhand der Zieldefinition, der Verknüpfung von Zielen mit Leistungen und der Steuerbarkeit des betroffenen Leistungserstellungsprozesses die strategische Relevanz von Prozesselementen bestimmt werden muss.

5.2.1.3 Spezifität

Die Spezifität gilt als eine der wichtigsten Einflussgrößen für die Entscheidung über Eigen- oder Fremderstellung von Elementen des Leistungsprozesses. Es handelt sich dabei um einen sehr umfassenden Begriff, der zahlreiche Dimensionen einbezieht. Spezifität charakterisiert die exklusive Bereitstellung, Gestaltung und den besonderen Einsatz von Ressourcen. Das heißt: Fähigkeiten, Ressourcen und Prozesse haben in der Leistungskette eine einzigartige Bedeutung, weshalb auf alternative Verwendungsmöglichkeiten verzichtet wird. Kernkompetenzen i. S. von dauerhaften und transferierbaren Ursachen für den Wettbewerbsvorteil einer Institution besitzen eine hohe Spezifität (vgl. Krüger/Homp 1997: 25 ff.). Ein anderweitiger, insbesondere außerhalb des öffentlichen Verwendungszwecks liegender Einsatz dieser Fähigkeiten, Ressourcen und Prozesse, hätte einen geringeren Wert und Nutzen. Dazu gehören etwa die Einrichtungen und aufgebauten Qualifikationen für die innere und äußere Sicherheit, die legislativen oder judikativen Institutionen oder die Aufgabenbereiche der Eingriffsverwaltung. Die dazu erforderlichen Ressourcen und Qualifikationen lassen sich im Normalfall kaum außerhalb des öffentlichen Bereichs nutzen. Dies im Gegensatz zu Tätigkeiten wie Reinigungsdiensten oder Transporten, die problemlos in ähnlichem Ausmaß auch in anderen (z. B. privatwirtschaftlichen) Bereichen durchgeführt werden können.

Exklusivität von Ressourcen

Da es bei einer hohen Spezifität der Leistung keine alternativen Verwendungsmöglichkeiten gibt, werden die Bindungserfordernisse für mögliche Leistungsanbieter umso größer. Entsprechende Leistungsanbieter benötigen langfristige Sicherungen, Verträge und Garantien zur Leistungsverwendung, da sich ansonsten die Leistungserstellung nicht lohnt. Denn wird die Leistung nicht mehr nachgefragt, hat der Erbringer keine oder nur noch verlustbringende Verwendungsmöglichkeiten für diese spezifische Leistung. Daraus folgt, dass bei sehr hoher Spezifität entweder eine Eigenerstellung der Leistung oder eine langfristige Bindung mit dem Anbieter zur Auswahl stehen. Bei unspezifischen, standardisierbaren Leistungs-

Bindungserfordernisse

prozessen bleiben hingegen eine Fremderstellung sowie der Einkauf und Verkauf auf dem Markt als Möglichkeiten offen.

Umweltunsicherheit

Zusätzlich gilt, dass bei großer Umweltunsicherheit und Unklarheit über die Nachfrage nach einer spezifischen staatlichen Leistung der Aufbau von Eigenerstellungskapazitäten risikoreich ist, weil zu wenige Informationen über das Marktverhalten existieren. In diesem Fall empfiehlt sich vielmehr die Kooperation mit privaten Leistungserbringern i. S. der „Public Private Partnerships" (vgl. Kapitel 5.2.2.4). Es ist jedoch möglich, dass der Staat ein besonderes Interesse daran hat, spezifische Ressourcen in gezielten Politikfeldern selbst einzusetzen und zu entwickeln, um langfristige Kompetenzen aufzubauen und erhalten zu können. Dies kann bspw. in spezifischen Forschungsgebieten oder in der Sicherheits-, Sozial- und Umweltpolitik der Fall sein.

Kriterien der Spezifität

Zur Analyse der Spezifität von Ressourcen oder Leistungselementen nennen Naschold et al. (1996) folgende Erscheinungsformen und Aspekte der Leistungserstellung, die eine Beurteilung erleichtern sollen:

- Herstellungskompetenzen auch künftig nicht durch Marktlösungen ersetzbar
- Historisch-traditionelle Ursache statt strategischer Notwendigkeit der Leistungserbringung
- Marktüblicher oder hoch spezifischer Technologieeinsatz
- Aufgrund der politischen Institutionen spezifische politisch-administrative Verfahren

Weitere wesentliche Aspekte, welche die Spezifität beeinflussen, sind etwa die Kapazität, der Standort oder die Logistik der Leistungserstellung. Ein Großauftrag verlangt den Aufbau zusätzlicher Kapazitäten, deren längerfristige Auslastung garantiert sein muss. Die Entscheidung für einen Standort in der Nähe einer anderen öffentlichen Institution kann aufgrund notwendiger Zusammenarbeit erforderlich sein, obwohl ein zentralerer Standort für die gesamte Leistungspalette wünschenswerter wäre.

> **Wie bei der strategischen Relevanz gilt aber auch hier, dass sich die Besonderheiten von Ressourcen und Leistungen im Zeitablauf ändern können und neue Entscheidungen zur Wahl der optimalen Institutionen für die Leistungserbringung anstehen. Daher ist die Spezifität zukunftsbezogen und nicht vergangenheitsorientiert zu beurteilen.**

5.2 Leistungstiefe für staatliches Engagement

Leistungsprozesse entspezifizieren

Die aus den Merkmalen der Spezifität unter Einbezug der strategischen Relevanz abgeleiteten organisatorischen Lösungen sind zudem unter dem Blickwinkel zu betrachten, dass spezifische Leistungen, ihre Eigenerstellung und daraus entstehende Bindungen eher zu einer Organisationserweiterung führen als zu schlankeren Strukturen. Indem der Staat die Möglichkeit besitzt, mittels Regulierungsvorschriften die Erfüllung seiner Ziele auch an andere Leistungserbringer zu delegieren, sollten staatliche Leistungsprozesse möglichst entspezifiziert werden und für nicht-staatliche, allgemeine Leistungsanbieter herstellbar sein. Einerseits kann dadurch der Gefahr vorgebeugt werden, dass das staatliche Leistungsangebot ohne politische Entscheide schleichend anwächst, andererseits eröffnen sich neue Spielräume zum „Insourcing" von in Zukunft bedeutungsvollen Aufgabenfeldern, die gegenwärtig nur unter staatlicher Federführung in Angriff genommen werden (z. B. Technologieentwicklung, Umwelt- und Bildungspolitik usw.).

5.2.1.4 Wirtschaftlichkeit

Minimaler Mitteleinsatz oder maximales Ergebnis

Öffentliche Institutionen sind wie private Unternehmungen dem Spannungsverhältnis zwischen realen Möglichkeiten und vorstellbaren Zielen ausgesetzt. Wirtschaftliches Handeln ist dadurch gekennzeichnet, dass zwischen dem angestrebten Ergebnis und den eingesetzten Mitteln ein möglichst günstiges Verhältnis erreicht wird. Dies kann einerseits durch einen minimalen Mitteleinsatz zur Erreichung eines vorgegebenen Ziels oder andererseits durch die Realisation eines maximalen Ergebnisses aufgrund eines vorgegebenen Mitteleinsatzes erreicht werden (vgl. Kapitel 2.3.3).

Kostenerfassung

Diese allgemeine Definition von Wirtschaftlichkeit reicht nicht aus, um Leistungserstellungsprozesse zu beurteilen. Eine Operationalisierung der Größen, die durch wirtschaftliches Handeln gesteuert werden können, ist notwendig. Dabei lassen sich Ziele, Maßnahmen und Kosten staatlichen Handelns unterscheiden. Die Zielerreichung unter minimalen Kosten ist selten einfach festzustellen. Zum einen sind die Ziele meist quantitativ und qualitativ zu wenig eindeutig definiert, zum anderen sind die Kosten angesichts verschiedener Einflussgrößen sowie einer ungenügend entwickelten Kosten- und Leistungsrechnung im öffentlichen Sektor derzeit kaum erfassbar.

Produktivitätskennziffern

Eine Alternative zur Feststellung der Wirtschaftlichkeit bieten die mengenmäßigen Produktivitätskennziffern. So kann z. B. die Anzahl ausgestellter Baugesuche pro Zeiteinheit, pro Abteilung oder Amt miteinander verglichen werden. Die Gefahr, dass „Äpfel mit

Kosten auf Mittelebene erfassen

Birnen verglichen" werden, ist bei dieser Methode jedoch groß und erhöht sich, wenn die Ziele und Mittel unklar definiert sind.

Zur bestmöglichen Erfassung der Wirtschaftlichkeit ist es notwendig, die Kosten auf der konkreten Mittelebene und nicht im Bereich der schlecht strukturierten Oberziele zu erheben. Mit Blick auf den politisch-administrativen Steuerungskreislauf wird der Zusammenhang zwischen der Nutzen-/Wirkungs-, der Resultat- und der Kostenebene deutlich (vgl. Kap. 2.3.3). Das Oberziel der Verminderung von Aids-Infizierungen ist bspw. quantitativ und qualitativ schlecht definiert und dessen Wirkungen (Outcome) lassen sich mit Hilfe von Wirtschaftlichkeitsüberlegungen kaum hinreichend beurteilen. Eine Aktivität zur Zielerreichung können Vorbeugemaßnahmen darstellen, deren Wirtschaftlichkeit aufgrund der aufgewendeten Mittel (Input) und der durchgeführten Aktionen (Output) erheblich einfacher zu beurteilen ist. Am besten ist die Wirtschaftlichkeit auf der konkreten Kostenebene festzustellen, da die Kosten pro Informationsveranstaltung an Schulen genau erfasst werden können.

Wichtig ist, dass die konkreten Maßnahmen mit den angestrebten Oberzielen korrelieren, womit wiederum die strategische Relevanz ins Blickfeld gerät. Konkrete Maßnahmen, welche nicht zielbezogene Wirkungen, sondern Nebenwirkungen zu Tage fördern, sind aus der Wirtschaftlichkeitsbetrachtung auszuklammern. Vollständig neutralisieren lassen sich jedoch solche externen Effekte nicht.

Die beste Kenntnis über die Wirtschaftlichkeit ihrer Leistungserstellungsprozesse haben die operativen Verwaltungseinheiten und bei einem entwickelten Rechnungs- und Berichtswesen auch die Verwaltungsspitze. Letzterer obliegt die Pflicht, anhand von Wirtschaftlichkeitsanalysen und Vergleichen mit privaten Anbietern über die Eigenerstellung oder den Fremdbezug von Leistungen zu entscheiden. Die politische Führung konzentriert sich auf Entscheide zur Ziel-/Wirkungsebene. Auf der operativen Ebene der Leistungserbringung wird die Wirtschaftlichkeit und Effizienz durch Wettbewerb mit anderen Anbietern oder Benchmarking gesteigert. Auf der operativen Ebene bildet die Häufigkeit des Leistungsaustauschs im Wettbewerb ein Kriterium zum Bestehen auf dem Markt. Dadurch kann eine Wirtschaftlichkeitserhöhung eintreten.

5.2.1.5 Zusammenfassende Betrachtung

Integrierte Perspektive

Die vorangegangenen Konzepte zur Beurteilung der strategischen Relevanz, Spezifität und zur Wirtschaftlichkeit werden im Folgenden zusammenfassend dargestellt. Die integrierte Perspektive soll eine Beurteilung hinsichtlich der geeigneten Institution zur Herstel-

Leistungstiefe für staatliches Engagement 5.2

lung öffentlicher Leistungen erlauben. Das Verhältnis zwischen strategischer Relevanz und Spezifität sowie die daraus resultierenden Entscheidungsalternativen sind in Abbildung 33 festgehalten.

Beurteilung der Leistungserstellung — *Abbildung 33*

	Strategische Relevanz tief	Strategische Relevanz hoch
Spezifität hoch	Leistungsabbau oder Fremdbezug (D)	Eigenerstellung (A)
Spezifität tief	Auslagerung und Fremdbezug (C)	Regulierung von nichtstaatlichen Aufgabenträgern (B)

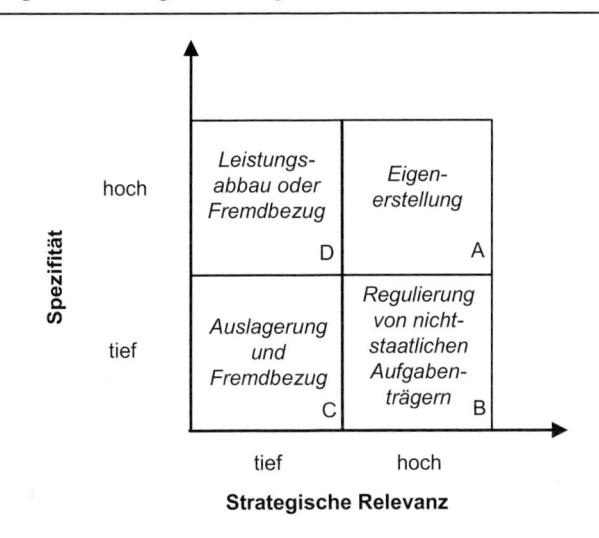

- Bei hoher strategischer Relevanz und Spezifität der Ressourcen (Feld A) ist die Eigenerstellung von Leistungen am zweckmäßigsten. Eine staatliche Monopolstellung kann in dieser Situation gerechtfertigt sein. Neben den traditionellen, eindeutig hoheitlich zu erfüllenden Leistungen, wie z. B. Rechtssprechung, Landesverteidigung oder Aktivitäten einer Notenbank können hier auch neue und für die Zukunft bedeutende Aufgaben des Staates wie z. B. nationale Forschungsvorhaben angesiedelt werden.

- Bei hoher strategischer Relevanz und geringer Spezifität (Feld B) erweist sich die staatliche Eigenerstellung nicht als sinnvoll. Damit die Leistungserbringung aufgrund ihrer Bedeutung für den Staat trotzdem gesteuert werden kann, empfiehlt sich hier die Regulierung von nichtstaatlichen Aufgabenträgern, die auch im privaten Sektor tätig sind. Hierzu können Leistungen im Bereich des Umweltschutzes, der Bildungs- oder der Gesundheitspolitik zählen. Immer weniger gehören in dieses Feld die einst stark regulierten Bereiche der Telekommunikation und des Energie- und

Verkehrswesens. Diese werden nun zunehmend dem Wettbewerb ausgesetzt.

- Leistungselemente im Feld C sind problemlos auslagerungsfähig und können von Dritten bezogen werden. Dies betrifft unspezifische und für den Staat strategisch nicht relevante Leistungen wie die Raumbewirtschaftung, Büromaterial, EDV-Unterhalt, Standardsoftware und je nach Anwendungsbereich auch administrative Dienstleistungen.

- Leistungen mit geringer strategischer Bedeutung, aber hoher Spezifität (Feld D) verdienen besondere Aufmerksamkeit, da die im Normalfall ursprünglich gegebene strategische Bedeutung nicht mehr vorliegt und deshalb die aufgebaute Spezifität nicht mehr erforderlich ist. Im schlechtesten Fall war die hohe Spezifität gar nie nötig. Hier empfiehlt sich ein schneller Abbau der staatlichen Leistung oder der Fremdbezug. Solche Leistungen können bspw. in Bereichen mit unkündbarem Personal auftreten, wo das Arbeitsangebot und nicht die Nachfrage die Leistungserstellung bestimmt.

Wirtschaftlichkeit   Der Beizug des Wirtschaftlichkeitskriteriums hat spezifische Auswirkungen auf die Felder B und D in der Abbildung 33 (vgl. Naschold et al. 1996: 76). Die Entscheide in den Feldern A und C hingegen werden dadurch nicht wesentlich tangiert, da bei hoher strategischer Relevanz und Spezifität weder eine sehr wirtschaftliche noch eine unwirtschaftliche Leistungserstellung die Grundsatzentscheidung für die Eigenerstellung beeinflussen kann. Oft ist gerade der wirtschaftlich unrentable Ressourceneinsatz ein Merkmal von hoch spezifischen Leistungsprozessen. Im Feld C hat die Wirtschaftlichkeit im Normalfall kaum Auswirkungen. Eine Ausnahme entsteht in folgender Situation: Im Falle einer für sowohl private als auch öffentliche Leistungserbringer unwirtschaftlichen Erstellung wird die gesamte Leistung oder ein Teilprozess nicht mehr angeboten. Eine staatliche Eigenerstellung darf hier aus ökonomischer Sicht nicht ins Auge gefasst werden, eher ein Alternativangebot von privaten Anbietern.

Leistungsabbau   Bei hoher Spezifität und niedriger strategischer Relevanz (Feld D) und gleichzeitig hoher Wirtschaftlichkeit des Leistungserstellungsprozesses drängt sich ein etwas verlangsamter Leistungsabbau auf. Das Kostenrisiko ist dadurch gering und die aufgebaute, aber nicht mehr notwendige Spezifität kann noch für eine bestimmte Zeitdauer genutzt werden. Längerfristig ist aber ein Leistungsabbau ins Auge zu fassen, da die Ressourcen für einen nicht bedeutungsvollen Prozess suboptimal eingesetzt sind.

Leistungstiefe für staatliches Engagement **5.2**

Der Einfluss der Wirtschaftlichkeit ist in Feld B am größten. Ein strategisch relevanter, unspezifischer aber sehr wirtschaftlicher Leistungsprozess wird problemlos an private Anbieter unter gewissen Auflagen abzugeben sein. Bei einem nicht-wirtschaftlichen Ressourceneinsatz besteht allenfalls die Gefahr, dass der Staat einen höheren Preis als bei Eigenerstellung bezahlen muss, da keine Wettbewerber existieren und der Private kein besonderes Interesse an einer regulierten, nicht-wirtschaftlichen Leistungserstellung hat. So wird typischerweise gerade die Privatisierung und Deregulierung der Telekommunikationsindustrie sehr oft mit deren voraussichtlich wirtschaftlichen Leistungserbringung und rentablen Gesamtlage begründet.

Auslagerung unter Auflagen

5.2.2 Alternative Organisationsformen der Leistungserbringung

Ausgehend vom Modell des Gewährleistungsstaats wurden bereits im ersten Kapitel dieses Buches die Erfordernisse an die staatliche Aufbauorganisation erläutert. Eine Konzentration der öffentlichen Leistungserbringung auf staatliche Kernaufgaben gilt dabei als wegweisend und resultiert auch aus der vorangehend erläuterten Leistungstiefenanalyse. Allerdings fällt die eindeutige Unterscheidung zwischen Kernaufgaben und anderen Tätigkeitsbereichen nicht leicht. Sie ist insofern gar nicht eindeutig möglich, als dass es sogar hoheitliche Tätigkeiten gibt, von denen Teile sich zu kommerziellen Zwecken verwerten lassen, die aber alleine kaum von privaten Produzenten erbracht werden können, da sie aus der „Randnutzung" von Produkten der staatlichen Leistungserstellung resultieren. So kann z. B. eine Wetteranstalt aus ihren Wetter- und Klimadaten gezielte Prognoseprodukte an Skifahrer, Landwirte oder Pollenallergiker als „Restprodukte" anbieten, die alleine möglicherweise nicht erstellt und weitergegeben werden. Die bestmögliche Eingliederung von staatlichen Tätigkeitsfeldern oder Institutionen muss daher stufengerecht erfolgen und kann nicht auf die generelle Parole „entweder Staat oder Privatwirtschaft" reduziert werden. Das Spektrum möglicher Aufgabenwahrnehmung reicht dabei von der ausschließlich staatlichen Aufgabenerfüllung über öffentlich-private Partnerschaften bis zur privatwirtschaftlichen oder sogar bürgerschaftlichen Leistungserbringung (vgl. Bolz/Reitze 1999 und Hill 1997b: 5 ff.).

Konzentration auf Kernaufgaben

Trend in Richtung Privatisierung

Die unterschiedliche Festsetzung der Leistungstiefe bezweckt nicht einen Abbau des Staats, sondern die Effektivitäts- und Effizienzsteigerung der staatlichen Leistungserbringung. Generell ist ein Trend in Richtung Privatisierung staatlicher Einrichtungen festzustellen. Insbesondere im Post-, Telekommunikations- und Energiebereich sowie bei den öffentlichen Transportsystemen werden viele Einrichtungen schrittweise vom Staat losgelöst. Verstaatlichungen sind hingegen weniger oft beobachtbar. In Deutschland oder auch in anderen Ländern wurde in den letzten Jahrzehnten kaum ein bedeutendes privates Unternehmen in den Staatsbesitz zurückgeführt (vgl. Picot/Dietl/Franck 2005: 294). Die Ausschöpfung aller institutionellen Alternativen bewirkt einen stärkeren Wettbewerb unter den Leistungserbringern und dadurch eine effizientere Aufgabenerfüllung. Marktähnliche Strukturen lassen sich leichter im Bereich der Leistungsverwaltung einführen; durch die Einbindung der Hoheitsverwaltung in Kooperationen oder Netzwerke mit marktnäheren Institutionen wird aber auch dieser hoheitliche Bereich beeinflusst. In den folgenden Abschnitten werden verschiedene institutionelle Organisationsalternativen zunächst in einem Überblick dargestellt, woran im Anschluss eine detaillierte Erläuterung der wichtigsten Organisationsformen erfolgt.

5.2.2.1 Institutionelle Organisationsalternativen

Sechs Organisationsalternativen

Das Organisationsspektrum zur Umsetzung der jeweiligen Leistungstiefe reicht von der zentralstaatlichen bis zur privaten Leistungserstellung. Dabei können die folgenden sechs Organisationsalternativen mit unterschiedlich abgestufter Leistungstiefe unterschieden werden, welche im Anschluss an die Aufzählung vertiefend erklärt werden (vgl. Naschold et al. 1996: 24 und Lienhard et al. 2003):

- Auftraggeber-Auftragnehmermodelle innerhalb der staatlichen Institution; Ausschreibungsverfahren mit (Contracting-Out) oder ohne externen Wettbewerb (vgl. Abschnitt 5.2.2.2)
- Verselbständigung von öffentlichen Institutionen in Agenturen und formelle Privatisierung der Institution (vgl. Abschnitt 5.2.2.2)
- Vermarktlichung öffentlicher Leistungserbringung (materielle Aufgabenprivatisierung, vgl. Abschnitt 5.2.2.2)
- Regulierter Regimewettbewerb zwischen öffentlichen und privaten Leistungserbringern

5.2 Leistungstiefe für staatliches Engagement

- Dezentralisierung öffentlicher Aufgaben in die Gesellschaft (vgl. Abschnitt 2.4.2.3)

- Kooperationsmodelle zwischen den unterschiedlichen Leistungsanbietern (z. B. Public Private Partnership, vgl. Abschnitt 5.2.2.4)

Auftraggeber-Auftragnehmermodell

Bei dem Auftraggeber-Auftragnehmermodell wird zwischen Leistungskäufer und Leistungserbringer differenziert. Im Sozialbereich werden z. B. Pflege-, Betreuungs- und Präventionsleistungen durch private oder Non Profit Organisationen erbracht.

Agenturbildung

Die Agenturbildung versucht, durch Verantwortungs- und Service-Center die Komplexität von staatlichen Gebilden zu reduzieren und soll mittels neuer Führungsinstrumente zu mehr Ergebnisorientierung i. S. erhöhter Verantwortlichkeiten für die Organisationsleitung beitragen. Insbesondere der gewonnene finanzielle und organisatorische Handlungsspielraum und die daraus entstandene Kundenorientierung sind positive Erfahrungen, die in entsprechenden Institutionen kein Bedürfnis nach Rückführung in die klassische Organisation aufkommen lassen. Als Beispiel kann hier das Institut für Geistiges Eigentum der Schweizerischen Bundesverwaltung genannt werden (vgl. Fallstudie: Innovationsorientierung im Eidgenössischen Institut für Geistiges Eigentum IGE, Kapitel 3).

Die materielle Aufgabenprivatisierung ist besonders umstritten und bildet die klassische, oft auch ideologisch geprägte Form zur Verschlankung des Staates.

Regulierter Regimewettbewerb

Der regulierte Regimewettbewerb strebt eine Ergänzung von staatlicher und privater Leistungserbringung an, da weder bei einem privaten Monopol noch bei einer staatlichen Monopolstellung der Leistungsbedarf vollständig abgedeckt würde. Naschold et al. nennen für Deutschland z. B. die staatliche und gewerbsmäßige Arbeitsvermittlung (vgl. Naschold et al. 1996: 29). Erstere ist eher bewerberorientiert und zieht folglich meist Stellenbewerber mit niedrigerem Qualifikationsniveau oder schwerer Vermittelbarkeit an. Die private Arbeitsvermittlung ist hingegen eher stellenorientiert und wird somit tendenziell vermehrt von beschäftigten Bewerbern mit bestimmten Qualifikationen aufgesucht.

Dezentralisierung

Die Dezentralisierung und Übertragung von Staatsaufgaben auf die Gesellschaft wird insbesondere im Dienstleistungsbereich angewandt, wo die Qualität und Effektivität der staatlichen Aufgabenerfüllung durch gesellschaftliche Organisationen wie bspw. Quartiervereine, Hilfsorganisationen usw. gesteigert werden können.

Die organisatorischen Gestaltungselemente des Public Managements

Kooperations-modelle

Schließlich eröffnen Kooperationsmodelle zwischen den verschiedenen Leistungsanbietern die Möglichkeit der partnerschaftlichen Leistungserbringung. Insbesondere bei der Zusammenarbeit zwischen öffentlicher Hand und privaten Anbietern können nicht nur Know-how und Erfahrungswissen geteilt, sondern auch finanzielle Vorteile für beide Partner erzielt werden.

Nachdem bisher eine Methodik zur Bestimmung der optimalen Leistungstiefe sowie grundsätzliche Formen der alternativen Leistungserbringung dargestellt wurden, erfolgt nun eine ausführliche Beschreibung von typischen Ausprägungen institutioneller Organisationsalternativen. Vor dem Hintergrund hoher Staatsquoten sowie einer engen Finanzlage kommt dabei der Aufgabenkritik innerhalb einer öffentlichen Institution eine wesentliche Bedeutung zu. Verwaltungen sind aufgefordert zu überprüfen, welche Aufgaben zwingend von staatlicher Seite erfüllt werden müssen und welche Aufgaben alternativ über den Markt geregelt werden können. Wie an den folgenden Organisationsformen dargestellt wird, sollten diese dann i. S. des Subsidiaritätsprinzips auf eine niedrigere Ebene verlagert werden.

5.2.2.2 Privatisierung

Ähnlich wie zahlreiche Betriebe der Privatwirtschaft stehen auch staatliche Institutionen vor „make-or-buy"-Entscheidungen, d. h. vor der grundlegenden Frage, ob sie die öffentlichen Aufgaben selbst erfüllen oder andere Anbieter mit der Erfüllung dieser Aufgaben beauftragen sollen. Dabei wird unter Privatisierung eine Grenzverschiebung zwischen öffentlicher Hand und privater Wirtschaft zugunsten der Privatwirtschaft verstanden, die durch Einfluss- und Aufgabenverlagerung bewirkt wird (vgl. Brede 2005: 39). Im Sinne des Gewährleistungsstaats werden bisher von öffentlichen Institutionen erbrachte Leistungen verringert, indem sie entweder von Privaten übernommen werden oder ersatzlos entfallen. Staatlichen Institutionen stehen unterschiedliche Optionen und Modelle zur Verfügung, die sich hinsichtlich des Ausmaßes, in dem der Staat bei der Aufgabenerfüllung auf Steuerungs- und Kontrollmöglichkeiten verzichten möchte, unterscheiden. Diese sollen im Folgenden kurz dargestellt werden.

Formelle Privatisierung

Bei einer formellen (auch unechte oder Organisations-) Privatisierung erfolgt eine Umwandlung der öffentlich-rechtlichen in eine private Rechtsform (GmbH, AG), wobei die Eigentumsverhältnisse unverändert bleiben (vgl. Brede 2005: 39). Ein Beispiel für diese Form der Privatisierung sind die Schweizerischen Bundesbahnen

SBB, die sich seit 1. Januar 1999 in der Rechtsform einer Aktiengesellschaft befinden, jedoch zu 100 Prozent Eigentum der Eidgenossenschaft sind.

Im Gegensatz dazu ändern sich bei einer materiellen (echten) Privatisierung die tatsächlichen Eigentumsverhältnisse, indem private Anbieter entweder Aufgaben übernehmen, die bislang von staatlichen Institutionen wahrgenommen wurden, oder öffentliche Projekte finanzieren. In diesen Fällen kann von einer Privatisierung im engeren Sinne gesprochen werden, da sich die öffentliche Hand aus der Aufgabenerfüllung zurückzieht. Beispielhaft sei hier der Verkauf des Stadtwerkes an ein Energieversorgungsunternehmen genannt.

Materielle Privatisierung

Um eine besondere Form der Privatisierung handelt es sich bei Auslagerungen, für die in der betriebswirtschaftlichen Terminologie häufig auch der Begriff des Contracting Out verwendet wird. Beim Contracting Out werden private Dritte als „Erfüllungsgehilfen" auf vertraglicher Ebene in die Aufgabenerfüllung eingebunden, wobei es sich bei den übertragenen Aufgaben um Tätigkeiten im Rahmen der Leistungserstellung für den Bürger handelt. Generell bleibt die Steuerungsverantwortung aber weiterhin beim öffentlichen Aufgabenträger, da nur die Aufgabenerfüllung ausgelagert und auf die private Hand übertragen wird (vgl. Lienhard et al. 2003: 2 f.). Wesentliche Gründe für das Contracting Out sind der zunehmende Rationalisierungsdruck und die knappen Kassen, mit denen öffentliche Institutionen konfrontiert sind. So werden bspw. eigene Sozialdienste aufgegeben. Ein klassisches Beispiel für die Auslagerung von Gemeindeaufgaben stellt der Werkhof bzw. Bauhof dar. So wurde z. B. in der Schweizer Gemeinde Münchenbuchsee der gesamte Werkhof an einen privaten Anbieter ausgelagert, dessen Kerngeschäft bereits in der Erfüllung kommunaler Aufgaben bestand.

Contracting Out

Bevor jedoch die Entscheidung getroffen wird, öffentliche Aufgaben auszugliedern, sollte jede Verwaltung rechtliche Rahmenbedingungen sowie politische Vorgaben hinsichtlich der Aufgabenerstellung überprüfen. Weiterhin kommt einer sorgfältigen Vertragsgestaltung mit dem privaten Anbieter eine wichtige Bedeutung zu, da dezidierte Vereinbarungen über Art und Weise des Leistungsauftrags, Finanzmodalitäten, Laufzeit, Eingriffsmöglichkeiten etc. in Form von Leistungskontrakten (vgl. Abschnitt 5.3.2.1) Voraussetzung für die adäquate private Aufgabenerfüllung sind (vgl. Eichhorn 1997: 101).

Sorgfältige Vertragsgestaltung

Reinhard Pranke

Mitglied des Bereichsvorstands BRIEF der Deutschen Post AG, Bonn

Praxisfenster Nr. 10: Auslagerung von Geschäftsprozessen in der öffentlichen Verwaltung: Debitorenmanagement für lokale Energieversorgungsunternehmen

1. Die Ausgangslage

Ein effizientes Liquiditätsmanagement ist für Unternehmen und öffentliche Verwaltungen unerlässlich. Die zügige und reibungslose Eintreibung ausstehender Forderungen ist von zentraler Bedeutung. Kommunale Energieversorger stehen hierbei vor besonderen Herausforderungen: Um die Verbrauchsdaten ihrer Kunden zu ermitteln, müssen die Mitarbeiter der kommunalen Stadtwerke mindestens einmal im Jahr jeden einzelnen Haushalt aufsuchen. Ist ein Kunde trotz vorheriger Terminabsprache nicht daheim, fällt sogar ein zweiter oder dritter Hausbesuch an. Auch die weiteren nachgelagerten Tätigkeiten wie Druck und Versand der Rechnungen, das Forderungsmanagement gegenüber den Endkunden sowie die Archivierung von Rechnungen und Ablesedaten zählen nicht zu den eigentlichen Kernaufgaben eines Energieversorgungsunternehmens (EVU).

2. Die Lösung

Die Deutsche Post AG bietet für Unternehmen und Verwaltungen Full-Service-Leistungen von Transport und Zustellung über die Betriebs- und Prozessbearbeitung bis hin zu komplexen Lösungen entlang der gesamten Wertschöpfungskette des Kunden an. Im Debitorenmanagement sind sämtliche für EVU relevanten Prozessstufen vom Versand der Ableseaufforderung über die Rechnungsstellung bis zum kompletten Forderungsmanagement enthalten (vgl. Abb. 1).

Durch den Versand der Ableseaufforderungen wird die Erfassung der Verbrauchsdaten für Strom, Gas, Wasser oder Fernwärme in die Hände der Endkunden gelegt. Bei unzustellbaren Ableseaufforderungen recherchieren die Post-Mitarbeiter im Zuge des Forderungsmanagements in verschiedenen Quellen (z. B. die tagesaktuelle Umzugsdatenbank) nach der neuen Adresse. Spätestens nach fünf Tagen geht die Ableseaufforderung erneut auf die Reise, dieses Mal mit der richtigen Adresse. Zudem fließen die bereinigten Adressen in die Kundendatenbank der Stadtwerke ein und garantieren so eine erstklassig gepflegte Kundendatei. Die rücklaufenden Zählerstandsmeldungen werden digitalisiert und auf Plausibilität hinsichtlich Format und Angaben geprüft. Anschließend übermittelt die Post die Daten an das Versorgungsunternehmen und kümmert sich um deren fachgerechte Archivierung. Im nächsten Schritt der Prozesskette folgen Druck und Versand der Verbrauchsrechnungen, Bearbeitung von eventuellen Reklamationen, Debitorenbuchhaltung sowie das Mahnwesen und Inkasso.

All diese Prozessschritte kann der Energieversorger an die Deutsche Post auslagern. Natürlich können Unternehmen auch nur einzelne, in sich geschlossene Lösungen der Deutschen Post in Anspruch nehmen.

Leistungstiefe für staatliches Engagement 5.2

Abbildung 1: „Debitorenmanagement" am Beispiel eines EVU

Wertschöpfungsprozess		Einzelkomponenten
Management Zählerstanderfassung	Ableseaufforderung an EVU-Kunden	Adressbereinigung
		Druck und Versand von Ableseaufforderungen*
		Retourenmanagement** von unzustellbaren Sendungen
	Response/ Plausibilisierung	Digitalisierung der rücklaufenden Ableseaufforderungen*
		Erfassung der Antwort über Internet-Portal
		Plausibilitätscheck aller Zählerstandsdaten
	Datenrückmeldung/ Archivierung	Übermittlung der Ablesedaten an EVU
		Archivierung
Rechnungsmanagement	Druck und Versand von Rechnungen	Retourenmanagement**
		Archivierung
	Reklamationsmanagement	Bearbeitung telefonischer und schriftlicher Reklamationen
	Forderungsmanagement	Debitorenbuchhaltung
		Mahnwesen und Inkasso

*Brief, Karte; **Adressrecherche und Neuversand

3. Der Erfolg

Geschäftsprozess-Outsourcing (GPO) ist immer die Kombination einzelner, auf die individuellen Kundenbedürfnisse abgestimmter Prozessschritte. Jedoch bringt erst die Summe dieser einzelnen Komponenten das optimale Resultat für den wirtschaftlichen Erfolg. Je breiter die ausgelagerte Prozesskette, umso geringer der Steuerungs- und Kontrollaufwand für den Auftraggeber und umso höher das gesamte Einsparpotenzial. So lassen sich nach Berechnungen der Arbeitsgemeinschaft für wirtschaftliche Verwaltung durch eine Full-Service-Lösung über alle Stufen des Rechnungsmanagements die Bearbeitungszeit um bis zu 90 Prozent reduzieren und Prozesskosten von 20 bis 40 Prozent einsparen.

Mit dem Debitorenmanagement der Deutschen Post straffen kommunale Energieversorger ihr Liquiditätsmanagement. Zudem optimieren sie ihre internen Geschäftsabläufe und erhöhen Adressqualität und die Responsequote. Zusätzlich sparen Versorger Kosten, indem sie die Zahl der Falschaussendungen verringern und unnötige Retouren vermeiden. Deutschlandweit vertrauen bereits mehr als 70 kommunale und gewerbliche Energieversorger im Bereich Debitorenmanagement auf die Deutsche Post.

5.2.2.3 Outsourcing

Aufgaben der Bedarfsverwaltung

Outsourcing ist ein Kunstwort, das aus den englischen Begriffen outside, resource und using gebildet wird. Im Gegensatz zum Contracting Out, das sich auf das Erstellen externer Produkte für die Bürger bezieht, handelt es sich beim Outsourcing um die Auslagerung von Aufgaben der Bedarfsverwaltung. Somit werden beim Outsourcing Dritte nicht verpflichtet, Verwaltungsaufgaben für den Bürger wahrzunehmen. Vielmehr handelt es sich bei den ausgegliederten Tätigkeitsfeldern um Leistungen für den Eigenbedarf (vgl. Lienhard et al. 2003: 2 f.), die nicht für die Öffentlichkeit, sondern für die Verwaltung selbst von privaten Anbietern erstellt werden.

Auslagerung vollständiger Prozessketten

Ähnlich wie auch in der Privatwirtschaft lassen sich zahlreiche betriebliche Funktionen outsourcen. Wesentliche Bereiche sind dabei die Auslagerung von Informatikdienstleistungen, der Gebäudereinigung oder der Personalverwaltung an externe Anbieter. Neuere Outsourcing-Ansätze gehen noch weiter, indem vollständige Prozessketten ausgelagert und an private Anbieter übertragen werden (vgl. auch vorangehendes Praxisfenster Nr. 10). Wichtige Gründe für das Outsourcing sind die Flexibilisierung von Kosten, die durch die Aufgabenkritik geförderte Konzentration auf die Kernaufgaben einer öffentlichen Institution sowie die Rationalisierung von Geschäftsprozessen (vgl. Eichhorn, 1997: 100). Analog zum Contracting Out ist auch beim Outsourcing die Vertragsgestaltung ein wesentlicher Erfolgsfaktor für das Funktionieren entsprechender Modelle. Erfolgskritische Punkte der Vertragsgestaltung können bspw. die Kosten- und Risikoteilung, die Haftung, der Einbezug Dritter, Qualitätsmerkmale, Informationsprozesse und Know-how-Schutz sein.

5.2.2.4 Public Private Partnership

Freiwillige Verpflichtung

Im Rahmen der Modernisierung des öffentlichen Sektors und der damit verbundenen Diskussion über die optimale Leistungstiefe öffentlicher Institutionen gewinnt die als Public Private Partnership (PPP) bekannte Kooperationsform zwischen öffentlicher Hand und privaten Anbietern zunehmend an Bedeutung (vgl. Budäus 2003: 213 ff.). Dabei werden unter PPP jene Formen der Zusammenarbeit zwischen öffentlichen und privaten Wirtschaftssubjekten verstanden, in denen sich beide Seiten auf der Grundlage vertraglicher Beziehungen freiwillig dazu verpflichten, speziell abgegrenzte Aufgabenkomplexe in unternehmerischer Weise zu erledigen. Wesentliche Voraussetzungen für ein erfolgreiches PPP sind die Zielkomplementarität beider Partner sowie die Bereitschaft zum „Know how-Transfer" (vgl. Thom/Ritz 2003: 12). Im Gegensatz zur materiellen Privati-

Leistungstiefe für staatliches Engagement

sierung zieht sich die öffentliche Hand nicht vollständig aus der Aufgabenerfüllung zurück, sondern behält zumindest die Steuerungsverantwortung, da sie i. S. des Gewährleistungsstaates höchstens die Durchführungsverantwortung auf Private überträgt.

Hinsichtlich der konkreten Ausgestaltung von PPPs existieren zahlreiche Varianten, die in Bezug auf den Leistungsumfang, die Struktur, die Finanzierung sowie den Leistungsgegenstand unterschieden werden können (vgl. Bolz 2005: 26 ff. und nachfolgendes Praxisfenster Nr. 11). Dabei werden PPPs in nahezu allen Bereichen öffentlicher Aufgabenerfüllung als organisatorische Gestaltungsalternativen in Betracht gezogen (vgl. Bolz 2005 und Thom/Ritz 2003). Mit einem PPP sind sowohl für die öffentliche Hand als auch den privaten Partner Chancen und Risiken, die in Tabelle 6 überblicksartig dargestellt werden, verbunden (vgl. Greiling 2002: 340 ff.).

PPP-Varianten

Chancen und Risiken von PPPs

Tabelle 6

	Chancen	**Risiken**
Staat	- Synergieeffekte - Zugang zu privatem Know-how und privatem Risikokapital - Steigerung der Effizienz - Imagegewinn durch privatwirtschaftliches Denken - Gewährleistung der Aufgabenerfüllung - Entpolitisierung sowie rationalere Entscheidungsfindung - Modernisierung, Flexibilisierung - Zugang zu neuen Märkten	- Ausnutzung durch privaten Partner aufgrund von asymmetrischen Informationen - Ziel- und Managementkonflikte aufgrund von Interessensdivergenzen - Ineffiziente PPP gehen zu Lasten der Bürger - Konkursgefahr des privaten Partners - Verlust von direkter demokratischer Kontrolle
Privater Partner	- Synergieeffekte - Gewinn bzw. Rentabilität - Möglichkeit der Risikostreuung - Verbesserung der Zusammenarbeit mit der Verwaltung - Marketing- bzw. Imageeffekte - Partizipation am Fortschritt	- Ausnutzung durch Staat aufgrund von asymmetrischen Informationen - Ziel- und Managementkonflikte wegen Interessensdivergenzen - Imageverlust bei gescheiterten PPPs

Praxisfenster Nr. 11:
Public Private Partnership in der Schweiz

Dr. Urs Bolz

Partner,
PricewaterhouseCoopers AG,
Public Services Advisory,
Bern

1. Partnerschaften: Ein neuer Ansatz für die Erfüllung öffentlicher Aufgaben

Die Erfüllung öffentlicher Aufgaben war nie eine exklusive Aufgabe der öffentlichen Hand. Seit jeher hat der Staat Private in die Aufgabenerfüllung einbezogen, sei es durch Aufträge (z. B. Bau eines Schulhauses) oder durch Staatsbeiträge (z. B. soziale Institutionen). Was früher noch mittels Verfügung mit Einschluss von Bedingungen und Auflagen erledigt werden konnte, wurde in breiten Bereichen immer mehr durch vertragliche Vereinbarungen und in den letzten Jahren auch durch Leistungsaufträge abgelöst. In der modernen Welt, im Zeitalter von Netzwerken, elektronischem Datenverkehr, Wirkungs- und Wertschöpfungsorientierung reicht dies nicht mehr. In vielen Bereichen verlangt eine moderne Steuerung längerfristige, partnerschaftliche Zusammenarbeitsformen. Die kostenbewusste Verwaltung optimiert zudem die Beschaffung durch bewusste Risikoallokationen und eine Lebenszyklusorientierung. Dies sind die Kernideen von Public Private Partnerships, die in den letzten Jahren in der ganzen Welt zunehmend an Popularität gewonnen haben. Im benachbarten Ausland ist die Diskussion über PPP meist fortgeschritten. In zahlreichen Ländern sind Pilotprojekte lanciert, PPP-Taskforces etabliert und erste Projektevaluationen liegen vor. Sie zeigen, dass PPP-Projekte – in geeigneten Fällen - Einsparungen von bis zu 20% realisieren können.

2. PPP-Potenzial in der Schweiz vorhanden

Lange Jahre war PPP in der Schweiz kein richtiges Thema. Eine Gruppe von Vertretern aus Wirtschaft, Verwaltung und Politik hat unter der Projektleitung von PricewaterhouseCoopers deshalb die „PPP-Initiative Schweiz" lanciert. Die im Juni 2005 publizierte PPP-Grundlagenstudie (vgl. Bolz 2005) beinhaltet Erfahrungen aus dem Ausland, den Nachweis von Nutzenpotenzialen, abgeleitete Konzepte und Prozesse für die Schweiz, eine vertiefte Darlegung von PPP sowohl aus wirtschaftlicher als auch aus rechtlicher Sicht sowie Empfehlungen für die Lancierung von PPP bzw. für die Nutzung des Potenzials in der Schweiz. Die Studie weist für die Schweiz ein beachtliches PPP-Potenzial aus. Insbesondere aufgrund ihrer Tradition mit öffentlich-privaten Kooperationen ist die Schweiz für PPP gut geeignet.

Die Auseinandersetzung mit PPP in der Schweiz kann in dreifacher Hinsicht Nutzen stiften: Auf Basis neuerer PPP-Erkenntnisse kann das Wissen über Risiken von öffentlich-privaten Kooperationen vertieft werden. Grenzen einer Zusammenarbeit lassen sich somit besser erkennen. Durch PPP-Ideen, -Konzepte, -Methoden und -Arbeitshilfen können bestehende öffentlich-private Kooperationen weiterentwickelt und optimiert werden.

Zudem kann die Diskussion über PPP neue Kooperationen in Form von PPP ermöglichen und beschleunigen.

3. Einblick in die PPP-Praxis

Aus Schweizer Sicht dürften insbesondere die Erfahrungen aus Deutschland übertragbar sein. So wird oft auf das Projekt „Schulen in Monheim" in Nordrhein-Westfalen hingewiesen. Auf Basis einer positiven Machbarkeits- und Wirtschaftlichkeitsstudie wurden die Leistungen der Sanierung, Unterhaltung und Bewirtschaftung sämtlicher zu sanierender Schulgebäude und Turn- bzw. Sporthallen über eine Vertragslaufzeit von 25 Jahren an einen privaten Partner übergeben. Die Stadt behält Informations- und Mitwirkungsrechte sowie die Beteiligung an der Geschäftsführung der mit der privaten Unternehmung gemeinsam geführten Bewirtschaftungs-GmbH. Sie zahlt dem privaten Partner ein jährliches Entgelt, Sanktionsmechanismen sind vertraglich festgelegt. Gegenüber einer konventionellen Beschaffung ergeben sich aus diesem PPP-Modell für die öffentliche Hand Effizienzvorteile von rund 15%, die v. a. aus der wesentlichen Verkürzung der Planungs- und Bauphase sowie aus der Übertragung eigener Risiken auf den privaten Partner resultieren.

Verschiedene in der Schweiz initiierte Projekte, wie bspw. im Bereich Hochbau, weisen PPP-Merkmale auf. Beim Stadion Thun werden die Planungsrisiken zwischen öffentlicher Hand und privatem Partner aufgeteilt, beim Kultur- und Kongresszentrum Luzern erfolgte die Planungs- und Realisierungsphase in bemerkenswert enger Zusammenarbeit. Oft fehlt bei den bisherigen Zusammenarbeitsformen in der Schweiz jedoch der lebenszyklusorientierte Ansatz, d. h. die Integration von sämtlichen Projektphasen über Planung, Bau, Finanzierung bis zum Betrieb des Objektes. Im Bereich Standortförderung kann die „Greater Zurich Area" (GZA) als Vorzeigeprojekt für ein PPP angesehen werden. Die GZA verkörpert eine langfristig angelegte Standortförderung im öffentlichen und im privaten Interesse in gemeinsamen Strukturen (Stiftung, GZA AG). PPP ist somit auch außerhalb des Bereichs Infrastruktur von großer Bedeutung.

4. Schlussbemerkung

Das Projekt „PPP-Initiative Schweiz" zeigt, dass mit Engagement, Fachkompetenz, partnerschaftlicher Zusammenarbeit in einem Netzwerk und einem wachen Sinn für die Feinmechanik von Innovation heute in kurzer Zeit viel erreicht werden kann. Indessen: Ein Buch ist ein Buch; Wandel muss in den Köpfen stattfinden! Wir werden sehen, ob sich mit demselben Rezept in der Folgephase nun auch tatsächlich in der Praxis etwas bewegt. Wir sind optimistisch. Die Zeit ist reif.

5.2.2.5 Netzwerkorganisation

Koordinations-aufwand in der Hierarchie

Angesichts des dynamischen Wandels in den verschiedenen Umweltkomponenten stoßen klassische hierarchische Organisationsmodelle vermehrt an ihre Grenzen. Die Leistungs- und Arbeitsprozesse wurden durch zunehmende Spezialisierung stark unterteilt. Dies führte in Verbindung mit großer Neigung zur Formalisierung zu hoch komplexen organisatorischen Regelsystemen. Die Folgen sind ein steigender Koordinationsaufwand in der Hierarchie und eine aufwändigere Wartung und Aktualisierung des bestehenden organisatorischen Gefüges.

Lösung der Komplexitäts-probleme

Die Netzwerkorganisation als neueres Organisationskonzept trägt zur Lösung der angesprochenen Komplexitätsprobleme bei (vgl. Staehle 1999: 744 ff.). In Zusammenhang mit der verstärkten wirkungs- und leistungsorientierten Führung durch flexiblere Organisationsstrukturen und aufbauend auf den Gedanken des Kontraktmanagements werden Netzwerke zu einer viel versprechenden Zusammenarbeitsform für staatliche Institutionen. Sie können sowohl innerhalb einer Organisation als auch institutionenübergreifend zum Tragen kommen. Die charakteristischen Merkmale eines Netzwerks sind die Verfolgung eines gemeinsamen Ziels durch die Netzwerkpartner, die freie Wahl der Netzwerkpartner, die Selbst- bzw. Spontankoordination sowie die intensive und informelle Kommunikation zwischen den Partnern.

> **Netzwerke versuchen die unterschiedlichen Stärken der Kooperationspartner zur gemeinsamen Zielerreichung oder Problemlösung zu verbinden.**

Offene Zu-sammenarbeit

Die Bindung zwischen den Partnern basiert weder auf dem gegenseitigen Austausch von Geld und Leistung (wie bei normalen Marktpartnern) noch auf einem definierten Arbeitsverhältnis (wie bei hierarchischen Arbeitsformen). Angestrebt wird vielmehr eine offene Zusammenarbeit, die aufgrund des besonderen Abhängigkeitsverhältnisses (zwischen Markt und Hierarchie) eine langfristige und innovative Kooperationsform ist. Die Netzwerkorganisation kann in drei alternative Typen unterschieden werden, welche sich insbesondere hinsichtlich ihrer Steuerbarkeit und organisatorischen Flexibilität unterscheiden (vgl. Vier 1996: 95 ff.).

Internes Netzwerk

Das interne Netzwerk unterscheidet sich von den heutigen staatlichen Institutionen v. a. durch die durchgängige Marktorientierung innerhalb der Institution und gilt als gut steuerbar. Zwischen den internen Netzwerkpartnern werden alle ausgetauschten Leistungen verrechnet, wenn möglich zu Marktpreisen. Jedes Netzwerkmitglied ist alleiniger Spezialist im Verbund, wodurch Doppelspurigkeiten vermieden werden können. Der Kontakt mit externen Institutionen findet nicht auf der Seite der Leistungserbringung statt, sondern nur bei der Leistungsabgabe. Innerhalb des zulässigen Rahmens der staatlichen Leistungserbringung werden Leistungen extern verkauft, so dass im internen Netzwerk eine Markt- und Unternehmerorientierung angestrebt wird. Diese Organisationsform kann für Bereiche der Zentralverwaltung unter der Voraussetzung eines ausgebauten Rechnungswesens angewendet werden.

Das stabile Netzwerk besteht aus einer teilweisen Funktions- oder Bereichsausgliederung aus der staatlichen Institution. Die Zusammenarbeit mit den externen Leistungserbringern oder Lieferanten ist sehr eng und langfristig ausgerichtet, damit die organisatorische Steuerbarkeit immer noch recht hoch bleibt. Die Flexibilität wird durch die ausgelagerten Elemente, welche im Falle einer Neuausrichtung oder eines Politikwechsels ohne große interne Reorganisation verändert werden können, erreicht.

Stabiles Netzwerk

Das dynamische Netzwerk spezialisiert das Verwaltungsmanagement auf einen Teil der Leistungskette. In der Verwaltung findet nur noch die Politikvorbereitung als intern erbrachte Leistung statt. Im Gegensatz zur Regierungs-Holding mit zentraler Verwaltungsführung stehen im dynamischen Netzwerk die leistungserbringenden Netzwerkpartner nicht unter einer einheitlichen Managementverantwortung sondern sind externalisiert. Das staatliche Management übernimmt die Koordination zwischen den Partnern, die mittels mehrjähriger Kontrakte gesteuert werden, und kann in gewissen Bereichen im Extremfall nur noch diese Rolle wahrnehmen.

Dynamisches Netzwerk

Insgesamt zeigt die Netzwerkorganisation Möglichkeiten der flexiblen, aber längerfristigen Zusammenarbeit von Partnern unterschiedlicher Größe und differenzierter staatlicher Einbindung auf. In dieser Hinsicht besteht für den Gewährleistungsstaat eine zentrale Herausforderung darin, im Gegensatz zum traditionellen Hierarchieverständnis die Gleichwertigkeit der Partner zu sichern.

5.3 Konzernorganisation

Eine Organisationsform, die es ermöglicht, unterschiedliche Stufen der Leistungstiefe festzulegen, ist die Konzernorganisation. Sie gilt als eine Weiterentwicklung der divisionalen Organisationsform, indem ähnliche Objekte als primäres Gliederungsmerkmal gewählt

Trennung von Politik und Betrieb

werden. Solche Objekte können bspw. die Politikfelder, Leistungsbereiche, Kundengruppen oder Regionen einer staatlichen Institution sein. In der Literatur zum Public Management wird als geeignete Variante der Konzernorganisation zur Steuerung von objektartig separierten Institutionen die Holding-Organisation vorgeschlagen (vgl. Hunziker 1999: 40 und Grünenfelder 1997: 71 ff.). Die Holding als eine Variante der Konzernorganisation unterscheidet sich von anderen Varianten durch die rechtliche Ausgliederung der Tochtergesellschaften und unterstützt die im Public Management angestrebte Trennung von Politik und Betrieb (vgl. generell Wenger 1999: 119 ff. und Krüger 2005: 207 ff).

5.3.1 Formen der Holding-Organisation

Innerhalb der Holding-Organisation haben sich – vereinfacht dargestellt – die zwei dominanten Formen der Finanz- und der Management-Holding herausgebildet, welche sich in ihrer Wirkungsweise grundsätzlich unterscheiden (vgl. Bea/Göbel 2006: 388 ff. und Grünenfelder 1997: 71 ff.).

Finanz- versus Management-Holding

In der Finanz-Holding überlässt die Holding-Leitung die gesamte Steuerung, insbesondere auch die strategische Führung, den Tochtergesellschaften. Die einzige Aufgabe der Holding-Gesellschaft besteht im Halten („to hold") von Anteilen an den Tochtergesellschaften und in der Optimierung dieser Finanzbeteiligungen. Die Management-Holding auf der anderen Seite übernimmt die strategische Gesamtverantwortung über alle Organisationseinheiten hinweg. Neben der strategischen Führung ist sie auch für die Gesamtorganisation der Holding, für die Ressourcenzuteilung und für die Führungskräfteentwicklung zuständig. Die Ziele einer Management-Holding sind (vgl. Bühner 1992: 34 ff.):

- Trennung von Strategie und Operation
- Bildung von sinnvoll abgegrenzten, ergebnisverantwortlichen Teileinheiten (in der Privatwirtschaft: Profit Center)
- Erfolgsorientierte Führung der gesamten Holding

Diese Ziele entsprechen größtenteils auch den Zielen des Public Management-Ansatzes. Daher eignet sich das Grundmodell der Management-Holding für die Gestaltung der Rahmenstruktur besser als die Finanz-Holding des staatlichen Sektors und wird im Folgenden ausführlich erläutert.

5.3 Konzernorganisation

Die Holding-Organisation umfasst im öffentlichen Sektor sowohl die Regierung als auch die Verwaltungsstellen. Das Parlament wird hingegen nicht in die Holding-Organisation einbezogen. Zum einen würde dadurch das Prinzip der Gewaltenteilung beträchtlich in Frage gestellt, zum anderen vertritt das Parlament als Leistungsfinanzierer primär die Bürger und die Leistungsempfänger der Verwaltung. Durch den Leistungsfinanzierer werden die Ziele für das Regierungshandeln in Gesetzen und anderen Normen festgelegt. Diese kommen durch Volksentscheid oder parlamentarische Entscheide zustande. Aus organisatorischer Perspektive ändert sich folglich auf der Ebene der Leistungsfinanzierer nichts.

Die Einbindung der Regierung in administrative Führungsfunktionen wie bei der Management-Holding sieht je nach politischer Abhängigkeit der Regierung unterschiedlich aus. Im schweizerischen Konkordanzsystem auf Bundesebene kann die Regierung (mit Vertretern aus allen großen Parteien) die Rolle des Leistungskäufers einnehmen, da das Regierungskollegium (mit einzeln von beiden Parlamentskammern gewählten Mitgliedern) nicht von wechselnden Parlamentsmehrheiten in einzelnen Sachfragen in seiner personellen Zusammensetzung abhängig ist. Im deutschen Konkurrenzsystem (Regierung und Opposition) ist diese Bindung zwischen dem Regierungskabinett und der Parlamentsmehrheit wesentlich stärker. Dadurch wird die Rolle des Leistungskäufers nicht von der Gruppe der Regierungsmitglieder (Bundeskabinett), sondern von den stärker fachorientierten Ministerien wahrgenommen. Die einer Management-Holding zu Grunde liegenden Ziele werden in den nächsten Abschnitten spezifisch für den öffentlichen Sektor betrachtet (vgl. Grünenfelder 1997: 72 ff.).

Einbindung der Regierung

5.3.1.1 Trennung von Politik und Betrieb

Die im Verwaltungsalltag nicht realisierbare Trennung von Strategie und Operation wird im Rahmen der Konzernorganisation im Public Management zweckmäßiger als Trennung von Politik und Betrieb bezeichnet, da sich politisches Handeln nicht an betriebswirtschaftlichen Konzeptionen orientiert. In der Politik, d. h. für die gewählten Repräsentanten in Parlament und Regierung, werden jene Geschäfte strategisch relevant, denen eine hohe politische Bedeutung zukommt – das können je nach Situation „operative" Geschäftsfälle sein. Insbesondere vor Wahlen kann jedes Geschäft eine politische Bedeutung erlangen, wenn damit Wählerstimmen gewonnen werden können. Die Unterteilung in Politik und Betrieb soll einerseits eine ziel- und wirkungsorientierte Führung der staatlichen Institutionen durch die politischen Gremien sowie andererseits eine effekti-

Politik bestimmt strategisch Relevantes

ve und effiziente Leistungserbringung durch verwaltungsinterne und -externe Stellen begünstigen. Die Holding-Leitung legt zunächst durch ihre strategische Führungsaufgabe diejenigen Bereiche fest, in welchen sie zukünftig tätig sein will. Im Weiteren übt sie die zur Gesamtsteuerung zentralen Leitungs-, Kontroll- und Dienstleistungsaufgaben aus. Im folgenden Blickpunkt sind diese Aufgaben der Holding-Leitung einzeln aufgelistet (vgl. Wenger 1999: 131).

Im Blickpunkt	*Aufgaben der Leitung einer Regierungs-Holding*

Grundlegende Führungsaufgaben:

- Festlegung und Koordination der Konzernpolitik, -ziele und -strategien durch die Regierung vor dem Hintergrund der politischen Ziele und Gesetzgebung
- Festlegung und Koordination der Aufgabenbereichsziele mittels politischer Outcomes durch die Minister zur Bewältigung wesentlicher Zukunftsaufgaben
- Delegation der Ergebnisverantwortung durch Leistungsvereinbarungen an die leistungserbringenden Einheiten
- Bündelung und Zuteilung von Ressourcen durch die Bestimmung der Outputs im Rahmen der jährlichen Budgetrunde
- Festlegung von verbindlichen Grundsätzen für die konzernweite Personalpolitik sowie Konzeption zentraler Betreuungs- und Entwicklungsprogramme
- Auswahl, Entwicklung und Abberufung von Führungskräften der Verwaltung
- Koordination des Konzerns durch Festlegung der Konzern- und Managementstruktur
- Weitere Dezentralisations- oder Zentralisationsentscheide, Kauf oder Verkauf von Konzerneinheiten

Spezifische Überwachungsaufgaben:

- Konsolidierung, Genehmigung und Überwachung der Budgets aller Konzerneinheiten
- Konzernweite Überwachung der Leistungsergebnisse durch das strategische Controlling, das Berichtswesen und die Revisionsstellen

Dienstleistungsaufgaben:

- Beratungsangebote durch zentrale Spezialisten (z. B. in den Bereichen Personal, Organisation und Recht)
- Konzeption und Betrieb zentraler Informatikplattformen und Sicherstellung der Öffentlichkeitsarbeit

5.3.1.2 Service- und Verantwortungs-Center

Im Gegensatz zu den in der Privatwirtschaft an Gewinngrößen gemessenen, fast vollständig eigenverantwortlichen Profit-Centern sind die staatlichen Konzerneinheiten als Service- und Verantwortungs-Center auszugestalten. Die im vorherigen Abschnitt beschriebene Autonomie der Betriebseinheiten ist unerlässlich zur Führung der Konzerneinheiten als echte Verantwortungs-Center. Das kennzeichnende Merkmal dieser Einheiten ist, dass die Erfolgsverantwortung bei der Leitung der Verantwortungs- und Service-Center liegt. Sie werden an den im Leistungskontrakt vereinbarten Outputs gemessen. Die Erreichung der Outcomes, welche eine primäre Aufgabe der Politik darstellt, kann nicht auf die Leitung des Verantwortungs-Centers abgewälzt werden, da diese den vielfältigen Einflüssen von anderen Leistungserbringern und Umsystemfaktoren unterliegen.

5.3.2 Steuerungsinstrumente der Holding-Organisation

Die Führung der staatlichen Institutionen innerhalb der Konzernorganisation erfolgt über den Einsatz von erfolgsorientierten Steuerungsinstrumenten. Dabei verfolgt die Regierung die Durchsetzung und Erreichung der politischen und strategischen Ziele. Die Führungsinstrumente der Holding-Leitung sind einerseits die Budgetierung im Rahmen der Finanzhoheit, die politische und betriebliche Planung mittels Planungsinstrumenten auf der politischen Ebene (vgl. Kapitel 2.4.1.3) sowie Steuerungsinstrumente auf der betrieblichen Ebene (Leistungskontrakte, Strategie- und Koordinationsgruppen zur Sicherung des konzernweiten Informationsflusses, z. B. Sitzungen der Regierungsausschüsse). Andererseits bestehen rechtliche Gestaltungsmöglichkeiten zur Regelung der Autonomie der Konzerninstitutionen. Weiterhin wird durch die Personalauswahl und -freistellung von Verwaltungsspitzen eine entscheidende Führungsfunktion wahrgenommen.

Politische Ebene

Auf der Ebene der betrieblichen Steuerung bedeuten v. a. die Einführung von Leistungskontrakten und Globalbudgets wichtige Neuerungen. Sie ermöglichen eine erfolgsorientierte Führung der eigenverantwortlichen Verwaltungseinheiten und spiegeln typische Auftraggeber-Auftragnehmer-Modelle innerhalb der Verwaltung wider (vgl. auch unten stehendes Praxisfenster Nr. 12). Externe Leistungserbringer werden ebenfalls durch Leistungskontrakte geführt. Externe Leistungskontrakte stellen grundsätzlich ein rechtsverbindliches Koordinationsinstrument zwischen zwei gleichberechtigten Vertragsparteien dar. Dies im Gegensatz zu den internen, sog. Quasi-Kontrakten, welche immer noch einem hierarchieorientierten Weisungsverhältnis unterliegen.

Betriebliche Ebene

Andreas Schuppli

Gemeindeverwalter der Gemeinde Riehen

Praxisfenster Nr. 12: Gemeindereform Riehen: Neue Steuerungsinstrumente im Anwendungstest

Seit 2004 arbeitet die Gemeinde Riehen (gut 20 000 Einwohner/-innen) mit modernen Strukturen. Dank der untypischen Gemeindeorganisation im Basler Stadtkanton war der Gestaltungsspielraum für die Reform weit.

1. Das Riehener Modell im Überblick

„Die Handlungsfähigkeit für einen guten öffentlichen Dienst in der Gemeinde Riehen erhalten und erhöhen", so lautete das Reformziel. Erreicht werden soll es durch gezielte Ausrichtung der Gemeindeleistungen am Bedarf der Bevölkerung, durch qualitätsbewusstes, wirtschaftliches Denken und Handeln sowie durch neue Planungs- und Steuerungsinstrumente und zeitgemäße Führungsstrukturen. Die Reform war explizit weder eine Spar- noch eine Privatisierungsübung.

Anders als viele andere NPM-Projekte förderte Riehen beim Projekt PRIMA (Public Riehen Management) von Beginn an das Zusammenspiel zwischen Politik und Verwaltung. Zentral waren die Klärung der Zuständigkeiten, das Erneuern der Spielregeln sowie das Einüben einer offenen Kommunikationskultur. Das Logo symbolisiert das Zusammenwirken von Einwohnerrat, Gemeinderat und Verwaltung. Acht Merkmale charakterisieren die Reform:

- Die Riehener „Welt" ist abgebildet in einem (veränderbaren) Produktrahmen, gegliedert in zehn Politikbereiche mit 42 Produkten.
- In zehn, in der Regel drei- oder vierjährigen Leistungsaufträgen beschließt der 40-köpfige Einwohnerrat die politischen Ziele und Vorgaben. Die zugehörigen, mehrjährigen Globalkredite sind die finanzrechtliche Grundlage für die Gemeindeleistungen. Hinzu kommen separat zu bewilligende Verpflichtungskredite für größere Investitionen.
- Der Politikplan ist die integrierte Aufgaben- und Finanzplanung des Gemeinderats, der darin jährlich über die Allokation der Mittel im Rahmen der Leistungsaufträge bzw. der Globalkredite beschließt. In Leistungsvereinbarungen mit der Verwaltung oder externen Leistungserbringern wird der Leistungsauftrag ergänzt. Das erste von jeweils vier Planjahren beinhaltet zugleich das Produktsummenbudget (Nettokosten aller Produkte). Es unterliegt der Genehmigung durch den Einwohnerrat (Vetorecht).
- Die Führungsstrukturen sind konform mit den Aufgaben und Zuständigkeiten. Das Tagesgeschäft ist konsequent an die Verwaltung delegiert. Für jedes Produkt wurde je ein verantwortlicher Akteur aus Gemeinderat und Verwaltung bezeichnet. Hier verbindet sich die politische Kompetenz mit der Fachkompetenz.
- Mit einer Leistungs- und Kostenrechnung sowie einer Echt-Bilanz wurde volle Kostentransparenz geschaffen. Die Arbeitsstunden der Mitarbeitenden werden wie die Sachkosten erfasst und den einzelnen Produk-

Konzernorganisation 5.3

ten zugeordnet. Die Investitionen werden nach realen Werten abgeschrieben und ebenfalls den Produkten belastet.
- Die Volksrechte wurden erweitert. Neben dem fakultativen Referendum für die Leistungsaufträge mit Globalkredit wurde neu die „Volksanregung" eingeführt, zugänglich auch für Jugendliche ab 14 Jahren sowie Einwohner/-innen ohne Schweizerpass.
- Für die rund 240 Mitarbeitenden (170 Vollstellen) wurde ein modernes Personal- und Organisationsrecht mit öffentlich-rechtlichen Arbeitsverträgen geschaffen sowie die Jahresarbeitszeit eingeführt.
- Das Reformmodell wurde in kurzer Zeit erarbeitet und frühzeitig rechtlich verankert: Im Oktober 2000 wurde die Reform beschlossen, im Januar 2001 das Projekt gestartet. 2003 traten die neue Gemeindeordnung und weitere Gesetzesnovellen in Kraft. Die zügige, prozessorientierte Gestaltung des Projekts war ein wesentlicher Erfolgsfaktor.

2. Die ersten Erfahrungen

Mitte 2005 hat sich das neue Instrumentarium schon gut eingespielt. Der Gemeinderat bearbeitet als Führungsteam verstärkt die großen politischen Themen. Fragen nach dem Nutzen einer Gemeindeleistung werden häufiger gestellt. Die Delegation des operativen Geschäfts an die Verwaltung ist weit fortgeschritten. Die neu geschaffenen Sachkommissionen des Einwohnerrats befassen sich engagiert mit ihren Politikbereichen. Die Produktverantwortlichen in der Verwaltung identifizieren sich sehr mit ihrem Verantwortungsbereich. Kundenorientierung und Kostenbewusstsein sind überall als Thema gesetzt. Sehr konstruktiv hat sich die Zusammenarbeit zwischen den drei Ebenen entwickelt. Im Oktober 2004 wurde Riehen für die Gemeindereform in einem Qualitätswettbewerb der Schweizerischen Gesellschaft für Verwaltungswissenschaften ausgezeichnet.

Noch funktioniert einiges nicht reibungslos und der kulturelle Wandel ist erwartungsgemäß nicht abgeschlossen. Der Teufel sitzt im Detail der Umsetzung, aber auch in der Komplexität des Gesamtsystems. Aufwändig sind das „Füttern" und Auswerten der Leistungs- und Kostenrechnung sowie das Berichtswesen. Spannend wird auch sein, wie sich das neue Steuerungssystem in finanziell schwierigeren Verhältnissen bewähren wird, welche die Gemeinde Riehen gegenwärtig herausfordern. Um Hinweise zu erhalten, inwieweit die mit der Gemeindereform angestrebten Zielsetzungen bereits erreicht sind und in welchen Bereichen noch Handlungsbedarf besteht, wird im Auftrag der Gemeinde durch das Kompetenzzentrum für Public Management der Universität Bern eine externe Zwischenevaluation durchgeführt. Ergebnisse und Empfehlungen liegen Ende 2005 vor.

Als Dienstleistung sind alle wichtigen Dokumente zur Gemeindereform zum Download publiziert (vgl. Riehen 2005). Den externen Beratern Fred Wenger und Daniel Arn sei an dieser Stelle für die kompetente Begleitung der Projektarbeit bestens gedankt.

5.3.2.2 Leistungskontrakt

Managementvereinbarung

Das Kontraktmanagement sieht zwischen der Regierung und den verwaltungsinternen, aber auch verwaltungsexternen Leistungserbringern sowie zwischen Verwaltung und externen Leistungsanbietern zeitlich begrenzte Vereinbarungen über die zu erbringenden Leistungen und die dafür zur Verfügung gestellten Mittel vor (vgl. Schedler/Proeller 2006: 155 ff.).

Tabelle 7   Unterschiedliche Varianten des Leistungskontrakts

	Managementvereinbarung	Quasi-Marktkontrakt	Marktkontrakt
Partner	Verwaltungsinterne Stellen	Öffentlich-rechtlich selbständige Stellen	Öffentlich-rechtliche Stelle und Dritte
Gegenstand	Erfüllung eines gesetzlichen Auftrags	Erfüllung eines gesetzlichen Auftrags	Auslagerung eines gesetzlichen Auftrags (Contracting Out)
Koordinationsform	Hierarchie	Interner Wettbewerb/Markt	Wettbewerb/Markt
Koordinationsinstrument	Weisungsgebundene gegenseitige Vereinbarung	Gegenseitig rechtlich bindender Vertrag	Gegenseitig rechtlich bindender Vertrag
Sanktionsmöglichkeit bei Nicht- oder Schlechterfüllung	- Durchgriff von Auftraggeber zu Auftragnehmer - Abänderung der Vereinbarungsinhalte - Ressourcenanpassung (z. B. Budgetkürzung) - Leistungsbeurteilung der Führung	- Vertragsauflösung - Vertragsanpassung, Haftungsrecht - Grundsätzlich kein direkter Durchgriff, jedoch abhängig von der Stärke der Partner	- Vertagsauflösung - Vertragsanpassung - Haftungsrecht
Beispiel	Leistungskontrakt zwischen Regierung und Dienststellen	Leistungskontrakt zwischen Bund und Ländern/Kantonen oder Land und Kommunen	Leistungskontrakt zwischen Landesverwaltung und privatem Leistungsanbieter

Dieser Leistungskontrakt i. S. einer Managementvereinbarung (vgl. Tabelle 7) wird von der Regierung als Leitungsgremium der Holding beschlossen und dem Parlament bzw. den parlamentarischen Kommissionen nur zur Konsultation vorgelegt. Dies im Gegensatz

Konzernorganisation 5.3

zum zweiten Steuerungsinstrument, dem Globalbudget, auf welches das Parlament direkten Einfluss ausüben kann (vgl. Kapitel 5.3.2.4). Die obersten (Wirkungs-) Ziele werden vom Parlament durch die Gesetzgebung, Produktgruppenziele innerhalb des Globalbudgets sowie gezielte parlamentarische Interventionsinstrumente zur Beeinflussung der Regierungsplanung festgelegt (vgl. z. B. Mastronardi/Stadler 2003: 393 ff.). Die nachstehende Tabelle vergleicht die unterschiedlichen Varianten des Leistungskontrakts.

Der Leistungskontrakt wird in der Regel für die Dauer einer Legislaturperiode abgeschlossen. Bei einer z. B. vierjährigen Periode kann er als vierjähriger Rahmenkontrakt mit vier einjährigen Detailkontrakten zur genaueren Bestimmung der Mengen-, Qualitäts- und Produktmerkmale sowie der Finanzgrößen ausgestaltet werden (vgl. Tabelle 8). Der Detailkontrakt stellt die jährliche Konkretisierung der im Rahmenkontrakt enthaltenen Eckwerte dar. Wird der Rahmenkontrakt zwischen den Dienststellen und der obersten Führung der Holding, also der Regierung, abgeschlossen, so sind die Vertragsparteien des Detailkontraktes die zuständigen Ministerien und die internen oder externen Leistungserbringer. Der Inhalt des Detailkontraktes stellt die Aspekte des Rahmenkontraktes jährlich aktualisiert und mit höherem Detaillierungsgrad dar. Zusätzlich enthält er besondere Jahresziele aus einmaligen Projekten.

Rahmen- und Detailkontrakt

Aufbau des Leistungskontrakts (nach EFV 2002) *Tabelle 8*

Kapitel	Inhalt
0.	Verzeichnisse
1.	Grundlagen – Partner und Dauer des Leistungsauftrags – Geltende Rechtsgrundlagen
2.	Aufgaben – Aufgaben der Verwaltungsstelle
3.	Strategie – Umfeldentwicklung, Schlussfolgerungen aus der auslaufenden Periode und aus der Lage- und Risikobeurteilung – Grundstrategie zusammengefasst – Übergeordnete 4-Jahresziele (Strategie orientiert und unter Einbezug von Produktgruppen übergreifenden Projekten)

4.	Finanzieller Rahmen – Gegenüberstellung der Finanz- und Betriebsrechnungsdaten über die gesamten Perioden des auslaufenden und des neuen Leistungsauftrags – Graphische Darstellung der Kosten- und Erlösstruktur (auf die Vergleiche der Perioden und auf die Interpretation der kumulierten Teuerung wird verzichtet, weil keine durchweg gleiche Perioden vorhanden sind)
5.	Produktgruppen – Funktion der Produktgruppe und deren Anspruchsgruppen – Strategische Stossrichtungen für Kontraktdauer, Schwerpunkt oder Entwicklungsziel der Produktgruppe – Unterteilung in Produkte – Kosten und Erlöse (tabellarische Darstellung der Kosten und Erlöse, graphische Ergänzung der Kosten- und Erlös-Entwicklung, Anteil der Produktgruppe am Total sowie graphische Darstellung des Anteils der Produktgruppe am Saldototal des Amtes) – Wirkungsziele (Ziel, Indikator, Standard und Erhebung; alles auf Ebene der politischen Steuerung) – Bemerkungen (die wichtigsten Hinweise) – Leistungsziele (Menge, Qualität, Häufigkeit, detaillierte Darstellung im Jahreskontrakt; alles auf Ebene der Verwaltungsstelle)
6.	Anhang – Erläuterungen, Rahmenbedingungen – Verzichtsplanung (Option) – Summarische Berichterstattung

5.3.2.3 Produkte und Produktgruppen

Ergebnis der Leistungsprozesse

Produkte als Ergebnis miteinander kombinierter Leistungsprozesse verkörpern die zunehmende Bedeutung der Output-Perspektive innerhalb des Public Managements (vgl. Kapitel 2.3.3). Produkte bzw. Leistungen stellen das Ergebnis einer optimalen Kombination von Finanz- und Sachmitteln sowie Personalressourcen und einer optimalen Koordination im betrieblichen Leistungserstellungsprozess dar. Entscheidend ist die optimale Kombination und Koordination im Hinblick auf die Nutzenstiftung beim Leistungsempfänger (Output), auf die auszulösenden Verhaltensänderungen bei der Zielgruppe (Impact) und auf die angestrebten Wirkungen in der Gesellschaft (Outcome).

Kalkulationsgrundlagen

Produkte sind die Grundlage der betrieblichen Leistungssteuerung. Sie dienen der Steuerung des Leistungsprozesses anhand von Zielen, Indikatoren und Standards. Weiterhin sind sie Gegenstand der betrieblichen Kalkulation i. S. der Kostenträger (vgl. Rieder 2004: 54 f.). Sie stellen die kleinste selbständige Leistungseinheit dar, die von

Konzernorganisation

einem Kunden genutzt werden kann (vgl. Brühlmeier et al. 1998: 301) und verlassen somit die Dienststelle. Davon zu unterscheiden sind interne Leistungen innerhalb einer Dienststelle.

In Bezug auf die Nutzenstiftung und Bedarfsdeckung von Produkten und Leistungen gilt es situativ festzulegen, ob eine Verwaltungstätigkeit tatsächlich der betrieblichen Produktplanung und -kalkulation zuzurechnen ist. Beispielsweise ist die Nutzenstiftung der Arbeit eines Dienststellenleiters in internationalen Fachgremien oder die Öffentlichkeitsarbeit einer Dienststelle schwierig messbar (vgl. Schedler/Proeller 2006: 142).

Während Produkte der kurzfristigen betrieblichen Planung innerhalb eines Ministeriums und der Dienststelle dienen, bezweckt die Zusammenfassung von Produkten zu einer Produktgruppe die Steuerung durch die Politik. Produktgruppen umfassen all jene Produkte, die innerhalb einer Verwaltungseinheit die gleiche strategische Ausrichtung verfolgen und decken zusammen den gesamten Aufgabenbereich ab (vgl. Ritz/Gerber/Kämpfer 2005: 23 ff.). *Produktgruppe*

5.3.2.4 Leistungs- und Wirkungsindikatoren

Als eine der Hauptschwierigkeiten in Public Management-Reformprojekten gilt neben der Definition von Produkten und der Einführung der Kosten- und Leistungsrechnung die Festlegung von Indikatoren zur Erfolgsmessung. Bei betriebsähnlichen Institutionen ist dies vergleichsweise einfacher als in Institutionen des Sozial- und Bildungsbereichs oder der Zentralverwaltung.

Indikatoren stellen die für die Produktsteuerung zentrale Verknüpfung von Zielformulierungen und realisierten Ergebnissen dar. Indikatoren sind Hilfsgrößen, mit denen sich Gegenstände, die sich der direkten oder genauen Messung entziehen, zumindest indirekt oder annäherungsweise beurteilen lassen. Sie sind die beobachtbaren Folgen der Planung und erfüllen folgende Anforderungen: *Hilfsgrößen*

- Erfassung von Merkmalen, die eine sachliche Verbundenheit zur Planung aufweisen

- Möglichst eindeutige Zurechenbarkeit des Indikators zur Fragestellung, welche der Ergebnismessung zugrunde liegt

- Möglichst exakte Erfassung anhand qualitativer und/oder quantitativer Methoden zur Beantwortung der Fragestellung

Indikatoren können auf der Ebene der Leistungen/Produkte bzw. des Outputs, des Impacts (Reaktion der Zielgruppe) oder des Outcomes (Wirkung im Gesamtsystem) entwickelt werden. Grob wird in der Praxis zwischen Leistungs- und Wirkungsindikatoren unterschieden, wobei letztere auf der Ebene des Impacts angesiedelt werden. Ein Beispiel ist die Umsetzung des politischen Ziels einer Lärmreduktion aufgrund eines Motorfahrzeugverbots im Stadtzentrum. Auf der Ebene des Outputs ergreift das Straßenverkehrsamt Maßnahmen zur Verkehrseinschränkung und -umleitung. Das veränderte Fahrverhalten der Motorfahrzeuglenker kennzeichnet den Impact. Die gesamte Lärmreduktion in der Innenstadt stellt den Outcome dar. Die Ergebnismessung anhand von Leistungsindikatoren kann bspw. die Anzahl eingeleiteter Maßnahmen (Fahrverbote, etc.) umfassen. Die Feststellung einer verbesserten Situation anhand von Wirkungsindikatoren beinhaltet die Messung des Impacts (z. B. langsames Fahren) und des Outcomes (gesamte Lärmreduktion).

Leistungsindikatoren

Die Entwicklung von Leistungsindikatoren verfolgt in erster Linie eine Erfassung der qualitativen, quantitativen, zeitlichen und örtlichen Eigenschaften eines Produkts bzw. einer Leistung.

Wirkungsindikatoren

Wirkungsindikatoren auf der Ebene des Impacts und des Outcomes dienen primär einer umfassenden Beurteilung und Bewertung der veränderten Situation und weniger einer exakten Messung im Vergleich zu Outputmessungen, da vielfältige Einflussfaktoren Wirkungen sowie beabsichtigte und unbeabsichtigte Nebenwirkungen erzeugen. In diesem Beispiel können Nebenwirkungen die Verlagerung des Verkehrs oder Zusatzlärm durch Beschleunigung sein. Die Herleitung von Wirkungsindikatoren ist insofern komplex. Wirkungen resultieren nicht unmittelbar, sondern treten oft mit zeitlicher Verzögerung ein. Eine optimale Beurteilung von Wirkungen erfolgt am besten im Rahmen spezifischer Evaluationen. Da Evaluationen nur punktuell zum Einsatz kommen und eine eher teure Variante der Erfolgskontrolle darstellen, empfehlen sich die Integration des systematischen Wirkungsdenkens in den Verwaltungsalltag und die annäherungsweise Beurteilung von Wirkungen als pragmatisches Vorgehen. Dabei folgt die Indikatorenbildung in fünf Schritten:

1. Festlegung der beabsichtigten Leistungen (Produktebene) und der Wirkungen (Produktgruppenebene) vor dem Hintergrund rechtlich-politischer Vorgaben und strategischer Ziele

2. Entwicklung eines Wirkungsmodells zur Abbildung der relevanten Kausalzusammenhänge

3. Operationalisierung der Leistungs- und Wirkungsziele in einzelne Indikatoren

4. Festlegung von Standards und Erfahrungswerten, die dem Vergleich mit den neuen Ergebnissen dienen

Konzernorganisation 5.3

5. Bestimmung der Erhebungsmethoden und Rahmenbedingungen der Erfolgsbeurteilung

Wirkungsmodell

Die Entwicklung des Wirkungsmodells in Schritt 2 stellt eine äußerst sinnvolle Maßnahme zur Förderung des Wirkungsdenkens und der Reflektion des administrativen Alltagsgeschehens dar. Die Herleitung von Ursache-Wirkungsketten ist aber keine Schreibtischarbeit für Stabsmitarbeiter. Sie ist Bestandteil eines Strategieworkshops auf jeder Organisationsebene, die ihr eigenes Wirkungsmodell entwickelt. In der Wissenschaft werden solche Vorgänge u. a. als „Redeinstrumente" bezeichnet, d. h. in gemeinsamen Diskussionen werden die strategierelevanten Zusammenhänge der Wertschöpfungskette festgelegt, ohne eventuelle Nebenwirkungen außer Acht zu lassen. Somit stellen Wirkungsmodelle eine vereinfachte, aber systematische Erfassung der komplexen Realsituation dar. Abbildung 34 zeigt das Wirkungsmodell am Beispiel einer landwirtschaftlichen Forschungsanstalt.

Wirkungsmodell einer landwirtschaftlichen Forschungsanstalt — *Abbildung 34*

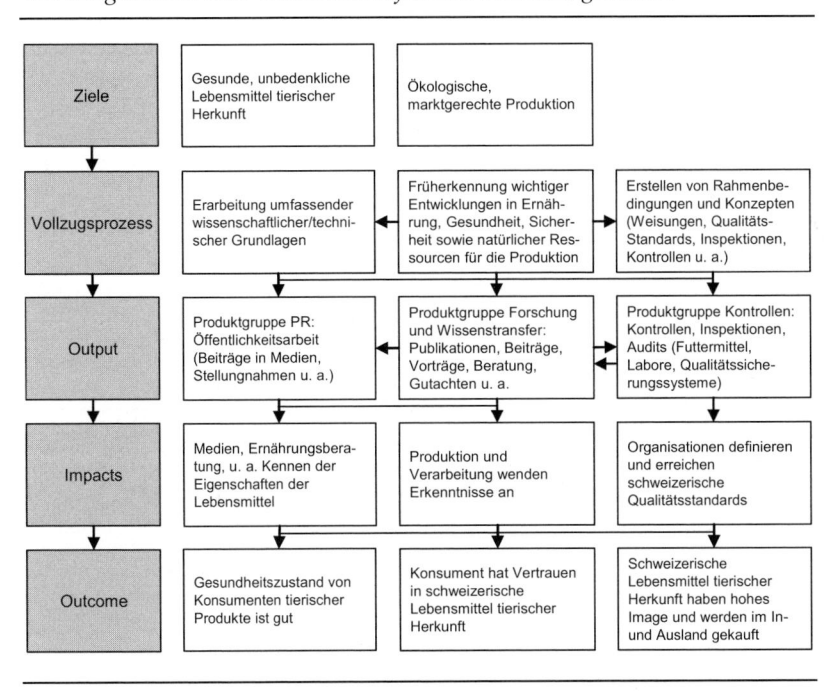

Ziele	Gesunde, unbedenkliche Lebensmittel tierischer Herkunft	Ökologische, marktgerechte Produktion	
Vollzugsprozess	Erarbeitung umfassender wissenschaftlicher/technischer Grundlagen	Früherkennung wichtiger Entwicklungen in Ernährung, Gesundheit, Sicherheit sowie natürlicher Ressourcen für die Produktion	Erstellen von Rahmenbedingungen und Konzepten (Weisungen, Qualitäts-Standards, Inspektionen, Kontrollen u. a.)
Output	Produktgruppe PR: Öffentlichkeitsarbeit (Beiträge in Medien, Stellungnahmen u. a.)	Produktgruppe Forschung und Wissenstransfer: Publikationen, Beiträge, Vorträge, Beratung, Gutachten u. a.	Produktgruppe Kontrollen: Kontrollen, Inspektionen, Audits (Futtermittel, Labore, Qualitätssicherungssysteme)
Impacts	Medien, Ernährungsberatung, u. a. Kennen der Eigenschaften der Lebensmittel	Produktion und Verarbeitung wenden Erkenntnisse an	Organisationen definieren und erreichen schweizerische Qualitätsstandards
Outcome	Gesundheitszustand von Konsumenten tierischer Produkte ist gut	Konsument hat Vertrauen in schweizerische Lebensmittel tierischer Herkunft	Schweizerische Lebensmittel tierischer Herkunft haben hohes Image und werden im In- und Ausland gekauft

Nicht in jedem Fall können die Zusammenhänge zwischen Leistungen und Wirkungen mit Bestimmtheit festgelegt werden. Inwiefern die Tätigkeiten der Forschungsanstalt zum hohen Image schweizerischer, tierischer Lebensmittel beitragen oder ob das allgemeine Länderimage den maßgeblichen Einflussfaktor darstellt, ist ohne wissenschaftliche Untersuchungen schwierig festzustellen. In diesen Fällen wird empfohlen, plausible Kausalitäten anzunehmen (sog. „Plausibilitätsbrücke"). Erkenntnisse aus der Vergangenheit und die Erfahrungen der Verwaltungsmitarbeitenden helfen hier auf pragmatische Weise, zuverlässige Annahmen zu treffen.

Indikatorenbildung

Zur Bildung der eigentlichen Wirkungsindikatoren existieren verschiedene Möglichkeiten. Es wird empfohlen, nicht die eigentliche Wirkung auf der Ebene des Outcomes zu messen, sondern die Indikatoren i. S. von Voraussetzungen oder Rahmenbedingungen zur Wirkungserzielung, vielfach auf der Ebene der Impacts, zu definieren. Anstatt den Gesundheitszustand von Konsumenten tierischer Produkte ermitteln zu wollen, werden z. B. die Inhalte der Wissensvermittlung von Beratungs- und Bildungsstellen regelmäßig untersucht bzw. die Inspektionsergebnisse von Produktionsbetrieben mit den erforderlichen Standards verglichen. Eine weitere Möglichkeit besteht in der Wirkungsbeurteilung durch Dritte i. S. von Zufriedenheitserhebungen. Um die Zuverlässigkeit der mittels Indikatoren erhobenen Informationen zu erhöhen, empfiehlt sich die Bildung unterschiedlicher Indikatoren (z. B. Zufriedenheitswerte und Voraussetzungen) bzw. die Anwendung unterschiedlicher Erhebungsmethoden. Tabelle 9 zeigt Wirkungs- und Leistungsindikatoren am Beispiel einer landwirtschaftlichen Forschungsanstalt.

Tabelle 9   *Beispiele für Wirkungs- und Leistungsindikatoren*

Produktgruppe „Forschung und Wissenstransfer"				
Allgemeine Wirkung	Wirkungsziel(e) (Ebene Impact)	Indikator(en)	Standard(s)	Erhebung
Gesundheitszustand von Konsumenten tierischer Produkte ist gut	Aktuelle, korrekte und ausreichende Information der Beratungs- und Bildungsinstitutionen über Forschungsergebnisse zum Konsum tierischer Produkte	Informationsstand der Beratungs- und Lehrpersonen ist „gut" bis „sehr gut"	Mind. 80 % schätzen ihren Informationsstand als „sehr gut" ein	Periodische Befragung der Beratungs- und Lehrpersonen
		Aktualität der verfügbaren Dokumentationen	Dokumentationsanteil mit veralteten bzw. fehlerhaften Inhalten kleiner als 10 %	Periodische Inhaltsanalyse einer Stichprobe erhältlicher Dokumentationen

Konzernorganisation 5.3

Produkt „Vorträge"				
Allgemeine Leistung	Leistungsziel(e) (Ebene Output)	Indikator(en)	Standard(s)	Erhebung
Vielzahl von sowohl wissenschaftlich als auch methodisch-didaktisch hoch stehenden Vorträgen	Forschungsergebnisse gelangen rasch und breit an Zielgruppen	Anzahl Vorträge eines Referenten pro Jahr und Region	Im Durchschnitt drei Referate jährlich in zugeteilter Region	Vortragsstatistik
Produkt „Beratung"				
Allgemeine Leistung	Leistungsziel(e) (Ebene Output)	Indikator(en)	Standard(s)	Erhebung
Effektive und effiziente Beratungstätigkeit	Rechtzeitige Reaktion der Beratungspersonen auf Anfragen	Zeitdauer bis zur ersten Kontaktaufnahme	100 % erste Kontaktaufnahme innerhalb von 24 Stunden	Regelmäßige Auswertung der Teamsitzungen, Stichproben, periodischen Umfragen
	Steigerung der Produktivität	Durchschnittliche Anzahl erledigter Beratungsmandate	Fachbeamte behandeln 18 bis 25 Mandate pro Quartal	Auswertung der Beratungsstatistik

Abschließend gilt es auf zwei zentrale Punkte hinzuweisen: Erstens, die Entwicklung von Indikatoren und die Erhebung von Ergebnissen dürfen nicht primär aus einer Kontrollperspektive erfolgen. Verwaltungsmitarbeitende entdecken verständlicherweise innerhalb kurzer Zeit Wege, um Indikatoren, Erhebungsmethoden, Umfrageskalen etc. so anzupassen, dass die erwünschten bzw. ihnen dienlichen Ergebnisse daraus resultieren. Die Transparenzschaffung über Leistungen und Wirkungen im politisch-administrativen Vollzug dient der laufenden Qualitätsverbesserung, der Optimierung bestehender Verfahren und dem Vergleich mit anderen, nicht jedoch der „Bestrafung" von Verwaltungsmitarbeitenden. Die Einflussnahme auf ungenügende Arbeitsleistungen oder -motivation sind eine Aufgabe der Personalführung jedes Vorgesetzten.

Verbesserungsanstelle von Kontrolldenken

Zweitens, die Erhebung von Daten zu Wirkungs- und Leistungsindikatoren kann nicht in jedem Fall gleich erfolgen. Es stellt sich insbesondere die Frage, in welchem Ausmaß Fremdbeurteilungen (vielfach quantitativer Art) oder Selbstbeurteilungen (vielfach qualitativer Art) eingesetzt werden sollen. Vor dem Hintergrund der öko-

Fremd- oder Selbstbeurteilung

nomischen Gütertheorie (vgl. Osterloh 2001: 53 ff.) gilt es, darauf zu achten, dass sich einfache, in Bezug auf ihre Qualitätsmerkmale leicht definierbare Verfahren, Produkte und Leistungen (sog. „Suchgüter", z. B. Erstellung von Führerausweisen) besser für Fremdbeurteilungen eignen. Dagegen erfordern „komplexe" Verfahren und Leistungen, wie z. B. der Unterricht von Lehrpersonen, Beratungstätigkeiten oder die Resozialisierung von Straftätern (sog. „Erfahrungs- und Vertrauensgüter") den Einbezug von Selbstbeurteilungen und vermehrt qualitativen Methoden zur Erfolgsbeurteilung, weil das Ergebnis nicht alleine vom Produzenten und seiner Arbeit abhängt, sondern aus dem Zusammenspiel von Leistungserbringer und -empfänger entsteht. Grundsätzlich empfiehlt sich die Erhebung mit unterschiedlichen Methoden unter Berücksichtigung einer angemessenen und produktgruppenspezifischen Periodizität.

5.3.2.5 Globalbudget

Verknüpfung von Leistungen mit Ressourcen

Diese Form der staatlichen Budgetpolitik ist die logische Folge der organisatorischen Trennung von Politik und Betrieb im Rahmen der Konzernorganisation. Das Globalbudget stellt ein grundlegendes Instrument zur strategischen Führung der Verwaltung durch das Parlament dar und verbindet die im Rahmen des Leistungskontraktes vorgegebenen politischen Leistungsziele mit den verfügbaren Ressourcen. Mit dem Globalbudget kann mittels Einflussnahme des Parlaments auf die wichtigsten Ziele (z. B. Wirkungsziele) und Zuteilung der Finanzmittel auf einzelne Leistungs- und Produktbereiche die strategische Führung durch die Politik gefördert werden. Die dafür notwendigen Grundlagen erhält das Parlament durch die Konsultation der Leistungskontrakte innerhalb der parlamentarischen Fachgremien, durch spezifische Interventionsinstrumente zur Einflussnahme auf die Ziele oder Indikatoren auf der Wirkungsebene im Rahmen der Budgetdebatte sowie durch die jährlich rollende Aufgaben- und Finanzplanung (vgl. Kapitel 2.4.1.4). Gleichzeitig wird der Regierung (Holding-Leitung) und der Verwaltung der für eine wirtschaftliche Leistungserbringung notwendige Handlungsspielraum gewährt. Im Gegenzug für den gewonnenen Freiraum trägt die Exekutive eine höhere Ergebnisverantwortung und ist im Rahmen des Verwaltungscontrollings und des Berichtwesens rechenschaftspflichtig.

Neuerungen gegenüber Kameralistik

Die Neuerungen der Globalbudgetierung im Vergleich zur Kameralistik bestehen aus folgenden Aspekten (vgl. Stebler 2003; Mastronardi/Stadler 2003 und Schedler/Proeller 2006: 165 ff.):

Konzernorganisation **5.3**

- Kreditverschiebungen
  Bisher verbotene Kreditverschiebungen von einer Budgetposition auf eine andere werden innerhalb der mit den Produktgruppen verknüpften Kontraktsummen möglich.

- Keine detaillierte Budgetbindung
  Auch hier tritt eine Lockerung i. S. der Aufhebung einer an Detailpositionen festgemachten Budgetbindung (qualitativ, quantitativ und zeitlich) ein. Die globale Kontraktsumme ist jedoch absolut verbindlich für die vereinbarte Leistungspalette während der Kontraktdauer und bei Überschreitungen müssen wie bis anhin Nachtragskredite bewilligt werden.

- Kreditübertragungen
  Sofern die vereinbarten Leistungen erbracht wurden, wird eine Übertragung allfälliger Kreditreste auf die nächste Periode möglich. Gegebenenfalls kann das jeweilige Gemeinwesen einen Teil der von der Verwaltungseinheit eingesparten Mittel abschöpfen und zur Reservebildung verwenden. Das Ausmaß der Abschöpfung kann als Anreizinstrument für die Verwaltungseinheiten eingesetzt werden. Ebenfalls wird eine vereinfachte Übertragung von projektgebundenen Kreditmitteln möglich.

- Ertragsüberschüsse
  Zukünftig werden die im Globalbudget festgehaltenen Nettoaufwendungen (Saldo von Aufwand und Ertrag) pro Produktgruppe und nicht mehr die Bruttoaufwendungen rechtlich bindend sein. Bei zusätzlichen Erträgen kann der Leistungserbringer somit höhere Aufwendungen haben als ursprünglich budgetiert wurden.

- Jährlichkeitsprinzip
  Da die Abänderung des Globalbudgets die einzige direkte Eingriffsmöglichkeit des Parlaments in die Verwaltung darstellt, ist die Ablösung der jährlichen durch mehrjährige Budgets kaum realisierbar. Eine flexible Steuerung muss weiterhin möglich sein. Der Beschluss von mehrjährigen Saldovorgaben pro Globalbudget ermächtigt die Regierungen, Verpflichtungen einzugehen. Diese können im jährlichen Budgetprozess aber abgeändert werden, soweit nicht rechtliche Bindungen bestehen.

Das Globalbudget besteht aus zwei Teilen. Der Zahlenteil umfasst die Kosten und erwarteten Erlöse pro Produktgruppe sowie deren Saldo als Netto-Finanzierungsbedarf (Budget). Daneben sind Einlagen in die Reserven und Subventionsbeiträge aufgeführt. In einem Begründungsteil wird das Budget durch zusätzliche Angaben zur Ausgaben- und Einnahmenstruktur (traditionelle Kreditrubriken), zur Leistungserbringung, zu den beanspruchten Ressourcen sowie zu gewichtigen Veränderungen gegenüber dem Vorjahr erläutert. Weitere Informationen widmen sich der Überleitung von der herkömmlichen Finanz- zur Betriebsrechnung, den Ergebnissen pro Produktgruppe sowie allfälligen Zusatzangaben (z. B. nicht in den Produktgruppen enthaltene Posten wie Subventionsbeiträge).

Machtverlust des Parlaments

Eine kurze, gegenüber früher aber maßgeblich aussagekräftigere Darstellung ermöglicht dem Parlament, sich auf wesentliche Aspekte zu konzentrieren und gezielt steuern zu können. Reichen die Informationen in Teilbereichen nicht aus, so kann die dafür zuständige Fachkommission des Parlaments weitere Informationen anfordern. Die mit der Einführung der Globalbudgetierung verbundene Angst von Einflussverlust auf der Seite der Legislative ist berechtigt. Aus diesem Grund empfiehlt sich die Schaffung von gezielten Steuerungsmöglichkeiten i. S. eines Machtausgleichs durch die Legislative. Mit der Budgetstruktur und der Detaillierung des Globalbudgets stehen dem Parlament zwei Steuerungsinstrumente zur Verfügung, mit denen die Kompetenzverteilung zwischen Legislative und Exekutive bestimmt werden können (vgl. Mastronardi/Stadler 2003). Mit Hilfe der Budgetstruktur hat das Parlament im Vorhinein die Möglichkeit, für jede Staatsaufgabe die Ebene festzulegen, auf der das Parlament zum einen den rechtlich verbindlichen Finanzsaldo (Finanzseite des Globalbudgets, Saldovorgabe) bestimmen und zum anderen die Wirkungs- und Leistungsziele (Leistungsseite des Globalbudgets, Saldovorgabe) festlegen darf. Mit der Detaillierung des Globalbudgets steht dem Parlament ein Sanktionsmittel zur Verfügung, welches im Nachhinein eingesetzt werden kann, wenn die Regierung einen parlamentarischen Auftrag nicht befolgt. Das Parlament hat in diesen Fällen die Möglichkeit, die in der Budgetstruktur vorgenommene Delegation von Kompetenzen für den spezifischen Fall zurückzunehmen und stattdessen eine Saldovorgabe zu beschließen oder einen Leistungsauftrag zu erteilen.

5.3.2.6 Auswirkungen von Leistungsauftrag und Globalbudget

Im Rahmen der von den Autoren durchgeführten Evaluation von neuen Führungsmaßnahmen in der schweizerischen Bundesverwaltung wurden die Mitarbeitenden von vier Verwaltungsstellen zu den Auswirkungen von Leistungskontrakt und Globalbudget befragt (vgl. Ritz 2003a: 371 ff.). Tabelle 10 zeigt die Umfrageergebnisse zu den Auswirkungen der neuen Führungsinstrumente aus der Sicht der Führungskräfte dreier Amtsstellen, die bereits seit mehr als einem Jahr die neuen Instrumente einsetzen. Es gilt voraus zu

Konzernorganisation 5.3

schicken, dass alle drei Amtsstellen als sog. „freiwillige Pioniere" der neuen Führungsformen bezeichnet werden können.

Einfluss von Globalbudget und Leistungskontrakt auf Kaderpersonen

Tabelle 10

	Angaben in Prozent	Sehr groß	Eher groß	Eher klein	Sehr klein
Einfluss	Einfluss von Produktgruppenbudget auf Arbeit (n=39)	31	28	28	13
	Einfluss von Leistungskontrakt auf Arbeit (n=46)	28	50	22	0
		Trifft voll zu	Trifft eher zu	Trifft weniger zu	Trifft gar nicht zu
Art des Einflusses	Bessere Ausrichtung auf Ziele und Produkte (n=42)	18	45	29	8
	Mehr Handlungsspielraum (n=42)	23	43	27	7
	Erhöhter Leistungsdruck (n=41)	60	31	9	0
		Sehr zufrieden	Eher zufrieden	Eher unzufrieden	Sehr unzufrieden
Zufriedenheit	Zufriedenheit mit Veränderungen durch Produktgruppenbudget (n=45)	18	69	11	2
	Zufriedenheit mit Veränderungen durch Leistungskontrakt (n=44)	18	61	21	0

Der Einfluss von Produktgruppenbudgets (Globalbudgets) auf die Arbeit wird von fast 60 Prozent der Führungskräfte als eher bzw. sehr groß bezeichnet. Die Einwirkungen auf die Arbeit der Führungskräfte durch den Leistungskontrakt bezeichnen fast 80 Prozent als eher oder sehr groß. Bei der Frage nach der Art dieser Einflüsse ergibt sich ein schwierig interpretierbares Bild. Die größte Einwirkung findet sich bei der Zunahme des Leistungsdrucks durch die neuen Instrumente. Gut 90 Prozent bemerken eine erhöhte Arbeitsbelastung. Die primär verfolgten Ziele des erweiterten Handlungsspielraumes und einer verstärkten Ziel- und Produktorientierung aufgrund der neuen Führungsinstrumente werden von einer Mehrheit von rund 65 Prozent bejaht. Hier zeigt sich, dass in derjenigen Amtsstelle, welche insgesamt stärker von der Zentralverwaltung losgelöst wurde und das Reformprogramm früher durchführte, außer einer Person alle oberen Kaderangestellten positive Veränderungen zu mehr Handlungsspielraum und besserer Zielorientierung

Grosser Einfluss der Kontrakte

feststellen. Dies im Gegensatz zu den zwei weniger ausgelagerten Amtsstellen, aus welchen die Anteile an den negativen Prozentwerten stammen (vgl. Ritz 2003a: 371 ff. und Thom et al. 1999: 39 ff.).

Mehr Zielorientierung

Die Frage nach der Zufriedenheit mit den neuen Führungsmitteln wird wiederum vorwiegend bis sehr positiv beantwortet. Rund 80 Prozent sind mit den durch das Globalbudget und den Leistungskontrakt ausgelösten Veränderungen eher oder sehr zufrieden. Daraus lässt sich folgern, dass die Einführung dieser Instrumente bei den hier befragten Verwaltungskadern positiv aufgenommen wird, und zwar trotz des erhöhten Leistungsdrucks. Ebenso scheint sich die Erreichung der angestrebten Ziele bezüglich mehr Handlungsspielraum und besserer Zielorientierung abzuzeichnen. Eine Untersuchung der Auswirkungen von Globalbudget und Leistungsauftrag auf kantonaler Ebene zeigt in diesem Zusammenhang, dass die Verwaltungskader diesen beiden Managementinstrumenten v. a. einen Nutzen im Hinblick auf die Steigerung der Leistungs- und Wirkungsorientierung zuschreiben (vgl. Ramelet 2004: 85).

Andere Reformprojekte zeigen nicht dieselben Ergebnisse, da v. a. die mangelhafte Projekteinführung oder unausgereifte Reformmodelle häufig zu Misserfolgen führen (vgl. Ritz 2005a: 47 ff.). In der Schweiz zeigt sich, dass sich klassische Public Management-Projekte bei kleineren Verwaltungen auf Kommunalebene weniger eignen.

5.3.3 Ausgestaltung der Regierungs-Holding

Die organisatorische Ausgestaltung der Regierungs-Holding zeichnet sich in erster Linie durch eine Trennung von politischen und betrieblichen Aufgaben aus. Damit entstehen sowohl bei der politischen Steuerung als auch bei der Verwaltungsführung eine Entlastung von Nicht-Primäraufgaben und eine Konzentration auf Kernprozesse.

Im Folgenden werden zwei Hauptvarianten zur organisatorischen Gestaltung vorgeschlagen. Zum einen die Regierungs-Holding ohne zentrale Verwaltungsführung und zum anderen die Regierungs-Holding mit zentraler Verwaltungsführung (vgl. dazu Grünenfelder 1997: 78 ff.).

5.3.3.1 Regierungs-Holding ohne zentrale Verwaltungsführung

Diese Art der Regierungs-Holding entspricht einer nahe liegenden Weiterentwicklung der typischen Organisation gegenwärtiger Bundesregierungen (z. B. in der Schweiz). Die Politik wird durch den oder die Regierenden und deren Ministerien gesteuert. Auf dieser politischen Ebene existieren ausschließlich politische Institutionen und Akteure, welche Politikleistungen von den ihnen zugeteilten Verwaltungseinheiten beziehen. Letztere werden mittels Leistungskontrakten zwischen Minister und Verwaltungsleitung gesteuert. Die Leitung der Verwaltungseinheiten wird nicht auf Grund politischer Kriterien besetzt. Diese Management-Verantwortlichen werden von der Holding-Leitung, also der Gesamtregierung, eingesetzt, damit nicht die politischen Präferenzen eines einzelnen Ministers über die Managementbesetzung entscheiden. Hier zeigen sich jedoch die Grenzen einer solchen Organisationsform. Durch das Fehlen einer zentralen betrieblichen Führung droht die politische Unabhängigkeit der Verwaltungsleitungen verloren zu gehen, da deren direkter Bezug im Verwaltungsalltag eher das politische Ministerium sowie dessen Stäbe und nicht die Gesamtregierung ist. Diese Gefahr ist besonders groß in Verwaltungseinheiten mit politischer Brisanz wie bspw. dem Sozial-, Gesundheits- oder Landwirtschaftsbereich.

Verlust an politischer Unabhängigkeit

Die rechtliche Ausgestaltung der einzelnen Verwaltungseinheiten kann unterschiedlich geregelt werden. Je unabhängiger und selbständiger die Einheiten jedoch sind, desto eher ist auch deren politische Unabhängigkeit gewährleistet. Das bedeutet jedoch nicht, dass die Politik vorbereitende Leistungen für die Ministerien nicht mehr in nützlicher Form oder sogar im Widerspruch zur politischen Spitze erbracht werden – im Gegenteil. Die verselbständigte Verwaltungseinheit ist oft stärker bemüht, die Kundenansprüche im Bereich hoheitlicher oder freier Dienstleistungen und Produkte zur vollen Zufriedenheit der Leistungsbesteller zu erfüllen. Im Extremfall wird sie sogar Leistungen anbieten und Informationen verarbeiten, die aufgrund ihres Expertenwissens nicht sinnvoll sind, jedoch vom politisch motivierten Ministerium verlangt werden. Wird die erhöhte Leistungs- und Expertenfähigkeit der selbständigeren Verwaltungseinheiten erkannt, kann eine verbesserte Wirkungsorientierung und Effektivitätssteigerung politischer Entscheide realisiert werden.

Erhöhte Expertenfähigkeit möglich

5 Die organisatorischen Gestaltungselemente des Public Managements

Abbildung 35 *Regierungs-Holding ohne zentrale Verwaltungsführung*

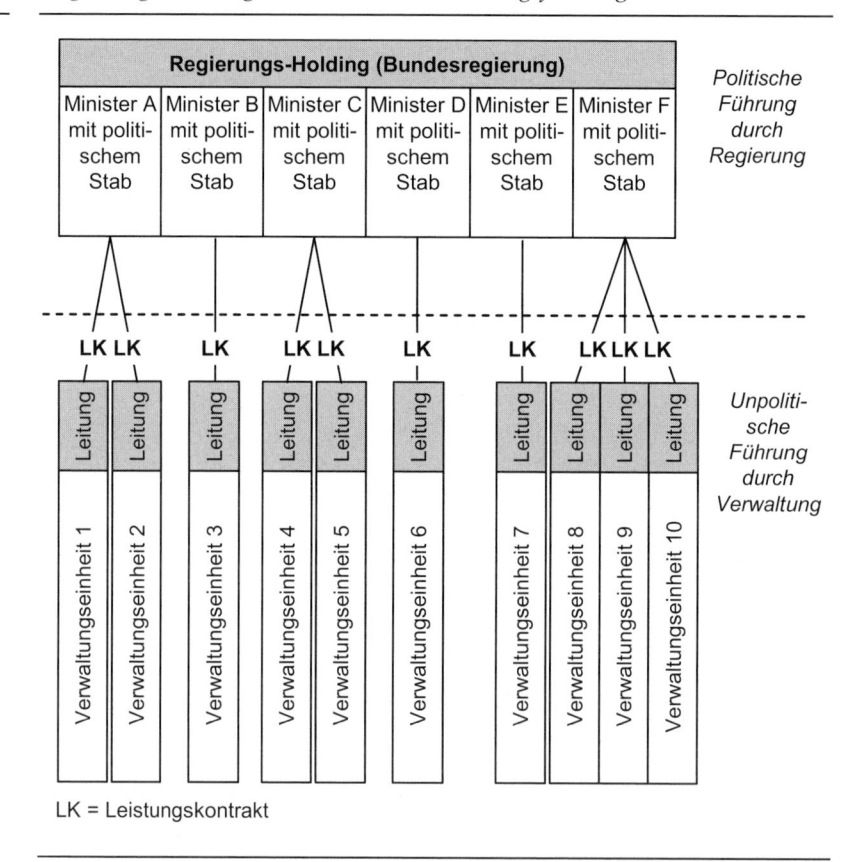

Regierungs-Holding (Bundesregierung)						
Minister A mit politischem Stab	Minister B mit politischem Stab	Minister C mit politischem Stab	Minister D mit politischem Stab	Minister E mit politischem Stab	Minister F mit politischem Stab	*Politische Führung durch Regierung*

LK = Leistungskontrakt

Dezentrale Querschnittsaufgaben

Bei dieser Organisationsvariante werden Querschnittsaufgaben soweit wie möglich dezentral wahrgenommen, was zu einer Entlastung der Holding-Leitung und zu einem größeren Aufgabenvolumen bei den dezentralen Verwaltungseinheiten führt. Ein Minimalanteil an Querschnittsaufgaben, welche zur zentralen Steuerung unbedingt standardisiert erstellt und gesteuert werden müssen, lässt sich in der organisatorischen Form von Stabsabteilungen an die Holding-Leitung angliedern.

Konzernorganisation **5.3**

Das 4-Kreise-Modell in der schweizerischen Bundesverwaltung **Im Blickpunkt**

Der Schweizer Bundesrat (Regierung) entschied sich bei der Einführung von NPM auf Bundesebene für das folgende differenzierte Modell, welches flexible und abgestufte Strukturalternativen erlaubt (vgl. Jenzer 2002).

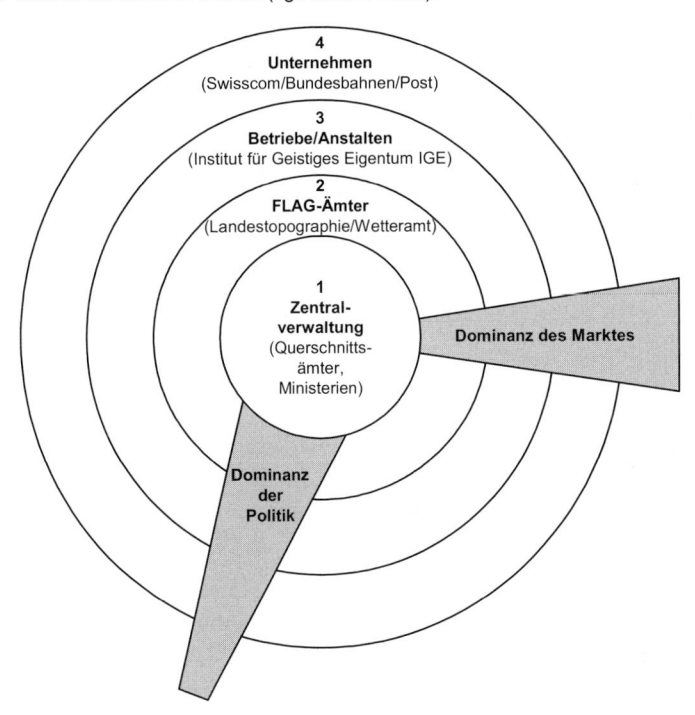

```
                    4
                Unternehmen
         (Swisscom/Bundesbahnen/Post)
                    3
             Betriebe/Anstalten
         (Institut für Geistiges Eigentum IGE)
                    2
                FLAG-Ämter
         (Landestopographie/Wetteramt)
                    1
               Zentral-
              verwaltung            Dominanz des Marktes
             (Querschnitts-
                ämter,
              Ministerien)

          Dominanz
            der
           Politik
```

Die Zentralverwaltung im ersten Kreis erbringt mit ihren Querschnittsfunktionen und Ministerien primär politische Steuerungs- sowie Koordinationsleistungen und bezieht als Leistungskäufer Dienstleistungen bei anderen Stellen. Der zweite Kreis enthält Verwaltungseinheiten ohne eigene Rechtspersönlichkeit und Rechnung. Diese werden mittels Leistungsauftrag und Globalbudget (FLAG) geführt und erbringen einen geringen Anteil ihrer Leistungen im Wettbewerb mit privaten Anbietern. Die Betriebe und Anstalten des dritten Kreises gehören ebenfalls vollständig dem Bund, verfügen aber über eine eigene gesetzliche Grundlage, treten verstärkt auf dem freien Markt auf und haben in der Regel eine eigene Rechtspersönlichkeit. Im vierten Kreis befinden sich privatrechtliche oder spezialgesetzliche, sog. halbstaatliche Unternehmungen. Der Bund ist in der Regel maßgeblich am Unternehmenskapital beteiligt.

5.3.3.2 Regierungs-Holding mit zentraler Verwaltungsführung

Eine zentrale Verwaltungsführung erscheint nach Ansicht der Autoren als eine notwendige Bedingung zur effektiven und effizienten

Steuerung der staatlichen Leistungserbringung in größeren Institutionen wie einer Bundes- oder Landesregierung.

Rahmen-kontrakt

Die Verwaltung wird durch das Verwaltungsmanagement geführt. Die Holding-Leitung wählt das Management aus und gibt diesem den Leistungskontrakt vor. Im Gegensatz zur Variante ohne zentrale Managementverantwortung existieren hier nicht mehrere Kontrakte, welche von den einzelnen Ministerien ausgestaltet werden, sondern ein Rahmenkontrakt zwischen Regierung und Verwaltungsführung. Einzelne Leistungsvereinbarungen zwischen den Ministerien und den Verwaltungseinheiten sind jedoch weiterhin möglich, sofern sie nicht dem Rahmenkontrakt widersprechen. Mangelhafte oder fehlende Leistungserbringung wird hier durch die Ministerien und deren Stäbe beim zentralen Verwaltungsmanagement, das die Verantwortung für Korrekturen in der operativen Leistungserstellung trägt, beanstandet. Die Organisation der leistungserbringenden Verwaltung obliegt der Verwaltungsführung. Sie wird in den wichtigen Bereichen ein mehr oder weniger ähnliches Abbild der politischen Ministerien und ihrer Stäbe darstellen. Dadurch wird der hauptsächliche Leistungsbezug zwischen den inhaltlich ähnlich strukturierten Verwaltungseinheiten und Departementen bzw. Ministerien erfolgen. Querbezüge von anderen Verwaltungseinheiten sind den Ministerien jedoch erlaubt.

Mehr Macht bei Verwaltung

Diese Variante fördert eine Entscheidungs- und Machtansammlung bei der Verwaltungsführung. Diese ist für eine ziel- und wirkungsorientierte Leistungserbringung sowie zur Vermeidung von Doppelspurigkeiten und unerwünschten Schnittstellen innerhalb der Verwaltung notwendig. Je nach Art der Leistung wird das Verwaltungsmanagement die leistungserbringenden Stellen zweckmäßigerweise unterschiedlich zentral oder dezentral führen müssen. Verschiedene Rechtsformen sind bei dieser Rahmenstruktur möglich.

Konzernorganisation 5.3

Regierungs-Holding mit zentraler Verwaltungsführung Abbildung 36

```
                    Regierungs-Holding (Bundesregierung)
  ┌──────────┬──────────┬──────────┬──────────┬──────────┬──────────┐         Politische
  │Minister A│Minister B│Minister C│Minister D│Minister E│Minister F│         Führung
  │mit poli- │mit poli- │mit poli- │mit poli- │mit poli- │mit poli- │         durch
  │tischem   │tischem   │tischem   │tischem   │tischem   │tischem   │         Regierung
  │Stab      │Stab      │Stab      │Stab      │Stab      │Stab      │
  └──────────┴──────────┴──────────┴──────────┴──────────┴──────────┘

                              [ LK ]

                  [ Verwaltungsführung / Management ]                          Unpolitische
                                                                               Führung
                                                                               durch
  [VE 1][VE 2][VE 3][VE 4][VE 5][VE 6][VE 7][VE 8][VE 9][VE 10][VE 11]         Verwaltungs-
                                                                               management
```

◄──► Leistungsbezug / -erbringung mit ministeriumsnahen
     Leistungserbringern

◄- -► Leistungsbezug / -erbringung mit ministeriumsfernen
     Leistungserbringern

LK = Leistungskontrakt

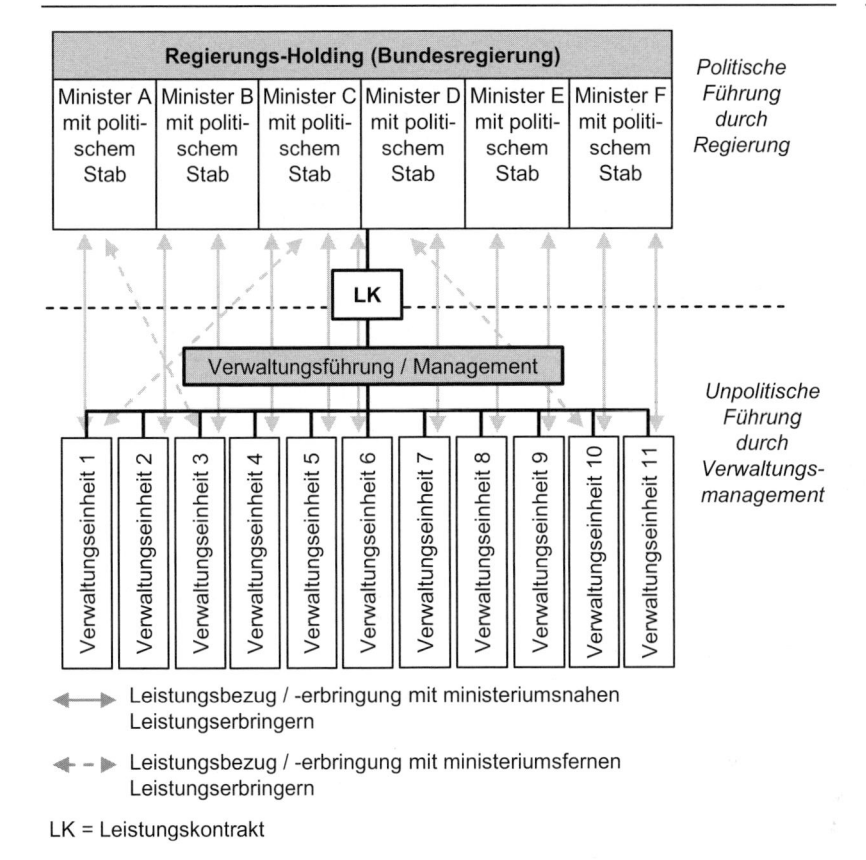

5.3.3.3 Organisation der Holding-Leitung

Je nach politischem System ist die oberste Leitung der Holding, also die Regierung, unterschiedlich organisiert. In einem Konkordanzsystem wie demjenigen der Schweiz mit einer siebenköpfigen Bundesregierung (als Kollegium ohne Regierungschef) kann jeweils ein Regierungsmitglied (Bundesminister) ein Ministerium und die dazugehörenden politischen Stäbe führen. Ebenso besteht aber die Möglichkeit, dass mehrere (Fach-) Minister von einem Regierungsmitglied geführt werden. Das Regierungsmitglied führt hierbei den wichtigsten politischen Bereich selber (vgl. Abb. 37). In einem Konkurrenzsystem mit einer Einpersonen-Regierungsspitze entfallen al-

Konkordanz- oder Konkurrenzsystem

le politischen Bereiche auf Ministerposten und der Regierungschef führt kein Ministerium der Holding-Organisation.

Abbildung 37 *Ministerial-Organisation der Holding-Leitung (Kollegialsystem)*

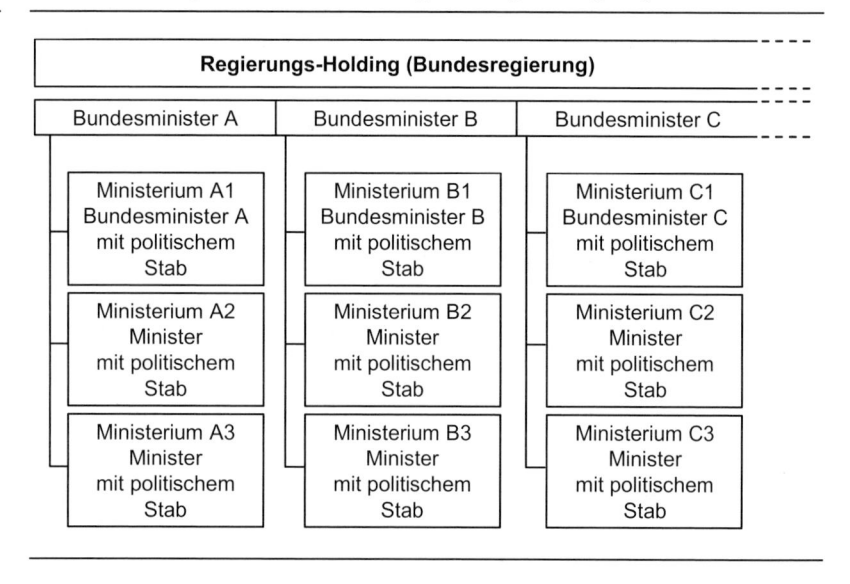

Regierungs-Holding (Bundesregierung)		
Bundesminister A	Bundesminister B	Bundesminister C
Ministerium A1 Bundesminister A mit politischem Stab	Ministerium B1 Bundesminister B mit politischem Stab	Ministerium C1 Bundesminister C mit politischem Stab
Ministerium A2 Minister mit politischem Stab	Ministerium B2 Minister mit politischem Stab	Ministerium C2 Minister mit politischem Stab
Ministerium A3 Minister mit politischem Stab	Ministerium B3 Minister mit politischem Stab	Ministerium C3 Minister mit politischem Stab

5.3.3.4 Querschnittsfunktionen

Angemessene Zentralisierung

Wie die vorangegangenen Gestaltungsmöglichkeiten der Regierungs-Holding zeigen, sind die politischen Aufgabenfelder (Objektorientierung) das Hauptkriterium zur Organisation der Holding-Leitung und der Verwaltung. Eine Einteilung nach Funktionsbereichen (Verrichtungsgliederung) eignet sich nicht für die Führung einer staatlichen Institution. Insgesamt werden innerhalb der Holding-Organisation viele Querschnittsaufgaben an die Verwaltungsstellen abgetreten. Dennoch existieren Organisationsbereiche, für die eine funktionsorientierte und meistens zentrale Gliederung sinnvoller ist, da eine zentrale Standardisierung notwendig und eine dezentrale Leistungserbringung nicht wirtschaftlich ist. Solche Bereiche sind etwa die Informatik, das zentrale Finanzwesen und das Controlling, Grundlagen des Personalmanagements (z. B. Dienstrecht), gewisse Bereiche der Aus- und Weiterbildung (z. B. für höhere Führungskräfte), Beschaffungsstellen oder Unterstützungsaktivitäten.

Gestaltung der Strukturen innerhalb von Institutionen 5.4

Bei einer Regierungs-Holding ohne zentrales Verwaltungsmanagement ist die Angliederung solcher Funktionen an die Holding-Leitung durch zentrale Stäbe, Steuerungsdienste usw. zweckmäßig (vgl. Schedler/Proeller 2006: 112 ff.). Existiert eine zentrale Verwaltungsführung, dann empfiehlt es sich, diese zentralen Funktionen, welche auch Leistungen für die Holding-Leitung erbringen, dem betrieblichen Verwaltungsmanagement anzugliedern (vgl. auch die alternativen Organisationsformen in diesem Kapitel).

5.4 Gestaltung der Strukturen innerhalb von Institutionen

Die Gestaltung der Strukturen und Prozesse innerhalb staatlicher Institutionen und insbesondere der Organisationseinheiten auf der betrieblichen Steuerungsebene werden in diesem Kapitel thematisiert. Im Einzelnen geht es darum, grundlegende Formen der Aufbau- und Ablauforganisation (funktionale und divisionale Organisation, Matrix- und Prozessorganisation) zu beurteilen. Diese spielen beim Wandel von der bürokratischen Administration zum modernen Dienstleistungsbetrieb eine wichtige Rolle.

5.4.1 Bisherige und zukünftige Organisationsstrukturen in Reformprojekten

Damit eine leistungsfähige und steuerbare Grundstruktur entstehen kann, müssen zusammengehörende Ressourcenbündel, Stellenprofile oder Leistungsprozesse aufbauorganisatorisch zusammengefasst werden. Diese Grundstruktur gliedert sich prinzipiell in die drei Funktionen der Steuerung (Management), der operativen Funktionen (fachliche Ausführung) und der Servicefunktionen (interne Versorgung). Die drei grundlegenden Funktionen lassen sich nun unterschiedlich aufeinander abstimmen und können separiert oder integriert auftreten. Dabei kann die Effizienz einer organisatorischen Lösung anhand verschiedener Effizienzkriterien beurteilt werden. Zu dieser komplexen Thematik existiert spezifische Fachliteratur (vgl. Thom/ Wenger 2000). An dieser Stelle soll zunächst in einfach kommunizierbarer Form die Frage beantwortet werden, welche typischen Ziele der Verwaltungsreform welche organisatorischen Konsequenzen haben können. Die folgende Tabelle enthält mögliche strukturelle Folgen aufgrund der jeweiligen Reformziele.

Drei Grundfunktionen

5 Die organisatorischen Gestaltungselemente des Public Managements

Tabelle 11 Reformziele im öffentlichen Sektor und deren organisatorische Folgen

Reformziele	Organisatorische Folgen
Mehr Handlungsspielraum	Selbständigere Organisationseinheiten
Mehr Kostenbewusstsein	Strukturen, die Kostenzurechnung auf Leistungen und Produkte erlauben
Stärkere Kundenorientierung	Strukturen, die an den Leistungsabnehmern ausgerichtet sind
Prozess- und Verfahrensbeschleunigungen	Strukturen, die sich an den Leistungserstellungsprozessen ausrichten
Erhöhung der Leistungsqualität	Ausrichtung auf den Leistungsabnehmer und die Herstellungsprozesse

Trend zur Prozessorganisation

Werden die organisatorischen Konsequenzen der verschiedenen Reformziele in Betracht gezogen, ist es nicht verwunderlich, dass sich in über zwei Dritteln der in einer Umfrage der Verfasser befragten schweizerischen Verwaltungsbereiche mit Reformprojekten die Organisationsstrukturen geändert haben oder noch verändern werden. Hinsichtlich der Richtung der Veränderungen in den Organisationsstrukturen ist eine große Abkehr von der funktionalen Organisation auffällig. Die Strukturveränderungen gehen mehrheitlich in Richtung divisionale Organisation und Prozessorganisation. Die abnehmende Fallzahl deutet jedoch darauf hin, dass ein Teil der befragten Projekte zum Erhebungszeitpunkt noch keinen Entschluss betreffend der neuen Organisationsstruktur gefasst hat.

Tabelle 12 Organisationsstrukturen in Verwaltungen mit Reformprojekten

Bisherige und angestrebte Organisationsstrukturen Angaben in Prozent	Funktionale Organisation	Divisionale Organisation	Matrixorganisation	Prozessorganisation
Struktur vor dem Reformprojekt (n=37)	86	11	3	0
Struktur nach dem Reformprojekt (n=26)	8	54	7	31

Die im Folgenden erläuterten Organisationsformen sind sich insofern ähnlich, als die oberste Managementebene jeweils unverändert bleibt und sich die organisatorischen Gestaltungsalternativen auf den nachfolgenden Hierarchieebenen zeigen. Die Prozessorganisa-

Gestaltung der Strukturen innerhalb von Institutionen

5.4

tion wird aufgrund ihrer Aktualität und ihrem Neuigkeitsgrad am Ausführlichsten behandelt. In den nachfolgenden Abschnitten werden diese vier Organisationsalternativen erklärt sowie deren Vor- und Nachteile für Institutionen des öffentlichen Sektors aufgezeigt.

5.4.2 Klassische Organisationsformen

5.4.2.1 Funktionale Organisation

Die funktionale Organisation orientiert sich am primären Leistungsprozess, der in einzelne Elemente (wichtigste Verrichtungen) unterteilt wird (vgl. Bea/Göbel 2006: 376 ff.). Tiefer gelegene Hierarchieebenen können vom Funktionalprinzip abweichen und z. B. nach Produkten oder Standorten gegliedert werden.

> **Bei der funktionalen Organisation sind die auf der zweiten Hierarchieebene angesiedelten Einheiten nach gleichartigen Funktionen (Verrichtungen) zusammengefasst.**

Im Organigramm der funktionalen Organisation kann demnach auf der zweiten Hierarchieebene z. B. nach den Funktionen Personal, Finanzen, Leistungserstellung, -entwicklung und -abgabe unterschieden werden. Grundsätzlich lassen sich Funktionen des Versorgungs- und des Vollzugsbereichs unterscheiden. Der Versorgungsbereich umfasst die mehrheitlich inputseitig ausgerichteten Funktionen und Elemente des Leistungsprozesses wie die Mittelbeschaffung, -verwaltung und -bereitstellung. Der Vollzugsbereich umfasst die einzelnen leistungsbezogenen Prozesse wie die Leistungsentwicklung, -erstellung, -abgabe und -überwachung (vgl. Sidler 1974: 226 ff.). Insbesondere die Funktionen des Vollzugsbereichs sehen je nach Typ der öffentlichen Institution ganz unterschiedlich aus. Bei einer Finanzverwaltung können es bspw. die Funktionen Girostelle, Buchführung, Information und Recht sein. Im Rahmen einer Spitalorganisation sind es z. B. die Funktionen der Patientenaufnahme, diverse Funktionen der Medizin, Patientenpflege und Austritte.

Funktionen des Versorgungs- und Vollzugsbereichs

Das Verrichtungsprinzip fördert die Tendenz zur Standardisierung, da innerhalb der Funktionen Spezialisten (z. B. für Finanz- und Personalfragen) tätig sind, die ihre Aufgabe zunehmend perfektionieren und Standardlösungen generieren. Interne und externe Merkmale, die eine funktionale Organisationsform begünstigen, sind ein überschaubares Leistungsprogramm und eine relative Stabilität der Umwelt. Dies mag im Bereich der Zentralverwaltung noch eher der Fall sein als bei staatlichen Institutionen, die sich nahe beim Bürger

Tendenz zur Standardisierung

5 Die organisatorischen Gestaltungselemente des Public Managements

befinden und allenfalls auch von privaten Wettbewerbern bedrängt werden. Die Verteilung der Weisungsbefugnisse erfolgt in der funktionalen Organisation strikt nach dem Einliniensystem, wonach eine in der Leitungshierarchie untergeordnete Stelle nur von einer einzigen übergeordneten Einheit Weisungen empfangen darf, so dass die Merkmale der funktionalen Organisation den Charakteristika der Weberschen Bürokratie sehr ähnlich sind. Deshalb erstaunt die hohe Anzahl öffentlicher Institutionen nicht, welche vor Projektbeginn eine funktionale Organisationsform hatten.

Tabelle 13 *Vor- und Nachteile der funktionalen Organisation*

Vorteile	Nachteile
– Einfache, überschaubare Struktur – Nutzung und Förderung von Spezialisierungs- und Standardisierungseffekten – Verringerung der vertikalen Koordinationskosten durch Entscheidungszentralisation – Verringerung von Doppelspurigkeiten – Vielzahl einzubeziehender Stellen fördert die Problemlösungsumsicht – Realisierung fachlicher Lern- und Übungseffekte in den Funktionsbereichen (Bündelung spezifischen Wissenspotenzials)	– Langwierige und suboptimale Entscheidungsprozesse auf der Managementebene, da unterschiedliche Sichtweisen der Funktionsvertreter abgestimmt werden müssen – Hohe Interdependenz der Funktionen erschwert klare Verantwortungszuordnung – Viele verarbeitungsablaufbedingte Schnittstellen zwischen den funktionalen Einheiten – Gefahr von Bereichsegoismen und fehlender Gesamtsicht innerhalb der Funktionen – Überlastung der obersten Steuerungsebene („Flaschenhalseffekt") – Entwicklung des Führungsnachwuchses wird vernachlässigt, da die oberste Steuerung Führungsverantwortung an sich zieht – Das funktionsbezogene Denken der Führungskräfte behindert die Entwicklung von Generalisten – Mangel an Bürger-, Markt- und Wettbewerbsorientierung – Kaum autonome und unternehmerische Untereinheiten

Horizontale Abhängigkeiten

Die Hauptproblematik der funktionalen Organisation liegt darin, dass aufgrund der Orientierung am Leistungsprozess keine autonomen Bereiche entstehen, da vielfältige Interdependenzen und horizontale Abhängigkeiten zwischen den Funktionen bestehen. Die Koordination erfolgt jedoch aufgrund des Einliniensystems nicht

5.4 Gestaltung der Strukturen innerhalb von Institutionen

auf direktem Weg, sondern erschwert über die den Funktionsbereichen übergeordnete Instanz. Dies führt letztlich zu einer Entscheidungs- und Koordinationszentralisation an der Spitze der Organisation („Flaschenhalseffekt"). In kleinen und mittelgroßen Institutionen bei überschaubarem Leistungsprogramm und großem Spezialisierungsbedarf kann die funktionale Organisationsform zweckmäßig sein. Mit zunehmender Größe oder vielfältigem Leistungsprogramm der Institution sowie im Hinblick auf die neuen Anforderungen an den öffentlichen Sektor erweist sie sich jedoch vermehrt als ungeeignet (vgl. Tabelle 13). Aus Sicht der Anforderungen an eine wirkungsorientierte Verwaltungsführung sind die erwähnten Nachteile gravierend, sodass sich empfiehlt, die Gesamtstruktur einer öffentlichen Institution nur bei unabdingbarem Erfordernis der Vorteile nach dem Funktionalprinzip zu gliedern.

5.4.2.2 Divisionale Organisation

Die divisionale Organisation entstand bei Erweiterung des Produktprogramms in Firmen, die eine Diversifikationsstrategie verfolgten (vgl. Chandler 2000).

> **Auf der zweiten Hierarchieebene erfolgt eine Gliederung der Organisationseinheiten nach Objekten. Die Diversifikation kann sich auf Objekte i. S. von Produkten, Produktgruppen, Kundengruppen oder Regionen beziehen.**

Die divisionale Organisation wird oft auch als Objekt- oder Spartenorganisation bezeichnet. Die Weisungsbefugnisse sind wie bei der funktionalen Organisation nach dem Einliniensystem ausgestaltet. Die zentrale Leitung übernimmt zwar auch Koordinationsaufgaben, hat aber in erster Linie die Gesamtstrategie und -politik zu entwerfen sowie die umfassende Finanzplanung und die Überwachungsaufgaben wahrzunehmen. Insofern entspricht sie der bereits dargestellten Regierungs-Holding. Die Divisionen erhalten aufgrund der Tendenz zur Entscheidungszentralisation sowie wenigen Schnittstellen mit den anderen Bereichen eine größere Autonomie, wodurch kein Flaschenhalseffekt auftritt. Die Organisation innerhalb der einzelnen Divisionen kann unterschiedlich (z. B. nach Funktionen, Produkten oder Kundengruppen) unterteilt werden. Diese quasi-autonomen Teileinheiten, welche als Profit- oder Cost-Center sowie bei der Holding-Organisation sogar mit eigener Rechtspersönlichkeit ausgestaltet werden können, sind in der Regel für ihren Erfolg selber verantwortlich und besitzen dementsprechend beträchtliche Entscheidungskompetenzen.

Tendenz zur Entscheidungszentralisation

5 Die organisatorischen Gestaltungselemente des Public Managements

Selten echte Cost-Center

In Verwaltungsorganisationen sind divisionale Gesamtstrukturen vielfach anzutreffen. Die Haupteinheiten (Ministerien, Departemente, Dezernate) sind oft nach ähnlichen Politikfeldern und Leistungsgruppen gegliedert (wie z. B. Verkehr, Bau, Energie, Polizei, Volkswirtschaft, Bildung, Recht usw.). Oft tritt auch die Region als Gliederungsmerkmal auf, so z. B. bei Einzugsbereichen von Schulen, Spitälern oder auch auf der Kommunalebene. Trotz der häufig vorherrschenden Objektstruktur treten die weiteren zu einer echten divisionalen Organisation gehörenden Merkmale seltener auf. Auf Grund der vielerorts noch fehlenden Leistungsziele, mangelnder Leistungsmessbarkeit und einem ungenügend ausgebauten Rechnungswesen können die divisionalen Einheiten nur in Ausnahmefällen als echte Cost-Center geführt werden. Am ehesten eignen sich Service- resp. Verantwortungs-Center, die für ihre Kostenvolumen, für die erbrachten Leistungsmengen und -qualitäten eigenständig verantwortlich sind. Als Service-Center wird hier eine interne Dienstleistungseinheit verstanden, die primär an der erbrachten Leistungsqualität gemessen wird. Das Verantwortungs-Center trägt die volle Ergebnisverantwortung für seine Aufgabenerfüllung (z. B. an den Zielen des Leistungskontraktes messbar). Voraussetzungen dafür sind jedoch eine auftragsbezogene Führung mit Kontrakten, Handlungsspielräume in finanzieller, personeller und organisatorischer Hinsicht, alltagstaugliche Leistungs- und Wirkungsindikatoren sowie angemessene Leistungsanreize für die jeweiligen Verantwortungsträger (vgl. Reichard 1987: 172 f.).

Steuerungsdienst

Neben den recht unabhängigen Divisionen gibt es Funktionen, die spartenübergreifend gleichartig sind und die zur Erfüllung einer einheitlichen Strategie oder auf Grund von Skaleneffekten effizienter an einem Ort oberhalb der Divisionen angesiedelt werden. Diese Querschnittsfunktionen werden in sog. Zentralabteilungen oder zentralen Steuerungsdiensten (vgl. Schedler/Proeller 2006: 87 ff.), welche u. a. die Funktionen Finanzen, Planung, Controlling, Personal(-administration) enthalten, zusammengefasst. Die Zentralabteilungen sind direkt der obersten betrieblichen Leitungseinheit zugeordnet, im Falle des Bundes, der Bundesregierung oder dem eigenständigen Verwaltungsmanagement, und auf kommunaler Ebene dem Stadt- oder Gemeindepräsidium.

Abbildung 38 zeigt eine divisionale Organisation am Beispiel einer Gemeindeverwaltung, welche nach der erfolgten Reorganisation die Spartenanzahl von neun auf sieben reduzierte. Die Aufgabenverteilung an die Departemente und die ihnen zugeteilten Departements- und Fachkommissionen (DK/FK) werden in einer separaten Departementsorganisation festgehalten. Die Querschnittsfunktionen sind in einem Dienstleistungsdepartement zusammengefasst und unter-

Gestaltung der Strukturen innerhalb von Institutionen

5.4

stehen dem vollamtlichen Gemeindepräsidenten. Aus dem Organigramm wird weiter ersichtlich, dass zwischen der politischen (Gemeinderat) und der betrieblichen (Departemente) Ebene eine klare Trennung vollzogen werden soll, damit eine bessere Wirkungskontrolle der Verwaltungstätigkeiten durchgeführt werden kann. Außerdem vom vollamtlichen Gemeindepräsidenten geleiteten Dienstleistungsdepartement mit drei Abteilungsleitern werden alle anderen Fachdepartemente von einem nebenamtlichen Gemeinderatsmitglied und einem Abteilungsleiter geführt. Die Leistungsvereinbarung und -überprüfung geschieht jeweils zwischen den Departementsvorstehenden und den Abteilungsleitern. In diesen Zielvereinbarungsgesprächen ist jedoch auch immer der Gemeindepräsident in der Funktion als Personalchef anwesend, da er intensiv mit den Abteilungsleitern zusammenarbeitet. Die Departements- und Fachkommissionen beraten die Departemente in fachlicher und politischer Hinsicht und werden wie die themenbezogenen Ausschüsse und Spezialprojekte durch die Gemeindebevölkerung besetzt.

Divisionale Organisationsform am Beispiel der Gemeinde Wohlen   *Abbildung 38*

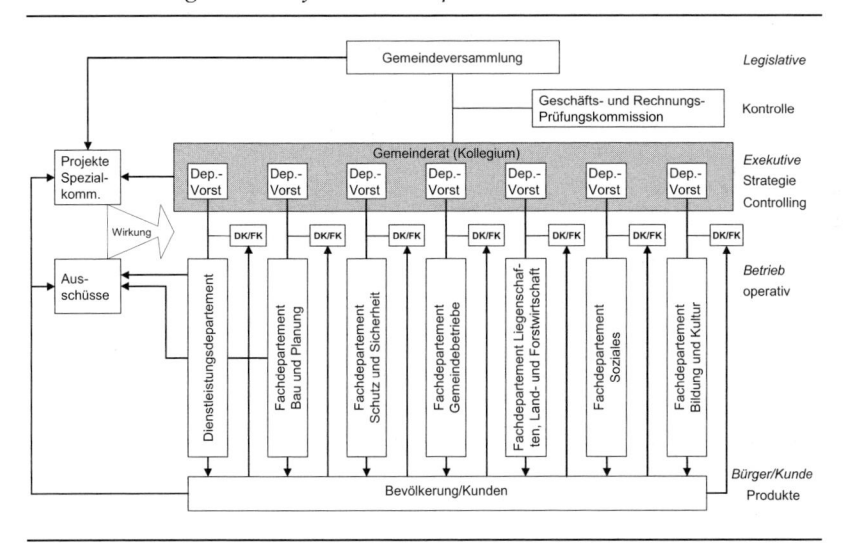

Die wichtigsten Voraussetzungen für eine divisionale Organisationsform sind bei vielen Institutionen im öffentlichen Sektor gegeben: Ein vielfältiges und unterschiedliches Leistungsprogramm mit verschiedenen Prozessen der Leistungserstellung und unterschiedlichen Abnehmergruppen sowie eine dynamische Umwelt, die anpassungsfähige Organisationsstrukturen verlangt. Der hauptsächli-

Gefahr der Verselbständigung

5 Die organisatorischen Gestaltungselemente des Public Managements

che Nachteil ist die Gefahr einer zu weit reichenden Verselbständigung der divisionalen Einheiten und dadurch ein Steuerungsverlust auf der obersten Managementebene (vgl. Tabelle 14). Der hierarchische und zentrale Aufbau staatlicher Institutionen sowie die Kontrollverantwortung des Parlaments verhinderten aber bisher eine so weit reichende Erhöhung des Handlungsspielraums wie dies in privatwirtschaftlichen Institutionen zu erkennen ist.

Die anschließend dargestellte Fallstudie der Kantonsschule Zürcher Unterland KZU stellt die Gestaltung einer divisionalen Organisationsstruktur im Rahmen von Public Management-Reformen im Bildungswesen dar.

Tabelle 14 — *Vor- und Nachteile der divisionalen Organisation*

Vorteile	Nachteile
– Entlastung der Leitung von operativen Aufgaben, Konzentration auf Strategiefindung und Politikgestaltung	– Gefahr zu weit reichender Verselbständigungen der Sparten („Divisionsegoismus")
– Bessere Koordination und schnellere Entscheidungen in den Divisionen	– Vernachlässigung übergeordneter Gesichtspunkte und ungenügende Nutzung von Verbundeffekten
– Geringer horizontaler Koordinationsbedarf über die Sparten hinweg	– Mehrbedarf an Leitungsstellen
– Ganzheitliche Delegation von Aufgaben, Kompetenzen, Verantwortung	– Zusammenarbeit zwischen Zentralfunktionen und Sparten kann schwierig sein und erfordert hohe Kooperationsbereitschaft
– Unternehmerische Selbständigkeit der Spartenleiter erhöht die Motivation und ermöglicht eine exaktere Erfolgsbeurteilung	– Verlust von Synergieeffekten zwischen Sparten
– Höhere Flexibilität bei Veränderungen	– Doppelspurigkeiten bei Funktionen, die in mehreren Divisionen wahrgenommen werden
– Besseres Kostenbewusstsein durch Transparenz in der Gesamtinstitution	– Richtlinienkompetenzen der Zentralbereiche können Kongruenz der Aufgaben-, Kompetenz- und Verantwortungszuteilung für Spartenleiter beeinträchtigen
– Verbesserte Bürger-, Kunden- und Marktnähe	
– Neue objektorientierte Teilsysteme können bei ausreichendem Geschäftsvolumen geschaffen werden	
– Bessere Entwicklung von Nachwuchsführungskräften	
– Reorganisationen sind ohne Anpassung der Gesamtorganisation möglich	
– Organisatorische Anpassungen wirken sich primär auf Sparten aus	

Gestaltung der Strukturen innerhalb von Institutionen

5.4

Fallstudie:
Wirkungsorientierte Führungsstrukturen in der Kantonsschule Zürcher Unterland (KZU)

1. Ausgangslage

Die Einführung neuer Steuerungsmechanismen, Führungsinstrumentarien und Organisationsstrukturen im Rahmen des Public Managements erfreuen sich im Bildungssektor oft nur sehr geringer Beliebtheit. Die Bildungsdirektion des Kantons Zürich nimmt in dieser Hinsicht eine Pionierrolle ein und fordert die Lehrerschaft mit dem 1996 gestarteten Projekt „Teilautonome Mittelschulen" im Rahmen der gesamten kantonalen New Public Management-Reform heraus. Heute werden im Kanton alle Mittelschulen mittels Leitbild, Leistungskontrakten sowie Globalbudgets geführt und die Lehrpersonen lohnwirksam beurteilt. Die Globalbudgetierung ermöglicht die Zuteilung von schülerbezogenen Pauschalbeiträgen des Kantons an jede Schule auf der Basis von Kostenvergleichen im Rahmen eines kantonsweiten Benchmarkings zwischen allen Bildungsinstitutionen. Die Kantonsschule Zürcher Unterland (KZU) in Bülach gehört in diesem vom Wandel geprägten Umfeld zu den fortschrittlicheren Schulen, indem sie sich bereits anfangs der 1990er Jahre vor der angelaufenen Reformdiskussionen im Bildungswesen zentralen Themen wie der Leitbildentwicklung oder der Einführung eines Qualitätssicherungssystems annahm. Die Reformdiskussion tritt in einer Zeit der Verknappung der öffentlichen Mittel auf. Dadurch erleben die Schulen Public Management in erster Linie als eine Maßnahme, die Ressourcen verringert. Da die KZU keine billige Schule ist, gerät sie besonders unter Spardruck. Es ist somit kaum verwunderlich, dass die Mitglieder der KZU der Verwirklichung der Reform eher kritisch gegenüberstehen.

2. Schulorganisation

Die KZU besteht seit 28 Jahren und beschäftigt rund 150 Lehrkräfte, wovon ein Drittel ein volles Pensum und die restlichen Lehrpersonen Teilpensen unterrichten. Insgesamt besuchen zwischen 900 und 1 000 Schüler diese Mittelschule. Die Schulleitung besteht aus einem Rektor und zwei Prorektoren, welche durch drei Sekretariatsmitarbeiterinnen und einen EDV-Supporter (Teilzeitmitarbeiter) unterstützt werden. Über zwölf Vollzeitstellen sind zur Pflege der großen Schulanlage sowie zum Unterhalt und zur Bereitstellung des Unterrichtsmaterials notwendig. Die Schulorganisation umfasst folgende Gremien:

- Schulkommission: Oberstes Schulorgan, genehmigt Entscheide des Konvents, wählt Lehrkräfte auf Antrag der Schulleitung aus und beurteilt diese.

- Schulleitung: Ist nach dem neuen Schulgesetz von 1999 für die pädagogische, administrative und finanzielle Führung der Schule verantwortlich und vertritt die Schule nach außen.

- Schulsekretariat: Drei Sekretariatsangestellte führen die administrativen Arbeiten aus, eine Lehrperson betreut teilzeitlich das Informatiksystem.

- Lehrkollegium: Ist in fachlicher und erzieherischer Hinsicht für den Unterricht zuständig. Erwartet wird die Mitarbeit im Konvent und in verschiedenen Arbeitsgruppen.

- Fachkreise und Fachvorstände: Alle Lehrkräfte eines Faches bilden den Fachkreis zur Behandlung inhaltlicher Fragen. Die Fachvorstände leiten die Fachkreise, es stehen ihnen jedoch keinerlei Entscheidungs- oder Weisungsbefugnisse zu.

- Gesamtkonvent: Hauptlehrkräfte und Lehrbeauftragte mit größeren Unterrichtspensen sowie fünf Mitglieder der Schülerorganisation. Er wird in wesentlichen Fragen zur Vernehmlassung beigezogen, verabschiedet das Leitbild und stellt den Auftrag für den Lehrplan.

- Konventsrat: Schulleitung, Konventspräsident, drei Lehrpersonen und zwei Mitglieder der Schülerorganisation bereiten Geschäfte des Konvents vor.

- Klassenkonvent: Alle Klassenlehrkräfte entscheiden mit der Schulleitung über klassenbezogene Promovierungen und pädagogische Maßnahmen.

- Arbeitsgruppen: Vom Gesamtkonvent eingesetzte Gruppen zur Bearbeitung ausgewählter Themen.

- Schülerorganisation: Vertreter der Schülerinnen und Schüler, welche in praktisch allen Gremien und Arbeitsgruppen zur Mitarbeit willkommen sind.

- Foren: Schulinterne, freiwillige Diskussionsveranstaltungen mit konsultativem Charakter. Sie stellen u. a. Anträge an den Konvent.

Trotz dieser Vielzahl von organisatorischen Gremien verfügt die KZU über eine sehr flache und dezentrale Schulorganisation. Weisungs- und Entscheidungsbefugnisse zur Schulführung haben nur die Schulaufsicht, die Schulleitung und der Gesamtkonvent. Alle anderen Gremien behandeln mehrheitlich pädagogisch-fachliche Fragestellungen.

3. Problembereiche der Schulorganisation

Die bestehende Organisation und die Einführung der neuen Verwaltungsführung hat zu Mängeln geführt, die nach Ansicht der Schulleitung eine effektive und effiziente Führung der KZU unter den neuen Rahmenbedingungen des Kantons behindern. Nachstehend sind die gravierendsten Problempunkte und deren Ursachen aufgezeigt.

Gestaltung der Strukturen innerhalb von Institutionen 5.4

Arbeitsanfall und Zeitmangel in der Schulleitung

Das größte Problem der Schulleitung besteht im enormen Arbeitsanfall, welcher mit den bestehenden organisatorischen Strukturen und Ressourcen nicht bewältigt werden kann. Die Kernaufgaben können nur durch ein Übermaß an Arbeitsstunden und mit viel Idealismus gelöst werden. Die Folgen davon sind:

- Die Schulleiter stehen unter einem ständigen Druck. Zeit zur Findung und Festlegung längerfristiger Schulentwicklungsziele und zur pädagogischen Ausrichtung findet man kaum.

- Die ständige Belastung führt zu einem schlechten Arbeitsklima, vermindert die Motivation und wirkt sich negativ auf die Gesundheit der Schulleiter aus.

- Die Betreuung des Lehrkörpers wird auf ein Minimum beschränkt. Obwohl vermehrt Rückmeldungen erwünscht wären, erhalten die Lehrkräfte nur alle drei Jahre im Rahmen der lohnwirksamen Beurteilung ein Feedback.

Die Überlastung der Schulleitung ist auf verschiedene Ursachen zurückzuführen:

- Mit der Public Management-Einführung sind viele neue Aufgaben an die Schulleitungen delegiert worden (z. B. zusätzliche Verwaltungsaufgaben, Gebäude, Parkplätze, Einführung des neuen lohnwirksamen Qualifikationssystems usw.). Bis anhin erhielten sie jedoch weder zusätzliche finanzielle noch personelle Mittel zur Bewältigung der neuen Arbeiten.

- Aufgrund von kantonalen Sparmaßnahmen ist es ferner nicht möglich, den Schulen mehr Stellenprozente zur Verfügung zu stellen. Mittel, die momentan zur Verfügung stehen, können zwar umverteilt, aber nicht erhöht werden.

- Die bestehenden organisatorischen Strukturen sind mit der Erweiterung der Aufgabenbereiche nicht mehr funktionell. Die Hierarchie ist flach und weist kaum Delegationsmöglichkeiten auf, so dass ein „Flaschenhals" entsteht. Die Schulleiter müssen häufig Routinearbeiten selber übernehmen und haben sehr viele Direktunterstellte zu betreuen (bis zu 50 und mehr Lehrkräfte pro Schulleiter). Dadurch arbeiten die Lehrkräfte z. T. isoliert nebeneinander und erhalten kaum Feedback zu ihrer Tätigkeit.

- Besonders für die Erledigung von Verwaltungsarbeiten fehlen den Personen in der Schulleitung die nötigen Qualifikationen. Sehr oft besitzen sie einen pädagogischen Hintergrund und müssen als Schulleiter einer großen Schule administrative Arbeiten und Führungsaufgaben ausführen, für die sie gar nicht genügend qualifiziert sind.

- Von Gesetzes wegen sind die Rektoren und Prorektoren verpflichtet, eine gewisse Anzahl Lektionen zu erteilen. Die sieben bis zwölf Stunden Unterricht bilden einen weiteren Belastungsfaktor. Ein Minimalpensum scheint jedoch wichtig, damit sie sich einen aktuellen Einblick in den Schulalltag machen können und die richtigen Entscheidungen in ihrer Führungsaufgabe treffen.

Unzureichendes Anreizsystem

Das Anreizsystem an der KZU ist nicht ausgebaut. Personen, die sich vermehrt engagieren, verrichten vielfach zusätzliche Arbeit ohne jegliche Entschädigung. Die Motivation und das Engagement der Lehrkräfte sinkt. Bereits sind Tendenzen festzustellen, dass in Zukunft verschiedene Gremien nicht mehr besetzt werden können. Nach Ansicht der befragten Personen sind die Ursachen davon:

Anreize in Form von Geld spielen für die Mitglieder der Schule eine geringere Bedeutung als eine Entlastung in Form eines Lektionenabbaus. An der KZU sind solche Entlastungsmöglichkeiten jedoch minimal und können aufgrund der kantonalen Sparmaßnahmen nicht ausgebaut werden. Man steht vor der großen Herausforderung, die bestehenden Mittel optimal zu verteilen.

Das finanzielle Anreizsystem wird durch die kantonalen Behörden bestimmt. Mit der Anstellung als Lehrperson wird man in eine bestimmte Besoldungsklasse eingestuft. Ein Stufenanstieg innerhalb dieser Klasse erfolgt mit einer positiven Beurteilung durch die bei Hauptlehrern und bei Lehrbeauftragten alle drei Jahre stattfindenden Unterrichtsbesuche.

Mit der kürzlichen Einführung des neuen Personalgesetzes im Kanton Zürich wurden neue Besoldungsklassen gebildet. Voll ausgebildete Lehrkräfte werden zukünftig in die Lohnklassen 21 und 22 eingestuft. Die höhere Lohnklasse ist für „Mittelschullehrer mit besonderen Aufgaben" vorgesehen. Die vorgesetzten Behörden müssen diese „besonderen Aufgaben" noch definieren und die Lehrkräfte neu klassifizieren. Grundsätzlich muss man annehmen, dass alle Hauptlehrkräfte und evtl. Lehrbeauftragte mit zusätzlichen Aufgaben in die Lohnklasse 22 gelangen werden.

An der KZU sind indirekte finanzielle Anreize nicht stark verbreitet, was damit zusammenhängt, dass diese sehr oft mit nicht verfügbaren finanziellen Aufwendungen verbunden sind (z. B. verbilligte Mahlzeiten, Kurse usw.). Die Schulen haben daher nur einen geringen Spielraum, Anreize zu schaffen. Insofern ist von der Schulführung besonderes Gewicht auf immaterielle Anreize zu legen.

Mangelndes unternehmerisches Denken

Die Bildungsdirektion kritisiert das fehlende unternehmerische Denken der Schulleiter. Entscheide werden meistens sehr vorsichtig und konservativ gefällt. Die Führungskräfte der Schulen sind zu wenig innovativ und scheuen sich davor, neue Wege zu gehen.

Die Ursachen liegen darin, dass die Aufrechterhaltung des täglichen Schulbetriebs an die Belastungsgrenzen der Schulleiter stößt, so dass keine weitere Zeit für Innovationen investiert wird. Zudem werden die Führungs-

Gestaltung der Strukturen innerhalb von Institutionen

kräfte durch fehlende Führungserfahrung und mangelnde Ausbildung gehemmt, progressive Entscheide zu fällen.

4. Gestaltungsvorschläge zur Neuorganisation der Schulleitung

Stärkung der Fachvorstände

Mit der Stärkung der Fachvorstände i. S. der Einführung einer mittleren Hierarchieebene wird die Leitungsspanne verringert, und es werden Delegationsmöglichkeiten für die oberste Schulleitungsebene geschaffen (vgl. Abb. 1). Danach hat ein Fachvorstand nicht nur mehr Aufgaben, sondern auch festgesetzte Weisungs- und Entscheidungsrechte. Diese Möglichkeit wurde an der KZU im Zusammenhang mit der Einführung des Lohnsystems besprochen. Damals hat sich der Konvent gegen die Einführung einer Hierarchieebene entschieden, da er die Teamkultur gefährdet sah. Der Fachvorstand wurde als Lehrkraft, die nur gewisse administrative Arbeiten übernimmt und die Fachschaft als Gruppe organisiert, definiert.

Die Einführung der divisionalen Schulorganisation ist keine besonders neuartige organisatorische Lösung. Sie scheint aber vor dem Hintergrund einer recht großen Skepsis der Lehrerschaft gegenüber Organisationsänderungen und Kompetenzverlagerungen die einzig realisierbare Systemverbesserung zu sein. An dieser Stelle ist anzumerken, dass im Gegensatz zu den meisten anderen staatlichen Institutionen die Schulen über eine stark dezentralisierte und flache Organisationsstruktur verfügen und hier eine zusätzliche Leitungsstufe als Maßnahme zur Verbesserung der Schulführung aus organisatorischer Sicht sinnvoll ist.

Abbildung 1: Divisionale Schulorganisation mit neuer Hierarchieebene

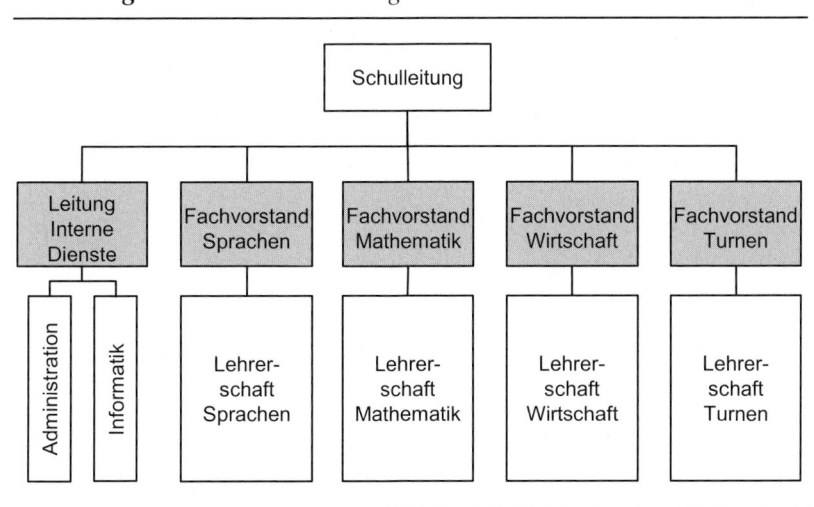

Diese Gestaltungsmaßnahme ist jedoch nur anwendbar, wenn folgende Aspekte in die Reorganisation mit einbezogen werden:

- Das Kollegium muss den Zweck einer solchen organisatorischen Lösung erkennen, so dass die neuen Vorgesetzten als solche akzeptiert werden. Dadurch wird die Schul- und Teamkultur nicht gefährdet.
- Die Besetzung der Fachvorstände kann nicht mehr durch ein Rotationsprinzip erfolgen. Lehrkräfte mit Führungsfähigkeiten müssen von der Schulleitung ausgewählt und zu Fachvorständen befördert werden. Neben der fachlichen Weiterentwicklung entstehen so auch „Führungslaufbahnen" an der Schule.
- Damit die Führungskräfte von den Lehrenden besser akzeptiert werden, ist auch die Wahl der Fachvorstände durch die Fachschaft denkbar.
- Die oft große Angst vor Hierarchieebenen in Bildungsinstitutionen kann durch Schulungen im Bereich der Personalführung, gezielter Personalauswahl, klare Stellenbeschreibungen für Leitungspersonen und Miteinbezug der übrigen Lehrkräfte abgebaut werden.
- Damit die Arbeit ungefähr gleich verteilt werden kann, ist es nötig, die Gruppengrößen auszugleichen. Kleinere Fachschaften müssten dabei zusammengelegt, größere evtl. aufgeteilt werden.
- Die Lehrkräfte betrachten die Beurteilung aus derselben Fachschaft nicht als zwingende Vorgabe. Die Beurteilung des Unterrichts könnte auch ein Fachvorstand einer anderen Fachschaft vornehmen, was sich wohl weniger belastend auf die Teamkultur auswirken würde.

Verknüpfung der Organisationsgestaltung mit dem Anreizsystem

Damit überhaupt Lehrkräfte, die weitere Arbeiten übernehmen, gefunden werden, muss die Frage nach einem möglichen Anreizsystem beantwortet werden. Da zurzeit keine zusätzlichen Mittel an die Schulen fließen, können Lösungen nur in Form einer Umverteilung der Ressourcen erfolgen. Dies bedingt jedoch finanzielle Opfer.

Eine Möglichkeit, Anreize für eine mittlere Hierarchiestufe zu schaffen, besteht darin, die den Aufstieg in Lohnklasse 22 rechtfertigenden „besonderen Aufgaben" als diejenigen der Fachvorstände zu definieren. Damit könnten nicht, wie angenommen, alle Hauptlehrkräfte in die Lohnklasse 22 aufsteigen. Neben dem höheren Lohn müsste jedoch auch die Verantwortungsübernahme i. S. eines immateriellen Anreizes Geltung erlangen und nicht alleine als Belastungsfaktor angesehen werden. Finanzielle Anreize sind jedoch weniger wichtig als die Schaffung von Kapazitäten in Form von Zeit. Da mit einer solchen Lösung nicht alle Lehrkräfte automatisch in die oberste Lohnklasse gelangen, werden Mittel frei. Diese sollten in Form von Entlastungsstunden den Fachvorständen zukommen.

Eine solche Lösung würde große Opposition auslösen, da sie für 80 Prozent der Lehrer eine Lohnkürzung zur Folge hätte. Der vermehrte Spardruck

Gestaltung der Strukturen innerhalb von Institutionen — 5.4

hat den Lehrkräften bereits beträchtliche Opfer abverlangt. Besonders benachteiligt waren Lehrer im mittleren Dienstalter, weil sie den ausbleibenden Stufenanstieg der letzten Jahre kompensationslos und mit bleibender relativer Lohneinbuße hinnehmen mussten. Zudem haben die Halbierung bei den Entlastungen für Projekt- und Studienwochen und erhöhte Klassengrößen die Arbeitsbelastung deutlich gesteigert. Diese sich öffnende Schere zwischen Belastung und Entlohnung ist mitverantwortlich für wachsende Frustration und Demotivation bei der Lehrerschaft. Bei einer allfälligen Übergangslösung (vorübergehende Einstufung aller Hauptlehrer in die Lohnklasse 22) müssten bei deren Auslaufen die finanziellen Opfer wiederum von Lehrkräften des mittleren Alters erbracht werden. Diesbezüglich müssen situationsspezifische Lösungen i. S. von Abbau des Leistungsangebots, Änderung von Schülerbeiträgen, Übergangslösungen für benachteiligte Angestelltengruppen usw. durch die Schulleitungen gefunden werden. Das ist jedoch nur möglich, wenn sie ihre Führungsverantwortung in organisatorischer und finanzieller Hinsicht vollständig wahrnehmen kann.

Organisationsveränderungen in Bildungsinstitutionen gehören aufgrund der zu erwartenden Widerstände zu einer der schwierigsten Führungsaufgaben. Ein schrittweises Vorgehen mit starkem Einbezug der Lehrerschaft in die Lösungsfindung ist eine unabdingbare Voraussetzung für das Gelingen einer Reorganisation.

5.4.2.3 Matrixorganisation

Die Matrixorganisation ist im öffentlichen Sektor und auch in der privaten Wirtschaft in expliziter Form nicht sehr weit verbreitet. Dies erklärt sich u. a. wegen der hohen Anforderungen an die Organisationsmitglieder. Implizite Matrixstrukturen mit sich überlagernden Kommunikations- und Weisungsebenen existieren jedoch häufiger. Im Gegensatz zur funktionalen und divisionalen Organisation folgt die Matrix dem Mehrlinienprinzip.

Mehrlinienprinzip

> **Die Organisationseinheiten innerhalb einer Rahmenstruktur nach dem Matrixprinzip unterliegen den spezifischen Weisungsbefugnissen von zwei übergeordneten Stellen und werden nach einem zweidimensionalen Gliederungsprinzip strukturiert.**

Die Zweidimensionalität entsteht durch die Überlagerung eines vertikalen und eines horizontalen Leistungssystems. Dieses nimmt v. a. die folgenden Ausprägungen an:

5 Die organisatorischen Gestaltungselemente des Public Managements

- Funktion – Funktion (Finanzen, Personal usw.)
- Funktion – Objekt (Kunden, Produkt usw.)
- Funktion – Region
- Objekt – Region

Kompetenz wichtiger als formale Autorität

Bei öffentlichen Verwaltungen ist am ehesten an eine Kombination von Funktionsbereichen und Objektdimensionen i. S. von Produktgruppen zu denken. Eine Ähnlichkeit zur divisionalen Organisation besteht trotz der unterschiedlichen Anordnung dieser zwei Dimensionen. Bei der Matrixorganisation sind aber die in einer divisionalen Organisation in Zentralabteilungen zusammengefassten Funktionen gegenüber den Objektdimensionen gleichberechtigt (vgl. Abb. 39 sowie die Fallstudie Bundesamt für Landestopographie swisstopo). Das heißt keineswegs, dass jeweils beide Instanzen dieselben Kompetenzen besitzen müssen. Die eine Instanz ist z. B. für fachliche Lösungen und den Personaleinsatz zuständig, die andere Instanz hat die Kompetenz für die strikte Einhaltung von Termin- und Kostenvorgaben. Eine gleichwertige Stellung und Einbringung von spezifischem Wissen und Erfahrungen soll jedoch einen umsichtigen Willenbildungsprozess ermöglichen, bei dem fachliche Kompetenz und Überzeugungskraft mehr Gewicht haben als formale Autorität (vgl. Bea/Göbel 2006: 395 ff.).

Abbildung 39   *Matrixorganisation*

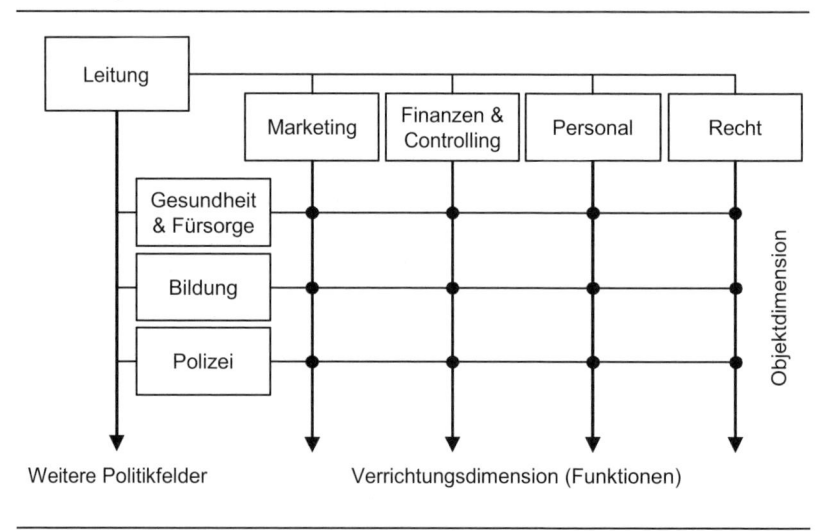

Gestaltung der Strukturen innerhalb von Institutionen

Die Matrixorganisation ist koordinationsaufwändig, fördert jedoch die Selbstregelung von Problemen zwischen den horizontalen und vertikalen Dimensionen. Dies erfordert eine hohe Konfliktaustragungsbereitschaft bei den betroffenen Personen und die Entwicklung von entsprechenden Sozialkompetenzen für eine konfliktträchtige, aber produktive Zusammenarbeit zwischen den Instanzen.

Konfliktaustragungsbereitschaft

Matrixstrukturen eignen sich bei abgrenzbaren Produktbereichen, die aber auf gemeinsame Ressourcen zurückgreifen sowie bei einer Organisationsumwelt, die sich in den relevanten Umweltsegmenten häufig und stark ändert. Das Überlappen von klar abgrenzbaren vertikalen und horizontalen Bereichen ermöglicht eine teamorientierte und relativ hierarchiefreie Zusammenarbeit der Matrixpartner. Falls diese kooperieren, erhöhen sie ihren Handlungsspielraum gegenüber der vorgesetzten Instanz. Eine effiziente (Selbst-)Koordination der Matrixpartner wiederum erfordert eine sehr transparente und offene Informationskultur, damit keine Informationsasymmetrien zwischen Objekt- und Verrichtungsdimensionen entstehen.

Dynamische Umwelt

Wird in staatlichen Institutionen die Objektdimension nach Produktgruppen oder Leistungsabnehmern gegliedert, dann kann ein bewusster Schwerpunkt auf die Kundenorientierung gelegt werden, indem auch die Verrichtungsdimensionen in den gemeinsamen Entscheidungsprozessen mit einer auf die Leistungsabnehmer gerichteten Perspektive konfrontiert werden. Zudem obliegt den Leitern der Objektdimensionen die Verantwortung für produktbezogene Ressourcen und Finanzen.

Insgesamt ist die Matrixorganisation eine aufwändige und anspruchsvolle Strukturierungsalternative (vgl. ausführlicher Thom 1990b). Für staatliche Institutionen, welche bisher nach einem eher starren, eindimensionalen Weisungssystem organisiert waren, stellt die Einführung von Matrixstrukturen eine große Herausforderung dar. Vor einem solchen Schritt sollten die erforderlichen Kompetenzen (Grad der „Matrix-Reife") analysiert und über ein vorausgehendes Organisations- und Teamentwicklungsprogramm vermittelt werden. Für die Besetzung neuer Positionen in den Matrixdimensionen bedarf es idealerweise einer längeren Vorlaufzeit.

Matrix-Reife

Die wesentlichen Vor- und Nachteile der Matrixorganisation sind in der folgenden Tabelle enthalten.

Die organisatorischen Gestaltungselemente des Public Managements

Tabelle 15   Vor- und Nachteile der Matrixorganisation

Vorteile	Nachteile
– Umfassende Problemlösung unter Berücksichtigung unterschiedlicher Standpunkte	– Gefahr von Kompetenzkonflikten und Machtkämpfen aufgrund schwieriger Kompetenzabgrenzungen
– Erhöhung der Wahrscheinlichkeit von kreativen und innovativen Lösungen	– Hohe Informationsverarbeitungskapazität erforderlich
– Kürzere und direktere Kommunikationswege	– Gefahr von widersprüchlichen oder eindimensionalen Weisungen
– Flexible Anpassungsfähigkeit an die Kunden- und Wettbewerbserfordernisse, ohne dass die Grundstruktur modifiziert werden muss	– Gefahr von langwierigen Entscheidfindungsprozessen wegen der zahlreichen Schnittstellen
– Vielfältige Möglichkeiten der Personalentwicklung; guter Nährboden für Durchlässigkeit und innerbetriebliche Mobilität	– Bürokratisierungstendenzen durch komplexe Organisationsform und formalisierte Absicherung für Konfliktsituationen
– Förderung von Teamentscheidungen und Mitarbeiterpartizipation	– Gefahr der Verantwortungsabschiebung bei Fehlentscheiden und Misserfolgen; Fehler können auf beide Dimensionen zurückwirken
– Entlastung der obersten Leitung durch Entscheidungsdelegation auf Matrixpartner	– Großer Bedarf an qualifizierten Führungskräften
– Nutzung von Spezialistenwissen	
– Förderung der Sachkompetenz im Gegensatz zur formalen Autorität	

5.4.3 Prozessorganisation

Ablauforganisation

Im Gegensatz zu den drei vorher beschriebenen Organisationsformen, welche inzwischen alle als traditionelle und bewährte Konzepte der Aufbauorganisation gelten, rückt die Prozessorganisation die lange Zeit in den Hintergrund gedrängte Ablauforganisation ins Zentrum der organisatorischen Gestaltung. Im Vergleich zu den bisherigen Strukturierungsalternativen fällt auf, dass die Prozessorganisation die Lieferanten und die Leistungsabnehmer in das Organigramm integriert und konsequent eine Orientierung nach beiden „Grenzpunkten" des eigenen Systems verfolgt (vgl. Abb. 40 und die Fallstudie Bundesamt für Landestopographie).

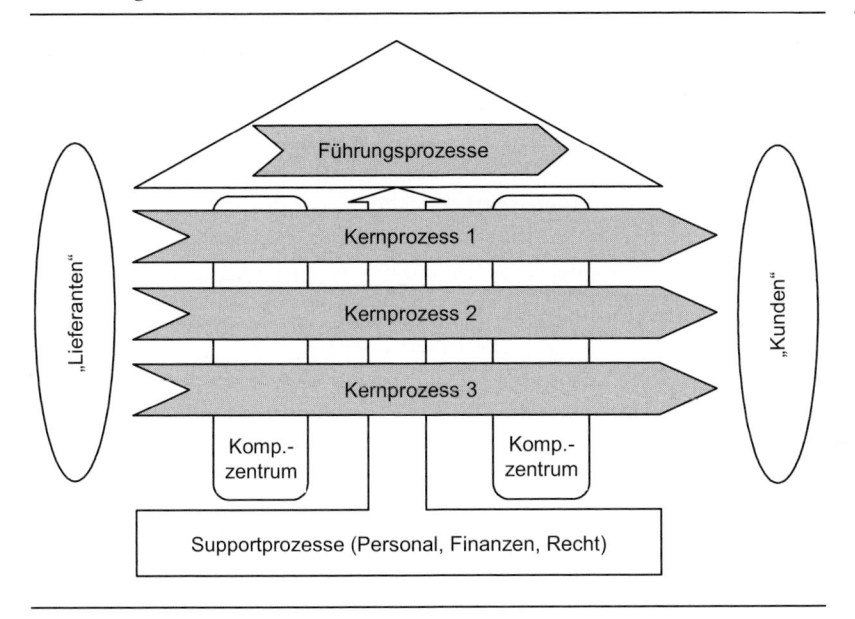

5.4 Gestaltung der Strukturen innerhalb von Institutionen

Prozessorganisation *Abbildung 40*

```
                    Führungsprozesse
    "Lieferanten"   Kernprozess 1      "Kunden"
                    Kernprozess 2
                    Kernprozess 3
              Komp.-        Komp.-
              zentrum       zentrum
        Supportprozesse (Personal, Finanzen, Recht)
```

Aufgrund ihrer Aktualität wird im Folgenden ausführlicher auf die Gestaltung der Prozessorganisation eingegangen. Gerade für Institutionen des öffentlichen Bereichs eignet sich die Prozessorganisation sehr gut, da sie drei Schwerpunkte verfolgt, die bisher nicht im Mittelpunkt der Verwaltungsführung standen, aus einer Public Management-Perspektive aber als notwendig erachtet werden:

- Aufhebung der bisher funktionsbezogenen Arbeitsteilung durch Bündelung einer Tätigkeitsfolge, die einen Nutzen für Interne oder Externe erbringt, sowie Aufgabenerfüllung durch Teamstrukturen
- Strikte Ableitung der Prozessinhalte aus den strategischen Zielsetzungen
- Schaffung von Einheiten mit der Verantwortung für die gesamte Leistungskette vom Lieferanten bis zum Kunden

Dies widerspricht den oft beklagten verwaltungstypischen Merkmalen der horizontalen Arbeitsteilung bei gleichzeitig starrer Hierarchie, der fehlenden Zielorientierung, der „organisierten Verantwortungslosigkeit" und der mangelnden Kundenorientierung. Insofern ist die Prozessorganisation ein geeignetes Konzept für den Abschluss eines erfolgreichen organisatorischen Wandels in öffentlichen Institutionen. In den folgenden Abschnitten werden die zentra-

Förderung des organisationalen Wandels

len Elemente der Prozessdefinition, Prozessstrukturierung und der Prozessträger zur Gestaltung der Prozessorganisation erläutert.

5.4.3.1 Prozessdefinition

Bei der Prozessdefinition geht es um die Auswahl und Abgrenzung der unterschiedlichen Prozesse, die einen Nutzen für den Leistungsabnehmer erzeugen. Tätigkeitsbereiche, die keinen Leistungsempfänger (weder einen internen noch einen externen) kennen, sollten möglichst bald aufgehoben werden.

Strategische Geschäftsfeldanalyse

Der Prozessdefinition geht eine strategische Geschäftsfeldanalyse voraus, welche aufgrund der übergeordneten politischen Zielsetzungen die Ausrichtung der Verwaltungstätigkeiten im spezifischen Politikfeld festlegt, woraus die Kernaufgaben und -leistungen der Organisation bestimmt werden. Ähnlich wie bei der Ermittlung der strategischen Relevanz im Rahmen der Leistungstiefenanalyse beziehen sich diese Kernaufgaben auf die angestrebten Wirkungen, welche durch das Verwaltungshandeln erreicht werden sollen. Innerhalb der Institution werden nun diejenigen Aktivitäten, welche vom Input bis zum Output zusammenhängen und einen eigenständigen Beitrag zu den beabsichtigten Gesamtwirkungen der Institution leisten, zu Prozessen gebündelt. Diese wichtigsten Leistungsprozesse, welche primär zur Erreichung der Ziele und Wirkungen beitragen, sind die Kernprozesse. Eine Organisation besteht jedoch immer aus mehreren unterschiedlichen Prozessen, die nicht alle gleich auf das Leistungsergebnis einwirken. Im Folgenden werden deshalb Führungs-, Kern- und Supportprozesse unterschieden.

Führungsprozesse

Die bisherige Literatur zur Prozessorganisation beschränkt sich auf die Entwicklung von Kern- und Supportprozessen. Wird davon ausgegangen, dass die Führungsarbeit einen entscheidenden Stellenwert in jeder Institution einnimmt, sich aber nur indirekt auf die Leistungsabnehmer der Institution i. S. der Kernprozesse bezieht und aufgrund ihrer Wichtigkeit auch nicht den Supportprozessen zugeordnet werden sollte, dann erscheint die Entwicklung von eigenständigen Führungsprozessen als ein zwingendes Element der Prozessorganisation.

Der Führungsprozess setzt sich aus strategischen und operativen Tätigkeiten zusammen. Entsprechend werden im Weiteren strategische und operative Führungsprozesse unterschieden, wobei erstere die strategische Planung und letztere die Strategieumsetzung sowie -kontrolle beinhalten (vgl. Kühn/Grünig 2000: 61 f. und Kapitel 2).

5.4 Gestaltung der Strukturen innerhalb von Institutionen

Führungsprozesse gewährleisten in erster Linie die Steuerung der öffentlichen Institution hinsichtlich der Erhaltung und Entwicklung ihrer langfristigen Erfolgspotenziale. Der strategische Führungsprozess widmet sich der Entwicklung der Gesamtstrategie der Institution, den einzelnen Politik- oder Geschäftsfeldstrategien, der strategischen Weiterentwicklung der prozessübergreifenden, zentralen Supportfunktionen und den erforderlichen Ressourcen. Folgende Aufgabenbereiche werden im Rahmen des strategischen Führungsprozesses (vgl. Gerber 1999: 13 ff.) bearbeitet: die Visions-, Leitbild-, Strategieentwicklung für die Gesamtinstitution, die Aushandlung der Leistungskontrakte, die Erarbeitung der Personalpolitik und Zielfestlegung für die Personalauswahl und -entwicklung bei Führungskräften, die langfristige Ressourcenplanung sowie die Kommunikation mit internen und externen Anspruchsgruppen.

Entwicklung von Erfolgspotenzialen

Die operativen Führungsprozesse übernehmen die Umsetzung und Überwachung der in den strategischen Führungsprozessen gefällten Entscheide und die daraus folgenden Tätigkeiten. Für die Strategieumsetzung sind zwei Aufgabenkomplexe notwendig, um die geplanten Ziele in der Institution zu verankern. Einerseits geht es um die Realisierung der strategischen Planung durch Konkretisierung der Ziele in Plänen, strategischen Programmen, Projekten oder Vereinbarungen für die operative Führung, d. h. die Umsetzung und Formulierung von Sachzielen („Was"?) stehen im Vordergrund. Andererseits müssen die Strategien im Rahmen der Strategieimplementierung über Führungsinstrumente und über die interaktive Personalführung den Mitarbeitenden vermittelt werden. Dies geschieht durch den Einsatz von Führungsmitteln i. S. der Zielvereinbarung, durch strategiebezogenes Führungsverhalten und durch Programme im Rahmen der Personalentwicklung, Organisationsentwicklung usw. Hier steht also das „Wie" der Transformation von strategischen Zielen zu den Mitarbeitenden im Zentrum. Dazu kommen noch die Aufgaben der strategischen Kontrolle. Diese geschieht anhand einer regelmäßigen Prämissenkontrolle zur Überprüfung der Annahmen, welche angesichts der sich wandelnden politischen, ökonomischen und gesellschaftlichen Umsysteme den formulierten Strategien zu Grunde liegen. Daneben ist eine punktuelle Überprüfung der Meilensteine strategischer Programme sowie eine kontinuierliche Überwachung der Veränderungen in den relevanten Umweltsegmenten notwendig (vgl. Kühn/Grünig 2000: 63 ff.).

Operative Führungsprozesse

Zu den operativen Führungsprozessen gehören u. a.:

- Zielformulierung für die einzelnen Geschäftsfeldstrategien und Planerstellung

- Programminitialisierung zur Strategieumsetzung, z. B. innerhalb des jährlichen Leistungskontraktes
- Budgetprozess, Berichtswesen und Controlling
- Wirkungsprüfungen und Evaluationsprogramme
- Erstellung von Auswahl-, Beurteilungs- und Entwicklungsprogrammen im Personalbereich

Die Führungsprozesse werden durch die Geschäftsleitung gesteuert und dienen als Wegweiser für die im Folgenden beschriebenen Kern- und Supportprozesse.

Kernprozesse

Das Merkmal von Kernprozessen besteht in deren direkter Ausrichtung auf die in den Führungsprozessen festgelegten strategischen Ziele. Kernprozesse werden durch eine zusammengehörige Abfolge von Aktivitäten gebildet, die auf ein bestimmtes Kundensegment ausgerichtet sind. Osterloh/Frost empfehlen eine Beschränkung auf wenige, robuste Kernprozesse, die je nach Art der Institution die Anzahl fünf bis acht nicht überschreiten sollte (vgl. Osterloh/Frost 2006: 36 ff.).

Kernkompetenzen als Basis

Die Kernprozesse basieren auf den Kernkompetenzen einer öffentlichen Institution, welche diese benötigt, um die ihr demokratisch übertragenen Aufgaben zur Erreichung des öffentlichen Nutzens zu erfüllen. Folgende Eigenschaften zeichnen die Kernkompetenzen einer öffentlichen Institution aus (vgl. Hunziker 1999: 150 ff.):

- Spezifität (vgl. dazu die Ausführungen im Rahmen der Leistungstiefe in diesem Kapitel).
- Nicht-Substituierbarkeit: Die Kernprozesse können kaum durch anderweitige Prozesse ersetzt werden.
- Nicht-Imitierbarkeit: Die für die öffentliche Institution spezifischen Arbeitsprozesse lassen sich nicht leicht und schon gar nicht kurzfristig von anderen Leistungsanbietern nachahmen.
- Politikrelevanter öffentlicher Zusatznutzen: Kernkompetenzen ermöglichen die Erstellung von Leistungen, die eine gesellschaftliche Wertschöpfung bewirken, für welche die politisch legitimierten Organe bereit sind, Staatsgelder zur Verfügung zu stellen.

Kernprozesse können sowohl eine Leistungs-, Regulierungs- als auch Umverteilungsfunktion bezwecken und sind je nach Politikfeld und Art der öffentlichen Institution verschieden. Sie rechtfertigen letztlich, dass eine staatliche Steuerung des Prozesses aufgrund

5.4 Gestaltung der Strukturen innerhalb von Institutionen

oben genannter Merkmale notwendig ist (vgl. auch die früheren Ausführungen zur strategischen Relevanz, Kapitel 5.2.1.2).

Supportprozesse können mit den Querschnittsfunktionen einer Organisation verglichen werden. Jedoch wird auch hier die für die Prozessorganisation charakteristische Kundenausrichtung in diese unterstützenden Prozesse einbezogen. Supportprozesse haben demzufolge ihre Leistungsabnehmer i. S. interner Kunden innerhalb der Institution. Sie können je nach Unternehmenspolitik auch von externen Anbietern eingekauft werden (z. B. Personaladministration, Informatik, Rechtsberatung usw.). Dennoch sollte vor allfälligen Auslagerungsentscheiden sorgfältig geprüft werden, ob die Aufgabenwahrnehmung innerhalb der Institution nicht sinnvoller oder unter Einbezug der Koordinationskosten nicht kostengünstiger wäre. Ein zentrales Entscheidungskriterium im Rahmen der Prozessorganisation ist die Nähe zu direkt kundenrelevanten Elementen der Kernprozesse. Darüber hinaus tragen sie zu einem problemlosen Nebeneinander und reibungslosen Ablauf innerhalb der Kernprozesse bei.

Supportprozesse

In der Praxis zeigt sich, dass zur Wahrnehmung wichtiger Funktionen oft sog. Kompetenzzentren eingerichtet werden. Ähnlich wie bei einer Matrixorganisation überlagern sich hier eine funktionale und eine objektbezogene Strukturdimension. Die Kompetenzzentren dienen der Spezialisierung auf einzelne Inhalte des Leistungsprozesses. Dazu können z. B. die Forschung und Entwicklung, das Marketing oder gerade für öffentliche Institutionen auch die rechtlichen Belange gehören. Im Gegensatz zu den Funktionszentren einer Matrix- oder Spartenorganisation ist es hier aber nicht erforderlich, dass ein Kompetenzzentrum aus einem festen Mitarbeiterstamm besteht und dieser alleine das Spezialwissen generiert. Die Eigenheit besteht gerade darin, dass Personen aus den Kernprozessen auch Aufgaben innerhalb des Kompetenzzentrums wahrnehmen können und so eine Verknüpfung der Kundenorientierung mit der Spezialisierung stattfinden kann. Kompetenzzentren bilden also zugleich auch Ausbildungsstätten für Personen aus den Kernprozessen. Im Gegenzug dazu können fest Mitarbeitende aus den Kompetenzzentren in den Prozess-Teams neue und kundenbezogene Erfahrungen sammeln (vgl. Osterloh/Frost 2006: 220 ff.). Die Leitung des Kompetenzzentrums kann entweder von einer Person mit nur diesem Aufgabenbereich oder einem Mitarbeitenden aus einem Kernprozess wahrgenommen werden.

Kompetenzzentren

5.4.3.2 Prozessstrukturierung

Gefahr der Strukturübernahme

Die Art und Weise, wie Prozesse letztlich unterteilt und aufgebaut werden, stellt sich als eine der Hauptschwierigkeiten innerhalb der Prozessorganisation heraus. Die Gefahr liegt nahe, dass die bisherige Abteilungsstruktur in eine neue, prozessorientierte Struktur übertragen wird, also z. B. dass eine Spartenorganisation „um 90 Grad gedreht" und als Prozessorganisation benannt wird. Zur Unterteilung der Kernprozesse schlagen Osterloh/Frost eine Segmentierung entweder nach Funktionen, Komplexitätsgraden oder nach Kundengruppen vor (vgl. Osterloh/Frost 2006: 52 ff.).

Drei Segmentierungsarten

Die funktionale Segmentierung unterteilt den Kernprozess in Prozesselemente i. S. der funktionalen Organisation (Mittelbeschaffung, -entwicklung, -verwaltung und -bereitstellung). Dies entspricht am ehesten dem eigentlichen Prozessgedanken einer Leistungskette vom Lieferanten bis zum Leistungsabnehmer. Eine Segmentierung nach Komplexitätsgraden unterscheidet zwischen Teilprozessen, welche unterschiedlich schwer durchzuführen sind. Daraus ergeben sich z. B. komplexe, mittelschwere und routinemäßige Prozesse. Diese Variante eignet sich u. a. bei einer Versicherungskasse oder einem Sozialamt, welche unterschiedliche Schwierigkeitsgrade der Fallbearbeitung kennen. Die Prozessmitarbeitenden müssen entsprechende Fähigkeiten besitzen, um die jeweilige Art der Fälle bearbeiten zu können. Die Segmentierung nach Kundengruppen oder Leistungsbereichen ist eine in der Praxis häufig gewählte Alternative. Hier kommt die Kundenorientierung der Prozessorganisation am stärksten zum Ausdruck, indem die Bearbeitungsteams eines Kernprozesses jeweils eine Kundengruppe oder einen kundenausgerichteten Leistungs-/Produktbereich verfolgen. So kann der Kernprozess „Baubewilligung" einer Baubehörde in die Teilprozesse der Wohnhäuser und Industriebauten unterteilt werden. Abbildung 41 zeigt die möglichen Strukturierungsalternativen.

5.4 Gestaltung der Strukturen innerhalb von Institutionen

Strukturierung von Prozessen (nach Osterloh/Frost 2006: 52 ff.) — **Abbildung 41**

```
                           Kernprozess
                                │
                           Teilprozesse
         ┌──────────────────────┼──────────────────────┐
         ▼                      ▼                      ▼
  Leistungs-            Komplexe Fälle         Kunden-,
  beschaffung                                  Produktgruppe A
  Leistungs-            Mittelschwere          Kunden-,
  verwaltung            Fälle                  Produktgruppe B
  Leistungs-            Routinefälle           Kunden-,
  bereitstellung                               Produktgruppe C

  Funktionale           Segmentierung          Segmentierung
  Segmentierung         nach                   nach Kunden- oder
                        Komplexitätsgrad       Produktgruppen
```

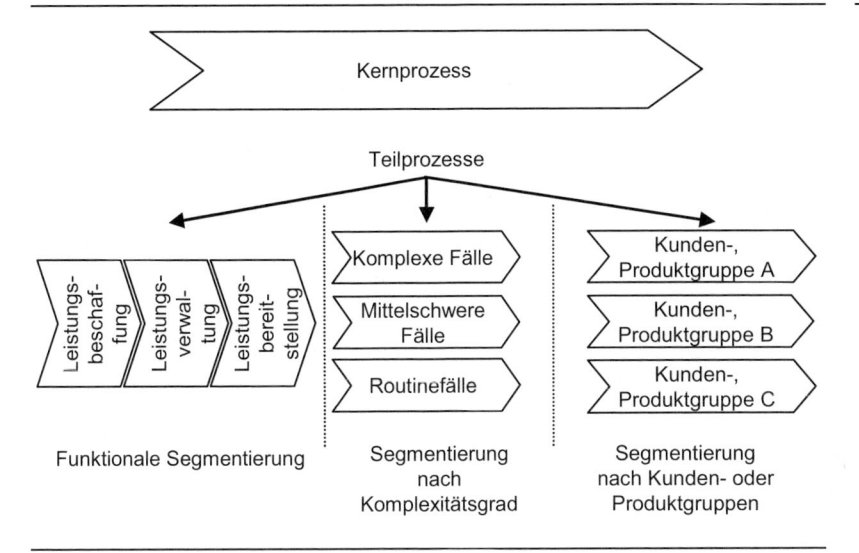

Die dritte Variante der Prozessstrukturierung nach Produkt- oder Kundengruppen dient der Schaffung von Transparenz in der öffentlichen Leistungserstellung. Dies geschieht v. a. durch die gezielte Gliederung der Prozessoutputs nach unterschiedlichen Anspruchsgruppen oder Leistungscharakteristika des öffentlichen Sektors. Ein Teilprozess kann demnach einen Output für die hoheitlichen Leistungsbereiche hervorbringen oder Beiträge für ein kommerziell vermarktbares Produkt leisten. Diese Zuordnung ermöglicht eine genaue Bestimmung der Anteile an unterschiedlichen Leistungsbereichen der öffentlichen Institution, welche bis in die Zuteilung auf einzelne Kostenstellen in der Kosten- und Leistungsrechnung reicht. Abbildung 42 enthält eine Dreiteilung nach hoheitlichen Leistungsbereichen, die nicht kostendeckend erbracht werden können und durch die Politik finanziert werden müssen, damit das staatliche Leistungsangebot überhaupt erbracht werden kann. Beispielhafte Leistungen sind die Erstellung des Fixpunktenetzes für die Landesvermessung, die Mitgliedschaft in internationalen Organisationen, der Truppenunterhalt im Rahmen der Landesverteidigung usw.

Verknüpfung mit Rechnungswesen

Leistungen des „Service Public" stehen der Bevölkerung unter der Bedingung des gleichen Preises und meist flächendeckend zur Verfügung. Sie werden über Gebühren finanziert und aufgrund eines von der Politik an die Verwaltung erteilten Auftrags produziert. Bei Nachfrageänderungen entscheidet die Politik über eine allfällige Angebotserneuerung. Kommerzielle Leistungen werden aufgrund

5 Die organisatorischen Gestaltungselemente des Public Managements

der Nachfrage angeboten und erreichen einen vollen Kostendeckungsgrad. Diese Leistungen benötigen dieselben Ressourcen wie die beiden anderen Leistungskategorien und stehen in engem Zusammenhang mit der Grundaufgabe der öffentlichen Institution (vgl. Fallstudie Bundesamt für Landestopographie).

Abbildung 42 Prozessstrukturierung nach Produkt- oder Leistungsbereichen

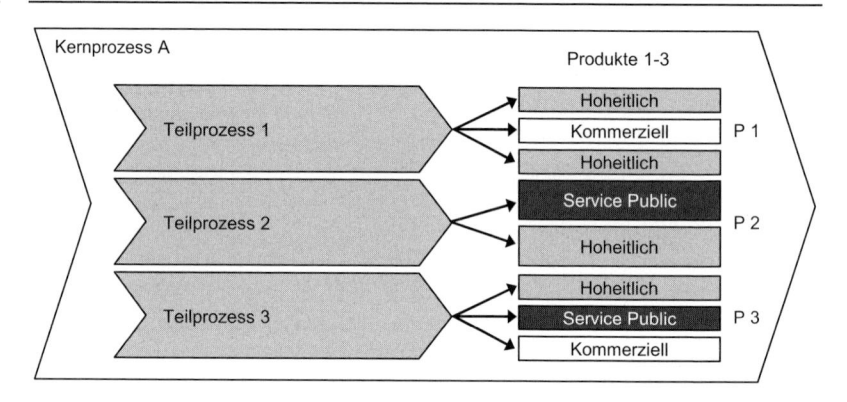

Analyse der Leistungsbereiche

In der Praxis erweist sich die Prozessstrukturierung häufig als schwierig, da die Strukturen in öffentlichen Institutionen gewachsen sind und oft nicht auf Grund bewusst gewählter Prinzipien gestaltet wurden. Deshalb ist eine vorausgehende Analyse der Leistungsbereiche notwendig. Folgende Fragestellungen sind dazu hilfreich:

- Welche Teilaktivitäten des Kernprozesses sollten zu einem Bündel zusammengefasst werden?
- Welche Arbeitsschritte tragen zu demselben Output bei?
- Erzeugen die gebündelten Teilprozesse einen begründeten Nutzen für Bürger, Kunden oder Politik?
- Zwischen welchen Personen finden der größte Informationsaustausch und die stärkste Kommunikation statt?
- Welche Teilprozesse greifen auf die gleichen Ressourcen (Personen, Sachmittel, Finanzen) zurück?
- Welche Tätigkeitsbereiche unterliegen der Verantwortung derselben Person oder Personengruppe?
- Beherrschen die im Teilprozess tätigen Personen mehrere oder alle Teilarbeiten des Teilprozesses?

Gestaltung der Strukturen innerhalb von Institutionen

5.4

Ziel der Prozessstrukturierung ist die Reduktion der Schnittstellen innerhalb eines Leistungsprozesses. Der Koordinationsbedarf zwischen den innerhalb eines Prozesses tätigen Mitarbeitenden wird also reduziert. Das eigentliche Koordinationsinstrument innerhalb eines Teilprozesses ist letztlich die Selbstabstimmung zwischen den Prozessmitarbeitenden (vgl. Bea/Göbel 2006: 368 ff.).

Reduktion der Schnittstellen

5.4.3.3 Prozessträger

Die Prozessorganisation wirkt sich stark auf die Arbeitsorganisation innerhalb der Prozesse aus. Das Hauptmerkmal liegt dabei auf einer Vergrößerung des Handlungsspielraums für die einzelnen Mitarbeitenden durch eine teamorientierte Arbeitsorganisation (vgl. unten stehendes Praxisfenster Nr. 13). Die Arbeitstätigkeiten innerhalb der Prozesse werden von sog. „Process Owners" oder Prozessmanagern gesteuert und von den Prozess-Teams bearbeitet (vgl. Abb. 43 und Osterloh/Frost 2006: 113 ff.).

Prozessträger innerhalb eines Kernprozesses

Abbildung 43

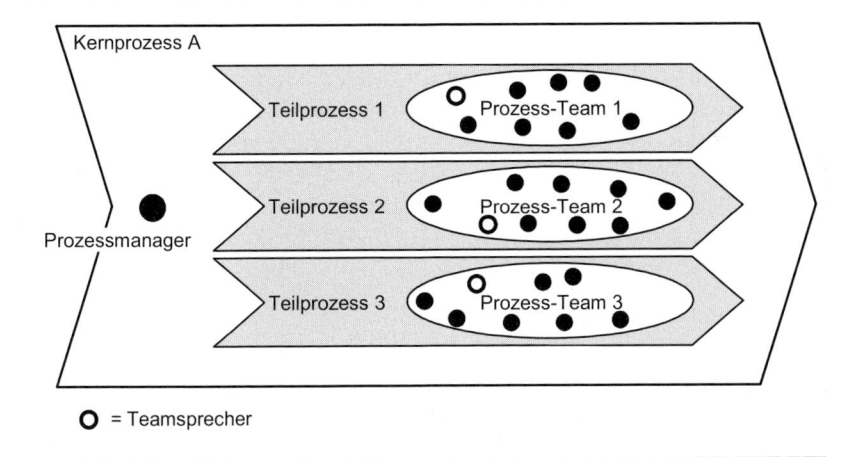

Der Prozessmanager ist für die gesamte Leistungskette eines Kernprozesses und die darin tätigen Personen verantwortlich. Ebenfalls kann für einzelne Teilprozesse eine verantwortliche Person bestimmt werden, woraus normale Unterstellungsverhältnisse und daraus folgende Verantwortlichkeiten wie bei den anderen Organisationsformen resultieren. Entsprechend der Teamorganisation hat der Teilprozessverantwortliche als Teamsprecher jedoch keine formal höhere Position gegenüber den anderen Teammitgliedern. Der

Prozessmanager

Prozessmanager ist für die Koordination der Teilprozesse untereinander sowie für übergeordnete Aufgabenbereiche zuständig.

Prozess-Teams Der Hauptunterschied zur Abteilungsstruktur besteht in den Prozess-Teams, welche für bestimmte Teilprozesse zuständig sind.

> „Die Teamarbeit ist insofern eine logische Folge der Prozessorientierung, als die größeren, zusammenhängenden Aufgabenbereiche (Prozesse) oft nicht allein von einer Einzelperson zu bewältigen sind." (Bea/Göbel 2006: 416 f.).

Der Teamarbeit wird eine wachsende Bedeutung zugestanden (vgl. Scholz 2000: 849 ff.). Unterschiedliche Fähigkeiten, Spezialisierungsgrade und ein gemeinsames Ziel kennzeichnen die Zusammensetzung eines Teams. Innerhalb eines Prozess-Teams existieren keine hierarchischen Unterordnungsverhältnisse. Es kann lediglich vorkommen, dass ein Teamsprecher das Team nach außen vertritt. Im Gegensatz zu einer Arbeitsgruppe herrschen in einem Team ein besonders starker Zusammenhalt und eine hohe Kooperationsbereitschaft. Das Prozess-Team ist primär durch die zwei folgenden Merkmale gekennzeichnet (vgl. Bea/Göbel 2006: 416 ff.; Osterloh/Frost 2006: 113 ff. und Ulich 2005: 215 ff.):

- Kundennähe
  Möglichst alle Prozess-Teams und deren Mitarbeitende sollten in Kundenkontakt stehen. Dieser kann durch direkten Leistungsaustausch, aber auch durch die Übernahme von Funktionen innerhalb des Mängelmanagements, der Service-Funktionen usw. geschehen. Dies steht im Gegensatz zu einer arbeitsteiligen Abteilungsstruktur, bei welcher nur die in der Leistungsabgabe tätigen Mitarbeitenden in Kundenkontakt stehen.

- Erweiterter Handlungsspielraum
  Gegenwärtig bezeichnet durch den Terminus „Empowerment" ist die Erweiterung des Handlungsspielraums durch autonomere Teams eine Folge der Prozessorganisation. Anspruchsvolle Tätigkeitsbündel und deren umfassende Bearbeitung durch eine Gruppe verlangen nach echter Delegation von Aufgaben, Verantwortung und Kompetenzen. Einerseits wird der Tätigkeitsspielraum des einzelnen Mitarbeiters durch „Job Enlargement" erweitert, andererseits entsteht durch die Vergrößerung des Entscheidungs- und Gestaltungsspielraums echte Delegation i. S. des „Job Enrichments". Dafür notwendig ist der Zugang zu den erforderlichen Informationen, welcher heute durch die informationstechnischen Möglichkeiten wesentlich vereinfacht wird. Die

Gestaltung der Strukturen innerhalb von Institutionen 5.4

Kontrollfunktion wird in erster Linie durch die Gruppe i. S. einer Selbstkontrolle wahrgenommen.

Insgesamt muss festgehalten werden, dass die Entwicklung einer reinen Prozessorganisation ein sehr anforderungsreiches Projekt für eine öffentliche Institution darstellt (vgl. Fallstudie Bundesamt für Landestopographie). Diese Struktur- und Prozessänderung ist kein rein formal-organisatorischer Akt, sondern erfordert neue Fähigkeiten und Verhaltensweisen, wie sie durch Personal- und Organisationsentwicklungsaktivitäten vermittelt werden. Zum einen ist das anzustrebende Kunden- und Produktdenken mit einer vollständigen Neuausrichtung aller Tätigkeitsbereiche verbunden, zum anderen verlangt die teamorientierte Arbeitsorganisation eine weitgehende Delegation sowie eine Abkehr vom bisherigen Hierarchieprinzip und dessen Arbeitsteilung mit dem Resultat einer Verflachung von gewachsenen Hierarchiegebilden. Abschließend werden Vor- und Nachteile der Prozessorganisation erörtert.

Vollständige Neuausrichtung

Vor- und Nachteile der Prozessorganisation

Tabelle 16

Vorteile	Nachteile
– Schnellere Leistungsprozesse, Verfahrensbeschleunigung durch Überwindung der Funktionsdominanz und Reduktion der Liegezeiten bei Verwaltungstätigkeiten	– Vernachlässigung der permanenten Förderung von Spezialistenwissen und -fähigkeiten
– Verminderung von Schnittstellen	– Gefahr einer Überstrapazierung der Kundenorientierung im Gegensatz zur Ressourcenorientierung im staatlichen Bereich
– Komplexitätsreduktion durch Begrenzung auf einige wenige Kernprozesse	– Gefahr der „Doppelbearbeitung" von Kunden durch unterschiedliche Process-Owners
– Strategie- und Kundenausrichtung	
– Erhöhung der Innovationsfähigkeit durch Integration der Kundenperspektive	– Überadministration bei der Optimierung von Prozessen bis ins letzte Detail
– Kostensenkung durch Konzentration auf Kernaktivitäten und Auslagerung, Elimination nicht wertschöpfungsrelevanter Sekundärprozesse	– Zu starke Hierarchieverflachung kann zu Konflikten führen
– Qualitätsverbesserung durch Integration der Kundenperspektive	– Gefahr der Prozessorientierung ohne konsequente Übernahme der Teamstruktur

Ebenso weitreichende Folgen hat die Prozessorganisation auf die Anreizsysteme als Teil des Personalmanagements. Strategie-, team- und fähigkeitsorientierte Anreizsysteme sind eine logische Konsequenz dieser Organisationsform. Dies im Gegensatz zu den in den letzten Jahren vermehrt aufgekommenen individualorientierten Entlohnungssystemen im öffentlichen Sektor (vgl. Kapitel 6).

Anreizsysteme

Wolfgang Kärcher

*Bereichsleiter Arbeitgeber,
Agentur für Arbeit,
Heilbronn*

Praxisfenster Nr. 13:
Von der Bundesanstalt für Arbeit zum modernen Dienstleister

Die Bundesagentur für Arbeit als Nachfolgerin der Bundesanstalt für Arbeit hat in den vergangenen Jahren mehrere Reformprozesse durchlaufen. Auf den ersten Blick scheint es, als würde der zweite, aus politischen Entscheidungen resultierende, grundlegende Reformprozess die unter dem Titel „Arbeitsamt 2000" vorangegangenen Veränderungen in Frage stellen. Bei genauerer Betrachtung wird jedoch sehr schnell offensichtlich, dass eine deutliche Akzentverschiebung stattgefunden hat. Gleichzeitig kann der Beweis erbracht werden, dass die vorangegangenen Reformschritte in verschiedener Hinsicht den Boden für das „Kundenzentrum der Zukunft" bereitet haben, welches aktuell das Gesicht der Arbeitslosenversicherung und Arbeitsvermittlung in der Bundesrepublik Deutschland verändert.

1. Was war das Arbeitsamt 2000?

Die Reform unter dem Titel „Arbeitsamt 2000" zielte darauf ab, die über Jahrzehnte verfestigte Spartenorganisation (Arbeitsvermittlung, Leistungsgewährung, Berufsberatung, interne Verwaltung) aufzubrechen. Ziel war eine teamorientierte Arbeit, bei der die Mitarbeiter in die Gestaltung der Prozesse eingebunden sind. Innerhalb der Teams gab es keine formalen Hierarchien. Alle Dienstleistungen an den Kunden sollten aus einer Hand erbracht werden. Der Teamleiter stand außerhalb des Teams. Er führte mehrere Teams und war von ausführenden Aufgaben freigestellt. Die Ziele der Reform lauteten: Dienstleistungsorientierung, Effektivität, Effizienz und Mitarbeiterorientierung. Die zu erreichenden Ziele der Teams wurden in Form eines differenzierten Dialogs vereinbart.

Eigens ausgebildete Organisations-Entwicklungs-Begleiter wurden aus der Belegschaft der Arbeitsämter gewonnen und für die Einführung der neuen Organisationsform in den Ämtern für mehrere Monate eingesetzt. Ihre Aufgabe war es, die Führungskräfte auf ihre neue Rolle vorzubereiten und den gesamten Umorganisationsprozess im Arbeitsamt zu begleiten. Alle Mitarbeiter wurden in mehrtägigen Seminaren auf teamorientiertes Arbeiten vorbereitet.

2. Vom Arbeitsamt 2000 zur Agentur für Arbeit

Die politische Entscheidung, den Reformprozess „Arbeitsamt 2000" abzubrechen, traf die Arbeitsämter in unterschiedlichen Stadien. Während einzelne bereits in der neuen Organisationsform arbeiteten und die neuen, teamorientierten Strukturen mit den damit verbundenen Gremien, Qualitätszirkeln etc. eingeführt hatten, wurden andere aus dem Reformprozess gerissen. Weitere befanden sich noch in der ursprünglichen Spartenorganisation.

Gestaltung der Strukturen innerhalb von Institutionen 5.4

Ausgehend vom Beschluss der Bundesregierung, die Arbeitsmarktpolitik durch die Kommission „Moderne Dienstleistungen am Arbeitsmarkt", die „Hartz-Kommission", auf den Prüfstand zu stellen, wurden auf der Grundlage der Empfehlungen dieser Kommission und dem Beschluss der Bundesregierung, diese möglichst 1:1 umzusetzen (Gesetz für moderne Dienstleistungen am Arbeitsmarkt – „Hartz I – IV") , sämtliche Fachprozesse auf ihre Wirtschaftlichkeit und Wirksamkeit überprüft. Gemäß dem Prinzip des „Förderns und Forderns" und dem sich daraus ergebenden Dienstleistungskatalog wurden die Aufgaben der Organisation mit Prozessen hinterlegt, die in insgesamt mehr als 25 Projektgruppen unter Begleitung führender Wirtschaftsberatungsunternehmen erarbeitet wurden. Ziel war es, durch die Standardisierung der Prozesse eine einheitliche Dienstleistungsqualität in allen Agenturen sicherzustellen. Von den Ergebnissen der Projektgruppen - soweit sie von der Geschäftsführung der Bundesagentur für Arbeit übernommen wurden - leiteten sich die Qualifikationsanforderungen an die Mitarbeiter und die Organisationsstrukturen der neuen „Agenturen für Arbeit" ab. Diese neuen Strukturen sind mittlerweile bundesweit implementiert. Hierzu zählt nicht zuletzt die stützpunktartige Einrichtung von Service Centern, durch die die telefonische Erreichbarkeit der Agenturen deutlich optimiert werden konnte.

3. Resümee

Im laufenden Reformprozess zeigt sich, dass diejenigen Agenturen, welche in den vorangegangenen Jahren die Gelegenheit genutzt hatten, alte Strukturen aufzubrechen, die Mitarbeiter auf teamorientiertes Arbeiten und die klare Ergebnisverantwortung der Teams vorzubereiten, einen Vorteil gegenüber denjenigen Agenturen haben, die noch in den ursprünglichen Strukturen verhaftet waren. Die Agenturen, die aus dem „Arbeitsamt 2000" heraus die neuen Reformanstrengungen unternahmen, profitierten von der Reformerfahrung der Mitarbeiter, ihrer Flexibilität in der Wahrnehmung neuer Aufgaben und deren Fähigkeit, ihr Wissen in die Gestaltung neuer Prozesse einzubringen.

Fallstudie:
Von der divisionalen Organisation zur Prozessorganisation im Bundesamt für Landestopographie

1. Ausgangslage

Das Bundesamt für Landestopographie (swisstopo) der schweizerischen Bundesverwaltung ist für die Landesvermessung, für die Erstellung des Landeskartenwerkes sowie für die amtliche Vermessung zuständig und führt die Koordinationsstelle für geografische Informationssysteme (KOGIS). Als Bundesamt mit einem starken Betriebscharakter i. S. eigenständiger Produktions- und Vertriebsabteilungen erkannte die swisstopo bereits 1993, dass ihr Freiraum zu unternehmerischem Handeln in der Zentralverwaltung zu klein war. Insbesondere das Spannungsfeld zwischen erhöhten Kunden- und Marktanforderungen mit privatwirtschaftlichen Konkurrenten in der Kartenherstellung, die rasanten technologischen Entwicklungsschritte, abnehmende Bestelleingänge des staatlichen Verteidigungsdepartements sowie Privatisierungs- und Transparenzforderungen von politischer Seite zwangen die Amtsführung zum Handeln. Aus diesem Grund beteiligte sich die damalige Leitung des klassischen Bundesamts an der Amtsdirektorengruppe „Erweiterter Handlungsspielraum" und führte bereits zu jener Zeit Teamentwicklungskurse durch. Das 1995 in Angriff genommene und 1997 umgesetzte Projekt „Führen mit Leistungsauftrag und Globalbudget FLAG" brachte neben der Einführung neuer Steuerungsinstrumente auch die Umgestaltung der Organisationsstrukturen mit sich. Im Folgenden wird dieser Entwicklungsprozess im Bundesamt für Landestopographie exemplarisch erläutert.

2. Der Strukturwandel im Bundesamt für Landestopographie

Seit der Umsetzung des FLAG-Programms unter Mithilfe des Eidgenössischen Personalamtes EPA, des zuständigen Departements für Verteidigung, Bevölkerungsschutz und Sport (VBS) und eines externen Beraters kam dem Strukturwandel eine zentrale Rolle im Veränderungsprozess zu. Ausgehend von der ursprünglich divisionalen Organisation wurde über den Zwischenschritt der Einführung einer Matrixorganisation Anfang 2000 eine Prozessstruktur realisiert.

Von der divisionalen Organisation zur Matrix

Die vor dem FLAG-Prozess 1996 bestehende divisionale Organisationsform war bereits ein Ergebnis mehrerer Veränderungsprozesse (vgl. Abb. 1). Die Kernforderung von FLAG nach mehr Kunden- und Ergebnisorientierung verlangte im damaligen Bundesbetrieb ein grundsätzliches Umdenken. Bisher war der Schwerpunkt auf die fachlich und qualitativ einwandfreie Produktion von Landeskarten gerichtet. Insofern kann das Kartenwerk der swisstopo auch im internationalen Vergleich als einmalig angesehen werden.

Gestaltung der Strukturen innerhalb von Institutionen

5.4

Abbildung 1: Divisionale Organisationsform der swisstopo bis 1997

```
                                    Direktor
                    ┌──────────────────┴──────────────────┐
           Stabsstelle Informatik              Stabsstelle Personal,
                                            Information, Betriebsanlagen
   ┌──────────────┬──────────────────┬──────────────────┐
 Abteilung      Abteilung          Abteilung          Kommerzieller Dienst
 Geodäsie       Topographie        Kartographie und   und Controlling
                                   Reproduktion
   │              │                  │                  │
 Sektion        Sektion            Sektion            Rechnungswesen
 Geodätische    Topographische     Topographische
 Grundlagen     Grundlagen         Kartographie
   │              │                  │                  │
 Satelliten-    Sektion            Sektion Thematische Beschaffung und
 Geodäsie       Photogrammetrie    Kartographie       Projekte
                und Fernerkundung
   │              │                  │                  │
 Sektion        Sektion            Dienststelle       Kartenvertrieb
 Fixpunkte      Topographisches    Photographie       und Logistik
                Informationssystem
   │                                 │                  │
 Fixpunkt-                         Dienststelle        Marketing und
 Dokumentation                     Druckerei          Werbung
   │                                 │
 Dienststelle                      Dienststelle Arbeitsvor-
 Landesgrenze                      bereitung und Repro-
                                   bewilligungen
```

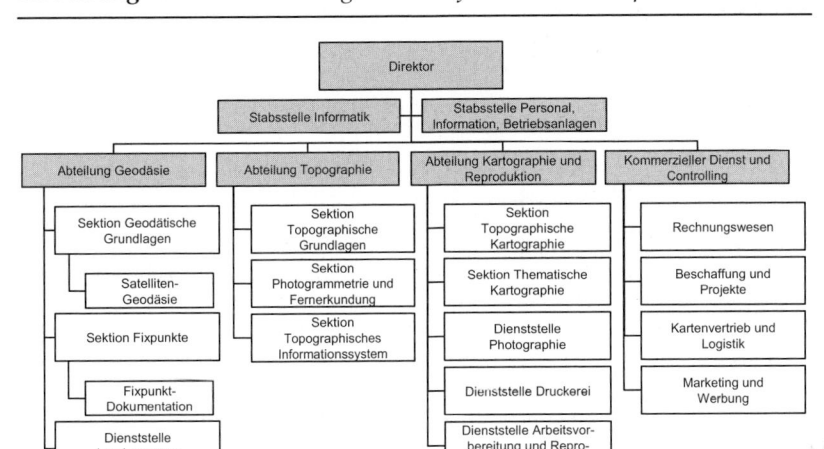

Die Matrixorganisation bot zu diesem Zeitpunkt eine geeignete Lösung zur Verbesserung der Kunden- und Produktorientierung und wurde zu Beginn des FLAG-Programms 1997 eingeführt. Die Sparten der divisionalen Organisation wurden in der Folge mit den neu gebildeten Produktgruppen in eine gemeinsame zweidimensionale Struktur integriert. Die Produktionsabteilungen blieben für das Know-how und die Produktionskapazitäten verantwortlich. Die Produktgruppenverantwortlichen und die Produktmanager waren für die Produktgestaltung und -steuerung zuständig. Bestimmten Letztere den zu erbringenden Output („Was"), so waren die Produktionsabteilungen für die Verfahrenslösungen und die Methodik („Wie") zuständig. Daneben existierten weiterhin die Stabsstellen Personal, Informatik und Kommerz (Finanzen, Marketing, Controlling und Logistik), welche die Rahmenbedingungen für die Betriebsführung garantierten. Die Schnittstellen zwischen den beiden Matrixdimensionen wurden jeweils nach den Kriterien Verantwortung und Mitarbeit unterschieden (vgl. Abb. 2).

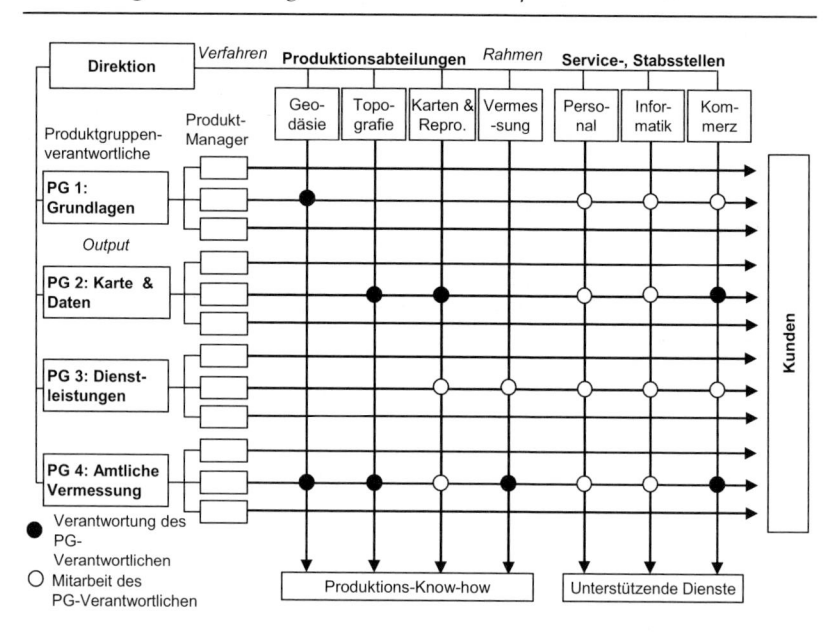

Abbildung 2: Matrixorganisation der swisstopo 1997 bis 2000

Eine klare Kompetenzabgrenzung zwischen Produktionsabteilungen und Produktgruppenverantwortlichen wurde letztlich aber bewusst vermieden. Einerseits durch die Besetzung der Leitungsposten einer Produktionsabteilung und einer Produktgruppe durch teilweise dieselbe Person. Dadurch kam es nicht zu der in einer Matrixorganisation beabsichtigten Kompetenzaufteilung und daraus folgenden konstruktiven Verhandlungs- und Zielfindungsprozessen. Andererseits lag die Ressourcenverantwortung bezüglich Finanzen und Personal weiterhin bei den Produktionsabteilungen, wodurch den Produktgruppenchefs in ihrer grundlegenden Aufgabe der Outputbestimmung die Hände gebunden waren. Diese Verteilung zusammengehöriger Aufgaben, Kompetenzen und Verantwortungen auf unterschiedliche Stellen verhinderte letztlich ein gutes Funktionieren der Matrix in der swisstopo. Diese Mängel der Neuorganisation wurden aber bewusst in Kauf genommen. Zum einen aus Kapazitätsgründen, zum anderen weil nur so die im Reformprogramm FLAG erforderliche Produktgruppenstruktur schnell und ohne große Reorganisation des gesamten Amtes in die Struktur aufgenommen werden konnte. Denn es stand im Januar 1999 noch die Integration der Amtlichen Vermessungsdirektion in die swisstopo bevor, deren Eingliederung den Beginn des umfassenden Strukturwandels zur Prozessorganisation einleitete.

Die von den Autoren durchgeführte Evaluation der Reformmaßnahmen in der swisstopo verdeutlicht diverse Erfahrungen der Amtsverantwortlichen. Bei der 1999 durchgeführten Befragung aller Mitarbeitenden des Bundes-

Gestaltung der Strukturen innerhalb von Institutionen 5.4

amtes berichtete nur rund ein Viertel, dass durch die Organisationsveränderung mehr Entscheidungsspielraum entstanden sei. 73 Prozent der Befragten waren gegenteiliger Meinung. Am stärksten zugenommen haben fachliche Diskussionen und Koordinationsgespräche, was von 38 resp. 58 Prozent der Befragten bejaht wurde. Hingegen gaben 93 Prozent an, dass sich die Entscheidungsprozesse nicht beschleunigt hätten. Daraus kann geschlossen werden, dass die Zunahme der Koordinationsgespräche nicht der Entscheidungsfindung diente. Insgesamt wurde die organisatorische Veränderung mehrheitlich kritisch beurteilt (vgl. Thom et al. 1999: 43 ff. und Ritz 2003a).

Es zeigt sich an diesem Beispiel, dass die genaue Kompetenzabgrenzung und die vorgängig klare Trennung von Produktionsabteilungen sowie Unterstützungs- oder Querschnittsfunktionen den Erfolg einer Matrixorganisation wesentlich mitbestimmen. Erst dann kann die beabsichtigte Konfliktaustragung innerhalb der Matrix positiv zum Tragen kommen.

Prozessorganisation der swisstopo

Zum 1. Januar 2000 wurde im Rahmen eines anschließenden Reorganisationsprojektes die in der Matrixorganisation weiter bestehende Struktur mit den in der Bundesverwaltung üblichen Abteilungen und Sektionen aufgehoben. Diese Reorganisation kennzeichnet den geplanten letzten Schritt im Rahmen des FLAG-Projektes in der swisstopo und entstand vor dem Hintergrund des Wechsels in der Amtsleitung und einer Überarbeitung der Amtsstrategie und des Leistungsauftrags. Zusätzlich wurde eine optimale Integration der Amtlichen Vermessungsdirektion in die swisstopo angestrebt. Die neue Prozessorientierung stützt sich auf die vier ursprünglichen Produktgruppen der swisstopo ab (vgl. Abb. 3).

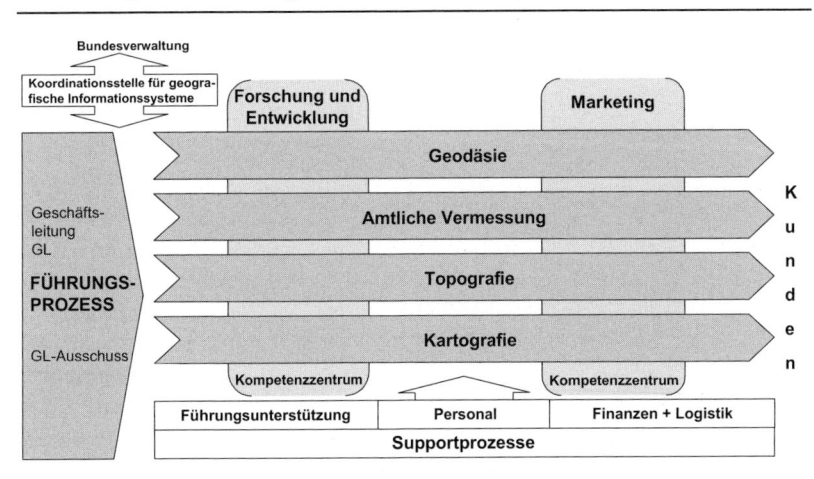

Abbildung 3: Prozessorganisation der swisstopo seit Januar 2000

Verglichen mit der vorherigen Matrixorganisation wurde die Produktions- und Produktverantwortung wieder zusammengefügt. Somit verfügen die Prozessleiter über die zur Outputbestimmung notwendige Kompetenz bezüglich des Ressourceneinsatzes. Das Kompetenzzentrum Forschung und Entwicklung gilt als wissensbasierte „Zukunftswerkstatt" und soll die qualitativ hoch stehende Grundlagenarbeit im Bundesamt weiterhin gewährleisten. Das Kompetenzzentrum Marketing soll längerfristig zu einer neuen Kernkompetenz der swisstopo ausgebaut werden und die Kundenorientierung weiterentwickeln, indem z. B. im Rahmen eines Key Account Managements Kundengruppen spezifisch bearbeitet werden. Dabei setzen sich diese beiden Kompetenzzentren aus Mitarbeitenden zusammen, die alle, außer dem Zentrumsleiter, auch eine Funktion in den Kernprozessen wahrnehmen. Eine Änderung erfolgte ebenfalls in den Unterstützungsfunktionen (Supportprozessen), welche bis anhin immer weniger effizient organisiert waren als die wertschöpfenden Aufgabenbereiche des Bundesamts. Die bisherigen Verantwortlichen für Unterstützungsaufgaben waren oft noch zusätzlich mit fachfremden Aufgaben beschäftigt (z. B. der Personalchef mit Infrastrukturaufgaben). Neu haben sie klar abgegrenzte Kompetenzbereiche, welche ihren Qualifikationen entsprechen. Die Koordinationsstelle für geografische Informationssysteme erfüllt eine Querschnittsfunktion für die ganze Bundesverwaltung, was geografische Informationssysteme und Daten anbelangt.

Alle Kernprozesse sind ihrerseits wieder in Prozesse, Teilprozesse und Teams heruntergebrochen. Jede Teilprozesstätigkeit resultiert letztlich in einzelnen Produkten und Teilprodukten, die mit der Arbeitszeiterfassung sowie den Kostenstellen der Kostenrechnung verbunden sind (vgl. Abb. 4).

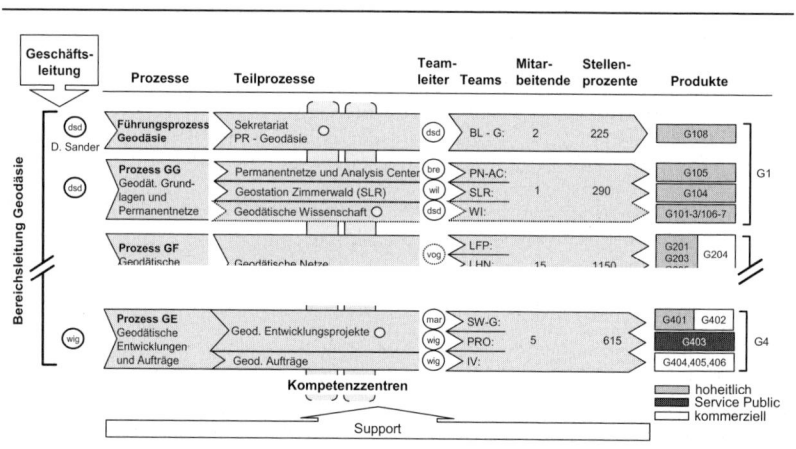

Abbildung 4: Prozessorganisation des Kernprozesses (verkürzt)

5.4 Gestaltung der Strukturen innerhalb von Institutionen

Als eines der entscheidensten Erfolgsmerkmale des gesamten Reformprozesses in der swisstopo nennt der Amtsdirektor die von Anfang an durchgeführte Teamentwicklung, die mit der Geschäftsleitung begann und mit den übrigen Kadern fortgesetzt wurde. Dies wurde, indem für alle Teilprozesse selbständige Prozess-Teams verantwortlich sind, konsequent in der neuen Prozessorganisation weitergeführt.

3. Ergebnisse der Reorganisation

Aufgrund des Strukturwandels mit der Einführung der Prozessorganisation konnten aus Amtssicht die folgenden Verbesserungen realisiert werden (vgl. Gerber/Dietrich 2000):

- Der produktgruppenbezogene Aufbau des Leistungsauftrags des Bundesrates findet sein Abbild in der Organisationsstruktur; die Verantwortung für die Zielerreichung kann so klar zugeordnet werden.
- Die kritischen Schnittstellen zwischen den Kernprozessen werden mit Service Level Agreements zur Leistungsvereinbarung in zeitlicher, qualitativer und quantitativer Hinsicht zwischen den Prozessen geregelt.
- Die personellen und finanziellen Mittel befinden sich in der Hand der Produktgruppen- oder Kernprozessleiter; für Leistungen der Supportbereiche sind klare Dienstleistungsvereinbarungen vorgesehen.
- Die bisherige Produktionsorientierung wird bis zu einem gewissen Grad einer noch stärkeren Kundenausrichtung Platz machen.

Aus dem Reorganisationsprozess wurden folgende Schlüsse gezogen:

- Die Einführung der Prozessorganisation ist als Schritt in einem ganzheitlichen Veränderungsprozess zu betrachten. Die Entwicklung einer strategischen Ausrichtung – insbesondere die Definition der Produkte, die Identifikation der Kunden und der eigenen Kernkompetenzen – muss der Gestaltung der Prozesse und der Strukturen vorangehen.
- Bei der Zusammensetzung der Projektteams ist auf eine angemessene Partizipation zu achten, d. h. dass die mit der späteren Umsetzung betrauten Kader und Spezialisten, aber auch Vertreter des Personals, bereits in der Konzeptionsphase mit einbezogen werden.
- Die Prozessorganisation muss von innen her gestaltet, getragen und später „ertragen" werden. Beratern kommt im Prozess nur eine unterstützende Rolle zu.

Der Strukturwandel in der swisstopo zeigt einen mehrstufigen Reorganisationsprozess auf, der trotz einer provisorischen Übergangslösung mittels einer Matrixorganisation zu einem klaren Ziel führte. Dies ist nach Aussagen der Amtsleitung aber auch nach den Beobachtungen der Evaluatoren sicherlich das Resultat einer sehr transparenten, partizipativen und zielorientierten Reformpolitik, die im Amt verfolgt wurde.

Führung und Förderung durch ein erweitertes Personalmanagement

Kapitel 6

Betrachtet man die Stellung des Personals im öffentlichen Sektor, dann lässt sich in den letzten Jahren ein bedeutender Wechsel beobachten. Während sich in der privaten Wirtschaft im Laufe der 1970er und 1980er Jahre ein eigenständiger Zweig „Personalwesen" herauskristallisierte, der neben betriebswirtschaftlichen Kenntnissen auch Aspekte der Psychologie und Soziologie integrierte, dominierte im öffentlichen Sektor lange Zeit die Beeinflussung des „Personenstandswesens" durch die Rechtswissenschaften mit den Schwerpunkten der exakten Einreihung, langfristiger Anstellungen und der pflichtgemäßen Aufgabenerfüllung für den „Dienstherrn". Eine eigenständige Personallehre für den öffentlichen Sektor wurde nicht entwickelt (vgl. Reichard 1987: 227 ff.). Die Querschnittsfunktion Personal mit neuen Schwerpunkten wuchs in den letzten Jahren am ehesten aus der bestehenden Personaladministration heraus.

6.1 Personalfunktion innerhalb des IOP-Konzepts

Als vierte zentrale Dimension, die den Wandel im öffentlichen Sektor gezielt ermöglicht, wird nach dem Innovations- und Informationsmanagement sowie der organisatorischen Gestaltung auf das Personalmanagement eingegangen. Das Personalmanagement als Instrumentarium zur Veränderung von Motivation und Qualifikation der Mitarbeitenden staatlicher Institutionen ist eingebettet in das Spannungsfeld zwischen dem Kulturwandel und dem Struktur- bzw. Prozesswandel (vgl. auch Wagner 1998: 39). Neue Einstellungen und Kulturwerte verändern die Mitarbeiterführung grundlegend und ermöglichen eine Motivationssteigerung im Falle eines demotivierten, eher gleichgültig und routinemäßig arbeitenden Personals oder die Aktivierung bestehender, aber nicht freigesetzter Leistungsbereitschaft.

Motivations- und Qualifikationssteigerung

Die Reformen des Public Managements der 1990er Jahre verlagerten den Fokus weg von der traditionellen Personenbewirtschaftung zu einer motivations-, qualifikations-, leistungs- und flexibilitätsfördernden Personalfunktion. Unterdessen nähern sich die Personalabteilungen und deren Funktionsverständnis immer mehr den Inhalten vergleichbarer Einheiten der Privatwirtschaft an, und auch in der wissenschaftlichen Literatur setzt sich langsam ein „State of the Art" eines „Human Resource Managements" für den öffentlichen Sektor durch (vgl. z. B. Hopp/Göbel 2004; Duelli 1999; Wagner 1998; Korintenberg 1997 und Vaanholt 1997).

Human Resource Management

In diesem Sinne soll für die folgenden Ausführungen ein Ziel des Personalmanagements öffentlicher Institutionen gelten:

> Das Personal als wichtigste Ressource, aber auch kritischer Faktor öffentlicher Institutionen soll zeitgemäß, vorbildlich und mittels neuester Erkenntnisse der Personalmanagementlehre geführt werden.

6.2 Problembereiche im Personalmanagement

Das Personalwesen öffentlicher Institutionen leidet an grundsätzlichen Problemen, welche einen bedeutenden Einfluss auf die häufig beklagten Mängel des öffentlichen Sektors haben (vgl. auch nachfolgendes Praxisfenster Nr. 14). Es sind dies v. a. die fehlende Leistungsmotivation, der Beamtenstatus, fehlende Entwicklungs- und Ausbildungsmöglichkeiten, mangelhafte Anreiz- und Belohnungsstrukturen sowie Beförderungsautomatismen und ein Modernisierungsbedarf in der Personalauswahl. In den folgenden Abschnitten werden diese hauptsächlichen Problembereiche erläutert.

6.2.1 Fehlende Leistungsmotivation

Unausgeschöpfte Leistungspotenziale

Das Personal der öffentlichen Hand wird nicht selten als leistungsträge und zu wenig leistungsfähig bezeichnet. Pflichtbewusst und exakt seien sie, doch kaum effizient und innovativ. Hinzu kommen die rechtlichen Vorschriften im öffentlichen Dienst, welche einen leistungsorientierten Personaleinsatz verhindern. Angesichts der arbeitsteiligen sowie hierarchischen Verwaltungsorganisationen und entsprechend fehlender Ergebnisverantwortung der einzelnen Aufgabenträger wird die Leistungsmotivation gar nicht erst erzeugt. Klages stellt anhand seiner langjährigen Erfahrungen mit Mitarbeiterbefragungen im öffentlichen Sektor diese Behauptung jedoch in Frage (vgl. Klages 1998: 53 ff.). Demnach bilden nicht die fehlende Leistungsmotivation oder tiefe Arbeitsbelastung, sondern vielmehr die unausgeschöpften Leistungspotenziale und die nicht genutzte Leistungsbereitschaft den Kern der Problematik.

> Mitarbeitende der öffentlichen Hand sind teilweise sogar zu einer Mehrbelastung bereit und fühlen sich eher unter- als überfordert.

6.2 Problembereiche im Personalmanagement

Angesichts dieser Tatsache und der Feststellung, dass der Arbeitsinhalt einen nicht unwesentlichen Motivator für öffentliche Bedienstete darstellt (vgl. OECD 1997), geht es also um die Frage, wie Mitarbeitende öffentlicher Institutionen angemessen gefordert und zu höherer Arbeitsleistung motiviert werden können. Fehlende Leistungsmotivation und -bereitschaft sind jedoch kein spezifisches Problem der öffentlichen Verwaltung, sondern auch in privatwirtschaftlichen Institutionen anzutreffen.

6.2.2 Beamtenstatus

Der Beamtenstatus als Haupthindernis des fehlenden Leistungseinsatzes öffentlicher Bediensteter verliert aufgrund dieser Erläuterungen an Gewicht, prägt aber dennoch mehrheitlich den Personaleinsatz in den deutschsprachigen Ländern, im Gegensatz zu den skandinavischen Ländern, wo es kaum mehr eine Unterscheidung zwischen Angestellten und Beamten im öffentlichen Sektor gibt.

In der Schweiz zeichnet sich der Beamtenstatus durch die Wahl auf eine bestimmte Amtsdauer (i. d. R. vier Jahre) und einen für diesen Zeitraum geltenden Kündigungsschutz aus. Die Befristung des Beamtenverhältnisses aufgrund der automatischen Verlängerung der Amtsdauer war letztlich nur noch eine Fiktion (vgl. Michel 1998: 3 ff.). Seit Januar 2002 gilt in der Bundesverwaltung ein neues Personalgesetz, wonach alle Anstellungen öffentlich-rechtlicher Natur sind und unbefristet gelten (vgl. Bundesversammlung 2000). Im Vergleich zur Privatwirtschaft kommt dem Bundespersonalgesetz eine Vorbildrolle zu, indem es verantwortungsvolle Anstellungsbedingungen für Familie und Gesellschaft fördert. Es enthält aber auch alle Elemente eines zeitgemäßen Personalmanagements wie Kaderförderung, Mitarbeiterbeurteilung und ein leistungs- bzw. zielorientiertes Entlohnungssystem.

Vorbildliche Arbeitsbedingungen

In Deutschland hingegen ist die „Verbeamtung" mit einem Verbleib im öffentlichen Dienst auf Lebzeiten verbunden. Die überwiegende Mehrheit der Beschäftigten unterliegt der dauerhaften Beschäftigungsgarantie des öffentlichen Dienstes. Trotzdem ist im vergangenen Jahrhundert die Gruppe der Angestellten im Vergleich zu den Beamten laufend angestiegen und erreicht mittlerweile ein Drittel des Personalbestandes im öffentlichen Dienst (vgl. Kühnlein/Wohlfahrt 1996: 10 ff.). Auch in Österreich sind in erster Linie „ernannte berufsmäßige Organe" mit der Führung der Verwaltung vertraut. Abgesehen von den Hoheitsaufgaben der Kernverwaltung ist aber auch hier eine gewisse Aufweichung des ursprünglich strengen, die

Dienst auf Lebzeiten

Beamten bevorteilenden Funktionsvorbehalts zu beobachten. Dennoch scheint das lebenslängliche, unkündbare Beamtenverhältnis ein weiterhin geltendes Prinzip des öffentlichen Dienstes zu sein, das sich für die nächsten Jahre als schwer überwindbar erweisen wird (vgl. Hartmann/Pesendorfer 1998: 353 ff.).

Problempunkte Problematischer erscheinen die Auswirkungen des Beamtenrechts jedoch hinsichtlich folgender Aspekte (vgl. zu den folgenden Ausführungen v. a. Michel 1998 und Vaanholt 1997: 253 ff.):

- Mobilität im öffentlichen Dienst
- Chancen auf dem Arbeitsmarkt von öffentlich Bediensteten
- Flexibilität im Tätigkeitsfeld aufgrund der Dienstpflichten des Staatspersonals
- Hindernis für einen bedarfs- und personengerechten Personaleinsatz
- Einschränkung bei der Personalfreistellung
- Steuerung der Personalkosten

Diese Aspekte überlappen sich teilweise, drücken jedoch die Hauptproblematik des Beamtenstatus aus:

> **Die fehlende Flexibilität aufgrund einer überhöhten Statusorientierung verhindert in erster Linie einen optimalen Personaleinsatz sowie die eigene Laufbahnentwicklung des Personals im öffentlichen Sektor.**

Gestiegene Mobilitätsanforderungen Die Mobilität öffentlicher Bediensteter wird zum einen durch die teilweise existierende Wohnsitzpflicht, zum anderen durch die beabsichtigte Kontinuität der Amtsführung erschwert. Aufgrund der Unvereinbarkeit der Wohnsitzpflicht mit der Niederlassungsfreiheit besteht eine Tendenz zur Abschaffung dieser Verpflichtung. Durch die Wahl (Ernennung) auf unbegrenzte Beschäftigungsdauer erlangt der langjährige Beamte Spezialistenkenntnisse, woraus sich der öffentliche Arbeitgeber eine kompetente und kontinuierliche Aufgabenerledigung erhofft. Problematisch sind jedoch die negativen Auswirkungen von Dauerstellen: Betriebsblindheit, Überperfektion, Verlust an Eigenkritik, abnehmende Kreativität und Innovationsbereitschaft usw. Angesichts der heutigen Mobilität in der Privatwirtschaft und der geänderten Werthaltungen bezüglich der Loyalität zwischen Arbeitgeber und Arbeitnehmer wird der vom Staat garantierte Kündigungsschutz oft nicht mehr durch entsprechende Gegenleistungen erwidert. Der Staat kann den Beamten nicht für die

Problembereiche im Personalmanagement 6.2

Amtsdauer verpflichten, denn der Beamte kann seine Stelle von sich aus kündigen oder ein Entlassungsgesuch stellen.

Ein weiterer großer Nachteil des Amtsdauersystems und der Stellengarantie ist die Erhaltung von Arbeitsplätzen, Funktionen bis hin zu ganzen Abteilungen über Jahre hinweg. Deren Notwendigkeit ist aber oft aufgrund veränderter Umweltbedingungen, neuer Anforderungen an den öffentlichen Sektor und veränderter strategischer Zielsetzungen nicht mehr gegeben.

Bremse des Strukturwandels

Der Beamte unterliegt einer Vielzahl von Pflichten. So z. B. der Aufgabenerfüllungspflicht, der Befolgungspflicht dienstlicher Anweisungen der Vorgesetzten, der Geheimhaltungspflicht, der Treuepflicht usw. Abgesehen von den zweckmäßigen und positiven Auswirkungen für die Leistungserfüllung können diese Grundwerte des Beamten sein Denken und Tun einschränken. Erkannte Fehlentscheide der Vorgesetzten werden nicht hinterfragt, Missstände bleiben verdeckt oder dringend notwendige Tätigkeiten werden wegen fehlender Anweisung verschleppt.

Kehrseite der Beamtenpflicht

Die zunehmende Durchlässigkeit des öffentlichen und privatwirtschaftlichen Arbeitsmarktes erfordert eine entsprechende Mobilitätsbereitschaft bei den Arbeitnehmenden. Die staatliche Beamtenkarriere ist jedoch oft sehr linear und die zunehmende Spezialisierung erschwert den Wechsel in andere Funktionen oder Branchen. Hier kommt öffentlichen Institutionen die Verantwortung zu, Bedienstete nicht durch rechtliche Vorschriften an den Staat zu binden oder zu verhindern, dass durch allzu langes Verbleiben auf bestimmten Positionen Qualifikationsdefizite entstehen. Die Erhaltung der Arbeitsmarktfähigkeit von Mitarbeitenden gehört ebenso zur Aufgabe des Arbeitgebers wie des Arbeitnehmers. Systemimmanente Hinderungsfaktoren wie das Beamtenrecht sind diesbezüglich kritisch zu hinterfragen (vgl. Heiling 2005: 22).

Durchlässigkeit des Arbeitsmarktes

Beamte können nur schwerlich versetzt werden. Die Aufgabeninhalte lassen sich nicht an die Wahlperiode anbinden und erfordern oft schnellere Versetzungs- oder Anpassungsschritte beim Personaleinsatz. Dies stellt eine zusätzliche Schwierigkeit bei Verwaltungsreformen dar. Deren Umsetzungszeitpunkte und Veränderungsmaßnahmen können nicht der Amtsdauer angepasst werden, wodurch sich personelle und strukturelle Erneuerungen verzögern oder gar nicht erst angegangen werden. Damit verbunden sind auch die erschwerten Freistellungsbedingungen. Eine Entlassung vor Ablauf der Amtsdauer oder Nicht-Wiederwahl ist oft nur bei schweren disziplinarischen Verstößen, dauernder Krankheit oder unter Umständen bei Aufhebung der Stelle möglich. Die damit verbundenen rechtlichen Schritte einer angeordneten Untersuchung des Tatbe-

Schnellere Versetzungsschritte

standes und Gewährung des rechtlichen Gehörs sind zwar eine positive Schranke gegen die Willkür der Vorgesetzten, behindern aber auch angemessene Freistellungsmaßnahmen bei nicht genügender Leistung, Stellenaufhebung usw.

> **Die Auflösung eines Arbeitsverhältnisses dient nicht nur dem Arbeitgeber, sondern kann auch sinnvoll und zweckmäßig für die künftige berufliche Entwicklung des Arbeitnehmers sein.**

Dabei gilt es aber zu beachten, dass Freistellungen sozialverträglich gehandhabt werden und dem Entlassenen eine gute Chance für die zukünftige Erwerbsarbeit angeboten wird. Die bisher sehr zurückhaltende Freistellungspolitik öffentlicher Institutionen zeigt deren Vorbildrolle. Andererseits gilt es zu bedenken, dass gerade in Verwaltungsbetrieben die Personalkosten aufgrund der personalintensiven Aufgaben einen recht hohen Anteil an den Gesamtkosten ausmachen. Ein Ansteigen der Personalkosten wird gegenwärtig oft durch Personalstopps verhindert, was aber für das Gleichgewicht der Personalstruktur eine äußerst ungünstige Maßnahme darstellt. Insofern ist die Steuerung von Personalstruktur und Personalkosten längerfristig zu planen. In der nicht sehr selten anzutreffenden Situation mit einem vergleichsweise hohen Personalbestand und gleichzeitigen Finanzengpässen sind aber auch Freistellungen notwendig, um die Kostenseite in den Griff zu bekommen. Bei unerwarteten kurzfristigen Ereignissen muss für staatliche Institutionen zusätzlich die Möglichkeit bestehen, Personal sozialverträglich abzubauen.

Personalbestand im Vergleich

Hinsichtlich der Entwicklung des Personalbestands in mehreren Staaten lassen sich zwei unterschiedliche Tendenzen feststellen (vgl. OECD 2005c). Während seit Anfang der 1990er Jahre der Personalbestand auf regionaler und lokaler Ebene eher zugenommen hat, wurden auf bundesstaatlicher Ebene Personalreduktionen im öffentlichen Dienst durchgeführt. Die Personalbestandsentwicklung auf staatlicher Ebene in fünf ausgewählten OECD-Ländern verdeutlicht Abbildung 44. Der hauptsächliche Personalabbau erfolgte durch Strukturänderungen i. S. von Privatisierung und Agenturbildungen, daneben wurden in den OECD-Ländern aber auch Freistellungen in größerem Ausmaß vorgenommen.

Personalbestand auf Bundesebene in fünf OECD-Ländern — *Abbildung 44*

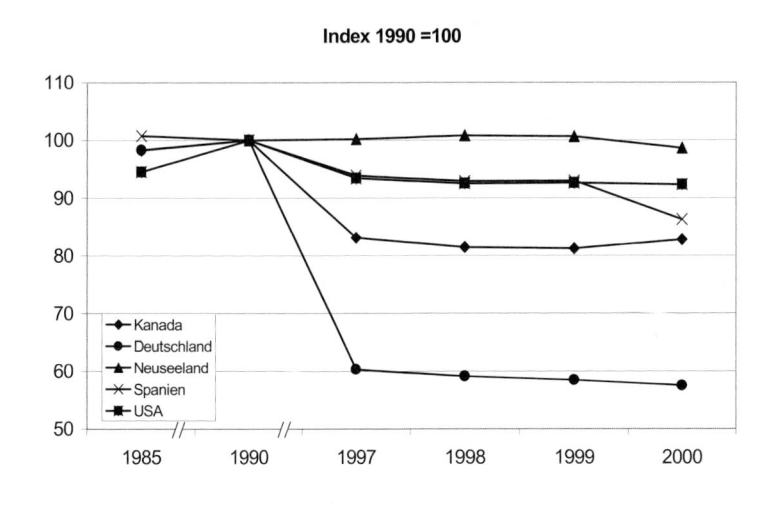

Index 1990 =100

Legende: Kanada, Deutschland, Neuseeland, Spanien, USA

(Jahre: 1985, 1990, 1997, 1998, 1999, 2000)

6.2.3 Fehlende Entwicklungsmöglichkeiten

Der Karriereverlauf in öffentlichen Institutionen folgt üblicherweise dem einfachen Prinzip des hierarchischen Aufstiegs. Die vertikale Laufbahn hat aber ein begrenztes Aufnahmevolumen und jene Mitarbeitenden, die keine höhere Position erreichen können, müssen sich mit dem periodisch ansteigenden Gehalt begnügen. Konkrete Fachlaufbahnen und Projektlaufbahnen mit entsprechenden Bewährungs- und Aufstiegsmöglichkeiten fehlen größtenteils. Neben großen Verwaltungsbetrieben, zumeist auf Bundes- oder Länderebene, gibt es zudem viele kleinere staatliche Institutionen auf der Kommunalebene oder z. B. Schulen, welche durch ihre flache Hierarchie wenige Aufstiegsmöglichkeiten innerhalb der eigenen Organisation bieten. Institutionenübergreifende Laufbahnkonzepte und erweiterte Tätigkeitsfelder können die Attraktivität erhöhen.

Hierarchischer Aufstieg

Die fehlenden Entwicklungsmöglichkeiten bestätigten sich auch bei einer von den Autoren durchgeführten Zufriedenheitsbefragung in drei Bundesämtern der schweizerischen Bundesverwaltung. In allen drei untersuchten Betrieben wurden die Aufstiegs- und Entwicklungsmöglichkeiten von elf Zufriedenheitsaspekten am schlechtesten rangiert. Gleichzeitig wurde die Wichtigkeit dieser Dimension weniger hoch als diejenige von anderen Aspekten bewertet. Dabei ist zu beachten, dass die in der Evaluation erfassten Ämter (Wetteramt, Landesvermessung und Patentamt) einen eher hohen Anteil an wissenschaftlichen Berufsgruppen beschäftigen, für welche der Arbeitsinhalt unter Umständen bedeutungsvoller als der Karriereaufstieg ist. Trotzdem schnitt die Zufriedenheit mit den Entwicklungsmöglichkeiten am schlechtesten ab. Diese Erkenntnisse werden verstärkt durch die Beurteilung der Möglichkeiten im Rahmen der Aus- und Weiterbildung, die im Vergleich zu den restlichen Aspekten tief bewertet wurden (vgl. Ritz 2003a: 366 ff.).

6.2.4 Mangelhafte Anreiz- und Belohnungsstrukturen

Lohngarantie

Die Belohnungsstrukturen im öffentlichen Sektor waren bis anhin von Loyalitäts- und Pflichtwerten geprägt und wurden weniger leistungsabhängig bestimmt. Die existenzielle und materielle Absicherung der Beschäftigten steht im Vordergrund und nicht deren Leistungsverhalten (vgl. Reichard 1998: 103). Vielerorts wird die Arbeit nach der klassischen Einreihung in der Lohntabelle mit periodischem Stufenanstieg entlohnt und weder ungenügende noch besonders gute Leistungserfüllung wirken sich auf die Gehaltshöhe aus. Dort, wo sog. „Leistungslohnsysteme" eingeführt wurden, ist der Leistungsanteil oft sehr klein, so dass erstens kaum eine Motivationswirkung entsteht und zweitens die Kosten für die Systementwicklung und -einführung die beabsichtigten Produktivitätssteigerungen einholen. Ein weiterer Problempunkt besteht in der Kontinuität und Garantie zu gewährender Lohnzusätze bei der gegenwärtig eher heiklen Finanzlage der öffentlichen Hand (vgl. Ritz/ Steiner 2000).

Ganzheitliches Anreizsystem

Im Rahmen eines ganzheitlichen Anreizsystems geht es aber nicht nur um die materiellen und von der Individualleistung abhängigen Belohnungskomponenten. Neben der Koppelung von Lohn und Leistung sollten immaterielle und teamorientierte Anreizstrukturen verfolgt werden, die in der gegenwärtigen Leistungslohndiskussion noch zu wenig Platz haben. Momentan gilt eher der Grundsatz: „Der öffentliche Sektor kommt kaum am individuellen Leistungslohn vorbei!" Zu hoch ist der Druck von der privatwirtschaftlichen Seite und das negative Image des Beamtentums verschärft diese Forderungen. Als fortschrittliche Arbeitgeber können sich öffentliche Institutionen dadurch profilieren, dass sie weiter greifende Anreizkonzepte einführen.

6.2.5 Eingeschränkte Personalauswahl

Die Public Management-Reformen verändern das Anforderungsprofil für Mitarbeitende des öffentlichen Sektors und insbesondere für die Kaderangestellten. Neue Fähigkeiten, Erfahrungen und Kompetenzen werden erwartet, um künftig Führungspositionen in öffentlichen Institutionen einnehmen und die damit verbundenen Aufgaben auch erfüllen zu können. Immer weniger Gewicht haben die politischen oder militärischen Netzwerke bei der Personalauswahl und Beförderungsautomatismen. Systematisch evaluierte Anforderungsprofile und darauf ausgerichtete Auswahlprozesse werden an Bedeutung gewinnen und die traditionellen Auswahl- und Beförderungsverfahren verdrängen. Letztere haben dazu geführt, dass der Stellenwert des internen Arbeitsmarktes im öffentlichen Sektor zu groß ist. Diese Variante der Personalauswahl dürfte zwar insgesamt kostengünstiger sein, bringt jedoch die Nachteile mit sich, dass einerseits weniger potenzielle Kandidaten zur Verfügung stehen, andererseits die Leistungsbereitschaft durch erwartungssichere Beförderungen über die Zeit geschmälert werden kann.

Veränderte Anforderungsprofile

Die berufliche Vorbildung und Befähigung für den öffentlichen Dienst wird zumeist durch die Prüfung der Bewerbungsunterlagen, der Schulzeugnisse und durch Bewerbungsgespräche beurteilt. Die Eignung für eine spezifische Stelle und deren Anforderungen kann mittels dieser Kriterien aber nur ungenügend abgeklärt werden.

Angesichts des immer noch zumindest in den Köpfen verankerten Beamtenlaufbahnprinzips rechtfertigen sich gezielte und z. T. aufwändigere Auswahlverfahren. Denn im Normalfall sind verfehlte Auswahlentscheide längerfristig kaum zu korrigieren. Qualifikationsdefizite erfordern dann kostenintensive Personalentwicklungsmaßnahmen mit ungewissen Erfolgsaussichten.

Aufwändigere Auswahlverfahren

Inwieweit diese Mangelerscheinungen im Personalmanagement öffentlicher Institutionen verbessert werden können, wird im nächsten Abschnitt erläutert.

6 Führung und Förderung durch ein erweitertes Personalmanagement

Werner Müller

Leiter der Abteilung Dienstrecht im Bundesministerium des Innern, Berlin

Praxisfenster Nr. 14:
Herausforderungen im Beamtenrecht: Neue Wege im öffentlichen Dienst in Deutschland

1. Ausgangslage

Angesichts des sich weiter fortentwickelnden Staatsverständnisses, des raschen Wandels der Gesellschaft sowie einer zunehmenden Globalisierung der Wirtschaft wurde immer deutlicher, welche Bedeutung eine leistungswillige und -fähige Verwaltung, die sich rechtzeitig auf neu abzeichnende Probleme in Staat und Gesellschaft einstellen kann, für die Entwicklung des Standortes Deutschland hat. Die bisher vom Gesetzgeber gebotenen Instrumente des Dienstrechts reichten nicht aus, zumal sie (insbesondere in Bezug auf die Leistungsbezahlungen) nicht überall eingesetzt wurden.

In dieser Situation haben der Bundesinnenminister sowie die Vorsitzenden des Deutschen Beamtenbundes und der Vereinten Dienstleistungsgewerkschaft ver.di im Oktober 2004 gemeinsam die Grundlage für die Neugestaltung der Beschäftigungsbedingungen der Beamten in Deutschland gelegt. Die sog. Eckpunkte "Neue Wege im öffentlichen Dienst" sind das vorläufige Ergebnis eines im Januar 2004 eingeleiteten Reformdialogs mit den Gewerkschaften. Auf der Basis dieser Eckpunkte wurde - ebenfalls im Dialog mit den Gewerkschaften - ein Strukturreformgesetz erarbeitet, das die Bundesregierung am 15. Juni 2005 beschlossen hat.

2. Gesetzentwurf

In Einklang mit der parallel laufenden Neugestaltung des Tarifrechts der Angestellten und Arbeiter des öffentlichen Dienstes und im Rahmen des geltenden Verfassungsrechts wurden die folgenden wesentlichen Komplexe geregelt. Dem föderativen System entsprechend schlägt der Gesetzentwurf zugunsten der Länder weitgehende Öffnungen vor und baut bundesstaatliche Vorgaben ab. Der Bund regelt künftig nur Grundstrukturen, Basisinhalte und Systemfragen. Im Laufbahn-, Bezahlungs- und Versorgungsrecht werden Möglichkeiten zur Berücksichtigung regionaler Besonderheiten der Länder zugelassen. Darüber hinaus werden Voraussetzungen geschaffen, um die Zahl von etwa 700 bis 800 unterschiedlichen Laufbahnen in Bund und Ländern erheblich zu reduzieren. Eine breite Verwendung und berufliche Erfahrung stärkt die Qualifikation der Beschäftigten. Daher wird die Mobilität, auch zur Wirtschaft und zu internationalen Organisationen, gefördert. Umgekehrt wird der Quereinstieg in den öffentlichen Dienst erleichtert, da entsprechende Hemmschuhe im Laufbahnrecht beseitigt werden. Schließlich dienen weitere Veränderungen des Laufbahnrechts der Stärkung des Leistungsprinzips. Grundsätzlich wurden Vorschriften, die überflüssigen Aufwand an Bürokratie verursachen, bereinigt. So kommt das neue Beamtenrechtsrahmengesetz mit etwa 25 % weniger Vorschriften aus als das bisherige Recht.

3. Leistungsorientierte Bezahlung

Herzstück der Reform ist das neue leistungsorientierte Bezahlungssystem. Die bisherige Besoldung ist zu stark an Alter und Familienstand und zu wenig an Leistung orientiert. Eine stärkere Ausrichtung an der individuellen Leistung und dem Engagement wird mithelfen, Qualität und Effizienz der staatlichen Aufgabenerfüllung zu verbessern und eine breite Akzeptanz gerade bei engagierten Mitarbeiterinnen und Mitarbeitern zu finden. Die neue Bezahlung setzt sich aus einem Basisgehalt und einer individuellen Leistungsvariable zusammen. Das Basisgehalt hängt von den Anforderungen und Funktionen des Arbeitsplatzes ab. Hierfür stehen 25 Bezahlungsebenen zur Verfügung. Der bisherige Altersaufstieg wird abgeschafft. Stattdessen wird es 3 Erfahrungsstufen geben, die nach 5, 10 und 20 Dienstjahren erreicht werden und nach entsprechendem Leistungsnachweis zu einer höheren Bezahlung innerhalb der innegehabten Bezahlungsebenen führen. Leistungsvariablen ergänzen das Basisgehalt und sind je nach dem Grad der individuellen Leistung in 4 Stufen bemessen.

In einem ersten Schritt werden insgesamt 4 % der Basisgehälter für die Leistungsvariablen zur Verfügung stehen. Sie sind in einem Budget haushaltsrechtlich abgesichert und müssen jährlich ausgegeben werden. Die Höhe der zusätzlichen Leistungsvariablen umfasst pro Monat je nach der wahrgenommenen Funktion eine Bandbreite von 68 bis 220 € in der Stufe 2 (für die gute Normalleistung) bzw. von 136 bis 440 € in der Stufe 4 (für eine herausragende Leistung). Wer die Anforderungen nicht erfüllt, läuft also künftig Gefahr, weniger auf seinem Konto zu haben. Allerdings soll niemand durch die Einführung des neuen Systems weniger bekommen. Dies wird durch eine entsprechende Besitzstandsregelung sichergestellt.

Die Zahlung der Leistungsvariablen setzt natürlich voraus, dass die jeweilige Leistung gemessen und bewertet werden kann. Dies soll nach unseren Vorstellungen in Abständen von maximal zwei Jahren, besser einmal jährlich, geschehen. Instrumente hierfür sind Zielvereinbarungen oder strukturierte Bewertungsverfahren. Wir sind uns bewusst, dass Dreh- und Angelpunkt des Erfolgs des neuen Verfahrens die Akzeptanz durch die beteiligten Beschäftigten und Vorgesetzten ist. Wir müssen also alle Anstrengungen darauf richten, Mentalität sowie Führungs- und Kommunikationsverhalten der Vorgesetzten im Verhältnis zu ihren Mitarbeitern zu verändern. Diese Herausforderungen können u. a. mit Fortbildungsveranstaltungen gemeistert werden, die einer gründlichen Konzeption bedürfen.

Bestandteil des Gesetzentwurfs sind auch Regelungen, die bewirken, dass sich die Summe der in einem Beamtenleben erzielten oder nicht erzielten Leistungsvariablen in der Versorgung widerspiegelt. Welches Schicksal der im Juni 2005 von der Bundesregierung beschlossene Gesetzentwurf im weiteren Verlauf haben wird, hängt von der politischen Entwicklung nach der Bundestagswahl am 18. September 2005 ab.

6.3 Lösungsansätze durch ein umfassendes Personalmanagement

Die dargestellten Problembereiche des Personalmanagements im öffentlichen Sektor lassen sich nur durch ein umfassendes Personalmanagement-Konzept überwinden, welches die einzelnen personalwirtschaftlichen Teilfunktionen systematisch integriert und aufeinander abstimmt. Anstelle von verschiedenen Einzelmaßnahmen müssen die zusammenhängenden personalwirtschaftlichen Prozesse mit den erforderlichen Instrumenten und Fähigkeiten in den Mittelpunkt der Betrachtung gestellt werden.

Das im Folgenden dargestellte Personalmanagement-Konzept zeigt die relevanten personalwirtschaftlichen Zusammenhänge auf und eignet sich somit als Orientierungshilfe für eine verbesserte Gestaltung des Personalmanagements im öffentlichen Sektor und gleichzeitig zur weiteren Strukturierung dieses Kapitels (vgl. Abb. 45).

Prozessmodell — Im Mittelpunkt des Personalmanagement-Konzepts steht ein Prozessmodell, welches die zentralen Funktionen der Personalgewinnung, -beurteilung, -erhaltung, -entwicklung und Personalfreistellung unterscheidet (ein noch umfassenderes Gesamtkonzept findet sich bei Thom 1999: 433 ff.). Jeder Mitarbeitende einer staatlichen Organisation durchläuft im Normalfall diese fünf Aktionsfelder. Zu Beginn des Personalprozesses steht (abgesehen von der hier nicht behandelten Personalbedarfsplanung) die Personalgewinnung, am Schluss die Freistellung. Vor jeder Personalentwicklungsmaßnahme sollte eine Personalbeurteilung durchgeführt werden. Die Personalerhaltung mit ihren unterschiedlichen Elementen von Anreizsystemen kann sowohl vor als auch nach der Beurteilung oder Entwicklung des Personals stattfinden. Wesentliche Ansatzpunkte für Verbesserungen in Bezug auf die Prozessfunktionen werden in Abschnitt 6.5 dargestellt.

Querschnittsfunktionen — Daneben beschäftigen sich die Personalfachleute insbesondere auch mit den Querschnittsfunktionen des Dienstrechts, der Personalplanung, des Personalcontrollings und -marketings, welche jedoch hier (ebenso wie die Personalinformation) nicht weiter vertieft werden. Das strategische Personalmanagement sowie die Organisation des Personalmanagements tragen i. S. einer Klammer über alle Querschnitts- und Prozessfunktionen maßgeblich zur Steuerung des Personalmanagements bei. Sie werden in Abschnitt 6.4 vertieft betrachtet. Das strategische Personalmanagement befasst sich einerseits mit der langfristigen Zielfindung und -festlegung für die Personalpolitik, andererseits mit der darauf abgestimmten Koordination der ein-

6.3 Lösungsansätze durch ein umfassendes Personalmanagement

zelnen Personalfunktionen. Die Organisation des gesamten Personalmanagements und seiner institutionellen Einheiten ermöglicht die bestmögliche Zielerreichung durch das Personalmanagement innerhalb der bestehenden Organisationsstrukturen.

Diese systembildenden und indirekten Führungsfunktionen zwischen der Personalabteilung sowie den Vorgesetzten und den Mitarbeitenden einer Fachabteilung unterscheiden sich deutlich von der interaktionellen und direkten Funktion der Personalführung zwischen Vorgesetzten und Mitarbeitenden jeder organisatorischen Einheit, welche in Abschnitt 6.6 behandelt wird. Insbesondere die fünf Personalprozesse werden stark von der direkten Personalführung geprägt. Die Personalführung gestaltet letztlich die Prozessfunktionen und setzt ihre Inhalte um. Aus diesem Grund enthalten die Prozessfunktionen sowohl Anteile der indirekten, systemischen als auch der direkten, interaktionellen Personalfunktion.

Führungsfunktionen

Umfassendes Personalmanagement-Konzept   *Abbildung 45*

Indirekte, systemische Personalfunktion:
- Strategisches Personalmanagement
- Organisation des Personalmanagements
- Dienstrecht, Personalplanung, Personalcontrolling, Personalmarketing

⬇ ⬇ ⬇ ⬇ ⬇

Personalgewinnung → Personalbeurteilung → Personaleinsatz und -erhaltung → Personalentwicklung → Personalfreistellung

⬆ ⬆ ⬆ ⬆ ⬆

Direkte, interaktionelle Personalfunktion:
- Personalführung

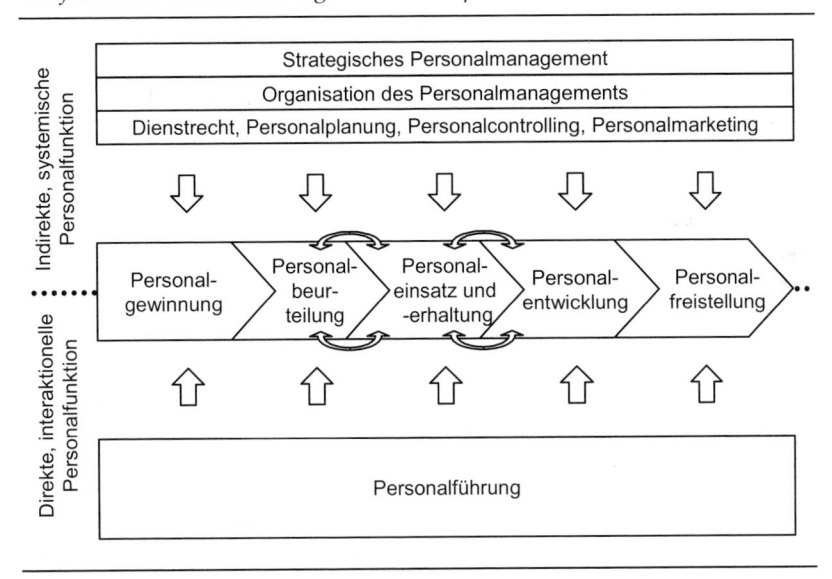

Die im vorherigen Abschnitt erläuterten Problembereiche zeigen vor dem Hintergrund der im Prozessmodell erläuterten personalwirtschaftlichen Funktionen zahlreiche Ansatzpunkte zur Verbesserung der gegenwärtigen Defizite im öffentlichen Personaldienst.

Ansatzpunkte zur Verbesserung

- Strategisches Personalmanagement: Lockerung und Aufhebung des Beamtenstatus, Auswirkungen auf alle Elemente des Personalprozesses

- Organisation des Personalmanagements: Aktivierung der Leistungsmotivation und verbessertes Zusammenspiel der Akteure im Personalmanagement

- Personalgewinnung: Zielgerechte Personalauswahl, Reduktion von Selektionsfehlern

- Personalbeurteilung: Verbesserung der Informationsgrundlage für Entwicklungsmaßnahmen, Beseitigung der Beförderungsautomatismen

- Personalerhaltung: Aktivierung der Leistungsmotivation, Optimierung der Anreiz- und Belohnungsstrukturen

- Personalentwicklung: Verbesserung der bildungs- und stellenbezogenen Entwicklungsmaßnahmen, Beseitigung der Beförderungsautomatismen

- Personalfreistellung: Lockerung und Aufhebung des Beamtenstatus

- Personalführung: Aktivierung der Leistungsmotivation, Beseitigung der Beförderungsautomatismen

Diese schwerpunktmäßige Zuordnung von Problemfeldern und Lösungsansätzen stellt eine Problemreduktion dar. Sie konzentriert sich auf aktuelle Hauptansatzpunkte zur Effektivitäts- und Effizienzsteigerung im Personalmanagement des öffentlichen Sektors. In diesem Zusammenhang zeigt eine Umfrage der Verfasser in der Schweiz, dass v. a. die Personalauswahl und die Personalführung der Mitarbeitenden nach der Umsetzung von Public Management-Reformen viel wichtiger eingeschätzt werden als vor oder während des Reformprojekts, während die Bedeutung der Personalerhaltung (Anreizsysteme) als weniger wichtig eingestuft wird.

Die folgenden Abschnitte zeigen den Stellenwert der personalwirtschaftlichen Teilprozesse auf und erläutern danach die möglichen Ansatzpunkte zur Professionalisierung des Personalmanagements und den damit angestrebten Qualifizierungs- und Motivationsverbesserungen bei den Mitarbeitenden öffentlicher Institutionen.

6.4 Steuerung und Organisation des Personalmanagements

6.4.1 Strategisches Personalmanagement

Aus dem IOP-Konzept geht hervor, dass die strategische Führung zu einer der wichtigsten Stützen einer modernen Verwaltungsführung gehört (vgl. Kapitel 2). Vor dem Hintergrund der gewandelten Anforderungen an die staatlichen Institutionen gewinnt auch die strategische Ausrichtung des Personalmanagements zunehmend an Bedeutung. Die möglichst gute Antizipation der wesentlichen unternehmensexternen Entwicklungsprozesse und der darauf aufbauenden personalpolitischen Entscheidungen ermöglicht die laufende Beantwortung der Grundfragen des strategischen Personalmanagements (vgl. Zaugg 1996b: 59 f.):

Strategische Grundfragen

- Welchen aktuellen und zukünftigen Personalpotenzialen weist die Verwaltungsführung eine zentrale Bedeutung zu?
- Welche Maßnahmen sind zum frühzeitigen Aufbau, Erhalt, Nutzung oder Abbau dieser Personalpotenziale erforderlich?

Die Umfrage bei Reformprojektleitungen in der Schweiz zeigt: Nur 16 Prozent der Befragten können bejahen, dass in ihrer Verwaltung eine Personalstrategie existiert. Rund 42 Prozent verneinen dies und nochmals so viele stellen erste Ansätze zu einem strategischen Personalmanagement fest (n = 59). Die Relevanz der Strategieentwicklung zur bestmöglichen Steuerung der Aktivitäten im Personalmanagement wird also erst teilweise erkannt.

Grundsätzlich steht die Personalstrategie in einem Zusammenhang mit der Verwaltungsstrategie, wobei vier unterschiedliche Formen die Beziehung zwischen diesen beiden Strategien charakterisieren können (vgl. Zaugg 1996b: 100 ff.):

Personal- und Verwaltungsstrategie

1. Die Personal- und die Verwaltungsstrategie sind voneinander unabhängig: Diese Variante widerspricht den Grundsätzen der strategischen Führung und der Erkenntnis, dass das Personalmanagement eine zentrale Führungsaufgabe darstellt. Eine von der Verwaltungsstrategie losgelöste Personalstrategie ist somit nicht zweckmäßig.

2. Die Personalstrategie wird aus der Verwaltungsstrategie abgeleitet: Diese traditionelle, jedoch einseitige Methodik zur Strategiefindung vernachlässigt zum einen das innovatorische Potenzial des Personalbereichs, zum anderen fasst sie das Personal als kurzfristig veränderbaren Faktor auf.

3. Die Verwaltungsstrategie wird aus der Personalstrategie abgeleitet: Das Personal wird im Gegensatz zur zweiten Variante als dominierender Engpassfaktor für die Verfolgung der Verwaltungsstrategie definiert. Dies ist u. a. in Kleinstkommunen möglich, wo einzelne Personen die strategische Ausrichtung bestimmen.

4. Die Personalstrategie und die Unternehmensstrategie werden interaktiv durch eine wechselseitige Abstimmung entwickelt: Die Synthese aus den Varianten zwei und drei überträgt dem Personalmanagement auf der Ebene der Strategieentwicklung die Innovationsaufgabe, Personalpotenziale zu schaffen, die alte strategische Orientierungen in Frage stellen und durch strategisches Denken wesentlich zur zukünftigen Entwicklung der Verwaltung beitragen.

Wechselseitige Abstimmung

Das bürokratische Personenstandswesen folgte eindeutig der zweiten Variante, bei der die Personalstrategie aus der Verwaltungsstrategie abgeleitet wird. Die verwaltungsrechtlichen Prinzipien schlugen sich in den beamtenrechtlichen Rahmenbedingungen nieder und prägten die Kultur staatlicher Institutionen maßgeblich. Durch die neuen Ziele des Verwaltungshandelns i. S. der Wirkungs-, Kunden-, Leistungs- und Kostenorientierung, welche verstärkt die neue unternehmerischere Verwaltungskultur kennzeichnen, rückt die Beziehungsform vier ins Zentrum. Das Personalmanagement entwickelt die Personalstrategie in wechselseitiger Abstimmung mit der Verwaltungsstrategie, wodurch die strategische Kompetenz in der gesamten öffentlichen Institution erhöht wird.

Eine typische Folge davon ist die Lockerung und vielerorts beschlossene Aufhebung des Beamtenstatus zumindest in der Leistungsverwaltung. Die neuen Strategien einer gemäß Public Management-Kriterien geführten Verwaltung rufen nach Flexibilität in den Strukturen und somit auch in den Anstellungsregelungen. Es ist die natürliche Folge einer nach Effizienz- und Effektivitätszielen ausgerichteten Verwaltungsführung, dass der erweiterte unternehmerische Handlungsfreiraum auch das Personalmanagement und das Personalrecht als Rahmenbedingung dafür erfasst.

6.4.1.1 Ansätze des strategischen Human Resource Managements

Integration in die Strategie

Im Mittelpunkt der Ansätze eines strategieorientierten Personalmanagements steht die Integration des Human Resource Managements (HRM) in die Organisationsstrategie bei allen unternehmerischen Entscheidungen (vgl. Oechsler 2006: 28). Die Mitarbeiter werden als

Steuerung und Organisation des Personalmanagements

Erfolgsfaktoren gesehen, welche so geführt, motiviert und entwickelt werden müssen, dass sie wesentlich zum Erreichen der Unternehmensziele beitragen (vgl. Guest 1987: 507). Die beiden zentralen Konzepte, der Harvard- und der Michigan-Ansatz, werden hier kurz skizziert.

Der Harvard-Ansatz geht vom HRM als zentralen Teil des General Managements aus und sieht die Personalstrategie in enger Verbindung zur Unternehmensstrategie. Er berücksichtigt eine große Bandbreite interner und externer Stakeholder sowie Kontextfaktoren, welche die Handlungsspielräume des HRM beeinflussen. Daher beruht der Harvard-Ansatz im Vergleich zum Michigan-Ansatz weniger auf der Ableitung der Personalstrategie aus der Organisationsstrategie. Vielmehr werden in Erweiterung traditioneller Personalkonzeptionen die Mitarbeiter als treibende Kraft in Entscheidungen und Arbeitsorganisation einbezogen (vgl. Beer et al. 1985).

Harvard-Ansatz

Im Mittelpunkt des Michigan-Ansatzes steht die integrative Verknüpfung von Unternehmensstrategie, Organisationsstruktur und HRM, wobei die Unternehmensstrategie zeitlich und inhaltlich priorisiert wird. Die Struktur und die Ausgestaltung des Personalmanagements werden somit aus der Unternehmensstrategie i. S. einer Funktionsbereichsstrategie abgeleitet. Das Ergebnis ist ein „Human Resource Cycle", der aus den personalwirtschaftlichen Teilfunktionen Auswahl, Leistungsbeurteilung, Belohnung und Entwicklung besteht und die Personalarbeit sowie die Mitarbeiterleistung entscheidend beeinflusst (vgl. Tichy/Fombrun/Devanna 1982).

Michigan-Ansatz

6.4.1.2 Strategieorientierte Personalfunktionen

Als wesentliche Gestaltungsfelder eines strategieorientierten Personalmanagements nehmen die folgenden Teilfunktionen des Personalmanagements indirekt wesentlichen Einfluss auf die strategischen Entscheidungsprozesse der Verwaltung:

Zentrale Gestaltungsfelder

- Personalplanung und -auswahl: Planung und Auswahl der Mitarbeitenden aus dem Blickwinkel zukünftig notwendiger Kompetenzbereiche und des sich ändernden Personalbedarfs.

- Personalbeurteilung und -erhaltung: Durch Beurteilungs- und Anreizsysteme werden von der Amtsstrategie abgeleitete Qualifikations- und Leistungsziele sowie die angestrebte Kultur verwirklichende Verhaltensweisen gefördert.

- Personalentwicklung: Bei der strategieorientierten Personalentwicklung gilt es, zukünftig notwendige Kompetenzen aggregiert auf Abteilungs- oder Amtsebene aufzubauen. Dabei wird zu-

Führung und Förderung durch ein erweitertes Personalmanagement

künftigen Arbeitsmarkt-, Technologie- oder Demographieveränderungen Rechnung getragen.

- Personalführung: Die direkte, interaktionelle Mitarbeiterführung trägt unter strategischen Gesichtspunkten maßgeblich zur Pflege und Gestaltung der Unternehmenskultur bei. Insbesondere gilt es, bei der Kommunikation von Führungskräften auf die Verknüpfung mit der strategischen Ausrichtung zu achten.

Fehlende Verwaltungsstrategien

Strategieorientiertes Personalmanagement benötigt geeignete Vorgaben und Ziele betreffend der Qualifikation, Motivation und Veränderung der Humanressourcen in den Verwaltungsstrategien. Vielerorts fehlt es aber noch an der Entwicklung von Verwaltungs-, Ministerial- oder Amtsstrategien. Hier kann die Personalfunktion auch eine Vorreiterrolle übernehmen, indem sie zur Initiierung und Beeinflussung von Verwaltungsstrategien entscheidend beiträgt.

6.4.2 Organisation des Personalmanagements

Entscheidungszentralisation

In staatlichen Institutionen und v. a. großen Verwaltungsorganisationen dominieren die zentrale Organisation und Wahrnehmung von Personalaufgaben. Im Mittelpunkt der Aktivitäten steht die Personaladministration mit ihren Aufgaben der Lohnverwaltung, Personeneinreihung, Ein- und Freistellung sowie dem Beförderungsprozess. Oft kommt ein verwaltungsinternes Aus- und Weiterbildungsangebot dazu. Diese z. T. sinnvollerweise zentral wahrgenommenen Aktivitäten werden aber oft durch eine Entscheidungszentralisation ergänzt. Die Fachabteilungen oder dezentralen Einheiten können nur mit der Genehmigung der zentralen Personalabteilung Personen ein- oder freistellen und Beförderungsanträge haben einen weiten Weg durch die Hierarchie hin zur zentralen Personalabteilung zu durchlaufen, bis ihnen unter Umständen stattgegeben wird.

Im Sinne der Kongruenz von Aufgaben, Kompetenzen und Verantwortung widerspricht die Organisation des Personalmanagements in öffentlichen Institutionen aber oft den gegenwärtigen Reformtendenzen und Zielen des Public Managements, sodass sich zwei Grundfragen stellen (vgl. Hopp/Göbel 2004: 242 ff.):

- Wie ist die Aufgaben- und Kompetenzverteilung zwischen Verwaltungsführung, Personalabteilung und Fachämtern zu regeln?
- Wie sieht eine geeignete Arbeitsteilung innerhalb des Personalmanagements aus?

6.4 Steuerung und Organisation des Personalmanagements

Im Folgenden wird nur auf den ersten Aspekt eingegangen, da er für die gesamte Führung öffentlicher Institutionen von zentraler Bedeutung ist (zur Arbeitsteilung innerhalb des Personalmanagements vgl. Thom/Zaugg 2000: 10 ff.).

Die Verwaltungsführung ist normalerweise für die Personalpolitik und die strategisch-konzeptionelle Ausgestaltung der Personalfunktion zuständig, sofern diese wichtigen Aufgaben überhaupt wahrgenommen werden. Zwischen dem Personalamt und den Fachämtern gibt es mehrere Aufgaben, die kooperativ gelöst werden: z. B. die Personalauswahl, die Personalentwicklung und Aspekte der Beurteilung. Viele dieser Aufgaben sind von einer wechselseitigen Zuständigkeit der beiden Abteilungen geprägt. Die einzelnen Aufgabenschritte sind jeweils von Entscheidungen der anderen Abteilung abhängig und sehr rasch entstehen Abstimmungs- und Schnittstellenprobleme. Dies ist umso hinderlicher, wenn die Prozesse schnell bearbeitet werden sollten, wie z. B. bei der Neubesetzung einer Stelle oder Beförderungsanträgen (vgl. Hopp/Göbel 2004: 244 f.).

Kooperation zwischen Personal- und Fachamt

Kompetenzverteilung zwischen Personal- und Fachabteilung   *Abbildung 46*

Kompetenz der Personalabteilung ⟶ Kompetenz der Fachabteilungen

Die Personalabteilung ist allein zuständig.	Die Personalabteilung handelt nach vorheriger Konsultation entsprechend ihrer Richtlinienkompetenz.	Die Personalabteilung kann nur gemeinsam mit der Fachabteilung handeln.	Die Fachabteilungen können nur gemeinsam mit der Personalabteilung handeln.	Die Personalabteilung gewährt auf Verlangen Beratung und Unterstützung.	Die Fachabteilung handelt eigenständig.
Beispiele: • Aktenführung • Personalstatistik • Lohnabrechnung • Verwaltung der Sozialleistungen	**Beispiele:** • Erstellung von Führungsrichtlinien • Personalplanung • Abschluss von Betriebsvereinbarungen • Führungskräftebeurteilung	**Beispiele:** • Gewährung von Sozialleistungen • Einführung von Qualitätszirkeln • Laufbahnplanung • Programm zur Chancengleichheit	**Beispiele:** • Personalgewinnung • Aus- und Weiterbildung • Personaleinsatz • Personalabbau	**Beispiele:** • Methodenunterstützung • Organisationsentwicklung • Führungsberatung und Coaching • Persönliche Beratung	**Beispiele:** • Gestaltung der Arbeitsstruktur • Aufgabenverteilung • Arbeitsschutz und Arbeitssicherheit • Mitarbeitergespräche

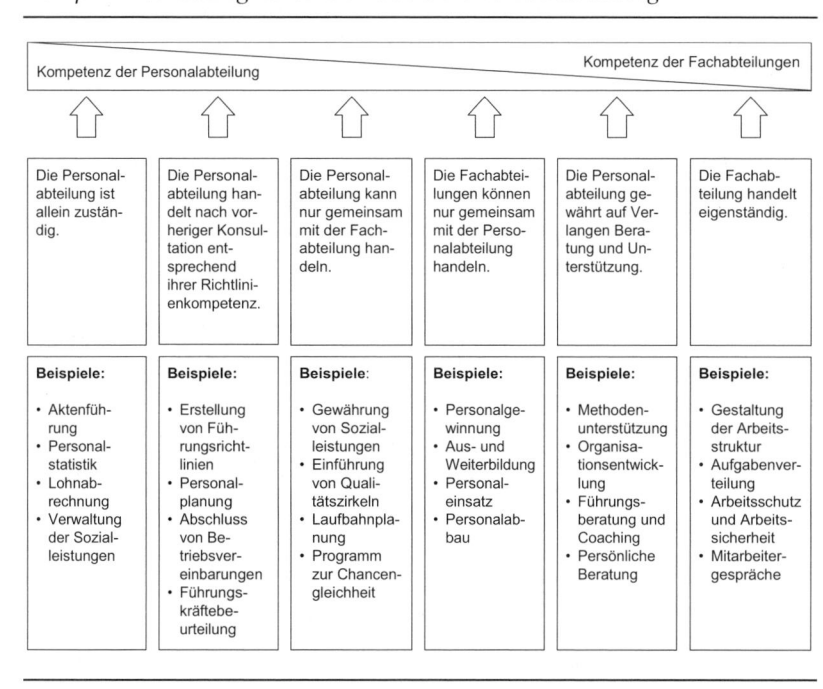

Externe Aufgabenwahrnehmung

Weiterhin können personalwirtschaftliche Aufgaben von anderen Stellen als der Personal- oder Fachabteilung wahrgenommen werden. Dies können Tätigkeiten sein, die an Spezialisten delegiert werden wie Personalberatungen für Auswahlverfahren oder Spezialisten für Assessment-Center-Verfahren. Zum anderen können Routinetätigkeiten v. a. aus dem Bereich der Personaladministration auf externe Anbieter ausgelagert werden, die bspw. die Lohnbuchhaltung und das Personalcontrolling ausführen (vgl. Thom/Kraft 2000). Falls letztere Tätigkeiten in der Verwaltung verbleiben sollen, bieten sich als geeignete Organisationsalternativen sog. Shared-Services-Center an. Diese erbringen auf zentraler Ebene interne Dienstleistungen für verschiedene Organisationseinheiten. Verwaltungsintensive Tätigkeiten ohne Strategiebezug können durch die Bündelung der Ressourcen kostengünstig und -transparent erbracht werden.

Die hauptsächliche interne Kompetenzabstufung geschieht jedoch zwischen den Linienverantwortlichen und der Personalabteilung. Abbildung 46 zeigt diese Kompetenzabstufung bezüglich der personalwirtschaftlichen Teilaufgaben anhand eines Kontinuums (vgl. Thom/Zaugg 2000: 10 und Sauder/Schmidt 1988: 92).

Prozessbeschleunigung

Angesichts der notwendigen Delegation von Kompetenzen und Ressourcenverantwortung im öffentlichen Sektor drängt sich dies auch für den Personalbereich auf. Ebenso sind hier Prozessverkürzungen und -beschleunigungen möglich, wenn die Entscheidungsbefugnisse an die Facheinheiten abgetreten werden und die Personalabteilung sich als Service-Center versteht, das Unterstützungs- und Beratungsleistungen anbietet.

Zentrale Aufgabenwahrnehmung

Aufgabenbereiche, die besser durch die zentrale Personalabteilung erledigt werden, zeichnen sich primär durch folgende Merkmale aus:

- Die Aufgabe ist für die ganze Institution erheblich (z. B. Personalmarketing).
- Die personalwirtschaftlichen Maßnahmen sind bereichs- und funktionsübergreifend und müssen aufgrund ihrer organisationsweiten bzw. strategischen Wirkungen aufeinander abgestimmt werden (z. B. Personalentwicklungskonzept).
- Die ausschließlich zentrale Aufgabenerfüllung durch die Personalabteilung ist wirtschaftlicher (z. B. Personaladministration).
- Für die Aufgabenerfüllung sind besondere personalwirtschaftliche Fachkenntnisse notwendig (z. B. Ausarbeitung von Arbeitsverträgen oder Arbeitsmarktforschung).

6.4 Steuerung und Organisation des Personalmanagements

Das Institut für Organisation und Personal der Universität Bern befragte die größten schweizerischen Unternehmungen zur Organisation personalwirtschaftlicher Aufgaben (vgl. Thom/Zaugg 2000: 10 f.). Dabei zeigte sich, dass die Mehrheit der Personalaufgaben ganz oder zumindest teilweise in den Aufgabenbereich der Personalabteilung fällt. Es lässt sich aber seit der ersten 1995 durchgeführten Studie ein leichter Trend zu einer Delegation personalwirtschaftlicher Aufgaben an das Linienmanagement feststellen, zumindest in der Privatwirtschaft. Dieser empirische Befund unterstützt die generellen Tendenzen des modernen Managements. Vaanholt stellte jedoch für den öffentlichen Sektor in Deutschland fest, dass der Übergang vom Bürokratiemodell zum Public Management bislang keine Entsprechung im Personalrecht gefunden hat. Die zentralistischen und arbeitsteiligen Prinzipien der Bürokratie prägen die Personalarbeit weiterhin (vgl. Vaanholt 1997: 265).

In eine andere Richtung wandeln sich die inhaltlichen Aufgaben der Personalabteilungen (vgl. Vaanholt 1997: 265 und Schedler 1996: 223). Die klassische Personalverwaltung und die Anwendung des Dienstrechts werden zunehmend von der konzeptionell-strategischen Personalarbeit und der Beratung von Führungskräften verdrängt. In der von den Autoren durchgeführten Studie über die Umsetzung von Public Management-Projekten in der Schweiz zeigt sich dasselbe Bild (vgl. Tabelle 17).

Inhaltlicher Aufgabenwandel

Zukünftige Rollen des Personalmanagements

Angaben in Prozent n=62	Ja	Nein	Keine Antwort
„Strategischer Partner": Strategisches Human Resource Management	61	36	3
„Administrativer Profi": Infrastruktur und Human Resource Services	52	45	3
„Change Agent": Transformation und Kulturwandel	42	55	3
„Performance Coach": Management von Leistung und Commitment	32	65	3

Tabelle 17

Die Mehrheit der Befragten sieht einen Wandel der Personalarbeit in Richtung strategisches Personalmanagement und gleichzeitig hin zum Anbieter bestmöglicher Personaldienstleistungen. Dies deutet darauf hin, dass Personalabteilungen immer weniger mit der Personalführung vor Ort, sondern verstärkt mit der Verfolgung der strategischen Zielsetzungen durch das Personal zu tun haben werden.

Die eher zur direkt-interaktionellen Personalfunktion gehörenden Aspekte des „Change Agent" und „Performance Coach" werden weniger zum künftigen Rollenverständnis des Personalwesens gezählt.

6.5 Prozessfunktionen

6.5.1 Personalgewinnung

Wie bereits die Analyse der Problembereiche im Personalmanagement öffentlicher Institutionen und auch die empirische Untersuchung zeigte, stellt die Personalgewinnung eine derjenigen Funktionen dar, die für die künftige Verwaltungsentwicklung von besonders wichtiger Bedeutung sein wird.

> **Erfolgreiche Reformprozesse und das Ziel einer modern geführten öffentlichen Institution können nur erreicht werden, wenn der Personalbedarf systematisch erhoben und die Auswahl gezielt sowie methodisch korrekt darauf ausgerichtet wird.**

Dementsprechend wird in diesem Kapitel zuerst auf die Personalbeschaffung und danach auf die konkrete Personalauswahl eingegangen (vgl. auch Zaugg 1996b und Jetter 2003).

6.5.1.1 Personalbeschaffung

Interner und externer Arbeitsmarkt

Die Suche von potenziellen Arbeitnehmern auf dem internen und externen Arbeitsmarkt sollte sich nach den jeweiligen Vor- und Nachteilen der gewählten Beschaffungsmethode ausrichten. Die interne Personalbeschaffung fördert z. B. die Motivation durch die Eröffnung von Aufstiegschancen, ist kostengünstiger, braucht weniger Zeit, greift auf vorhandene Betriebskenntnisse und bestehende Betriebsbindung zurück und ist im Allgemeinen mit einem geringeren Beschaffungsrisiko verbunden. Nachteile sind die geringeren Auswahlmöglichkeiten und erhöhten Weiterbildungskosten, die unerwünschte Pflege von Beförderungsautomatismen oder die mit der Dienstdauer oft zunehmende Betriebsblindheit. Dazu kommt die Tatsache, dass der eigentliche Personalbedarf nur verlagert wird. Vor dem Hintergrund, dass die interne Personalbeschaffung bis vor kurzem den Normalfall im öffentlichen Sektor darstellte und der Beförderungsautomatismus damit einherging, rückt die Notwendigkeit der externen Personalbeschaffung ins Zentrum des Public Managements. Besonders die größere Auswahl an Kandidaten und die Gewinnung neuer Ideen, Einsichten und Informationen von außen erhöhen die Leistungsmotivation bei den Mitarbeitenden und verringern die Betriebsblindheit. Angesichts des Wandels der Stellenanforderungen kann durch die externe Beschaffung eine größere Übereinstimmung zwischen dem Anforderungs- und Fähigkeitsprofil der potenziellen Stellenbewerber resultieren. Nachteilig wirken sich jedoch die höheren Beschaffungskosten, die zeitaufwändigere Stellenbesetzung, mögliche Rivalitäten und die Blockierung von internen Aufstiegsmöglichkeiten aus.

Als informatorische Grundlagen für die Personalbeschaffung dienen die Analyse des Arbeitsmarktes (Beschäftigungsstatistiken, Arbeitsmarktentwicklung, Fremdimage der Institution auf dem Arbeitsmarkt) oder die Personalforschung i. S. der Erfassung von Informationen, welche den internen Arbeitsmarkt betreffen (vgl. Zaugg 1996b: 144). Fluktuation, Fehlzeiten und Arbeitszufriedenheitswerte der Mitarbeitenden können z. B. durch Befragung, Beobachtung und Controllingdaten ermittelt werden. Für den öffentlichen Sektor im Wandel wird die Berufs- und Mobilitätsforschung immer wichtiger. Die Zukunftschancen gewisser Berufe, die Veränderung von Berufsbildern oder das Prestige einzelner Berufe haben einen Einfluss auf die Meinungsbildung der potenziellen Kandidaten. Die erhöhte Bereitschaft zum Positionswechsel und die geografische Mobilität des anvisierten Bewerbersegments beeinflussen auch die Beschaffungsmethoden und die Art und Weise der Stellengestaltung.

Informatorische Grundlagen

Die interne Personalbeschaffung umfasst folgende Instrumente (vgl. Hentze/Kammel 2001: 265 ff.):

Interne Personalbeschaffung

- Interne Stellenausschreibungen an Anschlagbrettern, in Informationskästen, in der Betriebszeitung, als Beilage in der Lohnabrechnung oder im internen Stellenmarkt auf dem Intranet

- Auswertung von Personalakten, Nachwuchs-, Förderkarteien, Stellenbesetzungsplänen, Nachfolge- und Laufbahnplanung

- Direktansprache potenzieller Kandidaten

- Befragung der Linienvorgesetzten zur Verwertung von Informationen aus Mitarbeitergesprächen

Während Mitte der neunziger Jahre des 20. Jahrhunderts noch relativ selten das Instrument der elektronischen Stellenbörse eingesetzt wurde (vgl. Zaugg 1996a: 8), hat es in den letzten Jahren hier einen starken Nutzungsanstieg gegeben, der inzwischen zum Begriff des Electronic Recruiting geführt hat (vgl. Zimmerman 2001).

Externe Personalbeschaffung

Die externe Personalbeschaffung ihrerseits erfolgt über folgende Instrumente: Öffentliche Anschlagbretter (z. B. Universitäten), Empfehlung durch Mitarbeitende, persönliche Kontakte, Öffentlichkeitsarbeit (Messen, Tagungen usw.), den Einsatz von Personalberatern oder z. B. die Stellenausschreibung auf der eigenen Homepage oder in elektronischen Stellenbörsen (vgl. Hentze/Kammel 2001: 267 ff.). Festzustellen ist, dass sich der öffentliche Sektor sehr wenig auf Kontaktbörsen präsentiert. Ohnehin sehr bekannte Privatunternehmen betreiben hier die weitaus aktivere Bewerberpflege und treten auch im „Electronic Recruiting" mit attraktiven und informativen Darstellungen auf.

6.5.1.2 Personalauswahl

Modernisierung der Rekrutierungsstrategien

An die Personalbeschaffung schließt sich das Auswahlverfahren an. Dieses erweist sich in den gegenwärtigen Reformprozessen als Angelpunkt zur Beseitigung vorhandener Defizite. Es ist zunehmend schwieriger, die Führungsfunktionen im öffentlichen Dienst mit anforderungsgerechten Kandidaten zu besetzen. Die Mitarbeitenden sind in Bezug auf die neuen Anforderungen durch den Reformprozess teilweise ungenügend qualifiziert oder motiviert. „Eine Modernisierung der Rekrutierungsstrategien erscheint umso dringlicher, weil im öffentlichen Dienst zwar die Einstellungsverfahren vergleichsweise streng reglementiert sind (formalisierte schulische Vorbildung, psychologische Eignungstests im mittleren und gehobenen Bereich als Eignungsvoraussetzung), doch wird die Prognosefähigkeit dieser Verfahren für eine lebenslange Beschäftigung im öffentlichen Dienst zunehmend angezweifelt." (Kühnlein/Wohlfahrt 1996: 30).

Die Ausgangsbasis jeder Personalselektion bilden die beiden folgenden Grundsätze (vgl. Harlander et al. 1994: 315):

- Umfassende Kenntnis der Anforderungen des zu besetzenden Arbeitsplatzes als Voraussetzung für eine wirksame Bewerberauslese

- Bewerberauswahl unter dem Gesichtspunkt der Kongruenz zwischen Anforderungs- und Fähigkeitsprofil

Der Einsatz des dazu notwendigen Instrumentariums in der Praxis stellt Tabelle 18 dar. Die Umfrageergebnisse der Verfasser bei den 62 schweizerischen Reformprojekten zeigen im öffentlichen Sektor ein

Prozessfunktionen

deutliches Bild über den Einsatz der sechs hauptsächlichen Auswahlinstrumente.

Einsatz von Instrumenten zur Personalauswahl   Tabelle 18

Angaben in Prozent	Kein Einsatz	Wird angestrebt	Wird eingesetzt	Zaugg
Bewerbungsgespräch (n=52)	2	4	94	~100
Analyse der Bewerbungsunterlagen (n=52)	4	2	94	93
Grafologische Gutachten (n=4)	67	2	31	65
Leistungs-, Intelligenz-, Persönlichkeitstests (n=49)	71	6	23	17, 14, 68
Assessment Center (n=46)	63	17	20	~45
Biographischer Fragebogen (n=45)	84	4	12	6

Das Bewerbungsgespräch und die Analyse der Bewerbungsunterlagen werden klar am häufigsten, nämlich von rund 94 Prozent der Befragten, als Auswahlverfahren eingesetzt. Von jeweils weniger als einem Drittel der Antwortenden werden die restlichen Instrumente genutzt. Das Assessment Center wird im Verwaltungsbereich verstärkt angestrebt.

Dominanz von Bewerbungsgespräch

Der Vergleich mit der Untersuchung von Zaugg in über 800 schweizerischen Unternehmungen inklusive 90 öffentlichen Verwaltungen zeigt, dass einerseits die (fachwissenschaftlich erheblich umstrittenen) grafologischen Gutachten in der Privatwirtschaft stärker vertreten sind, andererseits das (fachwissenschaftlich positiv eingeschätzte) Assessment Center bisher im öffentlichen Sektor klar weniger eingesetzt wird (vgl. Zaugg 1996a: 13 und zum grafologischen Gutachten Zaugg 1996b: 203 f.).

Ausgehend von diesen Umfrageresultaten wird im Folgenden auf die Prüfung der Bewerbungsunterlagen, das Bewerberinterview und das zunehmend verbreitete Assessment Center eingegangen (zu den anderen Instrumenten siehe Oechsler 2006: 222 ff.).

Die Bewerbungsunterlagen sind ein Bestandteil von fast jedem Auswahlverfahren. Bei der internen Personalbeschaffung werden diese jedoch oft nur in vereinfachter Form oder gar nicht zu Hilfe gezogen. Tabelle 19 stellt eine mögliche Checkliste zur Bewertung der formalen und inhaltlichen Prüfungskriterien dar.

Bewerbungsunterlagen

6 Führung und Förderung durch ein erweitertes Personalmanagement

Tabelle 19   *Checkliste zur Prüfung der Bewerbungsunterlagen*

Bewerbungsunterlagen	Bewertung				
	☹☹	☹	😐	☺	☺☺
Bewerbungsschreiben					
– Bezieht sich das Schreiben konkret auf die zu besetzende Stelle? – Kommt darin eine erwartete soziale Kompetenz des Bewerbers zum Ausdruck? – Ist ein klares Interesse des Kandidaten an der Institution und der Stelle ersichtlich?					
Lebenslauf					
– Wie oft und welcher Art wurden Arbeitsplatzwechsel vorgenommen? – Wo sind Zeitlücken? Wie wurden diese genutzt? – Sind die Wechsel zielgerichtet erfolgt? – War die durchschnittliche Verweilzeit angemessen? – Sind die Gründe für den Arbeitsplatzwechsel ersichtlich und einleuchtend? – Kommt eine Persönlichkeitsentwicklung zum Vorschein?					
Schul-, Studienzeugnisse					
– Leistungsniveau und Leistungsqualität – Prognose für Bildungsleistungen – Welche Interessensschwerpunkte sind ersichtlich?					
Arbeitszeugnisse					
– Informationen zu Arbeitsaufgaben – Arbeitsbeurteilung (fachliche Qualitäten) – Positionsentwicklung und -dauer – Führungsleistung und -beurteilung – Potenzialbeurteilung – Vertrauenswürdigkeit, Verlässlichkeit, Akzeptanz					
Arbeitsproben					
– Qualität der beigelegten Arbeitsproben (z. B. Pläne, Modelle, Konzepte, Publikationen) – Sind Entwicklungsfortschritte ersichtlich?					
Referenzen					
– Überprüfung des Wahrheitsgehalts der Bewerberangaben – Beurteilung der Leistungsfähigkeit und Sozialkompetenz					
Foto					
– Selbstpräsentation des Bewerbers – Aussehen, Größe, Kleidung					
Zusammenfassende Bewertung					

6.5 Prozessfunktionen

Gesamtbewertung					
Formal					
– Struktur und Aufbau					
– Konsistenz					
– Sorgfalt, Fehlerfreiheit					
– Aufmachung					
– Vollständigkeit					
– Sprache, Ausdrucksfähigkeit					
– Intellektuelle Kompetenz					
– Originalität					
Inhaltlich					
– Hintergrund					
– Mobilität					
– Aus- und Weiterbildung					
– Erfahrung					
– Ausbildungs- und Berufserfolg					
– Qualifikatorische Übereinstimmung mit Stellenprofil					
– Engagement					
– Interessen					
– Zielstrebigkeit					
– Kontinuität, Beständigkeit					
Abschließende Bewertung der Bewerbungsunterlagen					

Angesichts der Tatsache, dass Bewerbungsunterlagen eher ein günstiges Bild über den Kandidaten und seine Qualitäten vermitteln, gilt es zu bedenken, dass die prognostische Bedeutung dieser Information nicht allzu hoch eingestuft werden darf. Diese kann jedoch erhöht werden, wenn bestimmte Elemente wie z. B. Schulnoten, Ausbildungserfolg und Arbeitsleistungen in Zusammenhang gesetzt werden und ein konsistenteres Bild vom Bewerber entsteht. Der kritische Nutzer dieser Unterlagen sollte die Informationsverzerrung durch „Weglobungs- oder Trostzeugnisse" (vgl. Hentze/Kammel 2001: 277 ff.) einschätzen. Die Erkenntnisse aus der Prüfung der Bewerbungsunterlagen dienen direkt als Ausgangslage für das im Folgenden erläuterte Bewerbungsgespräch.

Das Gespräch mit einem oder mehreren Bewerbern dient der Feinselektion nach der Analyse der Bewerbungsunterlagen. Die persönliche Vorstellung ermöglicht das gegenseitige Kennenlernen und eine letzte Überprüfung des Eignungspotenzials des Kandidaten vor dem potenziellen Stellenantritt. Insgesamt können die Hauptfunktionen des Einstellungsinterviews wie folgt unterschieden werden (vgl. Zimmer/Brake 1993: 62 f.):

Bewerbungsgespräch

6 Führung und Förderung durch ein erweitertes Personalmanagement

- Informationsfunktion: Gewinnung sowie Weitergabe von Informationen über die Institution und über den Bewerber

- Klassifikationsfunktion: Ermittlung des Eignungsprofils und -potenzials des Kandidaten

- Motivationsfunktion: Überzeugung qualifizierter Bewerber, sich für die Stelle und Institution zu entscheiden

- Steuerungsfunktion: Identifikation von Informationslücken

- Kontrollfunktion: Beantwortung von offenen Fragen, Überprüfung der Angaben aus Bewerbungsunterlagen

- Gestaltungsfunktion: Schaffung einer Beobachtungssituation, Absprache von Detailvereinbarungen

Die letztgenannte Funktion ergibt die Möglichkeit der gemeinsamen Besprechung, Komplettierung und Korrektur von Informationen, welche für beide Seiten bestmögliche und transparente Startvoraussetzungen schaffen sollen.

Die Art des Bewerbungsgesprächs kann im Extremfall mittels genau vorgegebener Fragen (strukturiert) oder in völliger Freiheit bezüglich des Wortlauts in der Reihenfolge der Fragen erfolgen. Die Zwischenform des halbstrukturierten Interviews setzt einen Fragenkatalog oder Leitfaden mit der Möglichkeit von freien Zusatzfragen je nach Gesprächsverlauf voraus (vgl. Scholz 2000: 472 ff.).

Multimodales Interview

Schuler entwickelte das multimodale Interview, welchem eine recht hohe prognostische Voraussagegültigkeit zugeschrieben wird (vgl. Tabelle 20 und Schuler 2002: 188 ff.).

Tabelle 20   Das multimodale Interview (nach Schuler 1998: 89)

Aufbau eines multimodalen Interviews	Beurteilung
Gesprächsbeginn Begrüßung, kurze informelle Unterhaltung, Bemühung um angenehme und offene Atmosphäre, Vorstellung, Skizzierung des Interviews, Abbau von Unklarheiten.	Keine Bewertung
Selbstvorstellung des Bewerbers Bewerber spricht einige Minuten über seinen persönlichen und beruflichen Hintergrund.	Nach anforderungsbezogenen Dimensionen auf 5stufiger Skala
Freies Gespräch Interviewer stellt offene Fragen anknüpfend an die Selbstvorstellung und über die Bewerbungsunterlagen.	Summarische Eindrucksbeurteilung

Prozessfunktionen

6.5

Biographische Fragen Biographische (oder Erfahrungs-) Fragen werden aus Anforderungsanalysen abgeleitet und anforderungsbezogen aus biographischen Fragebögen übernommen.	Auf 3- bis 5stufiger verhaltensverankerter Skala
Realistische Tätigkeitsinformation Ausgewogene Information seitens des Interviewers über Arbeitsplatz und Institution. Überleitung zu situativen Fragen.	
Situative Fragen Auf critical incident-Basis konstruierte situative Fragen werden gestellt.	Auf 5stufiger verhaltensverankerter Skala
Gesprächsschluss Fragen des Bewerbers, Zusammenfassung und weitere Vereinbarungen.	

Als Beispiel einer biographiebezogenen Frage wird im untenstehenden Blickpunkt die Bewertung der Anforderungsdimension Kollegialität erläutert (Quelle: Schuler 1998: 91).

Biographiebezogene Fragen

Komplexe biographiebezogene Fragen aus dem multimodalen Interview

Im Blickpunkt

Anforderungsdimension „Kollegialität"

Fragen:

- In welchem Fall haben Sie einen Kollegen oder eine Kollegin bei der Lösung eines Problems unterstützt?
- Wie haben Sie erkannt, dass er oder sie Hilfe braucht?
- Wie sind Sie vorgegangen, wie hat er oder sie darauf reagiert?

Antwortbewertung 1 Punkt: Kein oder belangloses Beispiel.

Antwortbewertung 3 Punkte: Beispiel für Unterstützung, die auf Ersuchen des Kollegen erfolgte, oder Hilfe, die nicht zur Selbsthilfe führt.

Antwortbewertung 5 Punkte: Beispiel für Unterstützung, die über den alltäglichen Rahmen hinausgeht; Interesse am Wohlergehen und Erfolg anderer; aktive Hilfsbereitschaft; Hilfe zur Selbsthilfe.

Unabhängig von der mitunter durch empirische Forschung nicht sonderlich gut bestätigten Vorhersagequalität des Vorstellungsgesprächs kommt man in der Praxis ohne dieses Instrument nicht aus. Infolgedessen ist es praxisrelevant zu prüfen, wie das Interview verbessert und der Selektionserfolg erhöht werden können. Die Vorhersagequalität des Bewerbungsgesprächs wird anhand eines strukturierten Vorgehens gesteigert. Die Strukturierung kann sich auf den Inhalt (Anforderungsprofil, Leitfaden, Fragetechniken, Ar-

Vorhersagequalität

beitsproben), auf den Interviewer (Protokollierung, mehrere Interviews, Auswahl und Schulung) oder auf die Auswertung (anforderungsbasiert, Bewertungsskalen) beziehen. Nachstehende Aspekte tragen u. a. zu einer besseren Vorhersagequalität bei (vgl. Cook 2004: 46 ff.).

Auswahl des Interviewers

Nicht jede Person und Führungskraft ist gleich gut geeignet, ein Bewerbungsgespräch zu führen und Personen zu beurteilen. In dieser Hinsicht begabte Personen sollten in der staatlichen Verwaltung spezifisch gefördert werden. Hat man den Kontakt zu einem erfahrenen Personalberater, lohnt es sich, diesen Kontakt zu pflegen. Vor der Beraterauswahl empfiehlt sich angesichts der Qualitätsunterschiede, mehrere zu testen und deren Auswahlunterstützung kennen zu lernen (vgl. Thom/Kraft 2000).

Schulung

Interviewer können in der Frage- und Bewertungstechnik, in ihrem Beobachtungsvermögen und in der allgemeinen Gesprächsführung geschult werden. Hier ist ein längerfristiges Training (inkl. individuelles Coaching) einer kurzen Einführung vor dem „Ernstfall" vorzuziehen.

Bewertungsqualität

Die Bewertungsqualität des Gesprächs und des Kandidaten kann durch den Beizug mehrerer in Bezug auf die zu besetzende Stelle urteilsfähiger Personen erhöht werden. Es empfiehlt sich, neben dem Führungsvorgesetzten auch den Fachvorgesetzten, allenfalls den Personalverantwortlichen und einen Arbeitskollegen beizuziehen oder eine Gesprächsmöglichkeit mit diesen Personen zu schaffen.

Anforderungsbasierte Interviews

Der Gesprächsführende sollte aufgrund einer Anforderungsanalyse und Stellenbeschreibung detailliert über die zu besetzende Stelle informiert sein. Die Vorbereitung mittels solcher Informationen ist unverzichtbar für ein effizientes Vorstellungsgespräch und ermöglicht in Verbindung mit einem entsprechend strukturierten Interviewleitfaden die Verbesserung der Vorhersagewahrscheinlichkeit.

Effiziente Informationsnutzung

Die im Vorstellungsgespräch auf den Interviewer zukommenden Informationen verbaler und visueller Art verlangen eine sehr schnelle und gezielte Bewertung. Inkonsistente Informationen müssen sofort zueinander in Verbindung gesetzt und noch im Gespräch überprüft werden. Ein guter Interviewer notiert sich die für die Anstellung relevanten Informationen sofort, bewertet diese und baut darauf das weitere Gespräch auf. Eine vorschnelle Beurteilung des Kandidaten nach Gesprächsende ist zu vermeiden. Erst nach der sorgfältigen Auswertung des Gesprächs anhand eines Bewertungsbogens, der Diskussion mit anderen Gesprächsteilnehmern und Überprüfung mittels der Bewerbungsunterlagen, den Stellenanforderungen sowie

6.5 Prozessfunktionen

allfälligen Rückfragen beim Kandidaten oder bei Referenzpersonen kann eine faire und Erfolg versprechende Entscheidung getroffen werden.

Das Assessment Center (AC) leistet sowohl bei der Personalauswahl als auch bei der Personalentwicklung sehr gute Dienste. Dementsprechend existieren Auswahl-, Entwicklungs- oder Beurteilungsassessments. Aufgrund seiner Bedeutung für eine erneuerte Führungskräfteauswahl im öffentlichen Sektor wird es hier als Instrument zur Personalselektion dargestellt.

Assessment Center

Das AC ist eine seminarähnliche Veranstaltung, in der die Verhaltensleistung eines oder mehrerer Kandidaten von mehreren Beobachtern (Assessoren) in unterschiedlichen Testsituationen sowie anhand vorher definierter Kriterien beurteilt wird. Die Ziele eines AC sind (je nach Anwendungsbereich) die Förderung der Mitarbeitermotivation, eine Verminderung des Auswahlrisikos, eine „Objektivierung" des Beurteilungsverfahrens und die Erfassung exakterer Ausgangsinformationen für die Personalentwicklung (vgl. zu den folgenden Ausführungen Oechsler 2006: 230 f.; Ridder 2007: 121 ff.; Jeserich 1991 und Heitmeyer/Thom 1982: 21 ff.).

Folgende Charakteristika sind Voraussetzung für ein zweckmäßiges Assessment Center: A priori ist ein aus der Anforderungsanalyse erarbeiteter Merkmalskatalog zu erstellen. Die Übungen sollen gewährleisten, dass alle in der Anforderungsanalyse identifizierten Kriterien beobachtet werden können. Es werden verschiedene Testverfahren bzw. Übungsformen angewandt. Jeder Kandidat muss mindestens einmal von jedem Assessor beobachtet werden, die Beurteilung wird zeitlich von der Beobachtung getrennt und das Ergebnis wird erst in einem abschließenden Gespräch aller Beobachter festgestellt. Ebenfalls notwendig ist, dass die Assessoren in der Beobachtung und Bewertung geschult worden sind.

Vor der Übernahme von Standardübungen ohne Stellenbezug ist zu warnen. Das eigentliche Prüfungsverfahren setzt sich aus mehreren unterschiedlichen Übungen zusammen, die alle spezifisch auf die zu besetzende Stelle ausgerichtet sein müssen (vgl. Tabelle 21). Die in der Tabelle erwähnten Kriterien können jeweils für die betreffende Übung als Bewertungskategorien verwendet und auf einer selbst gewählten Skala im Einzelfall zugeordnet werden. Bei der erstmaligen Durchführung eines AC ist der Beizug eines professionellen Beraters unabdingbar, um methodische Fehler zu vermeiden (vgl. auch Praxisfenster Nr. 15).

Beizug eines professionellen Beraters

Tabelle 21 Übungsaufgaben und Kriterien im Assessment Center (Auswahl)

Übungsaufgaben	Kriterien
Interview	Mündlicher Ausdruck, Führungsfähigkeit, Sensibilität, Kommunikationsfähigkeit
Management-, Rollenspiel	Mündlicher Ausdruck, rollengerechtes Verhalten, Kontaktfähigkeit, Energieniveau, Tatkraft, Bewältigung sozialer Stresslagen, Einfühlungsvermögen
Führerlose Gruppendiskussion	Führungspotenzial, Durchsetzungsfähigkeit, Beharrlichkeit, Sozialkompetenz, Risikobereitschaft
Datensammlung und Entscheidung (Fallstudie)	Problemanalyse, -überblick, Urteils- und Entscheidungsfähigkeit, Entschlossenheit, schriftliche Kommunikation
Postkorb (Bearbeitung stellenrelevanter Schriftstücke)	Informationsverarbeitung, Planungs-, Entscheidungs-, Organisations- und Delegationsfähigkeit, schriftlicher und mündlicher Ausdruck
Präsentation	Analyse-, Überzeugungs- und Kommunikationsfähigkeit, mündlicher Ausdruck

Feedback-Gespräch

Das nach der Beobachtung und Bewertung stattfindende Feedback-Gespräch gehört zu den wichtigsten Elementen eines AC. Zunächst muss das Feedback aufgrund der außerordentlichen Prüfungssituation rücksichtsvoll, verständnisvoll und nachvollziehbar erfolgen. Der Teilnehmer hat nämlich nachträglich kaum mehr eine Möglichkeit, das getroffene Urteil aus seiner Sicht richtig zu stellen. Der Kandidat erhält dabei differenzierte Informationen über seine im AC gezeigten Stärken und Schwächen. Im Gespräch hat der ausgewählte Kandidat auch die Möglichkeit, seine persönlichen Ziele, Neigungen und Entwicklungswünsche einzubringen, damit erste Maßnahmen für die Zukunft getroffen oder für grundsätzlich geeignete Kandidaten evtl. weitere Stellenangebote aus dem Verwaltungsbereich in Betracht gezogen werden können.

Hoher Aufwand

AC sind nicht unumstritten. So stellt sich die Frage, ob der Aufwand und die hohen Kosten für ein AC gerechtfertigt sind, solange es kaum Hinweise darauf gibt, dass der Ertrag höher ist als mit konventionellen Auswahlverfahren (vgl. Friedrich 2000: 40 und Ridder 2007: 124 f.). Die wichtigsten Argumente für das AC sind: Die Beurteilung durch das AC wird „objektiver", es besteht die Möglichkeit, Lernprozesse (auch für die Assessoren) zu durchlaufen und jeder Teilnehmende erhält verbesserte Informationen über sein Entwicklungspotenzial. Die Gefahr von Fehlbesetzungen kann bei spezifischer Ausgestaltung der Übungsaufgaben reduziert werden.

6.5.2 Personalbeurteilung

Angesichts des lebenslangen Beschäftigungsziels, der automatischen Beförderung und der starren Einreihungs- und Entlohnungspolitik im öffentlichen Sektor erlangte die Personalbeurteilung bisher keine herausragende Bedeutung. Zukünftig sind jedoch zur Entwicklung, Motivation und Entlohnung des Verwaltungspersonals personen- und tätigkeitsbezogene Beurteilungsverfahren notwendig.

6.5.2.1 Beurteilungsziele

Die Ziele der Personalbeurteilung liegen in der Motivationsförderung, der Entwicklung sowie der Leistungssteigerung der Mitarbeitenden. Das Verhalten und die Leistung hängen von drei Faktoren ab: Der Fähigkeit („Können"), der Bereitschaft („Wollen") und der Situation („Dürfen/Sollen"). Abbildung 47 stellt die Beurteilungsdimensionen und deren Zusammenhänge dar (vgl. Ritz/Steiner 2000: 28; Hilb 2007: 77 ff. und Klimecki/Gmür 2005: 264 ff.).

Mehrdimensionale Beurteilung

Dimensionen der Mitarbeiterbeurteilung	*Abbildung 47*

```
   Zukunft           Gegenwart          Vergangenheit

 [Person]    +    [Verhalten]   +   [Situation]   =   [Leistung]

 „Können"         „Wollen"          „Dürfen"         Qualität und
                                                     Quantität der
 Fähigkeiten      Motivation        Rahmen-          Arbeits-
 Potenziale       Bereitschaft      bedingungen      ergebnisse

       _____/              _____/
             Input-Faktoren                         Output-Faktoren
                    ↑         ↑         ↑                 ↑
                    └─────────┴────┬────┴─────────────────┘
                         Mitarbeiterbeurteilung
```

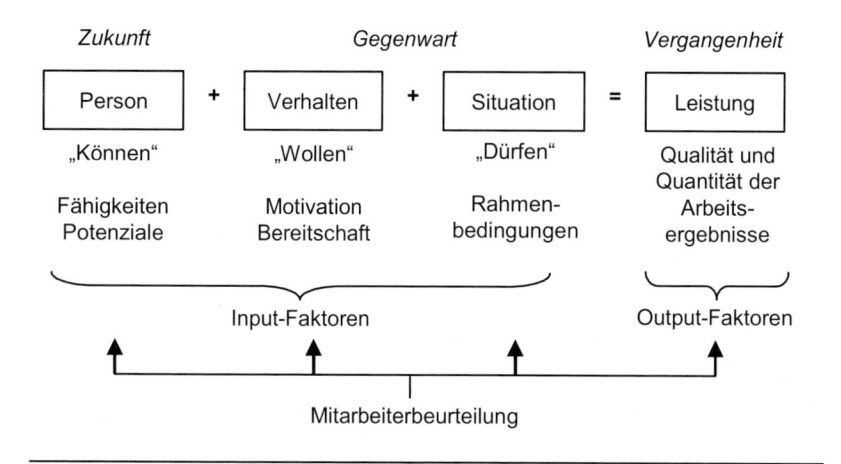

Eine umfassende Mitarbeiterbeurteilung ist auf alle vier Dimensionen abgestützt. Anhand der anzustrebenden Werte aus der letzten Zielvereinbarung wird die in der letzten Periode erbrachte Leistung beurteilt. Die verhaltensbezogene Beurteilung bewertet Handlungsmuster wie Flexibilität, Termintreue, Qualitätsorientierung usw. Hierfür ist die Berücksichtigung der durch die Situation gegebenen

Rahmenbedingungen notwendig, damit nur diejenigen Handlungsmuster beurteilt werden, die auch erwartet werden können. Die personenbezogene Beurteilung bezieht sich auf das Potenzial des Mitarbeitenden, sich spezifische Qualifikationen und Fähigkeiten in der erforderlichen Zeit anzueignen. Es geht hier also nicht um die Bewertung bisher erlangter Qualifikationen, welche bereits bei der Personalauswahl und beim Personaleinsatz berücksichtigt wurden, sondern um die zukünftigen Entwicklungspotenziale.

Reine „Input"-Beurteilung

Setzt die Beurteilung nur beim Verhalten und bei der Person an, dann spricht man von einer sog. reinen „Input"-Beurteilung. Dabei läuft man jedoch Gefahr, z. B. einen Mitarbeiter aufgrund seines Verhaltens als sehr gut zu beurteilen, obwohl seine Leistungswerte nicht überzeugend sind. Andererseits ist eine sog. reine, leistungsbezogene „Output"-Beurteilung gefährlich, da nicht gefragt wird, wie der Mitarbeitende diese Leistung erreicht hat. Wurden unter Umständen zur Zielerreichung viele Mitarbeitende und Kollegen frustriert? Aus diesem Grund sollte jede Mitarbeiterbeurteilung sowohl Input- als auch Output-Faktoren erfassen. Im Folgenden wird kurz auf die Leistungsbeurteilung eingegangen. Im darauf folgenden Abschnitt wird die „Input-Beurteilung" ins Zentrum gerückt.

Verfahrensschritte

Die Leistungsbeurteilung als ein Element der Mitarbeiterbeurteilung sollte systematisch erfolgen. Folgende fünf Schritte gewährleisten ein zweckmäßiges Verfahren (vgl. Bosbach 2000: 44 ff.):

1. Bestimmung der relevanten und dem Mitarbeitenden individuell zurechenbaren Arbeitsergebnisse.

2. Gewichtung der beurteilungsrelevanten Arbeitsergebnisse. Je bedeutungsvoller das Arbeitsergebnis für den Output, die Gruppe oder die Institution, desto höher dessen Gewicht.

3. Festlegung des Maßstabs für einzelne Arbeitsmerkmale (z. B. Quantität, Qualität, Akzeptanz) und Bewertung der Arbeitsergebnisse sowie Festlegung des Beitrags zum Output.

4. Festlegung des Maßstabs für das Gesamturteil und Bewertung der einzelnen Arbeitsergebnisse und des Gesamtarbeitsergebnisses danach.

5. Überprüfung der Stimmigkeit zwischen Beurteilung nach Arbeitsmerkmalen (Schritt drei) und Gesamturteil (Schritt vier).

Ein für den dritten Schritt anwendbares Beurteilungsschema ist in Tabelle 22 abgebildet.

Prozessfunktionen

6.5

Bewertungsraster zur Leistungsbeurteilung (nach Bosbach 2000: 45 f.) *Tabelle 22*

Beitrag des Arbeitsergebnisses zu Produkten und Leistungen (Output)						
Arbeits-ergebnis	Gewich-tung in Punkten	Beitrag zum Produkt 1	Beitrag zum Produkt 2	Beitrag zum Produkt 3	Beitrag zum Produkt 4	Summe
Ergebnis A	70	+	-	0	=	=
Ergebnis B	10	0	0	+	+	++
Ergebnis C	20	-	0	=	0	-/=

+: übertrifft Erwartung / =: erfüllt Erwartung / -: erfüllt Erwartung nicht / 0: kein oder irrelevanter Beitrag

Bewertung des Arbeitsergebnisses nach einzelnen Arbeitsmerkmalen					
Arbeits-ergebnis	Gewichtung in Punkten	Qualität	Quantität	Wirtschaft-lichkeit	Akzeptanz
Ergebnis A	70	2 (=140)	2 (=140)	0 (=0)	2 (=140)
Ergebnis B	10	1 (=10)	2 (=20)	1 (=10)	2 (=20)
Ergebnis C	20	1 (=20)	2 (=40)	2 (=40)	2 (=40)
Summe	100	170	200	50	200

0: erfüllt Erwartung nicht / 1: erfüllt Erwartung / 2: übertrifft Erwartung

6.5.2.2 Mitarbeitergespräch

Den Hauptbestandteil der Personalbeurteilung bildet unbestritten das Mitarbeitergespräch, welches periodisch (z. B. jährlich) die laufende Beurteilung vornimmt und der neuen Zielvereinbarung dient. Neben dem Mitarbeitergespräch können auch die Bewertungen von Arbeitskollegen, von internen oder externen Kunden und unterstellten Personen (sog. Vorgesetztenbeurteilung) in die Beurteilung einfließen. Eine vollständige 360 Grad-Beurteilung ist oft sehr aufwändig (vgl. Gerpott 2000: 357 f.). Zum einen ist die Akzeptanz des zu Beurteilenden erforderlich, zum anderen sollten die Bewertungen transparent und einsehbar sein. Die Anonymität der verschiedenen Beurteilenden ist sicherzustellen. Wichtiger als ein vollständiges Beurteilungssystem ist die Akzeptanz der Bewertung sowie der Methode durch die Beurteilten. Dazu kann die Durchführung einer Selbstbeurteilung zum Vergleich von Fremd- und Selbstbild von großem Nutzen sein. Dabei bewertet sich der Mitarbeitende i. S. der Vorbereitung auf das Mitarbeitergespräch selbst, bespricht und ver-

Beurteilung und Zielverein-barung

6 Führung und Förderung durch ein erweitertes Personalmanagement

gleicht die eigenen Ergebnisse mit denjenigen des Vorgesetzten. Tabelle 23 zeigt den Aufbau eines Mitarbeitergesprächformulars.

Tabelle 23 *Beurteilungsbogen für das Mitarbeitergespräch (nach Hilb 2007: 86 ff.)*

1. Beurteilung des Leistungsverhaltens		
Leitbildgerechte Dimension		Leitbildgerechte Ausprägung tief hoch
Persönlichkeits-kompetenz	Integrität; ethisch verantwortliches und interessenwahrendes Verhalten	1 - - - 2 - - - 3 - - - 4 - - - 5
	Stressresistenz; Belastbarkeit in außergewöhnlichen Situationen, Frustrationstoleranz	1 - - - 2 - - - 3 - - - 4 - - - 5
	Innovationsfreude; trägt zum Entstehen von Neuerungsprozessen bei	1 - - - 2 - - - 3 - - - 4 - - - 5
Fachkompetenz	Unternehmertum; proaktives und wohlkalkulierendes Verhalten zur Sicherung und zum Ausbau der Erfolgspotenziale	1 - - - 2 - - - 3 - - - 4 - - - 5
	Ganzheitliches Handeln; Einbezug verschiedener für die Leistungsentwicklung förderlicher Aspekte	1 - - - 2 - - - 3 - - - 4 - - - 5
	Berufliches Können; Fähigkeiten im fachlichen Kern und weiteren Aufgabenumfeld	1 - - - 2 - - - 3 - - - 4 - - - 5
Sozialkompetenz	Zuhörfähigkeit; aktives und interessiertes Zuhören	1 - - - 2 - - - 3 - - - 4 - - - 5
	Offenheit; angemessen direkte und konstruktive Kommunikation	1 - - - 2 - - - 3 - - - 4 - - - 5
	Teamfähigkeit; Integration seiner selbst und anderer ins Team	1 - - - 2 - - - 3 - - - 4 - - - 5
Führungs-Kompetenz	Zielorientierung; Setzen und Erreichen von Meilensteinen	1 - - - 2 - - - 3 - - - 4 - - - 5
	Ressourcenumgang; wirtschaftlicher Einsatz von Ressourcen	1 - - - 2 - - - 3 - - - 4 - - - 5
	Vorbildlichkeit; glaubwürdiges Verhalten	1 - - - 2 - - - 3 - - - 4 - - - 5

2. Beurteilung der Zielerreichung im vergangenen Jahr					
Zielgewichtung (Rangfolge)	Messbare Zielbeschreibung	Zielerreichung			Zukunftsmaßnahmen mit Zeitangaben
		Übertroffen	erreicht	teilweise erreicht	nicht erreicht	
1.						
2.						
usw.						

3. Gesamtbeurteilung

- Zufriedenheit mit der gegenwärtigen Tätigkeit: ☺☺ ☺☹ ☺ ☹☺ ☹☹
- Persönliche Anliegen: ....
- Besondere Stärken des Mitarbeitenden: ....
- Entwicklungsfähige Bereiche des Mitarbeitenden: ....
- Vorschläge zur individuellen Entwicklung: Maßnahmen/Verantwortlicher/Datum
- Bemerkungen: ....

4. Ziele für das nächste Jahr

Zielgewichtung (Rangfolge)	Messbare Zielbeschreibung	Datum
– 1.	–	–
– 2.	–	–
– usw.	–	–

Abschließend muss aber festgehalten werden, dass das Beurteilungsinstrumentarium und die Mitarbeitergespräche noch so professionell gehandhabt werden können, fehlen jedoch die daraus abgeleiteten konkreten Entwicklungsmaßnahmen und Konsequenzen z. B. im Rahmen der Entlohnung, des Personaleinsatzes oder der Freistellung, dann verfehlt auch das beste Beurteilungssystem seinen Zweck.

6.5.3 Personalerhaltung

Die Personalerhaltung versucht, durch unterschiedliche Instrumente die Leistungsbereitschaft und Arbeitszufriedenheit der Mitarbeitenden zu fördern sowie zu verhindern, dass gute Arbeitskräfte den Arbeitsplatz verlassen. In Zusammenhang mit den Reformen im öffentlichen Sektor wird insbesondere der „Leistungslohn" lebhaft diskutiert (vgl. z. B. Reichard 1998: 103 ff. und Tondorf 1997). Die aktuellen Reformen fördern vorwiegend eine Erkenntnis:

Leistungslohn

> Der öffentliche Sektor kommt gegenwärtig kaum an einem individualzentrierten Leistungslohnsystem vorbei - unabhängig von dessen Wirkungen!

Die Forderungen nach einer Gleichstellung des staatlichen mit dem privatwirtschaftlichen Personal sind zurzeit unüberhörbar, obwohl auch in der Privatwirtschaft unterschiedliche Lohnsysteme existieren und eine konsequente Umsetzung des individuellen Leistungslohns vielerorts fehlt. Diese Entwicklungen scheinen die Folgen eines in der Lohnpolitik spät einsetzenden Systemwandels zu sein.

Führung und Förderung durch ein erweitertes Personalmanagement

Angesichts dieser Bedeutung des Leistungslohns wird in diesem Abschnitt primär darauf eingegangen.

6.5.3.1 Bemessungsgrundlagen

Wertvorstellung und Verteilungsgerechtigkeit

Grundsätzlich orientiert sich die Entgelt- und Anreizgestaltung immer an einer Wertentscheidung über die „richtige" Bemessungsgrundlage und die damit angestrebte Wirkung auf das Verhalten der Mitarbeitenden (vgl. Klimecki/Gmür 2005: 296 ff.). Denn neben der absoluten Lohnhöhe sind die Zusammensetzung der Lohnbestandteile und die dahinter stehenden Motive entscheidende Faktoren. Hinter der Lohnpolitik steht letztlich die Wertvorstellung, nach welchen Kriterien sich die materielle und immaterielle Ausstattung von Personen in der Gesellschaft richten soll. In diesem Zusammenhang hat die empfundene Lohnzufriedenheit und -gerechtigkeit aus der Sicht des einzelnen Mitarbeiters, aber auch aus institutioneller Perspektive, einen entscheidenden Einfluss auf die langfristige Qualitätssicherung öffentlicher Institutionen. Die zu treffende Wertentscheidung steht grundsätzlich im Spannungsfeld von vier Prinzipien der Verteilungsgerechtigkeit:

- Anforderungsgerechtigkeit: Je größer die physischen und psychischen Anforderungen einer Position, desto höher der Anteil an der betrieblichen Wertschöpfung.

- Sozialgerechtigkeit: Je größer der Beitrag einer Person zur Realisierung der sozialpolitischen Ziele einer Gesellschaft, desto größer ihr Anteil an der Wertschöpfung, da eine Institution auch eine gesellschaftliche Verantwortung trägt.

- Marktgerechtigkeit: Je höher der Arbeitsmarktwert einer Person, umso höher der Wertschöpfungsanteil, da der Marktwert das für die Erreichung der Ziele einer Institution nutzbare Leistungspotenzial ausdrückt.

- Leistungsgerechtigkeit: Je höher die Leistung einer Person, desto größer ihr Wertschöpfungsanteil, weil sie diesen selbst realisiert hat.

Die vier Prinzipien beeinträchtigen einander gegenseitig und sind jeweils stark von der Branchen-, Institutions- und Landeskultur abhängig. In der Praxis spielen im Normalfall mehrere Prinzipien eine Rolle und es dominiert nicht nur eines. Insofern ist auch der Begriff des „Leistungslohns" falsch gewählt, da normalerweise und insbesondere im öffentlichen Sektor der effektive Leistungsanteil nur einen geringen Anteil am Gesamtlohn einnimmt (oft weniger als 5 Prozent in der Verwaltung). Die Anforderungs- und Leistungsgerechtigkeit erfordert die Anwendung zuverlässiger Bewertungsgrundlagen: zum einen die Mitarbeiterbeurteilung (vgl. Kapitel 6.5.2), zum anderen die Arbeitsplatzbewertung, welche hier nicht weiter vertieft wird (vgl. Scholz 2000: 733 ff.).

6.5.3.2 Gründe für und gegen eine lohnwirksame Beurteilung

Die Argumente gegen eine lohnwirksame Beurteilung sind sehr vielfältig und kommen zu einem großen Teil aus der Mitarbeiterschaft selbst. Zum einen wird bezweifelt, dass sich staatliche Arbeitnehmer durch materielle Lohnbestandteile zu mehr oder besserer Leistung motivieren lassen, da ihrer Berufsausübung primär ideelle Motive zu Grunde liegen (vgl. Durant et al. 2006; Crewson 1997 und Perry 1996). Zum anderen betrifft die Kritik das System der Leistungsentlohnung. Fehlende „objektive" Beurteilbarkeit der Leistung, Beurteilungswillkür bei einzelnen Beurtei-lungspersonen, großer administrativer Arbeitsaufwand, zu geringer Leistungsanteil sowie die Förderung destruktiver Konkurrenz und kurzfristiger „Einschmeichelungsstrategien" gegenüber der Verwaltungsführung seien negative Aspekte.

Zweifel an Leistungssteigerung

Auf der Seite der Befürwortenden werden die Prämierung außerordentlicher Leistungen, neue Entwicklungsalternativen, die Gleichbehandlung mit Angestellten der Privatwirtschaft, die Steigerung der Berufsattraktivität sowie die Verhaltenssteuerung durch Leistungsanreize in den Vordergrund gerückt. Diese Argumente werden ergänzt durch die kritische Frage, ob denn das bisherige Lohnsystem wirklich gerechter als neue Ansätze der lohnwirksamen Qualifikation sei oder nur aufgrund seiner nicht offensichtlichen Ungerechtigkeiten allgemein geduldet werde.

Gleichheit oder Gerechtigkeit

Ausgehend von dieser Kontroverse muss man nach der Bedeutung der Entlohnung an sich fragen. Lohn ist primär ein Entgelt für die der Institution zur Verfügung gestellte Arbeitskraft einer Person. Daneben ist die Entlohnung aber auch ein Mittel, um bspw. Mitarbeitende mit ihrer Arbeit zufrieden zu stellen, sie zur weiteren Arbeit zu motivieren, die Identifikation mit dem Arbeitgeber zu steigern und den Arbeitnehmer an die Institution binden zu können (vgl. Lawler 1971: 1 f.). Zudem ist die Entlohnung ein wichtiger Faktor für die Personalgewinnung. Diese Aspekte interessieren bei der Beurteilung geeigneter Entlohnungsformen besonders.

Bedeutung der Entlohnung

6.5.3.3 Zusammenhang zwischen Entlohnung und Motivation

Verhaltens-beeinflussung

Die Veränderung der Motivation durch den Lohn entspricht einer Verhaltensbeeinflussung durch einen Anreiz, der je nach personenspezifischer Bedürfnisstruktur unterschiedliches Verhalten zur Folge hat (vgl. March/Simon 1965). Die Bedeutung, welche jemand einem Anreiz beimisst, bestimmt also auch dessen Wirkung auf das individuelle Verhalten. Aus theoretischer Sicht können aus verschiedenen Motivationstheorien Schlüsse über den Einfluss von Anreizen auf die Motivation gezogen werden. Keine Motivationstheorie gibt aber eine vollständige und allgemein gültige Antwort bezüglich der Ursachen von gezieltem Verhalten. Aus einem Vergleich von fünf grundlegenden Motivationstheorien (vgl. Maslow 1954; McGregor 1960; Herzberg 1966; Vroom 1964; Porter/Lawler 1968 und Adams 1965) können die folgenden Erkenntnisse gezogen werden (vgl. dazu auch Lawton/Rose 1994: 104 ff.):

Erkenntnisse aus Motivationstheorien

- Es gibt unterschiedliche individuelle Bedürfnisarten. Der Lohn stellt nur eine Form zur Bedürfnisbefriedigung dar und muss für den jeweiligen Empfänger wichtig sein.

- Bedürfnisse, z. B. nach Lohn, können einen individuellen Sättigungsgrad erreichen.

- Die Annahmen über das Menschenbild von Mitarbeitenden können deren Bedürfnisse, Motivation und Verhalten beeinflussen.

- Die äußeren Arbeitsbedingungen wie z. B. der Lohn bestimmen die Motivation und Zufriedenheit nicht abschließend, ermöglichen aber, dass Zufriedenheit eintreten kann, wenn der Arbeitsinhalt positiv empfunden wird.

- Die Entlohnung muss einen positiven Wert für den Mitarbeitenden haben, damit die Motivation gesteigert wird.

- Die Entlohnung muss in direktem Zusammenhang mit dem Leistungsniveau stehen.

- Die Lohnform und -höhe müssen mit vergleichbaren Personen oder Berufsgruppen übereinstimmen.

Leistungslohn und öffentlicher Sektor

Die von der OECD durchgeführten Studien zu den Wirkungen des individuellen Leistungslohns auf Kaderangestellte des öffentlichen Sektors kommen zu weiteren Ergebnissen (vgl. OECD 2005d und OECD 1997):

- Der Stellenwert des Lohnes ist im Vergleich zur beruflichen Unabhängigkeit, zur Situationsbewältigung bei der Arbeit, zur beruflichen Herausforderung und zur empfundenen Gerechtigkeit gering.

Prozessfunktionen **6.5**

- Die Wichtigkeit des Leistungslohnes wird mehrheitlich als mäßig wichtig bis wichtig eingestuft.
- Der Leistungslohn stärkt die Beziehung zwischen individuellen Arbeitszielen und Zielsetzungen der Institution kaum.
- Der Leistungslohn hat primär einen positiven Einfluss auf die „Topleute", weniger auf den großen „Durchschnitt".
- Die Kombination verschiedener Beurteilungsmethoden erhöht die Akzeptanz von Leistungslohnsystemen.

Die Einführung von leistungsorientierten Lohnsystemen im Rahmen der „Next Steps-Reformen" in Großbritannien konnte nicht als Reformerfolg gewertet werden. Die intendierten Wirkungen blieben aufgrund struktureller und kultureller Defizite im öffentlichen Sektor für die Einführung eines neuen Vergütungssystems größtenteils aus (vgl. Keraudren 1994).

Aus motivationstheoretischer Sicht muss aber auch angefügt werden, dass u. a. im öffentlichen Sektor vor dem Hintergrund einer nicht primär gehaltsorientierten Stellenwahl die Verdrängung intrinsischer Motivation durch die extrinsische Motivation infolge materieller Anreize möglich ist. Denn die Belohnung in Form von Geld kann bei intrinsisch motivierten Personen zur Folge haben, dass sie die Belohnung mehr als Kontrolle denn als Information über ihr Leistungsverhalten empfinden. Dadurch erhöht sich das Gefühl der Fremdsteuerung, was eine Verringerung des Gefühls der Selbststeuerung zur Folge hat und letztlich zu einer Abnahme der intrinsischen Motivation zu Gunsten der extrinsischen Motivation führt. Die Mitarbeitenden verlieren also einen Teil ihrer Motivation für die eigentliche Tätigkeit (vgl. Frey 2002).

Verdrängungseffekt

Den theoretischen und empirischen Erkenntnissen kann verallgemeinernd entnommen werden, dass der Lohn ein wichtiger, aber nicht primärer Anreiz zur Leistungserbringung bei Mitarbeitenden in öffentlichen Institutionen ist. Zudem vermögen individuumszentrierte Lohnanreize den angestrebten Zielen nicht vollauf zu genügen. Ausgehend davon scheint nicht ein generelles Pro oder Contra zum Leistungslohn, sondern die konkrete Ausgestaltung bei der Entwicklung von Lohnsystemen in einzelnen Institutionen der zentrale Ansatzpunkt zu sein.

6.5.3.4 Gestaltung von Entlohnungssystemen

Bei der Ausgestaltung eines Lohnsystems sind drei Aspekte entscheidend, damit die Leistungen und Qualität einer öffentlichen In-

6 Führung und Förderung durch ein erweitertes Personalmanagement

stitution kontinuierlich verbessert werden und neue Systeme auch bei der Mitarbeiterschaft Akzeptanz finden: Erstens die Zusammensetzung des Gesamtlohns durch mehrere Lohnbestandteile, zweitens die Ausweitung der Anreizformen für die einzelnen Mitarbeitenden und drittens die Strategie orientierte Anreizgestaltung mit Blick auf die gesamte Institution.

Mehrere Lohnbestandteile

Der Lohn eines Mitarbeitenden sollte erstens einen Kompetenzanteil (was kann ich?), zweitens einen Leistungsanteil (was tue ich?) und drittens einen Effektivitätsanteil (wie wirksam tue ich es?) enthalten, welche zusammen mit dem stellenbezogenen Grundlohn, Einmalprämien und den Zulagen das Brutto-Gehalt ergeben (vgl. Abb. 48).

Abbildung 48 *Zusammensetzung des Gehalts (nach Ritz/Steiner 2000: 41)*

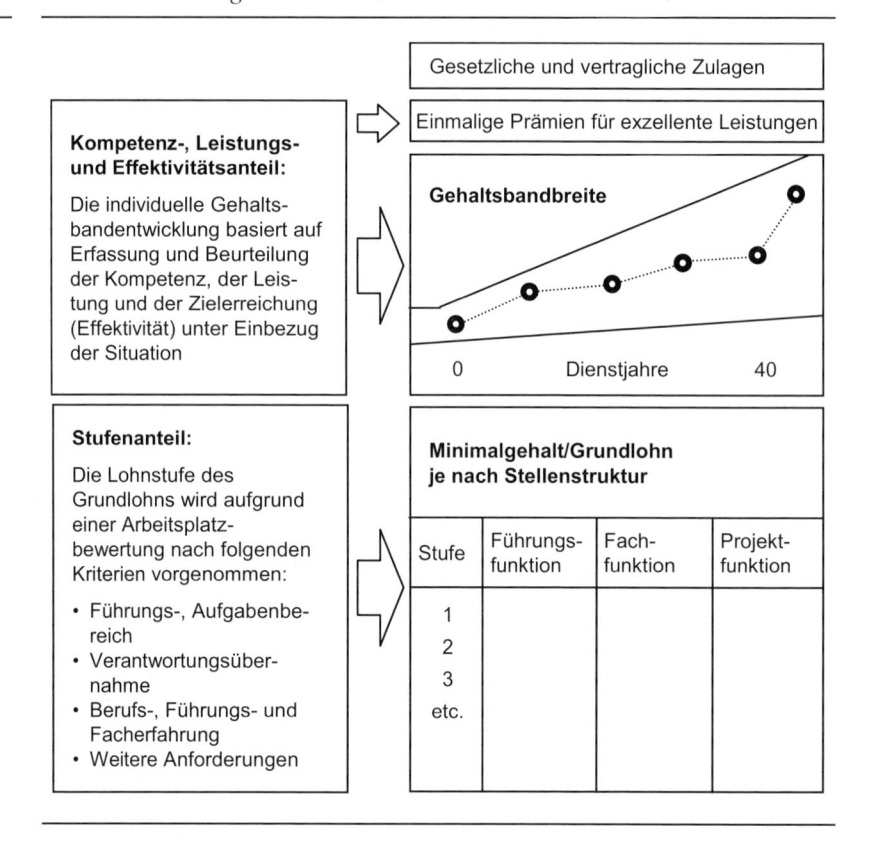

Kompetenz-, Leistungs- und Effektivitätsanteil:

Die individuelle Gehaltsbandentwicklung basiert auf Erfassung und Beurteilung der Kompetenz, der Leistung und der Zielerreichung (Effektivität) unter Einbezug der Situation

Stufenanteil:

Die Lohnstufe des Grundlohns wird aufgrund einer Arbeitsplatzbewertung nach folgenden Kriterien vorgenommen:

- Führungs-, Aufgabenbereich
- Verantwortungsübernahme
- Berufs-, Führungs- und Facherfahrung
- Weitere Anforderungen

Gesetzliche und vertragliche Zulagen

Einmalige Prämien für exzellente Leistungen

Gehaltsbandbreite (0 – 40 Dienstjahre)

Minimalgehalt/Grundlohn je nach Stellenstruktur

Stufe	Führungsfunktion	Fachfunktion	Projektfunktion
1			
2			
3			
etc.			

Die berufliche Erfahrung wird mit der Bandbreite und der Bewertung der Kompetenzen einbezogen. Sie ist aber längst nicht mehr so dominant wie im traditionellen System mit dem automatischen Stufenanstieg nach einer bestimmten Anzahl von Dienstjahren. Das Verhältnis zwischen Leistungs- und Kompetenzanteil ist variabel. Je nach Arbeitstätigkeit empfiehlt es sich, stärker auf die Kompetenz- und Beurteilungskomponente Wert zu legen als auf den schwierig messbaren Leistungsanteil, so z. B. bei Lehrpersonen.

Weiterhin kann die Gehaltsbandbreite durch Leistungsergebnisse der gesamten Institution oder auf Grund von Gruppenleistungen beeinflusst werden. In der Abbildung ist die individuelle Lohnentwicklung über die Dienstjahre hinweg durch die gestrichelte Linie gekennzeichnet. Je nach Beurteilung des Kompetenz-, Leistungs- und Effektivitätsanteils variiert die Lohnhöhe innerhalb der für die jeweilige Gehaltsstufe maßgeblichen Gehaltsbandbreite. Solche neuen Lohnmodelle für den öffentlichen Bereich setzen die Entwicklung von differenzierten Leitungsstrukturen und daraus folgender Personalführungsverantwortung vor Ort voraus. Dadurch wird sich die Stellenstruktur erweitern und die Bildung von Führungs-, Fach- oder Projektaufgaben wird möglich, welche den Grundlohn beeinflussen (vgl. Kapitel 6.5.4).

Gehalts-bandbreite

Unter Berücksichtigung der Unterscheidung zwischen intrinsischer und extrinsischer Motivation und angesichts der Tatsache, dass Menschen unterschiedliche und sich verändernde Bedürfnisstrukturen aufweisen sowie aufgrund aktueller empirischer Befunde sind die Anreize besonders im öffentlichen Sektor breit auszugestalten. Staatsangestellte wählen ihren Beruf nicht ausschließlich wegen materieller Anreize. Die finanziellen Aufstiegsmöglichkeiten sind im Vergleich zu (Spitzen-) Führungskräften in der Wirtschaft gering. Ein guter Grundlohn und ein großer Selbständigkeitsgrad sind von zentraler Bedeutung. Wird davon ausgegangen, dass diese Faktoren sowie die qualitativ gute Aufgabenerfüllung, die berufliche Weiterentwicklung und die Mitwirkung an fachbezogenen Entwicklungsprojekten mehr Bedeutung haben als ein möglichst hohes Gehalt, müssen immaterielle Anreize vermehrt an Bedeutung gewinnen.

Ausweitung der Anreizformen

In einer Umfrage der Verfasser in der Schweiz bezüglich des Einsatzes von Personalerhaltungsmaßnahmen ergab sich das in Tabelle 24 dargestellte Resultat. Zunächst fällt auf, dass Lohnzusatzleistungen i. S. von Fringe Benefits (z. B. günstige Darlehen, kostenlose Rechtsberatung usw.) und v. a. Veränderungen bei der Arbeitszeit und -form nicht als Anreizmaßnahmen geplant sind. Gerade im öffentlichen Bereich, der viele Arbeitstätigkeiten „geistiger Natur" umfasst, erstaunt der kaum geplante Einsatz von Telearbeit. Fürchten hier einige Vorgesetzte Machtverlust infolge verringerter Präsenzkontrolle? Oder waren die geringen Entfernungen zum Arbeitsplatz, die in der Schweiz üblich sind, der Grund für dieses Antwortmuster?

6 Führung und Förderung durch ein erweitertes Personalmanagement

Tabelle 24   Einsatz von Personalerhaltungsmaßnahmen

Angaben in Prozent	Kein Einsatz geplant	Wird angestrebt	Wird eingesetzt
Individueller Leistungslohn (n = 49)	10	57	33
Zusatzleistungen (Fringe Benefits) (n = 49)	94	2	4
Telearbeit / Heimarbeit (n = 44)	80	9	11
Sabbaticals (Langzeiturlaube) (n = 45)	62	13	25
Mehr Urlaubstage als Norm (n = 47)	60	10	30
Variable Arbeitszeit ohne Kern- und Gleitzeitblöcke (n = 48)	59	23	18
Bonus (kollektiver Erfolgsanteil) (n = 49)	51	33	16

Leistungslohn angestrebt

Die leistungsorientierte Entlohnung wird in der Mehrheit der Projekte angestrebt, 57 Prozent der befragten Projektleitungen fassen diese Entlohnungsform ins Auge und in bereits einem Drittel der befragten Projekte existiert eine lohnwirksame Beurteilung. Bei der Einschätzung des Erfolgs von Personalerhaltungsmaßnahmen wurde jedoch v. a. der Leistungslohn von über einem Drittel als „eher erfolglos" eingestuft. Als weniger erfolgreich wurde nur noch das Betriebliche Vorschlagswesen eingeschätzt. Instrumente, welche mit eher großem bis sehr großem Erfolg eingesetzt wurden, sind: Anerkennungsprämien, ganzheitliche und vielseitige Aufgaben, Autonomie, Verantwortungsübernahme, Personalentwicklung, partizipativer Führungsstil, Gleitzeit sowie Jahresarbeitszeit. Der Befund zeigt eine starke Bedeutung der immateriellen Anreize. Die Untersuchung bestätigt jedoch auch, dass ein angemessenes Grundgehalt ein nicht zu vernachlässigender Faktor ist, denn rund 93 Prozent der Befragten stuften es als eher bis sehr erfolgreich für die Personalerhaltung ein (vgl. Thom/Ritz 2000).

Zu wenig immaterielle Anreize

Grundsätzlich wird in der aktuellen Diskussion um die Neuentwicklung der Lohnsysteme im öffentlichen Sektor noch zu wenig Gewicht auf immaterielle Anreize gelegt. Entwicklungsmöglichkeiten in fachlicher und führungsorientierter Hinsicht, stimulierende Zusammenarbeit mit Kollegen und Kolleginnen sowie herausfordernde Verantwortungsübernahme können die bisher finanziell dominierten Anreize erweitern (vgl. Abb. 49).

Elemente eines umfassenden Anreizsystems (nach Bayard 1997: 88) *Abbildung 49*

Extrinsische Motivation				Intrinsische Motivation
Materielle Anreize		**Immaterielle Anreize**		
Finanzielle Anreize		Soziale Anreize	Institutionelle Anreize	Die Arbeit selbst
Direkte finanzielle Anreize	Indirekte finanzielle Anreize			
Lohn und Gehalt, Prämien	Alle geldwerten Anreize, die unabhängig von der Arbeitsleistung freiwillig von der Institution erbracht werden.	Gruppenmitgliedschaft, Führungsstil, Kooperation mit KollegInnen, Kommunikation usw.	Verwaltungsstandort, -kultur, Arbeitszeitregelungen, Entwicklungsmöglichkeiten, Arbeitsplatzsicherheit usw.	Arbeitsinhalt, Tätigkeitsspielraum, Arbeitsvielfalt, Entwicklungsmöglichkeiten

Individualorientierte Anreize — **Teamanreize**

Die Vielfalt der Anreizarten zeigt die Notwendigkeit einer Individualisierung der Honorierung. Der v. a. in den USA angewendete Cafeteria-Ansatz versucht, die äußerst unterschiedlichen Bedürfnisse der Mitarbeitenden mit entsprechend vielfältigen und frei wählbaren materiellen sowie immateriellen Anreizen abzudecken (siehe untenstehender Blickpunkt).

Cafeteria-Ansatz

Cafeteria-System für die öffentliche Verwaltung *Im Blickpunkt*

Ein Cafeteria-System, wie es in der öffentlichen Verwaltung angewendet werden könnte, basiert auf folgenden Spielregeln:

- In das Cafeteria-System sind die verschiedensten Arten von Belohnungen als Anreize integriert, insbesondere materielle und immaterielle.
- Die Gewichtung der Belohnungen untereinander ist klar definiert. So entspricht bspw. eine Prämie von Euro 200.- einem zusätzlichen Urlaubstag, zwei Abendessen für zwei Personen oder einer Teilnahme an einem Weiterbildungsseminar.

Ausschlaggebend für die Verrechnung sind die Selbstkosten für die jeweilige Verwaltung.

- Die Leistungshonorierung ist einheitlich geregelt. Sie erfolgt bspw. in Form von kumulierbaren Leistungspunkten. Eine bestimmte Anzahl von Punkten berechtigt zum Bezug einer bestimmten Honorierung. Die Punkte sind nicht auf Dritte übertragbar, können hingegen auch in Teilbezüge aufgeteilt werden. Mit Punkten kann in der Cafeteria „eingekauft" werden.

- Die Leistungshonorierung kann nach der jährlichen Beurteilung oder individuell nach besonderen Leistungen während des Jahres erfolgen. Jeder Vorgesetzte erhält ein bestimmtes Punktebudget, das er nach vorgegebenen Kriterien verteilen kann.

- Die Cafeteria kann ausverkauft sein. Gefährden Kumulationen den Verwaltungsbetrieb, so kann der Bezug verweigert werden. Grundsätzlich ist jedoch großes Gewicht auf höchstmögliche Flexibilität zu legen.

- Die Anreize sind auf die Bedürfnisse der Mitarbeitenden abgestimmt. Diese werden über eine periodisch wiederholte Mitarbeiterbefragung ermittelt. Die Arbeitnehmer können zudem jederzeit Vorschläge für neue Honorierungen einreichen, die nach Möglichkeit zu berücksichtigen sind.

(In enger Anlehnung an: Schedler 1993: 164)

Strategieorientierte Anreizgestaltung

Wichtiger als rein individualzentrierte Lohnformen ist die Ausweitung der Anreizgestaltung auf die Gesamtinstitution. In den USA und zunehmend auch in Großbritannien gewinnen Konzepte i. S. des „New Pay" an Wichtigkeit (vgl. Lawler 1990 und Forrester 2000: 7 ff.). Entlohnungssysteme können demnach den Wandel und die Kultur einer Institution unterstützen. Voraussetzung dafür ist die Verknüpfung des Lohnsystems mit den Zielsetzungen und der Strategie einer Institution.

Die strategische Führung dokumentiert sich idealerweise im Leitbild und spezifiziert die erforderlichen organisatorischen, wirkungs- und leistungsorientierten Ziele, welche auch die Führungsgrundsätze bestimmen. Daraus lässt sich ein strategieorientiertes Entlohnungssystem ableiten. Die Kaskade von den Oberzielen der Institution bis zu individuellen Zielvereinbarungen und die Belohnungspolitik für erbrachte Leistungen sind entscheidend für die gesamte Leistungsqualität (vgl. Abschnitt 6.6). Damit ist nicht unbedingt eine Revolutionierung der Entlohnung nötig, sondern vielmehr die Beseitigung von Entlohnungselementen, welche die gesamte Organisationsentwicklung hindern, wie etwa der automatische Gehaltsstufenanstieg nach Dienstalter.

6.5.3.5 Empfehlungen zur Gestaltung und Einführung von Entlohnungssystemen

Generell ist zu empfehlen, auf das Individuum bezogene Anreizformen durch Teamanreize bzw. von der ganzen Institution abhängende Belohnungsarten zu ergänzen, allenfalls zu ersetzen. Ein ausschließlich individueller Leistungslohn kann den Konfliktgehalt in einer Institution erhöhen, v. a. wenn aufgrund der noch wenig ausgebildeten Beurteilungskompetenzen Ungleichheiten wahrgenommen werden. Zudem entspricht der Einsatz von Teamanreizen auch dem insgesamt wichtigen Ziel, Angestellte weg vom Einzelkämpfertum in Richtung auf Teamarbeit und Nutzung von Synergien zwischen Organisationseinheiten zu entwickeln. Die Vielfalt der Gruppenanreize reicht von zusätzlicher Entlohnung für Fachbereiche bis zum Vergleich von öffentlichen Institutionen (Benchmarking) und daraus folgender finanzieller Ausgestaltung einer Institution. Die Grundlage hierzu bildet neben der institutionalisierten Verwaltungsführung eine gewisse Teilautonomie mit organisatorischem, finanziellem und personellem Handlungsspielraum. Dadurch wird das Beurteilungsproblem nicht gelöst, kann jedoch stärker auf institutionenbezogene Leistungs- und Wirkungsindikatoren abgestützt werden und unterliegt weniger der (bei geistigen Tätigkeiten) schwer messbaren individuellen Leistung. Auf individueller Ebene kann sodann losgelöster von lohnrelevanten Leistungskriterien die persönliche Entwicklung des Mitarbeiters sowie dessen Beitrag zur Organisationsentwicklung ins Zentrum der Beurteilung gerückt werden. Die Höhe des Leistungslohnes ist mit Augenmaß festzulegen. Die Schwankungen dürfen im öffentlichen Bereich nicht zu stark ausfallen. Andernfalls verlieren Leistungslöhne ihre Glaubwürdigkeit und Akzeptanz.

Individual- und Teamanreize

Bei der Einführung neuer Systeme ist die partizipative Entwicklung, die gründliche Schulung und Information unverzichtbar, wenn die Neuerung von den Mitarbeitenden unterstützt werden soll. Es empfiehlt sich, zuerst das System einzuführen und nach einer Erprobungsphase zu evaluieren bevor die Beurteilung mit Anreizen verknüpft wird. In der Erprobungsphase kann die Freiwilligkeit zur Teilnahme an einer Beurteilung positive Wirkungen entfalten und das Vertrauen in das neue System stärken.

Erprobungsphase

Fallstudie:
Neues Anreizsystem in der Gemeinde Wohlen

1. Ausgangslage

Wohlen als typische Agglomerationsgemeinde im Raum Bern umfasst über 9000 Einwohner und erstreckt sich auf die drei geografischen Siedlungsschwerpunkte Hinterkappelen, Uettligen und Wohlen. 1970 betrug die Einwohnerzahl nur 4000 Personen und Wohlen war eine Landgemeinde. Der einsetzende Bauboom ließ die Bevölkerung in den letzten 30 Jahren um mehr als das Doppelte ansteigen. Damit verbunden war eine Verstädterung mit entsprechenden Auswirkungen auf die Bevölkerungsstruktur. Anfang der neunziger Jahre führte die Gegensätzlichkeit zwischen der eingesessenen Landbevölkerung und den neuen, eher stadtorientierten Einwohnern, zu Konflikten und Meinungsverschiedenheiten bezüglich der Gemeindeführung. Dies löste in den Gemeinderatswahlen von 1989 einen „Linksrutsch" durch die Sozialdemokratische Partei und Offene Liste aus, welche die Schweizerische Volkspartei als bislang stärkste Partei ablösten. Der neue Gemeinderat erkannte die gesellschaftlichen, finanziellen und verwaltungsinternen Probleme der Gemeinde Wohlen und initiierte erneut eine zuvor abgelehnte Verwaltungsüberprüfung durch eine externe Firma. Dazu kam, dass die Gemeindeverwaltung den neuen Größenverhältnissen nicht mehr gewachsen war. Die missliche Finanzlage der Gemeinde aufgrund massiver Verschuldung seit 1989 sollte 1992 zu einer Steuerfußerhöhung führen, was aber von der Bevölkerung nicht toleriert wurde und zur Ablehnung des Budgets durch die Gemeindeversammlung führte (vgl. Wohlen 1998: 11 ff.). Veränderungen im politischen Machtgefüge und die Grobanalyse der Verwaltungsorganisation waren die Hauptauslöser für einen umfassenden Reformprozess, den Wohlen durchführte. Zusammenfassend lassen sich drei Auslöser für die in Wohlen durchgeführte Verwaltungsreform feststellen:

- Wechsel in den politischen Kräfteverhältnissen
- Unstrukturierte, intransparente, überforderte Verwaltungsorganisation
- Hohe Verschuldung der Gemeinde

Ergebnisse des Reformprozesses sind u. a. die Einführung des vollamtlichen Gemeindepräsidiums, die Reduktion des Gemeinderates von neun auf sieben Mitglieder, die Revision des Organisations- und Verwaltungsreglementes (neu: Gemeindeverfassung und Organisationsverordnung) sowie die neue Gestaltung der Ablauf- und Aufbauorganisation der Verwaltung. Zudem wurde mit der Neugestaltung der Organisationsstruktur ein modernes Leistungslohnsystem eingeführt, das im Folgenden dargestellt wird. Entscheidend für das Gelingen des Reorganisationsprozesses war die zuerst vorgenommene Einführung des vollamtlichen Gemeindepräsidiums, welches danach für die Umsetzung der anderen Reformziele verantwortlich

Prozessfunktionen **6.5**

war und somit die Rolle des Prozesspromotors wahrnehmen konnte. Von 1994 bis 1998 war Wohlen eine Pilotgemeinde des Projektes „Die Berner Gemeinde als neuzeitliches Dienstleistungsunternehmen" und erhielt dadurch die Möglichkeit, Lernerfahrungen mit anderen Pilotgemeinden auszutauschen (vgl. Verband Bernischer Gemeinden 1999: 5-55 ff.).

An dieser Stelle wird gezielt auf das im Rahmen derselben Reform neu eingeführte Entlohnungssystem der Gemeindeverwaltung eingegangen. Aspekte des Personalmanagements bildeten einen im Vergleich mit anderen Reformprojekten auf der Kommunalebene sehr wichtigen Pfeiler der Reform in Wohlen. In Zusammenarbeit mit einem Industriebetrieb wurde ein Leistungs- und Anreizlohnsystem entwickelt, welches für Kommunalverwaltungen noch einmalig ist. Die rechtlichen Grundlagen des Personalmanagements bestehen aus dem Personalreglement, der Lohnverordnung und den Weisungen zur Führung der Mitarbeitergespräche, zur Fort- und Weiterbildung sowie zur Arbeitszeitgestaltung und -erfassung.

Dabei muss angemerkt werden, dass es sich beim Anreizsystem um eine konsequente Weiterentwicklung der generellen Reorganisation bis auf die Mitarbeitendenebene handelt. Denn die neue Departementsorganisation und das damit verbundene Herunterbrechen der Tätigkeiten bis auf die Ebene der einzelnen Stellen bildet die Grundlage für Stellenbeschreibungen und -bewertungen sowie die darauf aufbauende Leistungsbeurteilung. Die Leistungsbewertung mündet in einen Leistungslohnanteil, welcher momentan maximal 30 Prozent über dem Basislohn liegt, vom Gemeinderat jedoch auf bis zu 40 Prozent erhöht werden kann.

2. Aufbau des neuen Lohnsystems

Grundlage für die Gestaltung des neuen Lohnsystems ist ein Katalog mit sieben Merkmalen, anhand derer die Stellen beschrieben und bewertet wurden. Diese Stellenmerkmale und die dazugehörenden Bewertungskriterien können grob wie folgt umschrieben werden:

1. Aufgaben
   Was ist in dieser Funktion zu tun? Welche Arbeitsgebiete umfasst sie? Wie hoch ist die Aufgabenkomplexität der Arbeitsgebiete? Wie groß ist der Handlungsspielraum der zu bewertenden Funktion?

2. Ausbildung und Erfahrung
   Welche Ausbildung und/oder berufliche Erfahrung ist für diese Funktion notwendig? Wie sieht das Anforderungsprofil für diese Stelle aus (nicht dasjenige für den Stelleninhaber)?

3. Fachliche Führungsunterstützung
   Wie selbständig sind Aufträge in dieser Funktion auszuführen? Wie viel Unterstützung benötigt die Person zur Funktionsausübung? Wie viel Unterstützungsleistungen erbringt der Stelleninhaber in- und außerhalb der organisatorischen Einheit?

4. Zusammenarbeit/Kommunikation
   Mit wem und für wen sind die Aufträge zu erledigen? Quantität (Anzahl, Dauer) und Qualität (eigenes oder fremdes Fachgebiet, Position der Kontaktpartner, Verhandlungsnotwendigkeit usw.) der Kontakte?

5. Direkte Führung
   Wie ist das Ausmaß der Führungsarbeit, beeinflusst durch Anzahl unterstellter Mitarbeitender, deren Bildungsniveau, Reifegrad und situationsspezifischer Führungserschwernissen, einzustufen?

6. Schaden/Risiko/Verantwortung
   Welche materiellen und immateriellen Schäden können durch unsachgemäße Aufgabenerledigung innerhalb dieser Stelle erwachsen? Welches sind die verwalteten Werte? Wie hoch ist die Beeinflussbarkeit und in welchem Rahmen bestehen Korrekturmöglichkeiten?

7. Physische Belastung/Flexibilität am Arbeitsplatz
   Wie hoch ist die körperliche Belastung an diesem Arbeitsplatz? Welche längerfristigen physischen Auswirkungen hat die Arbeit? Verlangt die Stelle Arbeitseinsätze außerhalb der ordentlichen Arbeitszeit oder eine hohe geografische Mobilität?

Für jedes Merkmal wurde in einem ersten Schritt der Anteil am Basislohn festgelegt (z. B. 21,2 Prozent für das Merkmal „Aufgabe"). Der Prozentwert pro Merkmal wurde im Vergleich zum System in der Industrie unterschiedlich festgelegt. So wurde bspw. der Aspekt der Zusammenarbeit und Kommunikation in Wohlen stärker gewichtet. Die Ermittlung dieser Werte muss institutionenspezifisch erfolgen und bestimmt so die grundlegende Wertung innerhalb der Entlohnungspolitik sowie das gegenseitige Verhältnis verschiedener Stellenmerkmale zueinander. In einer zweiten Phase erfolgte eine Beschreibung aller Stellen anhand vordefinierter und in Arbeitsgruppen ausgehandelter Kriterien (siehe obige Aufzählung). Für sämtliche Kriterien über alle sieben Merkmale hinweg werden danach Punkte vergeben. Der totale Punktewert wird mit einem zuvor festgelegten Frankenbetrag pro Punkt multipliziert. Als Resultat ergibt sich der Basislohn für jeden Stelleninhaber. Neben dem Leistungsanteil kann der Basislohn durch einen auf 5 Dienstjahre beschränkten Erfahrungsanteil von 2 Prozent pro Jahr ansteigen (vgl. Abb. 1).

Diese Stellenbeschreibung und -bewertung geschah durch die den Reformprozess steuernde Projektgruppe, zusammengesetzt aus allen Abteilungsleitern, für die Stellen in den Abteilungen sowie durch den Gemeinderat für die Abteilungsleitungen. Die Kontrolle der Bewertungen und Beschreibungen oblag einer politisch zusammengesetzten Arbeitsgruppe.

6.5 Prozessfunktionen

Abbildung 1: Lohnsystem der Gemeinde Wohlen

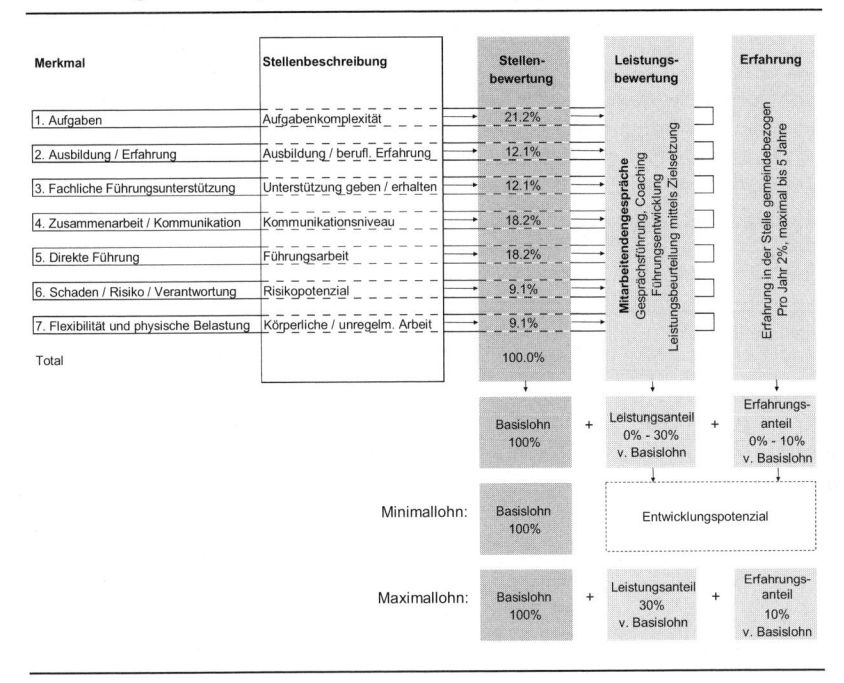

Merkmal	Stellenbeschreibung	Stellen-bewertung	Leistungs-bewertung	Erfahrung
1. Aufgaben	Aufgabenkomplexität	21.2%		
2. Ausbildung / Erfahrung	Ausbildung / berufl. Erfahrung	12.1%		
3. Fachliche Führungsunterstützung	Unterstützung geben / erhalten	12.1%	Mitarbeitendengespräche: Gesprächsführung, Coaching, Führungsentwicklung, Leistungsbeurteilung mittels Zielsetzung	Erfahrung in der Stelle gemeindebezogen Pro Jahr 2%, maximal bis 5 Jahre
4. Zusammenarbeit / Kommunikation	Kommunikationsniveau	18.2%		
5. Direkte Führung	Führungsarbeit	18.2%		
6. Schaden / Risiko / Verantwortung	Risikopotenzial	9.1%		
7. Flexibilität und physische Belastung	Körperliche / unregelm. Arbeit	9.1%		
Total		100.0%		

	Basislohn 100%	+	Leistungsanteil 0% - 30% v. Basislohn	+	Erfahrungs-anteil 0% - 10% v. Basislohn
Minimallohn:	Basislohn 100%		Entwicklungspotenzial		
Maximallohn:	Basislohn 100%	+	Leistungsanteil 30% v. Basislohn	+	Erfahrungs-anteil 10% v. Basislohn

Die Merkmale des Lohnsystems bilden die Grundlage für die jährlich stattfindenden Mitarbeitergespräche, in denen neue Ziele gesetzt und die Erreichung der alten Ziele erfasst werden.

Zielvereinbarung anhand „smart-Kriterien"

s	stimmig mit anderen Zielen
m	messbar und beobachtbar
a	attraktiv und herausfordernd
r	realistisch: selber erreichbar und beeinflussbar
t	terminiert: Meilensteine, Endtermin

Je nach Zielerreichungsgrad in den sieben Merkmalen wird der leistungsabhängige Lohnanteil berechnet, welcher momentan bis zu 30 Prozent des Basislohnes ausmachen kann. Allerdings wird bei der ordentlichen Erfüllung der Stellenaufgaben bereits ein Leistungsanteil von 15 Prozent des Basislohnes zum Einkommen dazugerechnet. Das Lohnsystem der Gemeinde Wohlen steht nicht losgelöst innerhalb der gesamten Verwaltung. Die einzelnen Eckdaten werden über das Personalcontrolling in das verwaltungsweite Finanzcontrolling integriert. Dadurch ist eine gezielte Steuerung der Lohnsumme möglich und dem Personalmanagement steht eine jeweils aktualisierte Datenbasis für seine Aufgaben zur Verfügung.

Das neue Entlohnungssystem in der Gemeinde Wohlen stellt ein Hauptelement der Verwaltungsreform dar, welche insbesondere ein Schwergewicht auf die organisatorischen und personalwirtschaftlichen Elemente des Public Managements legte. Das dortige Personalinstrumentarium kann für eine kleine Kommune als weit fortgeschritten bezeichnet werden. Eine in der ersten Hälfte des Jahres 2000 durchgeführte Mitarbeiterbefragung zeigte aber die Schwierigkeiten der Lohnsystemveränderung. Das neue Lohnmodell wurde kritisch beurteilt, da die Frustration nach der Neueinstufung bei den Mitarbeitenden groß war. Denn es mussten Rückstufungen vorgenommen werden und das System zeigte sich für die Befragten als unübersichtlich und schwer verständlich. Zusätzlich kam eine beträchtliche Angst vor der ersten Beurteilungsrunde mit dem neuen System auf. Diese Auswirkungen sind dem Gemeindepräsidenten bewusst und werden in die weitere Systemhandhabung miteinbezogen.

6.5.4 Personalentwicklung

Kompetenzen entwickeln

Das Verständnis über die Personalentwicklung (PE) hat sich in den vergangenen Jahren grundsätzlich geändert. Im traditionellen PE-Konzept ging man weitgehend von einem statischen Bildungsbegriff aus. Eine solide Ausbildung mit darauf aufbauenden Weiterbildungsmaßnahmen führte zum Ziel. Dieses Verständnis ist vor dem Hintergrund der neuen Anforderungen an den öffentlichen Sektor nicht mehr angemessen. Die Entwicklung von unterschiedlichen Kompetenzen, welche sich nach der individuellen Karriereplanung richten, ist ins Zentrum gerückt.

Die Personalentwicklung umfasst alle bildungs- und stellenbezogenen Maßnahmen bei Mitarbeitenden aller Ebenen einer Institution zur Steigerung der Qualifikation, um die gegenwärtigen und zukünftigen Anforderungen erfüllen zu können. Die Entscheidungen über die PE-Maßnahmen basieren auf Informationen über Mitarbeitende (z. B. Beurteilungen), über Organisationseinheiten (z. B. Anforderungsanalysen) und relevante Märkte (z. B. Bildungs- und Arbeitsmarkt) (vgl. Thom 1992c: 1676 und Klimecki/Gmür 2005: 193).

6.5 Prozessfunktionen

> Die Personalentwicklung soll auf Dauer betrachtet ein vergleichbares Aktivitäts- und Qualitätsniveau in allen drei Grundfeldern (informatorische Grundlagen, Bildungsmaßnahmen, stellenbezogene Maßnahmen) erreichen. Über- oder Unterentwicklungen in einem Grundfeld gefährden die Erreichung der PE-Ziele.

Die PE dient der gegenseitigen Abstimmung zwischen den Bedürfnissen und Zielen des Mitarbeitenden nach Entfaltung sowie den Erwartungen und Zielen der Institution zur Erreichung des Organisationszweckes.

Als ein mögliches Oberziel der PE kann die Selbstentwicklung des Mitarbeitenden i. S. des „Deutero learning" bezeichnet werden (vgl. Argyris/Schön 1996: 28). Der Mitarbeiter lernt die Fähigkeit und Bereitschaft, nach neuen Problemlösungen zu suchen und Abweichungen von den gewohnten Routinen zu finden (vgl. Klimecki/Gmür 2005: 201). Diese neue Form des Lernens ist eine große Herausforderung für viele Angestellten im öffentlichen Sektor. Sie bedeutet eine vollständige Abkehr vom gewohnten Lernprinzip des Befehlvollzugs und der Verhaltensanpassung an Regeln und Richtlinien.

„Deutero learning"

6.5.4.1 Personalentwicklungsmaßnahmen

Die PE umfasst grundsätzlich drei Arten von Bildungsmaßnahmen:

- Ausbildung
  Berufsausbildung zur Vermittlung der für die Aufgabenerfüllung erforderlichen Qualifikationen in einem geordneten Lern- und Lehrprozess.

- Weiterbildung
  Bildungsmaßnahmen, die sich nach der Aufnahme einer eigenverantwortlichen Erwerbstätigkeit vollziehen. Kenntnisse, Fertigkeiten, Einstellungen und Verhaltensweisen werden gefestigt, erneuert, vertieft oder erweitert.

- Umschulung
  Über die Weiterbildung hinausgehende Befähigung und Qualifikation für eine andere berufliche Tätigkeit (Zweitqualifizierung).

Zu den stellenbezogenen Maßnahmen der PE gehören:

- Verwendungsplanung und -steuerung
  Mitarbeitende folgen einer Versetzungsplanung (auf grundsätzlich gleicher Ebene), um durch systematischen Funktions-/Auf-

gabenwechsel (Job Rotation) ihre Kompetenzen (z. B. fachliche, methodische) zu erweitern und innerhalb der Institution flexibler/vielseitiger verwendbar zu sein.

- Aufstiegsplanung und -steuerung
Mitarbeitende werden auf die Besetzung höherwertiger Stellen vorbereitet. Die Höherwertigkeit liegt bei einer Linienkarriere im hierarchischen Aufstieg, bei der Fachkarriere in den gestiegenen fachlichen Anforderungen und bei der Projektkarriere in den anspruchsvolleren Projektmerkmalen (z. B. Komplexität, Risikograd, Budgetrahmen).

- Stellvertretungsregelungen
Stellvertreter haben teilweise oder ganz das Anforderungsprofil einer anderen Stelle zu erfüllen. Diese vertretungsweise einzunehmende Stelle ist zumindest andersartig (Vertretung eines Kollegen oder einer nachgeordneten Person), manchmal auch höherwertig (Vertretung für einen Vorgesetzten). Durch Stellvertretung kann ebenfalls die Kompetenzfläche eines Mitarbeitenden vergrößert werden.

Konkrete Aktivitäten der PE können in ganz unterschiedlichem Verhältnis zum Arbeitsfeld des Mitarbeitenden gehören. Demnach lassen sich die in Abbildung 50 dargestellten sechs Konzepte zur Durchführung von PE-Maßnahmen unterscheiden (vgl. Klimecki/Gmür 2005: 207; Scholz 2000: 510 f. und Conradi 1983: 37 ff.).

Zielgruppenspezifische Personalentwicklung

Die verschiedenen Konzepte sind Elemente einer umfassenden Personalentwicklungsplanung. Off the job-Maßnahmen finden im öffentlichen Sektor eine starke Verbreitung. Eine äußerst innovative on the job-Maßnahme wurde im Kanton Bern durchgeführt. Im Rahmen der Einführung der Neuen Verwaltungsführung (NEF) in der gesamten Kantonsverwaltung wurden gleichzeitig neue parlamentarische Instrumente (Auftrag, Integrierte Aufgaben- und Finanzplanung) implementiert. Das gesamte Parlament erklärte sich bereit, an einem Tag eine Fallstudie zu lösen, in welcher der Einsatz der neuen Instrumente in einer fiktiven parlamentarischen Sitzung geübt wurde (vgl. Kettiger 2003: 181 ff.). Je nach Zielgruppe können andere PE-Maßnahmen geeignet sein. Insbesondere bei der Führungsentwicklung sind on the job-Maßnahmen wie Coaching oder Mentoring häufig viel effektiver als seminarähnliche Weiterbildungsveranstaltungen, da es hier v. a. um Verhaltensänderungen und weniger um Wissensaneignung geht.

Prozessfunktionen **6.5**

Konzepte der Personalentwicklung (nach Scholz 2000: 511 f.) **Abbildung 50**

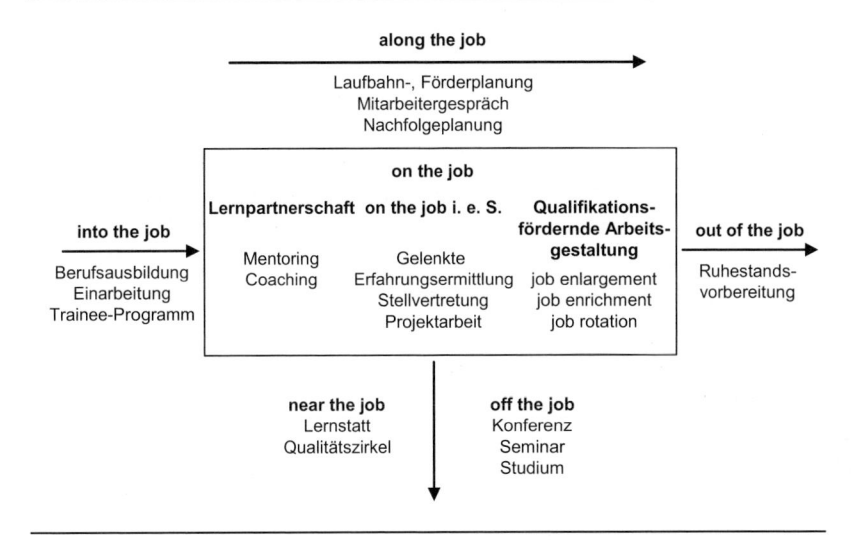

```
                          along the job
                    ─────────────────────────▶
                    Laufbahn-, Förderplanung
                    Mitarbeitergespräch
                    Nachfolgeplanung

                           on the job
                    Lernpartnerschaft  on the job i. e. S.    Qualifikations-
                                                              fördernde Arbeits-
     into the job   Mentoring         Gelenkte                gestaltung           out of the job
  ──────────────▶   Coaching          Erfahrungsermittlung                       ──────────────▶
  Berufsausbildung                    Stellvertretung         job enlargement    Ruhestands-
  Einarbeitung                        Projektarbeit           job enrichment     vorbereitung
  Trainee-Programm                                            job rotation

                           near the job         off the job
                           Lernstatt            Konferenz
                           Qualitätszirkel      Seminar
                                                Studium
```

Der folgende Abschnitt zeigt überblicksartig den Einsatz von PE-Maßnahmen in Public Management-Reformprojekten.

6.5.4.2 Einsatz von Maßnahmen der Personalentwicklung

Die Umfrage der Verfasser bei schweizerischen Reformprojekten zeigt, dass sich PE-Aktivitäten am stärksten auf das Mitarbeitergespräch und Weiterbildungskonzepte beschränken. Drei Gruppen unterschiedlichen Einsatzes lassen sich erkennen (vgl. Tabelle 25):

- Das Mitarbeitergespräch und das Aus-, Fort- und Weiterbildungskonzept existieren fast überall oder werden von allen angestrebt. Job Enlargement kann mit kleinen Abstrichen auch noch zu dieser Gruppe gezählt werden.

- Job Enrichment, das Fördergespräch sowie die Fachkarriere sind bei etwa 50 Prozent der Projekte im Einsatz, werden von gut einem Viertel angestrebt und rund ein Viertel sieht keinen Einsatz vor.

- Das Assessment Center, Trainee-Programme und Job Rotation werden von höchstens einem Fünftel eingesetzt, von der deutlichen Mehrheit aber nicht für die Zukunft geplant.

Moderne Instrumente kaum verbreitet

Moderne Instrumente wie Trainee-Programme, Assessment Center, und der die Arbeitsmarktfähigkeit verbessernde Arbeitsplatztausch sind bei den Befragten also kaum verbreitet. Die bereits eingesetzten Instrumente werden überwiegend als erfolgreich eingestuft. Rund ein Viertel bewertet sie sogar als sehr erfolgreich.

Tabelle 25 *Einsatz von Maßnahmen der Personalentwicklung*

Angaben in Prozent n = Kein Einsatz, wird angestrebt, wird eingesetzt/Einsatz eher oder sehr erfolgreich	Kein Einsatz geplant	Wird angestrebt	Wird eingesetzt	Einsatz eher erfolgreich	Einsatz sehr erfolgreich
Mitarbeitergespräch (n=54/51)	0	6	94	55	37
Assessment Center (n=45)	76	20	4	100	0
Fördergespräch, Laufbahnberatung (n=47/22)	21	32	47	55	27
Aus-, Fort- und Weiterbildungskonzept (n=51/39)	0	24	76	72	23
Job Enlargement (n=45/28)	13	25	62	82	11
Job Rotation (n=44)	57	25	18	62	25
Job Enrichment (n=44/25)	20	23	57	68	24
Fachkarriere (n=46/21)	26	28	46	52	29
Trainee-Programme (n=43)	70	14	16	86	14

Kaum Job Rotation

Der sehr begrenzte Einsatz von Arbeitsplatzwechseln (Job Rotation) erstaunt nicht, v. a. vor dem Hintergrund der traditionellen Wahl und Verwendung von Beamten in der Schweizer Verwaltung. Die vertikale Karriereentwicklung galt lange Zeit als einzige Maßnahme. Die befragten öffentlichen Institutionen befinden sich alle in einem Public Management-Reformprozess. Daraus kann gefolgert werden, dass sie eher innovative Institutionen darstellen und auch beim Einsatz von PE-Instrumenten eine Vorreiterrolle einnehmen.

Anforderungen im Zentrum

Die PE-Maßnahmen lassen sich aus zwei unterschiedlichen Grundhaltungen betrachten (vgl. Ridder 2007: 150 f.). Zum einen kann die Annahme gelten, dass aus Anforderungen an eine Stelle, Position oder Tätigkeit Entwicklungsmaßnahmen abgeleitet werden. Nicht der individuelle Stelleninhaber steht im Zentrum des Entwicklungsprozesses, sondern die Anforderungsermittlung und eine darauf abgestimmte Maßnahmenplanung.

Prozessfunktionen **6.5**

Die zweite, den eigenschaftstheoretischen Ansätzen nahe liegende Annahme, geht davon aus, dass die in der Persönlichkeit des Mitarbeitenden liegenden Potenziale weiterentwickelt werden müssen, damit die Zukunft besser bewältigt werden kann. Nicht die Stellenanforderung gibt vor, was der Mitarbeitende für die Zukunftsbewältigung braucht und wonach sich die Fähigkeitsentwicklung richtet. Es geht in diesem Fall um die Entwicklung von ökonomisch verwertbaren Persönlichkeitsmerkmalen, die es dem Mitarbeiter ermöglichen, sich für die sich wandelnden Anforderungen jeweils neu zu qualifizieren. Angesichts der immer weniger stabilen Umsysteme für den öffentlichen Sektor scheint die potenzialorientierte Personalentwicklung an Bedeutung zu gewinnen und wird aus diesem Grund im folgenden Abschnitt vertieft.

Persönlichkeit im Zentrum

6.5.4.3 Potenzialentwicklung

Die Entwicklung von Persönlichkeitsmerkmalen bezeichnet eine ressourcenorientierte Sichtweise, wonach das Personal nicht einen limitierenden Faktor darstellt, sondern eine Initiativfunktion bei der Entwicklung von neuen Produkten, Prozessen und Dienstleistungen einnimmt. Dies scheint eine der wichtigsten Funktionen zur Aktivierung des Leistungspotenzials in öffentlichen Institutionen zu sein. So können brach liegende Fähigkeiten gefördert oder bisher nicht erkannte Potenziale aktiviert werden (vgl. Hilb 2007: 141 ff.).

Ressourcenorientierte Sichtweise

Die Potenzialentwicklung basiert auf der Ermittlung des vorhandenen Potenzials durch die Kompetenzbeurteilung. Abbildung 51 zeigt den Aufbau einer solchen Potenzialbeurteilung basierend auf einer exemplarischen Einschätzung der vorhandenen Kompetenzen verschiedener Art (vgl. auch Wenk 1993: 115 ff.).

Kompetenzbeurteilung

6 Führung und Förderung durch ein erweitertes Personalmanagement

Abbildung 51 *Die Potenzialbeurteilung*

Potenzialbeurteilung		Sozialkompetenz			Führungskompetenz			Fachkompetenz			Persönlichkeitskompetenz		
		Interaktionsfähigkeit	Konfliktfähigkeit	Ausdrucksvermögen	Führungsvorbild	Motivationsfähigkeit	Strategieorientierung	Spez. Fachkenntnisse	Übergreifende Kenntnisse	Facherfahrung	Identifikationsfähigkeit	Veränderungsbereitschaft	Selbstsicherheit
Kompetenzbeurteilung	Untere 10 Prozent												
	Unterdurchschnittlich												
	Durchschnittlich												
	Überdurchschnittlich												
	Obere 10 Prozent												
		⇩			⇩			⇩			⇩		
Potenzialbeurteilung	Begrenzt auf jetzige Position												
	Potenzialförderung innerhalb Funktion												
	Beförderung innerhalb von 2 Jahren												
	Beförderung heute/bald												
					⇩								
Maßnahmen	On the job	Vortragsmöglichkeit innerhalb Abteilung schaffen											
	Off the job	Eventuell Rhetorik-Kurs											
	Gezielte Laufbahnplanung	Integration in Fachlaufbahnkonzept											

Unterschiedliche Beeinflussbarkeit

Entscheidend zur Ableitung von Fördermaßnahmen aufgrund der Potenzialbeurteilung ist die Erkenntnis, dass nicht alle Kompetenzbereiche gleichermaßen beeinflussbar und bedeutungsvoll für die Potenzialbeurteilung sind (vgl. Abb. 52). Daraus folgt, dass Entwicklungsmaßnahmen in spezifischen Kompetenzbereichen rechtzeitig ins Auge gefasst werden müssen. Dies wird nur durch eine kontinuierliche Potenzialbeurteilung und einen laufend aktualisierten Aktionsplan ermöglicht. Solches trifft insbesondere auf die Führungsnachwuchsplanung zu.

6.5 Prozessfunktionen

Abbildung 52: Kompetenzbereiche und Potenzialentwicklung (vgl. Wenk 1993: 119)

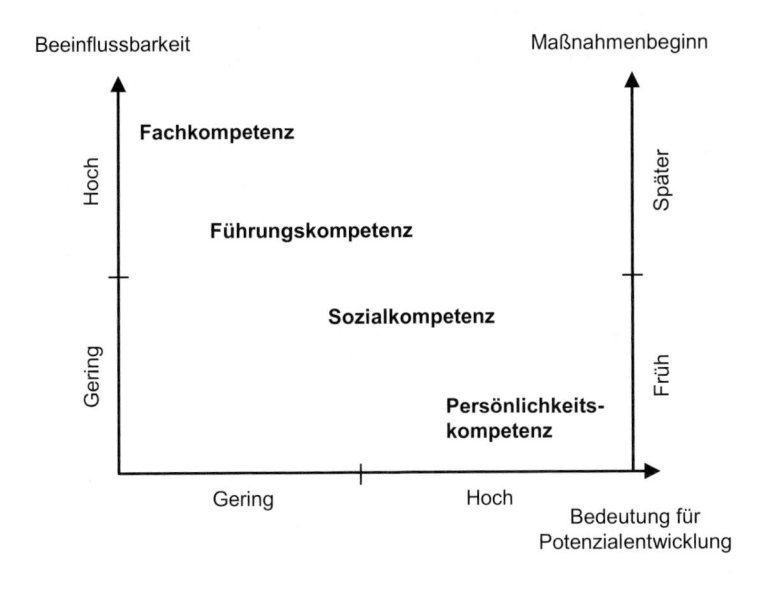

```
Beeinflussbarkeit          Maßnahmenbeginn
    ↑                           ↑
Hoch  Fachkompetenz         Später
      Führungskompetenz
      Sozialkompetenz       Früh
Gering  Persönlichkeits-
        kompetenz
    └──────────────────→
   Gering      Hoch    Bedeutung für
                       Potenzialentwicklung
```

Die Potenzialbeurteilung bildet auch eine wertvolle Grundlage für die Nachfolgeplanung. Dabei geht es nicht nur um die lückenlose Besetzung aller aktuellen Stellvertreterposten, sondern um gezielte Nachfolgepläne, die dem Einzelnen für die eigene Laufbahnplanung dienen und der Institution die bestmögliche Nutzung des vorhandenen Potenzials ermöglichen.

Wird eine solch umfassende Potenzialerfassung durchgeführt und zur gezielten Entwicklung und Förderung von Kompetenzbereichen eingesetzt, dann verliert das Instrument den eigenschaftstheoretischen Charakter. Es ist nicht das Ziel, in allen Kompetenzfeldern die Spitzenperson „heranzuzüchten", sondern auf der Basis einer Selbst- und Fremdbeobachtung die beste Ausgangslage für einen individuellen Laufbahnpfad zu schaffen. Ein breites und zugleich hoch bewertetes Potenzialbild des einzelnen Mitarbeitenden wie der gesamten Mitarbeiterschaft ist generell die beste Voraussetzung zur Bewältigung verschiedener, schwer voraussehbarer Situationen.

Nachfolgeplanung

Führung und Förderung durch ein erweitertes Personalmanagement

Praxisfenster Nr. 15:
Gezielte Führungskräfteentwicklung und Laufbahnplanung mit Assessments

Dr. Martin Schiess

*Abteilungschef,
Leitung der Abteilung
Luftreinhaltung und NIS,
Bundesamt für Umwelt
BAFU,
Bern*

Dr. Nicolas Gonin

*Managing Partner,
cedac entwicklung assessment
beratung ag,
Bern*

Die Abteilung Luft, Nichtionisierende Strahlung, Sicherheit (LuNiS) im Bundesamt für Umwelt, Wald und Landschaft (BUWAL) setzt sich für den Schutz von Mensch und Umwelt vor schädlicher oder lästiger Luftverunreinigung und nicht ionisierender Strahlung (NIS) sowie vor Störfällen ein. Sie stützt sich dabei auf die Luftreinhalte-Verordnung, die NIS-Verordnung und die Störfallverordnung. Sie publiziert Übersichten über Emissionen und Immissionen sowie den Risikokataster (ERKAS) und unterstützt die Kantone und Gemeinden beim Vollzug.

1. Ausgangslage

2004 kam es in der Abteilung LuNiS zu einem Chefwechsel. Der neue Abteilungsleiter war sich bewusst, dass sein Erfolg in der Führung in erster Linie davon abhängt, ob die richtige Person am richtigen Platz ist. Die besondere Herausforderung dabei: das Vertrauen der Beteiligten in dem Optimierungsprozess zu gewinnen und zu beweisen, dass ein evolutionäres und nicht ein revolutionäres Vorgehen angestrebt wird.

2. Umsetzungsprozess

Definitionsphase

Ein erster Meilenstein im Projekt war die Definition der Anforderungsprofile für die erste und zweite Führungsebene unter Einbezug der Personal- und Organisationsentwicklung. Mit der Erstellung der Anforderungsprofile auf der Basis von Organigramm und Stellenprofilen wurde Transparenz geschaffen. Aufgrund der Anforderungsprofile wurden maßgeschneiderte Assessments organisiert und mit dem Abteilungsleiter, dem Stabschef sowie den Bereichsleiter(innen) Assessmenttermine vereinbart.

Assessmentphase

Mit dem Abteilungsleiter, dem Stabschef und den Bereichsleiter(innen) wurden Assessments in der Muttersprache durchgeführt. Die Kandidat(inn)en wurden jeweils - nach dem Vieraugenprinzip - von einer Assessorin und einem Assessor durch den gut strukturierten Tag begleitet.

Die Assessments umfassten verschiedene Teile:

- In computergestützten Tests können sich die Kandidat(inn)en selbst mit Ankreuzen auf einer Skala in Bezug auf bestimmte Persönlichkeits- und Leistungsmerkmale einschätzen.
- Ein analytisches Interview evaluiert die Denk- und Handlungsfähigkeit. Hier finden auch Rollenspiele mit den Assessor(inn)en statt.

Prozessfunktionen **6.5**

- Ein strukturiertes Interview bezieht sich auf Fähigkeiten und Kompetenzen, wobei auch hier nicht Fachkompetenzen, sondern Persönlichkeitsmerkmale gefragt sind.
- Praxisfälle und Präsentationen geben realistische Verhaltensbeispiele.

Die folgende Tabelle zeigt das definierte Anforderungsprofil für Bereichsleiter(innen) LuNis.

Tabelle 1: *Anforderungsprofil für Bereichsleiter(innen) LuNis*

Selbstkompetenz	Sozialkompetenz	Führungskompetenz
Belastbarkeit	Fähigkeit zur Vernetzung	Managementkompetenz/ Führung
Eigenverantwortung/ Selbständigkeit	Verhandlungsgeschick	

Feedback- und Informationsphase

In individuellen Feedbackgesprächen wurden die Resultate dem Abteilungschef, dem Stabschef und den Bereichsleiter(inne)n kommuniziert. Der Einbezug der Personal- und Organisationsentwicklung wurde bei Bedarf von den Teilnehmenden organisiert. In einigen Fällen war es zentral, diese und damit den Personalbereich mit einzubeziehen, weil dadurch allfällige individuelle Entwicklungsmaßnahmen nachhaltig unterstützt werden können.

3. Ausblick

Die Führung der LuNiS gewinnt damit weiter an Transparenz.

Heute darf man sagen, dass sich eine solide Basis für individuelle Entwicklungsschritte gebildet hat.

6.5.4.4 Laufbahnplanung

Fördergespräch Die Laufbahnplanung knüpft an die Potenzialbeurteilung für Individuen an und orientiert sich an deren Erwartungen hinsichtlich eines Weiterkommens in der Institution. Die individuelle Laufbahnplanung muss mit dem Mitarbeitenden regelmäßig besprochen werden, um dessen persönlichen Ziele mit den Anforderungen und Zielen der Organisation abzustimmen. Dazu kann das Mitarbeitergespräch oder eine spezifische Standortbestimmung und Perspektivenerörterung (kurz: Fördergespräch) dienen.

Die Laufbahnplanung ist im Zusammenhang mit der umfassenden Lebensentwicklung eines Arbeitnehmers zu sehen. Die individuelle Balance von Lern-, Arbeits- und Freizeit fließt demnach in die Laufbahnplanung ein und ermöglicht die erfolgreiche Überwindung von kritischen Phasenübergängen (vgl. Abb. 53).

Abbildung 53 Übergangsphasen bei der Laufbahngestaltung (nach Hilb 2007: 139)

Phase I:	Eintritt in die Institution, Ausbildung zum Spezialisten

⇩

Phase II:	Übergang vom Spezialisten zum Generalisten

⇩

Phase III:	Übergang vom Projekt- zum Menschen-Führer

⇩

Phase IV:	Übergang von der eindimensionalen Einstellung „Arbeit als einziger Lebensinhalt" zur ganzheitlichen familienorientierten Einstellung „Arbeit als ein Element in der Lebensbalance"

⇩

Phase V:	Übergang vom Aufstiegs- zum Kompetenzerweiterungsdenken

⇩

Phase VI:	Übergang von der Vollzeit-Beschäftigung zur flexiblen Pensionierung

Die Lebensphasen sollten im Fördergespräch mit dem Mitarbeitenden zur Sprache kommen und in die Laufbahnplanung mit einbezogen werden. In Abhängigkeit von den eigenen Fähigkeiten, der momentanen Lebensphase oder den individuellen Veränderungswünschen sowie den Erfordernissen der Institution können dann

Prozessfunktionen

unterschiedliche Laufbahnen mit der notwendigen Unterstützung durch andere PE-Maßnahmen verfolgt werden.

Grundsätzlich werden drei verschiedene Laufbahnformen unterschieden: die Führungs-, Fach- und die Projektlaufbahn (vgl. Berthel/Becker 2007: 377 ff. und Thom/Friedli/Probst 2000).

- Führungslaufbahn
  Diese Laufbahnform entspricht der in der staatlichen Verwaltung bisher hauptsächlich verfolgten stellenbezogenen Personalentwicklung. Sie wurde durch das Beförderungs- und damit gekoppelte Besoldungssystem regelrecht standardisiert. Der Versuch, auf diese Weise eine Anreizwirkung durch den Aufstieg in höhere Besoldungsgruppen mit ansteigendem Alter zu erreichen, endete vielerorts in „Cheforganisationen ohne Untergebene". Der vertikale Aufstieg in der Hierarchie bringt aber eine Erhöhung von Kompetenzen, Einfluss, Ansehen und Einkommen mit sich. Das bedeutet gleichzeitig eine Erhöhung der Führungsverantwortung gegenüber direkt und indirekt zu führenden Mitarbeitenden, erhöhte strategische Verantwortung und größere Anforderung hinsichtlich der Lösung zwischenmenschlicher Konflikte. Für ein solches Anforderungsprofil eignen sich aufgrund von Persönlichkeits- und Fähigkeitsmerkmalen sowie der jeweiligen Lebensphase jedoch nicht alle Personen.

„Chef ohne Untergebene"

- Fachlaufbahn
  War die Spezialistenlaufbahn bisher für Mitarbeitende gedacht, denen die Bereitschaft oder die Fähigkeiten zur Führungslaufbahn fehlten, so gilt sie heute als vollberechtigte Karrieremöglichkeit mit vergleichbaren Motivationswirkungen wie die Führungslaufbahn. Die Ziele einer Fachlaufbahn liegen primär im laufenden Kompetenzzuwachs, insbesondere in der Fähigkeit, neue und immer komplexere Probleme zu lösen. Fachspezialisten können zudem in die fachliche Ausbildung integriert werden oder ihre Institution auf internationaler Ebene in Forschungsteams oder an Fachtagungen repräsentieren. Die Folge der Fachkarriere ist zum einen die Einrichtung von Parallelkarrieren. Ein Fachspezialist mit Führungspotenzial kann zwei Rollen gleichzeitig übernehmen. Er leitet eine hoch spezialisierte Entwicklungseinheit und ist dadurch auch in Führungsgremien seiner Institution vertreten. Zum anderen sind neue Anreizstrukturen erforderlich, welche die Fachkenntnisse sowie die damit verbundene Verantwortung entsprechend honorieren. Hervorragende Fachspezialisten können in Besoldungsklassen vorstoßen, die bisher nur von höheren Führungskräften erreicht wurden. Durch die Reduktion der vielen Formal-Führungskräfte im öffentlichen

Spezialistenlaufbahn

Sektor gleicht sich dieser Zuwachs wieder aus. Die Fachlaufbahn existiert seit vielen Jahrzehnten schon beim wissenschaftlichen Personal (Universitätslaufbahn) oder für sonstige Spezialisten (z. B. Chefjurist), sie kann jedoch auch in weiteren öffentlichen Institutionen gefördert werden.

Zeitlich begrenzte Projektlaufbahn

- Projektlaufbahn

Die Projektorganisation ist inzwischen zu einem festen Bestandteil vieler Institutionen geworden. Dies gilt zumindest im privatwirtschaftlichen Bereich, doch zunehmend auch im öffentlichen Sektor. Projektgruppen werden nur für eine bestimmte Zeit, nämlich bis zum Ende der Projektarbeiten, eingesetzt. Die in Projektgruppen involvierten Mitarbeiter übernehmen entweder einen neuen fach- oder führungsbezogenen Verantwortungsbereich neben ihrer ständigen Funktion oder sie sind vollzeitlich in einem Projekt tätig. Nach Beendigung ist die Beschäftigung in einem neuen Projekt vorgesehen. Ein wesentlicher Unterschied dieser Funktionen auf Zeit liegt in der variablen Beschäftigungssituation. Projektphasen und insbesondere die Endphase verlangen oft eine sehr hohe Einsatzbereitschaft, während nach Projektabschluss bis zu einem Neubeginn eine teilweise starke Abnahme der Arbeitsintensität erfolgt. Diesen Umständen muss sowohl im Anreiz- als auch im Arbeitszeitsystem Rechnung getragen werden. Die Projektlaufbahn entspricht im Wesentlichen einer Führungs- bzw. Fachlaufbahn auf Zeit.

Dieses ausgeweitete Laufbahnverständnis trägt zu einem entscheidenden Wandel der Karriere bei:

Die wachsende persönliche Kompetenz zum Nutzen der Mitarbeitenden und der Institution verdrängt den traditionellen Hierarchieaufstieg zu Lasten anderer (vgl. Fuchs 1998: 91).

Die Laufbahnplanung stellt also einen sehr bedeutenden Bestandteil der Personalentwicklung dar, indem sie vor dem Hintergrund der Potenzialbeurteilung die zukünftige Stellenfolge des Mitarbeitenden beeinflusst und entsprechende Fördermaßnahmen bereitstellt (vgl. Berthel/Becker 2007: 372).

6.5.5 Personalfreistellung

Fehlende Flexibilität

Die Beendigung des Dienstverhältnisses im öffentlichen Sektor ist eng verknüpft mit der Veränderung des Amtsdauersystems und der Lockerung des Beamtenstatus. Die ordentliche Aufhebung des

Prozessfunktionen **6.5**

Dienstverhältnisses kann in der Schweiz neben einer Beendigung infolge Alter, Tod oder Invalidität durch beidseitige Kündigung erfolgen (vgl. Richli 1996: 137). Die Kritik an der Personalfreistellung im öffentlichen Sektor richtet sich primär auf die fehlende Flexibilität, welche sich einerseits negativ auf die Spielräume für die Personalplanung auswirkt. Andererseits entstehen in jeder Institution infolge nicht perfekter Potenzialeinschätzung Probleme aufgrund von Fehlbesetzungen. Aus diesem Grund ist eine den Verhältnissen angepasste Freistellungspolitik für öffentliche Institutionen bedeutungsvoll.

Die Personalfreistellung stellt ein bislang vernachlässigtes Aktivitätsfeld im Personalmanagement des öffentlichen Dienstes dar. Die Integration von Personalplanung, Personalentwicklung und Personalfreisetzung wird zukünftig einen wichtigen Stellenwert innerhalb des Führungsinstrumentariums öffentlicher Institutionen einnehmen (vgl. auch nachfolgendes Praxisfenster Nr. 16).

Vernachlässigte Aktivität

> **Stellen- und Positionswechsel bis hin zu Freistellungen müssen unter dem Blickwinkel einer Optimierung des Personaleinsatzes aus zugleich institutioneller und individueller Perspektive betrachtet werden.**

6.5.5.1 Personalfreistellungen bei Reformen

Die Umfrage bei den schweizerischen Public Management-Projekten ergab, dass bei rund 70 Prozent der Projekte keine Personalfreistellungen durchgeführt werden mussten, in den restlichen 17 Reformprojekten ließen sie sich nicht vermeiden. In diesen Fällen waren in erster Linie die Aufhebung der Aufgabe sowie die Veränderung der Organisationsstrukturen innerhalb der Institution Gründe für die Freisetzungen. Zudem werden in 70 Prozent der Projekte Fähigkeits- und Potenzialdefizite und das Verhalten der Betroffenen als eher oder sehr wichtige Ursachen für die Freistellungen bezeichnet. Bei den Freistellungsmaßnahmen zeigte sich, dass harte Maßnahmen wie Kündigungen oder Aufhebungsverträge weniger zum Einsatz kommen. Viel stärker verbreitet sind der Einstellungsstopp, der vorzeitige Ruhestand oder der Abbau von Überstunden.

6.5.5.2 Gründe und Auswirkungen von Freistellungen

Die Freistellung von Personen aus dem Arbeitsverhältnis erfolgt grundsätzlich aus drei Gründen:

- Betrieblich bedingte Freistellung aufgrund von Absatz- und Produktionsrückgang, Konjunkturschwankungen, strukturellen Veränderungen, Rationalisierungsmaßnahmen usw.

- Verhaltensbedingte Freistellung aufgrund disziplinarischer Verfehlungen, untragbaren personellen Konflikten, grobem Vertrauensbruch oder auch krimineller Aktivitäten

- Personenbedingte Freistellung aufgrund eines nicht ausreichenden Eignungsprofils und damit verbundenen Fähigkeits- und Potenzialdefiziten

Kündigungsschutz

Einen umstrittenen Punkt bei der Neugestaltung öffentlicher Personalgesetze stellt der Kündigungsschutz dar. Dieser ist im öffentlichen Dienstrecht im Gegensatz zur privatrechtlichen Anstellung stärker ausgeprägt. Einerseits historisch gewachsen als ein Element der regelgebundenen Bürokratie, andererseits aber auch aufgrund der Vorbildfunktion, die dem staatlichen Arbeitgeber zukommt. Insbesondere die gegenwärtige Reformphase im öffentlichen Sektor weckt Ängste und Befürchtungen, dass eine gelockerte Freistellungspolitik sofort zu Willkür der Vorgesetzten und zu einer „Hire-and-Fire-Politik" führen wird. Der öffentliche Sektor ist bisher mit seinem Personal recht fürsorglich umgegangen. Zukünftig können Abbaumaßnahmen nicht vermieden werden. Bei der Durchführung von Abbaumaßnahmen sollte dabei beachtet werden, dass vom Personalabbau Image- und Bindungseffekte ausgehen (vgl. Abb. 54). Der Imageeffekt wirkt sich auf Neueinstellungen aus. Zeichnet sich eine Institution durch ihre sozialverträgliche Freistellungspolitik aus, steigen ihre Chancen bei der Gewinnung neuer Arbeitskräfte. Sanfte Abbaumaßnahmen (vorzeitiger Ruhestand, Outplacement etc.) beeinflussen das Unternehmensimage weniger negativ als radikale Maßnahmen wie Massenentlassungen. Demgegenüber bezieht sich der Bindungseffekt auf die von dem Personalabbau betroffenen Mitarbeiter. Die Rückgewinnung guter freigestellter oder abgewanderter Mitarbeiter gelingt nur, wenn die Abbaumaßnahmen (Ergebnis und Prozess) fair erfolgt sind. Auch die im Unternehmen verbliebenen Mitarbeiter (sog. „survivors") sind von den Entlassungen betroffen, da sie oft ein Wechselbad der Gefühle erleben, bis sich die Gesamtsituation stabilisiert hat. Hier gilt es, durch gezielte Verarbeitungs- und Motivationsmaßnahmen innere Kündigungen zu verhindern. Durch gezielte Vorbereitung und eine die Menschenwürde beachtende Durchführung zeigt das Personalmanagement die in diesem Bereich erwartete Verantwortungsethik (vgl. Ritz 2003b).

Prozessfunktionen

6.5

Auswirkungen von Personalfreistellungsmaßnahmen — *Abbildung 54*

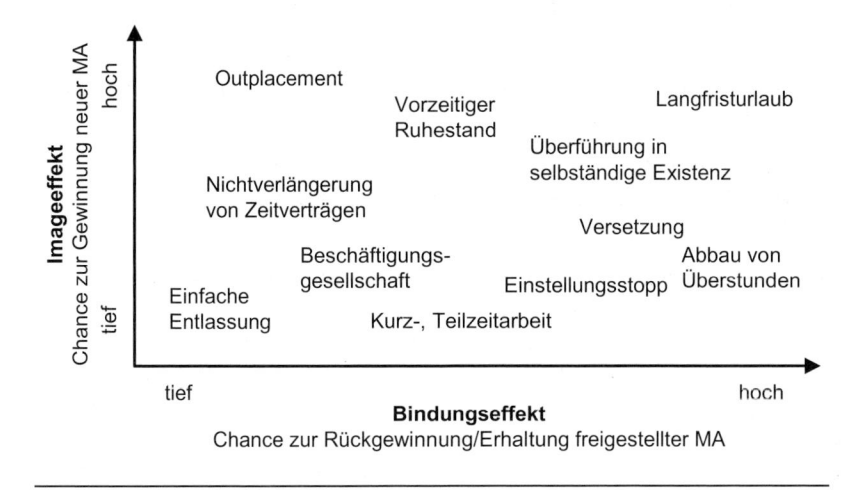

```
Imageeffekt
Chance zur Gewinnung neuer MA
hoch
                Outplacement
                                Vorzeitiger                   Langfristurlaub
                                Ruhestand
                                            Überführung in
                                            selbständige Existenz
                Nichtverlängerung
                von Zeitverträgen
                                                    Versetzung
                        Beschäftigungs-                       Abbau von
                        gesellschaft                          Überstunden
            Einfache                    Einstellungsstopp
            Entlassung  Kurz-, Teilzeitarbeit
tief
     tief                                                     hoch
                            Bindungseffekt
            Chance zur Rückgewinnung/Erhaltung freigestellter MA
```

Die Auswirkungen von Personalfreistellungen betreffen in erster Linie die individuelle Ebene. Zum einen resultieren materielle Einbußen und psychosoziale Folgen wie der Verlust von Statussymbolen oder gesellschaftliche Diskriminierung. Zum anderen bietet eine Freistellung auch die Möglichkeit zur beruflichen Neuorientierung und zu einem Wechsel des Arbeitsumfelds.

Auf der Ebene der Gesamtinstitution entstehen durch Freistellungen Kosten für Abfindungen und Sozialpläne. Nicht zu unterschätzen ist zudem der Verlust der beruflichen Kompetenzen und Fähigkeiten der betroffenen Person (sog. „Know-how-Verlust"), zu deren erneutem Aufbau kostenintensive Einstellungs- und Entwicklungsmaßnahmen ergriffen werden müssen. Mittel- bis längerfristig resultieren aus Personalfreistellungen Kostenentlastungen, wenn tatsächlich ein Personalüberhang bei fehlendem Arbeitsvolumen vorlag oder neue Arbeitsprozesse eine Entlastung bewirkten. Unvorhergesehen anfallende Arbeit wird dann durch Überstunden, externe Mitarbeitende (sog. „Freelancer"), Auslagerungen usw. erbracht.

Know-how-Verlust

6.5.5.3 Freistellungsarten und -maßnahmen

Vor einer definitiven Freistellung eines Mitarbeitenden sollten alle möglichen Maßnahmen geprüft werden, mit denen die Situation verbessert werden kann. So gibt es eine Reihe von vorbeugenden Schritten, welche alle in engem Zusammenhang mit den Planungsaktivitäten der Institution stehen, z. B. die Veränderung des Leistungsprogramms oder die Eigenerstellung von ursprünglich geplanten Fremdaufträgen. Überblicksartig existieren folgende Möglichkeiten des indirekten oder direkten Personalabbaus, die in Abbildung 55 noch einmal zusammengefasst werden:

- Qualitative Anpassungsmaßnahmen im Rahmen der Personalentwicklung. Das sog. „Inplacement" bezeichnet einen Qualifizierungspool, in dem vom Personalabbau betroffene Mitarbeitende auf einen durch Fluktuation frei gewordenen Arbeitsplatz vorbereitet werden, durch professionelle Beratung zur Überwindung des Arbeitsplatzverlustes oder durch Qualifizierung, welche eine Bewerbung auf frei gewordene interne Stellenangebote ermöglicht (vgl. Ridder 2007: 134 f. und Bundesrat 2003).

- Quantitative Anpassungsmaßnahmen wie Einstellungsstopps, Aufhebungsverträge, vorzeitiger Ruhestand, Nichtverlängerung befristeter Arbeitsverträge, Einzelkündigungen

- Örtliche Anpassungsmaßnahmen durch Versetzung, Umsetzung oder Änderungskündigungen

- Zeitliche Anpassungsmaßnahmen wie Urlaubsgestaltung, Abbau von Mehrarbeit, Arbeitszeitveränderung oder Kurzarbeit

Abbildung 55   *Maßnahmen bei Personalüberhang (nach Heil 1980: F IV-2)*

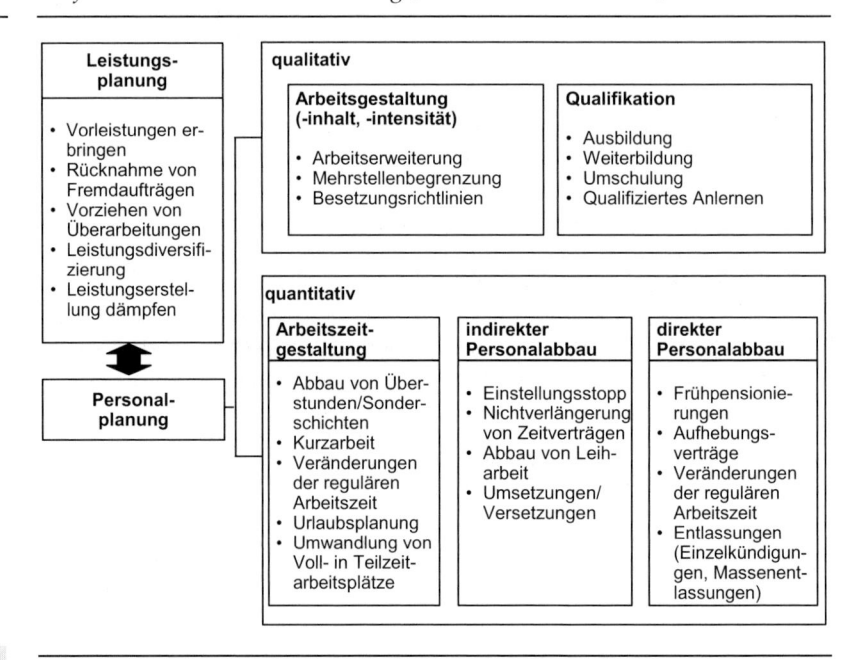

Leistungsplanung	qualitativ		
• Vorleistungen erbringen • Rücknahme von Fremdaufträgen • Vorziehen von Überarbeitungen • Leistungsdiversifizierung • Leistungserstellung dämpfen	**Arbeitsgestaltung (-inhalt, -intensität)** • Arbeitserweiterung • Mehrstellenbegrenzung • Besetzungsrichtlinien	**Qualifikation** • Ausbildung • Weiterbildung • Umschulung • Qualifiziertes Anlernen	
Personalplanung	quantitativ		
	Arbeitszeitgestaltung	**indirekter Personalabbau**	**direkter Personalabbau**
	• Abbau von Überstunden/Sonderschichten • Kurzarbeit • Veränderungen der regulären Arbeitszeit • Urlaubsplanung • Umwandlung von Voll- in Teilzeitarbeitsplätze	• Einstellungsstopp • Nichtverlängerung von Zeitverträgen • Abbau von Leiharbeit • Umsetzungen/ Versetzungen	• Frühpensionierungen • Aufhebungsverträge • Veränderungen der regulären Arbeitszeit • Entlassungen (Einzelkündigungen, Massenentlassungen)

Prozessfunktionen 6.5

Bei Personalüberhang darf ein direkter Personalabbau (insbesondere Massenentlassungen) nur als „ultima ratio" betrachtet werden, da es eine Vielzahl von vorbeugenden und alternativen Maßnahmen gibt. Der öffentliche Sektor sollte sich in diesem Gebiet des Personalmanagements durch umsichtiges Handeln auszeichnen, v. a. auch, weil er von der allgemeinen Öffentlichkeit und von Personalvertretungen (mit hohem Organisationsgrad) kritisch betrachtet wird. Darüber hinaus haben Freistellungen Auswirkungen auf das Image der Institution (vgl. Klimecki/Gmür 2005: 321).

„ultima ratio"

Der Konflikt zwischen den institutionellen und den individuellen Interessen kann letztlich nicht aufgehoben werden. Es besteht jedoch die Möglichkeit, dass sich Arbeitnehmer und Arbeitgeber annähern und eine zumindest beiderseits annehmbare Lösung gefunden werden kann.

Reformierung des schweizerischen Bundespersonalgesetzes BPG   **Im Blickpunkt**

Das am 1. Januar 2002 in Kraft getretene neue schweizerische Bundespersonalgesetz sieht eine zeitgemäße Anpassung der Regelungen aus dem Jahre 1927 vor. Neu wird auf die vierjährige Amtsdauer (mit unbeschränkter Wiederwahlmöglichkeit) für Beamte verzichtet. Trotz einer erhöhten Beschäftigungssicherheit durch längere Fristen und größeren Entlassungen nur für den Fall, dass eine zumutbare andere Arbeit angeboten werden kann, verfolgt das neue BPG eine moderne Personalpolitik mit stärkerer Leistungshonorierung, mehr Dialog durch zielorientierte Mitarbeitergespräche, erweitertem Handlungsspielraum und einer verstärkten Sozialpartnerschaft.

Gründe für die ordentliche Kündigung sind neu:

- Die Verletzung wichtiger gesetzlicher oder vertraglicher Pflichten;
- Mängel in der Leistung oder im Verhalten, die trotz schriftlicher Mahnung anhalten oder sich wiederholen;
- Mangelnde Eignung, Tauglichkeit oder Bereitschaft, die im Arbeitsvertrag vereinbarte Arbeit zu verrichten;
- Mangelnde Bereitschaft zur Verrichtung zumutbarer anderer Arbeit;
- Schwer wiegende wirtschaftliche oder betriebliche Gründe, sofern der Arbeitgeber der betroffenen Personen keine zumutbare andere Arbeit anbieten kann;
- Der Wegfall einer gesetzlichen oder vertraglichen Anstellungsbedingung.

Als Grund für die fristlose Kündigung durch die Vertragsparteien gilt jeder Umstand, bei dessen Vorhandensein der kündigenden Partei nach Treu und Glauben die Fortsetzung des Arbeitsverhältnisses nicht mehr zugemutet werden darf.

Führung und Förderung durch ein erweitertes Personalmanagement

Praxisfenster Nr. 16:
Personalabbau – Eine neue Herausforderung für die öffentliche Verwaltung

Dr. Peter Hablützel

Inhaber
Hablützel Consulting,
Bern

1. Ausgangslage

In der Schweizerischen Bundesverwaltung ist mit dem Personalgesetz vom 24. März 2000 der Beamtenstatus abgeschafft worden. Seither darf Beamten aufgrund mangelnder Leistung, aber auch aus betriebswirtschaftlichen Gründen gekündigt werden.

Verschiedene finanzpolitisch induzierte Programme führen — mit Schwerpunkt in den Jahren 2005 bis 2008 — zu einem Stellenabbau von netto rund 4 200 Stellen. Das sind deutlich mehr als 10 Prozent des aktuellen Personalbestandes. Dieser massive Abbau soll auch als Chance für die Verwaltung und ihre Belegschaft genutzt werden können. Deshalb hat der Bundesrat am 10. Juni 2004 das vom Eidgenössischen Personalamt (EPA) erarbeitete Konzept "Umbau mit Perspektiven" und eine entsprechende Verordnung über die Stellen- und Personalbewirtschaftung verabschiedet. Damit hat die Regierung eine wichtige Grundlage für einen sozialverträglichen Stellenabbau — möglichst ohne Entlassungen — geschaffen.

2. Umsetzungsprozess

Im Rahmen des Prozesses "Umbau mit Perspektiven" mussten die Dienststellen (Bundesämter), abgestimmt auf ihre Aufgabenverzichtsplanung, eine Stellen- und Personalplanung für die Jahre 2005 bis 2008 erarbeiten. Dabei stand zunächst die Bewältigung des Stellenabbaus innerhalb jeder Dienststelle im Vordergrund. Praktisch setzte die Planung bei der Ermittlung der Fluktuation über Pensionierungen an. Daraus ergab sich der planbare personalpolitische Handlungsspielraum. In der nächsten Phase prüften die Dienststellen, inwiefern vom Stellenabbau Betroffene auf zukünftig vakant werdende Stellen passen. Personen, die nicht in der Dienststelle gehalten, und offene Stellen, die nicht innerhalb der Dienststelle besetzt werden können, sind umgehend von der zentralen bundesinternen Datenbank zu erfassen.

Im Weiteren wird versucht, den internen Arbeitsmarkt zu intensivieren. Dies geschieht mittels einer übergeordneten Steuerung der Personalgewinnung (Stellenausschreibung und Rekrutierung) und einer Verbesserung der Information über Angebot (Stellen) und Nachfrage (Personen). Der Bundesrat hat die Verantwortung über die Steuerung der Personalgewinnung bei den Departementen belassen. Indes hat er dem EPA eine koordinierende Funktion übertragen, indem es entsprechende Empfehlungen abgeben kann. Die Steuerungseingriffe erfolgen nach Bedarf und differenziert nach Funktionsgruppen bzw. Berufskategorien.

Prozessfunktionen

Die beabsichtigte Intensivierung des internen Arbeitsmarktes setzt jedoch auch die Mobilität der vom Stellenabbau Betroffenen voraus. Jede Dienststelle schließt mit diesen Personen eine Vereinbarung ab, die Arbeitgeber und –nehmer während der Dauer von sechs Monaten verpflichtet, eine zumutbare Stelle zu suchen. Nach erfolgloser Suche oder wenn eine zumutbare Stelle nicht akzeptiert wird, kann die Kündigung ausgesprochen werden.

Die Mitarbeitenden werden bei der Stellensuche durch das bundesinterne Job-Center, welches vom EPA im Verbund mit den Personaldiensten der Departemente und Bundesämtern geführt wird, individuell beraten und unterstützt. Für die Finanzierung von Umschulungen und gezielten Weiterbildungen reservieren die Dienststellen einen Teil ihrer Ausbildungskredite. Teure vorzeitige Pensionierungen nach Sozialplan sollen damit die Ausnahme bleiben.

3. Erfahrungen

Massiver Personalabbau im öffentlichen Bereich wirkt auf die Belegschaft wie ein Schock. Umso wichtiger sind eine intensive Kommunikation und eine persönliche Betreuung der Betroffenen, denen neue Perspektiven eröffnet werden sollten. Ein faires und transparentes Vorgehen ist dabei ebenso Voraussetzung wie eine konstruktive Zusammenarbeit aller Dienststellen. Wenn die Personalfachleute ihr Gärtchendenken überwinden, können sie für die betroffenen Mitarbeitenden und für die Führung zu wirkungsvollen Lösungssuchern und Vermittlern werden. Gleichzeitig wird deutlich, wie wichtig ein guter Draht zu den Personalverbänden gerade auch in schwierigen Zeiten ist.

6 Führung und Förderung durch ein erweitertes Personalmanagement

Fallstudie:
Personalmanagement zur Unterstützung des Strategie-, Struktur- und Kulturwandels am Beispiel des Regionalspitals Thun (RST)

1. Ausgangslage und Reformentwicklung

Reformen im staatlichen Gesundheitsbereich stehen bei den politischen Instanzen gegenwärtig an vorderster Stelle. Die Kostenentwicklung verlangt neue Lösungsansätze zu einer effektiven und effizienten Steuerung öffentlicher Krankenhäuser. Seit Anfang der 1990er Jahre wurden die finanziellen Mittel für die einzelnen Krankenhäuser im Kanton Bern linear gekürzt. Damit gingen auch kontinuierliche Stellenkürzungen einher. Das Regionalspital Thun (RST) ist Teil der Spitalgruppe Berner Oberland, das insgesamt vier Spitäler umfasst und zusätzlich mit zwei Kliniken in einem Zusammenarbeitsvertrag verbunden ist. Die Gruppe befindet sich seit mehreren Jahren in einem kontinuierlichen Veränderungsprozess, um mit den stetig geringeren Mittelvorgaben und Personalstellen mindestens die gleichen Leistungen zu derselben Qualität erbringen zu können. Aufgrund der seit 1990 praktisch unverändert gebliebenen Budgetmittel für Neuinvestitionen kommt die Erschwernis dazu, mit den begrenzten Mitteln dem Fortschritt in der Medizinaltechnik folgen zu können. Neben den genannten Problembereichen kam ein zunehmender Verlust an Patienten hinzu, welche sich vermehrt in anderen Krankenhäusern behandeln ließen.

Zur Verbesserung der schwierigen Finanzsituation im kantonalen Gesundheitswesen setzte sich erst nach längerem Drängen durch die Spitalleitungen die Erkenntnis durch, dass die restriktive Führung und Kontrolle durch die Gesundheitsdirektion (Fachministerium) nicht dazu beitrug, das Kostenwachstum in den Griff zu bekommen und den einzelnen Krankenhäusern eine wirtschaftliche Betriebsführung zu ermöglichen. Daraus entstanden die ersten Modellversuche im Bereich der Leistungsfinanzierung mittels Fallkostenpauschale, an denen sich Thun beteiligte. Das System der modifizierten Fallkostenpauschale erteilt dem Krankenhaus jährlich für jeden Patienten der allgemeinen Abteilung einen pauschalen Betrag. Dieser wird aufgrund der Eigenschaften des Patientengutes und der in der Vergangenheit tatsächlich entstandenen Kosten errechnet. Die Ziele des neuen Systems waren, die Aufenthaltsdauer zu verkürzen, mehr Verantwortung und Kompetenzen an das Krankenhaus zu delegieren, durch positive Rechnungsabschlüsse die Attraktivität des Spitals als Arbeitsplatz zu erhöhen sowie die Kosten- und Ertragstransparenz zu steigern. Die Systemeinführung im Jahr 1993 erfolgte durch die in Tabelle 1 dargestellte Gewinn- und Verlustverteilung zwischen dem RST und den kantonalen Gesundheitsbehörden.

Tabelle 1: Gewinn- und Verlustverteilung beim Modellversuch

	Verlust		Gewinn	
	Regionalspital Thun	Kantonales Spitalwesen	Regionalspital Thun	Kantonales Spitalwesen
1. Jahr	0%	100%	10%	90%
2. Jahr	50%	50%	60%	40%
3. Jahr	60%	40%	60%	40%

Seit 1994 ist das System der modifizierten Fallkostenpauschale im RST eingeführt, die meisten anderen Spitäler des Kantons werden gegenwärtig aber immer noch nach dem alten System finanziert. Vor diesem Hintergrund wurde durch die Neugestaltung der Spitalfinanzierung im Jahr 1994 ein umfassender Veränderungsprozess initiiert. Die wesentlichen Elemente dieses Wandels werden im Folgenden nach den Aktionsfeldern Strategie, Struktur, Prozesse und Kultur dargestellt.

2. Strategiewandel im Regionalspital Thun

Durch die geänderten Rahmenbedingungen wurde die finanzielle Autonomie und die damit verbundene Möglichkeit einer wirtschaftlichen Spitalführung zum neuen ökonomischen Hauptziel im RST. Die Erreichung finanzieller Autonomie bedingt auch die Bindung möglichst vieler Patienten an das Spital und den Aufbau einer starken Marktposition. Das RST hatte jedoch in der Vergangenheit (1990-1994) „Marktanteile" an andere Spitäler verloren. Durch den Aufbau folgender strategischer Erfolgspositionen sollte dieser Entwicklung entgegen gewirkt werden:

- Aufbau von qualitativ hochstehenden und modernen Leistungen im medizinischen, pflegerischen und administrativen Bereich
- Konsequente Kunden- und Prozessorientierung
- Aufbau eines auf allen Stufen motivierten Mitarbeiterstamms als Voraussetzung für eine erfolgreiche Patientenbetreuung
- Verbesserung des Images und der Funktionsfähigkeit des RST durch aktive, offene Zusammenarbeit und Kommunikation mit einweisenden Ärzten, Krankenkassen, Berufsverbänden, Behörden sowie regionalen Bezirks- und Privatspitälern durch Information der Öffentlichkeit

Als Konsequenz wurde z. B. eine Station, welche die Gewinnung von Patienten im (baulich) alten Spitalteil erheblich erschwerte, geschlossen und anstelle dessen eine chirurgische und medizinische Tagesklinik zur stärkeren strategischen Ausrichtung auf den teilstationären Bereich eröffnet. Für die Finanzierung des durch die fehlenden Investitionsmittel gefährdeten Infrastrukturbereichs wurden ebenfalls neue Wege gesucht. So wurde zur Beschaffung einer Magnetresonanz-Diagnostik eine Aktiengesellschaft gegründet, welche das Gerät finanzierte und sich am Erfolg beteiligt. Weitere ähnliche Beschaffungslösungen sollen in Zukunft folgen.

3. Struktur- und Prozesswandel im Regionalspital Thun

Die strukturellen Gegebenheiten und Rahmenbedingungen im RST erleichterten den Wandel zu einer erfolgsorientierten Dienstleistungsorganisation kaum. 1993 wurde von einer funktionalen Organisationsform mit der Dreiteilung Verwaltung, Ärzteschaft und Pflege zu einer Spartengliederung nach den einzelnen medizinischen Fachbereichen übergegangen, was eine am Patienten orientierte Leistungserbringung besser ermöglichte.

Die Neuorganisation verlief primär auch unter dem Grundsatz der eindeutigen Zuordnung der Verantwortung. War bei der funktionalen Organisationsform noch ein Direktionsgremium aus den Funktionen Ärzteschaft, Pflegedienst und Verwaltung für die Spitalführung verantwortlich, so besteht die neue Direktion nur noch aus dem geschäftsführenden Direktor, der für die gesamte Spitalleitung verantwortlich ist. Er erhält seine Zielvorgaben vom Spitalrat, der für Entscheidungen im Rahmen der gesundheits-, finanz- und sozialpolitischen Belange zuständig ist.

Trotz der Organisationsänderung blieb das alte, funktionale Denken bestehen. Dies führte zu typischen Schnittstellenproblemen bei den Prozessen wie bspw. entlang des Patientendurchlaufs (z. B. lange Wartezeiten bis zur eigentlichen Aufnahme, Absagen von Untersuchungen wegen fehlender Koordination, zu viele Tests in der Diagnostik, mehrtägige stationäre Wartezeiten bis zur Operation usw.). Begleitet durch eine externe Beratungsfirma, führte man deshalb Ende 1995 im RST ein Qualitäts- und Zeitmanagement (QZM)-Projekt durch.

Im Teilprojekt Operationssaal (OP) wurde das Ziel verfolgt, den Prozessablauf durch eine grundlegende Änderung der Operationsplanung zu optimieren, um Ineffizienzen wie Prozess- und Anfangsleerzeiten zu minimieren. Zur regelmäßigen Überwachung und Verbesserung der Abläufe erfolgte zudem die Einführung eines OP-Controllings, das monatlich die Leerzeiten, Prozesszeiten usw. aufzeigt.

In der medizinischen Klinik wurden zwei grundlegende Änderungen eingeführt, um die Abläufe zu verbessern. In einem ersten Schritt erfolgte die Schaffung einer medizinischen Aufnahmestation. Hier werden anschließend durch den erfahrensten Arzt der Abklärungsweg und die Therapie festgelegt sowie entschieden, ob ein Patient stationär oder ambulant zu behandeln ist. Der Patient wird von der zweiten Neuerung, dem Coach, in Empfang genommen und anschließend mit allen Unterlagen und Verordnungen auf die Abteilung oder an den nachbehandelnden Hausarzt eingewiesen. Coaches sind speziell ausgebildete Pflegepersonen und zeigen sich als dauernde Kontaktperson des Patienten (und der Angehörigen) für den reibungslosen Behandlungsablauf verantwortlich. Zur Ausübung der vielfältigen und übergreifenden Aufgaben benötigen die Coaches sehr viele Kompetenzen. Sie sind deshalb direkt der Klinikleitung unterstellt.

Neben der Verbesserung der internen Prozesse sollten aber auch die Schnittstellen zu externen Partnern verbessert werden. Die Chefärzte des RST boten deshalb den praktizierenden Ärzten der Region Thun eine wöchentliche Fallbesprechung an. Die Einladung wurde angenommen und das Fallseminar entwickelte sich in kurzer Zeit zur festen Veranstaltung. Diese dient dabei nicht nur der Fort- und Weiterbildung der teilnehmenden Ärzte, sondern auch den Patienten, indem die Betreuung generell und v. a. der Übergang vom ambulanten ins stationäre Versorgungssystem optimiert werden. Für das RST ergibt sich dadurch die Möglichkeit, die Beziehung zu den einweisenden Ärzten zu verbessern und Problembereiche in der Zusammenarbeit schneller zu erkennen.

Um die Schnittstelle zu den Krankenkassen zu verbessern, wurde im RST Anfang 1998 ein sog. „Fallmanagement" eingeführt. Zusammen mit einer Fallmanagerin der Krankenkasse werden Probleme bei der Abrechnung der vereinbarten Fallpauschalen sowie andere Probleme an der Schnittstelle Spital/Krankenkasse geregelt. Zudem erfolgt beim Austritt eines Patienten eine gemeinsame Planung der günstigsten Weiterbehandlung. Inzwischen wird das Fallmanagement mit zwei Krankenversicherungen durchgeführt.

4. Kulturwandel im Regionalspital Thun

1986 wechselte die Direktion des Regionalspitals. Der Bezug eines Neubaues mit wesentlich mehr Kapazität sowie der damalige generelle Personalmangel führten zu einer sehr hohen, kurzfristig bis auf 40 Prozent ansteigenden Fluktuationsrate. Ein Teil der damaligen Mitarbeitenden konnte sich mit den neuen Vorstellungen der Spitalleitung zur zukünftigen Ausrichtung nicht mehr identifizieren. Gemäß der neuen Kulturorientierung sollten möglichst alle Mitarbeitenden an der Entwicklung des Spitals teilnehmen und ihren Beitrag dazu leisten. Die Mitarbeitenden sollen zu Partnern der Spitalleitung werden, am Unternehmensgeschehen aktiv partizipieren und damit Verantwortung für den Erfolg des Spitals übernehmen.

Ein weiterer wichtiger Bestandteil der Unternehmenskultur im RST betrifft den Aufbau eines neuen Selbstverständnisses zwischen den einzelnen Berufsgruppen. Das bisherige hierarchische, funktionsbezogene Denken und Handeln soll einer teambasierten, interdisziplinären, prozess- und patientenorientierten Aufgabenerfüllung weichen.

5. Maßnahmen des Personalmanagements

Die vorher beschriebenen Aspekte des sehr umfassenden Reformprozesses im RST waren jeweils durch gezielte Maßnahmen des Personalmanagements begleitet. Sie haben nach Ansicht der Spitalleitung erheblich zur heute verbesserten Situation des RST im kantonalen Gesundheitswesen geführt. Einzelne Funktionen, die im Wandlungsprozess als Katalysatoren wirkten, werden in den folgenden Abschnitten eingehender dargestellt.

6 Führung und Förderung durch ein erweitertes Personalmanagement

Personalgewinnung

Seit Beginn des Veränderungsprozesses im RST wird bei der Besetzung neuer Stellen vermehrt Gewicht auf die Beurteilung der Sozial- und Persönlichkeitskompetenz gelegt. Dies aufgrund der Überlegung, dass die Fachkompetenz veränderbar ist, die Sozialkompetenz aber unter Umständen nicht oder nur bedingt. Die Einstellung des neuen Personals liegt im Verantwortungsbereich der einzelnen Ressorts. In der chirurgischen Klinik muss jeder der in Frage kommenden Kandidaten für eine offene Stelle im Pflegebereich einen Schnuppertag absolvieren. Das Pflegeteam und die Pflegedienstleiterin beurteilen anschließend, welcher Kandidat die Voraussetzungen am besten erfüllt.

Bei der Gewinnung von Mitarbeitern des obersten Kaders wird eine Personalberatungsfirma beigezogen, welche die Rekrutierung und die Vorselektion der Kandidaten vornimmt.

Personalentwicklungsmaßnahmen

Im Vergleich mit anderen Reformen im öffentlichen Sektor legte das RST einen Schwerpunkt auf die Personalentwicklung. Folgende Elemente wurden in den Schulungen behandelt:

- Führungsschulung: Alle Führungskräfte (einschließlich Stationsleiter) des RST mussten nach der Einführung der neuen Organisationsstruktur eine umfassende Führungsschulung absolvieren. Zusammen mit einem externen Trainer wurde ein auf den Betrieb ausgerichtetes Führungstraining mit den Inhalten partizipative Führung, vernetztes Denken, Mitarbeitergesprächsführung und Mitarbeitermotivation durchgeführt.

- Kommunikationskompetenz: Über zwei Jahre wurden rund 250 Mitarbeiter (Kader und Mitarbeiter, die das Spital nach außen repräsentieren) von einem externen Kommunikationsfachmann gruppenweise geschult. Ein Teil des Seminars bildete jeweils eine offene Gesprächsrunde mit dem Direktor und dem Personalchef, um Vorstellungen einbringen zu können und vorhandene Ängste abzubauen.

- Ausbildungsgruppe: Zur Abklärung des fachlichen und sozialen Ausbildungsbedarfs bei den Mitarbeitern wurde im RST eine Fachgruppe „Aus- und Weiterbildung" gebildet. Diese ist verantwortlich für die Zusammenstellung des Schulungsprogramms. In der Fachgruppe sind alle Mitarbeitenden vertreten, welche die Schulungsverantwortung in ihrem Ressort wahrnehmen.

- Kundenorientierung: Im Rahmen der Maßnahmenplanung zur Qualitätsverbesserung in der chirurgischen Klinik wurden beim gesamten Pflegepersonal ein zweitägiges Gesprächstraining und eine Schulung in Kundenorientierung durchgeführt. In der medizinischen Klinik wurden insbesondere die Coaches im Rahmen einer „Verkaufsschulung" ausgebildet.

Prozessfunktionen 6.5

Personalinformation und -kommunikation

Bei der Einführung der neuen Organisationsstruktur schuf man folgende Gremien, welche die Information der Belegschaft sicherstellen sowie die Möglichkeit der Mitwirkung am Unternehmensgeschehen einräumen sollen.

- Direktionsstab: Je ein Vertreter der Ressorts „operative Medizin", „interne Medizin" sowie „Dienstleistung und Administration" bereiten zusammen mit dem Spitaldirektor die wesentlichen Geschäfte des Spitals vor. Durch die personelle Zusammensetzung des Stabes, die einen Einbezug der Funktionen „Arzt", „Pflege" und „Verwaltung" sicherstellt, sind die drei Hauptfunktionen in der Spitalleitung weiterhin vertreten.

- Ressortkonferenz: Hier kommen alle Ressort- bzw. Klinikleiter monatlich zusammen, um über vorgegebene Tagesordnungspunkte zu diskutieren und sich über neue Entwicklungen informieren zu lassen. Die weitere Information der Mitarbeiter ist Sache der Ressortleiter.

- Kaderrapport: Alle Mitglieder der Spitalleitung, leitende Ärzte, Oberärzte, Oberpflegepersonal, Stationsleitungen und Dienstleiter (insgesamt ca. 50 Personen) werden hier monatlich über aktuelle Entscheidungen der Spitalleitung informiert und für zukünftig zu fällende Entscheide von großer Tragweite konsultiert.

- Spitalkonferenz: Hier wird der ganzen Belegschaft die Möglichkeit gegeben, sich über aktuelle Entscheide von allgemeinem Interesse zu informieren. Die Spitalkonferenz wird bei jeweiligem Bedarf einberufen.

Eine weitere Maßnahme, um die Partizipation der Belegschaft am Unternehmensgeschehen zu gewährleisten, ist die seit 1996 bestehende Betriebskommission, in die 15 Mitarbeitende aus allen Berufsgruppen und Ressorts von der Belegschaft gewählt werden. Die Betriebskommission verfügt über ein festgelegtes Mitspracherecht. Die Spitalleitung ist verpflichtet, diese monatlich über Neuerungen zu informieren und anzuhören.

Personalerhaltung

Die Leistungsmotivation wird im RST vorwiegend durch immaterielle Anreizfaktoren gewährleistet, denn die materielle Entlohnung ist durch den Kanton relativ starr vorgegeben und wird durch die schlechte Finanzsituation eingeschränkt. Die wichtigsten Motivationsfaktoren stellen dabei die transparente Information, der möglichst weite Einbezug der Mitarbeitenden in Problemlösungsprozesse sowie das breite Weiterbildungsprogramm dar. Zudem werden die Mitarbeitenden hin und wieder mit kleinen Anerkennungen belohnt. Sie erhielten bspw. am Valentinstag eine Blume mit einem Gutschein für ein Fahrradnummernschild.

Für die fortlaufende Motivation der Mitarbeiter ist es zudem wichtig, dass die Fortschritte der Veränderungsmaßnahmen bzw. die erbrachten Leistungen gemessen werden können. Im Operationssaal hat man mit einem Controllingsystem ein geeignetes Instrument zur Hand. In den Kliniken wird die Motivationswirkung u. a. durch die Erhebung der Patientenzufriedenheit erzeugt. Die medizinische Klinik führte zusammen mit dem Coach

Führung und Förderung durch ein erweitertes Personalmanagement

eine entsprechende Patientenbefragung ein. Auch in der chirurgischen Klinik wird seit 1997 die Patientenzufriedenheit regelmäßig erhoben und die Resultate werden monatlich an die Mitarbeitenden weitergegeben.

Das RST hat 1998/99 einen neuen Gesamtarbeitsvertrag ausgehandelt, der per 1. Januar 2000 eingeführt wurde. Dieser enthält keinen automatischen Lohnaufstieg mehr. Er ist abhängig von den Möglichkeiten des Betriebes und von der Qualifikation des Mitarbeiters. Damit ist die Grundlage geschaffen, um leistungsorientierte Lohnbestandteile auszubezahlen. Dabei ist festgelegt, dass nur der finanzielle Erfolg des Spitals und die Verbesserung der Qualifikation zu mehr Lohn führen können.

Personalfreistellung

Während des Veränderungsprozesses mussten Kadermitarbeiter, die nicht mehr bereit waren, die veränderte Philosophie des Unternehmens mitzutragen, durch neue ersetzt werden. In einem Fall wurde ein Outplacement mit Hilfe eines Personalberaters durchgeführt.

In der chirurgischen Klinik wurden zwei Abteilungen zusammengelegt. Die Anpassung des Personalbestandes an die neue Struktur überließ man dem Ressort. Dabei kam es zu keiner einzigen Kündigung, obwohl Stellen gestrichen werden mussten. Eine erfolgreiche Bewältigung dieser Krise war nur durch den starken Einbezug der Mitarbeitenden möglich. Die Teams entschieden mit, wie der Stellenabbau erfolgen sollte. Man entschloss sich, die verschiedenen Arbeitspensen so auszugleichen, dass keine Kündigung notwendig wurde. In den Teams wurde anschließend die individuelle Situation des einzelnen Mitarbeiters diskutiert und die Festlegung der jeweiligen Arbeitspensen vorgenommen. Dieser von der Pflegedienstleiterin geleitete und vom Personalchef unterstützte Prozess wurde zu einem sehr wichtigen Teil der Mitarbeiterentwicklung in sozialer Hinsicht. Die Mitarbeitenden mussten verstärkt aufeinander eingehen und Verantwortung für das gesamte Team übernehmen.

6. Ergebnisse des Reformprozesses

Folgende Aspekte können als wichtige Auswirkungen der vielseitigen Reformbemühungen im RST seit Anfang der 1990er Jahre betrachtet werden:

- Von 1993 bis 1998 nahm die Anzahl Pflegetage bei gleicher Patientenzahl um 26 Prozent ab und die Anzahl ambulant behandelter Patienten um 55 Prozent zu. Trotz rückläufiger Patientenzahlen bei den stationären Behandlungen im Kanton Bern konnten die Patientenzahlen im RST insgesamt gehalten werden. Im Bereich der Tagespatienten (teilstationärer Bereich) gelang es, sich gegenüber den Wettbewerbern zu etablieren und eine starke Position aufzubauen. Bis Ende 1998 konnte die Aufenthaltsdauer im Akutbereich auf 8,2 Tage gesenkt werden, wobei der Durchschnittswert aller sieben Regionalspitäler im Kanton Bern bei 9,9 Tagen liegt. Dies weist auf effizientere Prozessabläufe im RST hin.

- Trotz der um 6 Prozent verbesserten Bettenauslastung stieg der Personalbestand pro 100 betriebene Betten von 202 auf 230 Mitarbeiter

Prozessfunktionen

wegen der von 317 auf 219 stark gesunkenen Bettenanzahl. Einen Teil trug der erhöhte Personalbestand in den (ambulanten) medizinischen Nebenbetrieben bei, was auf eine Erweiterung des Leistungsangebotes insbesondere in der medizinischen Diagnostik zurückzuführen ist.

- Die vielen Personalentwicklungsmaßnahmen im gesamten Spital förderten wesentlich fachliche und soziale Qualifikationen der Mitarbeitenden. Auch die Rekrutierung fachlich hoch stehender Personen hat sich verbessert. Das Image des RST als Arbeitgeber auf dem Arbeitsmarkt konnte stark verbessert werden. Die Ergebnisqualität der medizinischen Leistungserbringung ließ sich bisher noch nicht erfassen. Anhand von Indikatoren (z. B. Anzahl unerwartete Rehospitalisationen und Reoperationen) soll dies aber zukünftig systematisch gemessen und einem Benchmarking unterzogen werden.

- Der Gesamtaufwand des RST erhöhte sich zwischen 1993 und 1996 von 65,0 auf 75,2 Mio. SFr. (+15,7 Prozent). Seit 1996 ist der Gesamtaufwand aber rückläufig (-1,8 Prozent), obwohl die Anzahl der behandelten Patienten stetig ansteigt. Die Kostensenkung ist v. a. auf die Verlagerung der Behandlungen vom stationären auf den teilstationären Bereich zurückzuführen. Aber auch die stark verringerte Aufenthaltsdauer und die verbesserte Bettenauslastung (Abbau fixer Kosten) wirken sich positiv aus. Trotz fallenden Kosten in den letzten Jahren wird das Defizit immer größer. Der Ertragsrückgang ist auf den zunehmenden Wettbewerbsdruck bei den Krankenkassen seit der Einführung des neuen Krankenversicherungsgesetzes, auf die kürzere Aufenthaltsdauer sowie den höheren Anteil allgemein hospitalisierter Patienten zurückzuführen.

- Positiv werden nach Ansicht der im Spital befragten Personen die folgenden Aspekte beurteilt: Die von den Patienten wahrgenommene Qualität (Ergebnisse der Patientenbefragungen), die hohe Mitarbeiterzufriedenheit trotz Veränderungsprozess aufgrund des starken Einbezuges und der aktiven Teilnahme an der Umsetzung, das verstärkt teamorientierte Arbeitsklima und weniger Grabenkämpfe zwischen den Funktionen sowie Abbau hierarchischer und funktionsbezogener Denk- und Handlungsmuster aufgrund interdisziplinärer Projektgruppen.

- Die Fluktuationsrate als ein Indikator für die Mitarbeiterzufriedenheit sank von 25 Prozent vor dem Reorganisationsprozess auf 15 Prozent.

Obwohl diese Ergebnisse das positive Fazit der Spitalleitung über den umfassenden Veränderungsprozess bestätigen, ist die Spitalentwicklung in Thun noch nicht abgeschlossen. Zurzeit wird über die Einführung eines verstärkt variablen Entlohnungssystems nachgedacht, das insbesondere im Rahmen der Personalerhaltung andere Anreize für die privatärztlichen Tätigkeiten am RST einführen soll.

6.6 Personalführung und Leadership im öffentlichen Sektor

Direkt, interaktionelle Personalführung

Nachdem in den bisherigen Abschnitten die Organisations- und Steuerungsfunktion sowie die Prozessfunktionen des Personalmanagements behandelt wurden, widmet sich der folgende Abschnitt der direkten, interaktionellen Personalführung im öffentlichen Sektor und analysiert die Beziehung zwischen Vorgesetzten und Mitarbeitern der jeweiligen organisatorischen Einheiten. Wie bereits bei der Schwachstellenanalyse festgestellt wurde, besteht das Ziel der Personalführung im öffentlichen Sektor primär in der Aktivierung von Mitarbeitermotivation und Leistungsbereitschaft. Die stark regelorientierte Verwaltungskultur hat die Ausrichtung auf Leistung lange behindert. Die Verwaltungskultur wird stark durch das Verhalten der Führungskräfte, insbesondere deren Führungsstil, geprägt.

Die folgenden Abschnitte erläutern die wesentlichen Grundlagen aus der Führungsforschung, um danach auf gezielte Führungstheorien und -stile eingehen zu können.

6.6.1 Grundlagen und Verantwortlichkeiten des Führungshandelns

6.6.1.1 Richtung des veränderten Führungsverhaltens

Klages untersuchte anhand von Mitarbeiterbefragungen das Führungsverhalten der Vorgesetzten in öffentlichen Institutionen (vgl. Klages 1998: 61 ff.). Am besten beurteilt wurden u. a. die Ermöglichung zur selbständigen Arbeit, die hohen Fachkenntnisse der Vorgesetzten, deren Durchsetzungskraft und Eigeninitiative, angemessene Leistungsforderungen und die nicht ungerechte Kritikausübung. Als Defizitbereiche resultierten primär die folgenden Aspekte: Die Rückmeldung bzw. das Feedbackverhalten, die Kritikfähigkeit, das Informationsverhalten, die Konfliktaustragungsfähigkeit sowie die Vermittlung von Zielsicherheit.

Die Schwächen des Vorgesetztenverhaltens liegen also primär im Bereich der Sozialkompetenz und betreffen Aspekte, welche in Verbindung mit der Gewährung von mehr Handlungsspielraum unbedingt notwendig sind.

Die von den Autoren durchgeführte Untersuchung bei den schweizerischen Public Management-Reformprojekten zeigt, dass der Per-

Personalführung und Leadership im öffentlichen Sektor 6.6

sonalführung nach Abschluss des Reformprojektes ein klar höherer Stellenwert eingeräumt wird. Nur die Personalentwicklung macht nach Einschätzung der Befragten einen noch größeren Bedeutungswandel durch.

Dabei wurde die Ausprägung der Führungskultur in der Schweiz von den Verfassern anhand von 12 Kriterien untersucht, welche sich nach Ansicht der Befragten folgendermaßen verändern werden (vgl. Tabelle 26):

Ausprägungen der Führungskultur

Veränderung der Führungs- und Kooperationskultur

Tabelle 26

Angaben: Mittelwerte auf der 4er-Skala 1 (trifft nicht zu) bis 4 (trifft völlig zu); Skalenmittelwert=2.5; n=bisherig/zukünftig	bisheriger Stellenwert	zukünftiger Stellenwert
Zuverlässige und ordnungsgemäße Aufgabenausführung (n=55/57)	3.69	3.19
Anweisungen müssen respektiert werden (n=55/57)	3.27	3.11
Kooperativer und vertrauensvoller Umgang zwischen Führung und Mitarbeitenden (n=56/56)	2.95	3.63
Mitsprache und Kompromissfindungen gibt es sehr oft (n=55/57)	2.87	3.21
Man entscheidet nicht zu schnell und geht lieber „auf sicher" (n=54/55)	2.70	1.96
Kontinuierliche und gewohnte Arbeitsprozesse werden gegenüber ausgefallenen und neuen Ideen bevorzugt (n=54/54)	2.69	1.94
Konflikte werden eher gemieden (n=55/55)	2.64	1.82
Störungsfreies Arbeiten hat hohe Priorität (n=55/54)	2.62	2.52
Kritische und genaue Überprüfung der Geführten (n=55/57)	2.36	2.44
Endresultate und deren schnelles Erreichen zählen, nicht das Verfahren (n=53/55)	2.51	2.71
Als Einzelkämpfer kommt man gut weiter (n=53/54)	2.06	1.48
Man macht, was man tun muss, doch nicht zuviel (n=55/55)	1.93	1.36

Die grau schraffierten Felder kennzeichnen diejenigen Merkmale, welche einen bisherigen Stellenwert über dem Skalenmittelwert aufweisen und deren Bedeutung nach Ansicht der Befragten recht deutlich abnehmen wird. Der vertrauensvolle Umgang zwischen den Mitarbeitenden und Vorgesetzten verzeichnet einen vergleichsweise starken Bedeutungsanstieg. Vor allem zwei Aspekte prägen die bisherige Verwaltungskultur, nämlich die zuverlässige und ordnungsgemäße Aufgabenausführung und der Respekt gegenüber

Sozialkompetenz und Zielorientierung

6 Führung und Förderung durch ein erweitertes Personalmanagement

Anweisungen von oben. Betrachtet man die Veränderungen vom bisherigen zum zukünftigen Stellenwert, dann zeigt sich eine ähnliche Tendenz wie bei den Untersuchungen von Klages. Eine verstärkte Konfliktbereitschaft, teamorientiertes und kooperatives Arbeiten, weniger ordnungsgemäße Aufgabenausführung und schnellere Entscheidungsprozesse werden künftig an Bedeutung gewinnen. Zusammengefasst lassen sich also zwei Schwerpunkte im Hinblick auf die Personalführung erkennen:

- Stärkere Bedeutung der Sozial- und Teamkompetenzen
- Mehr entscheidungs- und zielorientiertes anstelle von ordnungsgemäßem Arbeiten

In den nächsten Abschnitten geht es um die Voraussetzungen zu einer verbesserten Personalführung aufgrund des Menschenbilds einer Führungskraft sowie um die Erläuterung möglicher Führungskonzepte, welche für Führungskräfte des öffentlichen Sektors handlungsweisend sein können.

6.6.1.2 Legitimation und Machtgrundlagen des Führungshandelns

Individualmotive und Organisationswerte

Die Veränderung des Führungsverhaltens muss in Zusammenhang mit der Veränderung der Gesamtinstitution betrachtet werden. Personalführung äußert sich grundlegend im Spannungsfeld zwischen Zielvorgabe, Motivationsfähigkeit und Ergebniskontrolle. Die Vereinbarkeit zwischen den Motivstrukturen und Werten der Organisation (im institutionellen Sinne) und denjenigen des Einzelnen steht am Anfang der Suche nach geeigneten Konzepten zur Personalführung. Aus organisationssoziologischer Sicht resultieren grundsätzlich drei verschiedene Organisationstypen mit unterschiedlichen Motivations- und Kontrollstrukturen (vgl. Etzioni 1967: 96 ff. und Etzioni 1965). Der erste Typ kennzeichnet die Zwangsorganisation, welche mittels Herrschaftsstrukturen und daraus folgendem Zwang sowie Bestrafung die Organisationsziele zu erreichen versucht. Typ zwei entspricht den heutigen Arbeitsorganisationen, bei welchen angestrebt wird, durch materielle (teilweise auch immaterielle) Belohnungsstrukturen die Motivation der Mitarbeitenden zu aktivieren. Der dritte Typ gewinnt das Engagement der Systemmitglieder durch Appelle an den guten Willen, an Werte und Normen (nicht zu verwechseln mit der juristischen Norm!). Diese, je nach Organisationstyp unterschiedlichen Machtgrundlagen wirken sich auf die Motivation und das Engagement der Organisationsmitglieder aus (vgl. Tabelle 27).

Organisationstypologie nach Etzioni   Tabelle 27

	Typ I: Zwangs-organisation	Typ II: Utilitaristische Organisation	Typ III: Normative Organisation
Machtgrundlage	Zwang	Belohnung	Normen/Werte
Organisatorische Koordination	Unterwerfung	Kontrakt, Verhandlung	Konsens, Wertegemeinschaft
Individuelles Engagement	Entfremdet	Kalkulatorisch	Engagiert
Reaktionstypus	Resignation	Partizipation	Identifikation
Beispiel	Gefängnis	Unternehmung	Kirche

Die klassische Typologie Etzionis ist stark vereinfachend, kann aber in einer ersten Annäherung zur Beschreibung der Entwicklung des öffentlichen Sektors verwendet werden. Betrachtet man das neue Instrumentarium des Public Managements (Leistungskontrakte, Anreizsysteme usw.), dann ist eine Hinwendung zum zweiten Typ feststellbar. Mit Blick auf das nicht aktivierte Leistungspotenzial im öffentlichen Sektor erhält der dritte Typ eine besondere Bedeutung. Durch Identifikation mit den Organisationszielen und -werten soll Engagement gefördert und die Leistungsmotivation aktiviert werden. Eigentlich enthielt das bisherige Beamtentum Ansätze dieser normativen Organisation. Eine überaus starke Identifikation mit den bürokratischen Prinzipien und daraus folgenden Loyalitätswerten förderte eine ausgeprägte Bindung der Mitarbeitenden an die staatlichen Organisationen. Es stellt sich die kritische Frage, ob der gegenwärtige Kulturwandel im öffentlichen Sektor zu einer rein utilitaristischen Organisation führen soll und ob den staatlichen Arbeitgebern damit nicht ein Attraktivitätsvorteil abhanden kommen könnte. Vor dem Hintergrund des gesellschaftlichen Auftrags bietet die staatliche Organisation ihren Führungskräften ein großes Potenzial an sinnstiftenden Werten und Normen, welche an die Mitarbeitenden weiter gegeben werden können. Somit erhält die Personalführung in staatlichen Organisationen ihre Legitimation einerseits aus dem vertraglichen Arbeitsverhältnis auf der Basis von Kontrakten, andererseits aber auch aus der Identifikation der Mitarbeitenden mit den Organisationszielen und der daraus entstehenden Zusammenarbeit.

Engagement und Leistungsmotivation

Im Rahmen von Führungsbeziehungen zwischen Vorgesetzten und Mitarbeitern spielen Machtprozesse eine wichtige Rolle. Dabei wird unter Macht die Möglichkeit seitens des Vorgesetzten, Einfluss auf seine Mitarbeiter auszuüben, verstanden. Grundsätzlich existieren

Machtprozesse

unterschiedliche Grundlagen, auf denen die Macht eines Vorgesetzten gründen kann. In Anlehnung und Erweiterung der Systematik von French und Raven werden dabei folgende Machtquellen unterschieden (vgl. French/Raven 1959: 150 ff. und Neuberger 1995: 955):

- Belohungen: Wenn unterschiedliche Ressourcen (Geld, Statussymbole, Privilegien etc.) zur Belohnung eingesetzt werden, wird das gewünschte Verhalten wahrscheinlicher.

- Bestrafungen oder Zwang: Die Macht gründet sich auf der Möglichkeit, unterschiedliche Bestrafungen (Kündigung, Lohneinbussen etc.) bei nicht erwünschtem Verhalten einzusetzen.

- Legitimität: Die Macht gründet auf einer Autorität „kraft Amtes", die dazu führt, dass Anweisungen befolgt werden, da die entsprechende Legitimität anerkannt wird.

- Identifikation: Als Vorbild und Identifikationsfigur können Anordnungen gegeben werden, die allein schon aufgrund der emotionalen Nähe zum „Idol" befolgt werden.

- Expertentum: Wer über eine große Expertise oder besondere Fähigkeiten verfügt, kann zielkonformes Verhalten fördern.

- Situation: Werden die Rahmenbedingungen eng gesetzt (bspw. engmaschige Verfahrensregeln), kann abweichendes Verhalten ausgeschlossen werden.

6.6.1.3 Menschenbilder als Grundlage der Personalführung

Vorgesetzte verfügen über eine eigene Sicht der Arbeitssituation, des Umfeldes und der ihnen unterstellten Personen, sog. Menschen- und Weltbilder. Diese, die Wirklichkeit vereinfachenden Sichtweisen, erleichtern einer Person die Führungsarbeit und die damit verbundene Entscheidungsfindung (vgl. Weinert 1995: 1497 ff.).

> **In der Arbeitssituation wird die Personalführung grundsätzlich von den Annahmen einer Führungskraft über die Natur des Menschen geprägt.**

Leitlinie des Führungshandelns

Der Kausalzusammenhang zwischen Menschenbildern und Führungsstilen kann empirisch nicht nachgewiesen werden. Dennoch ist davon auszugehen, dass Führungskräfte die Komplexität reduzierende Menschenbilder als Leitlinie ihres Führungshandelns wählen.

Personalführung und Leadership im öffentlichen Sektor

6.6

Die folgende Zusammenstellung skizziert einige weit verbreitete Menschenbilder (vgl. Weinert 1995: 1499 f.):

Menschenbilder

- Der Mensch als kognitives Wesen
  Der Mensch ist primär durch wirtschaftliche Anreize motivierbar. Er ist manipulierbar und passiv, seine natürlichen Ziele weichen von den Organisationszielen ab (vgl. Schein 1965). Dieses Menschenbild, basierend auf der Annahme des rational-ökonomischen Menschen nach Schein, veranlasst Führungskräfte, restriktive und überwachungsorientierte personalwirtschaftliche Instrumente einzusetzen (Kontrolle, Akkordarbeit, fixe Arbeitszeiten, leistungsorientierte materielle Anreizsysteme).

- Der Mensch als träges, inaktives Wesen
  Der Mensch hat eine angeborene Abneigung gegen Arbeit, deshalb muss er unter Umständen durch Strafandrohung dazu gezwungen und bei der Arbeit intensiv geführt werden. Der Mensch will keine Verantwortung übernehmen, ist im Beruf nicht ehrgeizig und primär sicherheitsorientiert (vgl. McGregor 1960). Diese Theorie X von McGregor fördert eine restriktive Führung mit klaren Regelungen und Sanktionsmechanismen.

- Der Mensch als zufrieden stellender Entscheidungsfäller
  Der Mensch strebt nicht nach vollkommener Information, er kann im Beruf mit für ihn zufrieden stellenden Entscheidungen gut zurechtkommen (vgl. March/Simon 1965). Eine von diesem Menschenbild geleitete Führungskraft wird u. a. ihre Mitarbeitenden in Entscheidungsprozesse einbeziehen.

- Der Mensch als sich entwickelndes Wesen
  Der Mensch strebt nach Selbstkontrolle und Selbstverwirklichung. Insofern will er Leistung erbringen, kreativ sein und Verantwortung wahrnehmen. Dies ist in der heutigen Arbeitswelt jedoch nur bedingt möglich (vgl. McGregor 1960). Eine auf diesen Grundannahmen aufbauende Führung gewährt den Mitarbeitenden die bestmögliche Ausübung ihrer Begabungen mit großem Handlungs- und Verantwortungsspielraum bei der Erfüllung einer sinnstiftenden Arbeitsaufgabe. Eigenständigkeit und Innovationsfähigkeit werden begrüßt.

- Der Mensch als soziales Wesen
  Der Mensch wird primär durch seine sozialen Bedürfnisse motiviert und gewinnt seine Identität aus der Beziehung zu seinen Mitmenschen. Soziale Kräfte innerhalb der Gruppe wirken stärker als Maßnahmen des Vorgesetzten oder als von außen gesetzte Anreize (vgl. Schein 1965). Eine Führungskraft, die sich an diesem Menschenbild orientiert, bemüht sich um ein Betriebsklima,

das Zugehörigkeit und gegenseitige Akzeptanz fördert, ohne das Individuum zu vernachlässigen. Teamanreize stehen jedoch vor Individualbelohnungen.

- Der Mensch als komplexes Wesen
  Der Mensch ist komplex, vielschichtig und wandlungsfähig. Er ist lernfähig und verändert seine Motivstrukturen in Abhängigkeit von Zeit und Umwelt (vgl. Schein 1965). Das Führungsverhalten entsprechend diesem Menschenbild ist nicht eindeutig bestimmbar. Der Vorgesetzte versucht, so gut wie möglich den Mitarbeitenden in Abhängigkeit von seiner Umwelt zu verstehen und Veränderungen bei seiner Führungsarbeit zu berücksichtigen.

Betonung der Selbstverantwortung

Die derzeitigen Veränderungen in öffentlichen Institutionen bedingen auch eine Abkehr von Menschenbildelementen, welche für die Leistungsaktivierung hinderlich sind. Die beiden erstgenannten Menschenbilder kommen dem bürokratischen Organisations- und Führungsansatz und den tayloristischen Führungsgedanken am nächsten. Eine stärkere Betonung des Mitarbeitenden als nicht maximierendes, sich selbst entwickelndes, soziales und situationsabhängiges komplexes Wesen i. S. der letzten vier Menschenbilder entspricht den Forderungen des Public Management-Ansatzes und wird der Selbstverantwortung des einzelnen Mitarbeitenden gerecht. Die stärkere Bedeutung der Sozial- und Teamkompetenzen, aber auch die zunehmende Entscheidungs- und Zielorientierung unterstützen eine Neuorientierung des Führungsverständnisses der Verwaltungskader in folgende Richtung (vgl. Borg 1995: 12 ff.):

- Mitarbeiter als Individuum
  Die Mitarbeitenden verfolgen eigene, auch immaterielle Ziele. Sie denken eigenständig, nehmen Einfluss auf das Organisationsgeschehen und sind unbequem. Der Mitarbeitende interpretiert die Organisationsziele, lehnt sie teilweise unter Umständen auch ab, vergleicht sie mit den eigenen Zielen und entscheidet individuell über seine Leistungsbereitschaft. Dementsprechend lässt er sich auf eine Interessengemeinschaft auf Zeit ein. Ein darauf aufbauendes Führungsverständnis fordert die Mitarbeiter heraus, vereinbart Ziele mit ihnen, ermöglicht Erfolgserlebnisse, überträgt ihnen Verantwortungsbereiche zur Entfaltung der eigenen Fähigkeiten, lässt Freude an der Arbeit zu und fördert das Interesse an den Arbeitsinhalten und der Organisation.

- Mitarbeiter als Partner
  Die Organisation und der Mitarbeitende sind aufeinander angewiesen und tragen gegenseitig zur Zielerreichung bei. Der Mitarbeitende denkt unternehmerisch und muss nicht kurzfristig

Personalführung und Leadership im öffentlichen Sektor

belohnt werden. Seine Meinung ist in seinem Verantwortungsbereich relevant und wird in Entscheidungsprozesse miteinbezogen. Dieses Menschenbild erfordert von der Führungskraft Delegationsbereitschaft, den gegenseitigen Respekt in der Zusammenarbeit und die Bereitschaft, ein gewisses Risiko einzugehen.

6.6.1.4 Führungserfolg

Fundierte Aussagen zur Personalführung im öffentlichen Sektor lassen sich nur treffen, wenn zunächst geklärt wird, von welchen Faktoren der Führungserfolg abhängig ist. Um die vielschichtigen Zusammenhänge im Rahmen der Mitarbeiterführung aufzuzeigen, wird das folgende Modell herbeigezogen (vgl. Abb. 56).

Rahmenmodell der Führung — *Abbildung 56*

```
                    ┌─────────────────────┐
                    │   Führungssituation │
                    └──────────┬──────────┘
                               │
                    ┌──────────┴──────────┐
                    ▼                     ▼
┌──────────────┐  ┌──────────────────┐  ┌────────────────┐
│Führungsperson│→│ Führungsverhalten │→│ Führungserfolg │
└──────────────┘  └──────────────────┘  └────────────────┘
```

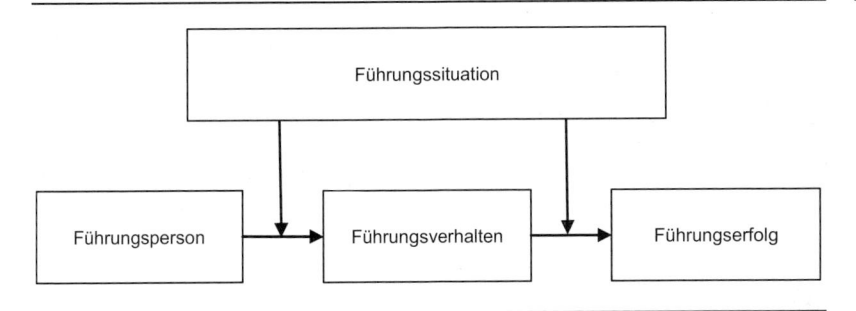

Das Modell beschreibt in seinen Grundzügen den Einfluss von Führungsperson und Führungsverhalten auf den Führungserfolg unter Berücksichtigung der jeweiligen Führungssituation (vgl. Gebert/Rosenstiel 2002: 20). Der grundlegende Gedanke wurde bereits im Rahmen der Persönlichkeitstheorie thematisiert. So stellte Kurt Lewin das Verhalten (V) als das Ergebnis der Interaktion zwischen der Person (P) und ihrer Umwelt (U), kurz $V = f(P, U)$, dar, wobei Umwelt zweifelsohne als Situation verstanden wird (vgl. Lewin 1936: 11 f.; Lewin 1963: 271 und Schanz 2000: 110).

Hauptanliegen dieses Rahmenmodells ist die Analyse der Kriterien des Führungserfolgs, der dem Modell zufolge sowohl von Merkmalen der Person als auch von Merkmalen der Situation beeinflusst wird (Comelli/Rosenstiel 2003: 87 ff.). Damit geht diese Sichtweise über die Annahmen der personalistischen Führungstheorie bzw. Eigenschaftstheorie (vgl. Kapitel 6.6.2.1) hinaus, die historisch eine wichtige Rolle innerhalb der Führungsforschung einnahm. Im Mit-

Eigenschaftstheorie

telpunkt der personalistischen Führungstheorie steht der Grundgedanke, dass bestimmte Persönlichkeitsmerkmale einer Führungsperson (Intelligenz, Alter, fachliche Kompetenz etc.) für den Führungserfolg entscheidend sind (vgl. Gebert/Rosenstiel 2002: 185 f.).

Situationsansatz

Durch die Ergänzung der personalistischen Führungstheorie um situative Elemente wird anerkannt, dass es nicht einen richtigen Führungsstil gibt, sondern dass die Führung je nach Situation unterschiedlich aussehen muss. Dies liegt zum einen daran, dass der Führende sich in unterschiedlichen Situationen unterschiedlich verhält. Zum anderen bestimmt die Situation (Kultur, Organisationsstruktur, Gruppengröße, Funktion, Persönlichkeitsmerkmale der Mitarbeiter), ob das konkrete Führungsverhalten tatsächlich zum gewünschten Erfolg führt.

Das aus dem Führungsverhalten resultierende Handlungsergebnis (Führungserfolg) kann somit als Produkt sämtlicher Einflussvariablen, die in der Person des Führenden, aber auch im situativen Kontext begründet sind, interpretiert werden.

6.6.1.5 Führungsverantwortung

Wie bereits in Kapitel 5 dargestellt, kommt dem Kongruenzprinzip im Rahmen der betriebswirtschaftlichen Organisationslehre eine wichtige Bedeutung zu, da dargelegt wird, dass Aufgabe, Kompetenz und Verantwortung eines Stelleninhabers einander entsprechen müssen. Für Führungskräfte ist dabei das Thema Verantwortung von großer Bedeutung (vgl. Thom 1990a: 7 f.).

Fremd- und Eigenverantwortung

Verantwortung bezieht sich auf „[...] die Pflicht einer Person, für die zielentsprechende Erfüllung einer Aufgabe persönlich Rechenschaft abzulegen." (Hauschildt 1995: 2097). Bei der Betrachtung von Verantwortung kann zwischen Fremd- und Eigenverantwortung unterschieden werden. Während sich die Fremdverantwortung einer Führungskraft nicht nur auf ihr eigenes Tun, sondern auch auf das Handeln ihrer Mitarbeiter bezieht, ist die Eigenverantwortung dadurch gekennzeichnet, dass die Führungskraft nur für die eigene Aufgabenerfüllung zur Rechenschaft gezogen werden kann (vgl. Thom 1990a: 8 f.). In größeren Verwaltungen ist das Konzept der Eigenverantwortung vorteilhaft, da unter dem Modell der Fremdverantwortung eine effiziente Arbeitsteilung nicht möglich ist, so dass das System unproduktiv und leistungshemmend wirkt.

Ausführungsverantwortung

Innerhalb des Konzepts der Eigenverantwortung wird weiterhin zwischen Ausführungs- und Führungsverantwortung unterschieden. Die Ausführungsverantwortung bezieht sich darauf, dass „[...]

jedes Mitglied der Institution die Pflicht und die Bereitschaft übernimmt, für sein ausführendes Handeln Rechenschaft abzulegen und sich den entsprechenden Sanktionen zu unterwerfen." (Thom 1990a: 9). Demgegenüber haben Führungskräfte die Führungsverantwortung über die Ausführungsverantwortung hinaus zu tragen, da sie sich auf spezifische Aufgaben im Führungsprozess im Hinblick auf die Mitarbeitenden bezieht, die nicht delegierbar sind. Dazu gehören insbesondere (vgl. Thom 1990a: 9):

1. Zielbildungsverantwortung
   Die Führungskraft hat die Verantwortung, Ziele zu bilden und Aufgaben zu präzisieren, die den Mitarbeitenden Orientierung bei der Erfüllung ihrer Aufgaben bieten.

2. Organisationsverantwortung
   Die Führungskraft hat die Verantwortung, eine geeignete Arbeitsteilung und Koordination festzulegen, wozu auch die Mitarbeiterauswahl und der Mitarbeitereinsatz gehören.

3. Informationsverantwortung
   Die Führungskraft hat die Verantwortung, die Mitarbeitenden über ihre Ziele sowie die Aufbau- und Ablauforganisation zu informieren. Dazu gehört auch ein umfassendes Einstellungsgespräch bei Stellenantritt (Einweisungsverantwortung), in dem Aufgaben, Kompetenz und Verantwortung des neuen Mitarbeiters beschrieben werden (vgl. Hauschildt 1987: 2001).

4. Kontrollverantwortung
   Die Führungskraft hat die Verantwortung, für die ergebnis-, verfahrens- und verhaltensorientierte Kontrolle der Mitarbeiter. Dabei sind auch Beurteilungsaufgaben vorzunehmen, wenn ein betriebliches Personalbeurteilungssystem besteht.

5. Förderungsverantwortung
   Die Führungskraft hat die Verantwortung für die Förderung und Entwicklung ihrer Mitarbeiter im Rahmen von Aus- und Weiterbildung, Karriere- und Laufbahnplanung, Einsatz als Stellvertreter etc.

Nachdem in diesem Kapitel die zentralen Grundlagen des Führungshandelns dargestellt wurden, widmet sich der folgende Abschnitt den wichtigsten Führungstheorien.

6.6.2 Führungstheorien

Führungstheorien dienen dazu, die Bedingungen, Strukturen, Prozesse und Konsequenzen von Führung aufzuzeigen (vgl. Wunderer/Grundwald 1980: 112). Aufgrund ihrer Bedeutung im Rahmen der Führungsforschung, die bereits in Zusammenhang mit dem Führungserfolg dargelegt wurde (vgl. Kapitel 6.6.1.4), werden insbesondere eigenschafts- sowie situationstheoretische Betrachtungen erläutert. Ein weiterer Abschnitt widmet sich darüber hinaus den Interaktions- und Verhaltenstheorien.

6.6.2.1 Eigenschaftstheorien

Führungskraft im Mittelpunkt

Die Eigenschaftstheorie gilt als die älteste Führungstheorie, die lange Zeit die Vorstellung von effizienten und erfolgreichen Führungsprozessen dominiert hat. Im Mittelpunkt der Eigenschaftstheorie steht dabei der Grundsatz: „Es kommt vor allem anderen auf den Führer oder die Führerin an!" (Neuberger 2002: 223). Ausgehend von der Annahme, dass bestimmte Eigenschaften einer Führungskraft unabhängig von Situation, Aufgabe und zu führenden Mitarbeitern entscheidend für den Führungserfolg sind, steht die Führungskraft im Mittelpunkt der Betrachtung (vgl. Delhees 1995: 897). Anhand zahlreicher empirischer Analysen wurde daher untersucht, welche Eigenschaften erfolgreiche von nicht erfolgreichen Führern unterscheiden.

Zeitlich stabile Dispositionen

Eigenschaften können als zeitlich stabile Dispositionen aufgefasst werden, die systematisch in verschiedenen Situationen beobachtbar sind und universell vorkommen (vgl. Neuberger 2002: 226). Sie gelten als hypothetische Konstrukte, die nicht materiell greifbar sind, sondern aus Verhaltensinterpretationen gefolgert werden können.

„Big five"-Faktoren

In zahlreichen Studien wurden verschiedene Persönlichkeitsmerkmale identifiziert und gruppiert (vgl. zur Übersicht Neuberger 1976 und Wunderer/Grunwald 1980: 113 f.), wobei bei einer Vielzahl ein korrelativer Bezug zum Führungserfolg aufgezeigt werden konnte (vgl. Rosenstiel 2003: 7). In Literatur und empirischer Forschung hat dabei das Fünf-Faktoren-Modell der Persönlichkeit („big five-Faktoren") große Aufmerksamkeit erlangt, welches im untenstehenden Blickpunkt dargestellt wird.

6.6 Personalführung und Leadership im öffentlichen Sektor

Fünf-Faktoren-Modell der Persönlichkeit (nach Neuberger 2002: 230) — *Im Blickpunkt*

1. Extraversion (gesprächig – ruhig; offen – verschwiegen; abenteuerlustig – vorsichtig; bestimmt – scheu; energisch - gehemmt)
2. Emotionale Stabilität (unerschütterlich - launenhaft; beherrscht - launenhaft; entspannt – angespannt; unemotional - emotional)
3. Verträglichkeit (warm – kalt; gutmütig – grob; kooperativ - misstrauisch; freundlich – unfreundlich; einfühlend - rüde)
4. Gewissenhaftigkeit (organisiert – desorganisiert; effizient – unpraktisch; ordentlich – schlampig; verantwortlich - verantwortungslos)
5. Offenheit für Erfahrungen (phantasievoll – geistlos; komplex – einfach; breite Interessen – enge Interessen; intellektuell - unintellektuell)

Die Eigenschaftstheorie weist eine hohe Bedeutung für die Praxis auf. So basieren z. B. Persönlichkeitstests, die bei Assessment Center zur Auswahl von Nachwuchsführungskräften eingesetzt werden, u. a. auf den Annahmen der Eigenschaftstheorie. Jedoch lässt sich als Kritik an dieser Konzeption vorbringen, dass die Person der Führungskraft im Vergleich zu anderen Einflussbedingungen überbewertet wird und dass es nicht nur auf die Person allein, sondern auf die Interaktion zwischen Person und Situation ankommt (vgl. zur Grundproblematik der Eigenschaftstheorie Wunderer/Grunwald 1980: 128 f.).

Überbewertung der Führungskraft

Letztlich sollte nicht vergessen werden, dass persönlichkeitsstarke Führungskräfte nicht automatisch gutes Führungsverhalten an den Tag legen. Führungsverhalten enthält auch eine negative Seite („Bad Leadership") und erfordert eine ganzheitlichere Betrachtungsweise (vgl. Kellerman 2004: 11 ff.).

Bad Leadership

Kellerman identifiziert ineffektive sowie unethische Führung als die beiden Kategorien schlechter Führung. Aufgrund fehlender Charaktereigenschaften, mangelnder Fähigkeiten oder schlecht ausgearbeiteter Strategien gelingt es ineffektiven Führungskräften nicht, ihre Ziele zu erreichen und die gewünschten Veränderungen herbeizuführen. Im Gegensatz dazu fehlt es unethischen Führungskräften an der Fähigkeit, zwischen richtig und falsch zu unterscheiden, so dass anerkannte „codes of conduct" verletzt werden und der Führungsprozess darunter leidet.

6 *Führung und Förderung durch ein erweitertes Personalmanagement*

Typologie schlechter Führung

Grundsätzlich kann der Anteil ineffektiver sowie unethischer Elemente im Führungsprozess nie exakt festgestellt werden. Um dennoch das Bewusstsein für die Konsequenzen schlechter Führung zu schärfen und das Wissen über ineffektive und unethische Führung zu verbessern, schlägt Kellerman eine Typologie schlechter Führung vor, in der sie die unterschiedlichen Arten schlechter Führung wie folgt unterscheidet (vgl. Kellerman 2004: 40 ff.):

1. Inkompetente Führung: Der Führungskraft fehlt der Wille und/oder die Fähigkeit, nachhaltig effektiv zu handeln. Sie schafft es nicht, positiven Wandel herbeizuführen.

2. Starrköpfige Führung: Die Führungskraft ist stur und unnachgiebig. Es gelingt ihr nicht, sich an neue Gegebenheiten, Informationen oder sich grundlegend ändernde Zeiten anzupassen.

3. Unbeherrschte Führung: Der Führungskraft fehlt es an Selbstkontrolle.

4. Kaltherzige Führung: Die Führungskraft ist unfreundlich oder gar gemein. Die Bedürfnisse und Wünsche der meisten Mitglieder der Organisation, v. a. derjenigen unterer Hierarchiestufen, werden ignoriert oder als unwichtig abgetan.

5. Korrumpierte Führung: Die Führungskraft lügt und betrügt. Mehr als andere stellt sie ihre ureigenen Interessen über das Wohl der Allgemeinheit.

6. Engstirnige Führung: Die Führungskraft schert sich wenig oder gar nicht um die Gesundheit und das Wohl Außenstehender, d. h. nicht zur Organisation Gehörender.

7. Bösartige Führung: Die Führungskraft kommuniziert und handelt bösartig und setzt das Beifügen von Schmerz als Machtinstrument ein. Sie fügt ihren Mitmenschen beträchtlichen körperlichen oder psychischen Schaden zu.

Interaktion Person und Situation

Die erwähnten Unzulänglichkeiten der Eigenschaftstheorie führten zu einer Abkehr von rein an Persönlichkeitsmerkmalen orientierten Führungstheorien. Stattdessen wurde verstärkt auch die Situation sowie die Interaktion zwischen Person und Situation in die Betrachtung einbezogen. Dieser Sichtweise liegt die Erkenntnis zugrunde, dass verschiedene Anforderungen unterschiedliche Führungseigenschaften erfordern und dass stabile Persönlichkeitsmerkmale je nach Situation unterschiedliche Ergebnisse im Hinblick auf den Führungserfolg hervorbringen können (vgl. Yukl 2005: 214). In den folgenden Abschnitten werden daher Interaktions-, Verhaltens- und Situationstheorien der Führung ausführlich betrachtet.

6.6.2.2 Verhaltens- und Interaktionstheorien

Das Augenmerk von verhaltens- und interaktionstheoretischen Führungsansätzen liegt auf der Analyse von Beziehungen zwischen Vorgesetzten und Mitarbeitern. Ausgehend von der Überlegung, dass sich das Führungsverhalten auf bestimmte Kriterien des Führungserfolgs auswirken kann, stehen die Handlungsweisen von Führungskräften im Fokus der Verhaltenstheorie.

Die meisten verhaltenstheoretischen Führungsstile lassen sich durch zwei voneinander unabhängige Dimensionen beschreiben. Unter der Aufgabenorientierung wird die Strukturierung von Aufgaben, Rollen, Informations- und Kommunikationsbeziehungen verstanden, während die Beziehungs- oder Mitarbeiterorientierung das vertrauensvolle und freundschaftliche Verhalten gegenüber den Mitarbeitern bezeichnet. Aus empirischen Erhebungen lässt sich folgern, dass eine ausgeprägte Mitarbeiterorientierung der Führungskraft, die sich durch Wertschätzung und Anerkennung äußert, zur Zufriedenheit der Geführten beitragen kann, während die Auswirkungen auf die Leistungen der Mitarbeiter nicht bestimmbar sind. In Bezug auf die Aufgabenorientierung zeigen empirische Studien einen positiven Zusammenhang zwischen Aufgabenstrukturierung und Mitarbeiterleistung (vgl. Rosenstiel 2003: 12).

Verhaltenstheorien

Interaktionstheorien betrachten die Führung als einen Prozess sozialer Interaktion. Da Interaktionen als wechselseitige, interpersonale Beziehungen verstanden werden können, werden nicht nur die Persönlichkeitsmerkmale der Führungskraft, sondern auch ihre Beziehung zu den Mitarbeitern als Einflussfaktor auf den Führungserfolg betrachtet. Somit unterstützen Interaktionstheorien die Vermutung, dass Führungsbeziehungen von interaktionellen, kurzfristigen Situationen und weniger von strukturalen sowie längerfristigen Bestimmungsgrößen abhängen (vgl. Bass 1990: 44 ff.).

Interaktionstheorien

6.6.2.3 Situationstheorie der Führung

Personale, interaktionelle und verhaltensorientierte Einflussfaktoren werden durch situative externe sowie interne Merkmale der Umwelt einer Führungskraft ergänzt. In diesem Zusammenhang ist es von zentraler Bedeutung, ausgehend vom spezifischen Führungskontext, die Anforderungen und Möglichkeiten der Führung zu ermitteln.

Die erste systematisch entwickelte und auch bekannteste Führungstheorie ist die Kontingenztheorie der Führungseffektivität von Fiedler (1967). Laut Fiedler ist die Effektivität der Führung abhängig

Kontingenztheorie

(kontingent) von der Beziehung zwischen Führungskraft und Mitarbeiter, der Positionsmacht der Führungskraft sowie der Aufgabenstruktur. Durch die Operationalisierung dieser Faktoren versuchte Fiedler aufzuzeigen, welcher Führungsstil unter welchen Bedingungen am meisten geeignet ist.

Während die Kontingenztheorie nur auf drei Situationsmerkmale beschränkt wird, lassen sich in einem erweiterten Bezugsrahmen eine größere Anzahl Situationsvariablen abbilden, welche die Wahl des optimalen Führungsstils beeinflussen (vgl. Thom 1980: 345). Dabei stellen insbesondere die Spezifika des öffentlichen Sektors sowie die Charakteristika von Aufgabe und Organisation situationsspezifische Merkmale dar, die sich auf den Führungsstil auswirken.

Begrenzte Gestaltungsmöglichkeiten

Im Gegensatz zur Privatwirtschaft unterliegen Institutionen des öffentlichen Sektors häufig gesetzlichen Regelungen und Vorgaben, die in Form von Richtlinien auch Anweisungen für die Zusammenarbeit zwischen Mitarbeitern und Führungskräften enthalten. Darüber hinaus erfolgt die Aufgabenerfüllung traditionell stark regelgebunden und arbeitsteilig sowie durch eindeutige hierarchische Kompetenzaufteilung. Entscheidungsprozesse sind vielfach durch politische Strategien beeinflusst. Die Gestaltungsmöglichkeiten der Vorgesetzten sind somit begrenzt, so dass in vielen Fällen stärker aufgaben- und weniger zielbezogen geführt wird. Dies bedeutet, dass sich Personalführung oft auf die Kontrolle der Arbeitsabläufe und -ergebnisse beschränkt, wodurch ein direktiver Führungsstil, der die Handlungsspielräume der Mitarbeiter einschränkt, entsteht (vgl. Klages/Hippler 1991: 53 ff.).

Die veränderten situativen Bedingungen im öffentlichen Sektor und das Ziel einer verbesserten Verwaltungsführung stellen auch neue Anforderungen an den Führungsstil in zahlreichen Verwaltungen. Wesentliche Forderungen des Public Managements (Qualitätssicherung, Verantwortungsbewusstsein, Wirkungs- und Kundenorientierung, Teamgeist, effiziente Aufbau- und Ablaufstrukturen sowie transparente Informations- und Kommunikationsprozesse) lassen sich nur erreichen, wenn der Führungsstil und die Maßnahmen der Mitarbeiterführung auf diese Forderungen ausgerichtet sind (vgl. Hopp/Göbel 2004: 249). Darüber hinaus fordert auch das neue Selbstverständnis der Mitarbeiter als Individuen mit eigenen Bedürfnissen und Zielen eine Abkehr von traditionell hierarchischen Führungskonzepten im öffentlichen Sektor.

6.6.3 Führungskonzepte und Führungsstile

In diesem Kapitel werden verschiedene Führungskonzepte und Führungsstile vorgestellt. Den Schwerpunkt im ersten Teil bildet das Führungskonzept „Management by Objectives", welches ausführlich dargestellt wird. Im zweiten Teil werden unterschiedliche Führungsstile sowie Führungsstiltypologien vorgestellt, wobei die dreidimensionale Führung nach Reddin detailliert präsentiert wird. Den Abschluss des Kapitels bilden die spezifischen Ansätze zur Führung im Wandel.

6.6.3.1 Führungskonzepte

Führungskonzepte bilden das Führungsgeschehen auf pragmatische und übersichtliche Weise ab und dienen so als systematischer Ordnungsrahmen zur Erfassung komplexer Führungsphänomene (vgl. Eichhorn et al. 2003: 390). Die Grundlagen von Führungskonzepten liegen zum einen in der Führungsforschung mit den Erkenntnissen aus Führungstheorien und empirischen Untersuchungen. Zum anderen fließen Erfahrungen aus der Führungs- und Beratungspraxis in Führungskonzepte ein.

Systematischer Ordnungsrahmen

Durch den Einsatz von Führungskonzepten wird eine Steigerung der Effektivität (Leistungswirksamkeit bezüglich der Sachzielerreichung) und der Effizienz (Leistungswirksamkeit bezüglich der Formalzielerreichung) des Führungserfolgs angestrebt. In diesem Zusammenhang nehmen Führungskonzepte unterschiedliche Funktionen wahr, wobei der Gestaltungsfunktion besondere Bedeutung zukommt. Ansätze wie die Führung durch Zielvereinbarung stellen normative Denkmodelle dar, die Aussagen zur optimalen Verwirklichung von Führung treffen. Aufgrund ihrer unmittelbaren Praxisrelevanz sind sie insbesondere für Führungspraktiker eine wichtige Orientierungs- und Gestaltungshilfe.

Normative Denkmodelle

Aus dem Blickwinkel der in den vorigen Abschnitten festgestellten Schwachstellen und der sich verändernden Anforderungen an Führungskräfte im öffentlichen Sektor wird im Folgenden das ausgewählte Führungskonzept der Führung durch Zielvereinbarung (Management by Objectives) skizziert, mit dem Führungsprozesse besser gesteuert werden können. Im Anschluss daran werden unterschiedliche Führungsstiltypologien dargestellt, bevor zum Abschluss des Führungskapitels die Führung im Wandel detailliert beschrieben wird.

6 Führung und Förderung durch ein erweitertes Personalmanagement

Führung durch Zielvereinbarung

Peter Drucker (1954) kann als „Erfinder" des weltweit verbreiteten Führungsmodells „Management by Objectives (MbO)" bezeichnet werden. In allen seinen Werken betont Drucker die Effektivität von Führungskräften – v. a. im klugen Einsatz der zur Verfügung stehenden Mitarbeitenden – als Schlüssel zu unternehmerischem Erfolg:

> „Ein Manager hat erstens Ziele zu setzen. Er muss festlegen, wie diese Ziele auszusehen haben. Er bestimmt, was getan werden muss, damit die Ziele erreicht werden. Er bewirkt die Umsetzung der Zielvorgaben in die Praxis, indem er sie jenen Menschen bekannt gibt, deren Leistung zu ihrer Erreichung nötig ist." (Kennedy 1998: 68 f.).

Zieloperationalisierung

MbO verfolgt das Ziel, die einzelnen Elemente eines sozialen Systems (also auch der Verwaltung) auf die übergeordneten gemeinsamen Ziele hin zu koordinieren. Dies geschieht durch eine konsequente Zieloperationalisierung, bei welcher die obersten Ziele kaskadenartig in verschiedene Unterziele, Abteilungsziele, Gruppenziele bis hin zu den Mitarbeiterzielen unterteilt und verfeinert werden. Die Ergebnisse der Erfolgsbeurteilung ziehen sich über die Personalerhaltung bis in die Personalentwicklung und -planung weiter (vgl. Abb. 57).

MbO-Kriterien

In Bezug auf die Personalführung sind für ein erfolgreiches MbO folgende Aspekte zu beachten (vgl. Gebert/Rosenstiel 2002: 227 ff. und die dort zitierte Literatur):

- Zielpräzisierung
  Mit zunehmender Zielspezifizierung steigt die Leistung der Mitarbeitenden, da die Ableitung der eigenen Handlungspläne für den Mitarbeitenden vereinfacht wird. Bei innovativen Aufgabenstellungen kann die Zielspezifizierung mit zunehmender Präzisierung jedoch auch einschränkend wirken. Hier empfiehlt es sich, den Such- und Handlungsspielraum nicht von vornherein einzuengen.

- Zielinstrumentalität
  Wenn die Zielerreichung stark vom zielförderlichen Engagement abhängig ist, kann es sich lohnen, die Zielerreichung mit Belohnungen zu verbinden. Wo möglich, sollte der Belohnungswert des zielorientierten Handelns einen intrinsischen, immateriellen Teil beinhalten. Eine ausschließliche Verknüpfung der Zielerreichung mit extrinsischer, materieller Belohnung im Rahmen des MbO ist zu hinterfragen („Leistungspeitsche"). Das MbO ist allerdings die wesentliche Grundlage für leistungsorientierte Ent-

lohnungssysteme, die sowohl materielle als auch immaterielle Anreize umfassen.

- Partizipation
Die partizipative Zielvereinbarung zwischen Vorgesetztem und Mitarbeitendem ist nicht in jedem Fall ergebnisförderlich. Insbesondere bei einer Zielabsprache, die aus der Sicht des Mitarbeitenden eher als negativ wahrgenommen wird (z. B. Sparziele), zeigen sich die Grenzen der Partizipation. Das Ausmaß der Partizipation hängt davon ab, ob der Zielvereinbarungsprozess als kooperative oder kompetitive Situation wahrgenommen wird.

- Zielhöhe
Hohe und anspruchsvolle, aber realistische Ziele führen zu besseren Leistungsergebnissen als wenig ambitionierte Ziele. Das Anspruchsniveau kann auch aus Leistungsvergleichen (z. B. Benchmarking mit anderen Verwaltungen) abgeleitet werden.

- Feedback
Rückmeldungen zu bisher erreichten Teilzielen und Ermutigungen für die weitere Arbeit haben einen sehr großen Einfluss auf die Zielerreichung. Eindeutiges, objektiviertes (faktenfundiertes) und schnelles Feedback gehören zur Führungsaufgabe.

- Zielpluralität
Mehrere nebeneinander existierende Ziele sind in der Praxis keine Ausnahme. Der Mitarbeitende priorisiert im Normalfall dasjenige Ziel mit der höheren Zielattraktivität und Zielerreichungswahrscheinlichkeit. Somit ist es erforderlich, bei mehreren Zielen klare Prioritäten zu setzen und diese durch die Förderung der Zielattraktivität und Erreichungswahrscheinlichkeit abzustützen.

Die mit der Anwendung von MbO verbundene Aufgaben- und Kompetenzdelegation ermöglicht einen größeren Handlungsspielraum für die Mitarbeitenden. Folglich kann der Mitarbeitende unter Bezugnahme auf seine Fähigkeiten und sein Wissen eine komplexere Aufgabenstellung eigenständig lösen. Er wird also ermächtigt, das zu tun, was er für richtig hält. Dadurch steigt seine Erwartung, das Ziel zukünftig eigenständig erreichen zu können. Dies setzt beim Mitarbeitenden den Mut zur Übernahme der sog. Handlungsverantwortung voraus. Dieser wird aber gebremst, wenn bei Nichterreichen der Ziele der Mitarbeitende als „Sündenbock" hingestellt wird. Viel besser ist es hingegen, MbO als ein Instrument für persönliches und organisatorisches Lernen einzusetzen (siehe Rückkopplungen in Abb. 57).

Handlungsverantwortung

6 Führung und Förderung durch ein erweitertes Personalmanagement

Abbildung 57   Das Grundmodell MbO (nach Bleicher/Meyer 1976: 242)

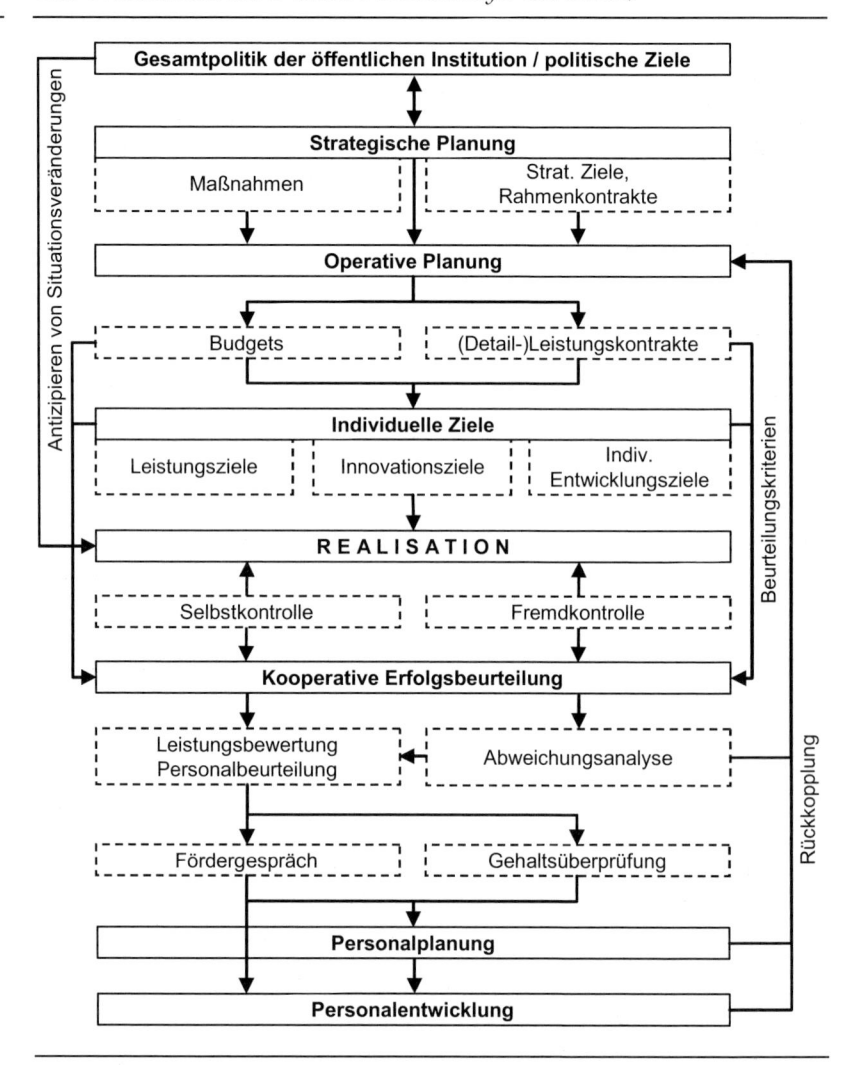

```
Gesamtpolitik der öffentlichen Institution / politische Ziele
                          ↕
              Strategische Planung
      Maßnahmen    |    Strat. Ziele, Rahmenkontrakte
                          ↓
              Operative Planung
      Budgets      |    (Detail-)Leistungskontrakte
                          ↓
              Individuelle Ziele
   Leistungsziele | Innovationsziele | Indiv. Entwicklungsziele
                          ↓
                   R E A L I S A T I O N
      Selbstkontrolle    |    Fremdkontrolle
                          ↓
          Kooperative Erfolgsbeurteilung
   Leistungsbewertung    |    Abweichungsanalyse
   Personalbeurteilung
                          ↓
      Fördergespräch     |    Gehaltsüberprüfung
                          ↓
              Personalplanung
                          ↓
              Personalentwicklung
```

(links: Antizipieren von Situationsveränderungen; rechts: Beurteilungskriterien, Rückkopplung)

Die Hauptforderung des MbO kann folgendermaßen zusammengefasst werden (vgl. Gebert/Rosenstiel 2002: 228 f.):

> Durch die Festlegung spezifischer Ziele erhält der Mitarbeitende eine klare Orientierung, zugleich wird der Weg zum Ziel freigegeben und nicht eingeengt. Eigenständiges und selbstverantwortliches Handeln wird dadurch möglich.

Personalführung und Leadership im öffentlichen Sektor

Das Vorgehen bei einem partizipativen MbO sieht folgendermaßen aus:

Vorgehen bei MbO

1. Vereinbarung von Zielen zwischen dem Mitarbeitenden und der Führungskraft: Erste Zielformulierungen zu den bekannten Aufgabenfeldern werden vom Vorgesetzten und Mitarbeitenden unabhängig voneinander erarbeitet. Es empfiehlt sich eine Konzentration auf drei bis fünf Ziele pro Mitarbeitenden. Im Gespräch oder auch nach mehreren Gesprächen erfolgt die gemeinsame, verbindliche Zielfestlegung.

2. Vereinbarung von Leistungsstandards (Zielpräzisierung): Die Ziele sollten präzise formuliert, terminbezogen, möglichst mit Indikatoren und Standards quantifiziert, durch Ober- und Untergrenzen bestimmt, widerspruchsfrei, realistisch und auf jeden Fall bezüglich der Zielerreichung beurteilbar sein. Die Erfahrung zeigt, dass diese Zielpräzisierung nicht für alle Hierarchiestufen und alle Fachgebiete einfach oder problemlos durchführbar ist. Sie fällt auch leichter bei operationalen Lenkungszielen als bei strategischen Entwicklungszielen.

3. Vereinbarung von Überprüfungsverfahren: Beim MbO hat die Selbstkontrolle durch die Mitarbeitenden in Zusammenhang mit der Eigenmotivation eine große Bedeutung. Die Fremdkontrolle wird jedoch nicht überflüssig und durch die festgelegten Indikatoren ermöglicht. Auf alle Fälle sollte von einem zu engmaschigen Kontrollverfahren abgesehen werden. Dies wirkt repressiv und widerspricht dem zielorientierten Motivationsgedanken des MbO.

Das MbO ist ein Führungskonzept, das bestens mit dem neuen Steuerungsmodell für den öffentlichen Sektor harmoniert. Der Leistungsauftrag zwischen Politik und Verwaltung ist im Denkansatz mit dem MbO vergleichbar. Während das erste Instrument die Zusammenarbeit zwischen verschiedenen Systemelementen im Staat regelt, ist das MbO ein Führungsmittel für die unmittelbare Interaktion zwischen Menschen, die Verantwortung auf verschiedenen Hierarchiestufen tragen. MbO ist zugleich eine Grundlage für das Personalmanagement, z. B. für die Beurteilung, Personalentwicklung und Gestaltung von Anreizen.

Tabelle 28 zeigt die Vor- und Nachteile der Führung durch Zielvereinbarung.

Tabelle 28 Vor- und Nachteile des Managements by Objectives (MbO)

Vorteile (Chancen)	Nachteile (Gefahren)
– Bessere Planung und Zielabstimmung im gesamten Unternehmen	– Mangelnde empirische Überprüfung der Wirkungsmechanismen
– Größere Flexibilität der Institution durch den geregelten Prozess der Zieländerung und -fortschreibung	– Unzureichende Erklärung der Abstimmung zwischen ökonomischen und individual-sozialen Zielen (Was geschieht bei Zielkonflikten?)
– Entlastung der Hierarchiespitze	
– Höhere Effektivität der Führung bei tendenziell höherer Zufriedenheit der Mitarbeitenden	– Einsatz ist nicht auf allen Hierarchiestufen gleichermaßen möglich bzw. erwünscht (am besten geeignet für die mittleren Hierarchieebenen)
– Förderung der Leistungsmotivation, Eigeninitiative, Verantwortungsbereitschaft und Selbstregelungsfähigkeit	– Vernachlässigung gruppendynamischer Aspekte (bilaterale Beziehungen zwischen Vorgesetzten und Mitarbeitenden stehen im Vordergrund)
– Objektivere Leistungsbeurteilung	
– Gezielte Personalentwicklung unter Berücksichtigung persönlicher Ziele	– Neben der vertikalen Zielverfeinerung sollte die horizontale Zielabstimmung nicht vernachlässigt werden
– Innovationsförderliches Klima	
– Förderung der Partizipation	
– Verbesserung des Kontroll- und Informationssystems	

6.6.3.2 Führungsstile

Verhaltensmuster einer Führungskraft

Im Gegensatz zum Führungsverhalten, welches je nach Situation stark verändert auftreten kann, wird unter dem Führungsstil ein zeitstabiles, typisiertes und situationsinvariates Verhaltensmuster einer Führungskraft verstanden (vgl. Wunderer 2007: 204). In der Literatur existieren unterschiedliche Führungsstil-Typologien. Die wesentlichen werden im Folgenden dargestellt. Nach einer Erläuterung der klassischen Führungsstilkonzeptionen von Max Weber und Kurt Lewin werden in einem zweiten Schritt ein- bis dreidimensionale Führungsstiltypologien skizziert und ausgewählte Ansätze detaillierter präsentiert.

Idealtypen der Herrschaft

Max Weber unterscheidet traditionell drei Idealtypen der Herrschaft, die sich in unterschiedlichen Führungsstilen manifestieren (vgl. Kapitel 1): der charismatische Führungsstil, der sich auf die Heldenkraft oder Vorbildlichkeit der Führungskraft stützt, der patriarchalische bzw. autokratische Führungsstil, der auf der traditionalen Herrschaft basiert, sowie der bürokratische Führungsstil, dessen Legitimitätsgrundlage die rationale Ordnung ist (vgl. Weber 1976: 122 ff.).

Eine alternative Klassifikation von Führungsstilen stammt von Kurt Lewin, der in Laborexperimenten an der University of Iowa unterschiedliche Führungsstile einander gegenüberstellte und deren Einfluss auf das soziale Klima einer Gruppe und das Verhalten ihrer Mitglieder untersuchte (vgl. Lewin/Lippitt/White 1939). Die daraus resultierende klassische Dreiteilung von Führungsstilen bildet die erste Grundlage der Führungsstilforschung und wird im Folgenden kurz beschrieben (vgl. Wunderer/Grunwald 1980: 222):

Klassische Führungsstil-Typologie

- Autoritärer Führungsstil
  Die Führungskraft bestimmt und lenkt die Tätigkeiten ihrer Mitarbeiter. Sie verteilt Aufgaben, entscheidet und kontrolliert, wohingegen die Mitarbeiter lediglich die Anweisungen ausführen.

- Demokratischer Führungsstil
  Die Führungskraft legt Wert auf ein kollegiales und kooperatives Gruppenverhalten. Die Mitarbeiter bringen ihre Aktivitäten und Ziele in die Gruppendiskussionen ein und werden in die Entscheidungsfindung einbezogen.

- Laissez-faire Führungsstil
  Die Führungskraft überlässt den Mitarbeitern völlige Freiheit im Hinblick auf die Aufgabenerfüllung. Sie nimmt eine freundliche, jedoch passive Haltung ein.

Auf Basis der Klassifikation von Lewin wurden Untersuchungen mit der Zielsetzung, die Wirksamkeit verschiedener Führungsstile auf die Leistung und die Zufriedenheit der Mitarbeiter festzustellen, durchgeführt (vgl. Rosenstiel 2005). Diese werden in der folgenden Tabelle zusammengefasst.

Wirksamkeit von Führungsstilen

Tabelle 29

Kriterium	Autoritär	Demokratisch	Laissez-faire
Leistung	+ (-)	+ (+)	- (Entstehung autoritärer Führung in Gruppe)
Zufriedenheit	- (+)	+ (+)	+/-

() = Wirkung bei Abwesenheit der Führungskraft

6 Führung und Förderung durch ein erweitertes Personalmanagement

Kontinuum des Führungsverhaltens

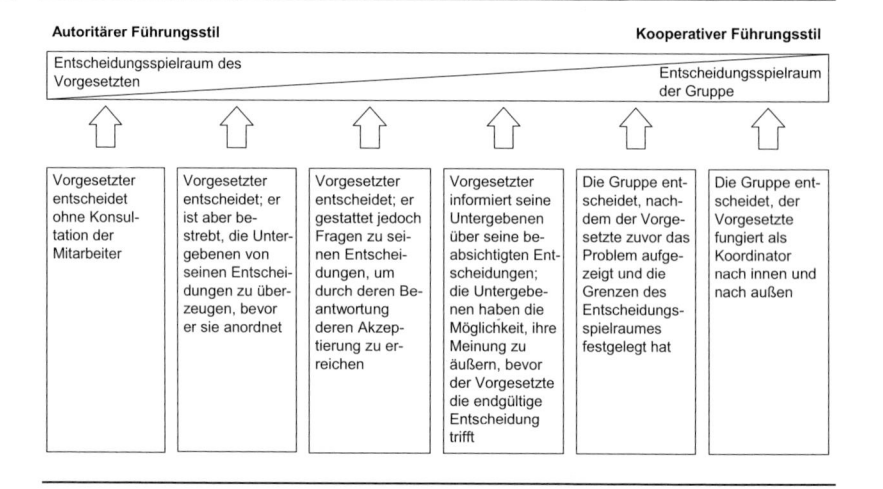

In Erweiterung der Führungsstiltypologien von Weber und Lewin erreichten idealtypische Konzepte des Führungsverhaltens eine große Popularität innerhalb der Führungsliteratur. Je nach Anzahl der betrachteten Dimensionen lassen sich ein- bis dreidimensionale Ansätze unterscheiden. Die einfachste eindimensionale Klassifikation ist die unmittelbar auf das Führungsverhalten bezogene Typologie der Mitarbeiterpartizipation von Tannenbaum und Schmidt (1958: 96). Diese ordnet sieben Führungsstile nach dem Grad des Entscheidungsspielraums von Führungskraft und Mitarbeitern auf einem Kontinuum und wird daher häufig auch als Kontinuum-Theorie bezeichnet (vgl. Staehle/Sydow 1987: 664). Die in Abb. 58 dargestellte Kontinuum-Theorie kann als Heuristik verstanden werden, da sie mögliche Führungsstile anhand verschiedener Merkmale charakterisiert, dadurch die Realität jedoch vereinfacht und idealtypisch darstellt (vgl. Scholz 2000: 923).

Abbildung 58 *Kontinuum des Führungsverhaltens*

Autoritärer Führungsstil					Kooperativer Führungsstil
Entscheidungsspielraum des Vorgesetzten					Entscheidungsspielraum der Gruppe
⇑	⇑	⇑	⇑	⇑	⇑
Vorgesetzter entscheidet ohne Konsultation der Mitarbeiter	Vorgesetzter entscheidet; er ist aber bestrebt, die Untergebenen von seinen Entscheidungen zu überzeugen, bevor er sie anordnet	Vorgesetzter entscheidet; er gestattet jedoch Fragen zu seinen Entscheidungen, um durch deren Beantwortung deren Akzeptierung zu erreichen	Vorgesetzter informiert seine Untergebenen über seine beabsichtigten Entscheidungen; die Untergebenen haben die Möglichkeit, ihre Meinung zu äußern, bevor der Vorgesetzte die endgültige Entscheidung trifft	Die Gruppe entscheidet, nachdem der Vorgesetzte zuvor das Problem aufgezeigt und die Grenzen des Entscheidungsspielraumes festgelegt hat	Die Gruppe entscheidet, der Vorgesetzte fungiert als Koordinator nach innen und nach außen

Dreidimensionale Führung nach Reddin

Das wichtigste dreidimensionale Konzept wurde von William J. Reddin entwickelt. Reddin ergänzt eigenschaftstheoretische Aspekte der Personalführung mit einer Situationskennzeichnung, wonach dasselbe Führungsverhalten in verschiedenen Situationen eine unterschiedliche Wirkung (Effektivität) entfalten kann. „Effektivität ist das Ausmaß, in dem ein Manager Ergebnisse erzielt, die er aufgrund seiner Position erbringen muss. Im gesamten Bereich der Führungslehre geht es hauptsächlich um dieses Konzept der Effektivität des Managers. Die eigentliche und einzige Aufgabe eines

Personalführung und Leadership im öffentlichen Sektor

6.6

Managers besteht darin, effektiv zu sein. Die Effektivität muss daher am Ertrag (output) und nicht am Einsatz (input) gemessen werden, an dem, was ein Manager erreicht und nicht an dem, was er tut." (Reddin 1981: 17). Wird im Rahmen des Public Managements von einer „output-" und nicht mehr „inputorientierten" Verwaltungsführung gesprochen, dann lässt sich dieser Gedanke durch das Modell von Reddin auf die Personalführung übertragen (vgl. Abb. 59).

3-D-Führungskonzept von Reddin *Abbildung 59*

5 Situationselemente:
Vorgesetzte / ArbeitskollegInnen / Mitarbeitende / Arbeitsweise / Organisation

↓

Anforderungen

↕

Vier Grundstile

Beziehungsorientiert

Gefälligkeitsapostel	Kompromissler	Beziehungsstil	Integrationsstil	Förderer	Integrierer
Kneifer	Autokrat	Verfahrensstil	Aufgabenstil	Verwalter	Macher

Aufgabenorientiert

Situationsadäquat genutzter Grundstil:
Effektivität hoch

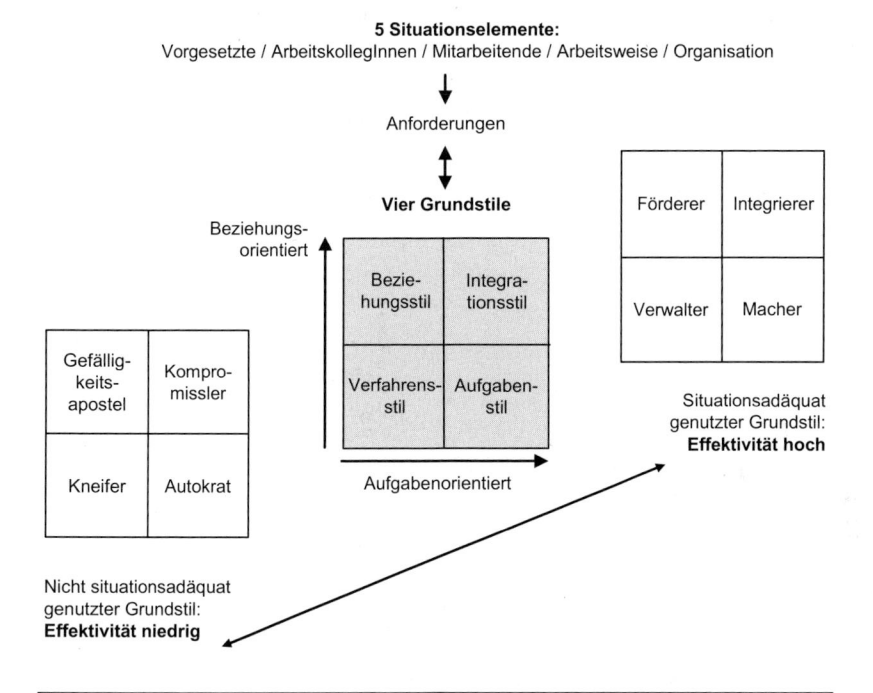

Nicht situationsadäquat genutzter Grundstil:
Effektivität niedrig

Der dreidimensionale Ansatz von Reddin aus den Ohio-State-Forschungen wird hier vorgestellt, da er dem Anwender einen recht großen Interpretationsspielraum gewährt und im Vergleich zu anderen Ansätzen nicht eine einzige Führungsform als grundsätzlich überlegen einstuft (vgl. Scholz 2000: 947 f.). Situative Führungstheorien verdeutlichen den Aspekt, dass effektive Führung letztlich nicht nur von der Führungskraft abhängt, sondern ebenso Aufgabenmerkmale, organisatorische Rahmenbedingungen, Führungsvorstellungen und -erwartungen sowie das Verhalten der Geführten einen Einfluss auf das Führungsergebnis besitzen (vgl. Kapitel 6.6.2.3).

Hohe Führungswirksamkeit

Situations-
dimensionen

Die Situationsdimension umfasst im Konzept von Reddin die fünf situativen Variablen der Organisation, der Arbeitsweise, der Vorgesetzten, der Arbeitskollegen und der Geführten. Reddins Theorie „[...] verlangt von einem Manager, sich nach außen auf die Situation hin zu konzentrieren und nicht nach innen auf sich selbst." (Reddin 1981: 90). Die 3-D-Theorie stellt Führungskräfte als aktive Menschen dar. „Es ist die Aufgabe einer Führungskraft, die Situation zu überwachen und zu steuern, und damit muss sie zuerst sich selbst steuern. Indem die Situation und die Führungskraft voneinander getrennt gehalten wird, wird die Tatsache unterstrichen, dass Situationen dazu da sind, dass Führungskräfte in ihnen arbeiten und ihre Effektivität erhöhen." (Reddin 1981: 92). Alle fünf Variablen stellen situationsabhängig unterschiedliche Anforderungen an die Führungskraft und verlangen die kontextgerechte Grundstilform als Beitrag zur Effektivität. Das Führungsverhalten manifestiert sich im Koordinatensystem innerhalb der zwei Dimensionen Beziehungs- oder Aufgabenorientierung in den vier Grundstilen Beziehungs-, Integrations-, Verfahrens- und Aufgabenstil. Diese vier Grundstile können sich nun je nach Ausprägung der dritten Dimension, der Situationsadäquanz, in vier effektivere oder vier weniger effektive Führungsstile verändern.

Wie eine hohe Führungswirksamkeit durch jeden der vier Grundstile erreicht werden kann, lässt sich wie folgt erläutern:

- Der durch Regeln und Vorschriften geprägte Verfahrensstil erreicht hohe Effektivität beim Typus „Verwalter", der für ein reibungsloses Funktionieren innerhalb der Spielregeln sorgt. Er arbeitet zuverlässig, fair, rational und selbstbeherrscht. Hiermit wird u. a. ein stark verbreitetes Führungsverhalten in öffentlichen Verwaltungen gekennzeichnet.

- Der den Beziehungsstil (jeder Mitarbeitende ist ein Individuum) pflegende Förderer widmet sich seinen Mitarbeitern, fördert sie und sorgt für eine vertrauensvolle und kooperative Atmosphäre. Adäquate Situationen für diesen Stil finden sich z. B. in Forschungsabteilungen oder in einer Einheit für interne Trainer.

- Beim Aufgabenstil stehen Leistung und Arbeitsergebnis (z. B. gemessen an Kennzahlen) im Vordergrund. Ein Macher kann sein Team durch Erfahrung, Fleiß, persönlichen Einsatz und Leistung zum Erfolg führen. Er diskutiert mit den Mitarbeitern, wird aber aufgrund seiner Fachkenntnisse als Entscheidungsinstanz akzeptiert. Dieser Stil kann z. B. an der Spitze der Institutionen, in produktionsorientierten Bereichen mit standardisierten Prozessen und hohem Output, erfolgreich sein.

Personalführung und Leadership im öffentlichen Sektor **6.6**

- Der Integrierer als effektive Ausprägung des Integrationsstils akzeptiert und entwickelt die Persönlichkeiten seiner Mitarbeiter, koordiniert die Aufgaben des Teams, weckt das Engagement und ist bezüglich Kosten, Zeit und Qualität geeignet für Projektteams mit selbständig arbeitenden Spezialisten und klaren Zielen.

Damit diese Führungsstile effektiv sind, bedarf es folgender Qualifikationen der Führungskräfte (vgl. das Beispiel im Blickpunkt):

Erforderliche Qualifikation

1. Offenheit für Situationsfaktoren: die Fähigkeit, die Bedingungen und Anforderungen einer Situation (siehe die genannten fünf Variablen) richtig einzuschätzen
2. Führungsflexibilität: die Fähigkeit, den Führungsstil den situativen Bedingungen anzupassen
3. Gestaltungsfähigkeit: die Fähigkeit, die Situation oder einzelne Elemente gegebenenfalls selbst zu verändern

Reddins 3-D-Theorie betont die Notwendigkeit des in öffentlichen Institutionen verbreiteten „Verwaltungsstils". Gleichzeitig werden die Qualifikationsanforderungen aufgezeigt, welche den „Verwaltungsstil" als eine situationsadäquate Stilvariante charakterisieren, die sowohl negative als auch positive Wirkungen entfalten kann.

Vom „Kompromissler" zum „Integrierer" | **Im Blickpunkt**

Auf einem Sozialamt steht die Führungskraft einem Dreierteam vor, das wegen einer neuen, besser ausgebildeten Mitarbeiterin Spannungen aufweist. Aufgrund der vier Arbeitsplätze, die sich in zwei Räumen befinden, und der unverzichtbaren Zusammenarbeit, entstehen schnell „Konfliktherde". Eine Folge davon ist, dass immer wieder wichtige Informationen bezüglich der Sozialhilfeempfänger nicht oder nur ungenügend weitergeleitet werden und es öfters zu Unzuständigkeiten bei der laufenden Aktenbearbeitung kommt. Bisher wurde v. a. an das Verständnis der drei dienstälteren Mitarbeitenden für die neue Arbeitssituation appelliert (Kompromissneigung).

Die Situationsanalyse zeigt folgende an den Amtsleiter gestellte Erwartungen:

- Angesichts der häufigen Interaktion zwischen der Führungskraft und den Mitarbeitenden wird erwartet, dass alle gleich behandelt und gegenseitige Unkorrektheiten sowie Anschuldigungen nicht toleriert werden.
- Infolge der stark partizipativen und kollegialen Organisationskultur werden keine neuen Regeln hinsichtlich Arbeitsteilung und Koordination erwartet.
- Die Arbeitsweise innerhalb des Sozialamtes ist stark durch gegenseitigen Informationsaustausch und selbstverständliche Fortführung der von den Arbeitskollegen angefangenen Arbeiten geprägt.
- Die negativen Auswirkungen auf die Vorgangsbearbeitung führen zu stärkeren Kontrollfragen der obersten Amtsleitung, da sehr viel Wert auf Termintreue und exakte Aufgabenerledigung gelegt wird.

6 Führung und Förderung durch ein erweitertes Personalmanagement

Die Situationsanalyse führt zum Ergebnis, dass im beschriebenen Kontext einerseits eine deutliche Aufgabenorientierung hin zu fehlerfreier Fallbearbeitung, andererseits aber eine starke Beziehungsorientierung zur Verbesserung des Arbeitsklimas notwendig ist. Der situationsgerechte Integrationsstil verlangt vom Sozialamtsleiter somit die gezielte Eingliederung der neuen Mitarbeiterin unter gleichmäßiger Aufgaben-, Kompetenzen- und Verantwortungszuteilung an alle Mitarbeitenden unter Mitsprache aller. Das Ziel und der Zweck der Bearbeitung von Sozialfällen muss jedoch ebenso in den Vordergrund gerückt werden. Das ganze Team soll sich für die korrekte und empfängerfreundliche Fallbearbeitung gemeinsam verantwortlich fühlen. Der Amtsleiter wird zum Coach eines produktiven und harmonisch kooperierenden Teams, d. h. er integriert.

6.6.3.3 Führung im Wandel

Keinen „one best way"

Die in den bisherigen Kapiteln geschilderten Führungsansätze verkörpern die historische Entwicklung der Führungsforschung. Dabei wird deutlich, dass es keinen „one best way" der Führung geben kann (vgl. Ridder/Schirmer 2005: 257). Vielmehr sind die Führungskräfte gefordert, den größeren System- und Interaktionszusammenhang zu erkennen, in dem sie sich selbst befinden und in dem auch das Führungsverhalten stattfindet. Nur dann werden Führungskräfte durch geeignete Verhaltensweisen Einfluss auf den Führungserfolg nehmen können. In diesem Zusammenhang stellt sich insbesondere die Frage, welche Rollen und Funktionen Führungskräfte auf dem Weg zu einer neuen, wirkungsorientierten Verwaltungsführung einnehmen sollten.

Transaktionale Führung

Den bisher dargestellten Führungskonzeptionen liegt eine transaktionale Sichtweise i. S. einer Austauschbeziehung zugrunde. Diese geht davon aus, dass die Mitarbeitenden spezifische Ziele besitzen, die sie im Rahmen ihrer Tätigkeit verfolgen (vgl. Burns 1978 und Bass 1990: 319 ff.). Auch die Führungskraft hat differenzierte Zielvorstellungen, die sie für sich und für die Verwaltung umzusetzen versucht. Das Verhalten der Führungskraft basiert nun darauf, den Mitarbeiter mit Hilfe von bedingten Belohnungen und ausnahmsweisen Interventionen (Management by Exception) zu motivieren. Die Mitarbeiter verfolgen daher in erster Linie ihr Eigeninteresse und gehen dabei rational vor (vgl. Wart 2005: 335 ff.). Als Vorgesetzter kann die mit der „Transaktion" verbundene, eingeforderte Leistung erwartet werden. Transaktionale Führung wird somit nach dem Prinzip „Geben und Nehmen" durchgeführt.

Transformationale Führung

Im Gegensatz dazu spielt die Persönlichkeit der Führungskraft bei der transformationalen Führung eine entscheidende Rolle. Diese versucht, die Mitarbeiter zu animieren, ihre eigenen Zielvorstellungen radikal zu verändern und sich für übergeordnete Ziele einzu-

6.6 Personalführung und Leadership im öffentlichen Sektor

setzen (vgl. Scholz 2000: 948 f.). Die Mitarbeiter handeln somit nicht mehr aus Eigeninteresse, sondern identifizieren sich mit den Interessen und dem Erfolg einer größeren Gruppe oder sogar der gesamten Organisation (vgl. Wart 2005: 335 ff.). Transformationale Führung verändert die Wertebasis von Führenden und Geführten. Sie ermöglicht letztlich die Transformierung gemeinsamer Werte und Ziele auf eine höhere Ebene sowie deren Verinnerlichung. Transformationale Führung ist durch die vier folgenden Techniken gekennzeichnet (vgl. Bass 1990: 206 ff.):

- Charisma: Die Geführten identifizieren sich mit der Führungskraft und nehmen diese zum Vorbild, weil sie ihnen eine erreichbare Vision und Mission bietet.
- Inspiration: Mit Hilfe von Symbolen und emotionalen Appellen wird das Bewusstsein und Verständnis für gegenseitige Ziele gestärkt (siehe Abschnitt zur symbolischen Führung).
- Intellektuelle Stimulation: Die Geführten werden ermutigt, traditionelle Vorgehensweisen, ihre eigenen Werte, Überzeugungen und Erwartungen sowie jene der Führungskraft und der Organisation in Frage zu stellen.
- Individualisierte Fürsorge: Die Geführten werden individuell und gerecht behandelt. Ihre Bedürfnisse werden situativ beachtet. Gleichzeitig kümmert sich die Führungskraft um die Möglichkeiten der Geführten, Ziele zu verfolgen und Herausforderungen zu bewältigen.

Die transformationale Führung nimmt eine zunehmend wichtigere Rolle ein. Dabei wird insbesondere die Bedeutung der Sinnstiftung durch Führungskräfte in Veränderungsprozessen betont (vgl. Ridder/Schirmer 2005: 257), die auch den Wandel im öffentlichen Sektor entscheidend mitgestalten kann. Da symbolische Handlungen Orientierung im Veränderungsprozess geben und somit den Wandel aktiv unterstützen können, ist die symbolische Führung ein wichtiges Element der transformationalen Führung.

Sinnstiftung in Veränderungsprozessen

Bei der symbolischen Führung zeichnet sich die Führungskraft im Wesentlichen dadurch aus, dass sie eine Vision besitzt und die Organisation primär über einen Kulturwandel zur Zielerreichung führt. Diese Vision wird symbolisch durch Worte, Zeremonien, Rituale usw. vermittelt (vgl. Krüger 1994: 220 ff. und Rosenstiel 1993: 55 ff.).

Symbolische Führung

Führungshandeln kann sich einerseits an der Wirklichkeit orientieren und durch Zielfestlegungen die Veränderung von Zuständen anstreben. Andererseits hat jedoch jede Führungshandlung auch eine symbolische Bedeutung, wodurch Sinn und letztlich Legitimation vermittelt werden. Der symbolische Gehalt eines Projektbeginns bei der neuen Verwaltungsführung, wie er bspw. bei einem Bundesamt im Rahmen eines festlichen Essens für die ganze Belegschaft vollzogen wurde, hat eine ganz andere Wirkung im Vergleich zu einer schriftlichen Information durch die Projektleitung.

Einsatz von Symbolen

Für den Einsatz von Symbolen gibt es viele Gelegenheiten (z. B. der erste Arbeitstag, die morgendliche Begrüßung, Kontaktformen mit ehemaligen Mitarbeitenden, Geburtstage, Feierlichkeiten, Raumgestaltung, Architektur, Bekleidung usw). Jede Führungskraft kann ihr Umfeld auf die Existenz solcher symbolhaltigen Anlässe und Verhaltensweisen überprüfen. Einerseits sollten unter den Mitarbeitenden entstandene Symbolhandlungen weder zu stark unterstützt noch verhindert werden, andererseits kann die Führungskraft selber entsprechende Anlässe initiieren oder symbolisches Verhalten an den Tag legen. Aus organisationspsychologischer Sicht lässt sich folgender Grundsatz formulieren (Gebert/ Rosenstiel 2002: 219):

> „Man kann nicht nicht symbolisch führen!"

Stabilisierung informeller Normen

Symbolische Führung wird insbesondere in von Unsicherheit gekennzeichneten Übergangsphasen, speziell zu würdigenden oder besonders schwierigen Situationen wichtig. Symbolische Handlungen können ein Wir-Gefühl erzeugen und zur Stabilisierung informeller Verhaltensnormen führen. Besonders relevant werden sie, wenn Mitarbeitende aufgrund ihrer speziellen fachlichen Qualifikation durch den Vorgesetzten fachlich kaum noch gesteuert werden können. In diesem Fall muss der Vorgesetzte die Mitarbeitenden durch Gruppenzusammenhalt und Motivation auf gemeinsame Ziele ausrichten können. Ebenso zentral wird diese Art von Führung, wenn Zweifel über die zu erreichenden Ziele oder über deren Sinn aufkommen. Die Orientierungsfunktion in Krisensituationen kann maßgeblich durch symbolische Führung übernommen werden. Angesichts der häufig auftretenden Führungsaufgaben, Spezialisten zu koordinieren sowie der fachlichen Unterstützung durch Software und Expertensysteme, gewinnt die soziale und kommunikative Kompetenz an Bedeutung und fördert ein neues, symbolisches Führungsverständnis (vgl. Rosenstiel 1993: 58):

> **Symbolische Führung verleiht in Zeiten kontroverser Meinungen, des Zweifels, der Unsicherheit, der Wert- und Zielkonflikte Eindeutigkeit und vermag den Glauben an die Legitimität der Führung zu stärken.**

Schlusswort

Wir sind uns bewusst, dass dieses Buch und das darin vorgestellte IOP-Führungskonzept kein Patentrezept ist und eine erfolgreiche Führung von öffentlichen Institutionen nicht garantieren kann. Führungskräfte des staatlichen Sektors bewegen sich immer in ihrem spezifischen Kontext. Dazu kennt jede Nation, Region und auch die jeweilige Staatsebene, in der sich die Institution befindet, andere Rahmenbedingungen und eigene Anforderungen an die Leistungserfüllung. In jeder Institution stellen sich aber einige grundlegende Fragen: Wird ein gemeinsames Ziel verfolgt? Sind die Prozesse aufeinander abgestimmt? Behindern sich Ziele, Strukturen und Personen gegenseitig oder tragen sie gemeinsam zur Ergebniserreichung bei? Während Zielkonflikte im politischen Aushandlungsprozess notwendig und in einer lebendigen Demokratie an der Tagesordnung sind, so sollte vor allem die Leistungserfüllung in Verwaltungen und Behörden eine Zielrichtung kennen. Dies unabhängig davon, ob es sich dabei um Leistungsprozesse der unmittelbaren Politikvorbereitung oder um die Erstellung weniger politikrelevanter Leistungen handelt. Man kann solche Entwicklungen sich selbst bzw. den tradierten Handlungsmustern und gewachsenen Abläufen überlassen, was jedoch in aller Regel zu Effektivitäts- und Effizienzeinbußen führen dürfte.

Viele Verantwortungsträger im staatlichen Sektor haben in den letzten Jahren festgestellt, dass insb. bei der Führung im öffentlichen Bereich große Verbesserungspotenziale vorhanden sind. Insofern besteht die Möglichkeit, diesen Wandel zu effektiverer Führung zu steuern. Sowohl Menschen als auch soziale Systeme sind aber nur in einem gewissen Umfang veränderbar. Aus diesem Grund ist es notwendig, einen solchen Wandlungsprozess sehr verantwortungsvoll zu gestalten im Wissen um die Grenzen der betroffenen Menschen und Institutionen. Das IOP-Führungskonzept will gerade in diesem Sinne die bisherigen Ansätze zum Public Managements um vier zentrale Aspekte erweitern. Der Zusammenhang zwischen Veränderungen des Innovationsniveaus, erhöhter Transparenz, der Flexibilität von Institutionen sowie der Motivation und Qualifikation der Mitarbeitenden scheint uns aus den folgenden Überlegungen heraus eine entscheidende Grundlage für den anstehenden Strategie-, Struktur- und Kulturwandel zu sein:

- Die Ziele staatlichen Handelns müssen konsequent auf die Leistungen und Wirkungen bei den jeweiligen Anspruchsgruppen ausgerichtet sein. Daran sollen sich die Gedanken innovationsfähiger Führungskräfte und Mitarbeiter orientieren. Mit dieser Einstellung kann die primär durch möglichst gut voraussehbare,

Schlusswort

standardisierte, replizierbare und stabile Verfahren gewährleistete politische und verwaltungsinterne Verantwortung durch weniger strukturierte Innovationsprozesse angereichert werden. Diese ermöglichen der staatlichen Institution letztlich die Existenz als gleichwertiger Partner neben anderen Wirtschafts- und Gesellschaftsbereichen.

- Zur Steigerung der Qualität und Wirtschaftlichkeit staatlicher Aufgabenerfüllung bedarf es spezifischer Ansätze der Erfolgskontrolle. Punktuelle Aufsichts- und Kontrolltätigkeiten müssen durch die laufende Steuerung anhand von Controllinginformationen ergänzt werden. Berichterstattungen und Managementinformationssysteme basieren neu auf qualitativ sowie quantitativ erhobenen Daten aus Kennzahlensystemen, Qualitätsmanagementmodellen und für die vertiefende Analyse herbeigezogenen Evaluationsuntersuchungen. Politische wie betriebliche Entscheidungen werden künftig verstärkt steuerungsrelevante Informationen benötigen und die Öffentlichkeit wird vermehrte Informationstransparenz fordern.

- Zur Sicherung strategischer Erfolgspotenziale ist einerseits eine Konzentration auf die staatlichen Kernkompetenzen notwendig und andererseits eine von der Zentralverwaltung losgelöstere Form der Aufgabenerfüllung in anderen Aktivitätsbereichen. Dies erfordert grundsätzlich flexible Organisationsstrukturen, die sich weniger an der klassisch vertikalen und horizontalen Arbeitsteilung orientieren, sondern organisatorische Lösungen mit abgestufter staatlicher Verantwortung ermöglichen. Die Grundprinzipien der Flexibilisierung und Dezentralisierung benötigen zunächst eine Verankerung in den Leitungsstrukturen öffentlicher Institutionen zur zielorientierten Steuerung der dezentralen Verantwortungszentren und zur konsequenten Orientierung am Leistungsabnehmer.

- Die Neuausrichtung bestehender Strukturen im öffentlichen Sektor fordert von den Staatsangestellten eine unternehmerische Arbeitshaltung, welche durch die Aktivierung bestehenden Leistungspotenzials erreicht werden kann. Die damit verbundene Motivationserhöhung und umfassendere Qualifikation des einzelnen Mitarbeitenden erfolgt durch den gezielten Aufbau eines erweiterten Personalmanagements, das den Wandel vom bisherigen Personenstandswesen zur Mitarbeiterförderung und Personalführung in der Linie unterstützt. Ein modernisiertes Personalinstrumentarium verbunden mit einer Verbesserung der direkten, interaktionellen Personalführung tragen entscheidend zum Kulturwandel bei.

Schlusswort

Auf dieser Grundlage einer in ihren Strategien, Strukturen, Prozessen und in ihrer Kultur veränderten Führung öffentlicher Institutionen scheint uns die beabsichtigte und wirkungsorientierte Einflussnahme des staatlichen Sektors auf seine Umsysteme in angemessener Form möglich zu sein. Nicht mehr der Aufgabenvollzug steht im Zentrum des Verwaltungshandelns, sondern die ergebnisorientierte Leistungserbringung am Bürger, Kunden oder anderweitig vom staatlichen Handeln betroffener Menschen und Institutionen.

Wir schließen unsere Ausführungen mit dem einleitend zitierten und am 11. November 2005 verstorbenen Peter F. Drucker. Als einer der Väter der modernen Managementlehre und Vordenker des heutigen Managementwissens stellte er vor über 50 Jahren fest:

> **„Das bestgehütete Geheimnis im Management ist die Tatsache, dass es die erste systematische Anwendung von Theorien und Prinzipien des Managements nicht in einem Geschäftsunternehmen gab, sondern im öffentlichen Sektor." (Peter F. Drucker in Beatty 1998: S. 120).**

Peter F. Drucker dachte dabei an die Reorganisation der US-Army während der Präsidentschaft von Theodore Roosevelt (1858 - 1919). Könnte es nicht sein, dass nach den Reformen im Public Management der öffentliche Sektor wieder in der Lage ist, „Benchmarks" für beste Managementpraktiken zu setzen? Die Chancen sind intakt.

Literaturverzeichnis

Adams, J. Stacy (1965): Inequity in Social Exchange. In: Advances in Experimental Social Psychology, hrsg. v. Leonard Berkowitz, San Diego 1965, S. 267-299

Albrow, Martin (2001): Die Gesellschaft in ihrer sozialen Vielfalt. Die Herausforderung für Governance im Zeitalter der Globalisierung. In: Governance im 21. Jahrhundert. Zukunftsstudien, hrsg. v. OECD, Paris 2001, S. 179-219

Altshuler, Alan A. (1997): Bureaucratic Innovation. Democratic Accountability and Political Incentives. In: Innovations in American Government, hrsg. v. Alan A. Altshuler und Robert D. Behn, Washington 1997, S. 38-67

Altshuler, Alan A./Zegans, Mark C. (1997): Innovation and Public Management. Notes from the State House and City Hall. In: Innovations in American Government, hrsg. v. Alan A. Altshuler und Robert D. Behn, Washington 1997, S. 68-80

Amschwand, Fabian (2007): Organisationales Lernen in den Fachbereichen Unselbständigerwerbende der Steuerverwaltung des Kantons Bern. Analyse und Gestaltungsempfehlungen. Unveröffentlichte Masterarbeit am Kompetenzzentrum für Public Management der Universität Bern, Bern 2007

Argyris, Chris/Schön, Donald A. (1996): Organizational Learning II. Theory, Method, and Practice, Reading et. al. 1996

Arrow, Kenneth J. (1991): The Economics of Agency. In: Principals and Agents. The Structure of Business, hrsg. v. John W. Pratt und Richard J. Zeckhauser, 2. Aufl., Boston 1991, S. 37-51

Aucoin, Peter (1990): Administrative Reform in Public Management. Paradigms, Principles, Paradoxes, and Pendulums. In: Governance. An International Journal of Policy and Administration, 3. Jg. 1990, Nr. 2, S. 115-137

Bandemer, Stephan v. (2005): Benchmarking. In: Handbuch zur Verwaltungsreform, hrsg. v. Bernhard Blanke et al., 3. Aufl., Wiesbaden 2005, S. 444-451

Banner, Gerhard (1998): Von der Ordnungskommune zur Dienstleistungs- und Bürgerkommune. In: Der Bürger im Staat, 55. Jg. 1998, Nr. 4, S. 179-186

Banner, Gerhard (2003): 25 Jahre Verwaltungsreform. Und es geht weiter. In: Innovative Verwaltung, 25. Jg. 2003, Nr. 11, S. 13-17

Bass, Bernard M. (1990): Bass & Stogdill's Handbook of Leadership. Theory, Research, and Managerial Applications, 3. Aufl., New York et al., 1990

Bayard, Nicole (1997): Unternehmens- und personalpolitische Relevanz der Arbeitszufriedenheit, Bern 1997

Literaturverzeichnis

Bea, Franz X./Göbel, Elisabeth (2006): Organisation. Theorie und Gestaltung, 3. Aufl., Stuttgart 2006

Beatty, Jack (1998): Die Welt des Peter Drucker, Frankfurt am Main 1998

Beckhard, Richard (1998): Die gesunde Organisation. Ein Profil. In: Organisation der Zukunft. Neue Orientierung für Verwaltung, Wirtschaft und Gesellschaft, hrsg. v. Frances Hesselbein, Marshall Goldsmith und Richard Beckhard, Düsseldorf/München 1998, S. 342-345

Beer, Michael/Eisenstat, Russel A./Spector, Bert (1990): The Critical Path to Corporate Renewal, Boston 1990

Beer, Michael et al. (1985): Human Resource Management. A General Manager's Perspective, New York 1985

Behn, Robert D. (1997): The Dilemmas of Innovation in American Government. In: Innovations in American Government, hrsg. v. Alan A. Altshuler und Robert D. Behn, Washington 1997, S. 3-37

Benz, Arthur (2001): Der moderne Staat. Grundlagen der politologischen Analyse, München/Wien 2001

Berens, Wolfgang/Hoffjan, Andreas (2004): Controlling in der öffentlichen Verwaltung. Grundlagen, Fallstudien, Lösungen, Stuttgart 2004

Beriger, Peter (1995): Quality Circles und Kreativität. Das Quality Circle-Konzept im Rahmen der Kreativitätsförderung in der Unternehmung, 3. Aufl., Bern/Stuttgart/Wien 1995

Bern (2002): Gesetz über die Steuerung von Finanzen und Leistungen (FLG) des Grossen Rats vom 26. März 2002, BSG 620-0

Berthel, Jürgen/Becker, Fred G. (2007): Personalmanagement, 8. Aufl., Stuttgart 2007

Bichsel, Thomas (1994): Die strategische Führung der öffentlichen Verwaltung, Chur/Zürich 1994

Bieger, Thomas (2002): Dienstleistungsmanagement. Einführung in Strategien und Prozesse bei persönlichen Dienstleistungen, 3. Aufl., Bern/Stuttgart/Wien 2002

Blank, Heike/Kremer, Manfred (1999): 3M - Innovationsmanagement "at its best". In: Werkzeuge für das Innovationsmanagement. So schaffen Sie eine lebendige und erfolgreiche Wachstumskultur, hrsg. v. Christoph Rohe, Frankfurt am Main 1999, S. 123-137

Bleicher, Knut/Meyer, Erik (1976): Führung in der Unternehmung. Formen und Modelle, Reinbek b. Hamburg 1976

Bocci, Fabrizio (2005): A multi-dimensional approach to the Community perspective in the Balanced Scorecard architecture for the Public Sector. Empirical evidence in Healthcare Organizations. Conference paper präsentiert an der EGPA-Conference 2005 "Reforming the Public Sector – What about the Citizens?" 31. August – 3. September 2005

Literaturverzeichnis

Bogumil, Jörg/Holtkamp, Lars (2005): Bürgerkommune. In: Handbuch zur Verwaltungsreform, hrsg. v. Bernhard Blanke et al., 3. Aufl., Wiesbaden 2005, S. 128-136

Bolz, Urs (1996): NPM als Herausforderung für die Gesetzgebung. Referatsunterlagen anlässlich des Weiterbildungsseminars "New Public Management (NPM) - Rechtsfragen" der Universität St. Gallen vom 20. September 1996 in Zürich

Bolz, Urs (Hrsg.) (2005): Public Private Partnership in der Schweiz. Grundlagenstudie. Ergebnis einer gemeinsamen Initiative von Wirtschaft und Verwaltung, Zürich 2005

Bolz, Urs/Reitze, Thomas (1999): Organisationsformen der zentralen und dezentralen Verwaltung. Stärken-Schwächen-Reformen. Bericht der PricewaterhouseCoopers AG im Auftrag der Projektleitung FLAG des Eidg. Finanzdepartements, Bern 1999

Borg, Ingwer (1995): Mitarbeiterbefragungen. Strategisches Aufbau- und Einbindungsmanagement, Göttingen 1995

Bosbach, Hansrainer (2000): Die Mitarbeiter fundiert beurteilen können. In: Verwaltung-Organisation-Personal VOP, 22. Jg. 2000, Nr. 7-8, S. 42-46

Boston, Jonathan et al. (1996): Public Management. The New Zealand Model, Oxford et al. 1996

Bouckaert, Geert/Van Dooren, Wouter (2003): Performance Measurement and Management in Public Sector Organizations. In: Public Management and Governance, hrsg. v. Tony Bovaird und Elke Löffler, London 2003, S. 127-136

Brandel, Rolf/Stöbe-Blossey, Sybille/Wohlfahrt, Norbert (1999): Verwalten oder gestalten, Berlin 1999

Braun, Dietmar (1999): Theorien rationalen Handelns in der Politikwissenschaft. Eine kritische Einführung, Opladen 1999

Bräunig, Dietmar (2000): Öffentliche Verwaltung und Ressourcenbewirtschaftung. Institutionenökonomische Aspekte und betriebswirtschaftliche Rechnungen am idealtypischen Beispiel des Hierarchie- und Vertragsmodells, Baden-Baden 2000

Brede, Helmut (2005): Grundzüge der Öffentlichen Betriebswirtschaftslehre, 2. Aufl., München/Wien 2005

Broekmate, Loes/Dahrendorf, Katharina/Dunker, Klaus (2001): Qualitätsmanagement in der öffentlichen Verwaltung, München/Berlin 2001

Brüggemeier, Martin (2004): Public Management. Modernisierung des öffentlichen Sektors. In: Das Wirtschaftsstudium, 33. Jg. 2004; Nr. 3, S. 333-337

Brühlmeier, Daniel et. al. (1998): New Public Management für das Parlament. Ein Muster-Rahmenerlass WoV. In: Schweizerisches Zentralblatt für Staats- und Verwaltungsrecht ZBl, 99. Jg. 1998, Nr. 7, S. 297-316

Brühlmeier, Daniel et al. (2001): Politische Planung. Mittelfristige Steuerung in der wirkungsorientierten Verwaltungsführung. Bern/Stuttgart/Wien 2001

Bruhn, Manfred (1998): Wirtschaftlichkeit des Qualitätsmanagements. Qualitätscontrolling für Dienstleistungen, Berlin/Heidelberg 1998

Brun, Mathias E. (2003): Adressatengerechte Berichterstattung bei Leistungsaufträgen, Bern/Stuttgart/Wien 2003

Brunsson, Nils/Olsen, Johan P. (1993): The Reforming Organization, London/New York 1993

Brunsson, Nils/Sahlin-Anderson, Kerstin (2000): Constructing Organizations. The Example of Public Sector Reform. In: Organization Studies, 21. Jg. 2000, Nr. 2, S. 721-746

Bryson, John M. (2004): Strategic Planning for Public and Nonprofit Organizations. A Guide to Strengthening and Sustaining Organizational Achievement, 3. Aufl., San Francisco 2004

Buchwitz, Rebekka (1998): Überblick und vergleichende Bewertung der internationalen Reformen anhand der OECD-PUMA Forschungspublikationen. In: Die innovative Verwaltung. Perspektiven des New Public Managements in Österreich, hrsg. v. Heinrich Neisser und Gerhard Hammerschmid, Wien 1998, S. 167-199

Budäus, Dietrich (1998): Von der bürokratischen Steuerung zum New Public Management. Eine Einführung. In: New Public Management, hrsg. v. Dietrich Budäus, Peter Conrad und Georg Schreyögg, Berlin/New York 1998, S. 1-10

Budäus, Dietrich (2003): Neue Kooperationsformen zur Erfüllung öffentlicher Aufgaben. Charakterisierung, Funktionsweise und Systematisierung von Public Private Partnership. In: Die Ökonomisierung des öffentlichen Sektors. Instrumente und Trends, hrsg. v. Jens Harms und Christoph Reichard, Baden-Baden 2003, S. 213-233

Budäus, Dietrich/Grüning, Gernod (1998): New Public Management. Entwicklung und Grundlagen einer "Revolution" des öffentlichen Sektors. In: Zeitschrift Führung + Organisation zfo, 67. Jg. 1998, Nr. 1, S. 4-9

Bühner, Rolf (1992): Management-Holding. Unternehmensstruktur der Zukunft, Landsberg/Lech 1992

Bundesrat (2003): Schweizerischer Bundesrat: Verordnung über die interne Beratung durch erfahrene Kader der Bundesverwaltung vom 28. Mai 2003 (SR 172.010.421)

Literaturverzeichnis

Bundesversammlung (2000): Bundesversammlung der Schweizerischen Eidgenossenschaft (2000): Bundespersonalgesetz (BPG) vom 24. März 2000 (Stand am 22. Juli 2003)

Bungard, Walter/Wiendieck, Gerd (1986): Qualitätszirkel als Instrument zeitgemäßer Betriebsführung, Landsberg am Lech 1986

Burns, James MacGregor (1978): Leadership, New York 1978

Buschor, Ernst (2000): Die Rolle der Staatskanzlei im Rahmen des New Public Management. In: Staatskanzlei. Stabsstelle im Zentrum der Entscheidungsprozesse. Standortbestimmung und Ausblick aus Anlass des Jubiläums "100 Jahre Schweizerische Staatsschreiberkonferenz", Chur 2000, S. 53-64.

BVerfGE (1998): Entscheid des Bundesverfassungsgerichts BVerfGE 83, 60 (72) - Bezirksvertretung Hamburg, zit. n. Hill, Hermann (1998): Gesetzgebung und Verwaltungsmodernisierung. In: Die Rolle des Parlaments in der neuen Steuerung, hrsg. v. Hermann Hill und Helmut Klages, Düsseldorf 1998, S. 171-191

Cantin, Françoise/Thom, Norbert (1996): Organisationsarbeit in der Schweiz. Profil von Organisierenden in Wirtschaft und Verwaltung, 2. Aufl., Glattbrugg 1996

Carrel, Laurent F. (2004): Leadership in Krisen. Ein Handbuch für die Praxis, Zürich 2004

Chandler, Alfred D. Jr. (2000): Strategy and Structure. Chapters in the History of the American Industrial Enterprise, 21. Aufl., Cambridge 2000

Comelli, Gerhard/Rosenstiel, Lutz von (2003): Führung durch Motivation. Mitarbeiter für Organisationsziele gewinnen, 3. Aufl., München 2003

Conradi, Walter (1983): Personalentwicklung, Stuttgart 1983

Cook, Mark (2004): Personnel Selection. Adding value through People, 4. Aufl., Chichester 2004

Coombes, David (1998): The Place of Public Management in the Modern European State. Perspectives from East and West Europe. In: Innovations in Public Management, hrsg. v. Tony Verheijen und David Coombes, Cheltenham/Northampton 1998, S. 8-36

Crewson, Philip E. (1997): Public-service motivation: Building empirical evidence of incidence. In: Journal of Public Administration Research und Theory, 7. Jg. 1997, Nr. 4, S. 499-518

Crozier, Michel/Friedberg, Erhard (1979): Macht und Organisation. Die Zwänge kollektiven Handelns, Königstein/Ts. 1979

Cummings, Anne/Oldham, Greg R. (1998): Wo Kreativität am besten gedeiht. In: Harvard Business Manager, 20. Jg. 1998, Nr. 4, S. 32-43

Damkowski, Wulf/Precht, Claus (1995): Public Management. Neue Steuerungskonzepte für den öffentlichen Sektor, Stuttgart/Berlin/Köln 1995

Literaturverzeichnis

Delhees, Karl H. (1995): Führungstheorien, Eigenschaftstheorie. In: Handwörterbuch der Führung, hrsg. v. Alfred Kieser, Gerhard Reber und Rolf Wunderer, 2. Aufl., Stuttgart 1995, Sp. 897-906

Deppe, Joachim (1992): Quality Circle und Lernstatt. Ein integrativer Ansatz, 3. Aufl., Wiesbaden 1992

Deutsche Gesellschaft für Evaluation DeGEval (2005): DeGEval Gesellschaft für Evaluation e. V. [Online] URL: http://www.degeval.de, 7. November 2005

Deutsche Gesellschaft für Qualität e. V. (1995): Begriffe zum Qualitätsmanagement, 6. Aufl., Berlin 1995

Doppler, Klaus/Lauterburg, Christoph (1994): Change Management. Den Unternehmenswandel gestalten, Frankfurt am Main/New York 1994

Downs, Anthony (1974): Nichtmarktwirtschaftliche Entscheidungssysteme. Eine Theorie der Bürokratie. In: Politische Ökonomie des Wohlfahrtsstaates, hrsg. v. Hans Peter Widmaier, Frankfurt am Main 1974, S. 199-207

Drucker, Peter F. (1986): Innovations-Management für Wirtschaft und Politik, 3. Aufl., Düsseldorf/Wien 1986

Dubs, Rolf (1994): Die Führung einer Schule, Zürich 1994

Duelli, Martin (1999): Kundenorientierung beginnt bei der Mitarbeiterorientierung. Personalmanagement in der öffentlichen Verwaltung. Vom Streben nach der Stabilisierung der Flexibilität, Stuttgart et al. 1999

Durant, Robert F. et al. (2006): Motivating Employees in a New Governance Era: The Performance Paradigm Revisited. In: Public Administration Review, 66. Jg. 2006, Nr. 4, S. 505-514

Ebers, Mark/Gotsch, Wilfried (2006): Institutionenökonomische Theorien der Organisation. In: Organisationstheorien, hrsg. v. Alfred Kieser und Mark Ebers, 6. Aufl., Stuttgart 2006, S. 247-308

EFQM (2003): Excellence einführen. Informationsbroschüre der European Foundation for Quality Excellence EFQM, Brüssel 2003

EFV (2002): Erneuerung der Leistungsaufträge für den Zeitraum 2004 bis 2007 (Wegleitung), hrsg. v. Steuergruppe FLAG, Eidg. Finanzverwaltung EFV, Bern 2002

Eichhorn, Peter (1997): Ausgliederung als Instrument zur Flexibilisierung kommunaler Aufgabenerfüllung. In: Privatisierung kommunaler Aufgaben, hrsg. v. Wolfgang Fettig und Lothar Späth, Baden-Baden 1997, S. 96-102

Literaturverzeichnis

Eichhorn, Peter (1999): Kundenorientierung und Personalmanagement in Unternehmen der Daseinsvorsorge. In: Personalmanagement und Humanressourcen in öffentlichen, sozialwissenschaftlichen und genossenschaftlichen Unternehmen, hrsg. v. Wolf Leetz, Beiheft 25 der Zeitschrift für öffentliche und gemeinwirtschaftliche Unternehmen, Baden-Baden 1999, S. 13-21

Eichhorn, Peter (2005a): Das Prinzip Wirtschaftlichkeit. Basiswissen der Betriebswirtschaftslehre, 3. Aufl., Wiesbaden 2005

Eichhorn, Peter (2005b): Know-how-Transfer zwischen Verwaltung und Wirtschaft. In: Wissensmanagement im privaten und öffentlichen Sektor. Was können beide Sektoren voneinander lernen? hrsg. v. Norbert Thom und Joanna Harasymowicz-Birnbach, Zürich 2005, S. 43-54

Eichhorn, Peter et al. (2003): Verwaltungslexikon, 3. Aufl., Baden-Baden 2003

Ellwein, Thomas (1976): Regieren und Verwalten. Eine kritische Einführung, Opladen 1976

Ellwein, Thomas (1994): Das Dilemma der Verwaltung. Verwaltungsstruktur und Verwaltungsreformen in Deutschland, Mannheim et al. 1994

Etienne, Michèle (1997): Grenzen und Chancen des Vorgesetztenmodells im Betrieblichen Vorschlagswesen. Eine Fallstudie, Bern et al. 1997

Etzioni, Amitai (1965): A comparative Analysis of complex Organisations, 3. Aufl., New York 1965

Etzioni, Amitai (1967): Soziologie der Organisationen, München 1967

Fayol, Henri (1929): Allgemeine und industrielle Verwaltung, München/Berlin 1929

Felix, Jürg (2003): Besonderheiten eines Qualitätsmanagements in der öffentlichen Verwaltung, Bamberg 2003

Fiedler, Fred E. (1967): A Theory of Leadership Effectiveness, New York et al. 1967

Finger, Matthias/Uebelhardt, Beat (1998): Public Management Qualifikationen für öffentliche Unternehmen und Verwaltungen. In: Die Ausbildung zum Public Manager, hrsg. v. Kuno Schedler und Christoph Reichard, Bern/Stuttgart/Wien 1998, S. 15-38

Forrester, Gill (2000): Rewarding Performance in an Reforming Profession. Schoolteachers in England and Wales. Unveröffentlichtes Arbeitspapier für das 4. Int. Forschungssymposium Public Management in Rotterdam, April 2000

French, John R. P./Raven, Bertram (1959): The basis of social power. In: Studies in Social Power, hrsg. v. Dorwin Cartwright, Ann Arbor 1959, S. 150-167

Literaturverzeichnis

Frey, Bruno S. (2002): Wie beeinflusst Lohn die Motivation? In: Managing Motivation. Wie Sie die neue Motivationsforschung für Ihr Unternehmen nutzen können, hrsg. v. Bruno S. Frey und Margit Osterloh, 2. Aufl., Wiesbaden 2002, S. 73-106

Frey, Michaela (1996): Hergebrachte Verwaltungskultur und Neues Steuerungsmodell. Ergebnisse einer empirischen Untersuchung. In: Verwaltung-Organisation-Personal VOP, 18. Jg. 1996, Nr. 1, S. 32-37

Friedrich, Christian (2000): Verfahren zur erfolgreichen Personalauswahl. In: Verwaltung-Organisation-Personal VOP, 22. Jg. 2000, Nr. 7-8, S. 38-41

Fuchs, Jürgen (1998): Die neue Art Karriere im schlanken Unternehmen. In: Harvard Business Manager, 20. Jg. 1998, Nr. 4, S. 83-91

Gebert, Diether/Rosenstiel, Lutz von (2002): Organisationspsychologie. Person und Organisation, 5. Aufl., Stuttgart/Berlin/Köln 2002

Gerber, Urs (1999): Aufbau und Einführung von Führungsprozessen beim Bundesamt für Landestopographie im Rahmen des Reorganisationsprojektes. Diplomarbeit an der Privaten Hochschule Wirtschaft (PHW) in Bern, Bern 1999

Gerber, Urs/Dietrich, Andreas (2000): Fallstudie swisstopo. Bundesamt für Landestopographie, Eidg. Personalamt EPA, Bern 2000

Gerpott, Torsten J. (2000): 360-Grad-Feedback-Verfahren. In: Personal, 52. Jg. 2000, Nr. 7, S. 354-359

Geschka, Horst (1986): Kreativitätstechniken. In: Das Management von Innovationen, hrsg. v. Erich Staudt, Frankfurt am Main 1986, S. 147-160

Geschka, Horst (2002): Stichwort „Kreativitästechniken". In: Gabler Lexikon Technologie Management, hrsg. v. Dieter Specht und Martin G. Möhrle, Wiesbaden 2002

Gesellschaft für Organisationsentwicklung (1980): Leitbild und Grundsätze. Gründungsversammlung vom 4. Juni 1980

Göbel, Elisabeth (2002): Neue Institutionenökonomik. Konzeption und betriebswirtschaftliche Anwendungen, Stuttgart 2002

Greiling, Dorothea (2002): Public Private Partnership. In: WiSt, Wirtschaftswissenschaftliches Studium, 31. Jg. 2002, Nr. 6, S. 339-342

Grünenfelder, Peter (1997): Die Rolle der politischen Führung im New Public Management, Bern/Stuttgart/Wien 1997

Grüning, Gernod (2000): Grundlagen des New Public Management. Entwicklung, theoretischer Hintergrund und wissenschaftliche Bedeutung des New Public Management aus Sicht der politisch-administrativen Wissenschaften der USA, Münster 2000

Guest, David E. (1987): Human Resource Management and Industrial Relations. In: Journal of Management Studies, Vol. 24 1987, No. 5, S. 503-521

Literaturverzeichnis

Häfelin, Ulrich/Haller, Walter (2005): Schweizerisches Bundesstaatsrecht, 6. Aufl., Zürich 2005

Hammer, Michael/Champy, James (1994): Business Reengineering. Die Radikalkur für das Unternehmen, 2. Aufl., Frankfurt am Main/New York 1994

Harlander, Norbert et al. (1994): Personalwirtschaft, 3. Aufl., Landsberg/Lech 1994

Hartmann, Klaus/Pesendorfer, Stephan (1998): Organisations- und dienstrechtliche Rahmenbedingungen von NPM-Maßnahmen im österreichischen Kontext. In: Die innovative Verwaltung. Perspektiven des New Public Managements in Österreich, hrsg. v. Heinrich Neisser und Gerhard Hammerschmid, Wien 1998, S. 337-361

Hauschildt, Jürgen (1987): Verantwortung. In: Handwörterbuch der Führung, hrsg. v. Alfred Kieser, Gerhard Reber und Rolf Wunderer, Stuttgart 1987, Sp. 1995-2004

Hauschildt, Jürgen (1995): Verantwortung. In: Handwörterbuch der Führung, hrsg. v. Alfred Kieser, Gerhard Reber und Rolf Wunderer, 2. Aufl., Stuttgart 1995, Sp. 2097-2106

Hauschildt, Jürgen/Salomo, Sören (2007): Innovationsmanagement, 4. Aufl., München 2007

Hauschildt, Jürgen/Chakrabarti, Alok K. (1988): Arbeitsteilung im Innovationsmanagement. In: Zeitschrift Führung + Organisation zfo, 57. Jg. 1988, Nr. 6, S. 378-388

Hauschildt, Jürgen/Gemünden, Hans Georg (1999): Promotoren. Champions der Innovation, 2. Aufl., Wiesbaden 1999

Heil, Klaus (1980): Arbeitstransparente zur Personalplanung. Erarbeitet im Rahmen des RKW-Projekts Z 36, Eschborn 1980

Heiling, Jens (2005): Personalaustausch mit der Wirtschaft als Know-how-Transfer. In: Innovative Verwaltung, 27. Jg. 2005, Nr. 11, S. 20-22

Heinz, Rainer (2000): Leitbilder. Unverzichtbar oder wirkungslos? In: KGSt-Info 2000, S. 118-120

Heitmeyer, Klaus/Thom, Norbert (1982): Assessment Center. Zuverlässigere Bewerberauswahl und gezieltere Personalentwicklung beim Führungsnachwuchs. In: Personalwirtschaft, 9. Jg. 1982, Nr. 9, S. 19-26

Hentschel, Bert (2000): Multiattributive Messung der Dienstleistungsqualität. In: Dienstleistungsqualität, hrsg. v. Manfred Bruhn und Bernd Stauss, Wiesbaden 2000, S. 289-320

Hentze, Joachim/Kammel Andreas (2001): Personalwirtschaftslehre 1, 7. Aufl., Bern/Stuttgart/Wien 2001

Herzberg, Frederick (1966): Work and the Nature of Man, Cleveland 1966

Literaturverzeichnis

Higgins, James M./Wiese, Gerold G. (1996): Innovationsmanagement. Kreativitätstechniken für Unternehmen, Berlin/Heidelberg/New York 1996

Hilb, Martin (2007): Integriertes Personal-Management. Ziele - Strategien - Instrumente, 16. Aufl., Neuwied 2007

Hill, Hermann (1996): Reengineering hinterfragt bisherige Strukturen. Chancen der Übertragung auf den öffentlichen Sektor. In: Verwaltung-Organisation-Personal VOP, 18. Jg. 1996, Nr. 12, S. 10-14

Hill, Hermann (1997a): Strategische Erfolgsfaktoren in der öffentlichen Verwaltung. In: Qualitäts- und erfolgsorientiertes Verwaltungsmanagement, hrsg. v. Hermann Hill und Helmut Klages, 2. Aufl., Berlin 1997

Hill, Hermann (1997b): Verwaltung im Umbruch. Speyerer Arbeitshefte Nr. 109, Speyer 1997

Hofmeister, Albert (1999): Verwaltungsreform in der Schweiz. Eine Zwischenbilanz, Band Nr. 39 der Schriftenreihe der Schweizerischen Gesellschaft für Verwaltungswissenschaften SGVW, hrsg. v. Albert Hofmeister und Ernst Buschor, Bern 1999, S. 7-13

Hopp, Helmut/Göbel, Astrid (2004): Management in der öffentlichen Verwaltung. Organisations- und Personalarbeit in modernen Kommunalverwaltungen, 2. Aufl., Stuttgart 2004

Hoy, Wayne K./Miskel, Cecil G. (2001): Educational Administration. Theory, Research and Practice, 6. Aufl., New York 2001

Hunziker, Alexander W. (1999): Prozessorganisation in der öffentlichen Verwaltung. New Public Management und Business Reengineering in der schweizerischen Bundesverwaltung, Bern/Stuttgart/Wien 1999

Informationsdienst des Instituts der deutschen Wirtschaft (2000): Betriebliches Vorschlagswesen. Gute Ideen zahlen sich aus. In: iwd, 26. Jg. 2000, Nr. 16, S. 8

Jann, Werner (1995): Al Gore und die Neuerfindung von Regierung und Verwaltung. Lehren für Kontinentaleuropa? In: Neubau der Verwaltung. Informationstechnische Realitäten und Visionen, hrsg. v. Heinrich Reinermann, Heidelberg 1995, S. 145-160

Jann, Werner (2002): Der Wandel verwaltungspolitischer Leitbilder. Von Management zu Governance? In: Deutsche Verwaltung an der Wende zum 21. Jahrhundert, hrsg. v. Klaus König, Baden-Baden 2002, S. 279-304

Jann, Werner (2004): Bürokratieabbau. Thesen zur Anhörung. Öffentliche Anhörung des Innenausschusses des Deutschen Bundestages am 28. Juni 2004

Jansen, Stephan A./Priddat, Birger P. (2001): Electronic Government. Neue Potentiale für einen modernen Staat, Stuttgart 2001

Literaturverzeichnis

Jenzer, Rolf (2002): Wirkungsorientierte Verwaltungsführung. Mit FLAG zeigt die Staatsführung Flagge. In: Die Volkswirtschaft. Das Magazin für Wirtschaftspolitik, 75. Jg. 2002, Nr. 5, S. 38-49

Jeserich, Wolfgang (1991): Mitarbeiter auswählen und fördern. Assessment-Center-Verfahren, 6. unveränderter Nachdruck, München/Wien 1991

Jetter, Wolfgang (2003): Effiziente Personalauswahl. Durch strukturierte Einstellungsgespräche die richtigen Mitarbeiter finden, 3. Aufl., Stuttgart 2003

Jung, Hans (2003): Controlling, München/Wien 2003

Kamiske, Gerd F./Brauer, Jörg-Peter (2006): Qualitätsmanagement von A bis Z. Erläuterungen moderner Begriffe des Qualitätsmanagements, 5. Aufl., München/Wien 2006

Kaplan, Robert S./Norton, David P. (1992): The Balanced Scorecard. Measures That Drive Performance. In: Harvard Business Review, Vol. 70 1992, No. 1, S. 71-79

Kaplan, Robert S./Norton, David P. (1997): Balanced Scorecard. Strategien erfolgreich umsetzen, Stuttgart 1997

Kellerman, Barbara (2004): Bad Leadership. What It Is, How It Happens, Why It Matters, Boston 2004

Kennedy, Carol (1998): Management Gurus. 40 Vordenker und ihre Ideen, Wiesbaden 1998

Keraudren, Philippe (1994): The introduction of performance related pay in the British civil service (1982 - 88). A cultural perspective. In: International Review of Administrative Sciences, 60. Jg. 1994, Nr. 1, S. 23-36

Kettiger, Daniel (2000): Gesetzescontrolling. Ansätze zur nachhaltigen Pflege von Gesetzen, Bern/Stuttgart/Wien 2000

Kettiger, Daniel (2003): Ausbildung mit dem Parlament. Erfahrungen des Kantons Bern mit einem Planspiel zur Anwendung der WoV-Instrumente. In: Modernisieren mit der Politik. Ansätze und Erfahrungen aus Staatsreformen, hrsg. v. Kuno Schedler und Daniel Kettiger, Bern/Stuttgart/Wien 2003, S. 181-203

Kieser, Alfred (1986): Unternehmenskultur und Innovation. In: Das Management von Innovationen, hrsg. v. Erich Staudt, Frankfurt am Main 1986, S. 42-50

Kieser, Alfred (1996): Moden und Mythen des Organisierens. In: Die Betriebswirtschaft, 56. Jg. 1996, Nr. 1, S. 21-39

Kieser, Alfred (2002): Managementlehre und Taylorismus. In: Organisationstheorien, hrsg. v. Alfred Kieser. 5. Aufl., Stuttgart 2002, S. 65-99

Kieser, Alfred/Hegele, Cornelia/Klimmer, Matthias (1998): Kommunikation im organisatorischen Wandel, Stuttgart 1998

Literaturverzeichnis

Kirton, Michael J. (1989): Adaptors and Innovators. Styles of Creativity and Problem-solving, New York 1989

Klages, Helmut (1998): Erfolgreich führen und motivieren! In: Personal und Personalmanagement in der modernen Verwaltung, hrsg. v. Dieter Wagner, Berlin 1998, S. 51-67

Klages, Helmut/Hippler, Gabriele (1991): Mitarbeitermotivation als Modernisierungsperspektive. Ergebnisse eines Forschungsprojektes über 'Führung und Arbeitsmotivation in der öffentlichen Verwaltung', Gütersloh 1991

Klimecki, Rüdiger G. (1999): Lernende Verwaltung. Modernisierung als Entwicklungsprozess. In: Verwaltung im Aufbruch. Modernisierung als Lernprozess, hrsg. v. Rüdiger G. Klimecki und Werner R. Müller, Zürich 1999, S. 23-29

Klimecki, Rüdiger/Gmür, Markus (2005): Personalmanagement. Strategien, Erfolgsbeiträge, Entwicklungsperspektiven, 3. Aufl., Stuttgart 2005

Kondratieff, Nikolaj Dmitrievič (1984): The long wave cycle, New York 1984

Korintenberg, Werner (1997): Strategisches Personalmanagement für die öffentliche Verwaltung. Erfolgs- und Misserfolgsfaktoren im Reformprozess, Wiesbaden 1997

Kouzmin, Alexander et al. (1999): Benchmarking and performance measurements in public sectors. Towards learning for agency effectiveness. In: International Journal of Public Sector Management, Vol. 12 1999, No. 2, S. 121-144

Krause, Reinhard (1996): Unternehmensressource Kreativität. Trends im Vorschlagswesen, erfolgreiche Modelle, Kreativitätstechniken und Kreativitäts-Software, Köln 1996

Krüger, Wilfried (1994): Transformations-Management. Grundlagen, Strategien, Anforderungen. In: Unternehmerischer Wandel. Konzepte zur organisatorischen Erneuerung, hrsg. v. Peter Gomez et al., Wiesbaden, 1994, S. 199-228

Krüger, Wilfried (2005): Organisation. In: Allgemeine Betriebswirtschaftslehre, Band 2, Führung, hrsg. v. Franz X. Bea, Birgit Friedl und Marcell Schweitzer, 9. Aufl., Stuttgart 2005, S. 140-234

Krüger, Wilfried/Homp, Christian (1997): Kernkompetenz-Management. Steigerung von Flexibilität und Schlagkraft im Wettbewerb, Wiesbaden 1997

Kubicek, Herbert/Thom, Norbert (1976): Umsystem, betriebliches. In: Handwörterbuch der Betriebswirtschaft, hrsg. v. Erwin Grochla und Waldemar Wittmann, 4. Aufl., Stuttgart 1976, Sp. 3977-4017

Literaturverzeichnis

Kuhlmann, Sabine/Bogumil, Jörg/Wollmann, Hellmut (2004): Leistungsmessung und -vergleich in Politik und Verwaltung. Konzepte und Praxis, Wiesbaden 2004

Kühn, Richard (1980a): Frühwarnung im strategischen Bereich. 1. Teil: Methodische Grundlagen. In: io Management Zeitschrift industrielle Organisation, 49. Jg. 1980, Nr. 11, S. 497-499

Kühn, Richard (1980b): Frühwarnung im strategischen Bereich. 2. Teil. In: io Management Zeitschrift industrielle Organisation, 49. Jg. 1980, Nr. 12, S. 551-555

Kühnlein, Gertrud/Wohlfahrt, Norbert (1996): Zwischen Mobilität und Modernisierung: Personalentwicklungs- und Qualifizierungsstrategien in der Kommunalverwaltung, 2. Aufl., Berlin 1996

Küpper, Hans-Ulrich (1987): Konzeption des Controllings aus betriebswirtschaftlicher Sicht. In: Rechnungswesen und EDV. 8. Saarbrücker Arbeitstagung 1987, hrsg. von August-Wilhelm Scheer, Heidelberg 1987, S. 82-116

Ladner, Andreas (1999): Befragungen im Rahmen des New Public Managements. In: NPM Wegleitung für kleinere und mittlere Gemeinden. Erste Erfahrungen, Beispiele und Anleitungen, hrsg. v. Verband Bernischer Gemeinden (VBG), Bern 1999, S. 10.1-10.18

Ladner, Andreas et al. (2000): Gemeindereformen zwischen Handlungsfähigkeit und Legitimation. Ein Forschungsprojekt des Schweizerischen Nationalfonds im Rahmen des Schwerpunktprogramms "Zukunft Schweiz", Bern 2000

Ladwig, Désirée H. (2003): Team-Diversity. Die Führung gemischter Teams. In: Führung von Mitarbeitern, hrsg. v. Lutz von Rosenstiel, Erika Regnet und Michel Domsch, 5. Aufl., Stuttgart 2003, S. 447-459

Langthaler, Silvia (2002): Mehrdimensionale Erfolgssteuerung in der Kommunalverwaltung. Konzeptionelle und praktische Überlegungen zum Einsatz der Balanced Scorecard im kommunalen Management, Linz 2002

Lantelme, Gudrun/Geschka, Horst (2004): Kreativität freisetzen, Ideen produzieren. In: Personalführung, 37. Jg. 2004, Nr. 12, S. 82-88

Lauri, Hans (1998): Die Sanierung des Finanzhaushalts im Kanton Bern als Lernprozess für Regierung und Verwaltung. In: Wie die Verwaltung lernt. Der öffentliche Sektor auf dem Weg zur lernenden Organisation, Schriftenreihe des Eidg. Personalamts EPA, Band 11, Bern 1998, S. 263-277

Lawler, Edward E. (1971): Pay and Organizational Effectiveness. A Psychological View, New York et al. 1971

Lawler, Edward E. (1990): Strategic Pay, San Francisco 1990

Lawton, Alan/Rose, Aidan (1994): Organisation and Management in the Public Sector, 2. Aufl., London 1994

Literaturverzeichnis

Ledergerber, Tobias (1998): Erkos. Erfolgskontrolle von Staatsbeiträgen im Kanton Bern. Eine Einführung, hrsg. v. Organisationsamt der Finanzdirektion des Kantons Bern, Bern 1998

Legrenzi, Paolo/Girotto, Vittorio/Johnson-Laird, Phil N. (1993): Focussing in Reasoning and Decision Making. In: Cognition, Vol. 49 1993, S. 37-66

Lenk, Klaus (2004): Der Staat am Draht. Electronic Government und die Zukunft der öffentlichen Verwaltung. Eine Einführung, Berlin 2004

Lewin, Kurt (1936): Principles of topological psychology, New York/London 1936

Lewin, Kurt (1963): Feldtheorie in den Sozialwissenschaften. Ausgewählte theoretische Schriften, Bern/Stuttgart 1963

Lewin, Kurt/Lippitt, Ronald/White, Ralph, K. (1939): Patterns of Aggressive Behavior in Experimentally Created „Social Climates". In: Journal of Social Psychology, Vol. 10 1939, S. 271-299

Lienhard, Andreas (2005): Staats- und verwaltungsrechtliche Grundlagen für das New Public Management in der Schweiz. Analyse, Anforderungen, Impulse, Bern 2005

Lienhard, Andreas et al. (2003): Auslagerung der Aufgabenerfüllung im Kanton Luzern. Interdisziplinäre Grundlagenstudie, Bern 2003

Linder, Wolf (2005): Schweizerische Demokratie. Institutionen, Prozesse, Perspektiven, 2. Aufl., Bern/Stuttgart/Wien 2005

Löffler, Elke (1998): Verwaltungsmodernisierung im internationalen Vergleich. Meßkriterien und Implementationsstrategien in Deutschland, Großbritannien und in den USA, Stuttgart et al. 1998

Lynn, Laurence E. (1997): Innovation and the Public Interest. Insights from the Private Sector. In: Innovation in American Government. Challenges, opportunities, and dilemmas, hrsg. v. Alan A. Altshuler und Robert D. Behn, Washington 1997, S. 83-103

Mäder, Hans/Schedler, Kuno (1994): Performance Measurement in the Swiss Public Sector. Ready for Take-off! In: Perspectives on Performance Measurement and Public Sector Accounting, hrsg. v. Ernst Buschor und Kuno Schedler, Schriftenreihe Finanzwirtschaft und Finanzrecht, Nr. 71, Bern/Stuttgart/Wien 1994, S. 345-364

March, James G./Simon, Herbert A. (1965): Organizations, 6. Aufl., New York 1965

Maslow, Abraham H. (1954): Motivation and Personality, New York/Evanston/London 1954

Mastronardi, Philippe (1998): Primat der Politik vor der Verwaltung? Das Verhältnis von Politik und Verwaltung. Wandel und Veränderungschancen. In: Der Verfassungsstaat vor neuen Herausforderungen, hrsg. v. Bernhard Ehrenzeller et al., St. Gallen 1998, S. 63-78

Literaturverzeichnis

Mastronardi, Philippe (1999): Ein neues Verhältnis von Parlament und Regierung unter NPM. In: FLAG News. Dezember 1999, hrsg. v. Eidg. Personalamt EPA Bern 1999, o. S.

Mastronardi, Philippe/Schedler, Kuno (2004): New Public Management in Staat und Recht, 2. Aufl., Bern 2004

Mastronardi, Philippe/Stadler, Patrick (2003): Demokratietaugliche WoV. Das Solothurner Modell. In: Schweizerisches Zentralblatt für Staats- und Verwaltungsrecht ZBl, 104. Jg. 2003, Nr. 8, S. 393-417

McGregor, Douglas (1960): The Human Side of Enterprise. New York/Toronto/London 1960

McLaughlin, Kate/Osborne, Stephen P./Ferlie, Ewan (2002): New Public Management. Current trends and future prospects, London/New York 2002

Meffert, Heribert/Bruhn, Manfred (2006): Dienstleistungsmarketing. Grundlagen, Konzepte, Methoden, 5. Aufl., Wiesbaden 2006

Metcalfe, Les/Richards, Sue (1990): Improving Public Management, 2. Aufl., London/Newbury Park/New Delhi 1990

Metcalfe, Les/Richards, Sue (1993): Evolving Public Management Cultures. In: Managing Public Organizations. Lessons from Contemporary European Experience, hrsg. v. Kjell A. Eliassen and Jan Kooiman, 2. Aufl., London et al. 1993, S. 106-124

Meyer, Christoph (1998): New Public Management als neues Verwaltungsmodell. Staatsrechtliche Schranken und Beurteilung neuer Steuerungsinstrumente, Basel/Genf/München 1998

Michel, Matthias (1998): Beamtenstatus im Wandel, Zürich 1998

Minder, Sybille (2001): Wissensmanagement in KMU. Beitrag zur Ideengenerierung im Innovationsprozess, St. Gallen 2001

Mintzberg, Henry (1983): Structure in Fives. Designing Effective Organizations, New Jersey 1983

Mintzberg, Henry (1987): The Strategy Concept I. Five Ps For Strategy. In: California Management Review, 29. Jg. 1987, Nr. 1, S. 11-24

Moore, Mark H. (1995): Creating Public Value. Strategic Management in Government, Cambridge/London 1995

Mueller, Dennis C. (2003): Public Choice III, Cambridge 2003

Müller, Ulrich (2004): Controlling aus verwaltungswissenschaftlicher Perspektive. Ein Beitrag zur Verwaltungsreform, München 2004

Müller-Stewens, Günter/Lechner, Christoph (2005): Strategisches Management. Wie strategische Initiativen zum Wandel führen können, 3. Aufl., Stuttgart 2005

Literaturverzeichnis

Nagel, Erik (1998): Die kulturelle Dimension des New Public Management. Ein Werkstattbericht. In: WWZ News. Mitteilungen des Wirtschaftswissenschaftlichen Zentrums der Universität Basel, April 1998, Nr. 24, S. 47-50

Nagel, Erik (2001): Verwaltung anders denken, Baden-Baden 2001

Naschold, Frieder (1997): Binnenmodernisierung, Wettbewerb, Haushaltskonsolidierung. Internationale Erfahrungen zur Verwaltungsreform. Sonderinfo der Kommunalen Gemeinschaftsstelle KGSt, 42. Jg. 1997, Nr. 1, Köln 1997

Naschold, Frieder/Bogumil, Jörg (2000): Modernisierung des Staates. New Public Management und Verwaltungsreform, 2. Aufl., Opladen 2000

Naschold, Frieder et al. (1996): Leistungstiefe im öffentlichen Sektor. Erfahrungen, Konzepte, Methoden, Berlin 1996

Nau, Hans Rainer/Wallner, Gerhard (1999): Verwaltungs-Controlling für Einsteiger. Kosten- und Leistungsrechnung in öffentlichen Unternehmen und Verwaltungen, 2. Aufl., Freiburg/Berlin/München 1999

NEF, Umsetzungskommission (2002): Der bernische Grosse Rat im Modell NEF SOLL (Struktur, Prozesse, Dienstleistungen, Oberaufsichtstätigkeit). Zwischenbericht der Umsetzungskommission NEF des bernischen Grossen Rats vom 23. Mai 2002, Bern 2002

Neuberger, Oswald (1976): Führungsverhalten und Führungserfolg, Berlin 1976

Neuberger, Oswald (1995): Führungstheorien, Machttheorie. In: Handwörterbuch der Führung, hrsg. v. Alfred Kieser, Gerhard Reber und Rolf Wunderer, 2. Aufl., Stuttgart 1995, Sp. 953-968

Neuberger, Oswald (2002): Führen und führen lassen. Ansätze, Ergebnisse und Kritik der Führungsforschung, 6. Aufl., Stuttgart 2002

Niskanen, William A. (1974): Nichtmarktwirtschaftliche Entscheidungen. Die eigentümliche Ökonomie der Bürokratie. In: Politische Ökonomie des Wohlfahrtsstaates, hrsg. v. Hans Peter Widmaier, Frankfurt am Main 1974, S. 208-222

Nonaka, Ikujiro (1994): A Dynamic Theory of Organizational Knowledge Creation. In: Organization Science, 5. Jg. 1994, Nr. 1, S. 14-37

OECD (1997): Performance Pay Schemes for Public Sector Managers: An Evaluation of the Impacts. Occasional Paper No. 15, Paris 1997

OECD (2005a): Modernising Government. The Way Forward, Paris 2005

OECD (2005b): Organisation for Economic Cooperation and Development. Public Governance and Management. [Online] URL: http://www.oecd.org, 7. November 2005

Literaturverzeichnis

OECD (2005c): Organisation for Economic Cooperation and Development: Total Public Employment. [Online] URL: http://www.oecd.org, 21. November 2005

OECD (2005d): Performance-related Pay Policies for Government Employees, Paris 2005

Oechsler, Walter A./Vaanholt, Silke (1998): Human Resource Management. Auswirkungen des New Public Management auf ein zeitgemäßes Personalmanagement in der öffentlichen Verwaltung. In: New Public Management, hrsg. v. Dietrich Budäus, Peter Conrad und Georg Schreyögg, Berlin/New York 1998, S. 151-191

Oechsler, Walter A. (2006): Personal und Arbeit. Grundlagen des Human Resource Management und der Arbeitgeber-Arbeitnehmer-Beziehungen, 8. Aufl., München/Wien 2006

Osborne, David/Gaebler, Ted (1992): Reinventing Government, Reading 1992

Osterloh, Margit (2001): Führen im Bereich wissensintensiver Dienstleistungen. In: Führen im Wandel. Regierung und Verwaltung an der Schwelle zur Wissensgesellschaft, Schriftenreihe des Eidg. Personalamts EPA, Band 14, Bern 2001, S. 53–61

Osterloh, Margit/Frost, Jetta (2006): Prozeßmanagement als Kernkompetenz. Wie Sie Business Reengineering strategisch nutzen können, 5. Aufl., Wiesbaden 2006

Ott, Alfred E./Winkel, Harald (1985): Geschichte der theoretischen Volkswirtschaftslehre, Göttingen 1985

Parasuraman, Ananthanarayanan/Zeithaml, Valarie A./Berry, Leonard L. (1988): SERVQUAL. A Multiple-Item Scale for Measuring Customer Perceptions of Service Quality. In: Journal of Retailing, Vol. 64 1988, No. 1, S. 12-40

Parkinson, Cyril Northcote (1966): Parkinsons Gesetz, Reinbek 1966

Passau (2005): Die Stadt Passau. [Online] URL: http://www.passau.de, 6. Juni 2005

Perry, James L. (1996): Measuring public service motivation: An assessment of construct reliability and validity. In: of Public Administration Research and Theory, 6. Jg. 1996, Nr. 1, S. 5-22

Peters, Thomas J./Waterman, Robert Jr. (1982): In Search of Excellence. Lessons from America's Best-run Companies, New York et al. 1982

Picot, Arnold/Dietl, Helmut/Franck, Egon (2005): Organisation. Eine ökonomische Perspektive, 4. Aufl., Stuttgart 2005

Picot, Arnold/Freudenberg, Heino/Gassner, Winfried (1999): Die neue Organisation. Ganz nach Maß geschneidert. In: Harvard Business Manager, 21. Jg. 1999, Nr. 5, S. 46-58

Literaturverzeichnis

Picot, Arnold/Wolff, Brigitta (1995): Zur ökonomischen Organisation öffentlicher Leistungen. "Lean Management" im öffentlichen Sektor? In: Produktivität öffentlicher Dienstleistungen, hrsg. v. Frieder Naschold und Marga Pröhl, 3. Aufl., Gütersloh 1995, S. 51-120

Pollitt, Christopher (1990): Managerialism and the Public Services. The Anglo-American Experience, Oxford/Cambridge 1990

Pollitt, Christopher (2000): Is the Emperor in his Underwear? An Analysis of the Impacts of Public Management Reform. In: Public Management, 2. Jg. 2000, Nr. 2, S. 181-199

Pollitt, Christopher (2004): The Essential Public Manager, Maidenhead 2004

Pollitt, Christopher/Bouckaert, Geert (2000): Public Management Reform. A comparative analysis, Oxford 2000

Porter, Lyman W./Lawler, Edward E. III (1968): Managerial Attitudes and Performance, Homewood 1968

Putnam, Robert D. (2000): Bowling alone. The collapse and revival of American community, New York 2000

Rainey, Hal G. (2003): Understanding and Managing Public Organizations, 3. Aufl., San Francisco 2003

Ramelet, Dominique Fabrice (2004): Einsatz und Auswirkungen von neuen Steuerungsmodellen und Führungsinstrumenten im öffentlichen Sektor der Schweiz. Empirische Umfrage bei Schweizer Kantonen. Lizentiatsarbeit am Institut für Organisation und Personal der Universität Bern, Bern 2004

Reddin, William J. (1981): Das 3-D-Programm zur Leistungssteigerung des Managements, Landsberg/Lech 1981

Reichard, Christoph (1987): Betriebswirtschaftslehre der öffentlichen Verwaltung, 2. Aufl., Berlin/New York 1987

Reichard, Christoph (1992): Kommunales Management im internationalen Vergleich. In: Der Städtetag. Zeitschrift für Kommunale Praxis und Wissenschaft, 45. Jg. 1992, Nr. 12, S. 843-849

Reichard, Christoph (1998): Arbeitskreis 1. Leistungsanreizkonzepte. In: Personal und Personalmanagement in der modernen Verwaltung, Berlin 1998, S. 103-107

Reichard, Christoph (2002a): Institutionenökonomische Ansätze und New Public Management. In: Deutsche Verwaltung an der Wende zum 21. Jahrhundert, hrsg. v. Klaus König, Baden-Baden 2002, S. 585-603

Reichard, Christoph (2002b): Verwaltung als öffentliches Management. In: Deutsche Verwaltung an der Wende zum 21. Jahrhundert, hrsg. v. Klaus König, Baden-Baden 2002, S. 255-277

Literaturverzeichnis

Reichard, Christoph/Scheske, Michael/Schuppan, Tino (Hrsg.) (2004): Das Reformkonzept E-Government. Potenziale, Ansätze, Erfahrungen, Münster 2004

Reinermann, Heinrich (2000): Neues Politik- und Verwaltungsmanagement. Leitbild und theoretische Grundlagen der neuen Verwaltungskonzepte, Speyerer Arbeitshefte 130, Deutsche Hochschule für Verwaltungswissenschaften Speyer, Speyer 2000

Reiß, Michael (1997a): Change Management als Herausforderung. In: Change Management. Programme, Projekte und Prozesse, hrsg. v. Michael Reiß, Lutz von Rosenstiel und Anette Lanz, Stuttgart 1997, S. 5-29

Reiß, Michael (1997b): Instrumente der Implementierung. In: Change Management. Programme, Projekte und Prozesse, hrsg. v. Michael Reiß, Lutz von Rosenstiel und Anette Lanz, Stuttgart 1997, S. 91-121

Richli, Paul (1996): Öffentliches Dienstrecht im Zeichen des New Public Management. Staatsrechtliche Fixpunkte für die Flexibilisierung und Dynamisierung des Beamtenverhältnisses, Bern 1996

Ridder, Hans-Gerd (2007): Personalwirtschaftslehre, 2. Aufl., Stuttgart 2007

Ridder, Hans-Gerd/Schirmer, Frank (2005): Führung. In: Handbuch zur Verwaltungsreform, hrsg. v. Bernhard Blanke et al., 3. Aufl., Wiesbaden 2005, S. 251-260

Rieder, Lukas (2004): Kosten-/Leistungsrechnung für die Verwaltung, Bern/Stuttgart/Wien 2004

Riehen (2005): Riehen online. Gemeindereform PRIMA. [Online] URL: http://www.riehen.ch, 7. November 2005

Ritz, Adrian (1999): Die Evaluation von New Public Management. Grundlagen für ein Evaluationsmodell und Ergebnisse einer empirischen Studie. Arbeitsbericht Nr. 34 des Instituts für Organisation und Personal der Universität Bern, Bern 1999

Ritz, Adrian (2003a): Evaluation von New Public Management. Grundlagen und empirische Ergebnisse der Bewertung von Verwaltungsreformen in der Schweizerischen Bundesverwaltung, Bern/Stuttgart/Wien 2003

Ritz, Adrian (2003b): Von der Entlassung zur Trennungskultur. In: HR - Today. Das Schweizer Human Ressource Management - Journal, 6. Jg. 2003, Nr. 3, S. 10

Ritz, Adrian (2005a): 10 Jahre Verwaltungsreform in den Schweizer Kantonen. Eine Bilanz aus der Sicht von Legislative und Exekutive. In: 10 Jahre New Public Management in der Schweiz. Bilanz, Irrtümer und Erfolgsfaktoren, hrsg. v. Andreas Lienhard et al., Bern/Stuttgart/Wien 2005, S. 47-67

Literaturverzeichnis

Ritz, Adrian (2005b): Qualitätsentwicklung. Konzeptionelle Überlegungen am Beispiel der Elternbefragung der Primarschule Aarberg. In: Effektive Schulführung. Chancen und Risiken des Public Managements im Bildungswesen, hrsg. v. Norbert Thom, Adrian Ritz und Reto Steiner, 2. Aufl., Bern/Stuttgart/Wien 2005, S. 135-173

Ritz, Adrian (2005c): Vom Wissen zum Management. Ein weiter Weg? In: Wissensmanagement im privaten und öffentlichen Sektor. Was können beide Sektoren voneinander lernen? hrsg. v. Norbert Thom und Joanna Harasymowicz-Birnbach, Zürich 2005, S. 249-254

Ritz, Adrian (2005d): Wissensmanagement auf dem Prüfstand der Praxisrelevanz. In: Wissensmanagement im privaten und öffentlichen Sektor. Was können beide Sektoren voneinander lernen? hrsg. v. Norbert Thom und Joanna Harasymowicz-Birnbach, Zürich 2005, S. 243-248

Ritz, Adrian/Gerber, Simon/Kämpfer, Andreas (2005): Fallstudie Schlossgut. Leistungs- und wirkungsorientierte Steuerung in der öffentlichen Verwaltung am Beispiel einer Strafanstalt, erstellt am Kompetenzzentrum für Public Management, Bern 2005

Ritz, Adrian/Rieder, Stefan/Jenzer, Rolf (1999): Die Evaluation des Projektes "Führen mit Leistungsauftrag und Globalbudget FLAG". Erste Erfahrungen mit New Public Management in der schweizerischen Bundesverwaltung. In: Verwaltungsreform in der Schweiz. Eine Zwischenbilanz, Band Nr. 39 der Schriftenreihe der Schweizerischen Gesellschaft für Verwaltungswissenschaften SGVW, hrsg. v. Albert Hofmeister und Ernst Buschor, Bern 1999, S. 203-244

Ritz, Adrian/Steiner, Reto (2000): Beurteilung und Entlohnung von Lehrkräften. In: Schweizer Schule, 87. Jg. 2000, Nr. 6, S. 27-44

Ritz, Adrian/Thom, Norbert (2000): Internationale Entwicklungslinien des New Public Managements. Vergleichende Analyse von 11 Ländern. Arbeitsbericht Nr. 45 des Instituts für Organisation und Personal der Universität Bern, Bern 2000

Rosenbaum, Martin (1997): From Soapbox to Soundbite. Party Political Campaigning in Britain since 1945, Houndsmills et al. 1997

Rosenstiel, Lutz von (1993): Symbolische Führung. In: io Management Zeitschrift, 61. Jg. 1993, Nr. 3, S. 55-58

Rosenstiel, Lutz von (1997): Verhaltenswissenschaftliche Grundlagen von Veränderungsprozessen. In: Change Management. Programme, Projekte und Prozesse, hrsg. v. Michael Reiß, Lutz von Rosenstiel und Anette Lanz, Stuttgart 1997, S. 191-212

Rosenstiel, Lutz von (2003): Grundlagen der Führung. In: Führung von Mitarbeitern, hrsg. v. Lutz von Rosenstiel, Erika Regnet und Michel E. Domsch, 5. Aufl., Stuttgart 2003, S. 3-25

Literaturverzeichnis

Rosenstiel, Lutz von (2005): Führungsverhalten und Führungserfolg. Referat gehalten im Rahmen des Exekutive Master of Public Administration der Universität Bern am 14. Januar 2005

Rosenstiel, Lutz von/Comelli, Gerhard (2003): Führung zwischen Stabilität und Wandel, München 2003

Rossi, Peter H./Lipsey Mark E./Freeman, Howard E. (2004): Evaluation. A Systematic Approach, 7. Aufl., Thousand Oaks/London/New Delhi 2004

Rüegg-Stürm, Johannes (2002): Controlling für Manager. Grundlagen, Methoden, Anwendungen, 7. Aufl., Zürich 2002

Saarland (2005): Saarland. Innovation. [Online] URL: www.innovation.saarland.de, 7. November 2005

Saatweber, Vera Silke (2004): Das europäische Selbstbewertungsinstrument Common Assessment Framework (CAF). In: Leistungsmessung und -vergleich in Politik und Verwaltung. Konzepte und Praxis, hrsg. v. Sabine Kuhlmann, Jörg Bogumil und Hellmut Wollmann, Wiesbaden 2004, S. 227-247

Sackmann, Sonja (1992): ‚Kulturmanagement'. Läßt sich Unternehmenskultur ‚machen'? In: Politische Prozesse in Unternehmen, hrsg. v. Karl Sander, 2. Aufl., Berlin et al. 1992, S. 157-183

Sauder, Günter/Schmidt, Hanns (1988): Die Personalabteilung als Dienstleistungsfunktion. In: Personal, 40. Jg. 1988, Nr. 3, S. 90-94

Schall, Ellen (1997): Notes from a Reflective Practitioner of Innovation. In: Innovation in American Government. Challenges, Opportunities, and Dilemmas, hrsg. v. Alan A. Altshuler und Robert D. Behn, Washington 1997, S. 360-377

Schanz, Günther (2000): Personalwirtschaftslehre. Lebendige Arbeit in verhaltenswissenschaftlicher Perspektive, 3. Aufl., München 2000

Scharnbacher, Kurt/Kiefer, Guido (2003): Kundenzufriedenheit. Analyse, Messbarkeit und Zertifizierung, 3. Aufl., München/Wien 2003

Schauer, Reinbert/Preslmaier, Helmuth (2003): Benchmarking beeinflusst die Leistungserbringung positiv. In: Innovative Verwaltung, 25. Jg. 2003, Nr. 6, S. 19-21

Schedler, Kuno (1993): Anreizsysteme in der öffentlichen Verwaltung, Bern/Stuttgart/Wien 1993

Schedler, Kuno (1996): Ansätze einer wirkungsorientierten Verwaltungsführung, Bern/Stuttgart/Wien 1996

Schedler, Kuno/Proeller, Isabella (2006): New Public Management, 3. Aufl., Bern/Stuttgart/Wien 2006

Schedler, Kuno/Siegel John P. (2005): Strategisches Management in Kommunen, Düsseldorf 2005

Literaturverzeichnis

Schedler, Kuno/Summermatter, Lukas/Schmidt, Bernhard (2003): Electronic government einführen und entwickeln. Von der Idee zur Praxis, Bern/Stuttgart/Wien 2003

Schein, Edgar H. (1965): Organizational Psychology, Englewood Cliffs 1965

Schein, Edgar H. (1985): Organizational Culture and Leadership, San Francisco/Washington/London 1985

Schein, Edgar H. (1995): Unternehmenskultur. Ein Handbuch für Führungskräfte, Frankfurt am Main/New York 1995

Scherer, Andreas Georg (2002): Besonderheiten der strategischen Steuerung in Öffentlichen Institutionen und der Beitrag der Balanced Scorecard. In: Balanced Scorecard in Verwaltung und Non-Profit-Organisationen, hrsg. v. Andreas Georg Scherer und Jens Michael Alt, Stuttgart 2002, S. 3-25

Scholz, Christian (2000): Personalmanagement. Informationsorientierte und verhaltenstheoretische Grundlagen, 5. Aufl., München 2000

Schridde, Henning (2005): Verwaltungskultur, Change Management und lernende Organisation. In: Handbuch zur Verwaltungsreform, hrsg. v. Bernhard Blanke et al., 3. Aufl., Wiesbaden 2005, S. 216-225

Schuler, Heinz (1998): Psychologische Personalauswahl. Einführung in die Berufseignungsdiagnostik, 2. Aufl., Göttingen 1998

Schuler, Heinz (2002): Das Einstellungsinterview, Göttingen et al. 2002

Schweizerische Evaluationsgesellschaft SEVAL (2005): SEVAL. Schweizerische Evaluationsgesellschaft. [Online] URL: http://www.seval.ch, 7. November 2005

Sidler, Fredy (1974): Grundlagen zu einem Management-Modell für Regierung und Verwaltung, Zürich 1974

Siegl, Nadja/Stephan, Eike (2000): Kundenmonitore als Zufriedenheitsfalle? In: Verwaltung-Organisation-Personal VOP, 22. Jg. 2000, Nr. 3, S. 13-16

Smith, Adam (1776): An inquiry into the nature and causes of the wealth of nations, London 1776

Solothurn (2003a): Gesetz über die Wirkungsorientierte Verwaltungsführung (WoV-Gesetz) vom 3. September 2003, RG 032d/2003

Solothurn (2003b): Wirkungsorientierte Verwaltungsführung. Botschaft und Entwurf des Regierungsrates an den Kantonsrat von Solothurn vom 4. März 2003, RRB Nr. 2003/396

Spahni, Dieter (2002): E-Government. 2. Perspektiven und Prognosen, Bern/Stuttgart/Wien 2002

Staehle, Wolfgang H. (1999): Management, 8. Aufl., München 1999

Staehle, Wolfgang H./Sydow, Jörg (1987): Führungsstiltheorien. In: Handwörterbuch der Führung, hrsg. v. Alfred Kieser, Gerhard Reber und Rolf Wunderer, Stuttgart 1987, Sp. 661-671

Stebler, Pia (2003): Erfolgsversprechender Ansatz zur Bewältigung der immer komplexer werdenden staatlichen Aufgaben. In: Solothurner Jahrbuch 2003, Solothurn 2003, S. 8-11

Steinle, Claus (1992): Delegation. In: Handwörterbuch der Organisation, hrsg. v. Erich Frese, 3. Aufl., Stuttgart 1992, Sp. 500-513

Steinmann, Horst/Schreyögg, Georg (2005): Management. Grundlagen der Unternehmensführung, 6. Aufl., Wiesbaden 2005

Stöbe-Blossey, Sybille (2005): Mitarbeiterbeteiligung. In: Handbuch zur Verwaltungsreform, hrsg. v. Bernhard Blanke et al., 3. Aufl., Wiesbaden 2005, S. 280-290

Tannenbaum, Robert/Schmidt, Warren H. (1958): How to Choose A Leadership Pattern. In: Harvard Business Review, Vol. 36 1958, No. 2, S. 95-101

Taylor, Frederick W. (1913): Die Grundsätze wissenschaftlicher Betriebsführung, München/Berlin 1913

Thom, Norbert (1980): Grundlagen des betrieblichen Innovationsmanagements, 2. Aufl., Königstein/Ts. 1980

Thom, Norbert (1990a): Was bedeutet „Verantwortung tragen" in einer Institution? In: Verbands-Management, 15. Jg. 1990, Nr. 2, S. 6-12

Thom, Norbert (1990b): Zur Effizienz der Matrix-Organisation. In: Zukunftsperspektiven der Organisation. Festschrift zum 65. Geburtstag von Professor Dr. Robert Staerkle, hrsg. v. Knut Bleicher und Peter Gomez, Bern 1990, S. 239-270

Thom, Norbert (1992a): Innovationsmanagement. Die Orientierung 100, hrsg. v. der Schweizerischen Volksbank, Bern 1992

Thom, Norbert (1992b): Organisationsentwicklung. In: Handwörterbuch der Organisation, hrsg. v. Erich Frese, 3. Aufl., Stuttgart 1992, Sp. 1477-1491

Thom, Norbert (1992c): Personalentwicklung und Personalentwicklungsplanung. In: Handwörterbuch des Personalwesens, hrsg. v. Eduard Gaugler und Wolfgang Weber, 2. Aufl., Stuttgart 1992, Sp. 1676-1690

Thom, Norbert (1997a): Effizientes Innovationsmanagement in kleinen und mittleren Unternehmen, Bern 1997

Thom, Norbert (1997b): Management des Wandels. Grundelemente für ein differenziertes und integriertes "Change Management". In: Die Unternehmung, 51. Jg. 1997, Nr. 3, S. 201-214

Thom, Norbert (1998): Change Management. Basic Elements for a Differentiated and Integrated Change Management. In: Management. Journal of Contemporary Management Issues, Vol. 3 1998, No. 1, S. 1-17

Thom, Norbert (1999): Personalmanagement. Entwicklungstendenzen und Zukunftsperspektiven. In: Die Unternehmung, 53. Jg. 1999, Nr. 6, S. 433-477

Literaturverzeichnis

Thom, Norbert (2003): Betriebliches Vorschlagswesen. Ein Instrument der Betriebsführung und des Verbesserungsmanagements, 6. Aufl., Bern 2003

Thom, Norbert (2005): Wissenstransfer belohnen. In: ALPHA. Der Kadermarkt in der Schweiz, 17./18. September 2005, S. 1-3

Thom, Norbert/Bolz, Urs/Lutz, Jürg (2004): Bewährung für das New Public Management. Einbettung in eine neue Politik- und Verwaltungskultur. In: Neue Zürcher Zeitung, 225. Jg. 2004, Nr. 105, S. 16

Thom, Norbert et al. (1999): Evaluation FLAG. Phase eins: Analyse des betrieblichen Wandels. Evaluationsbericht im Rahmen der Evaluation des Projekts "Führen mit Leistungsauftrag und Globalbudget FLAG" in der schweizerischen Bundesverwaltung, Bern/Luzern 1999

Thom, Norbert/Etienne, Michèle (1997): Betriebliches Vorschlagswesen. Vom klassischen Modell zum modernen Ideen-Management. In: WISU, Das Wirtschaftsstudium, 26. Jg. 1997, Nr. 6, S. 564-570

Thom, Norbert/Friedli, Vera/Probst, Claudia (2000): Die betriebliche Karriereplanung. Ergebnisse einer Befragung in schweizerischen Unternehmen. Arbeitsbericht Nr. 37 des Instituts für Organisation und Personal der Universität Bern, Bern 2000

Thom, Norbert/Harasymowicz-Birnbach, Joanna (2005): Wissensmanagement im privaten und öffentlichen Sektor. Wie Staat und Privatwirtschaft voneinander lernen. Versuch einer Synthese. In: Wissensmanagement im privaten und öffentlichen Sektor. Was können beide Sektoren voneinander lernen? hrsg. v. Norbert Thom und Joanna Harasymowicz-Birnbach, Zürich 2005, S. 15-39

Thom, Norbert/Kraft, Thomas (2000): Die Zusammenarbeit zwischen Personalberatern und Klienten bei der Suche und Auswahl von Fach- und Führungskräften. Arbeitsbericht Nr. 36 des Instituts für Organisation und Personal der Universität Bern, Bern 2000

Thom, Norbert/Ritz, Adrian (2000): Die Umsetzung von New Public Management-Projekten in der Schweiz aus der Sicht Innovation, Organisation, Personal. Auswertungsbericht einer schriftlichen Befragung. Arbeitsbericht Nr. 46 des Instituts für Organisation und Personal der Universität Bern, Bern 2000

Thom, Norbert/Ritz, Adrian (2003): Möglichkeiten der Wertschöpfungssteigerung durch Public Private Partnership. In: Geschäftsmodelle für Wertschöpfungsnetzwerke. Festschrift zum 60. Geburtstag von Prof. Dr. Wilfried Krüger, hrsg. v. Norbert Bach et al., Wiesbaden 2003, S. 3-25

Thom, Norbert/Wenger, Andreas P. (2000): Bewertung und Auswahl effizienter Organisationsformen. Die effiziente Organisationsstruktur als Kernkompetenz. Arbeitsbericht Nr. 39 des Instituts für Organisation und Personal der Universität Bern, Bern 2000

Literaturverzeichnis

Thom, Norbert/Wenger, Andreas P. (2002): Die effiziente Organisation. Bewertung und Auswahl von Organisationsformen, Glattbrugg 2002

Thom, Norbert/Zaugg, Robert J. (2000): Organisation des Personalmanagements. Arbeitsbericht Nr. 26 des Instituts für Organisation und Personal der Universität Bern, 3. Aufl., Bern 2000

Thom, Norbert/Zaugg, Robert J. (2001): Excellence durch Personal- und Organisationskompetenz. In: Excellence durch Personal- und Organisationskompetenz, hrsg. v. Norbert Thom und Robert J. Zaugg, Bern 2001, S. 1-19

Tichy, Noel M./Fombrun, Charles J./Devanna, Mary Anne (1982): Strategic Human Resource Management. In: Sloan Management Review, Vol. 23 1982, No. 2, S. 47-61

Tondorf, Karin (1997): Leistungszulagen als Reforminstrument? Neue Lohnpolitik zwischen Sparzwang und Modernisierung, 2. Aufl., Berlin 1997

Treyer, Daniel (2005): Vom klassischen Vorschlagswesen zur Verbesserungskultur. Ideenmanagement als Chance für die Personalentwicklung. Ein Praxisbeispiel. Referat anlässlich der IOP-Fachtagung vom 4. Oktober 2005 zum Thema Ideenmanagement

Ulich, Eberhard (2005): Arbeitspsychologie, 6. Aufl., Zürich/Stuttgart 2005

Ulrich, Hans (1995): Reflexionen über Wandel und Management. In: Unternehmerischer Wandel. Konzepte zur organisatorischen Erneuerung, hrsg. v. Peter Gomez et al., Wiesbaden 1995, S. 5-29

Vaanholt, Silke (1997): Human Resource Management in der öffentlichen Verwaltung, Wiesbaden 1997

Vahs, Dietmar/Burmester, Ralf (2005): Innovationsmanagement. Von der Produktidee zur erfolgreichen Vermarktung, 3. Aufl., Stuttgart 2005

Verband Bernischer Gemeinden (und Amt für Gemeinden und Raumordnung des Kantons Bern) (1999): NPM-Wegleitung für kleinere und mittlere Gemeinden. Bern 1999

Vier, Carsten (1996): Unternehmenstransformation und Netzwerkorganisation, Bern et al. 1996

Vroom, Victor (1964): Work and Motivation, New York 1964

Wagner, Dieter (1998): Personal und Personalmanagement in der modernen Verwaltung, Berlin 1998

Wart, Montgomery van (2005): Dynamics of Leadership in Public Service. Theory and Practice, Armonk 2005

Weber, Jürgen/Schäffer, Utz (2006): Einführung in das Controlling, 11. Aufl., Stuttgart 2006

Weber, Jürgen/Sandt, Joachim (2001): Erfolg durch Kennzahlen. Neue empirische Erkenntnisse, Vallendar 2001

Literaturverzeichnis

Weber, Max (1966): Staatssoziologie, 2. Aufl., Berlin 1966

Weber, Max (1976): Wirtschaft und Gesellschaft, 5. Aufl., Tübingen 1976

Weinert, Ansfried B. (1995): Menschenbilder und Führung. In: Handwörterbuch der Führung, hrsg. v. Alfred Kieser, Gerhard Reber und Rolf Wunderer, 2. Aufl., Stuttgart 1995, Sp. 1495-1510

Weiss, Carol H. (1998): Evaluation. Methods for Studying Programs and Policies, 2. Aufl., Upper Saddle River 1998

Wenger, Andreas P. (1999): Organisation Multinationaler Konzerne. Grundlagen, Konzeption und Evaluation, Bern/Stuttgart/Wien 1999

Wenk, Martin (1993): Die Beurteilung des Potentials von Führungskräften durch Linienvorgesetzte, St. Gallen 1993

Widmer, Thomas (2000): Qualität der Evaluation. Wenn Wissenschaft zur praktischen Kunst wird. In: Evaluationsforschung. Grundlagen und ausgewählte Forschungsfelder, hrsg. v. Reinhard Stockmann, Opladen 2000, S. 77-102

Williamson, Oliver E. (1985): The Economic Institutions of Capitalism. Firms, Markets, Relational Contracting, New York 1985

Willke, Helmut (2000): Funktionen und Kompetenzen des postnationalen Staates. In: Staatsfunktionen neu denken. Die Herausforderung des Staates zu Bescheidenheit und Innovation, Band Nr. 12 der Schriftenreihe des Eidg. Personalamts der Schweizerischen Bundesverwaltung, Bern 2000, S. 41-101

Witt, Jürgen/Witt, Thomas (2006): Der Kontinuierliche Verbesserungsprozess (KVP). Konzepte – System – Maßnahmen, 2. Aufl., Frankfurt am Main 2006

Witte, Eberhard (1973): Organisation für Innovationsentscheidungen, Göttingen 1973

Witte, Eberhard (1994): Kulturwandel in der Telekommunikation. In: Unternehmerischer Wandel. Konzepte zur organisatorischen Erneuerung, hrsg. v. Peter Gomez et al., Wiesbaden 1994, S. 361-376

Wohlen (1998): Jahresbericht 1998 der Einwohnergemeinde Wohlen, Wohlen 1998

Wolf, Joachim (2005): Organisation, Management, Unternehmensführung. Theorien und Kritik, 2. Aufl., Wiesbaden 2005

Wunderer, Rolf (2007): Führung und Zusammenarbeit. Eine unternehmerische Führungslehre, 7. Aufl., Köln 2007

Wunderer, Rolf/Grunwald, Wolfgang (1980): Führungslehre I. Grundlagen der Führung, Berlin/New York 1980

Yukl, Gary (2005): Leadership in Organizations, 6. Aufl., Upper Saddle River 2005

Literaturverzeichnis

Zaugg, Robert (1996a): Personalbeschaffung und -auswahl in schweizerischen Unternehmungen. Ergebnisse einer empirischen Untersuchung. Arbeitsbericht Nr. 11 des Instituts für Organisation und Personal der Universität Bern, Bern 1996

Zaugg, Robert J. (1996b): Integrierte Personalbedarfsdeckung. Ausgewählte Gestaltungsempfehlungen zur Gewinnung ganzheitlicher Personalpotentiale, Bern/Stuttgart/Wien 1996

Zimmer, Dieter/Brake, Jörg (1993): Ganzheitliche Personalauswahl, Bamberg 1993

Zimmerli, Ulrich/Lienhard, Andreas (1998): "Privatisierung" und parlamentarische Oberaufsicht. In: Berner Tage für die juristische Praxis BTJP 1997, Sonderdruck Rechtliche Probleme der Privatisierung, Bern 1998, S. 167-208

Zimmermann, Daniel (2001): IOP-Award. Excellence in HRM 2001. Best in Electronic Recruiting. Auswahlverfahren, Preisgewinnerinnen, Reaktionen. Dokumentation des Instituts für Organisation und Personal der Universität Bern, Bern 2001

Zimmermann, Willi/Kolly, Doris/Mahon, Pascal (1989): Die wissenschaftliche Evaluation von Bundespolitik. Eine bibliographische und methodische Exploration. Studie der Arbeitsgruppe Gesetzesevaluation des Eidg. Justiz- und Polizeidepartements EJPD, Eidg. Druck- und Materialzentrale EDMZ, Bern 1989

Zink, Klaus J. (1986): Qualitätszirkel verbessern die betriebliche Kommunikation. Kleingruppenaktivitäten deutscher Betriebe. Ergebnisse einer Umfrage. In: Blick durch die Wirtschaft, Nr. 140, 25.7.1986, S. 4

Stichwortverzeichnis

Ablauforganisation 55, 90, 189, 267, 284, 395
Agenturbildung 231
Ampelsystem 179
Amtspflicht 5
Anforderungsprofil 315
Anreiz 10, 20, 55, 314, 320, 346, 347, 370
   Individualanreize 353
   Teamanreize 353, 392
Anreizsystem 20, 82, 143, 189, 278, 280, 314, 354, 355
Assessment Center 331, 337, 361, 362, 397
Aufbauorganisation 35, 187, 229, 284, 354
Aufgaben- und Finanzplanung 32, 60, 63, 246, 256, 360
Auftraggeber-Auftragnehmermodel 231
Autonomie 29, 48, 120, 129, 159, 160, 245, 271, 350, 379
Balanced Scorecard 63, 167, 181, 182, 185
Barrieren 96, 124, 136
Beamte 4, 5, 17, 309, 316, 362, 375, 376
Beamtenrecht 311, 316
Beamtenstatus 309, 320, 322, 370
Bedingungsgrößen 43, 97
Berichtswesen 168, 176
   Abweichungsberichte 177
   Cockpit-Systeme 178
   Sonderberichte 177
   Standardberichte 177
Bindungseffekt 372
Budgetbindung 257
Bürger 11, 12, 49, 51, 61, 83, 86, 142, 144, 185, 214, 243, 292
Bürgerbefragungen 83, 145, 190
Bürgertypologie 83

Bürokratie 3, 14, 15, 87, 90, 213, 270, 316, 327, 372
Bürokratiekritik 7, 11
Bürokratiemodell 4, 6, 14, 327
   Downs 17
   Niskanens 17
Business Reengineering 92, 104
CAF 194
Cafeteria-Ansatz 351
Change Management 114
Contracting Out 233
Controlling 20, 48, 85, 144, 172, 244, 272, 288
Cost-Center 271, 272
Datenerfassungssysteme 172
Datenschutz 170
Debitorenmanagement 234
Delegation 23, 67, 90, 100, 214, 244, 258, 274, 294, 327, 393
Deming-Kreis 188, 191
Demokratie 18, 27, 29, 80, 86, 88
Deregulation 23
Deutero learning 359
Dezentralisation 9, 23, 84, 100, 120, 214, 215
Dienstrecht 32, 266, 316, 372
Effektivität 29, 100, 197, 218, 231, 399, 401, 402, 410
Effizienz 10, 18, 86, 93, 218, 226, 230, 267, 401
EFQM 190, 192, 193, 196
E-Government 207
Eigenerstellung 223, 225, 226, 227, 228, 229, 374
Eigenschaftstheorie 393, 396
Eingriffsverwaltung 28, 223
Erfolgskontrolle 167, 197
Erfolgspotenziale 53, 91, 287
Ergebnisgrößen 178
Ergebnisorientierung 5, 81, 213, 231, 298

Stichwortverzeichnis

Evaluation 32, 75, 197, 204, 218, 252, 258, 300, 314
   Effizienzanalyse 199
   ex ante Evaluation 199
   ex post Evaluation 199
   Formative Evaluation 199, 204
   Fremdevaluation 180
   Gesetzesevaluation 198
   Politikevaluation 204
   Programmevaluation 198
   Prozessevaluation 199
   Reformevaluation 198
   Selbstevaluation 180
   Summative Evaluation 199, 204
   Vorgehensmodell 201
   Wirkungsevaluation 199, 201, 203
Exekutive 31, 46, 176, 256, 258
Fehlertoleranz 120, 126, 129
Focusing-Effekt 25
Fremderstellung 21, 224
Fremdsteuerung 347
Führung 3, 26, 43, 46, 53, 213, 305, 356, 367, 382, 393, 398
   Eigenschaftstheorie 393, 396
   Führungserfolg 393
   Führungsstil 401
   Führungsstile 399
   Führungstheorien 396
   Führungsunterstützung 72, 172, 180
   Führungsverantwortung 394
   Situationstheorie 399
   Symbolische Führung 413
   Transaktionale Führung 412
   Transformationale Führung 412
   Verhaltens- und Interaktionstheorien 399
Führungskreislauf 73
Führungskultur 387
Führungsstil 17, 23, 350, 386, 394, 400, 406, 407, 411
Fünf-Faktoren-Modell 396, 397

Gemeinde Wohlen 273
Gewährleistungsstaat 11, 29, 51, 84, 241
Globalbudget 46, 160, 172, 249, 256, 258, 263, 298
Governance 10
Handlungsspielraum 23, 45, 55, 160, 215, 259, 268, 294, 376, 403
Harvard-Ansatz 323
Hierarchie 21, 104, 109, 240, 248, 277, 285, 313, 324, 369
Hoheitsverwaltung 28, 49, 230
Human Resource Management 307
Ideengenerierung 65, 69, 70, 100, 136, 140, 153, 157
Imageeffekt 372
Impact 47, 187, 199, 219, 220, 221, 250, 252, 254
Indikatoren 32, 183, 222, 251, 252, 254, 385, 405
   Leistungsindikatoren 180, 251, 353
   Politische Indikatoren 180
   Wirkungsindikatoren 37, 180, 203, 251, 272, 353
Indikatorenbildung 254
Informationsmanagement 167
Innovation 82, 120, 131, 136, 239
   Innovationsfähigkeit 71, 76, 295, 391
   Innovationsinstrumente 140, 141, 146, 153, 161
   Innovationsmanagement 41, 117, 119, 157, 167
   Innovationsorientierung 82, 159, 160, 231
   Innovationspotenzial 55, 124, 152
   Innovationsprozess 131, 136, 137, 139, 150, 153
Input 226, 286, 409
Inputgrößen 178
Institutionenökonomie 15, 18

Stichwortverzeichnis

IOP-Führungskonzept 41, 42, 55, 97, 119, 213
ISO 190
Jährlichkeitsprinzip 54, 257
Kameralistik 14, 85, 256
Kantonsschule Zürcher Unterland (KZU) 275
Kennzahlen 156, 177, 180, 214
Kernkompetenzen 66, 67, 90, 91, 136, 223, 288, 303
Kernprozess 289, 290
Kommunikation 109, 164, 170, 206, 208, 356, 379
Kompetenz 365
Kongruenzprinzip 394
Kontraktmanagement 14, 19, 248
Kontrollverantwortung 168
Konzernorganisation 14, 219, 241, 256
Kooperation 142, 221, 224, 325
Kooperationsmodelle 232
Kraftfeld-Analyse 103
Kreativität 70, 126, 128, 129, 152, 153, 310
Kreditübertragungen 257
Kreditverschiebungen 257
Kultur 77, 79, 129, 239, 322, 323, 352, 379, 394
Kulturwandel 36, 45, 55, 76, 135, 151, 307, 327, 381, 389, 413
Kundenorientierung 84, 130, 184, 187, 268, 283, 290, 295, 302, 382, 400
Kundentypologie 83
Leadership 386, 397
Legalitätsprinzip 27
Legislative 31, 32, 46, 47, 141, 176, 180, 258
Legitimation 29, 32, 43, 65, 67, 119, 167, 200, 218, 220, 389, 414
Leistungsanbieter 44, 63, 223, 225, 248
Leistungsbeurteilung 248, 323, 340, 341, 355, 406

Leistungsempfänger 7, 49, 51, 59, 68, 142, 167, 185, 187, 199, 214, 243, 250, 286
Leistungserbringer 63, 69, 123, 125, 216, 219, 225, 228, 231, 245, 249, 256, 257
Leistungserstellung 12, 71, 84, 135, 183, 184, 191, 196, 215, 219, 224, 227, 230, 264, 269, 273, 291
Leistungsfinanzierer 216, 243
Leistungskäufer 44, 216, 217, 231, 263
Leistungskontrakt 48, 63, 245, 248, 249, 258, 259, 260, 264
Leistungslohn 137, 314, 343, 346, 347, 350, 353
Leistungspotenzial 308, 344, 389
Leistungsprozess 49, 250
Leistungstiefe 29, 90, 215, 219, 230, 236, 241
Leistungsvergleich 85, 144, 168, 403
Leistungsverwaltung 28, 32, 43, 49, 146, 230, 322
Leitbild 10, 60, 61, 189, 275, 276, 287, 352
Lohngarantie 314
Lohnsystem 345, 357
Machtgrundlagen 388
Machtpolitik 168
Make-or-Buy 21, 232
Management by Objectives (MbO) 3, 63, 401, 402
Management des Wandels 91, 94, 95, 104, 105
Managementinformationssystem 167
Managementphilosophie 186
Managerialismus 21
Mängelmanagement 144, 162
Menschenbild 93, 94, 346, 391
Michigan-Ansatz 323
Mission 57, 60, 192, 193, 413
Mitarbeitendenbefragung 206

Stichwortverzeichnis

Mitarbeitergespräch 341, 355, 361, 362, 375
Motivation 20, 43, 90, 97, 99, 218, 274, 277, 278, 307, 324, 339, 346, 383, 388, 414
Motivationstheorien 346
Nachfolgeplanung 365
Netzwerk 12, 155, 239, 240, 241
New Public Management 9
Non Profit Organisationen 184, 231
Oberaufsicht 168
Öffentlichkeitsprinzip 170
Ordnungsmäßigkeit 6
Organisationsalternativen 230, 232, 269
Organisationsentwicklung 14, 34, 89, 92, 93, 104, 108, 135, 146, 154, 287, 352, 353, 366, 367
Organisationsformen 213, 215, 229, 269
Organisatorische Gestaltung 41, 213
Outcome 47, 63, 187, 219, 220, 221, 222, 226, 250, 252
Outplacement 372, 384
Output 43, 63, 187, 219, 221, 226, 250, 255, 286, 291, 292, 299, 409
Outsourcing 236
Partizipation 83, 94, 96, 100, 101, 102, 237, 303, 383, 389, 403, 406
Performance-Management 167
Personalabbau 312, 370, 376
Personalabteilung 83, 319, 324
Personalauswahl 135, 189, 245, 280, 287, 315, 330, 340
Personalbeurteilung 318, 320, 323, 339
Personalentwicklung 86, 135, 320, 323, 337, 358, 374, 382, 387, 402, 405, 406
Personalerhaltung 135, 318, 320, 343, 350, 383, 385, 402
Personalfreistellung 310, 318, 320, 370, 371, 384

Personalführung 87, 280, 287, 324, 327, 352, 386, 390
Personalgewinnung 318, 320, 328, 345, 376, 382
Personalmanagement 14, 84, 305, 308, 318, 358, 371, 372, 378, 405
Personalstrategie 321, 322, 323
Phasen 113
Planhierarchie 74
Planungsprozess 49
Planungssystem 173
Politikgestaltung 171, 274
Politikkonzept 198
Politikplan 63, 179, 246
Portfolio-Analyse 60
Privatisierung 13, 15, 21, 90, 230, 232, 312
Produkte 250
Produktgruppe 63, 178, 250, 251, 254, 257, 300
Produktivität 23, 70, 88, 255
Profit-Center 244
Programmtheorie 198
Promotor 103
Property Rights-Theorie 19
Prozessorganisation 91, 221, 267, 268, 269, 284, 298
Prozessorientierung 94, 220, 294, 295, 301, 379
Public Choice-Theorie 15, 16
Public Private Partnership 29, 231, 236, 238
Public Value 53
Qualifikation 4, 20, 43, 90, 98, 223, 231, 277, 302, 307, 316, 324, 345, 358, 359, 384, 411, 414
Qualität 146, 152, 186, 204, 222, 231, 250, 317, 332, 340, 341, 347, 356, 378, 385, 411
Qualitätsmanagement 35, 167, 181, 186
Qualitätszirkel 82, 102, 150, 152
Rahmenstruktur 242, 264, 281
Rationalität 29
Rechnungssysteme 172

Stichwortverzeichnis

Rechtmäßigkeit 6
Rechtsgleichheit 28
Rechtsordnung 120
Rechtsstaat und Demokratie 27
Regelkreis-Denken 173
Regierungsfunktionen 47
Regierungs-Holding 244, 260, 261, 263
Regimewettbewerb 231
Regulierung 18
Reporting 168, 176, 180
Return on Investment 181
Scientific Management 5, 6
Selbststeuerung 347
Sozialkompetenz 93, 108, 332, 338, 367, 382, 386, 387
Spartenorganisation 296
Spezifität 67, 223, 224
Staatsbeiträge 238
Steuerungsebene 36, 45, 48, 49, 52, 55, 76, 133, 216, 267, 270
Steuerungskreislauf 50
Strategie 17, 41, 48, 52, 185, 193, 243, 249, 352, 378
Strategiesystem 173
Strategiewandel 52, 71, 79, 91, 119, 379
Strategische Relevanz 221
Struktur- und Prozesswandel 90, 213, 380
SWOT-Analyse 59
Taylorismus 5
Total Quality Management 186
Transaktionskostentheorie 20
Transparenz 32, 43, 155, 161, 165, 170, 176, 183, 207, 208, 222, 274, 291, 366, 367
Umsystem 53, 56, 59, 80
Unternehmensstrategie 182, 221, 322, 323
Ursache-Wirkungs-Zusammenhang 181
Veränderungsfähigkeit 82, 89, 97
Veränderungsphasen 108, 114
Veränderungspotenzial 89, 94

Veränderungsstrategie 100, 102
Verdrängungseffekt 347
Verwaltungspolitik 11
Verwaltungsreformen 24, 26, 36, 45, 142, 267, 311
Vision 60, 61, 183, 185, 192, 193, 287, 413
Vollzugskontrolle 202, 203
Vorgesetztenverhalten 386
Vorschlagswesen 143, 147, 350
Wertewandel 7
Wertschöpfungsprozess 183
Wettbewerbsfähigkeit 124, 138, 139, 164
Wettbewerbssurrogat 156, 192
Wirkung 36, 50, 64, 81, 147, 175, 204, 214, 219, 251, 254
Wirkungsebene 81, 226, 256
Wirkungskontrolle 32, 273
Wirkungsmodell 182, 185, 253
Wirkungsorientierung 3, 14, 34, 37, 172, 197, 220, 260, 261
Wirtschaftlichkeit 93, 154, 184, 225, 226, 297, 341
Wissen 167, 207, 208
Wissensmanagement 123, 157, 158, 208
Zentralisation 214, 215
Zertifizierung 188, 191
Ziele
  Formalziele 184, 218
  Sachziele 184, 218
Zielvereinbarung 339, 341, 357, 401, 403, 405
Zivilgesellschaft 11
Zukunftskonferenz 61
Zweck-Mittel-Zusammenhang 51, 181, 182

Zu den Autoren

Univ.-Professor Dr. Dr. h. c. mult. Norbert Thom, Gründer und Direktor des Instituts für Organisation und Personal der Universität Bern in der Schweiz sowie Mitglied des Aufsichtsorgans und der Studienleitung des Kompetenzzentrums für Public Management dieser Universität. Wissenschaftliche Aus- und Weiterbildung an der Universität zu Köln und in Brüssel (The European Institute for Advanced Studies in Management). Seine Arbeitsgebiete umfassen das Innovations- und Personalmanagement, die organisatorische Gestaltung sowie Public Management. Er weist langjährige Beratungserfahrungen bei schweizerischen Kantonsregierungen und –parlamenten (Haushaltssanierung, Führungskräfteentwicklung usw.), beim schweizerischen Bundesrat (Wissenschaftspolitik, Evaluation von Instituten) und anderen öffentlichen Organisationen (u. a. Die Post, Swisscom, Skyguide) auf. Führungsverantwortung u. a. als Verwaltungsrat, als Gesellschafter der Thom Consulting Group GmbH sowie als ehemaliger Vize-Rektor für Finanzen und Planung der Universität Bern.

Dr. rer. oec. Adrian Ritz, Dozent und Mitglied der Geschäftsleitung am Kompetenzzentrum für Public Management der Universität Bern in der Schweiz. Er leitet u. a. den Executive Master of Public Administration an der Universität Bern. Seine Forschungsschwerpunkte sind in erster Linie Führung, Personal- und Organisationsmanagement, Evaluationsforschung, Verwaltungsreformen sowie Bildungsmanagement. Nach seiner universitären Ausbildung sammelte er Praxiserfahrungen im Personalmanagement der Asea Brown Boveri (ABB) Kraftwerke AG in Baden/Schweiz sowie bei American Laubscher Corp. New York/USA. Ritz berät öffentliche Verwaltungen auf der Ebene des Bundes, der Kantone sowie der Kommunen und ist als Referent an Hochschulen im In- und Ausland tätig.

Schweizerische Gesellschaft für Organisation und Management

Wilhelm Backhausen | Jean-Paul Thommen
Coaching
Durch systemisches Denken zu innovativer Personalentwicklung
3., akt. u. erw. Aufl. 2006.
ISBN 978-3-8349-0105-7

Heike Bruch | Sumantra Ghoshal
Entschlossen führen und handeln
Wie erfolgreiche Manager ihre Willenskraft nutzen und Dinge bewegen
2006. ISBN 978-3-8349-0234-4

Heike Bruch | Bernd Vogel
Organisationale Energie
Wie Sie das Potenzial Ihres Unternehmens ausschöpfen
2005. ISBN 978-3-409-12658-8

Manfred Bruhn
Integrierte Kundenorientierung
Implementierung der kundenorientierten Unternehmensführung
2002. ISBN 978-3-409-12004-3

Bruno S. Frey | Margit Osterloh
Managing Motivation
Wie Sie die neue Motivationsforschung für Ihr Unternehmen nutzen können
2., akt. u. erw. Aufl. 2002.
ISBN 978-3-409-21631-9

Oskar Grün | Jean-Claude Brunner
Der Kunde als Dienstleister
Von der Selbstbedienung zur Co-Produktion
2002. ISBN 978-3-409-12003-6

José-Carlos Jarillo
Strategische Logik
Die Quellen der langfristigen Unternehmensrentabilität
2., akt. Aufl. 2005.
ISBN 978-3-8349-0081-4

Wilfried Krüger (Hrsg.)
Excellence in Change
Wege zur strategischen Erneuerung
3., vollst. überarb. Aufl. 2006.
ISBN 978-3-8349-0231-3

Wilfried Krüger | Christian Homp
Kernkompetenz-Management
Steigerung von Flexibilität und Schlagkraft im Wettbewerb
1997. ISBN 978-3-409-13022-6

Werner R. Müller | Erik Nagel | Michael Zirkler
Organisationsberatung
Heimliche Bilder und ihre praktischen Konsequenzen
2006. ISBN 978-3-8349-0230-6

Änderungen vorbehalten. Stand: Juli 2007.
Erhältlich im Buchhandel oder beim Verlag
Gabler Verlag . Abraham-Lincoln-Str. 46 . 65189 Wiesbaden . www.gabler.de

GABLER

Schweizerische Gesellschaft für Organisation und Management

Margit Osterloh | Jetta Frost
Prozessmanagement als Kernkompetenz
Wie Sie Business Reengineering strategisch nutzen können
5., überarb. Aufl. 2006.
ISBN 978-3-8349-0232-0

Margit Osterloh | Antoinette Weibel
Investition Vertrauen
Prozesse der Vertrauensentwicklung in Organisationen
2006. ISBN 978-3-409-12665-6

Gilbert Probst | Bettina Büchel
Organisationales Lernen
Wettbewerbsvorteil der Zukunft
2., akt. Aufl. 1997.
ISBN 978-3-409-23024-7

Sebastian Raisch | Gilbert Probst | Peter Gomez
Wege zum Wachstum
Wie Sie nachhaltigen Unternehmenserfolg erzielen
2007. ISBN 978-3-8349-0399-0

Norbert Thom | Adrian Ritz
Public Management
Innovative Konzepte zur Führung im öffentlichen Sektor
4., akt. Aufl. 2007.
ISBN 978-3-8349-0730-1

Eberhard Ulich | Marc Wülser
Gesundheitsmanagement in Unternehmen
Arbeitspsychologische Perspektiven
2., akt. Aufl. 2005.
ISBN 978-3-8349-0098-2

Hans A. Wüthrich | Dirk Osmetz | Stefan Kaduk
Musterbrecher
Führung neu leben
2., akt. Aufl. 2006.
ISBN 978-3-8349-0507-9

Rolf Wunderer | Sabina von Arx
Personalmanagement als Wertschöpfungs-Center
Unternehmerische Organisationskonzepte für interne Dienstleister
3., akt. Aufl. 2002.
ISBN 978-3-409-38966-2

Änderungen vorbehalten. Stand: Juli 2007.
Erhältlich im Buchhandel oder beim Verlag
Gabler Verlag . Abraham-Lincoln-Str. 46 . 65189 Wiesbaden . www.gabler.de

GABLER

Mit einem Klick alles im Blick

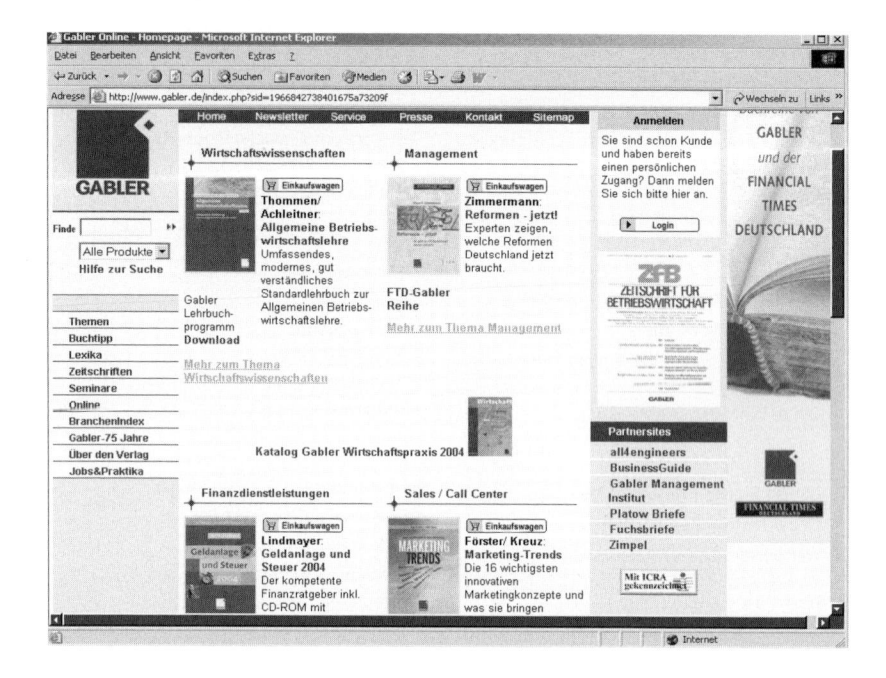

- Tagesaktuelle Informationen zu Büchern, Zeitschriften, Online-Angeboten, Seminaren und Konferenzen

- Leseproben - z. B. vom Gabler Wirtschaftslexikon -, Online-Archive unserer Fachzeitschriften, Aktualisierungsservice und Foliensammlungen für ausgewählte Buchtitel, Rezensionen, Newsletter zu verschiedenen Themen und weitere attraktive Angebote, z. B. unser Bookshop

- Zahlreiche Servicefunktionen mit dem direkten Klick zum Ansprechpartner im Verlag

- **Klicken Sie mal rein: www.gabler.de**

Abraham-Lincoln-Str. 46
65189 Wiesbaden
Fax: 06 11.78 78-400

KOMPETENZ IN SACHEN WIRTSCHAFT

GABLER